W0303128

hänssler

JOHN STOTT

Die Botschaft der Apostelgeschichte

Ein exegetisch-homiletischer Kommentar

Rev. John Stott ist einer der führenden Theologen der weltweiten evangelikalen Bewegung. Neben seiner Tätigkeit als Dozent (Cambridge, London, Oxford u. Durham) war er Pfarrer (»All Soul's Church«, Langham Place, London) und engagierte sich aktiv in der christlichen Studentenarbeit und dem innerkonfessionellen Dialog (z. B. Lausanner Verpflichtung). Nicht nur durch seine zahlreichen Veröffentlichungen und Vorträge auf wissenschaftlichem und allgemeinverständlichem Niveau, sondern auch durch sein Engagement für die Aktualität der christlichen Botschaft gerade auch für unsere Generation, hat er sich weltweit einen Namen erworben.

Der Bibeltext wurde entnommen aus: Die Lutherbibel
Bibeltext in der revidierten Fassung von 1984
© 1999 Deutsche Bibelgesellschaft, Stuttgart (neue Rechtschreibung)

© Copyright der englischen Ausgabe 1990 by
Inter-Varsity Press, Leicester, England
Originaltitel: The Message of ACTS
Übersetzt von Corinna und Robert Kunstmann

hänssler-Paperback
Bestell-Nr. 392.954
ISBN 3-7751-2954-5

© Copyright der deutschen Ausgabe 2000 by
Hänssler Verlag, D-71087 Holzgerlingen
Titelfoto: privat
Umschlaggestaltung: Daniel Kocherscheidt
Satz: AbSatz, Klein Nordende
Druck und Bindung: Ebner Ulm
Printed in Germany

INHALT

VORWORT DES AUTORS

Wir können Gott für die Apostelgeschichte nicht dankbar genug sein! Das N.T. wäre ohne sie um vieles ärmer. Uns sind zwar vier Berichte über Jesus überliefert, aber nur einer über die frühe Kirche. Deshalb ist die Apostelgeschichte aus der Bibel einfach nicht wegzudenken.

Die Bedeutung der Apostelgeschichte

Sie ist in erster Linie wegen ihrer geschichtlichen Informationen unentbehrlich. Lukas beginnt seinen Bericht mit der Ausgießung des Heiligen Geistes an Pfingsten und der ersten Zeit der geisterfüllten Gemeinde, die jäh durch den Widerstand der jüdischen Autoritäten beendet wurde. Er fährt fort und beschreibt die Übergangsphase, in der durch das Martyrium des Stephanus und durch die Evangelisation des Philippus, die Bekehrungen von Saulus und Kornelius und die Gründung der ersten griechischen Gemeinde in Antiochia – die Grundlagen für die Heidenmission – gelegt werden. Mit dieser internationalen Stadt und Gemeinde als Ausgangspunkt wurde die weltweite christliche Mission in Gang gebracht: Paulus und Barnabas missionierten in Zypern und Galatien. Beim Apostelkonzil in Jerusalem wurde die Rechtmäßigkeit der Bekehrung von Heiden anerkannt. Europa wurde auf der zweiten Missionsreise, die Athen und Korinth einschloss, erreicht und Ephesus auf der dritten. Dann wurde Paulus in Jerusalem gefangen genommen, es folgte eine Reihe von Gerichtsverhandlungen, sein Appell an den Kaiser und die lange Seereise nach Rom, in die Stadt seiner Träume. Dort verlässt Lukas den Apostel. Paulus muss sich auf seine Mietwohnung beschränken und predigt doch ungehindert weiter das Evangelium. Ohne die Apostelgeschichte könnten wir den Verlauf seiner unerschrockenen Missionslaufbahn nicht rekonstruieren und wüssten nicht, wie das Evangelium die strategisch wichtigen Städte des Römischen Reiches erreicht hat.

Die Apostelgeschichte ist auch für die heutige Zeit von großer Bedeutung und besonderem Wert. Calvin nannte sie »einen großen Schatz«[1]. Martyn Lloyd-Jones verwies auf sie als »das lyrischste aller Bücher« und ergänzte: »Ich ermahne euch: Lebt in diesem Buch, es ist so belebend, das Belebendste auf geistlichem Gebiet«[2]. In der Tat, es war in jedem Jahrhundert heilsam für die christliche Gemeinde, sich selbst mit der Gemeinde des »Anfangs« zu vergleichen und danach zu streben, etwas von deren Vertrauen, ihrem Enthusiasmus, ihren Träumen und ihrer Kraft wiederzuerlangen. Gleichzeitig müssen wir aber auch realistisch sein. Wir stehen in der Gefahr, die frühe Kirche in einem zu romantischen Licht zu betrachten, von ihr mit angehaltenem Atem zu sprechen, als hätte sie keine Fehler gehabt. Doch dann übergehen wir die Rivalitäten, die Heucheleien, das unmoralische Verhalten und die Irrlehren, die der Gemeinde damals wie heute Mühe bereiten. Dennoch macht sie klar: Die Gemeinde Christi war vom Heiligen Geist überwältigt worden, der sie dazu drängte, Jesus zu bezeugen.

Die Literatur zur Apostelgeschichte

Wegen ihrer einmaligen Bedeutung ist sehr viel über die Apostelgeschichte geschrieben worden und es ist fast unmöglich, alles zu lesen. Ich habe mit großer Freude einige der älteren Kommentare studiert, die in unseren Tagen oft vernachlässigt werden. Ich denke an die 55 Homilien des Johannes Chrysostomus über die Apostelgeschichte, die er 400 n. Chr. in Konstantinopel predigte, und an Johannes Calvins zwei Bände, die er im 16. Jh. in Genf schrieb. Ich schätze die kernigen Kommentare von Johann Albrecht Bengel aus dem 18. Jh., die geistlichen und klaren Einsichten von J. A. Alexander, dem brillanten Sprachforscher aus dem Princeton des 19.

Jh., und die archäologischen Fachkenntnisse von Sir William Ramsay, der zwischen 1893 und 1915 zehn Bücher über Lukas und/oder Paulus schrieb, das bekannteste darunter ist *St. Paul the Traveller and the Roman Citizen* (»Paulus als Reisender und römischer Bürger«; 1895). Ebenso habe ich mich mit den historisch-kritischen Positionen in den Werken liberaler Theologen auseinander gesetzt, wie mit den fünf Bänden, die 1920-1932 von F.J. Foakes-Jackson und Kirsopp Lake unter dem Titel *The Beginnings of Christianity* (»Die Anfänge des Christentums«) herausgegeben wurden, und den 700 Seiten von Ernst Haenchens wissenschaftlicher Abhandlung aus dem Jahr 1956.

Bei den zeitgenössischen konservativen Autoren habe ich besonders von den Kommentaren von F.F. Bruce (zum griechischen Text: 1951; zum englischen Text: 1954), Howard Marshall (1980) und Richard Longenecker (1981) profitiert. Besonders bedauere ich, dass das späte Hauptwerk von Colin Hemer mit dem Titel *The Book of Acts in the Setting of Hellenistic History* (»Die Apostelgeschichte im Rahmen der hellenistischen Geschichte«) von 1989, gekonnt herausgegeben von Conrad Gempf, zu spät erschienen ist, als dass ich es noch sorgfältig hätte studieren können. Es war mir nur einen Vormittag lang möglich, sein Manuskript durchzusehen, als dieses für den Druck vorbereitet wurde. Dadurch kann ich den Leser auf manche Punkte verweisen, die bei Colin Hemer diskutiert werden. Die Fülle von neuen archäologischen Entdeckungen (besonders von Papyri, Inschriften und Münzen), die er sorgfältig gesammelt und gesichtet hat, werden sein Werk für viele Jahre zu einem Standardnachschlagewerk machen. Da Colin Hemer umfassend im Wissen, gewissenhaft in der Forschung und vorsichtig im Urteil ist, schulden ihm alle Dank, die ernsthaft die Apostelgeschichte studieren wollen.

Wir können leicht das Urteil von Sir William Ramsay nachempfinden, der schrieb: »Es ist unmöglich, irgendetwas über die Apostelgeschichte zu sagen, was nicht schon von jemand anderem gesagt worden ist«[3]. Wie ist es dann zu rechtfertigen, dass der großen »Bücherei« über die Apostelgeschichte noch ein Band hinzugefügt wird? Wenn dieses Buch irgendetwas Charakteristisches für sich in Anspruch nehmen kann, dann ist es Folgendes: Während alle Kommentare versuchen, die ursprüngliche Bedeutung des Textes zu erklären, weiß sich dieses Buch dazu verpflichtet, auch die Anwendung in unserer Zeit zu betonen. Deshalb habe ich versucht, insbesondere auf die wichtigsten Fragen einzugehen, die die Apostelgeschichte für heutige Christen hervorruft, z. B. die Geistestaufe und charismatischen Gaben, Zeichen und Wunder, die Gütergemeinschaft der ersten christlichen Gemeinde in Jerusalem, die Gemeindezucht, die unterschiedlichen Ämter, die christliche Bekehrung, ethnische Vorurteile, missionarische Prinzipien, den Preis christlicher Einheit, Motive und Methoden in der Evangelisation, die Aufforderung, für Christus zu leiden, Kirche und Staat und die göttliche Vorsehung.

Die Auslegung der Apostelgeschichte

Doch können wir den Graben von nunmehr neunzehn Jahrhunderten einfach überspringen und den Text der Apostelgeschichte auf uns heute anwenden, ohne ihn zu manipulieren und an unsere vorgefassten Meinungen anzupassen? Ja, es ist richtig zu bekräftigen, dass das Wort Gottes immer von Bedeutung ist. Doch d. h. nicht, dass wir einfach den Text herunterlesen, als wäre er ursprünglich an uns in unserer heutigen Zeit adressiert. Wir müssen die geschichtlichen Besonderheiten der Schrift erkennen, besonders der Heilsgeschichte, die in ihr aufgezeichnet ist. In einer Hinsicht war z. B. Pfingsten ein einmaliges Ereignis, das sich nicht wiederholen lässt, da die Ausgießung des Heiligen Geistes an diesem Tag die letzte Tat Jesu war, die ebenso einmaligen und nicht wiederholbaren Ereignissen folgte, nämlich seinem Tod, seiner Auferstehung und Himmelfahrt. In mancher Hinsicht ähnlich einmalig war der Dienst der Apostel, die Jesus dazu bestimmte, die ersten

Lehrer und das Fundament der Gemeinde zu sein.[4] Wir haben nicht die Freiheit, alles ganz genauso zu machen, wie sie es taten.

In diesem Zusammenhang muss ich auch etwas über den Unterschied zwischen lehrhaften und erzählenden Teilen der Heiligen Schrift sagen und auch darüber, wie wichtig es ist, dass die lehrhaften Teile unser Verständnis der erzählenden Texte kontrollieren. Denn das, was ich zu diesem Thema in meinem Buch *Ich glaube an den Heiligen Geist* (»Baptism and Fullness«) geschrieben habe, wurde von einigen missverstanden, und ich werde versuchen, dieses Missverständnis aufzuklären.[5] Ich sage ausdrücklich nicht, dass biblische Erzähltexte keine Lehre beinhalten würden, denn natürlich gilt: »Alle Schrift ist von Gott eingegeben und nützlich«[6]. Außerdem wurde das, was anderen Menschen in früheren Zeiten passierte, zu unserer Unterweisung schriftlich festgehalten.[7] Dennoch bleibt die Frage: Wie haben wir die erzählenden Abschnitte auszulegen? Denn manche sprechen nicht für sich selbst und bieten in sich selbst nur wenige, wenn nicht gar überhaupt keine Anhaltspunkte dafür, was wir durch sie lernen sollen. Sind sie notwendigerweise auch für uns verbindlich? Soll das Verhalten oder die Erfahrung, die in ihnen beschrieben wird, von uns nachgeahmt werden? Oder sollen wir es etwa ganz anders machen?

Ich beziehe mich hierbei nicht nur auf charismatische Fragen wie die Gabe des Heiligen Geistes an die Samaritaner. Nein, dasselbe muss bei anderen beschreibenden Textpassagen beachtet werden. Sollen wir z. B. örtliche Gemeindewahlen durch Losen entscheiden, weil dies getan wurde, als ein Apostel als Ersatz für Judas gewählt wurde (1,23-26)? Sollen wir eine Gütergemeinschaft pflegen, unseren Besitz verkaufen und den Erlös mit den Armen teilen, wie es die Mitglieder der ersten Gemeinde in Jerusalem taten (2,44-45; 4,32ff.)? Sollen wir auch erwarten, dass wir bei unserer Bekehrung ein helles Licht sehen und eine vernehmbare Stimme hören, wie

Saulus von Tarsus es erlebte (9,3ff.)? Es sollte durch diese Beispiele deutlich geworden sein, dass nicht alles, was die in der Apostelgeschichte beschriebenen Menschen getan oder erlebt haben, dazu gedacht ist, dass wir es in unserem Leben wiederholen. Wie sollen wir aber diese Fragen entscheiden? In diesen Fällen müssen uns bei der Bewertung und Auslegung des nur Beschriebenen die Lehraussagen leiten. Wenn wir nach der Lehre suchen, müssen wir zunächst den direkten Zusammenhang betrachten (in der Erzählung selbst), dann das, was der Autor an anderer Stelle zu diesem Thema schreibt, und schließlich den Zusammenhang der Heiligen Schrift als Ganzes. Die eindeutige Erklärung von Petrus an Hananias, dass sein Besitz vor und nach dem Verkauf sein Eigentum war und ihm zur Verfügung stand (Apg 5,4), wird uns z.B. davon abhalten, dass wir denken, jeder Besitz von Christen müsse notwendigerweise auch gemeinschaftlicher Besitz sein.

Die in diesem Buch verwendete Bibelübersetzung ist die der Lutherbibel von 1984.[8] Manchmal erscheint der Bibeltext als ein Block vor der dazugehörigen Auslegung. Doch wenn der ganze Text in die Auslegung eingearbeitet ist, schien es mir nicht sinnvoll zu sein, ihn zusätzlich voranzustellen.

Ich bin vielen Menschen sehr dankbar, die bei der Entstehung dieses Buches geholfen haben. Ich danke denen, die über Jahre geduldig meinen unbeholfenen Versuchen, die Apostelgeschichte auszulegen, zugehört haben und so als wertvoller »Resonanzkörper« gedient haben. Ich möchte die Studenten der Summer School am Regent College in Vancouver im Juli 1979 erwähnen und besonders die Mitglieder der Evangelical Fellowship der Kirche in Wales, die sich über 13 Jahre unerschütterlich jährlich stattfindenden Kursteilen ausgesetzt haben. Weiter schätze ich die Hilfsbereitschaft der drei offiziellen Lektoren des Verlags Inter-Varsity Press – John Marsh, Colin Duriez und besonders Conrad Gempf, der extrem viel über die Apostelgeschichte weiß und mein

Manuskript mit akribischer Gründlichkeit durcharbeitete und eine große Anzahl scharfsinniger Vorschläge machte, von denen ich viele übernahm. Ein anderer Leser, dem ich sehr zu Dank verpflichtet bin, ist Todd Shy, mein derzeitiger wissenschaftlicher Assistent. Er hat sich mehr als einmal durch den maschinengeschriebenen Text gearbeitet, scharfsinnige Kommentare gegeben, den Bibeltext der englischen Ausgabe und die Fußnoten überprüft und das Abkürzungsverzeichnis und die Bibliographie zusammengestellt. Nicht zuletzt möchte ich meine anhaltende Dankbarkeit gegenüber meiner fähigen und seit nunmehr 33 Jahren unermüdlichen Sekretärin Frances Whitehead ausdrücken, der die Aufgabe des Tippens und Korrigierens durch die »Zauberei« ihres Computers viel interessanter und angenehmer gemacht wurde.

John Stott
Ostern 1989

ABKÜRZUNGEN

Albrecht
Ludwig Albrecht, *Das Neue Testament und die Psalmen.* (1926), Gießen: Brunnen, 1988[14].

BA
Bauer, Walter und Kurt und Barbara Aland. *Griechisch-deutsches Wörterbuch zu den Schriften des Neuen Testaments und der frühchristlichen Literatur.* 6., völlig neu bearbeitete Auflage. Berlin, New York: Walter de Gruyter, 1988.

Einh.
Einheitsübersetzung. Stuttgart: Katholische/Deutsche Bibelgesellschaft, 1980.

GN
Die Gute Nachricht des Alten und Neuen Testaments. Stuttgart: Deutsche Bibelgesellschaft, 1982[2].

GNB
Gute Nachricht Bibel. Stuttgart: Deutsche Bibelgesellschaft, 1997.

HFA
Hoffnung für alle: Die Bibel. Basel: Brunnen (International Bible Society), 1996.

JB
Jerusalemer Bibel. Freiburg: Herder, 1968[6].

Luther '84
Lutherbibel. Stuttgart: Deutsche Bibelgesellschaft, 1984.

LXX
Septuaginta (antike griechische Übersetzung des Alten Testaments)

Menge
Hermann Menge. *Die Heilige Schrift* (1949). Stuttgart: Deutsche Bibelgesellschaft, 1994[12].

NEB
New English Bible. Oxford/Cambridge: University Press, NT 1961, 1970[2]; AT 1970.

NIV
New International Version. Colorado Springs: International Bible Society, 1973/1978/1984.

Rev. Elb.
Revidierte Elberfelder Bibel. Wuppertal/Zürich: Brockhaus, 1985/1992.

RSV
The Revised Standard Version of the Bible. New York/Evanston/London: Harper & Row, NT 1946, AT 1952; 1970[2].

Schlachter
Franz Eugen Schlachter. *Die Heilige Schrift.* Genf: Genfer Bibelgesellschaft, 1951.

WA
Martin Luthers Werke, Weimarer Ausgabe.

ZB
Zürcher Bibel: Die Heilige Schrift des Alten und Neuen Testaments. Zürich: Verlag der Zürcher Bibel, 1955.

CHRONOLOGISCHE ÜBERSICHT[1]

Apostelgeschichte n. Chr.		Römisches Reich n. Chr.	
30	Kreuzigung, Auferstehung und Himmelfahrt Jesu (1,1-11)	**14-37**	Kaiser Tiberius
	Pfingsten (2,1-41)	**26-36**	Pontius Pilatus, Prokurator von Judäa
32/33	Steinigung des Stephanus (7,54-60); Bekehrung des Paulus (9,1-19)		
35 oder 36	Der erste Besuch des Paulus in Jerusalem (9,26-28) (Gal 1,18-20)		
		37-41	Kaiser Caligula
43 oder 44	Ermordung des Apostels Jakobus (12,1-2)	**41-44**	Herodes Agrippa I., König von Judäa

Apostelgeschichte n. Chr.		**Römisches Reich n. Chr.**	
46 oder 47	Der zweite Besuch des Paulus in Jerusalem (11,27-30; Gal 2,1-10)	**41-54**	Kaiser Claudius
		45-47	Hungersnot in Judäa
47/48	Die erste Missionsreise (13-14)		
49	Das Konzil in Jerusalem (15,1-29)	**49**	Klaudius vertreibt die Juden aus Rom
	Beginn der zweiten Missionsreise (15,36ff.)	**50-ca. 93**	Herodes Agrippa II., Tetrarch der nördlichen Territorien
50-52	Paulus in Korinth (18,1-18a)	**51-52**	Gallio, Prokonsul von Achaja
52	Paulus kehrt über Ephesus und Cäsarea ins syrische Antiochia zurück. (18,18b-22)		
	Beginn der dritten Missionsreise (18,23ff.)		

Apostelgeschichte n. Chr.		**Römisches Reich n. Chr.**	
52-55	Paulus in Ephesus (19,1-20,1a)	**52-59**	Felix, Prokurator von Judäa
55-56	Paulus in Mazedonien (20,1b-2a)	**54-68**	Kaiser Nero
56-57	Paulus überwintert in Korinth (20,2b-3a)		
57	Reise nach Jerusalem über Mazedonien, Troas und Milet (20,3b-21,17)		
	Gefangennahme des Paulus in Jerusalem (21,27-36) und Prozess vor Felix (24,1-22)		
57-59	Die Gefangenschaft des Paulus in Cäsarea (23,23-24,27)		

Apostelgeschichte n. Chr.		Römisches Reich n. Chr.	
59	Der Prozess des Paulus vor Festus und Agrippa (25,6-26,32)	**59-61**	Festus, Prokurator von Judäa
59-60	Reise nach Rom (27,1-28,16)		
60-62	Die römische Gefangenschaft des Paulus (28,16ff.)		
64	Wahrscheinliches Martyrium von Petrus und Paulus in Rom	**64**	Beginn der Verfolgung der Christen unter Nero
		70	Fall Jerusalems

EINLEITUNG

1. Einleitung zum Verfasser (Lk 1,1-4)

Bevor man ein Buch liest, ist es oft hilfreich zu wissen, mit welcher Absicht der Autor es geschrieben hat. Die biblischen Bücher stellen hierin keine Ausnahme von dieser Regel dar. Welche Absicht verfolgte Lukas mit seinem Werk?

Lukas schrieb an sich zwei Bücher: Das erste war sein Evangelium, das die alte und unbestrittene Tradition ihm zuschreibt und das sehr wahrscheinlich der »erste Bericht« ist, auf den er zu Beginn der Apostelgeschichte verweist. Somit war die Apostelgeschichte schon sein zweites Buch, wobei die zwei Bände aber offensichtlich zusammengehören. Beide sind Theophilus gewidmet, und beide sind in demselben literarischen griechischen Stil verfasst. Zudem betrachtete Lukas, wie Henry J. Cadbury schon vor 60 Jahren betonte, die Apostelgeschichte »nicht als ein Anhängsel oder einen Nachtrag«, sondern zusammen mit dem Evangelium als »ein einziges zusammenhängendes Werk«. Cadbury wies weiter auf Folgendes hin: »Um die historische Einheit der zwei Bände zu betonen, ... ist vielleicht die Bezeichnung ›Lukas-Apostelgeschichte‹ berechtigt«[1].

Auf die Frage, warum Lukas sein zweibändiges Werk über die Anfänge der Christenheit schrieb, lassen sich drei Antworten geben: Er schrieb es als ein christlicher Historiker, als ein Diplomat und als ein theologischer Evangelist.

a. Lukas, der Historiker

Es ist wahr, dass die eher zerstörende historisch-kritische Forschung der Vergangenheit wenig oder überhaupt kein Vertrauen in die historische Zuverlässigkeit des lukanischen Werkes hatte. F. C. Baur, der Anführer der »Tübinger Schule« in der Mitte des vergangenen Jahrhunderts, schrieb z. B., dass bestimmte Aussagen in der Apostelgeschichte »nur als eine absichtliche Abweichung von der geschichtlichen Wahrheit im Interesse der besonderen Tendenz, die sie hat, angesehen werden« können[2]. Und der sehr unkonventionelle Adolf von Harnack (1851 - 1930), der die Apostelgeschichte als das »große Geschichtswerk«[3] beschreiben konnte, schrieb, dass Lukas »allerlei Unebenheiten und kleine Abweichungen von den in den Paulusbriefen erzählten Tatsachen« aufweist[4].

Doch es gibt eine Anzahl von Gründen, weshalb wir solch einer Kritik skeptisch gegenüberstehen sollten. Beginnen wir damit, dass Lukas im Vorwort zu seinem Evangelium für sich in Anspruch nimmt, exakte Geschichte niedergeschrieben zu haben. Es ist allgemein anerkannt, dass er dies in beiden Bänden zu tun beabsichtigte. Denn es war in der Antike bei einem mehrbändigen Werk üblich, »dem ersten ein Vorwort für das Gesamtwerk voranzustellen«. Folglich ist Lukas 1, 1 - 4 »das eigentliche Vorwort sowohl zur Apostelgeschichte als auch zum Evangelium«.[5] Es lautet:

(1) Viele haben es schon unternommen, Bericht zu geben von den Geschichten, die unter uns geschehen sind, (2) wie uns das überliefert haben, die es von Anfang an selbst gesehen haben und Diener des Worts gewesen sind. (3) So habe auch ich's für gut gehalten, nachdem ich alles von Anfang an sorgfältig erkundet habe, es für dich, hochgeehrter Theophilus, in guter Ordnung aufzuschreiben, (4) damit du den sicheren Grund der Lehre erfahrest, in der du unterrichtet bist.

In dieser wichtigen Aussage schildert Lukas fünf aufeinander folgende Phasen:

Zuerst kamen die historischen Ereignisse. Lukas nennt sie bestimmte »Geschichten, die unter uns geschehen sind« (V. 1). Wenn statt »geschehen« (Luther '84) »erfüllt«[6] die richtige Übersetzung ist, scheint das anzudeuten, dass diese Ereignisse nicht zufällig oder unerwartet, sondern als Erfüllung alttestamentlicher Prophetie sich ereignet haben.

Als Nächstes erwähnt Lukas die zeitgenössischen Augenzeugen, denn die Dinge, »die unter uns geschehen sind«, wurden »uns ... überliefert« von denen, »die es von Anfang an selbst gesehen haben und Diener des Wortes gewesen sind« (V. 2). Dabei schließt Lukas sich selbst aus, denn obwohl er ein Augenzeuge vieler Ereignisse war, die er im zweiten Teil der Apostelgeschichte auch festgehalten hat, gehörte er nicht zu denen, die »von Anfang an« Zeugen gewesen waren. Diese Augenzeugen sind in erster Linie die Apostel, die Zeugen des historischen Jesus waren und das an andere weitergaben (das ist die Bedeutung des Wortes »Tradition«), was sie selbst gesehen und gehört hatten.

Die persönlichen Recherchen des Lukas stellen die dritte Etappe dar. Obwohl er zu der zweiten Generation gehört, die die Überlieferung über Jesus von den apostolischen Augenzeugen erhalten hatte, nahm er diese nicht unkritisch auf. Im Gegenteil, er hat »alles von Anfang an sorgfältig erkundet« (V. 3).

Als Viertes, nach den Ereignissen selbst, der Augenzeugentradition und den Nachforschungen, folgte das Aufschreiben. »Viele haben es schon unternommen, Bericht zu geben« von diesen Dingen (V. 1), sagt er, und jetzt »habe auch ich's für gut gehalten, ... es ... in guter Ordnung aufzuschreiben« (V. 3). Die »vielen« Autoren schließen ohne Zweifel Markus mit ein.

Fünftens würde sein Buch Leser haben, unter ihnen Theophilus, den Lukas persönlich hier anspricht: »damit du den sicheren Grund der Lehre erfahrest, in der du unterrichtet bist« (V. 4). Daher waren (und sind) die Ereignisse, die geschehen, bezeugt, überliefert, untersucht und niedergeschrieben sind, der Grund christlichen Glaubens und christlicher Gewissheit.

Darüber hinaus war Lukas, der von sich behauptet, Historie niederzuschreiben, dafür gut qualifiziert, weil er ein ausgebildeter Arzt war[7], ein Reisegefährte von Paulus, und weil er auch mindestens zwei Jahre in Palästina gewohnt hatte.

Auch in diesen lange vergangenen Zeiten mussten sich Ärzte einer harten Ausbildung unterziehen. Das stilvolle

Griechisch des Lukas ist das einer gebildeten Person. Auch manches Vokabular und sein präzises Wahrnehmungsvermögen im lukanischen Geschichtswerk weisen darauf hin, würde man doch bei einem Mediziner damit rechnen, solches vorzufinden. 1882 schrieb der irische Wissenschaftler W. K. Hobart das Buch *The Medical Language of St. Luke* (»Die medizinische Sprache des Lukas«). Sein Ziel war es zu zeigen, dass Lukas »mit der Sprache der griechischen medizinischen Schulen sehr gut vertraut«[8] war und dass »die vorwiegend medizinisch gefärbte Ausdrucksweise« einen Arzt als Autoren sowohl des Evangeliums als auch der Apostelgeschichte erkennen lässt[9]. Adolf von Harnack schloss sich dieser Theorie an.[10] Modernere Ausleger haben sie jedoch verworfen. Nachdem H. J. Cadbury Hobarts Liste von vermeintlich medizinischen Fachbegriffen, die bei Lukas verwendet werden, überprüft hatte, hob er in verschiedenen Studien hervor, dass diese Begriffe weniger zum medizinischen Fachvokabular als eher zum Repertoire eines jeden gebildeten Griechen gehörten. Die Wahrheit liegt wahrscheinlich zwischen beiden Positionen. Auch wenn der medizinische Hintergrund des Lukas durch sein Vokabular nicht bewiesen werden kann, ist doch ein Rest von medizinischem Interesse und medizinischer Begrifflichkeit in seinem Schreibstil erkennbar. »Instinktiv benutzt Lukas medizinische Begriffe«[11], schreibt William Barclay und fährt fort, indem er Beispiele aus dem Evangelium[12] und aus der Apostelgeschichte[13] angibt.

Ein anderer Grund, der den Anspruch des Lukas, Historie niederzuschreiben, unterstützt, ist der, dass er ein Reisegefährte des Paulus war. Es ist allgemein bekannt, dass Lukas in der Apostelgeschichte einige Male von der dritten Person Plural (»sie«) zur ersten Person Plural (»wir«) wechselt und dass er durch diese »Wir-Stücke« unauffällig auf seine Anwesenheit, jedesmal als Begleiter von Paulus, hinweist. Das erste »Wir-Stück« führt sie von Troas nach Philippi, wo das Evangelium erstmals auf europäischem Boden Fuß fasste (16,10-17), das zweite von Philippi nach Jerusalem nach der Beendigung der letzten Missionsreise (20,5-15 und 21,1-18) und das dritte auf See von Jerusalem nach Rom (27,1-28,16). Während dieser Zeiträume wird Lukas reichlich Gelegenheit dazu gehabt haben, die Lehre des Paulus zu hören und zu verinnerlichen und einen persönlichen Reisebericht über seine Erfahrungen zu schreiben, den er dann später für das Evangelium und die Apostelgeschichte verwenden konnte.

Zusätzlich dazu, dass er ein Arzt und ein Freund von Paulus war, besaß Lukas eine dritte Qualifikation dafür, Geschichte zu schreiben, nämlich seinen Aufenthalt in Palästina. Dieser verlief folgendermaßen: Lukas traf mit Paulus in Jerusalem ein (21,17) und verließ es wieder, um mit ihm nach Rom zu reisen (27,1). Dazwischen lag eine Zeit von mehr als zwei Jahren, in der Paulus in Cäsarea in Gefangenschaft war (24,27). Währenddessen war Lukas ein freier Mann. Was hat er in dieser Zeit getan? Es ist plausibel anzunehmen, dass er von Nord nach Süd und von West nach Ost durch Palästina reiste, und dabei Material für das Evangelium und die ersten Kapitel der Apostelgeschichte, die die Ereignisse in Jerusalem behandeln, sammelte. Als Heide wird er sich mit der jüdischen Geschichte, den Bräuchen und Festen vertraut gemacht haben. Er wird die Orte besucht haben, die durch den Dienst Jesu und die Entstehung der ersten Gemeinde gesegnet worden waren. Harnack war beeindruckt von der genauen Kenntnis des Autors von Nazareth (mit dem Berg und der Synagoge), von Kapernaum (und dem Zenturio, der die dortige Synagoge baute), von Jerusalem (mit dem Ölberg und benachbarten Orten und der »Synagoge der Libertiner«), dem Tempel (mit den Vorhöfen, Toren und Säulenhallen), von Emmaus (sechzig Stadien entfernt), Lydda, Joppe, Cäsarea und anderen Städten.[14]

Weil für Lukas, der die ersten Ereignisse verstehen wollte, Menschen wohl viel interessanter als Orte waren, wird er sicherlich viele Augenzeugen befragt haben. Einige von ihnen werden Jesus gekannt haben, vielleicht auch die mittlerweile alt gewordene Mutter Jesu selbst, denn bei Lukas wird die

Geburt und Kindheit Jesu – die nur Maria bekannten Einzelheiten der Ankündigung mit eingeschlossen – aus ihrer Sicht erzählt und muss letztendlich auf sie selbst zurückgeführt werden. Andere werden bei den Anfängen der Jerusalemer Gemeinde mit dabei gewesen sein, z. B. Johannes Markus und seine Mutter, Philippus, die Apostel Petrus und Johannes und Jakobus, der Bruder des Herrn. Sie konnten Lukas Informationen aus erster Hand über die Himmelfahrt, Pfingsten, die ersten Predigten über das Evangelium, die Anfeindung durch den Sanhedrin, das Martyrium des Stephanus, die Bekehrung des Kornelius, die Ermordung des Apostels Jakobus und die Gefangenschaft und Befreiung des Petrus geben. So ist es nicht verwunderlich, dass die erste Hälfte der Apostelgeschichte eine »sehr beachtliche semitische Färbung«[15] hat.

Es gibt also gute Gründe für uns, Lukas zu glauben, der für sich in Anspruch nimmt, dass er Geschichte niederschreibt. Berufshistoriker und Archäologen gehören zu denen, die am stärksten unterstreichen, dass man sich fest darauf verlassen kann. Z. B. Sir William Ramsay: Zuerst war er ein ergebener Anhänger des historisch-kritischen Theologen F. C. Baur, doch später änderte er seine Meinung auf Grund seiner eigenen Forschungen. In seinem Buch *St. Paul the Traveller and the Roman Citizen* (1895) (»Paulus als Reisender und römischer Bürger«) berichtet er, dass er seine Nachforschungen »ohne jegliche Voreingenommenheit bezüglich des Ergebnisses«, das er später daraus zog, begann. Er fing »ganz im Gegenteil mit einer dem Ergebnis völlig entgegenstehenden Meinung« an.[16] Schlussendlich konnte er Gründe dafür nennen, »dass der Verfasser der Apostelgeschichte zu den Historikern ersten Ranges gehörte«.[17]

Die Tragfähigkeit des Hintergrundwissens des Lukas wurde ungefähr 70 Jahre später von A. N. Sherwin-White, der Dozent für Alte Geschichte an der Universität von Oxford war und sich selbst als einen »professionellen Historiker für griechisch-römische Geschichte« bezeichnete, besonders stark bekräftigt.[18] Er schrieb über die Apostelgeschichte:

»Der historische Rahmen ist exakt. Die Zeit- und Ortsangaben sind präzise und korrekt. Der Leser geht mit dem Autoren an den Straßen und Marktplätzen, den Theatern und Versammlungen in Ephesus oder Thessalonich, Korinth oder Philippi des ersten Jahrhunderts entlang. Die hohen Leute der Städte, die Magistrate, der Mob und ihre Führer – sie sind alle da ... Ähnlich ist es bei den Berichten über die Prozesserfahrungen des Paulus vor dem Tribunal des Gallio, Felix und Festus. Diese Berichte gehören als Dokumente in die gleiche historische Kategorie wie die Berichte von provinziellen und kaiserlichen Verhandlungen in Inschriften und literarischen Quellen des ersten und frühen zweiten Jahrhunderts n. Chr.«[19]

Er kommt zu folgendem Ergebnis: »Die Historizität der Apostelgeschichte ist überwältigend gut belegt ... Es wäre völlig absurd, zu versuchen, die historische Basis der Apostelgeschichte, einschließlich ihrer Detailangaben, zu leugnen. Römische Historiker haben dies auch lange Zeit als selbstverständlich betrachtet«[20].

b. Lukas, der Diplomat

Lukas kann nicht ausschließlich die Absicht gehabt haben, Geschichte niederzuschreiben, denn sein historischer Bericht ist eine unvollständige Auswahl. Er berichtet über Petrus, Johannes, Jakobus, den Bruder des Herrn, und Paulus, aber nichts über die anderen Apostel, außer dass Jakobus, der Sohn des Zebedäus, enthauptet wurde. Er beschreibt, wie sich das Evangelium nördlich und westlich von Jerusalem ausgebreitet hat, schreibt aber nichts über das Vordringen in den Osten und Süden, ausgenommen die Bekehrung des Äthiopiers. Er schildert die palästinische Gemeinde in der frühen nachpfingstlichen Zeit, doch im Anschluss daran folgt die

Ausbreitung der Heidenmission unter der Leitung von Paulus. Lukas ist also mehr als ein Geschichtsschreiber. In Wirklichkeit ist er ein feinfühliger christlicher »Diplomat«, mit guten Kontakten sowohl zur Gemeinde als auch zum Staat.

Zunächst entwickelt Lukas eine politische Apologetik, weil er tief betroffen über die Haltung der römischen Machthaber gegenüber den Christen ist. Er bemüht sich auch besonders, das Christentum gegenüber kritischen Angriffen zu verteidigen. In seiner Argumentation betont er, dass die Machthaber von Seiten der Christen nichts zu befürchten haben, weil diese weder aufrührerisch noch staatsgefährdend, sondern, ganz im Gegenteil, unschuldig vor dem Gesetz und moralisch harmlos sind. Positiv gesagt: Sie üben einen guten Einfluss auf die Gesellschaft aus.

Deshalb sind vielleicht beide Bände an Theophilus gerichtet. Obwohl das Eigenschaftswort *theophilēs*, das entweder »von Gott geliebt« oder »Gott liebend« bedeutet[21], für jeden christlichen Leser stehen könnte, ist es doch wahrscheinlicher, dass es sich hierbei um den Namen einer spezifischen Person handelt. Und obwohl das Eigenschaftswort *kratistos* (»hoch geehrt«, Lk 1,3) entweder nur »eine höfliche Form der Anrede ohne offiziellen Beiklang« oder aber die »ehrende Anrede an eine Person in hervorragender amtlicher oder auch sozial überlegener Stellung«[22] sein könnte, ist die zweite Möglichkeit wahrscheinlicher, weil diese Anrede später im Zusammenhang mit den Prokuratoren Felix (23,26; 24,3) und Festus (26,25) wieder auftaucht. Eine moderne Entsprechung wäre »Ihre Exzellenz« (vgl. NEB). Einige Wissenschaftler haben deshalb vorgeschlagen, dass Theophilus ein bestimmter römischer Beamter war, der von antichristlichen Verleumdungen gehört hatte. Dagegen dachte B. H. Streeter, dass dieses Eigenschaftswort »ein vorsichtshalber gewähltes Pseudonym« sei, er vermutet sogar, dass dies »der geheime Name von Flavius Clemens war, unter dem er in der Gemeinde Roms bekannt war«[23].

Lukas führt wiederholt drei Punkte einer politischen Verteidigung an: Erstens hatten sich römische Beamte durchgehend freundlich gegenüber den Christen verhalten, manche waren sogar Christen geworden, wie etwa der Hauptmann am Kreuz, der Hauptmann Kornelius und Sergius Paulus, Prokonsul von Zypern. Zweitens konnten die römischen Machthaber nichts Anstößiges an Jesus oder seinen Aposteln finden. Jesus war zwar wegen Aufruhr angeklagt worden, doch weder Herodes noch Pilatus konnten einen Grund für diese Anschuldigung finden. Ebenso bei Paulus: In Philippi entschuldigten sich die Stadtrichter, in Korinth weigerte sich der Prokonsul Gallio eine richterliche Entscheidung zu fällen, und in Ephesus erklärte der Kanzler Paulus und seine Freunde für unschuldig. Danach konnten ihn weder Felix noch Festus oder Agrippa eines Vergehens überführen – dreimal Freispruch, so wie auch Pilatus Jesus im Lukasevangelium dreimal für unschuldig erklärt hatte.[24]

An dritter Stelle räumten die römischen Machthaber dem Christentum den Status einer *religio licita* (einer rechtmäßigen oder amtlich zugelassenen Religion) ein, weil das Christentum keine neue Religion war (in diesem Fall wäre es nötig gewesen, sie staatlich anzuerkennen), sondern die reinste Form des Judentums (das Judentum hatte unter den Römern seit dem 2. Jh. v. Chr. Religionsfreiheit genossen). Das Kommen Christi war die Erfüllung der alttestamentlichen Prophetie und die christliche Gemeinde stand in direkter Kontinuität zum alttestamentlichen Volk Gottes.

Hierin bestand also die politische Apologetik des Lukas. Er brachte viele Gründe vor, um zu zeigen, dass die Christen harmlos waren (weil einige römische Beamte selbst Christen geworden waren), unschuldig (weil römische Richter keine Basis für eine strafrechtliche Verfolgung finden konnten) und rechtmäßig (weil sie die wahre Fortsetzung des Judentums waren). Christen sollten aus ähnlichen Gründen immer staatlichen Schutz in Anspruch nehmen können. Ich erinnere mich an eine Aussage, die 1972 baptistische Gläubige von Piryatin (100 km östlich von Kiew) gegenüber N. V. Podgorny, dem damaligen Vorsitzenden des Präsidiums des

Obersten Sowjets, und L. I. Breschnew, dem Generalsekretär der Kommunistischen Partei, machten. Indem sie Artikel der Verfassung der UdSSR und der allgemeinen Erklärung der Menschenrechte zusammen mit einzelnen Gesetzen und Gesetzesinterpretationen zitierten, forderten die evangelisch-baptistischen Christen von Piryatin das Recht auf Gewissens- und Religionsfreiheit. Sie erklärten, dass sie nicht das Gesetz brechen würden, »weil es im Zusammenhang mit der Lehre Jesu nichts Schädliches gibt, nichts gegen die Regierung Gerichtetes und nichts Fanatisches in dem, was wir tun, sondern nur das, was geistlich nützlich und gut, richtig, ehrlich und friedlich ist«[25].

Das zweite Beispiel für die diplomatische Haltung des Lukas ist, dass er ein Friedensstifter in der Gemeinde war. Durch seinen Bericht wollte er zeigen, dass die frühe Christenheit eine ungeteilte Gemeinde war, dass die Gefahr einer Trennung zwischen jüdischen und samaritanischen Christen und zwischen jüdischen und heidnischen Christen glücklicherweise verhindert worden war und dass die Apostel Petrus, Jakobus und Paulus sich über das Evangelium grundsätzlich einig waren.

Matthias Schneckenburger unternahm in seinem Buch *Über den Zweck der Apostelgeschichte* (1841) »die ersten sorgfältigen Nachforschungen über die Absicht der Apostelgeschichte«[26]. Er glaubte, dass Lukas Paulus gegen Kritik von jüdisch-christlicher Seite bezüglich seiner Heidenmission verteidigen wollte, indem er seine jüdischen Praktiken und seine guten Beziehungen zu der Jerusalemer Gemeinde betonte. Ebenso war er darum bemüht, die »parallelen Wunder, Visionen, Schicksale und Reden«[27] zu schildern, um »Paulus ebenbürtig neben Petrus zu stellen«[28].

F. C. Baur ging aber noch einen Schritt weiter. Er meinte, die Apostelgeschichte verfolge eine eindeutig »tendenziöse« Absicht.[29] Ausgehend von der etwas fadenscheinigen Basis der korinthischen Parteiungen (»Ich folge Paulus ... ich folge Petrus ...«; 1. Kor 1, 12) konstruierte er die sorgfältig ausgearbeitete Theorie, dass die frühe Christenheit durch Konflikte zwischen den ursprünglichen Judenchristen, die von Petrus vertreten wurden, und später hinzugekommenen Heidenchristen, vertreten durch Paulus, in sich zerrissen war. Er betrachtete die Apostelgeschichte als das Werk eines »Pauliners« (eines Nachfolgers und Verteidigers von Paulus) aus dem 2. Jh., der damit versuchen wollte, die angebliche Feindschaft zwischen den zwei führenden Aposteln zu minimieren oder sogar zu widerlegen. So wollte er die jüdischen und heidnischen Christen miteinander versöhnen. Er stellte Paulus als gläubigen Juden dar, der das Gesetz hielt und an die Propheten glaubte und Petrus als den Evangelisten, durch den sich die ersten Heiden bekehrten. So sollten die beiden Apostel als in Harmonie miteinander vereint dargestellt werden und nicht als zwei, die sich in den Haaren lagen. Demnach versucht Lukas, »die gegenseitige Annäherung und Verteidigung der beiden einander gegenüberstehenden Parteien dadurch einzuleiten und herbeizuführen, dass Paulus so viel wie möglich petrinisch und dagegen Petrus so viel wie möglich paulinisch erscheint …«[30].

Man stimmt allgemein darin überein, dass F. C. Baur und seine Nachfolger in der Tübinger Schule mit ihrer Theorie viel zu weit gegangen sind. Es gibt wirklich keine Anhaltspunkte dafür, dass es in der frühen Christenheit zwei »Christenheiten« (eine jüdische und eine heidnische) gab, die, von zwei Aposteln (Petrus und Paulus) angeführt, sich unversöhnlich gegenüberstanden. Wahrscheinlich war Baur von Hegels dialektischem Verständnis der Geschichte beeinflusst, wonach es eine ständige Auseinandersetzung zwischen einer These und einer Antithese gibt. Es gab sicherlich Spannungen zwischen jüdischen und heidnischen Christen und wegen der Aktivitäten einiger Judaisten schien bis zum Konzil von Jerusalem auch eine tief greifende Spaltung möglich. Dies verheimlicht Lukas nicht. Und zweifellos widerstand Paulus Petrus in Antiochien[31], weil er sich aus der Gemeinschaft mit heidnischen Gläubigen zurückgezogen hatte. Aber diese Konfrontation war eine Ausnahme und hielt nicht lange an. Paulus hat dies den Galatern in der Vergangenheitsform geschrieben. Petrus kam nach diesem einmaligen Fehltritt wieder auf die Beine. Die Versöhnung zwischen den zwei führenden Aposteln fand wirklich statt und ist nicht nur frei erfunden. Die Stoßrichtung der Apostelgeschichte, von Galater 1 und 2 und 1. Korinther 15, 11 gründet darauf, dass die Apostel hinsichtlich des Evangeliums völlig übereinstimmen.

Lukas hat diese Harmonie unter den Aposteln nicht erfunden, so wie Baur es behauptete. Er hat sie vielmehr beobachtet und festgehalten. Es ist offensichtlich, dass er in seinem Bericht Petrus (Kapitel 1-12) und Paulus (Kapitel 13-28) hervorhebt. Es ist auch sehr wahrscheinlich, dass er sie bewusst so darstellt, dass sie parallele und nicht gegensätzliche Dienste ausüben. Die Ähnlichkeiten zwischen Petrus und Paulus sind recht auffallend. So wurden beide mit dem Heiligen Geist erfüllt (4, 8 und 9, 17; 13, 9), beide predigten Gottes Wort mit Freimut (4, 13.31 und 9, 27.28), beide legten Zeugnis vor jüdischen Zuhörern darüber ab, dass Jesus gekreuzigt wurde, auferstanden ist und regiert, wodurch die Schrift erfüllt wurde, und dadurch den Weg zum Heil eröffnete (z. B. 2, 22ff. und 13, 16ff.), beide predigten sowohl vor Heiden als auch vor Juden (10, 34ff. und 13, 46ff.), beide hatten Visionen, die wichtige Anweisungen für die sich entwickelnde Mission durch die Gemeinde enthielten (10, 9ff. und 16, 9), beide kamen wegen ihres Zeugnisses für Jesus ins Gefängnis und wurden dann auf übernatürliche Weise befreit (12, 7ff. und 16, 25ff.), beide heilten einen Menschen, der von Geburt an lahm war – Petrus in Jerusalem und Paulus in Lystra (3, 2ff. und 14, 8ff.), beide heilten andere kranke Menschen (9, 41 und 28, 8), beide trieben böse Geister aus (5, 16 und 16, 18), beide besaßen solch außergewöhnliche Kräfte, dass Menschen durch den Schatten des Petrus und die Schweißtücher und andere Tücher des Paulus geheilt wurden (5, 15 und 19, 12), beide erweckten Tote wieder zum Leben, Petrus Tabita in Joppe und Paulus Eutychus in Troas (9, 36ff.

und 20,7ff.), beide sprachen Gottes Gericht über einen Zauberer bzw. Irrlehrer aus, Petrus über den Zauberer Simon in Samaria und Paulus über Elymas in Paphos (8,20ff. und 13,6ff.), und beide wehrten sich dagegen, von ihren Mitmenschen angebetet zu werden, Petrus gegen die Anbetung durch Kornelius und Paulus gegen die der Einwohner von Lystra (10,25-26 und 14,11ff.).

Es stimmt, dass diese Parallelen über die Apostelgeschichte verteilt sind und dass sie nicht in direkter Gegenüberstellung zu finden sind. Dennoch sind sie vorhanden. Dies kann kaum purer Zufall sein. Lukas baut sie sicherlich in seine Erzählung mit ein, um in seinen Portraits von Petrus und Paulus zu zeigen, dass beide Apostel Jesu Christi mit demselben Auftrag, demselben Evangelium und derselben Vollmacht ausgerüstet waren. In dieser Hinsicht kann man Lukas einen wahren »Friedensstifter« nennen, der die Einheit der apostolischen Gemeinde betont.

c. Lukas, der theologische Evangelist

Die »Redaktionsgeschichtliche Methode« betont, dass die Verfasser der Evangelien und der Apostelgeschichte nicht einfallslose Herausgeber waren, die nur mit »Schere und Klebstoff« arbeiteten, sondern Theologen mit eigenem Anspruch, die ihr Material gewissenhaft ausgewählt, angeordnet und präsentiert haben, sodass es ihrem spezifischen pastoralen Anliegen dienlich war. In den Fünfzigerjahren des 20. Jh.s wurde damit begonnen, diese Methode auch auf die Apostelgeschichte anzuwenden, zuerst von Martin Dibelius (1951), dann von Hans Conzelmann (1954)[32] und schließlich von Ernst Haenchen in seinem berühmten Kommentar (1956). Leider meinten diese deutschen Theologen, dass Lukas bestimmte theologische Anliegen auf Kosten seiner historischen Zuverlässigkeit verfolgt habe. Howard Marshall baute besonders in seiner ausgezeichneten Studie *Luke: Historian and Theologian* (1970) (*»Lukas: Historiker und Theologe«*) auf ihrer Arbeit auf, wobei er sie gleichzeitig einer rigorosen Kritik unterzog. Er fordert aber dazu auf, dass wir Lukas, den Historiker, und Lukas, den Theologen, nicht gegeneinander ausspielen sollen, da er beides war, und in Wahrheit erfordere jede Seite die jeweils andere:

> »Lukas ist beides, ein Historiker *und* ein Theologe, und ... die beste Bezeichnung für ihn ist ›Evangelist‹, ein Begriff, der, wie wir meinen, die zwei vorherigen enthält ... Als Theologe war Lukas daran interessiert, dass seine Botschaft von Jesus und der frühen Christenheit auf zuverlässiger Historie beruhte ... Sein historischer Bericht stand im Dienst seiner Theologie.«[33]

Zudem war Lukas »beides, ein zuverlässiger Historiker und ein guter Theologe ... Wir glauben, dass der Wert seiner Theologie mit der Zuverlässigkeit der Geschichtsschreibung steht oder fällt, auf der sie gründet ... Lukas ist um die heilsgeschichtliche Bedeutung der Geschichte bemüht und weniger um die Historie selbst als bloße Fakten«[34].

Lukas war im Besonderen ein »Heilstheologe«. Das Heil, so schreibt Howard Marshall, »ist das zentrale Motiv in der lukanischen Theologie«[35], sowohl in seinem Evangelium (dort sehen wir, wie es vollbracht wird) als auch in der Apostelgeschichte (dort sehen wir, wie es verkündigt wird). Michael Green hat in seinem Buch *The Meaning of Salvation* (»Die Bedeutung des Heils«) darauf aufmerksam gemacht: »Die Wichtigkeit der Errettung in den Werken von Lukas kann nur schwer überbetont werden ... Es ist erstaunlich ..., dass dies im Hinblick darauf, wie oft Lukas Begriffe aus dem Bereich des Heils verwendet, nicht stärker beachtet worden ist«[36].

Die Heilstheologie des Lukas wird bereits im »Lobpreis des Simeon« (*nunc dimittis*), den er in seinem Evangelium festhält, angedeutet.[37] Drei grundlegende Wahrheiten stechen dabei hervor:

1. *Die Errettung wurde von Gott vorbereitet.* Indem sich Simon an Gott wendet, bezieht er sich auf »dein Heil[38], das du bereitet hast vor allen Völkern« (Lk 2,30-31). Weit entfernt von einer nachträglichen Deutung war dies seit Jahrhunderten geplant und verheißen gewesen. Dieselbe Betonung kehrt in der Apostelgeschichte wieder. In den Predigten von Petrus und Paulus, ganz abgesehen von der Verteidigungsrede des Stephanus, werden Jesu Tod und Auferstehung, seine Herrschaft und die Gabe des Heiligen Geistes als der Höhepunkt von Jahrhunderten prophetischer Verheißung angesehen.

2. *Die Errettung ist ein Geschenk Jesu Christi.* Wenn Simeon zu Gott von »deinem Heil« spricht, das er mit eigenen Augen gesehen hatte, bezog er sich auf Jesus als Baby, den er in den Armen gehalten hatte und der als »Heiland geboren« war (Lk 2,11). Jesus selbst machte später die eindeutige Aussage, dass er gekommen ist, »zu suchen und selig zu machen, was verloren ist« (Lk 19,10). Dies veranschaulichte er mit drei Gleichnissen über die menschliche Verlorenheit (Lk 15,1-32). Nach seinem Tod und seiner Auferstehung verkündigten seine Apostel, dass die Vergebung der Sünden für alle die vorhanden sei, die Buße tun und an Jesus glauben (Apg 2,38-39; 13,38-39). In der Tat ist das Heil in keinem anderen zu finden (Apg 4,12). Denn Gott hatte Jesus »durch seine rechte Hand erhöht zum Fürsten und Heiland, um ... Buße und Vergebung der Sünden zu geben« (Apg 5,31).

3. *Die Errettung wird allen Völkern angeboten.* Das Heil ist, wie Simeon es formuliert, »vor allen Völkern« bereitet, damit es ein Licht für die Heiden und »zum Preis deines Volkes Israel« sei (Lk 2,31-32). Ohne Zweifel betont Lukas vor allem diese Wahrheit. In Lukas 3,6 setzt er das Zitat aus Jesaja 40 über die Berichte von Matthäus und Markus hinaus fort, wobei er auf Johannes den Täufer verweist, um auch diese Aussage mit einzubeziehen: »Und alle Menschen werden das Heil Gottes sehen«. In Apostelgeschichte 2,17 hält er das Zitat des Petrus aus Gottes Verheißung durch Joel fest: »Ich will ausgießen von meinem Geist auf alles Fleisch.« Die zwei

Worte *pasa sarx*, »alles Fleisch« oder »die ganze Menschheit«, stehen wie ein Wegweiser fast am Anfang jedes der beiden Bände des Lukas. In beiden Fällen sind sie in eine alttestamentliche Verheißung eingebettet, um die grundlegende Aussage hervorzuheben. Jesus ist der Heiland der Welt, keiner befindet sich außerhalb des Bereiches, in dem er seine Liebe den Menschen zuwendet. Lukas schildert in seinem Evangelium besonders Jesu Erbarmen mit den Teilen der Gesellschaft, die andere verachteten; nämlich mit den Frauen und Kindern, den Armen, den Kranken, den Sündern und Ausgestoßenen, den Samaritanern und Heiden. In der Apostelgeschichte beschreibt Lukas, wie Paulus sich den Heiden zuwandte und wie das Evangelium sich in einem Siegeszug von Jerusalem aus, der Hauptstadt der Juden, schließlich bis nach Rom, der Hauptstadt der Welt, ausbreitete.

Dass das allumfassende Angebot des Evangeliums so in den Vordergrund gerückt wurde, stammt – genau in die Erzählung eingepasst – aus der Feder des Lukas. Denn er ist der einzige Heide, der etwas zum N.T. beigetragen hat.[39] So gebildet und weit gereist, wie er ist, ist er der einzige Evangelist, der den See von Genezareth nicht »Meer«, sondern »See«[40] nennt, weil er ihn mit dem Mittelmeer vergleichen kann. Er hat den weiten Horizont der griechisch-römischen Welt, sowohl ihrer Geschichte als auch ihrer Geografie. So zeichnet er seinen Bericht über Jesus und die Urgemeinde auf dem Hintergrund des damaligen Weltgeschehens. Und er verwendet das Wort *oikoumenē*, »die bewohnte Erde«, öfter (nämlich achtmal) als all die anderen neutestamentlichen Autoren zusammen.

Doch Lukas, der »Heilstheologe«, ist hauptsächlich ein Evangelist. Denn er verkündigt allen Menschen die gute Nachricht vom Heil Gottes in Christus. Deshalb enthält die Apostelgeschichte auch so viele Predigten und Ansprachen, besonders von Petrus und Paulus. Lukas beschreibt sie nicht nur als solche, die zu ihren damaligen Hörern sprechen, sondern er macht es möglich, dass sie noch Jahrhunderte später zu uns, die wir ihnen zuhören, reden. So sagte auch Petrus an Pfingsten, dass die Verheißung des Heils auch uns und jeder Generation gilt, in der Tat all denen, »soviele der Herr, unser Gott, herzurufen wird« (Apg 2,39).

2. Einleitung zur Apostelgeschichte (Apg 1,1-5)

Nach dieser allgemeinen Einleitung zu Lukas und der Absicht seines Schreibens wenden wir uns nun spezieller der Apostelgeschichte und ihrem Vorwort zu. Wir müssen besonders darauf achten, wie Lukas sowohl den Zusammenhang zwischen seinen zwei Bänden als auch die Aufgabe, die die Apostel bei der Gründung der Gemeinde ausübten, versteht.

a. Das zweibändige Werk des Lukas

(1) Den ersten Bericht habe ich gegeben, lieber Theophilus, von all dem, was Jesus von Anfang an tat und lehrte (2) bis zu dem Tag, an dem er aufgenommen wurde, nachdem er den Aposteln, die er erwählt hatte, durch den Heiligen Geist Weisung gegeben hatte.

An dieser Stelle erzählt uns Lukas, wie er sein zweibändiges Werk über die Anfänge der Christenheit, das nahezu ein Viertel des NT.s ausmacht, beurteilt. Er bezeichnet den ersten Band nicht als den *Bericht von Jesus Christus* von seiner Geburt an über sein Leiden und seinen Tod bis zu seiner triumphalen Auferstehung und Himmelfahrt und den zweiten Band nicht als den *Bericht über die Gemeinde Jesu Christi* von ihrer Entstehung in Jerusalem an über ihr Leiden und die Verfolgung bis zur triumphalen Eroberung Roms etwa 30 Jahre später. Denn die Parallelen, die er in seinen beiden Bänden zieht, sind nicht die zwischen Christus und seiner Gemeinde, sondern die zwischen zwei Arten des Dienstes derselben Person – Jesus Christus. In seinem *ersten Bericht* hat Lukas *von all dem, was*

Jesus von Anfang an tat und lehrte bis zu dem Tag, an dem er aufgenommen wurde, geschrieben, denn er war »mächtig in Taten und Worten vor Gott und allem Volk«[41]. In seinem zweiten Buch (so deutet er es an) wird er über das schreiben, was Jesus im Anschluss an seine Himmelfahrt tat und lehrte, besonders durch seine Apostel, deren Predigten und »Zeichen und Wunder«, die ihre Echtheit bestätigten, und die Lukas treu festhalten will. So folgte Jesu Dienst auf der Erde, den er selbst und öffentlich ausübte, sein Dienst vom Himmel her, den er mittels seines Heiligen Geistes durch seine Apostel versieht. Die Himmelfahrt war die Trennungslinie zwischen diesen beiden Diensten. Sie stellt nicht nur den Abschluss des ersten Bandes[42] und die Einleitung seines zweiten dar[43], sondern sie schloss auch Jesu irdischen Dienst ab und leitete zu seinem himmlischen Dienst über.

Wie müsste demzufolge der zweite Band korrekt heißen? Der gebräuchlichste Titel, besonders in den Vereinigten Staaten, ist *The Book of Acts*, »Das Buch der Taten (der Apostel)«.[44] Dieser Titel ist durch den Codex Sinaiticus aus dem 4. Jh. n. Chr. durchaus berechtigt, weil er die Apostelgeschichte einfach mit *Praxeis*, »Taten«, überschreibt. Doch dieser Titel sagt uns weder, von wessen Taten Lukas berichtet, noch hilft er uns, dieses Buch von späteren apokryphen Werken wie den *Johannesakten*, den *Paulusakten* und den *Petrusakten* aus dem 2. Jh. n. Chr. oder den *Andreasakten* und den *Thomasakten* aus dem 3. Jh. n. Chr. zu unterscheiden. Diese sind ja nur fromme Romane, die besonders durch die Erzählung von legendenhaften Wundern das Ansehen der betreffenden Apostel steigern und nicht allgemein anerkannte Lehrmeinungen innerhalb der Gemeinde durch die Autorität eines bestimmten Apostels untermauern wollen.[45]

Der seit dem 2. Jh. für die Apostelgeschichte allgemein gebräuchlichste Titel ist »Die Taten der Apostel« oder ohne den bestimmten Artikel »Die Taten von Aposteln«. Auf jeden Fall waren es die Apostel, die im Mittelpunkt der Darstellung des Lukas stehen – zuerst Petrus und Johannes (Kapitel 1-8), dann Petrus alleine (Kapitel 10-12), Jakobus als Vorsitzender des Apostelkonzils in Jerusalem (Kapitel 15) und schließlich besonders Paulus (Kapitel 9 und 13-28). Doch dieser Titel stellt die Menschen zu sehr in den Mittelpunkt und lässt die göttliche Kraft, durch die die Apostel redeten und handelten, ganz außer Acht.

Andere schlagen den Titel »Die Taten des Heiligen Geistes« vor, z. B. Johann Albrecht Bengel im 18. Jh. Er schreibt, dass der zweite Band des Lukas »nicht sowohl die Thaten der Apostel, als des Heiligen Geistes, gleichwie das erstere die Thaten Jesu Christi, beschreibt«[46]. Dieser Gedanke wurde von Arthur T. Pierson allgemein bekannt gemacht, dessen Kommentar (1895) auch mit diesem Titel veröffentlicht wurde:

> »Vielleicht können wir es wagen, dieses Buch die *Taten des Heiligen Geistes* zu nennen, denn von Anfang bis Ende berichtet es über sein Kommen und sein Handeln. Man kann ihn hier kommen und handeln sehen ... Nur einer kann wirklich als Akteur und Urheber anerkannt werden, andere sogenannte Akteure sind lediglich seine Werkzeuge. Er ist der Urheber, der handelt, und sie die Werkzeuge, durch die er handelt.«[47]

Pierson beendet sein Buch mit einer bewegenden Aufforderung:

> »Gemeinde Jesu Christi! Der Bericht über diese Taten des Heiligen Geistes hat die Vollendung noch nicht erreicht. Dies ist das einzige Buch, das kein richtiges Ende hat, weil es darauf wartet, dass neue Kapitel ergänzt werden, und zwar so schnell und so weit, wie die Leute Gottes den gepriesenen Heiligen Geist wieder als Herrscher eingesetzt haben.«[48]

Dies ist sicherlich ein heilsames Korrektiv. Durch den gesamten Bericht von Lukas ziehen sich die Verweise auf die Verheißung, die Gabe, die Ausgießung, die Taufe, die Fülle, die Kraft, das Zeugnis und die Führung des Heiligen Geistes. Es wäre nicht möglich, den Verlauf des Evangeliums ohne das Wirken des Heiligen Geistes zu erklären. Doch wenn der Titel *Die Taten der Apostel* das menschliche Element überbetont, so wird durch den Titel *Die Taten des Heiligen Geistes* das göttliche Element zu sehr in den Mittelpunkt gerückt, weil es die Apostel als die handelnden Hauptpersonen außer Acht lässt, durch die der Heilige Geist ja arbeitete. Dies widerspricht auch dem ersten Vers des Lukas, der andeutet, dass die Taten und Worte, die er festhält, Taten und Worte des aufgefahrenen Christus sind, der durch den Heiligen Geist wirkt, der, wie Lukas weiß, »der Geist Jesu« ist (Apg 16, 7). Der zutreffendste (wenn auch etwas umständliche) Titel, der den eigenen Aussagen des Lukas in Vers 1 und 2 gerecht werden würde, wäre vielleicht folgender: *Die weiteren Worte und Taten Jesu mittels seines Geistes durch die Apostel.*

Die ersten beiden Verse von Lukas sind deshalb äußerst wichtig. Es wäre nicht übertrieben zu sagen, dass durch sie die Christenheit von allen anderen Religionen unterschieden wird. Diese sagen, dass ihr Gründer seinen Dienst während seiner Lebenszeit jeweils vollendet hat. Lukas sagt aber, dass Jesus sein Werk auf Erden nur begann. Das Werk der Versöhnung vollendete er, doch das Ende dieses Werkes war auch zugleich ein neuer Anfang. Denn nach seiner Auferstehung, Himmelfahrt und der Gabe des Heiligen Geistes setzte er sein Werk fort, zuerst und vor allem durch den einzigartigen Dienst seiner erwählten Apostel bei der Gründung der Gemeinde und anschließend durch die nachapostolische Gemeinde Jesu zu jeder Zeit und an jedem Ort. An diesen Jesus glauben auch wir heute: Er ist beides, der historische Jesus, der gelebt hat, und der Jesus der Gegenwart, der lebt. Der historische Jesus begann seinen Dienst auf der Erde, der Jesus der Herrlichkeit war seitdem durch seinen Geist wirksam, was mit seiner Verheißung übereinstimmt, dass er »bis an der Welt Ende« bei seinem Volk sein würde[49].

b. Der grundlegende Dienst der Apostel

(2) bis zu dem Tag, an dem er aufgenommen wurde, nachdem er den Aposteln, die er erwählt hatte, durch den Heiligen Geist Weisung gegeben hatte. (3) Ihnen zeigte er sich nach seinem Leiden durch viele Beweise als der Lebendige und ließ sich sehen unter ihnen vierzig Tage lang und redete mit ihnen vom Reich Gottes. (4) Und als er mit ihnen zusammen war, befahl er ihnen, Jerusalem nicht zu verlassen, sondern zu warten auf die Verheißung des Vaters, die ihr, so sprach er, von mir gehört habt; (5) denn Johannes hat mit Wasser getauft, ihr aber sollt mit dem Heiligen Geist getauft werden nicht lange nach diesen Tagen.

Wir haben bereits angemerkt, dass die Himmelfahrt die Trennungslinie zwischen den zwei Abschnitten – dem irdischen und dem himmlischen – des Dienstes Jesu Christi war. Nun müssen wir beachten, dass er erst in den Himmel *aufgenommen wurde, nachdem er den Aposteln, die er erwählt hatte, durch den Heiligen Geist Weisung gegeben hatte.* Dies wird ganz deutlich in dem griechischen Satz betont, der wörtlich übersetzt heißt: »bis zu dem Tag, an dem er – nachdem er seinen Aposteln, die er erwählt hatte, durch den Heiligen Geist Befehl gegeben hatte – aufgenommen wurde«. Bevor Jesus seinen persönlichen Dienst auf der Erde beendete, traf er somit bewusst Vorkehrungen für dessen Fortbestand; er war immer noch auf der Erde (durch die Apostel), aber zugleich vom Himmel aus (durch den Heiligen Geist) tätig. Weil die Apostel eine einmalige Position einnahmen, erhielten sie auch eine einmalige Zurüstung. Lukas umreißt dies in vier Schritten.

1) Jesus erwählte sie

Sie waren die Apostel, *die er erwählt hatte* (V. 2). Dasselbe Verb *eklegomai*, »erwählen«, verwendet Lukas auch in seinem Evangelium.[50] Und wieder gebraucht er dasselbe Wort, als zwei

Männer dafür vorgeschlagen werden, die Lücke zu schließen, die Judas hinterlassen hatte. Die Gläubigen beten: »Herr, ... zeige an, welchen du erwählt hast von diesen beiden« (Apg 1,24). Es fällt deutlich auf, dass das gleiche Verb auch später in Verbindung mit Paulus Verwendung findet. Der auferstandene Herr beschreibt ihn gegenüber Hananias als »mein auserwähltes Werkzeug, dass er meinen Namen trage vor Heiden« (9,15). Hananias überbringt Paulus diese Botschaft: »Der Gott unserer Väter hat dich erwählt ... du wirst für ihn ... Zeuge sein« (22,14-15). So wird unterstrichen, dass all die Apostel (die 12 sowie Matthias und Paulus) sich nicht selbst ernannt hatten und dass sie auch nicht von irgendeinem Menschen, Komitee, einer Synode oder Gemeinde ernannt, sondern dass sie direkt von Jesus Christus erwählt und bestimmt worden waren.

2) Jesus zeigte sich ihnen

Die anderen Evangelisten weisen darauf hin, dass Jesus die Zwölf einsetzte, »dass sie bei ihm sein sollten« und so in einzigartiger Weise geeignet waren, über ihn Zeugnis abzulegen.[51] Die ersten Zeugen, die »Gründungsväter«, sollten Augenzeugen sein.[52] Der Nachfolger des Judas sollte, so hat es Petrus gesagt, jemand sein, der »die ganze Zeit über, als der Herr Jesus unter uns ein- und ausgegangen ist – von der Taufe des Johannes an bis zu dem Tag, an dem er von uns genommen wurde«, bei den Zwölfen gewesen war (Apg 1,21-22). Genauer gesagt musste er ein »Zeuge seiner Auferstehung« sein (1,22; vgl. 10,41). *Ihnen zeigte er sich*, der auferstandene Herr, *nach seinem Leiden* (V. 3). Lukas betont dies ausdrücklich. Jesus *zeigte sich* ihnen *vierzig Tage lang durch viele Beweise* (*tekmērion* ist »der überzeugende, durchschlagende Beweis«)[53] *als der Lebendige.* Während dieser Zeit *ließ* er *sich sehen* (er wurde sichtbar), *redete mit ihnen vom Reich Gottes* (sie sahen *und* hörten ihn also) und mindestens einmal aß er mit ihnen (10,41).[54] Er war also für ihre Sinne fassbar, für ihre Augen, Ohren und

Hände. Solch eine objektive Erfahrung des auferstandenen Herrn war eine für einen Apostel unbedingt notwendige Qualifikation. Dies erklärt auch, warum Paulus[55] und Jakobus[56] auch Apostel sein konnten und warum es seit dieser Zeit keine vergleichbaren Apostel gab und heute auch keine mehr geben kann.

3) Jesus befehligte oder beauftragte sie

Neben dem Umstand, dass er mit ihnen über das Reich Gottes (V. 3) und den Heiligen Geist (V. 4 - 5) redete, was wir im nächsten Kapitel ausführlicher betrachten wollen, gab er ihnen *durch den Heiligen Geist* (der auch seine gesamte Lehre inspiriert hatte)[57] bestimmte *Anweisungen*. Um was für Anweisungen geht es hier? Interessanterweise beantwortet der Byzanthinische oder Westliche Text[58] diese Frage, indem er Folgendes hinzufügt: »die Apostel, die er erwählt hatte und denen er befohlen hatte, das Evangelium zu predigen«[59]. Wenn dies richtig ist, dann war der Befehl des auferstandenen Herrn kein anderer als der Missionsbefehl, den Lukas bereits am Ende seines Evangeliums in der Form festhielt, dass sie in seinem Namen allen Völkern Buße und Vergebung predigen sollten.[60] Diesen Befehl wiederholte Jesus bald mit der ergänzenden Anmerkung, dass sie bis an das Ende der Welt seine Zeugen sein sollten (Apg 1,8). Dies soll also ein weiteres Merkmal eines Apostels sein. Ein *apostolos* war ein Abgesandter, ein Delegierter oder Botschafter, der mit einer Botschaft ausgesandt und mit der Autorität des Sendenden ausgestattet war. So erwählte Jesus seine Apostel und zeigte sich ihnen nach der Auferstehung, um sie dann auszusenden, in seinem Namen zu predigen und zu lehren.

4) Jesus verheißt ihnen den Heiligen Geist

Nach Johannes hatte Jesus den Aposteln bereits im Obergemach verheißen, dass der Geist der Wahrheit sie an das erinnern würde, was er sie gelehrt hatte[61] und das hinzufügen würde, was er sie bis jetzt noch nicht hatte lehren können.[62] Nun befiehlt Jesus ihnen, in Jerusalem zu warten, bis sie den verheißenen Geist erhalten hätten (Apg 1,4). Dies war eine Verheißung des Vaters (V. 4a, vgl. alttestamentliche Verheißungen wie z.B. Joel 3,1ff.; Jes 32,15 und Hes 36,27), von Jesus selbst (denn er hatte diese während seines Dienstes zitiert, V. 4b) und von Johannes dem Täufer, der die »Gabe« oder die »Verheißung« »Taufe« nannte (V. 5). Jesus wiederholt nun die Worte von Johannes und fügt hinzu, dass die dreimal wiederholte Verheißung (»der verheißene Heilige Geist«, Apg 2,33) *nicht lange nach diesen Tagen* ausgegossen werde. Sie mussten also warten. Solange Gott nicht seine Verheißung erfüllt hatte und sie »... mit Kraft aus der Höhe« ausgerüstet waren, konnten sie ihren Auftrag nicht ausführen.[63]

Dies ist also die vierfache Zurüstung der Apostel Jesu Christi. In einem abgeschwächten Sinne kann natürlich jeder Jünger Jesu sagen, dass Jesus ihn erwählt, sich ihm offenbart, ihn beauftragt, sein Zeuge zu sein, und ihm seinen Geist verheißen und gegeben hat. Doch Lukas bezieht sich hier nicht auf die allgemeinen Qualitäten eines Christen, sondern auf die besonderen Qualifikationen eines Apostels – eine persönliche Berufung zum Apostel Jesu, die Augenzeugenschaft des historischen Jesus, eine Bevollmächtigung und einen Auftrag Jesu, in seinem Namen zu reden und den bevollmächtigenden Geist Jesu, der ihre Lehren inspirieren würde. Es waren in erster Linie diese auf einzigartige Weise qualifizierten Männer, durch die Jesus weiterhin »handelte und lehrte« und die uns Lukas in der Apostelgeschichte näher vorstellen möchte.

A. In Jerusalem (Apg 1,6-6,7)

1. Warten auf Pfingsten (Apg 1,6-26)

Das größte Ereignis in den ersten Kapiteln der Apostelgeschichte ist zweifellos das Pfingstgeschehen, indem der jetzt erhöhte Herr das letzte Werk seines Heilshandelns (vor seiner Wiederkunft) vollbrachte und den Heiligen Geist auf sein wartendes Volk »ausgoss«. Sein Leben, sein Tod, seine Auferstehung und seine Himmelfahrt fanden ihren Höhepunkt in diesem großartigen Geschenk, das die Propheten vorausgesagt hatten und das später als Zeichen dafür angesehen werden würde, dass das Reich Gottes schon begonnen hat. Denn dieser Abschluss von Christi irdischem Werk auf Erden war zugleich auch ein Neubeginn. Ebenso wie der Heilige Geist auf Jesus gekommen war, um ihn für sein öffentliches Wirken auszurüsten[1], so kam er jetzt auf sein Volk, um es für seinen Dienst auszustatten. Der Heilige Geist würde ihnen nicht nur das Heil vermitteln, das Jesus durch seinen Tod und seine Auferstehung vollbracht hatte, sondern er würde sie auch antreiben, diese Gute Nachricht in der ganzen Welt zu verkünden. Das Heil ist uns gegeben, um es auch anderen mitzuteilen.

Vor Pfingsten gab es eine Zeit des Wartens: 40 Tage zwischen der Auferstehung Jesu und seiner Himmelfahrt (1,3), und zehn weitere Tage zwischen seiner Himmelfahrt und dem Pfingstereignis. Jesu Anweisungen waren ziemlich deutlich, und Lukas erwähnt sie zuerst am Ende seines Evangeliums und dann nochmals am Anfang der Apostelgeschichte, um sie zu unterstreichen: »Ihr aber sollt in der Stadt bleiben, bis ihr ausgerüstet werdet mit Kraft aus der Höhe«[2]. »Und als er mit ihnen zusammen war, befahl er ihnen, Jerusalem nicht zu verlassen, sondern zu warten auf die Verheißung des Vaters, die ihr, so sprach er, von mir gehört habt« (1,4). Während dieser Wartezeit von 50 Tagen waren sie aber nicht tatenlos. Im Gegenteil, Lukas greift vier bedeutende Ereignisse heraus, um sie zu kommentieren: 1. Die Apostel erhalten ihren Auftrag (1,6-8). 2. Sie sehen, wie Jesus in den Himmel auffährt (1,9-12). 3. Die Apostel beten stets gemeinsam, vermutlich um das Kommen des Heiligen Geistes (1,13-14). 4. Sie ersetzen Judas durch Matthias als zwölften Apostel (1,15-26). Diese Aktivitäten dürfen wir uns aber nicht als rein menschliche Handlungen vorstellen, sondern Christus selbst, der in den Himmel aufgefahren war, hatte ihnen den Auftrag dazu gegeben. Er hatte ihnen den Heiligen Geist verheißen, um den sie jetzt beteten, und der den neuen Apostel erwählte. Richard Longenecker geht noch einen Schritt weiter, wenn er diese vier Faktoren als »die konstitutiven Elemente der christlichen Mission« bezeichnet. Diese Elemente sind 1. der Auftrag, Christus zu bezeugen, 2. der entrückte Herr, der die Mission aus dem Himmel leitet, 3. die zentrale Stellung der Apostel bei dieser Aufgabe und 4. das Kommen des Heiligen Geistes, um sie mit der nötigen Kraft auszurüsten.[3] Erst als diese vier Elemente vorhanden waren, konnte die Mission auch beginnen.

1.1 Die Apostel erhalten ihren Auftrag (Apg 1,6-8)

(6) Die nun zusammengekommen waren, fragten ihn und sprachen: Herr, wirst du in dieser Zeit wieder aufrichten das Reich für Israel? (7) Er sprach aber zu ihnen: Es gebührt euch nicht, Zeit oder Stunde zu wissen, die der Vater in seiner Macht bestimmt hat; (8) aber ihr werdet die Kraft des Heiligen Geistes empfangen, der auf euch kommen wird, und werdet meine Zeugen sein in

Jerusalem und in ganz Judäa und Samarien und bis an das Ende der Erde.

Lukas deutet an, dass der auferstandene Herr die Apostel in den 40 Tagen lehrte, in denen er sich ihnen zeigte und »viele (überzeugende) Beweise als der Lebendige« gab (V. 3). Zunächst redete er »mit ihnen vom Reich Gottes« (V. 3). Das Reich Gottes war schon der Kern seiner Botschaft während seines öffentlichen Dienstes gewesen, und auch nach seiner Auferstehung blieb dies so (dafür spricht das Präsens Partizip *legōn*, »sprechend«). Zudem sagte er ihnen, sie sollten auf die Gabe oder die Taufe des Heiligen Geistes warten, den er, der Vater und Johannes der Täufer ihnen verheißen hatten und den sie nun »nicht lange nach diesen Tagen« empfangen würden (V. 4-5).

Es scheint also, dass die Hauptthemen in Jesu Reden zwischen seiner Auferstehung und seiner Himmelfahrt sowohl das Königreich als auch der Geist Gottes waren. Es ist auch wahrscheinlich, dass er diese miteinander in Verbindung gebracht hat; mit Sicherheit haben die Propheten diese oft miteinander verknüpft. Sie sagten, dass, wenn Gott das Königreich des Messias aufrichten, er auch seinen Geist ausgießen würde. Diese großzügige Ausgießung und weltweite Gabe des Heiligen Geistes würde eines der deutlichsten Zeichen und Segenshandlungen seiner Herrschaft sein. Der Heilige Geist würde tatsächlich die Herrschaft Gottes zu einer lebendigen und gegenwärtigen Realität für sein Volk machen.[4]

Die Frage, die die Apostel Jesus stellten, als sie ihn wiedersehen (*Herr, wirst du in dieser Zeit wieder aufrichten das Reich für Israel?*, V. 6), war also nicht so völlig abwegig, wie es zunächst erscheinen mag. Denn wenn der Heilige Geist bald kommen würde, wie Jesus es sagte, hieß das nicht auch gleichzeitig, dass das Königreich Gottes anbrechen würde? Der Fehler, den die Apostel machten, war aber, dass sie einerseits den Charakter des Reiches Gottes und andererseits das

Verhältnis zwischen dem Reich Gottes und dem Heiligen Geist falsch einschätzten. Jesus muss diese Frage in Schrecken versetzt haben. War ihre Erkenntnis immer noch so mangelhaft? Calvin machte dazu die Anmerkung: »Ihre Frage enthält soviel Irrtümer wie Worte« [5].

Das Verb, das Nomen und das Adverb in ihrem Satz offenbaren allesamt die Verwirrung über die Lehre des Reiches Gottes. Denn das Verb *wieder aufrichten* zeigt, dass sie ein politisches und territoriales Königreich erwarteten, das Nomen *Israel* offenbart, dass sie ein nationales Königreich erhofften und die adverbiale Bestimmung *in dieser Zeit* beweist, dass sie an dessen sofortige Aufrichtung glaubten. Mit seiner Antwort (V. 7-8) korrigiert Jesus aber ihre falschen Vorstellungen über die Art und Weise des Reiches Gottes, seine Ausbreitung und seine Ankunft.[6]

a. Das Königreich Gottes hat einen geistlichen Charakter

Spricht man im Deutschen von einem »Königreich«, geht es normalerweise um ein territoriales Gebiet, das man auf einer Landkarte finden kann, z. B. das Königreich der Haschimiden in Jordanien, das hinduistische Königreich von Nepal, das buddhistische Königreich von Thailand oder das Vereinigte Königreich von Großbritannien und Nordirland. Doch das Königreich Gottes stellt kein territoriales Konzept dar. Es erscheint auf keiner Landkarte – und es kann auch gar nicht dort erscheinen. Doch dies war noch die Vorstellung der Apostel gewesen, die das Reich Gottes mit der Landverheißung an Israel verwechselt haben. Sie verhielten sich wie ein Teil von Israels heiligem Rest, den Lukas in seinem Evangelium erwähnt, und warteten »auf das Reich Gottes« oder »den Trost Israels«[7], und sie waren wie die Emmausjünger, die »hofften, er [Jesus] sei es, der Israel erlösen werde«[8], aber durch das Kreuz enttäuscht worden waren. Doch die Hoffnung der Apostel war durch die Auferstehung offensichtlich wieder entfacht worden. Sie träumten immer noch von einer politischen Herrschaft, von der Wiederaufrichtung der Monarchie und von Israels Befreiung vom Joch der Kolonialmacht Roms.

In seiner Antwort kommt Jesus wieder auf das Thema des Geistes zurück. Er spricht von dem Geist, der auf sie kommen würde und ihnen Kraft dafür geben würde, seine Zeugen zu sein (V. 8). Um mit den bemerkenswerten Worten von Charles Williams zu sprechen, verließ er sie, »wobei er Verheißungen der Kraft austeilte«[9]. Es ist wichtig, dass wir uns bewusst machen, dass seine Verheißung, dass sie *Kraft empfangen* würden, zu seiner Antwort auf ihre Frage nach dem Reich Gottes gehörte. Denn die Ausübung von Kraft gehört ganz selbstverständlich zu einem Königreich. Doch Macht in Gottes Königreich unterscheidet sich wesentlich von Macht in menschlichen Königreichen. Der Verweis auf den Heiligen Geist bestimmt den Charakter der Macht. Das Königreich Gottes ist die Herrschaft Gottes, die im Leben seines Volkes durch den Heiligen Geist aufgerichtet wird. Sie wird durch Zeugen, nicht durch Soldaten ausgebreitet, durch das Evangelium des Friedens, nicht durch eine Kriegserklärung und durch das Wirken des Heiligen Geistes, nicht mit Waffengewalt, politische Intrigen oder revolutionäre Gewalttaten. Während die Politisierung des Reiches Gottes zurückgewiesen werden muss, müssen wir uns gleichzeitig vor dem entgegengesetzten Extrem der übertriebenen Vergeistlichung in Acht nehmen, als wenn Gott nur im Himmel wirken würde und nicht zugleich auf Erden. Obwohl das Reich Gottes nicht mit irgendeiner politischen Ideologie oder einem ideologischen Programm identifiziert werden darf, bringt es radikale politische und soziale Konsequenzen mit sich. Die Wertvorstellungen dieses Königreiches kollidieren mit weltlichen Normen und Ansichten. Und die Bürger des Reiches Gottes lehnen es ab, ohne sich beirren zu lassen, dem römischen Kaiser die höchste Loyalität zukommen zu lassen, die er für sich beanspruchte. Stattdessen bestehen sie darauf, diese Ehre allein Jesus zu geben.

b. Das Königreich Gottes besteht aus Menschen aller Nationen

Die Apostel hegten immer noch engstirnige nationalistische Sehnsüchte. Sie fragten Jesus, ob er Israels nationale Unabhängigkeit wieder aufrichten würde, die die Makkabäer im 2. Jh. v. Chr. ja für eine kurze und stürmische Zeit wiedererlangt hatten, um sie jedoch bald darauf wieder zu verlieren.

Mit seiner Antwort erweitert Jesus ihren Horizont. Er verheißt, dass der Heilige Geist sie dazu befähigen würde, seine Zeugen zu sein. Sie sollten in Jerusalem beginnen, der Landeshauptstadt, in der er verurteilt und gekreuzigt worden war und die sie nicht verlassen sollten, bis der Heilige Geist auf sie gekommen sei. Sie sollten dann mit ihrem Zeugendienst im unmittelbaren Umland, in Judäa, fortfahren, damit sich die christliche Mission entsprechend der alttestamentlichen Prophetie um dieses Zentrum herum ausbreiten würde: »Denn von Zion wird Weisung ausgehen und des Herrn Wort von Jerusalem«[10].

Zuerst sollte es sich im verachteten Samarien ausdehnen und dann auch jenseits von Palästina unter den heidnischen Völkern, in der Tat *bis an das Ende der Erde.* Johannes Blauw stellt in seinem Buch *The Missionary Nature of the Church* (»Das missionarische Wesen der Gemeinde«) die These auf, dass auch schon das A.T. die Heiden im Blick hatte (Gott hat sie geschaffen, sie werden kommen und vor ihm niederfallen), jedoch keinen expliziten Auftrag zur Völkermission (um sie für den Glauben an Jahwe zu gewinnen) gab. Auch im A.T. gibt es die Vision einer »Völkerwallfahrt« zum Berg Zion in den letzten Tagen: »Alle Heiden werden herzulaufen«[11].

Blauw fügt hinzu, dass nur im N.T. das »zentripetale Missionsbewusstsein« durch eine »zentrifugale missionarische Tätigkeit« ersetzt werde und »die Auferstehung der große Wendepunkt dazu sei, nach dem Jesus jetzt allumfassende Autorität erhalten und seinem Volk einen umfassenden Auftrag gegeben habe, nämlich hinzugehen und die Völker zu Jüngern zu machen«.[12]

Der Auftrag des auferstandenen Jesus zur Mission beginnt sich bereits in der Apostelgeschichte zu erfüllen. Wie manche Kommentatoren hervorgehoben haben, stellt Apostelgeschichte 1, 8 tatsächlich eine Art von Inhaltsverzeichnis für dieses Buch dar. Die Kapitel 1 bis 7 beschreiben die Ereignisse in Jerusalem, Kapitel 8 erwähnt die Zerstreuung der Jünger »in die Länder Judäa und Samarien« (8, 1) und berichtet weiter über die Evangelisierung einer samaritanischen Stadt durch Philippus (8, 5 - 24) und von »vielen Dörfern der Samariter« durch die Apostel Petrus und Johannes (8, 25). Die Bekehrung von Saulus in Kapitel 9 leitet über zu den Missionsreisen im Rest des Buches und schließlich zu seiner Reise nach Rom. Denn das Königreich Christi ist zwar nicht unvereinbar mit der Liebe zum Vaterland, doch es duldet keinen engstirnigen Nationalismus. Christus herrscht über eine internationale Gemeinschaft, in denen Rasse, Nation, Stand und Geschlecht keine Hindernisse für die Gemeinschaft mehr darstellen. Und wenn dieses Königreich schließlich vollendet sein wird, wird auch deutlich werden, dass die ganze Gemeinschaft »aus allen Nationen und Stämmen und Völkern und Sprachen« kommt.[13]

c. Das Königreich Gottes breitet sich stufenweise aus

Die Frage der Apostel bezieht sich aber auch speziell auf den Zeitpunkt: »Herr, wirst du *in dieser Zeit* wieder aufrichten das Reich für Israel?« (1, 6). Oder: »Herr, stellst du *jetzt in dieser Zeit* das Königreich für Israel von neuem her?« (Albrecht). Dieses erwarteten viele während des öffentlichen Dienstes Jesu, wie Lukas in seinem Evangelium deutlich macht. Er berichtet von einem Gleichnis, das, wie er erklärt, Jesus erzählte, »denn er war nahe bei Jerusalem, und sie meinten, das Reich Gottes werde sogleich offenbar werden«.[14]

Die Apostel fragen also, ob Jesus jetzt, nach seiner Auferstehung, das tun würde, was sie schon zu seinen Lebzeiten von ihm erhofft hatten. Würde er es sofort aufrichten?

Der Herr gibt eine zweifache Antwort. Erstens: *Es gebührt euch nicht, Zeit oder Stunde zu wissen, die der Vater in seiner Macht bestimmt hat* (V. 7). »Zeit(en)« (*chronoi*) oder »Zeitpunkt(e)« (*kairoi*) machen zusammen den Plan Gottes aus, »die *Zeiten* oder entscheidenden Momente seiner Geschichte und die *Zeitabschnitte* oder Epochen seines planmäßigen Verlaufs«.[15]

Die Frage der Apostel offenbart entweder ihre Neugier oder ihre Ungeduld oder auch beides zusammen. Denn der Vater selbst hatte die Zeitpunkte in seiner eigenen Autorität festgesetzt, und der Sohn hatte bekannt, dass er weder Tag noch Stunde seiner Wiederkunft (*parousia*) kannte.[16]

Die Apostel müssen also ihre Neugier im Zaum halten und dazu bereit sein, in Unkenntnis gelassen zu werden. Nicht nur im Bezug auf die Erfüllung von Prophetie, sondern auch bei vielen anderen verborgenen Wahrheiten sagt Jesus zu uns noch immer: »Das sollst du jetzt nicht wissen!« Die »geheimen Dinge« sind Gottes Angelegenheit, und in sie sollen wir unsere Nasen nicht hineinstecken. Die »offenbarten Dinge« sind unsere Sache, und mit ihnen sollten wir uns zufrieden geben.[17]

Auch wenn die Apostel weder Zeit noch Zeitpunkte kennen, sollten sie aber zweitens wissen, dass sie Kraft empfangen würden, um in der Zeit zwischen dem Kommen des Heiligen Geistes und dem Wiederkommen des Sohnes in immer breiter werdenden Kreisen seine Zeugen zu sein. Der gesamte zeitliche Zwischenraum zwischen Pfingsten und der Wiederkunft Jesu (egal, ob er lang oder kurz sein würde) soll mit der weltweiten Mission der Gemeinde in der Kraft des Heiligen Geistes gefüllt sein. Nachfolger Christi sollen einerseits verkünden, was er bei seinem ersten Kommen vollbracht hatte, und andererseits in der Erwartung seines zweiten Kommens Menschen dazu aufrufen, Buße zu tun und zu glauben. Sie sollen »bis an das Ende der Erde« seine Zeugen sein (1, 8) und »bis an der Welt Ende«.[18] Dies ist auch das Hauptthema in Leslie Newbigins Buch *The Household of God* (»Gottes Haushaltung«):

> »Die Gemeinde ist Gottes Pilgervolk. Sie ist unterwegs – sie eilt bis an die Enden der Erde, um alle Menschen dringend zu bitten, sich mit Gott versöhnen zu lassen, und sie eilt bis an das Ende der Zeit, um ihren Herrn zu treffen, der alle in eins vereinen wird ... Dies kann nur mit einer Sicht, die zugleich missionarisch und eschatologisch ist, richtig verstanden werden.«[19]

Wir haben nicht die Freiheit, damit aufzuhören, bis nicht beide Ziele erreicht sind. Jesus lehrte, dass beide Dinge zusammenfallen, denn erst, wenn das Evangelium des Reiches Gottes in der ganzen Welt als Zeugnis für alle Völker gepredigt worden ist, erst dann »wird das Ende kommen«.[20]

Dies war also der Kern von Jesu Lehre (wie wir auch aus dem Evangelium wissen) während der 40 Tage zwischen seiner Auferstehung und Himmelfahrt: Wenn der Heilige Geist mit Kraft gekommen sein würde, würde die lang verheißene Herrschaft Gottes, die Jesus selbst begonnen und verkündigt hatte, anfangen, sich auszubreiten. Das Königreich Gottes würde einen geistlichen Charakter haben (und das Leben und die Wertvorstellungen seiner Bürger verändern), aus Mitgliedern aus allen Nationen bestehen (Heiden wie Juden eingeschlossen) und sich stufenweise ausbreiten (angefangen in Jerusalem und sich so weit ausbreitend, bis es die Enden von Zeit und irdischem Raum erreicht haben würde). Diese Vision und dieser Auftrag werden dem Gebet der Jünger während der zehntägigen Wartezeit auf Pfingsten eine klare Richtung gegeben haben. Doch bevor der Heilige Geist kommen konnte, musste der Sohn gehen. Dies ist das nächste Thema in dem Bericht von Lukas.

1.2 Die Apostel sehen, wie Jesus in den Himmel auffährt (Apg 1,9-12)

(9) Und als er das gesagt hatte, wurde er zusehends aufgehoben, und eine Wolke nahm ihn auf vor ihren Augen weg. (10) Und als sie ihm nachsahen, wie er gen Himmel fuhr, siehe, da standen bei ihnen zwei Männer in weißen Gewändern. (11) Die sagten: Ihr Männer von Galiläa, was steht ihr da und seht zum Himmel? Dieser Jesus, der von euch weg gen Himmel aufgenommen wurde, wird so wiederkommen, wie ihr ihn habt gen Himmel fahren sehen. (12) Da kehrten sie nach Jerusalem zurück von dem Berg, der heißt Ölberg und liegt nahe bei Jerusalem, einen Sabbatweg entfernt.

Wenn wir diesen Bericht von der Himmelfahrt Jesu lesen, kommen uns mindestens drei Arten von Fragen in den Sinn – literarische, historische und theologische. Erstens: Widersprechen sich nicht die zwei Beschreibungen der Himmelfahrt des Lukas?[21] Zweitens: Hat sich die Himmelfahrt buchstäblich so ereignet? Drittens: Wenn dies der Fall ist, hat sie irgendeine bleibende Bedeutung für uns?

a. Widerspricht sich Lukas selbst?

Wie wir bisher gesehen haben, ist es sicherlich angemessen, dass Lukas seinen ersten und seinen zweiten Band mit demselben Ereignis, der Himmelfahrt Jesu, abschließt bzw. beginnt. Die Himmelfahrt stellte einerseits den Abschluss von Jesu irdischem Dienst und andererseits die Einleitung seines immer noch anhaltenden Dienstes vom Himmel aus durch den Heiligen Geist dar. Es ist jedoch zunächst unwahrscheinlich, dass derselbe Autor sich selbst widersprechen sollte, wenn er die gleiche Geschichte erzählt. Dennoch behaupten dies einige moderne Theologen. Ernst Haenchen schreibt zum Beispiel: »Zwei Himmelfahrten – am Ostersonntag

(Lk 24, 51) und 40 Tage später (Apg 1, 9) – sind zu viel«[22]. Doch in Wirklichkeit gibt es hier keine grundlegenden Unterschiede, und es ist möglich, diese beiden Berichte zu harmonisieren, ohne die Fakten dabei zu verbiegen.

Es stimmt, dass Lukas die 40 Tage in seinem Evangelium nicht erwähnt. Doch es gibt keine Berechtigung dazu, den Vorschlag zu machen, dass er sie deshalb vergessen haben muss oder dass er dachte, dass sich die Auferstehung und die Himmelfahrt am gleichen Tag ereigneten. Nein, im Evangelium berichtet er in gekürzter Form von den Ereignissen bei der Auferstehung, ohne es für nötig zu halten, die verschiedenen Zeitpunkte und Umstände näher zu erwähnen. Zweifelsohne berichtet er von einer Himmelfahrt und nicht von zweien.

Es stimmt auch, dass jeder Bericht einige Einzelheiten enthält, die der andere auslässt; die Darstellung in der Apostelgeschichte ist ausführlicher als die im Evangelium. Zum Beispiel erhebt der gen Himmel fahrende Christus am Ende des Evangeliums seine Hände, um sie zu segnen, und sie beteten ihn an.[23] Zu Beginn seines zweiten Bandes lässt Lukas diese Handlungen aus, er fügt aber dort die Wolke hinzu, die ihn vor ihren Augen weg aufnahm, ebenso die Erscheinung und Botschaft von »zwei Männer[n] in weißen Gewändern«, vermutlich zwei Engeln. Doch diese Besonderheiten der Berichte widersprechen sich nicht, sondern ergänzen vielmehr einander.

Drittens ist auch wahr, dass der Bericht in der Apostelgeschichte zu beinhalten scheint, dass Jesus vom Ölberg aus in den Himmel auffährt (1, 12), der, was richtig festgehalten wird, von der Stadt »einen Sabbatweg entfernt« liegt, d. h. (nach der Mischna) 2000 Ellen oder rund 800 - 1000 m[24], während der Bericht im Evangelium besagt, dass Jesus »sie aber hinaus bis nach Bethanien« führte[25], zu der Stadt, die am östlichen Hang des Berges liegt, ca. drei Kilometer von Jerusalem entfernt. Conzelmann behauptet, dass Letzteres »in klarem Widerspruch zur Ortsangabe in Apg 1, 12« steht.[26] Haenchen nimmt an, dass Lukas »von der Topographie Jerusalems keine genaue Vorstellung besessen hat«.[27] Doch die Aussage im Evangelium kann mit Absicht so ungenau sein. Er sagt nicht, dass Jesus von Bethanien aus in den Himmel auffuhr, sondern nur, dass er die Apostel in diese Richtung führte, *heōs pros*, was zu Recht mit »in die Nähe von Bethanien« wiedergegeben werden kann.[28]

Nachdem wir die Unterschiede betrachtet haben (bezüglich der Zeit, einiger Einzelheiten und des Ortes), die gewöhnlich als die drei Hauptabweichungen genannt werden, wollen wir uns jetzt auf die fünf Punkte konzentrieren, die die beiden Berichte gemeinsam bekräftigen: Beide besagen, 1. dass die Himmelfahrt Jesu dem Auftrag an die Apostel folgte, seine Zeugen zu sein, 2. dass die Himmelfahrt außerhalb und östlich von Jerusalem stattfand, irgendwo auf dem Ölberg, 3. dass Jesus »gen Himmel aufgenommen wurde«. (Die passive Form deutet dabei an, dass die Himmelfahrt wie die Auferstehung eine Tat des Vaters war, der ihn zuerst von den Toten auferweckte und ihn dann in den Himmel aufnahm. Mit den Worten von Chrysostomus: »der himmlische Wagen wurde für ihn gesandt«[29]), 4. dass die Apostel danach »nach Jerusalem zurück[kehrten]«, (das Evangelium ergänzt »mit großer Freude«), und dass sie 5. in Übereinstimmung mit dem unmissverständlichen Befehl und der klaren Verheißung des Herrn dann auf das Kommen des Heiligen Geistes warteten. Die Übereinstimmungen sind also offensichtlich größer als die scheinbaren Widersprüche. Diese Widersprüche lassen sich hinreichend erklären, wenn man annimmt, dass sich Lukas als Herausgeber das Recht herausnahm, verschiedene Einzelheiten aus dem Bericht oder den Berichten, die er gehört hatte, auszuwählen, wobei er sich sicherlich nicht Wort für Wort wiederholen wollte.

b. Hat sich die Himmelfahrt wirklich ereignet?

In unseren Tagen leugnen viele Menschen, auch innerhalb der Kirche, die Historizität der Himmelfahrt. Sie sagen, der Glaube an eine buchstäbliche Himmelfahrt mag zu den

Zeiten von Lukas noch plausibel gewesen sein, als man die Wohnstätte Gottes »oben« im Himmel ansiedelte und Jesus deshalb »*auf*genommen« werden musste, um dorthin zu gelangen. Aber dies sei eine vorwissenschaftliche Zeit gewesen; heute dagegen haben wir eine ganz andere Vorstellung von der Welt. Doch müssen wir deshalb die Himmelfahrt »entmythologisieren«? Demnach könnten wir die Wahrheit beibehalten, dass Jesus »zum Vater ging« (vgl. Joh 16, 17.28), und uns gleichzeitig des »primitiven mythologischen Gewandes« entledigen, nach der es als eine Art »Abheben«, gefolgt von einer Auffahrt in den Himmel, dargestellt wird. Außerdem ist Lukas der einzige Evangelist, der von der Himmelfahrt berichtet. Die anderen lassen dies aus. Die neutestamentlichen Autoren unterscheiden in der Tat kaum zwischen der Auferstehung und der Himmelfahrt. Sie scheinen sie als ein Ereignis anzusehen oder vielleicht als zwei Aspekte desselben Ereignisses. So konnte Harnack schreiben: »Uns fehlt bekanntlich jede Möglichkeit einer Kontrolle; dass aber die Geschichten von einem Dichter, nämlich Lukas, frei bearbeitet sind, darüber ist kein Zweifel«[30]. Auch William Neil, der sonst zu eigentlich recht konservativen Ergebnissen kommt, erklärt dem Leser (ohne argumentativen Beweis), dass Lukas nicht wörtlich verstanden werden muss, weil er wusste, dass »eine theologische Wahrheit oft am besten durch eine erfundene anschauliche Schilderung vermittelt werden kann«. »Man würde die Vorstellung und Absicht des Lukas ganz falsch verstehen, wenn man seinen Bericht über die Himmelfahrt Christi so wie andere Berichte betrachtet und nicht als symbolisch und poetisch«[31].

Doch man kann eine große Anzahl von guten Gründen dafür angeben, warum wir diesen Versuch, die Himmelfahrt als ein buchstäblich zu verstehendes historisches Ereignis anzuzweifeln, zurückweisen sollten:

1. Wunder brauchen keine Präzedenzfälle, um als wahr zu gelten. Das klassische Argument der Deisten des 18. Jh.s war, dass wir seltsame Ereignisse, die sich außerhalb unserer

Erfahrungswelt befinden, nur glauben können, wenn wir etwas Ähnliches in unserer eigenen Erfahrungswelt hervorrufen können. Dieses »Prinzip der Analogie«, wenn es denn gilt, enthält in sich schon genug, um viele der biblischen Wunder zu widerlegen, denn wir kennen zum Beispiel keinen, der auf dem Wasser läuft, der Brote und Fische vermehrt, der von den Toten aufersteht und in den Himmel auffährt. Eine Himmelfahrt würde im Speziellen gegen das Gesetz der Schwerkraft verstoßen, die nach unserer Erfahrung immer und überall wirkt. Das Prinzip der Analogie ist jedoch für die Auferstehung und Himmelfahrt Jesu nicht von Belang, weil beide einzigartige Ereignisse *sui generis* (von eigener Art) waren. Wir behaupten nicht, dass Menschen häufig (oder auch nur gelegentlich) von den Toten auferstehen und in den Himmel auffahren, aber dass beide Ereignisse einmal zumindest stattgefunden haben. Die Tatsache, dass wir vorher oder nachher keine Analogien bewirken konnten oder können, bekräftigt eher ihre Wahrhaftigkeit, als dass sie sie in Frage stellt.

2. Die Himmelfahrt wird überall im N.T. vorausgesetzt. Obwohl nur der Evangelist Lukas sie beschreibt (Mk 16, 19 ist wahrscheinlich kein ursprünglicher Teil des Markusevangeliums, sondern eine spätere Hinzufügung), wäre es falsch zu sagen, dass sie sonst unbekannt ist. Johannes berichtet, dass der auferstandene Jesus zu Maria Magdalena sagt, dass sie ihn nicht anrühren soll, da er noch nicht zum Vater aufgefahren ist.[32] Petrus spricht in seiner Pfingstpredigt davon, dass Jesus »durch die rechte Hand Gottes erhöht« ist und dass dies etwas anderes als seine Auferstehung sei und im Anschluss an die Auferstehung stattgefunden habe (Apg 2, 31ff.). Dies bekräftigt er in seinem ersten Brief.[33] Paulus schreibt oft von der Erhöhung Jesu an den erhabenen Ort der Ehre und Macht und unterscheidet dies von seiner Auferstehung.[34] Und im Hebräerbrief werden die Auferstehung und die Herrschaft Jesu nicht als austauschbare Ereignisse beschrieben.[35]

3. Lukas berichtet von der Himmelfahrt mit einfachen und nüchternen Worten. All die Besonderheiten, die in den

apokryphen Evangelien hinzugefügt sind, fehlen bei ihm. Es gibt keine Ausschmückungen, wie wir sie etwa in Legenden finden. Es gibt keine Anzeichen von Poesie oder symbolischer Redeweise. Dies gibt sogar Haenchen zu: »Unsere Geschichte ist unsentimental und von fast befremdender Nüchternheit«[36]. Der Bericht liest sich wie wahre Geschichte und so, als ob Lukas möchte, dass wir sie auch als geschichtlich akzeptieren.

4. Lukas betont, dass Augenzeugen anwesend waren. Wiederholt bezieht er sich auf das, was sie mit ihren eigenen Augen sahen: »Er wurde *zusehends*[37] aufgehoben, und eine Wolke nahm ihn auf *vor ihren Augen* weg. Und als sie ihm *nachsahen*, wie er gen Himmel fuhr, ...« Die zwei Engel sagten dann zu ihnen: »Was steht ihr da und *seht* zum Himmel? Dieser Jesus ... wird so wiederkommen, wie ihr ihn habt gen Himmel fahren *sehen*«. In diesem kurzen Bericht wird fünfmal betont, dass die Himmelfahrt sichtbar stattfand. Lukas berichtet diese Begebenheit nicht ohne Grund so häufig. In seinem zweibändigen Werk betont er sehr, wie wichtig die apostolischen Augenzeugen für den Beweis der Echtheit des Evangeliums sind. An dieser Stelle ordnet er die Himmelfahrt Jesu eindeutig in den Bereich der geschichtlichen Wahrheiten ein, die die Augenzeugen bezeugen konnten (und es auch taten). Bei der Wahl des Nachfolgers für Judas stellt Petrus die Taufe durch Johannes und Jesu Himmelfahrt als Anfang und Ende seines öffentlichen Dienstes dar, den die Apostel bezeugen können müssen (1,22).

5. Es gibt keine andere Erklärung für ein Aufhören der Erscheinungen Jesu nach der Auferstehung und für sein endgültiges Verschwinden von der Erde. Was ist stattdessen mit ihm passiert und warum haben seine Erscheinungen aufgehört? Wie ist die Tradition entstanden, dass er genau 40 Tage lang den Menschen erschien? In Ermangelung von irgendwelchen anderen Antworten auf diese Fragen ziehen wir die Erklärung vor, für die es Beweise gibt, nämlich dass der Zeitabschnitt von 40 Tagen mit seiner Auferstehung begann und mit seiner Himmelfahrt dann auch endete.

6. Die sichtbare geschichtliche Himmelfahrt hat eine ohne weiteres verständliche Absicht. Jesus hatte es nicht nötig, einen »Weltraumspaziergang« zu machen, und es ist dumm, wie manche Kritiker seine Himmelfahrt lächerlich machen wollen, indem sie ihn als ersten Astronauten darstellen. Auch in seinem Übergang vom irdischen zum himmlischen Zustand konnte Jesus wie auch bei anderen Gelegenheiten ganz einfach verschwinden und heimlich und unsichtbar »zu seinem Vater gehen« (vgl. Joh 16,17.28). Der Grund dafür, dass er öffentlich und sichtbar in den Himmel aufgefahren ist, liegt sicherlich darin, dass er sie wissen lassen wollte, dass er ein erkennbares Ziel hat, zu dem er nun ging. Während der 40 Tage war er immer wieder erschienen, verschwunden und wieder erschienen. Doch diese Übergangszeit war nun vorüber. Diesmal verließ er sie endgültig. Sie mussten also nicht weiter auf seine nächste Erscheinung als Auferstandener warten. Stattdessen sollten sie auf jemand anderen warten, auf den Heiligen Geist (Apg 1,4). Denn er würde erst kommen, nachdem Jesus gegangen war. Dann würden sie ihre Mission in der Kraft fortsetzen, die er ihnen dann geben würde.

Auf alle Fälle hatte die Art und Weise seines Weggangs (eine sichtbare Himmelfahrt) den gewünschten Effekt: Die Apostel kehrten nach Jerusalem zurück und warteten darauf, dass der Heilige Geist kommen würde.

c. Welche bleibende Bedeutung hat der Bericht von der Himmelfahrt?

Wir haben gesehen, was die sichtbare Himmelfahrt bei den Aposteln bewirkt hat. Wozu dient sie uns? Um eine eingehende Antwort auf diese Frage zu geben, müssen wir verschiedene Stränge aus der Lehre aller neutestamentlichen Autoren zusammenbringen, eingeschlossen das vollkommene Opfer und die anhaltende Fürsprache unseres großen

Hohenpriesters, wie er im Hebräerbrief beschrieben wird, die Verherrlichung des Sohnes, wie sie Johannes lehrt, die Weltherrschaft, wie Paulus sie betont, und der endgültige Triumph, bei dem er seine Feinde zum Schemel seiner Füße machen wird, wie Psalm 110,1 ihn vorhersagt und wie ihn diejenigen bestätigen, die ihn zitieren. Doch Lukas befasst sich nicht mit diesen Wahrheiten. Damit wir sein vorrangiges Interesse in seinem Bericht über die Himmelfahrt verstehen, müssen wir unser Augenmerk auf die *zwei Männer in weißen Gewändern* richten (V. 10), die *bei ihnen* (den Aposteln) standen und zu ihnen sprachen. Lukas nennt sie »Männer«, weil sie als solche erscheinen, doch ihre leuchtende Kleidung und der gebieterische Ton ihrer Stimme lassen erkennen, dass sie Engel waren. In seinem Evangelium berichtet Lukas an mehreren entscheidenden Punkten über den Dienst von Engeln. Sie kündigen die Geburt Jesu an und erschienen bei dieser.[38] Nach manchen Handschriften erschien ein Engel im Garten von Gethsemane und stärkte ihn.[39] Und »zwei Männer mit glänzenden Kleidern«, die später als Engel bezeichnet werden, verkündigen den Frauen seine Auferstehung.[40] Es ist also vollkommen angebracht, dass nun Engel erscheinen und seine Himmelfahrt erklären. Sie stellen den Aposteln eine prüfende Frage: *Ihr Männer von Galiläa, was steht ihr da und seht zum Himmel?* (V. 11a). Der Ausdruck »zum Himmel« bzw. »gen Himmel« kommt viermal in den Versen 10 und 11 vor. Dass er wiederholt wird, besonders in dem implizierten Tadel durch die Engel, hebt hervor, dass die Apostel sich nicht wie »Parabolantennen« verhalten sollten. Sie geben zwei Gründe dafür an:

1. Jesus wird wiederkommen. *Dieser Jesus, der von euch weg gen Himmel aufgenommen wurde, wird so wiederkommen, wie ihr ihn habt gen Himmel fahren sehen* (V. 11b). Dies scheint mit dem Vorigen so zusammenzuhängen, dass sie ihn nicht dadurch wieder zurückbringen würden, dass sie in den Himmel starrten. Er war gegangen und sie mussten ihn gehen lassen. Er wird in der gleichen Weise dann zurückkehren, wenn

es ihm passt. Wir müssen dieser Zusicherung durch die Engel größte Bedeutung beimessen. Doch wir sollten auch vorsichtig sein mit der Interpretation von *houtos*, »*dieser* Jesus«, und *houtōs*, »*so*, in dieser Art«. Wir sollten diesen Worten nicht die Bedeutung aufzwingen, dass die Wiederkunft Jesu wie ein rückwärts gespielter Film der Himmelfahrt sein wird oder dass Jesus an exakt derselben Stelle auf dem Ölberg wiederkommen und dieselbe Kleidung tragen wird. Indem wir die Heilige Schrift durch sie selbst deuten, sollten wir die Ähnlichkeiten und Unterschiede zwischen der Himmelfahrt und der Wiederkunft Jesu durchaus wahrnehmen. Die Formulierung »*dieser* Jesus« (*houtos*) deutet darauf hin, dass Jesus persönlich wiederkommen wird, der ewige Sohn, der immer noch seine verherrlichte menschliche Natur und seinen verherrlichten menschlichen Körper hat. »*So* in dieser Art« (*houtōs*) deutet aber an, dass er auch sichtbar und in Herrlichkeit wiederkommen wird. Sie hatten gesehen, wie er sie verlassen hatte, sie würden auch sehen, wie er wiederkommen würde. Lukas berichtet, dass Jesus selbst sagte: »Und alsdann werden sie sehen den Menschensohn kommen in einer Wolke mit großer Kraft und Herrlichkeit«[41]. Dieselbe Wolke, die ihn vor ihren Augen weg aufgenommen hatte (Apg 1, 9), die ihn und seine drei ihm vertrautesten Apostel vorher auf dem Berg der Verklärung überschattet hatte[42] und die durch das A.T. hindurch das Symbol von Jahwes herrlicher Gegenwart gewesen war, würde der Triumphwagen seiner Wiederkunft sein, wie sie es schon auch bei seinem Fortgehen gewesen war.

Doch es wird auch wichtige Unterschiede zwischen dem Gehen und dem Kommen Jesu geben. Obwohl er persönlich kommen wird, wird seine Wiederkunft nicht wie seine Himmelfahrt im kleinen Rahmen stattfinden. Nur die 11 Apostel sahen, wie er sie verließ, doch wenn er wiederkommen wird, »werden ihn sehen alle Augen«[43]. Statt dass er alleine wiederkommen wird (so wie er auch gegangen war), werden Millionen von Heiligen – Menschen und Engel – in seinem Gefolge sein.[44] Und er wird auch nicht an einem Ort wiederkommen

(»Schau, da!« oder »Sieh, hier!«), sondern: »Denn wie der Blitz aufblitzt und leuchtet von einem Ende des Himmels bis zum andern, so wird der Menschensohn an seinem Tage sein«[45].

2. Die Engel deuten an, dass die Apostel damit fortfahren müssen, Christus zu bezeugen, bis er wiederkommen würde, weil dies ihr Auftrag war. Es war etwas grundlegend falsch daran, dass sie hinauf in den *Himmel* starrten, wo sie doch dazu beauftragt worden waren, bis an das Ende der *Erde* zu gehen. Sie sollten sich mit der Erde und nicht mit dem Himmel beschäftigen. Sie waren dazu berufen worden, seine Zeugen zu sein und nicht »Sterngucker«. Die Vision, der sie sich widmen sollten, war nicht nostalgisch oben im Himmel, der Jesus aufgenommen hatte, sondern draußen in der Hingabe an eine verlorene Welt, die ihn braucht. Dies gilt auch für uns heute. Neugierde darüber, wie der Himmel und seine Bewohner sind, Spekulationen über Verheißungen und ihre Erfüllung, fixe Ideen über »Tag und Stunde« – dies sind Irrwege, die uns von unserer von Gott gegebenen Mission abhalten. Christus wird persönlich, sichtbar und in Herrlichkeit wiederkommen. Dessen können wir uns sicher sein. Andere Einzelheiten können warten. Unterdessen haben wir unser Werk in der Kraft des Heiligen Geistes zu tun.

Das Gegenmittel gegen nutzlose geistliche »Sternguckerei« liegt in einer christlichen Theologie der Geschichte, im Verstehen, wie die Reihenfolge der Ereignisse innerhalb von Gottes Heilsplan abläuft: 1. Jesus kehrte zurück in den Himmel (Himmelfahrt). 2. Der Heilige Geist kam (Pfingsten). 3. Die Kirche geht hinaus, um Christus zu bezeugen (Mission). 4. Jesus wird wiederkommen (Wiederkunft/Parusie). Wenn wir eines dieser Ereignisse vergessen oder die Reihenfolge durcheinanderbringen, herrscht Verwirrung. Wir müssen besonders beherzigen, dass sich zwischen der Himmelfahrt und der Wiederkunft, dem Verschwinden und dem erneuten Erscheinen Jesu eine Zeit von unbekannter Dauer erstreckt, die mit dem weltweiten, vom Heiligen Geist bevollmächtigten Zeugnis der Gemeinde von ihm erfüllt werden soll. Wir müssen die angedeutete Botschaft der Engel hören: »Ihr habt gesehen, wie er euch verlassen hat, ihr werdet auch sehen, wie er wiederkommen wird. Aber in der Zeit zwischen Gehen und Kommen muss ein anderer da sein. Der Heilige Geist muss kommen, und ihr müsst gehen – in die Welt an Christi statt«.

Im Rückblick, denke ich, können wir sagen, dass die Apostel zwei gegensätzliche Fehler begangen haben, die beide korrigiert werden mussten. Erstens hofften sie auf eine politische Macht (die Wiederaufrichtung des Königreiches für Israel). Zweitens starrten sie in den Himmel hinauf (waren mit dem himmlischen Jesus beschäftigt). Beides waren falsche Vorstellungen. Der erste Fehler ist der eines Politikers, der davon träumt, »Utopia« auf dieser Erde zu errichten. Der zweite Fehler ist der eines Pietisten, der nur von himmlischer Glückseligkeit träumt. Die erste Vision ist zu irdisch, die zweite zu himmlisch. Wäre es zu ausgefallen, hierin eine Parallele zwischen dem Evangelium des Lukas und der Apostelgeschichte zu sehen? Genauso wie Jesus sich zu Beginn des Evangeliums in der judäischen Wüste von falschen Zielen und Mitteln abwandte, so mussten die Apostel sich zu Beginn der Apostelgeschichte vor Pfingsten von einem falschen Aktivismus und einem falschen Pietismus abwenden. Und in ihrem Fall war (und ist) es auch jetzt noch das richtige Mittel, Jesus in der Kraft des Heiligen Geistes zu bezeugen, all das eingeschlossen, was dies an irdischer Verantwortung und himmlischer Befähigung mit sich bringt.

1.3 Die Apostel beten um das Kommen des Heiligen Geistes (Apg 1,12-14)

(12) Da kehrten sie nach Jerusalem zurück … (13) Und als sie hineinkamen, stiegen sie hinauf in das Obergemach des Hauses, wo sie sich aufzuhalten pflegten: Petrus, Johannes, Jakobus und Andreas, Philippus und Thomas, Bartholomäus und Matthäus,

Jakobus, der Sohn des Alphäus, und Simon der Zelot und Judas, der Sohn des Jakobus. (14) Diese alle waren stets beieinander einmütig im Gebet samt den Frauen und Maria, der Mutter Jesu, und seinen Brüdern.

Der Weg zurück nach Jerusalem, der nur den am Sabbat erlaubten Kilometer umfasste, wird für sie nicht mehr als eine Viertelstunde gedauert haben. Lukas erzählt uns nun, wie sie die nächsten zehn Tage vor Pfingsten verbracht haben. In seinem Evangelium sagt er, sie »waren allezeit im Tempel und priesen Gott«[46]. In der Apostelgeschichte berichtet er nun, dass sie in dem Raum, in dem sie sich aufhielten, *stets beieinander einmütig im Gebet* waren (V. 14). Dies war eine gute Kombination: Allezeit im Tempel Gott preisen und stets zu Hause beten. Lukas berichtet uns nicht, ob das Obergemach der »große[n] Saal …, der mit Polstern versehen ist«[47], war, in dem Jesus seinen letzten Abend mit den Zwölfen verbracht hatte, oder ob es das Haus von Maria war, der Mutter von Johannes Markus, in dem sich später viele Mitglieder der Jerusalemer Gemeinde versammeln würden, um zu beten (Apg 12, 12), oder ob es ein ganz anderer Raum war. Was er uns berichtet, ist die Tatsache, dass ihre Gebete zwei charakteristische Merkmale hatten. Diese sind, wie Calvin sagt, »zwei Stücke …, die zum rechten Beten gehören: sie trieben es stets und einmütig«[48]. Ich will sie in umgekehrter Reihenfolge behandeln.

a. Ihr Gebet war einmütig

Wer waren diese Leute, die sich trafen, um zu beten? Lukas sagt, dass sie »eine Menge … von etwa hundertzwanzig« waren (V. 15). Howard Marshall schlägt vor, dass der Grund, warum diese Zahl erwähnt wird, darin liegt, dass »nach dem jüdischen Gesetz eine Mindestzahl von 120 jüdischen Männern nötig war, um eine Gemeinschaft mit ihrem eigenen Rat zu bilden«. Die Jünger hatten genügend Mitglieder, »um eine neue Gemeinschaft auszuformen«[49]. Andere meinten, in dieser Zahl eine Symbolik erkannt zu haben, weil die 12 Stämme und die 12 Apostel die Zahl zwölf zu einem offensichtlichen Symbol für die Kirche werden ließen, denn 120 ist 12 x 10, so wie die 144.000 in der Offenbarung des Johannes 12 x 12 x 1.000 sind. Wieder andere schlagen vor, dass diese 120 Menschen nur ein Teil der gesamten Gemeinschaft der Gläubigen waren, weil einmal »mehr als fünfhundert« zugleich den auferstandenen Herrn gesehen hatten[50], auch wenn dies möglicherweise in Galiläa passiert ist. Auf jeden Fall gehörten zu den 120 die 11 überlebenden Apostel. Lukas zählt sie hier auf (V. 13), wie er es auch im Evangelium tut.[51] Diese Listen stimmen bis auf kleine Unterschiede überein. Der innere Kreis von vier Jüngern, der als Geschwisterpaare im Evangelium aufgezählt wird (»Simon … und Andreas …, Jakobus und Johannes«), ist jetzt *Petrus, Johannes, Jakobus und Andreas.* Zuerst nennt er diejenigen, die die führenden Apostel werden würden, zugleich trennt er die leiblichen Geschwister voneinander, als ob er darauf hinweisen wollte, dass eine neue Bruderschaft in Christus die alten verwandtschaftlichen Beziehungen abgelöst hatte (vgl. V. 16: »Brüder …«). Die folgenden zwei Paare werden auch neu angeordnet, obwohl hierfür kein ersichtlicher Grund vorliegt. Statt »Philippus und Bartholomäus, Matthäus und Thomas«[52] schreibt Lukas *Philippus und Thomas, Bartholomäus und Matthäus.* Die weiteren Apostel stimmen aber überein, bis auf die Tatsache, dass natürlich der Verräter Judas ausgelassen wird.

Zusätzlich zu den 11 Aposteln werden die *Frauen* genannt (V. 14), damit sind vermutlich Maria Magdalena, Johanna (ihr Ehemann verwaltete das Haus des Herodes) und Susanna gemeint – dieses Trio erwähnt Lukas auch in seinem Evangelium[53], als diejenigen, »die ihnen [d. h. Jesus und den zwölf Jüngern] dienten mit ihrer Habe«. Vielleicht sind die »Maria, des Jakobus Mutter« und die anderen, die das Grab leer angetroffen hatten[54] und denen der auferstandene Herr sich später offenbart hatte, auch mitgedacht.[55] Lukas fügt dann *Maria, die Mutter Jesu,* hinzu (V. 14); vielleicht erwähnt er sie deshalb als Einzige ausdrücklich, weil sie eine besonders ehrbare Stellung einnahm. Ihre einmalige Rolle bei der Geburt Jesu hatte er in den ersten zwei Kapiteln seines Evangeliums beschrieben. Lukas erwähnt sie hier zusammen mit *seinen Brüdern* (V. 14), die während seines früheren Dienstes nicht an ihn geglaubt hatten[56], die jedoch jetzt – vielleicht weil der Auferstandene einem von ihnen, Jakobus, persönlich erschienen war[57] – zu den Gläubigen gezählt werden.

All diese (die Apostel, die Frauen, die Mutter und die Brüder Jesu und die Übrigen, die die 120 Personen zählende Gruppe ausmachten) *waren stets beieinander einmütig im Gebet.* »Einmütig« ist die Übersetzung von *homothymadon*, einem Lieblingswort von Lukas, das er zehnmal verwendet und das sonst nur einmal im N.T. vorkommt. Es könnte einfach bedeuten, dass die Jünger sich an demselben Ort trafen oder dasselbe taten, nämlich beten. Doch später beschreibt es einmal vereintes Gebet (4, 24), ein anderes Mal eine einmütige Entscheidung (15, 25), sodass die »Einmütigkeit« implizit über ein bloßes Treffen und Einigkeit über das, worum sie beteten, hinausgeht. Sie beteten »übereinstimmend, einmütig«[58].

b. Ihr Gebet war anhaltend

Das Verb, das mit »waren stets beieinander« (*proskartereō*) übersetzt wird, hat die Bedeutung »sich emsig mit etwas beschäftigen« oder »dauernd auf etwas bedacht sein«[59]. Lukas gebraucht es später für die Neubekehrten, die »beständig in der Lehre der Apostel« waren (Apg 2, 42) und für die Apostel die beschlossen, sich ganz dem Gebet und dem Predigen zu widmen (Apg 6, 4). Hier gebraucht er es für das Anhalten im Gebet, so wie auch Paulus es mehrere Male verwendet.[60]

Es gibt keinen Zweifel darüber, dass der Grund für diese Einheit und dieses Anhalten im Gebet in dem Befehl und der

Verheißung Jesu lag. Er hatte versprochen, ihnen bald den Heiligen Geist zu senden (Apg 1,4.5.8). Er hatte ihnen aufgetragen, auf sein Kommen zu warten und dann anzufangen, ihn zu bezeugen. Daraus lernen wir, dass Gottes Verheißungen das Gebet nicht überflüssig machen. Im Gegenteil, nur seine Verheißung gibt uns die Berechtigung zum Gebet und das Vertrauen darauf, dass er es auch hören und beantworten wird.

1.4 Die Apostel ersetzen Judas durch Matthias (Apg 1,15-26)

(15) Und in den Tagen trat Petrus auf unter den Brüdern – es war aber eine Menge beisammen von etwa hundertzwanzig – und sprach: (16) Ihr Männer und Brüder, es musste das Wort der Schrift erfüllt werden, das der Heilige Geist durch den Mund Davids vorausgesagt hat über Judas, der denen den Weg zeigte, die Jesus gefangennahmen; (17) denn er gehörte zu uns und hatte dieses Amt mit uns empfangen. (18) Der hat einen Acker erworben mit dem Lohn für seine Ungerechtigkeit. Aber er ist vornüber gestürzt und mitten entzwei geborsten, sodass alle seine Eingeweide hervorquollen. (19) Und es ist allen bekannt geworden, die in Jerusalem wohnen, sodass dieser Acker in ihrer Sprache genannt wird: Hakeldamach, das heißt Blutacker. (20) Denn es steht geschrieben im Psalmbuch: »Seine Behausung soll verwüstet werden, und niemand wohne darin«,

und:

»Sein Amt empfange ein andrer.« (21) So muss nun einer von diesen Männern, die bei uns gewesen sind die ganze Zeit über, als der Herr Jesus unter uns ein- und ausgegangen ist (22) – von der Taufe des Johannes an bis zu dem Tag, an dem er von uns genommen wurde –, mit uns Zeuge seiner Auferstehung werden. (23) Und sie stellten zwei auf: Josef, genannt Barsabbas, mit dem Beinamen Justus, und Matthias, (24) und beteten und sprachen: Herr, der du aller Herzen kennst, zeige an, welchen du erwählt hast von diesen beiden, (25) damit er diesen Dienst und das

Apostelamt empfange, das Judas verlassen hat, um an den Ort zu gehen, wohin er gehört. (26) Und sie warfen das Los über sie, und das Los fiel auf Matthias; und er wurde zugeordnet zu den elf Aposteln.

Nachdem Lukas über den Auftrag des Herrn an die Jünger, seine Himmelfahrt und das anhaltende Gebet der Jünger berichtet hat, lenkt er nun unsere Aufmerksamkeit auf ein weiteres Geschehen vor Pfingsten (*in den Tagen* ist so ungenau formuliert, dass es zu jedem Zeitpunkt zwischen Himmelfahrt und Pfingsten stattgefunden haben kann), nämlich die Ernennung eines Apostels als Ersatz für Judas. Wir müssen folgende Dinge dabei beachten: die Notwendigkeit einer solchen Ernennung (der Abfall und der Tod von Judas), die Berechtigung (die Erfüllung der Heiligen Schrift) und die Wahl, die getroffen wurde (Matthias).

a. Der Tod von Judas (Apg 1, 18 - 19)

Die Verse 18 und 19 scheinen nicht zu der Rede des Petrus zu gehören, weil sie seinen Gedankengang unterbrechen. Zudem würde Petrus, der auf Aramäisch zu Aramäern spricht, nicht das Wort *Hakeldamach* übersetzen (V. 19). Doch Lukas muss es tun, schreibt er doch an heidnische Leser. Diese Verse sind also am besten als Einfügung durch den Herausgeber Lukas zu verstehen, mit der er seinen Lesern die Umstände des Todes von Judas näher erklärt.

Lukas bezeichnet den Verrat an Jesus ganz offen als »Ungerechtigkeit« (*adikia*, V. 18), »böse Tat« (GN) oder »Untat« (Einh.). Manche drücken auch ihre Sympathie gegenüber Judas aus, weil seine Aufgabe vorhergesagt worden und deshalb – so denkt man – vorherbestimmt war. Doch dies stimmt so nicht. Calvin selbst, der doch immer die Souveränität Gottes betonte, schreibt: »Indessen wird Judas nicht etwa schuldlos, weil sein Fall geweissagt war; denn er fiel nicht durch Antrieb der Weissagung, sondern durch die Bosheit seines Herzens«[61].

In den Evangelien berichtet nur Matthäus darüber, was mit Judas geschehen ist[62], und es scheint, dass er und Lukas aus verschiedenen Traditionen schöpfen. Ihre Berichte sind jedoch nicht so unterschiedlich, wie manche es uns weismachen wollen. Es ist sicherlich nicht nötig, mit R. P. C. Hanson zu sagen, dass »beide nicht wahr sein können«[63]. Beide besagen, dass Judas schändlich starb, dass ein Acker von dem Geld gekauft wurde, das man ihm gezahlt hatte (30 Silberlinge), und dass dieser »Blutacker« genannt wurde. Die scheinbaren Unterschiede betreffen allein die Art und Weise seines Todes, wer das Feld kaufte und warum es »Blutacker« genannt wurde.

1. Wie aber starb Judas? Matthäus schreibt, dass er Selbstmord beging: Er »ging fort und erhängte sich«[64]. Lukas jedoch schreibt: *Er ist vornüber gestürzt und mitten entzwei geborsten, sodass alle seine Eingeweide hervorquollen* (V. 18b). Die Versuche, diese Aussagen miteinander in Einklang zu bringen, gehen mindestens schon auf Augustinus zurück. Es kann durchaus angenommen werden, dass der tote Körper des Judas, nachdem er sich erhängt hatte, entweder kopfüber fiel (die übliche Bedeutung von *prēnēs*)[65], wobei man annimmt, dass das Seil zerriss oder der Ast des Baumes abbrach, respektive anschwoll (entsprechend einer anderen Ableitung von *prēnēs*, die »sich sprachl[ich] nicht ausreichend sichern lässt«)[66], wobei er aber in beiden Fällen zerbarst.

2. Wer kaufte aber das Feld? Matthäus berichtet, dass Judas, ganz von Reue erfüllt, versuchte, das Geld den Hohenpriestern zurückzugeben, und es in den Tempel warf und davonlief, nachdem sie sich geweigert hatten, es zurückzunehmen. Matthäus fügt auch hinzu, dass die Hohenpriester das Geld nahmen und davon den Töpferacker kauften. Andererseits sagt Lukas, dass Judas *mit dem Lohn für seine Ungerechtigkeit einen Acker* erwarb (V. 18a). Kauften nun die Hohenpriester oder Judas den Acker? Es ist anzunehmen,

dass beide es taten, die Hohenpriester nahmen die Transaktion vor, jedoch mit dem Geld, das Judas gehörte. Denn, so schreibt Edersheim, »nach dem Gesetz wurde das Geld immer noch als Besitz des Judas angesehen, und so angewandt, bedeutete es, dass Judas den allgemein bekannten ›Töpferacker‹ davon kaufte«[67].

3. Warum wurde der gekaufte Acker nun als »Blutacker« bekannt? Matthäus antwortet darauf, dass er mit »Blutgeld« erworben wurde.[68] Lukas gibt keine ausdrückliche Erklärung dafür, doch er deutet an, dass der Grund darin liegt, dass das Blut von Judas hier vergossen worden war. Offensichtlich sind – wie es ja oft geschieht – verschiedene Traditionen darüber entstanden, wie der Acker seinen Namen erhalten hat, sodass verschiedene Leute ihn aus verschiedenen Gründen so nannten.

Es wäre also durchaus fair, daraus den Schluss zu ziehen, dass diese voneinander unabhängigen Berichte über den Tod von Judas nicht als miteinander unvereinbar gelten können, und somit wäre J. A. Alexander zuzustimmen: »Es gibt wohl kaum ein amerikanisches oder englisches Gericht, das Bedenken hätte, diese zwei Berichte als völlig miteinander übereinstimmend anzunehmen«[69].

b. Die Erfüllung der Heiligen Schrift (Apg 1, 15 - 17.20)

Die Begründung aber, weshalb Judas ersetzt werden musste, ist im A.T. zu suchen. Davon ist Petrus überzeugt, wie er es auch gegenüber seinen Zuhörern zum Ausdruck bringt: *Ihr Männer und Brüder, es musste das Wort der Schrift erfüllt werden, das der Heilige Geist durch den Mund Davids vorausgesagt hat über Judas, der denen den Weg zeigte, die Jesus gefangen nahmen* (V. 16). Wir müssen uns daran zurückerinnern, dass nach Lukas der auferstandene Herr den Jüngern sowohl die Heilige Schrift erklärt als auch ihnen die Augen geöffnet hatte, damit sie sie verstanden.[70] Als Folge davon hatten sie seit der Auferstehung ein neues Verständnis davon, wie das A.T. das Leiden und die Verherrlichung, die Verwerfung und die Herrschaft des Messias vorhergesagt hatte. Angeregt von diesen Erklärungen Jesu werden sie während der fünfzigtägigen Wartezeit die Heilige Schrift auf weitere Einsichten hin erforscht haben. Wir wissen, dass die verschiedenen Listen von alttestamentlichen Zeugnissen über den Messias erst später zusammengestellt wurden und in Umlauf kamen. Diese Entwicklung wird aber bereits schon nach der Auferstehung eingesetzt haben.

Petrus fährt damit fort, dass er aus zwei Psalmen zitiert (Ps 69 und 109), wobei der erste erläutert, was geschehen war (der Abfall und Tod des Judas), und der zweite, was sie in dieser Hinsicht tun sollten (Judas ersetzen). Psalm 69 wird im N.T. fünfmal auf Jesus bezogen. In diesem Psalm beschreibt ein unschuldig Leidender, wie seine Feinde ihn hassen und ihn ohne Grund beleidigen (Ps 69,5) und wie ihn sein Eifer um Gottes Haus verzehrt (Ps 69,10). Diese zwei Verse werden in dem Evangelium von Johannes zitiert, Vers 5 von Jesus selbst[71] und Vers 10 von seinen Jüngern.[72] Auch Paulus verweist zweimal auf diesen Psalm.[73] Gegen Ende des Psalms (Ps 69,25-26) betet der Psalmist, dass Gottes Gericht über dieses gottlose und unbußfertige Volk komme. Petrus individualisiert den Text und wendet ihn auf Judas an, der in der Tat unter Gottes Gericht gekommen war: *Seine Behausung soll verwüstet werden, und niemand wohne darin* (Apg 1,20a). Psalm 109 ist Psalm 69 sehr ähnlich. Er handelt von gottlosen und hinterlistigen Menschen, die den Schreiber zu Unrecht hassen, verleumden und angreifen. Dann wählt er eine bestimmte Person aus, vielleicht den Rädelsführer, und bittet um Gottes Gericht über ihn (Ps 109,8): *Sein Amt empfange ein andrer* (Apg 1,20b). Auch diesen Vers wendet Petrus auf Judas an, nach einem Prinzip, das Richard Longenecker als »das allgemein anerkannte exegetische Prinzip des gleichartigen (analogen) Subjekts« bezeichnet.[74]

Diese zwei Bibelstellen schienen Petrus und den Gläubigen eine angemessene allgemeine Richtlinie dafür zu sein,

Judas ersetzen zu müssen. Vielleicht kam dazu ein weiterer Faktor hinzu, den Lukas in seinem Evangelium erwähnt[75], nämlich dass Jesus eine Parallele zwischen den 12 Aposteln und den 12 Stämmen Israels zog. Wenn die frühe Christenheit als solche anerkannt werden sollte, die in direkter Kontinuität zu dem alttestamentlichen Israel steht, ja tatsächlich dessen Erfüllung war, dann durfte die Anzahl ihrer Gründer nicht verringert werden. Ein paar Jahre später hielt man es allerdings nicht für nötig, Jakobus zu ersetzen, weil er nicht abgefallen, sondern bis in den Tod treu geblieben war (Apg 12,1-2).

c. Die Wahl von Matthias (Apg 1,21-26)

Der Vorschlag des Petrus, dass ein zwölfter Apostel als Ersatz für Judas gewählt werden sollte (V. 21-22), wirft ein Licht auf sein Verständnis des Apostelamtes, worauf wir bereits im vorigen Kapitel hingewiesen haben.

1. Der apostolische Diener (oder: *dieser apostolische Dienst* [V. 25], wie man *diakonia* und *apostolē* auch wiedergeben könnte) musste ein *Zeuge seiner Auferstehung* sein (V. 22b). Die Auferstehung war schon früh als die Bestätigung von Jesu Person und Werk durch Gott verstanden worden. Lukas beschreibt, mit welch großer Kraft die Apostel »bezeugten ... die Auferstehung des Herrn Jesus« (Apg 4,33; vgl. 13,30-31).

2. Deshalb gehörte zu den nötigen Qualifikationen eines Apostels, dass er ein Zeuge der Auferstehung war, die sie ja auch bezeugen sollten (z.B. Apg 2,32; 3,15; 10,40-42). Es war unbedingt nötig, den auferstandenen Herrn gesehen zu haben, weshalb auch Paulus später zu Recht zu der Gruppe der Apostel hinzugefügt wurde.[76] Doch derjenige, der Judas als Mitglied in der Gründergruppe der 12 Apostel – sie waren dafür verantwortlich, die wahre Überlieferung zu bewahren – ersetzen sollte, musste eine höhere Qualifikation mit sich bringen. Er musste, so erklärt es Petrus, *einer von diesen*

Männern sein, *die bei uns gewesen sind die ganze Zeit über, als der Herr Jesus unter uns ein- und ausgegangen ist – von der Taufe des Johannes an bis zu dem Tag, an dem er von uns genommen wurde* – (V. 21-22; vgl. 10,39; 13,31). Aus diesem Grund kann ich Campbell Morgan nicht zustimmen, der wie andere schreibt: »Die Wahl von Matthias war falsch ... Er war ein guter Mann, aber der falsche Mann für diese Position ... Ich bin nicht bereit, Paulus aus den Zwölfen auszuschließen, weil ich glaube, dass er Gottes Mann war, der die Lücke schließen sollte«[77]. Lukas gibt jedoch überhaupt keinen Hinweis darauf, dass ein Fehler begangen wurde, auch wenn Paulus offensichtlich sein »Held« sein sollte. Außerdem brachte Paulus nicht all die Qualifikationen mit sich, die Petrus hier darlegt.

3. Der Herr Jesus selbst hatte die Apostel eingesetzt. Er hatte die ursprünglichen 12 ausgewählt.[78] Deshalb musste auch er den Ersatz für Judas bestimmen. Es stimmt, dass den 120 Gläubigen die Wahl aufgetragen war (V. 21). Sie machten mögliche Kandidaten ausfindig und stellten zwei auf, nämlich Josef (dessen anderer Name im Hebräischen Barsabbas und im Lateinischen Justus lautete) und Matthias. Über beide wissen wir nichts, auch wenn Eusebius schreibt, dass sie zu den 70 Jüngern gehörten. Dann beteten sie zu Jesus als dem Herrn, wobei sie ihn wörtlich als »Kenner aller Herzen«, *kardiagnōstēs*, bezeichnen, ein Wort, das Lukas später auch für Gott verwendet.[79] Ihn baten sie, ihnen zu zeigen, welchen der zwei er bereits erwählt hatte (V. 24). Dann *warfen [sie] das Los über sie* (V. 26). Dies ist eine Methode, Gottes Willen zu erkennen, die auch schon im A.T. bezeugt ist,[80] die jedoch nicht mehr angewendet wird, seit der Heilige Geist gekommen war.[81] Matthias wurde also »erwählt«, *und er wurde zugeordnet zu den elf Aposteln* (V. 26).

Es ist sehr aufschlussreich, darauf zu achten, wie viele Faktoren dazu geführt haben, dass Gottes Wille in dieser Sache erkannt wurde. Zuerst erfolgte die allgemeine Leitung durch die Heilige Schrift, dass Judas ersetzt werden sollte (V. 16-21). Als Nächstes gebrauchten sie ihren gesunden

Menschenverstand und kamen zu dem Schluss, dass der Nachfolger des Judas auch dieselben Qualifikationen erfüllen musste, wenn er denselben apostolischen Dienst ausführen sollte. Dies schloss ein, dass er Jesus als Augenzeuge erlebt hatte und dieser ihn persönlich einsetzt. Dieses logische, deduktive Nachdenken führte zu der Nominierung von Josef und Matthias. Drittens beteten sie. Denn auch wenn Jesus sie verlassen hatte, hatten sie ja weiter durch das Gebet Zugang zu ihm, und es war bekannt, dass er menschliche Herzen kennt und weiß, was sie brauchen. Schließlich warfen sie Lose, wobei sie darauf vertrauten, dass Jesus ihnen seine Wahl durch sie zeigen würde. Lässt man diesen vierten Faktor außer Acht, weil uns jetzt der Heilige Geist gegeben worden ist, so stellen die übrigen drei (die Heilige Schrift, der gesunde Menschenverstand und das Gebet) eine nützliche Kombination dar, durch die – darauf können wir uns verlassen – Gott uns auch heute noch führen wird.

Jetzt war alles für Pfingsten vorbereitet: Die Apostel haben Christi Auftrag erhalten und seine Himmelfahrt gesehen. Die Gruppe der Apostel war wieder vollständig und dazu bereit, seine erwählten Zeugen zu sein. Nur eine Sache fehlt noch: Der Heilige Geist war noch nicht gekommen. Obwohl der Platz von Judas durch Matthias wieder besetzt worden war, war die Lücke, die Jesus zurückgelassen hatte, noch nicht wieder besetzt worden. So verlassen wir das erste Kapitel der Apostelgeschichte mit den 120 Wartenden in Jerusalem, die einmütig im Gebet verharren, mit der Bereitschaft, Christi Gebot zu erfüllen, sobald er auch seine Verheißung erfüllen würde.

2. Pfingsten (Apg 2,1-47)

Ohne den Heiligen Geist wäre christliche Nachfolge nicht vorstellbar, ja, sogar völlig unmöglich. Es kann kein Leben ohne den geben, der das Leben gibt, kein Verständnis ohne den Geist der Wahrheit, keine Gemeinschaft ohne die Einheit des Geistes, keine Christusähnlichkeit des Charakters ohne seine Frucht und kein wirksames Zeugnis ohne seine Kraft. So wie ein Körper ohne Atem eine Leiche ist, so ist auch die Gemeinde Jesu ohne den Heiligen Geist tot.

Lukas ist sich dessen sehr wohl bewusst. Im Vergleich mit den anderen drei Evangelisten legt er die stärkste Betonung auf den Heiligen Geist. Ziemlich zu Beginn von jedem Teil seines zweibändigen Werkes legt er dar, wie unerlässlich es ist, dass der Heilige Geist jemanden befähigt. Genauso wie er auf Jesus gekommen war, als Johannes ihn getauft hatte, sodass er seinen öffentlichen Dienst »voll Heiligen Geistes«, »vom Geist geführt«, »in der Kraft des Heiligen Geistes« und vom Heiligen Geist »gesalbt« begann (Lk 3,21-22; 4,1.14.18), so kam der gleiche Heilige Geist auch auf die Jünger Jesu, um sie für ihren Auftrag in der Welt auszurüsten (Apg 1,5.8; 2,33). In den ersten Kapiteln der Apostelgeschichte weist Lukas auf die Verheißung, die Gabe, die Taufe und die Kraft des Heiligen Geistes hin und darauf, wie Gottes Volk diese Verheißung erfährt und die Erfüllung durch den Heiligen Geist erlebt. Die kann zuvor auf unterschiedliche Weise beschrieben werden, doch es gibt nur eine Wirklichkeit und für diese kann es auch keinen Ersatz geben.

Doch dieses Ereignis hat viele Facetten, und es gibt mindestens vier Arten, wie wir Pfingsten betrachten können:

1. Pfingsten war der letzte Akt des Heilshandelns Christi vor seiner Wiederkunft. Er, der in unsere Menschlichkeit hineingeboren wurde, unser Leben lebte, für unsere Sünden starb, vom Tod auferstand und in den Himmel auffuhr, schickte nun seinem Volk seinen Heiligen Geist, um sie als

seinen Leib einzusetzen und in ihnen das hervorzubringen, was er für sie erlangt hatte. In diesem Sinne ist Pfingsten nicht wiederholbar. Weihnachten, Karfreitag, Ostern, Himmelfahrt und Pfingsten sind jährlich wieder stattfindende Feste, doch die Geburt, der Tod, die Auferstehung, die Himmelfahrt und die Gabe des Heiligen Geistes, an die sie erinnern, passierten nur ein einziges Mal.

2. Pfingsten brachte den Aposteln die Ausrüstung, die sie für ihren speziellen Auftrag brauchten. Christus hatte sie dazu bestimmt, seine wichtigsten und maßgeblichsten Zeugen zu sein. Er hatte ihnen verheißen, dass der Heilige Geist sie erinnern und lehren würde (Joh 14-16). An Pfingsten erfüllte sich diese Verheißung.

3. Pfingsten stellte den Beginn eines neuen Zeitalters des Heiligen Geistes dar. Auch wenn sein Kommen ein einmaliges und nicht wiederholbares historisches Ereignis war, kann heute das ganze Volk Gottes immer und überall den Nutzen seines Dienstes erfahren. Auch wenn er die Apostel dazu ausrüstete, seine ersten Zeugen zu sein, rüstet er auch uns gleichermaßen dazu aus, seine »zweiten Zeugen« zu sein. Auch wenn die Inspiration durch den Heiligen Geist nur den Aposteln gegeben wurde, gilt auch uns allen diese Fülle des Heiligen Geistes.

4. Mit Recht wird Pfingsten die erste »Erweckung« genannt. Dieser Begriff wird verwendet, um anzudeuten, dass dies einer der völlig außergewöhnlichen Besuche Gottes war, bei denen sich eine ganze Gemeinschaft seiner unmittelbaren, überwältigenden Gegenwart ganz deutlich bewusst wurde. Deshalb kann es durchaus sein, dass nicht nur die Naturwunder (V. 2ff.), sondern auch die tiefe Sündenerkenntnis (V. 37), die Bekehrung von 3.000 Menschen (V. 41) und die weit verbreitete Ehrfurcht (V. 43) Kennzeichen einer Erweckung waren. Dennoch müssen wir vorsichtig sein, dass wir dies nicht als mögliche Ausrede oder Entschuldigung interpretieren und unsere Erwartungen niedriger ansetzen, oder alles als eine einmalige Ausnahme bezeichnen, was Gott möglicherweise als

normale Erfahrung seiner Gemeinde vorgesehen hat. Das Brausen des Windes und das Feuer waren sicherlich nicht normal, und vielleicht gilt dies auch für die Sprachen, jedoch nicht für das neue Leben, die Freude, die Gemeinschaft und die Anbetung, die Freiheit, den Mut und die Kraft.[1]

Apostelgeschichte 2 lässt sich in drei Abschnitte einteilen: Es fängt mit der Beschreibung des Pfingstereignisses durch Lukas selbst an (V. 1 - 13), fährt mit der Erklärung des Geschehens in der Predigt des Petrus fort (V. 14 - 41) und schließt mit den Auswirkungen im Leben der Jerusalemer Gemeinde ab (V. 42 - 47).

2.1 Der Bericht des Lukas: Das Pfingstereignis (Apg 2, 1 - 13)

Die Erzählung des Lukas beginnt mit einem kurzen Tatsachenbericht über den Zeitpunkt und den Ort, an dem der Heilige Geist kam. Wie er schreibt, *waren sie alle an einem Ort beieinander*. Offensichtlich ist er nicht daran interessiert, dies weiter auszuführen. Wir wissen nicht, ob das in Vers 2 erwähnte »Haus« immer noch das Obergemach (Apg 1, 13; 2, 46b) oder einer der vielen Räume und Hallen des Tempels ist (Lk 24, 53; Apg 2, 46a). Doch der Zeitpunkt wird genau genannt: Es geschah, *als der Pfingsttag gekommen war* (V. 1). Für dieses Fest gab es zwei Begründungen, eine landwirtschaftliche und eine historische. Ursprünglich war Pfingsten das mittlere der drei jährlichen jüdischen Erntefeste[2], und wird entweder das »Fest der Ernte«[3] genannt, weil es am Ende der Weizenernte gefeiert wurde, oder das »Wochen-« bzw. »Pfingstfest«, weil es sieben Wochen oder 50 Tage (*pentēkostos* heißt »der Fünfzigste«[4]) nach dem Passafest stattfand, das gefeiert wurde, wenn die Gerstenernte abgeschlossen war.[5] Zum Ende der zwischentestamentlichen Zeit begann man zudem auch, es als Jahrestag der Gesetzgebung am Berg Sinai zu begehen, weil man glaubte, dass diese 50 Tage nach dem Auszug aus Ägypten stattgefunden habe.

Man ist leicht versucht, die doppelte Symbolik von Ernte und Gesetzgebung in Pfingsten hineinzulegen. Sicherlich gab es eine große »Ernte« von 3.000 Seelen an diesem Tag, die Erstlingsfrucht der christlichen Mission. Wie Chrysostomus es ausdrückt, »war die Zeit gekommen, die Sichel des Wortes zu ergreifen, denn scharfgeschliffen wie die Sichel kam der Heilige Geist herab«[6]. Sicherlich betrachteten auch die Propheten die zwei Verheißungen des Neuen Bundes »Ich will meinen Geist in euch geben«[7] und »Ich will mein Gesetz in ihr Herz geben und in ihren Sinn schreiben«[8] als fast identisch, weil der Heilige Geist genau dies tut, wenn er in uns hineinkommt; er schreibt Gottes Gesetz in das Herz, wie Paulus es deutlich lehrt. Nichtsdestotrotz führt Lukas diese doppelte Symbolik nicht aus. Deshalb können wir nicht sicher sein, ob dies für ihn wichtig war, auch wenn die jüdische Tradition mit dem Berg Sinai Wind, Feuer und Stimmen in Verbindung brachte[9], genau die drei Phänomene, die auch Lukas hier beschreibt.

a. Die drei Phänomene

Plötzlich, so sagt Lukas, fand dieses großartige Ereignis statt. Der Geist Gottes kam auf sie. Und sein Kommen war mit drei übernatürlichen Zeichen verbunden – einem Geräusch, einer Erscheinung und fremden Sprachen. Zuerst kam *ein Brausen vom Himmel wie von einem gewaltigen Wind und erfüllte das ganze Haus, in dem sie saßen* (V. 2). Zweitens erschienen ihnen sichtbar *Zungen, zerteilt wie von Feuer*, die *sich auf einen jeden von ihnen* setzte (V. 3), und so jeden individuell erfasste. Drittens *wurden alle erfüllt von dem Heiligen Geist und fingen an, zu predigen in andern Sprachen*[10], *wie der Geist ihnen gab auszusprechen* (V. 4).

Diese drei Erfahrungen erschienen wie ganz natürliche Phänomene (Wind, Feuer und Sprache), doch sowohl vom Ursprung als auch von ihrer Art her waren sie übernatürlich.

Der Nahe Osten im ersten Jahrhundert n. Chr.

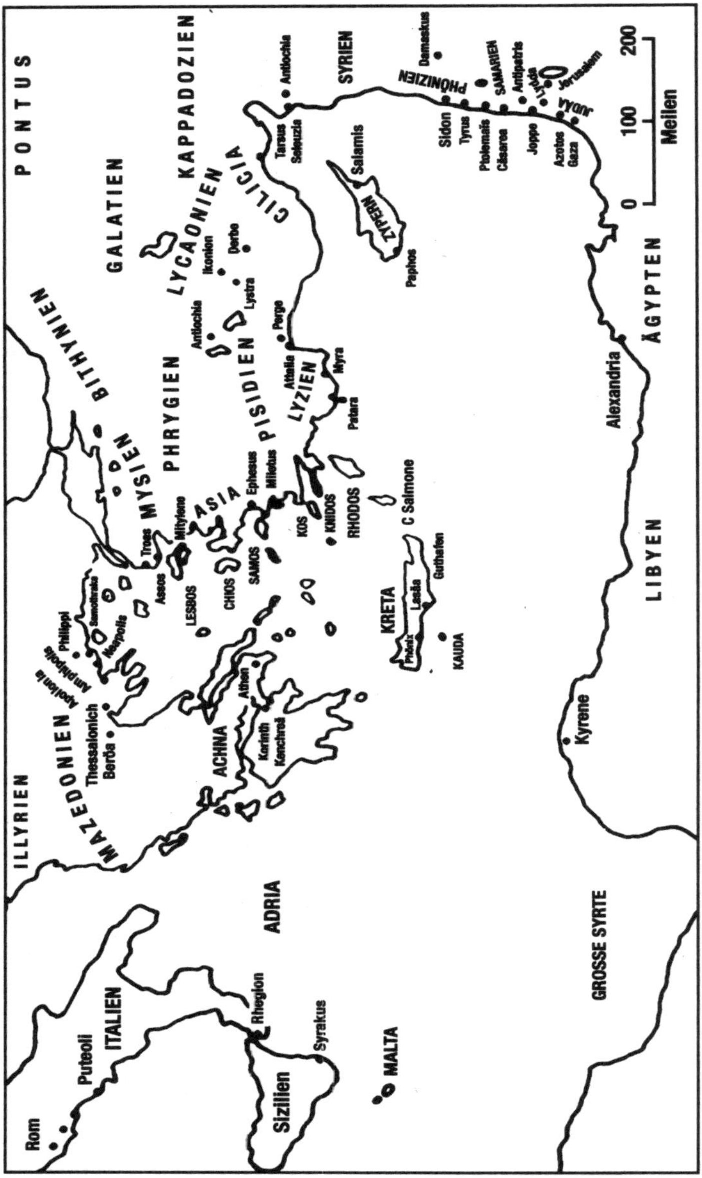

Das Brausen war kein Wind, doch er hörte sich so an; das, was sie sahen, war kein Feuer, doch es war ihm ähnlich, und sie redeten in Sprachen, die jedoch nicht gewöhnlich, sondern irgendwie »anders« waren. Wieder waren drei wichtige Sinnesorgane angesprochen: sie hörten ein windähnliches Geräusch, sie sahen eine feuerähnliche Erscheinung und sie redeten in anderen Sprachen. Doch sie erlebten mehr als nur Sinneseindrücke. Es war von größter Bedeutung. So versuchten sie, es zu verstehen. Später fragten die Leute: »Was hat das zu bedeuten?« (Einh.) (V. 12). Wenn wir uns für unsere Auslegung von anderen Teilen der Heiligen Schrift leiten lassen, so scheint es, dass diese drei Zeichen für die neue Epoche des Heiligen Geistes standen, die nun begonnen hatte (Johannes der Täufer hatte Wind und Feuer noch ausgeklammert)[11], und für das neue Werk, das er ausführen wollte. Wenn dies der Fall ist, kann das dem Wind ähnliche Brausen symbolisch für *Kraft* stehen (so wie Jesus sie ihnen verheißen hatte, damit sie ihn bezeugten)[12], die dem Feuer ähnliche Erscheinung für *Reinheit* (wie die glühende Kohle, die Jesaja reinigte)[13] und die Rede in anderen Sprachen für die *Universalität* der christlichen Gemeinde. In dem folgenden Bericht wird nichts Weiteres zu den Erscheinungen gesagt. Lukas konzentriert sich nur auf das dritte Phänomen, das der Sprachen.

(5) Es wohnten aber in Jerusalem Juden, die waren gottesfürchtige Männer aus allen Völkern unter dem Himmel. (6) Als nun dieses Brausen geschah, kam die Menge zusammen und wurde bestürzt; denn ein jeder hörte sie in seiner eigenen Sprache reden. (7) Sie entsetzten sich aber, verwunderten sich und sprachen: Siehe, sind nicht diese alle, die da reden, aus Galiläa? (8) Wie hören wir denn jeder seine eigene Muttersprache?

Lukas betont, wie international die versammelte Menge ist. Sie waren alle *gottesfürchtige* Juden, und sie *wohnten ... in Jerusalem* (V. 5). Doch sie waren nicht dort geboren worden, sie kamen aus der Zerstreuung (Diaspora), *aus allen Völkern unter dem Himmel* (V. 5). Durch das, was folgt, wird deutlich, dass »aus allen Völkern« nicht unbedingt Völker wie amerikanische Indianer, australische Aborigines oder neuseeländische Maoris mit einschließt. So wie es die biblischen Autoren im Allgemeinen taten, spricht Lukas von seiner Perspektive aus, nicht von unserer heutigen. Er bezog sich auf die griechisch-römische Welt rund um das Mittelmeer, auf jede Nation, in der damals Juden lebten.

Die Liste des Lukas umfasst fünf Gruppierungen, so wie er mit seinem inneren Auge ungefähr von Ost nach West wandert. Zuerst erwähnt er *Parther und Meder und Elamiter und die* Bewohner von *Mesopotamien* (V. 9a), d.h. Leute aus dem Gebiet westlich des Kaspischen Meeres. Viele von ihnen werden aus dem jüdischen Exil von dort hergekommen sein, wohin sie im 8. und 6. Jh. v.Chr. deportiert worden waren. Als zweites bezieht Lukas sich in den Versen 9b-10a auf Gebiete, die man heute Kleinasien oder Türkei nennt, nämlich *Kappadozien* (im Osten), *Pontus* (im Norden) *und Asien* (im Westen), *Phrygien und Pamphylien* (im Süden). Weil *Judäa* (V. 9) merkwürdigerweise zwischen Mesopotamien und Kappadozien steht, denken manche Kommentatoren, dass Lukas dieses Wort verwendet, um auf ein größeres Gebiet zu verweisen, wie etwa ganz Palästina und Syrien, was auch Armenien einschließen würde. Andere aber folgen einer altlateinischen Übersetzung, die *Joudaioi* (»Juden«) anstatt von *Joudaian* (»Judäa«) liest. So übersetzen sie »die Juden, die Mesopotamien und Kappadozien usw. bewohnen«. Die dritte Gruppe (V. 10b) ist Nordafrika, nämlich *Ägypten und* die *Gegend von Kyrene in Libyen* (Kyrene war die Hauptstadt von Libyen), die vierte Gruppe (V. 10c-11a) umfasst *Einwanderer aus Rom* jenseits des Mittelmeeres (*Juden und Judengenossen*) und die fünfte, die wie ein Nachtrag aussieht, *Kreter und Araber* (V. 11b).[14]

Dies war die internationale, vielsprachige Menge, die sich um die 120 Gläubigen herum versammelte. *Wir hören sie in unsern Sprachen von den großen Taten Gottes reden* (V. 11c), so sagen sie, d. h., jeden *in seiner eigenen Sprache* (V. 8). Die Redner waren dafür bekannt, dass sie Galiläer waren (V. 7), die darüber hinaus den Ruf hatten, sehr unkultiviert zu sein.[15] Sie hatten auch »Schwierigkeiten beim Aussprechen von Gutturalen [Kehllauten] und besaßen die Angewohnheit, Silben beim Sprechen zu verschlucken; so sahen die Menschen von Jerusalem auf diese Menschen aus der Provinz herab«[16]. So überrascht es nicht, dass die Menge bestürzt reagierte (V. 6). *Sie entsetzten sich aber alle und wurden ratlos und sprachen einer zu dem andern: Was will das werden?* (V. 12). *Andere aber*, eine Minderheit, die aus bestimmten Gründen keine dieser Sprachen verstanden, *hatten ihren Spott und sprachen: Sie sind voll von süßem Wein.* (V. 13).

b. Sprachenrede (Glōssolalia)

Was genau war dieses dritte Phänomen, das Lukas betont und durch das die Menschen Gottes Wunder in ihrer Muttersprache hören konnten? Wie versteht Lukas *glōssolalia*? Wir wollen diese Fragen zunächst abgrenzend beantworten.

1. Es war keine Folge von Trunkenheit, dass sie etwa zu viel *gleukos*, »Most«, getrunken hatten (V. 13).[17] Petrus betont diesen Punkt: »Diese sind nicht betrunken, wie ihr meint, ist es doch erst die dritte Stunde am Tage« (V. 15). Haenchen meint dazu, dass zu dieser frühen Tageszeit »sogar die Schlemmer und Trunkenbolde noch nicht zu zechen begonnen hatten«[18]. Zudem fasteten die Juden an Festtagen, bis die Morgengottesdienste vorüber waren. Wir müssen auch hinzufügen, dass die Erfüllung durch den Heiligen Geist, wie die Gläubigen sie erlebten, für andere nicht den Anschein erweckte oder so aussah wie Trunkenheit, weil sie die Kontrolle über ihre normalen geistigen und körperlichen Funktionen verloren hätten. Eine Frucht des Geistes ist ja »Selbstbeherrschung«[19], und nicht der Verlust derselben. Außerdem sagten dies nur einige »andere« (V. 13), und auch

wenn sie dies sagten, so scheint es, als meinten sie es nicht so. Denn Lukas sagt, sie *hatten ihren Spott.* Es war also eher ein Scherz als ein ernsthafter Kommentar.

2. Es lag hier kein Hörfehler oder ein Hörwunder im Gegensatz zu einem Redewunder vor, sodass die Zuhörer meinten, die Gläubigen redeten in anderen Sprachen, während sie es doch nicht taten.[20] Einige der Aussagen von Lukas scheinen diese Theorie zwar zu unterstützen: »ein jeder *hörte* sie in seiner eigenen Sprache reden« (V. 6); »Wie *hören* wir denn jeder seine eigene Muttersprache?« (V. 8) und »wir *hören* sie in unsern Sprachen von den großen Taten Gottes reden« (V. 11). Doch in seiner eigenen Beschreibung räumt Lukas jeden Zweifel aus: sie »fingen an, zu predigen in andern Sprachen, wie der Geist ihnen gab auszusprechen« (V. 4). *Glōssolalia* war in der Tat ein Hörphänomen, dies aber nur, weil es zur gleichen Zeit auch ein Redewunder war.

3. Es war kein Fall von wirren Worten. Liberale Kommentatoren, die Wundern von vornherein voreingenommen gegenüberstehen, schlagen vor, dass die 120 Gläubigen in ein unverständliches, ekstatisches Gerede ausbrachen und dass Lukas – er hatte ja mit Paulus Korinth besucht – fälschlicherweise vermutete, dass es sich dabei um echte Sprachen handelte. Dies habe Lukas durcheinander gebracht, sodass er zwei ganz verschiedene Dinge miteinander verwechselte. Das, was er für Sprachen hielt, war in Wirklichkeit »unartikuliertes ekstatisches Geplapper«[21] oder »eine Flut von unverständlichen Geräuschen aus keiner bekannten Sprache«[22]. Diejenigen von uns, die Lukas als einem zuverlässigen Historiker vertrauen – ganz abgesehen davon, dass er als inspirierter Autor einiges zum N.T. beitrug – ziehen aber daraus den Schluss, dass nicht etwa Lukas falsch liegt, sondern eher seine rationalistischen Ausleger.

4. Positiv ausgedrückt war die *glōssolalia* an Pfingsten die übernatürliche Fähigkeit, in verständlichen Sprachen zu sprechen. Einige denken, dass es sich dabei um Aramäisch, Griechisch und Latein handelt, die alle im mehrsprachigen

Galiläa gesprochen wurden. Mit den »andern Sprachen« seien »andere Sprachen als Hebräisch« gemeint (die heilige Sprache der Bibel, die in diesem Zusammenhang eher angemessen zu sein schien). Die Verwunderung der Menge sei durch die Wunder Gottes ausgelöst worden und nicht durch die Sprachen, durch den Inhalt und nicht durch die Art der Kommunikation. Dies hört sich zwar plausibel an und scheint auch dem Bericht von Lukas gerecht zu werden. Auf der anderen Seite betont er aber mehr die sprachlichen Mittel (V. 4.6.8.11) als die Botschaft (V. 12). Es liegt näher, »andere Sprachen« eher als »sich von ihrer Muttersprache unterscheidende Sprachen« zu übersetzen denn als »von dem Hebräischen verschiedene Sprachen«. Die Aufzählung der 15 Gebiete in den Versen 9 bis 11 gibt dazu Anlass, eine größere Menge von Sprachen als nur Aramäisch, Griechisch und Latein zu erwarten. Die Verwunderung der Menge ist scheinbar darin begründet, dass die Sprachen, die den Rednern anders (V. 4), d.h. fremd erschienen, den Hörern jedoch als ihre »eigenen« (V. 6.11) vorkamen, – als ihre »eigene[n] Muttersprache[n]« (V. 8), die sie von Kind auf kannten. Daraus folgere ich, dass das Wunder von Pfingsten vor allem ein Sprachwunder war (fremde Sprachen, die sie nie gelernt hatten), auch wenn darin natürlich der Inhalt auch mit eingeschlossen war, von dem *die großen Taten Gottes* reden (V. 11).

Bis jetzt habe ich mich auf das eigene Verständnis der Sprachrede von Lukas an Pfingsten beschränkt, das nur durch die Exegese von Apostelgeschichte 2 ermittelt werden kann. Vermutlich war die *glōssolalia*, auf die er sich in Apostelgeschichte 10, 46 und 19, 6 bezieht, auch ein Sprechen von fremden Sprachen, benutzt er doch dasselbe Vokabular (auch wenn die meisten Handschriften das Adjektiv »andere« auslassen). Und worum geht es in 1. Korinther 12 und 14, wo Zungenrede erwähnt wird? Sind die Phänomene, die in der Apostelgeschichte und im 1. Korintherbrief erwähnt werden, die gleichen oder müssen wir sie voneinander unterscheiden? Wir müssen versuchen, unsere Antwort durch den biblischen

Text selbst zu erhalten und nicht etwa durch Behauptungen, die von heutigen Theologen gemacht werden.

Einige meinen, dass die Erscheinungen in einigen Aspekten differieren: 1. Sie unterscheiden sich in ihrer *Ausrichtung*. Die Sprachenrede in der Apostelgeschichte ist in gewisser Weise das öffentliche Reden »von den großen Taten Gottes« (V. 11), und die Mitteilung derselben an andere, während im 1. Korintherbrief der Zungenredner »nicht für Menschen, sondern für Gott« redet.[23] 2. Sie unterscheiden sich in ihrer *Art*. Bei *Glōssolalia* in der Apostelgeschichte handelt es sich um Sprachen, die von Teilen der Zuhörer verstanden wurden, während in 1. Korinther 14 die Rede nicht verständlich ist und ein Übersetzer notwendig war. 3. Sie unterscheiden sich in ihrem *Zweck*. In der Apostelgeschichte ist es offensichtlich so, dass die Sprachenrede ein erstes »Zeichen« für alle war, das den Empfang des Heiligen Geistes bezeugte, während es im 1. Korintherbrief der Erbauung dient, eine anhaltende »Gabe«, die einigen verliehen war, um die Gemeinde aufzuerbauen.

Andere betonen wiederum, dass die griechischen Wörter und Ausdrücke im N.T. das Gleiche bedeuten. *Glōssa* (»Zunge«) hat nur zwei Bedeutungen (das Organ im Mund oder die Sprache), und *hermeneuō* (»übersetzen«) beschreibt üblicherweise das Übersetzen einer Sprache. Daraus schließen manche, dass die Passagen in der Apostelgeschichte und im 1. Korintherbrief sich auf dieselbe Sache, nämlich Sprachen beziehen müsse. Sogar einige derer, die denken, dass sich der *Zweck* unterscheidet, bekräftigen, dass die *Art* aber dieselbe ist. Zum Beispiel schreibt Stanley M. Horton, ein Kommentator innerhalb der »Assemblies of God«[24], dass »die Zungen hier (d. h. in Apg 2) und die Zungen in den Kapiteln 12 und 14 des 1. Korintherbriefes die gleichen sind«[25]. So wie die offizielle Stellungnahme der »Assemblies of God« (*Statement* § 8) es ausdrückt, sind diese »wesensmäßig das Gleiche«, aber »unterschiedlich in Zweck und Gebrauch«. Zusammenfassend ist demnach zu sagen: die liberale Auffassung, nach der die korinthische *glôssolalia* als unverständliche Äußerungen deklariert wird und die Erscheinungen in der Apostelgeschichte dementsprechend verstanden werden, ist abzulehnen. Besser sollte der entgegengesetzte Vorschlag gemacht werden, dass die Erscheinungen in der Apostelgeschichte verständliche Sprachen waren und dass die Erscheinungen des 1. Korintherbriefes ebenso verstanden werden müssen. Das Hauptargument für diese These liegt darin begründet, dass die Sprachenrede zwar ohne Erklärung an einigen Stellen im N.T. erwähnt, jedoch nur in Apostelgeschichte 2 beschrieben und erklärt wird. Es erscheint vernünftig, die nicht erklärten Stellen im Licht der erklärten Stellen zu verstehen und nicht umgekehrt.[26]

Diskussionen über das Wesen der *glôssolalia* sollen unsere Aufmerksamkeit nicht davon ablenken, welche Bedeutung Lukas ihr an Pfingsten beimisst. Die Sprachenrede stand symbolisch für eine neue Einheit im Heiligen Geist, die die Grenzen von Rassen, Nationen und Sprachen überschreitet. Deshalb bemüht sich Lukas, den kosmopolitischen Charakter der Menschenmenge zu betonen, nicht zuletzt auch durch den Ausdruck »aus allen Völkern unter dem Himmel« (V. 5). Auch wenn nicht alle Nationen unter dem Himmel *buchstäblich* anwesend waren, so wurden doch alle *repräsentiert*. Denn Lukas nennt in seiner Aufzählung Nachkommen von Sem, Ham und Jafet und bietet uns in Apostelgeschichte 2a eine »Völkertafel«, die mit der in Genesis 10 vergleichbar ist. Stephen Neill bemerkte dazu Folgendes: »Die meisten der von Lukas erwähnten Völker gehören zu den Semiten, Elam ist die Erste der semitischen Nationen und wird in Genesis 10 erwähnt. Doch Lukas ist sorgsam darauf bedacht auch Ägypten und Libyen zu nennen, die zu den Hamiten gehören, und die Kreter (Kittim) und Einwohner von Rom, die zu den Jafiten gehören … Lukas lenkt dabei die Aufmerksamkeit nicht auf das, was er tut. Doch in seiner feinfühligen Vorgehensweise sagt er uns, dass an Pfingsten die gesamte Welt da war, die die verschiedenen Nationen repräsentierten«[27].

Nichts hätte das multi-ethnische, -nationale und -linguale Wesen des Reiches Christi deutlicher demonstrieren können als gerade dies. Seit den frühen Kirchenvätern haben Kommentatoren den Segen von Pfingsten immer wieder als die bewusste und dramatische Aufhebung des Fluches von Babel aufgefasst. In Babel wurden ja die Sprachen der Menschen verwirrt und die Völker zerstreut. In Jerusalem wurde die Sprachbarriere auf übernatürliche Weise wieder überwunden, was ein Zeichen dafür ist, dass die Völker nun in Christus vereint sind, sozusagen als Vorwegnahme des großen Tages, an dem die Gemeinschaft der Erlösten »aus allen Nationen und Stämmen und Völkern« herausgerufen sein wird.[28] Ferner versuchte die Erde, in Babel hochmütig in den Himmel hinaufzusteigen, während an Pfingsten der Himmel in Jerusalem demütig zur Erde hinabkam.

2.2 Die Predigt des Petrus: Die Erklärung von Pfingsten (Apg 2,14-41)

Bevor wir die Predigt des Petrus im Einzelnen untersuchen können, ist es nötig, dass wir zunächst die Reden in der Apostelgeschichte im Allgemeinen genauer betrachten.

a. Die Reden in der Apostelgeschichte

Jeder Leser der Apostelgeschichte ist von der wichtigen Rolle beeindruckt, die die Reden in dem Bericht des Lukas spielen. Wieder bemerken wir, wie unvollständig der Titel des Buches ist, egal ob bei den »Taten« in der Apostelgeschichte an die Taten Christi, des Heiligen Geistes oder die der Apostel gedacht ist. Denn sie enthält so viele Reden wie Taten. Lukas bleibt seiner Absicht treu, das festzuhalten, was Jesus (nach seiner Himmelfahrt) weiter »tat und lehrte« (Apg 1,1). Nicht weniger als 19 bedeutende Reden kommen in diesem zweiten

Band von Lukas vor (die nichtchristlichen Reden von Gamaliel, des Kanzlers von Ephesus und Tertullus noch nicht einmal mitgezählt). Es gibt acht Reden von Petrus (in Apg 1; 2; 3; 4; 5; 10; 11; 15), je eine von Stephanus und Jakobus (Apg 7; 15) und neun von Paulus (fünf Predigten in Apg 13; 14; 17; 20; 28 und vier Verteidigungsreden in Apg 22 - 26). Nahezu 20 % des Textes von Lukas sind Reden von Petrus und Paulus gewidmet; zählt man die Rede von Stephanus noch dazu, steigt dieser Prozentsatz sogar auf ungefähr 25 % an.

Doch stellen diese Reden wörtlich die Äußerungen der Menschen dar, denen sie zugeschrieben werden? Werden diese genau wiedergegeben? Auf diese Frage gibt es drei unterschiedliche Antworten:

1. Wahrscheinlich hat nie jemand gedacht, dass die Reden in der Apostelgeschichte *wortwörtlich* das wiedergeben, was in dem einzelnen Fall wirklich gesagt wurde. Es gibt aber einige Gründe, eine derartige Vorstellung abzulehnen. Die aufgezeichneten Reden wären viel zu kurz für vollständige Reden (das Halten der Rede von Petrus an Pfingsten würde, so wie Lukas sie aufgeschrieben hat, drei Minuten gedauert haben, die Rede des Paulus in Athen eineinhalb Minuten). Am Ende seines Berichtes über die Rede von Petrus sagt Lukas ausdrücklich, dass Petrus »mit vielen andern Worten« damit fortfährt, die Menge zu ermahnen (Apg 2, 40). Natürlich gab es damals keine Aufnahmegeräte, auch wenn bereits eine Art Kurzschrift (Stenografie) in Gebrauch war. Lukas war auch nicht bei jeder Rede persönlich dabei und konnte sie daher nicht selbst anhören, sodass er von den Zusammenfassungen abhängig war, die ihm später der Redner oder einer der Zuhörer gab. Deshalb kann er nicht für sich in Anspruch nehmen, dass er mehr als einen zuverlässigen Überblick von jeder Rede wiedergibt.

2. Die moderne historisch-kritische Vorgehensweise, die zwischen den Weltkriegen von Martin Dibelius in Deutschland und von H. J. Cadbury in der englischsprachigen Welt entwickelt und allgemein bekannt gemacht wurde, ist in

dieser Hinsicht viel skeptischer. Ihre Behauptung, dass die Reden grundsätzlich unzuverlässig seien, basiert auf zwei Hauptargumenten: Wenn man erstens die Reden miteinander und mit den erzählenden Abschnitten bei Lukas vergleicht, dann findet sich in dem gesamten Text derselbe Stil und dasselbe Vokabular wieder, während viele der Reden dieselbe Form, theologische Betonung und Schriftzitate enthalten. Die natürliche Erklärung für diese Übereinstimmung liege darin, dass alles aus der Vorstellungskraft und Feder des Lukas selbst stammt und nicht etwa von verschiedenen Rednern. Das zweite Argument ist, dass »es unter antiken Historikern gewöhnlich die allgemein akzeptierte Übereinkunft gab, dass Reden der wichtigen Charaktere in die Erzählung eingebaut werden«[29] und sie diese Reden selbst frei verfassten. So hatten die Reden in der griechischen Geschichte die gleiche interpretierende Funktion wie der Chor im griechischen Drama. Außerdem setzten die Autoren voraus, dass ihre Leser diesen literarischen Kunstgriff, der sowohl von griechischen als auch von jüdischen Historikern angewendet wurde, verstanden und auch akzeptierten.

Das am häufigsten hierfür zitierte Beispiel der griechischen Antike ist Thukydides, der Geschichtsschreiber über den Peloponnesischen Krieg im 5. Jh. v. Chr. Die entscheidende Passage dieses Berichtes enthält folgende Aussage:

> »Was nun in Reden hüben und drüben vorgebracht wurde, während sie sich zum Kriege anschickten, und als sie schon drin waren, davon die wörtliche Genauigkeit wiederzugeben war schwierig sowohl für mich, wo ich selber zuhörte, wie auch für meine Gewährsleute von anderwärts; nur wie meiner Meinung nach ein jeder in seiner Lage etwa sprechen musste, so stehn die Reden da, in möglichst engem Anschluss an den Gesamtsinn des in Wirklichkeit Gesagten.«[30]

Weil Thukydides auf seine fehlbare Erinnerung an das, was gesagt wurde, und auf seine eigene Meinung dessen, was gesagt worden sei, hinweist, wurde seine Aussage im Allgemeinen so verstanden, dass er einfach die Reden, die er festgehalten hat, erfunden hat. Als jüdisches Beispiel wird üblicherweise Josephus zitiert, der weit weniger gewissenhaft zu sein schien als Thukydides. H. J. Cadbury schildert, wie er manchmal die alttestamentlichen Erzählungen nur »in seine eigenen weitschweifigen Phrasen« umwandelt. Manchmal »fügt er in unangemessene Szenarien lange Reden aus seiner eigenen Feder ein« und in den Berichten über eher zeitgenössische Geschichte hat er »offensichtlich Reden erfunden«[31]. Zusammenfassend schreibt Cadbury über diese Tradition in der griechischen und jüdischen Geschichte: »Seit Thukydides sind Reden, die Geschichtsschreiber festgehalten haben, zugegebenermaßen reine Erfindungen«[32]. Da die historisch-kritischen Wissenschaftler diese Haltung für die anscheinend allgemeine Gewohnheit in der griechischen und jüdischen Geschichtsschreibung halten, nehmen sie an, dass Lukas als ein christlicher Historiker nicht anders vorging. Cadbury schreibt: »Die Wahrscheinlichkeit …, dass seinen Reden im Allgemeinen keine eindeutigen Informationen zu Grunde lagen, ist groß – auch wenn die Rahmenerzählung sehr zuverlässig zu sein scheint«[33].

3. Ein weiterer Ansatz in der Untersuchung der Reden in der Apostelgeschichte verwirft sowohl die Ansicht, dass sie absolut wörtlich, als auch die Vorstellung, dass sie völlig frei erfunden sind, und betrachtet sie als zuverlässige Zusammenfassungen dessen, was in dem einzelnen Fall gesagt wurde. Dabei muss die Darstellung durch Cadbury und Dibelius in dreifacher Hinsicht kritisiert werden:

Erstens wird sie nicht jeder antiken Geschichtsschreibung gerecht. Josephus und andere griechische Historiker scheinen die Reden, die bei ihnen zu finden sind, eher dem Bereich der Rhetorik als der Geschichte zuzuschreiben. Dies ist bei Thukydides jedoch nicht der Fall. Konservative Kommentatoren behaupten, dass Thukydides falsch verstanden wurde. Einerseits beachtete man den letzten Satz seiner

Aussage, die bereits zitiert wurde, zu wenig, nämlich dass er so nah wie möglich an der Hauptaussage dessen blieb, »was tatsächlich gesagt worden war« (eine Formulierung, so schreibt F. F. Bruce, die »die historische Zuverlässigkeit von Thukydides«[34] unterstreicht). Andererseits wird das Zitat nicht fortgeführt, so wie man es tun sollte. Denn Thukydides sagt weiter:

> »Was aber tatsächlich geschah in dem Kriege, erlaubte ich mir nicht nach Auskünften des ersten besten aufzuschreiben, auch nicht ›nach meinem Dafürhalten‹, sondern bin Selbsterlebtem und Nachrichten von andern mit aller erreichbaren Genauigkeit bis ins Einzelne nachgegangen. Mühsam war diese Forschung ...«[35]

A. W. Gomme hat dieses Kapitel von Thukydides mit diesen Worten zusammengefasst: »Ich habe versucht, diese Ereignisse so sorgfältig wie möglich wiederzugeben, sowohl die Reden als auch die Taten, so schwer dies auch war«[36].

Ward Gasque hebt ebenso hervor, dass Polybius, ein griechischer Historiker aus dem 2. Jh. v. Chr. »immer wieder ausdrücklich die Gewohnheit von Historikern verurteilt, Reden frei zu erfinden«. Gasque schließt damit, dass »es aber nicht allgemeine Praxis unter den Historikern der griechisch-römischen Welt war, Reden frei zu erfinden«[37].

Zweitens wird solch eine kritische Haltung gegenüber den Reden in der Apostelgeschichte dem Verfasser Lukas nicht gerecht. Denn wie wir gesehen haben, erhebt er in seinem Vorwort zum ersten Band den Anspruch, dass er sorgfältig recherchierte Geschichte niederschreibt, und zu Beginn seines zweiten Bandes, dass sein Geschichtskonzept Worte und Taten mit einschließt. Deshalb ist es von vornherein unwahrscheinlich, dass er sich Reden oder Ereignisse ausdenken würde. Es gibt auch keinen Anlass zu der Vermutung, dass Lukas sehr freizügig mit seinen Quellen umging, nur weil einige – wenn nicht gar viele – Geschichtsschreiber der

Antike dies getan haben. Ganz im Gegenteil, wir wissen aus seinem Evangelium, wie gewissenhaft und respektvoll er mit seiner Hauptquelle Markus umgegangen ist. Sogar Cadbury räumt ein, dass er in seinem Evangelium »Material aus den Reden in seiner Quelle mit einem Minimum an Wortveränderungen in sein eigenes Manuskript überträgt«[38]. So gibt es, auch wenn sich die Reden in der Apostelgeschichte von den Aussprüchen und Gleichnissen Jesu unterscheiden, keinen Grund anzunehmen, dass Lukas die späteren mit weniger Respekt behandelt hätte wie die ersteren. Zudem hat er einige der Reden von Paulus selbst gehört und Menschen getroffen, die andere Reden mitbekommen hatten, die er dann festhielt, sodass er bedeutend näher an den Originalen war als andere Historiker.

Drittens werden die skeptischen Kritiker mit ihrer Beurteilung der Vielfalt und der Angemessenheit der Reden in der Apostelgeschichte nicht gerecht. Wenn wir die ersten Reden von Petrus in Apostelgeschichte 2-5 lesen, sind wir uns dessen bewusst, dass wir die frühesten Formulierungen des Evangeliums durch einen Apostel hören. H. N. Ridderbos hat die Aufmerksamkeit auf deren fraglos »altmodisches Gepräge« gelenkt, weil »weder die christologischen Begriffe noch die ungewöhnliche Methode, mit der das A.T. in diesen Reden zitiert wird, ... die Kennzeichen einer späteren Entwicklungsstufe tragen«[39]. Und wenn wir die Reden von Paulus lesen, staunen wir über seine Anpassungsfähigkeit, wenn er sich beispielsweise an die Juden in der Synagoge von Antiochia in Pisidien (Apg 13), an die Heiden unter freiem Himmel in Lystra (Apg 14), an die Philosophen auf dem Areopag in Athen (Apg 17) oder die Ältesten der Gemeinde von Ephesus in Milet wendet (Apg 20). Jede dieser Ansprachen ist unterschiedlich und angemessen. Sollten wir wirklich vermuten, dass Lukas solch reichhaltige theologische Kenntnisse, solch ein historisches Verständnis und solche literarischen Fähigkeiten hatte, dass er sie sich alle selbst ausgedacht hat? Ist es nicht viel vernünftiger anzunehmen, dass er authentische

Äußerungen von Paulus zusammenfasst, auch wenn bei diesem Vorgang natürlich sein eigener Stil und sein Vokabular durchscheinen? F. F. Bruce hat dazu Folgendes geschrieben: »Fasst man alles zusammen, so passt jede Rede zu ihrem Redner, den Zuhörern und den Umständen, unter denen sie gehalten wurde. Dieses ... lässt mit gutem Grund vermuten, dass diese Reden nicht Erfindungen des Historikers, sondern zusammenfassende Berichte von wirklich gehaltenen Reden und deshalb wertvolle und unabhängige Quellen über die Geschichte und Theologie der frühen Gemeinde darstellen«[40].

b. Das Zitat von Joel (Apg 2,14-21)

(14) Da trat Petrus auf mit den Elf, erhob seine Stimme und redete zu ihnen: Ihr Juden, liebe Männer und alle, die ihr in Jerusalem wohnt, das sei euch kundgetan, und lasst meine Worte zu euren Ohren eingehen! (15) Denn diese sind nicht betrunken, wie ihr meint, ist es doch erst die dritte Stunde am Tage; (16) sondern das ist's, was durch den Propheten Joel gesagt worden ist: (17) »Und es soll geschehen in den letzten Tagen, spricht Gott, da will ich ausgießen von meinem Geist auf alles Fleisch; und eure Söhne und eure Töchter sollen weissagen, und eure Jünglinge sollen Gesichte sehen, und eure Alten sollen Träume haben; (18) und auf meine Knechte und auf meine Mägde will ich in jenen Tagen von meinem Geist ausgießen, und sie sollen weissagen.«

Das, was Lukas in den Versen 1-13 beschrieben hatte, erklärt Petrus jetzt. Das außergewöhnliche Phänomen, dass geisterfüllte Gläubige Gottes Wunder in fremden Sprachen verkündigen, stellt eine Erfüllung von Joels Verheißung dar, dass Gott seinen Geist auf alles Fleisch ausgießen würde (Joel 3,1-2). Die Ausführungen von Petrus ähneln dem, was in den Qumrantexten als »Pescher« oder »Deutung« einer alttestamentlichen Aussage im Licht ihrer Erfüllung bezeichnet wird: 1. So leitet Petrus seine Predigt mit den Worten »das ist's, was« (V. 16) ein, d. h. »das«, was seine Zuhörer bezeugt haben, ist das, »was« Joel vorhergesagt hatte. 2. Bewusst ändert er Joels Aussage »nach diesem« (was auf die Zeit verweist, in der der Geist ausgegossen wird) »in den letzten Tagen« um, um zu betonen, dass mit dem Kommen des Geistes die letzten Tage begonnen haben. 3. Er wendet diesen Abschnitt auf Jesus an, sodass »der Herr«, der Heil bringt, nicht mehr Jahwe ist, der die Überlebenden auf dem Berg Zion beschützt[41], sondern Jesus, der von der Sünde und vom Gericht all die errettet, die seinen Namen anrufen (V. 21).[42]

Die neutestamentlichen Autoren sind einmütig davon überzeugt, dass Jesus die letzten Tage oder das messianische Zeitalter eingeleitet hat und dass die Ausgießung des Heiligen Geistes der endgültige Beweis dafür war, weil dies die größte alttestamentliche Verheißung für die Endzeit gewesen ist. Weil dies so ist, müssen wir vorsichtig sein, dass wir Joels Prophezeiung nicht so zitieren, als wenn wir immer noch die Erfüllung dieser Verheißung erwarten würden oder als wenn sie nur teilweise erfüllt worden wäre und wir eine zukünftige endgültige Erfüllung noch erwarten könnten. Denn Petrus hat diesen Text nicht so verstanden und angewandt. Das gesamte messianische Zeitalter, das sich zwischen dem ersten und zweiten Kommen Jesu erstreckt, ist das Zeitalter des Heiligen Geistes, in welchem dieser mit seiner Fülle dient. Hat das Verb »ausgießen« nicht diese Bedeutung? Das zu Grunde liegende Bild ist vielleicht das eines heftigen tropischen Regengusses, und es scheint die Großzügigkeit zu veranschaulichen, mit der Gott seinen Heiligen Geist gibt (es handelt sich weder um einen Nieselregen noch um einen Regenschauer, sondern um einen Platzregen), sie ist endgültig (denn das, was ausgegossen wurde, kann nicht wieder eingesammelt werden), und sie ist allgemeingültig (weit unter den verschiedenen Gruppen der Menschheit verstreut). Petrus fährt damit fort, diese Allgemeingültigkeit zu betonen. *Alles Fleisch* (*pasa sarx*, V. 17a) steht nicht für jeden, ungeachtet der inneren Bereitschaft diese Gabe zu empfangen, sondern für jeden, ungeachtet seines äußerlichen Standes. Es gibt immer noch geistliche Bedingungen, die erfüllt werden müssen, um den Heiligen Geist zu empfangen, doch handelt es sich dabei nicht um soziale oder geschlechtliche Unterschiede (*eure Söhne und eure Töchter*, V. 17b), um Unterschiede im Bezug auf das Alter (*eure Jünglinge ... und eure Alten*, V. 17c) oder die gesellschaftliche Stellung (*meine Knechte und ... meine Mägde*, V. 18 – die nicht nur wie im Hebräischen »Knechte« sind, sondern die Gott als solche auszeichnet, auch zu ihm zu gehören).

Und sie sollen weissagen (V. 18). Es scheint sich hier um eine ganz allgemeine Verwendung des Verbs »weissagen« zu handeln. Luther drückte dies so aus: »Prophezeiungen, Visionen und Träume sind alle das Gleiche«[43]. D. h., dass die weltweite Gabe (der Heilige Geist) zu einem weltweiten Dienst führen wird (Prophetie). Doch diese Verheißung überrascht insofern, als in der Apostelgeschichte an anderen Stellen – und auch sonst im N.T. – nur einige Propheten genannt werden. Wie sollen wir dann einen weltweiten prophetischen Dienst verstehen? Wenn es im Kern darum geht, dass Gott spricht, der sich selbst durch sein Wort bekannt macht, dann wurde vom A.T. her erwartet, dass es in den Tagen des Neuen Bundes eine weltweite Kenntnis von Gott geben würde. Die neutestamentlichen Autoren behaupten, dass dies durch Christus erfüllt worden ist.[44] In diesem Sinne besteht jetzt das gesamte Volk Gottes aus Propheten, so wie auch alle Priester und Könige sind. In dieser Weise hat Luther an dieser Stelle Prophetie als »die Kenntnis Gottes durch Christus, die der Heilige Geist entflammt und durch das Wort des Evangeliums zum Brennen bringt«, verstanden[45], während Calvin schrieb, dass es »eine seltene und hervorragende Gabe der Erkenntnis« ist.[46] In der Tat stellt die weltweite Erkenntnis Gottes durch Christus mittels des Heiligen Geistes die Grundlage für den Weltmissionsauftrag dar (Apg 1,8). Weil wir ihn kennen, sollen wir ihn auch bekannt machen.

Petrus fährt mit seinem Zitat aus Joel fort: *(19) Und ich will Wunder tun oben am Himmel und Zeichen unten auf Erden, Blut und Feuer und Rauchdampf; (20) die Sonne soll in Finsternis und der Mond in Blut verwandelt werden, ehe der große Tag der Offenbarung des Herrn kommt.* Man kann diese Aussagen wörtlich als Umwälzungen in der Natur deuten (die bereits an Karfreitag begannen[47] und von denen Jesus weitere vor dem Ende der Welt vorhergesagt hat[48]) oder metaphorisch als geschichtliche Umwälzungen verstehen (denn dies ist die traditionelle Art und Weise, wie in apokalyptischen Bildern von Zeiten mit sozialen und politischen Revolutionen gesprochen wird[49]). Unterdessen, zwischen dem Pfingsttag (als der Heilige Geist kam, was die letzten Tage einleitete) und dem Tag der Wiederkunft Jesu Christi (wenn Jesus wiederkommen und die letzten Tage beenden wird), erstreckt sich eine lange Gnadenzeit, während der die Heilsbotschaft überall in der Welt gepredigt werden wird: *»Und es soll geschehen: wer den Namen des Herrn anrufen wird, der soll gerettet werden.«* (V. 21).

c. Die Bezeugung Jesu (Apg 2, 22 - 41)

Am besten versteht man Pfingsten jedoch nicht durch die alttestamentlichen Vorhersagen, sondern durch ihre Erfüllung im N.T., nicht durch Joel, sondern durch Jesus. Als Petrus die *Männer von Israel* dazu auffordert, ihm zuzuhören, lauten seine ersten Worte *Jesus von Nazareth*, und er erzählt ihnen die Geschichte in sechs Abschnitten:

(1) Jesu Leben und Dienst (Apg 2, 22)

Er war in der Tat ein *Mann*, jedoch *von Gott unter euch ausgewiesen* durch übernatürliche Handlungen, denen drei Bezeichnungen gegeben werden – *Taten* oder wörtlich »Kräfte« (*dynameis*, sie beweisen die Kraft Gottes), *Wunder* (*terata*, sie sollen Erstaunen hervorrufen) *und Zeichen* (*sēmeia*, sie sollen eine geistliche Wahrheit verkörpern oder darauf hinweisen). *Gott* hat diese *durch ihn … getan*, und zwar öffentlich (*in eurer Mitte*), *wie ihr selbst wisst.*

(2) Jesu Tod (Apg 2,23)

Petrus schildert, dass man *diesen Mann* tötete, einerseits weil er ihnen übergeben wurde, und zwar nicht von Judas (auch wenn das gleiche Verb für seinen Verrat verwendet wird), sondern *durch Gottes Ratschluss und Vorsehung*, und andererseits weil sie ihn *durch die Hand der Heiden* (vermutlich der Römer) *ans Kreuz geschlagen und umgebracht* hatten. Ein und dasselbe Ereignis, wird also zugleich dem Ratschluss Gottes als auch der Schlechtigkeit der Menschen zugeschrieben. Hier wird natürlich noch keine ausgefeilte Lehre von der Versöhnung zum Ausdruck gebracht, doch es gibt bereits ein Verständnis dafür, dass Gottes Heilshandeln durch Jesu Tod zum Abschluss gebracht worden ist.

(3) Jesu Auferstehung (Apg 2,24-32)

(24) Den hat Gott auferweckt und hat aufgelöst die Schmerzen des Todes, wie es denn unmöglich war, dass er vom Tode festgehalten werden konnte. (25) Denn David spricht von ihm: »Ich habe den Herrn allezeit vor Augen, denn er steht mir zur Rechten, damit ich nicht wanke. (26) Darum ist mein Herz fröhlich, und meine Zunge frohlockt; auch mein Leib wird ruhen in Hoffnung. (27) Denn du wirst mich nicht dem Tod überlassen und nicht zugeben, dass dein Heiliger die Verwesung sehe.

(28) Du hast mir kundgetan die Wege des Lebens; du wirst mich erfüllen mit Freude vor deinem Angesicht.«

(29) Ihr Männer, liebe Brüder, lasst mich freimütig zu euch reden von dem Erzvater David. Er ist gestorben und begraben, und sein Grab ist bei uns bis auf diesen Tag. (30) Da er nun ein

Prophet war und wusste, dass ihm Gott verheißen hatte mit einem Eid, dass ein Nachkomme von ihm auf seinem Thron sitzen sollte, (31) hat er's vorausgesehen und von der Auferstehung des Christus gesagt: Er ist nicht dem Tod überlassen, und sein Leib hat die Verwesung nicht gesehen. (32) Diesen Jesus hat Gott auferweckt; dessen sind wir alle Zeugen.

Es war *unmöglich …, dass er vom Tode festgehalten werden konnte* (V. 24; Petrus geht von dieser moralischen Unmöglichkeit aus, ohne sie näher zu erklären). Auch wenn Menschen Jesus getötet hatten, so hat *Gott* ihn vom Tod *auferweckt* und ihn auf diese Weise von den *Schmerzen des Todes* befreit. Mit »Schmerzen« sind »Geburtsschmerzen« gemeint, sodass die Auferstehung Jesu als Wiedergeburt geschildert wird, als neue Geburt vom Tode zum Leben.

Danach bekräftigt Petrus, dass die Auferstehung Jesu wahr ist, indem er sich auf Psalm 16, 8 - 11 beruft. Denn sie wurde vorhergesagt. David kann nicht sich selbst meinen, wenn er schreibt, dass Gott ihn nicht dem Grab überlassen oder seinen Heiligen die Verwesung nicht sehen lassen würde (V. 27), denn David *ist gestorben und* wurde *begraben*, sein Grab war immer noch in Jerusalem zu finden (V. 29). Stattdessen spricht er als Prophet *von der Auferstehung des Christus*, indem er an die Verheißung Gottes erinnert, dass dieser einen anderen Nachkommen auf seinen Thron setzen werde (V. 30 - 31).[50] Wie Petrus die Heilige Schrift gebraucht, mag uns merkwürdig erscheinen, doch wir sollten uns drei Dinge ins Gedächtnis rufen: Erstens legt die gesamte Heilige Schrift über Christus Zeugnis ab, besonders über seinen Tod, seine Auferstehung und seine weltweite Sendung. Darin besteht das Wesen und der Zweck der Heiligen Schrift. Jesus selbst sagte dies sowohl vor als auch nach seiner Auferstehung.[51] Folglich kamen die Jünger Jesu nicht zuletzt durch Jesu Lehre selbst dazu, alttestamentliche Verweise auf Gottes Gesalbten oder König, auf David und seinen königlichen Nachkommen als in Jesus erfüllt anzusehen.[52] Dom Jacques

Dupont hat dies »den radikal christologischen Charakter der frühchristlichen Exegese« genannt.[53] Drittens, ist diese Grundlage einmal verstanden, erscheint der christliche Gebrauch des A.T.s, so wie Petrus Psalm 16 zitiert, »zweifellos logisch und in sich schlüssig«[54].

Nachdem Petrus diese Verse aus Psalm 16 zitiert und sie auf die Auferstehung Jesu angewendet hat, fügt er hinzu: *Diesen Jesus hat Gott auferweckt; dessen sind wir alle Zeugen* (V. 32). So fließen das mündliche Zeugnis der Apostel und die schriftliche Vorhersage der Propheten ineinander. Oder, wie wir es auch ausdrücken können, das A.T. und das N. T. stimmen in ihren Aussagen über die Auferstehung Christi überein.

(4) Jesu Erhöhung (Apg 2,33-36)

Petrus kommt nun direkt von Jesu Auferstehung vom Tod zu seiner Erhöhung zur Rechten Gottes. Von dieser Stellung höchster Ehre und absoluter Macht aus gießt Jesus den Heiligen Geist aus, nachdem er den verheißenen Geist vom Vater erhalten hatte.

(33) Da er nun durch die rechte Hand Gottes erhöht ist und empfangen hat den verheißenen Heiligen Geist vom Vater, hat er diesen ausgegossen, wie ihr hier seht und hört. (34) Denn David ist nicht gen Himmel gefahren; sondern er sagt selbst: »Der Herr sprach zu meinem Herrn: Setze dich zu meiner Rechten, (35) bis ich deine Feinde zum Schemel deiner Füße mache.« (36) So wisse nun das ganze Haus Israel gewiss, dass Gott diesen Jesus, den ihr gekreuzigt habt, zum Herrn und Christus gemacht hat.

Wieder bekräftigt Petrus sein Argument mit einem treffenden Zitat aus dem A.T. So wie er vorher Psalm 16 auf die Auferstehung des Messias angewandt hatte, macht er sich nun Psalm 110 im Blick auf die Himmelfahrt Jesu zu Nutze. *Denn David ist nicht gen Himmel gefahren* (V. 34), genauso wenig wie er vor der Verwesung durch eine Auferstehung bewahrt worden war. Doch er bezeichnet mit »meinem Herrn« den, den Jahwe damit beauftragt hatte, zu seiner Rechten zu sitzen. Jesus hatte bereits diese Verse auf sich selbst bezogen[55], so wie es Paulus und der Schreiber des Hebräerbriefes später auch tun.[56] Petrus kommt zu dem Schluss, dass nun ganz Israel erfahren sollte, dass Gott *diesen Jesus*, den sie abgelehnt und gekreuzigt hatten, *zum Herrn und Christus gemacht hat* (V. 36). Natürlich war Jesus nicht erst seit seiner Himmelfahrt Herr und Christus gewesen, war er doch beides schon während seines öffentlichen Dienstes – und das beanspruchte er auch für sich. Vielmehr erhöhte Gott ihn, damit er in Realität und Macht der sein würde, der er dem Recht nach bereits war.

(5) Das Heil durch Jesus (Apg 2,37-39)

Lukas beschreibt dann, wie die Menge auf die Predigt des Petrus reagiert und was er darauf antwortet.

(37) Als sie aber das hörten, ging's ihnen durchs Herz, und sie sprachen zu Petrus und den andern Aposteln: Ihr Männer, liebe Brüder, was sollen wir tun? (38) Petrus sprach zu ihnen: Tut Buße, und jeder von euch lasse sich taufen auf den Namen Jesu Christi zur Vergebung eurer Sünden, so werdet ihr empfangen die Gabe des Heiligen Geistes. (39) Denn euch und euren Kindern gilt diese Verheißung, und allen, die fern sind, so viele der Herr, unser Gott, herzurufen wird.

Weil es *ihnen durchs Herz* ging, d. h., weil sie von ihrer Sünde überführt worden waren und von Gewissensbissen gepeinigt wurden, fragen die Zuhörer voller Angst, was sie nun tun sollten (V. 37). Petrus antwortet, dass sie *Buße* tun, dass sie ihre Ansicht über Jesus und ihre Haltung ihm gegenüber völlig ändern müssten. Sie sollten sich auf seinen Namen taufen lassen, sich der Erniedrigung der Taufe beugen, die aus der Sicht der Juden nur für Heiden nötig war, die sich zum Judentum bekehrten. Sie sollten sich der Taufe in dem Namen genau der Person unterwerfen, die sie vorher abgelehnt hatten. Dies würde ein eindeutiges, öffentliches Zeichen für ihre Buße sein – und für ihren Glauben an ihn. Auch wenn Petrus die Menge nicht eigens dazu aufruft zu glauben, so tun sie es offensichtlich dennoch, da sie in Vers 44 als Gläubige bezeichnet werden. In jedem Fall sind Buße und Glauben miteinander verbunden, die Abkehr von der Sünde ist ohne eine Hinwendung zu Gott ebenso wenig möglich wie der umgekehrte Fall (vgl. Apg 3, 19). Beide werden nach außen durch die Taufe auf den Namen Christi sichtbar, was »seine Herrschaft, die Anerkennung seines Selbstanspruchs, das Akzeptieren seiner Lehren, den Eintritt in seinen Dienst und das Vertrauen auf seine Verdienste« beinhaltet.[57]

Dann würden sie zwei kostenlose Geschenke von Gott erhalten – die Vergebung ihrer Sünden (sogar der Sünde, dass sie den Gesalbten Gottes verworfen hatten) und die Gabe des Heiligen Geistes (durch den sie wiedergeboren würden, der in ihnen wohnen, sie verbinden und verändern würde). Denn sie sollten nicht denken, dass die Gabe von Pfingsten nur für die Apostel allein oder für die 120 Jünger, die zehn Tage auf das Kommen des Heiligen Geistes gewartet hatten, oder für irgendeine andere elitäre Gruppe oder auch nur für diese Nation oder diese Generation bestimmt war. Gott hat sein Angebot und seine Gabe nicht derartig beschränkt. Im Gegenteil, *diese Verheißung* (V. 39) – oder »Gabe« oder »Taufe« – des Heiligen Geistes (Apg 1, 5; 2, 33) galt auch ihnen (die Petrus zuhörten) und ihren Kindern (der nächsten und folgenden Generationen) und all denen, die fern sind (sicherlich den Juden in der Zerstreuung und vielleicht auch prophetisch der weit entfernten heidnischen Welt[58]), in der Tat *allen* (ohne Ausnahme), die *der Herr, unser Gott, herzurufen wird.* Jeder, den Gott durch Christus zu sich ruft, wird beide Gaben erhalten. Die Gaben Gottes sind mit dem Ruf Gottes unzertrennbar verbunden.

(6) Seine neue Gemeinschaft (Apg 2, 40 - 41)

Lukas fügt hinzu, dass die Predigt des Petrus damit noch nicht beendet war, denn *mit vielen andern Worten bezeugte er das und ermahnte sie.* Seine Ermahnungen und Bitten sind in dem Aufruf *»Lasst euch erretten aus diesem verkehrten Geschlecht!«* zusammengefasst (V. 40). Petrus wollte also nicht nur private und individuelle Bekehrungen, sondern eine öffentliche Identifikation mit anderen Gläubigen. Wer sich zu dem Messias bekannte, sollte sich auch zu der messianischen Gemeinschaft, d. h. zu seiner Gemeinde bekennen. Sie mussten in der Tat ihre Gemeinschaft ändern, von einer alten und *verkehrten* zu einer neuen und erretteten Gemeinschaft (V. 47).

Zum Abschluss wird uns noch etwas über die erstaunliche Reaktion auf die Aufforderung des Petrus berichtet. Eine große Anzahl von Leuten nahm *sein Wort an* ... (d. h., sie taten Buße und glaubten) und *ließen sich* daraufhin *taufen ... An diesem Tage wurden hinzugefügt etwa dreitausend Menschen* (V. 41). Der Leib Christi in Jerusalem vergrößerte sich um das Sechsundzwanzigfache, von 120 auf 3.120. Auch sie mussten, der Verheißung von Petrus entsprechend, Vergebung und den Heiligen Geist empfangen, auch wenn dies in diesem Fall nicht mit übernatürlichen Zeichen verbunden war. Zumindest erwähnt Lukas hier keine Erscheinungen wie Wind, Feuer oder Sprachen.

d. Das Evangelium für heute

Wie wir gesehen haben, hat sich Petrus in seiner Predigt auf Christus konzentriert und seine Geschichte in sechs Akten erzählt: 1. Er war ein Mensch, auch wenn er durch Wunder von

Gott bestätigt wurde; 2. Er wurde durch die Hände böser Menschen getötet, auch wenn dies mit Gottes Ratschluss übereinstimmte; 3. Er wurde von den Toten auferweckt, so wie die Propheten es vorhergesagt und die Apostel es bezeugt hatten; 4. Er wurde zur Rechten Gottes erhöht und goss von dort den Heiligen Geist aus; 5. Er schenkt nun all denen Vergebung und den Heiligen Geist, die Buße tun, glauben und sich taufen lassen und 6. So fügt er sie zu seiner neuen Gemeinschaft hinzu.

Es wurde vielfach versucht, diese Vorgaben inhaltlich zu ordnen. Besonders beachtenswert sind die berühmten Vorlesungen von C. H. Dodd am King's College in London über das *Kērygma* (die Botschaft) von Petrus und Paulus und deren Übereinstimmungen. Diese wurden unter dem Titel *The Apostolic Preaching and its Developments* (»Die Predigt der Apostel und deren Entwicklung«) veröffentlicht.[59] Er fasst die Predigten von Petrus folgendermaßen zusammen: 1. das Zeitalter der Erfüllung, das messianische Zeitalter, ist angebrochen; 2. dies geschah durch den Dienst, den Tod und die Auferstehung Jesu, wie die Heilige Schrift sie bezeugt; 3. Jesus wurde zur Rechten Gottes als Herr und Haupt des neuen Israels erhöht; 4. das Handeln des Heiligen Geistes in der Gemeinde ist das Zeichen der gegenwärtigen Macht und Herrlichkeit Christi; 5. das messianische Zeitalter wird bald mit der Wiederkunft Christi seine Vollendung erreicht haben; und 6. Vergebung und der Heilige Geist werden denen angeboten, die Buße tun.[60]

Heutzutage ringen wir darum, wie wir diesem Evangelium der Apostel treu sein können, während wir es gleichzeitig in einer solchen Art und Weise darbieten müssen, die modernen Männern und Frauen entspricht. Es ist klar, dass wir uns wie die Apostel auf Christus konzentrieren müssen. Die ersten Worte des Petrus »... hört diese Worte: Jesus ...« (V. 22) müssen auch unsere ersten Worte sein. Es ist nicht möglich, das Evangelium zu verkündigen, ohne Christus zu verkünden. Doch wie sollen wir dies tun? Um diesem treu zu bleiben, fand ich es für mich selbst hilfreich, die Botschaft der Apostel nach folgendem Muster zu ordnen:

1. *Die Ereignisse, die mit dem Evangelium verbunden sind,* nämlich der Tod und die Auferstehung Jesu. Es stimmt, dass Petrus auf das Leben und den Dienst Jesu hinweist (V. 22) und weiter auf seine Erhöhung (V. 33) und an anderer Stelle auch auf seine Wiederkunft als Richter. Die Apostel fühlten sich frei und erzählten seinen ganzen Werdegang als Heiland. Doch sie konzentrierten sich auf das Kreuz und die Auferstehung (V. 23-24), die sowohl historische Ereignisse als auch entscheidende Heilsgeschehnisse darstellen. Auch wenn es noch keine vollständig entwickelte Lehre von der Versöhnung gab, so ist diese doch schon in den Hinweisen auf den Ratschluss Gottes (V. 23), auf die Abschnitte über den leidenden Knecht (Apg 3, 13.18) und das »Holz«, als dem Ort des göttlichen Fluches (Apg 5, 30; 10, 39; 13, 29) enthalten.[61] Die Auferstehung ist auch für das Heil relevant, denn durch sie hob Gott das menschliche Urteil über Jesus auf, entriss ihn von dem Ort der Verfluchung und erhob ihn an seinen Ehrenplatz.

2. *Die Zeugen des Evangeliums.* Die Apostel haben den Tod und die Auferstehung Jesu nicht im luftleeren Raum verkündigt, sondern in dem Gesamtzusammenhang der Bibel und der Geschichte. Sie beriefen sich auf zwei Zeugnisse, um den Wahrheitsanspruch Jesu zu beweisen, sodass der Mund zweier Zeugen die Wahrheit bestätigte. Der erste Zeuge ist das A.T., das er erfüllte. In Apostelgeschichte 2 beruft sich Petrus auf Psalm 16, Psalm 110 und Joel 3 und erläutert damit seine Verkündigung über Jesu Auferstehung, Erhöhung und die Gabe des Heiligen Geistes. Der zweite Zeuge ist das Zeugnis der Apostel selbst. Petrus sagt immer wieder »wir sind Zeugen« (z. B. Apg 2, 32; 3, 15; 5, 32; 10, 39ff.). Die Augenzeugenschaft war unerlässlich, um ein Apostel zu sein. So wird der eine Christus zweifach bestätigt. Wir besitzen nicht die Freiheit, einen Christus unserer eigenen Phantasie zu verkündigen oder den Schwerpunkt sogar auf unsere eigene Erfahrung zu legen,

weil wir keine Augenzeugen des historischen Jesu waren. Wir sind dafür verantwortlich, dass der authentische Christus des Alten und des Neuen Testamentes verkündigt wird. Die Propheten und die Apostel waren seine ersten Zeugen, unser Zeugnis von ihm ist ihrem Zeugnis immer nachzuordnen.

3. *Die Verheißungen des Evangeliums.* Das Evangelium ist nicht nur die gute Botschaft davon, was Jesus *getan* hat (er starb für unsere Sünden und wurde erhöht, so wie es den Verheißungen der Heiligen Schrift entspricht), sondern auch davon, was er als Folge *anbietet.* Denen, die seinem Angebot folgen, verheißt er sowohl die Vergebung von Sünden (er zieht einen Schlussstrich unter die Vergangenheit) als auch die Gabe des Heiligen Geistes (er macht uns zu neuen Menschen). Diese stellen zusammen die Freiheit dar, nach der so viele suchen, die Freiheit von Schuld, Sünde, Unreinheit, Gericht und Ichbezogenheit und die Freiheit, der Mensch zu sein, als der uns Gott geschaffen hat und der wir in seinen Augen sein sollten. »Heil« umschließt die Vergebung und den Heiligen Geist, und beide werden öffentlich durch die Taufe bekundet, d. h. durch die Abwaschung von Sünde und die Ausgießung des Heiligen Geistes.

4. *Die Bedingungen des Evangeliums.* Jesus Christus drängt uns seine Gaben nicht bedingungslos auf. Das Evangelium verlangt von uns eine radikale Abkehr von der Sünde zu Christus hin, in der Form, dass wir innerlich Buße tun und glauben und uns äußerlich taufen lassen. Denn die Taufe auf den Namen Christi, den wir vorher abgelehnt haben, macht nach außen hin deutlich, dass wir nun reuevoll an ihn glauben. Zudem haben wir durch genau diese Buße, diesen Glauben und diese Taufe den Herrschaftsbereich gewechselt, weil wir jetzt in eine neue Gemeinschaft mit Christus überantwortet sind.

Dies ist also die vierfache Botschaft – zwei Ereignisse (der Tod und die Auferstehung Christi), die von zwei Zeugen bestätigt werden (durch die Propheten und die Apostel), auf der Grundlage, dass Gott zwei Verheißungen gibt (die Vergebung und den Heiligen Geist) und zugleich zwei Bedingungen stellt (Buße und Glaube, verbunden mit der Taufe). Wir besitzen nicht die Freiheit, dieses Evangelium der Apostel zu verkürzen, indem wir das Kreuz ohne die Auferstehung verkündigen, uns nur auf das N. T. und nicht auch auf das A.T. beziehen, Vergebung ohne den Heiligen Geist anbieten oder Glauben ohne Buße verlangen. Denn das biblische Evangelium kann es nur als Ganzes geben.

Es genügt nicht, dass wir »Christus verkündigen«. Denn heutzutage werden uns viele Jesusse vorgestellt. Doch nach dem Evangelium des N. T. ist Jesus *historisch* (er lebte wirklich, er starb, ist auferstanden und ist vor den Augen der Geschichte aufgefahren), *theologisch* (sein Leben, sein Tod, seine Auferstehung und seine Himmelfahrt haben alle eine soteriologische Bedeutung) und *gegenwärtig* (er lebt und herrscht und verleiht denjenigen das Heil, die seinem Angebot folgen). So haben die Apostel dieselbe Geschichte auf drei verschiedenen Ebenen erzählt – als historisches Ereignis (dieses konnten sie als Augenzeugen bestätigen), das eine theologische Bedeutung hat (das durch die Heilige Schrift bezeugt wird) und eine zeitgenössische Botschaft darstellt (diese konfrontiert Männer und Frauen mit der Notwendigkeit einer Entscheidung). Auch wir stehen in der heutigen Zeit in der Verantwortung, die Geschichte Jesu als Tatsache, Lehre und Evangelium darzustellen.

2.3 Das Leben der Gemeinde: Die Auswirkungen von Pfingsten (Apg 2, 42 - 47)

Nachdem Lukas uns in seinem Bericht zuerst schilderte, was sich am Pfingsttag ereignete, und uns dies durch die auf Christus zentrierte Predigt des Petrus erklärte, fährt er nun damit fort, die Auswirkungen von Pfingsten näher zu beschreiben. Dies tut er, indem er uns die geisterfüllte Gemeinde als schönes Kleinod darstellt. Natürlich existierte die

Gemeinde nicht erst seit diesem Tag, und es wäre falsch, den Pfingsttag als »Geburtstag der Gemeinde« zu bezeichnen. Denn die Gemeinde als Volk Gottes lässt sich über mindestens 4000 Jahre bis auf Abraham zurückführen. Doch an Pfingsten wurde der Überrest des Volkes Gottes der geisterfüllte Leib Christi. Wie aber wurde die Gegenwart und die Kraft des Heiligen Geistes sichtbar? Lukas berichtet uns davon:

(42) Sie blieben aber beständig in der Lehre der Apostel und in der Gemeinschaft und im Brotbrechen und im Gebet. (43) Es kam aber Furcht über alle Seelen und es geschahen auch viele Wunder und Zeichen durch die Apostel. (44) Alle aber, die gläubig geworden waren, waren beieinander und hatten alle Dinge gemeinsam. (45) Sie verkauften Güter und Habe und teilten sie aus unter alle, je nach dem es einer nötig hatte. (46) Und sie waren täglich einmütig beieinander im Tempel und brachen das Brot hier und dort in den Häusern, hielten die Mahlzeiten mit Freude und lauterem Herzen (47) und lobten Gott und fanden Wohlwollen beim ganzen Volk. Der Herr aber fügte täglich zur Gemeinde hinzu, die gerettet wurden.

a. Die Gemeinde – eine lernende Gemeinschaft

Das Allererste, worin die Gegenwart des Heiligen Geistes in der Gemeinde deutlich wurde, war, dass sie *beständig in der Lehre der Apostel* blieben. Man könnte sagen, dass der Heilige Geist an diesem Tag eine Schule in Jerusalem eröffnet hatte. Die Lehrer in dieser Schule waren die Apostel, die Jesus dazu bestimmt hatte, und in der ersten Klasse waren 3.000 Schüler! Wir sollten beachten, dass diese Neubekehrten nicht mystische Erfahrungen gemacht hatten, was sie dazu gebracht hatte, ihren Verstand auszuschalten oder Theologie gering zu achten. Antiintellektualismus und die Erfüllung durch den Heiligen Geist können nicht miteinander vereinbart werden, weil der Heilige Geist der Geist der Wahrheit ist. Diese frühen

Jünger haben auch nicht so gedacht, dass der Geist, den sie empfangen hatten, der einzige Lehrer war, den sie nötig hatten und dass sie deshalb auf menschliche Lehrer ganz verzichten konnten. Ganz im Gegenteil, sie saßen zu den Füßen der Apostel, es hungerte sie danach, Unterweisung zu bekommen, und sie hielten daran fest. Zudem wurde die Lehrautorität der Apostel, denen sie sich fügten, durch Wunder bestätigt: *es geschahen auch viele Wunder und Zeichen durch die Apostel* (V. 43). Dass zweimal auf die Apostel verwiesen wird, in Vers 42 auf ihre Lehre und in Vers 43 auf ihre Wunder, kann nur schwerlich ein Zufall sein.[62] Seitdem die Lehre der Apostel für uns in der festen Form des N. T. niedergeschrieben ist, ist in der heutigen Zeit unter der Hingabe an die Lehre der Apostel die Unterordnung unter die Autorität des N.T. zu verstehen. Eine geisterfüllte Gemeinde ist in dem Sinne eine neutestamentliche Gemeinde, dass sie die neutestamentlichen Anweisungen studiert und sich ihnen unterordnet. Der Geist Gottes leitet das Volk Gottes, sich dem Wort Gottes unterzuordnen.

b. Die Gemeinde – eine liebende Gemeinschaft

Sie blieben aber beständig … in der Gemeinschaft (*koinōnia*). *Koinōnia* (abgeleitet von *koinos*, gemeinsam) beschreibt das gemeinsame Leben der christlichen Gemeinde in zweierlei Hinsicht: Erstens drückt es aus, dass wir gemeinsam etwas teilen, und zwar Gott selbst, denn »unsere Gemeinschaft ist mit dem Vater und mit seinem Sohn Jesus Christus«[63], und dort gibt es »die Gemeinschaft des Heiligen Geistes«[64]. So ist sie eine trinitarische Erfahrung. Wir haben gemeinsam an Gott, dem Vater, dem Sohn und dem Heiligen Geist Anteil. Doch *koinōnia* drückt zweitens auch aus, dass wir gemeinsam teilen, was wir geben und was wir erhalten. Paulus verwendet das Wort auch für die Sammlung, die er unter den griechischen Gemeinden organisierte[65], und *koinōnikos* ist das griechische Wort für »großzügig«. Lukas verweist an dieser Stelle ausdrücklich darauf, weil er sogleich damit fortfährt, zu beschreiben, wie diese ersten Christen ihren Besitz untereinander aufteilten: *Alle aber, die gläubig geworden waren, waren beieinander und hatten alle Dinge gemeinsam* (*koina*). *Sie verkauften Güter und Habe* (wahrscheinlich sind damit ihr Besitz und ihre Wertgegenstände gemeint) *und teilten sie aus unter alle, je nach dem es einer nötig hatte* (V. 44-45). Diese Verse beunruhigen einen. Heißt das etwa, dass jeder geisterfüllte Gläubige und jede Gemeinde diesem Beispiel wortwörtlich folgen sollten?

Ein paar Kilometer von Jerusalem entfernt verpflichteten sich die Führer der Essener von Qumran ebenfalls zur Gütergemeinschaft. Gemäß der Damaskusschrift, waren alle Glieder des »Bund[es]« (CD 6, 11)[66], wo immer sie auch lebten, dazu verpflichtet, »einen Elenden und Armen und Beisa[ss]en zu unterstützen« (CD 6, 21)[67]. Wer Glied der monastischen Gemeinschaft werden wollte, musste jedoch noch strengere Regeln akzeptieren: »*(19)* [D]ann bringe er auch seinen Besitz darin ein und seine Arbeit(serträge), (und zwar) zu Händen des *(20)* Aufsehers über die Arbeit der Vollmitglieder ... *(22)* schreibe man ihn ... für das Einbringen seines Besitzes [ein]« (1QS 6, 19-22)[68]. Diese Einrichtung, so kommentiert Geza Vermes, »zeigt eine große Ähnlichkeit zu der Gewohnheit, wie sie die frühe Gemeinde in Jerusalem auch angenommen hatte«[69].

Haben die ersten Christen diese nachgeahmt, und sollten wir heute auch so handeln? In den verschiedenen Epochen der Kirchengeschichte haben einige so gedacht und auch so gehandelt. Und ich bezweifle auch nicht, dass Jesus immer noch einige seiner Jünger dazu beruft, ein Leben in völliger und freiwilliger Armut zu führen, so wie er es bei dem jungen reichen Oberen tat (Lk 18, 18-23). Doch weder Jesus noch seine Apostel haben allen Christen privates Eigentum untersagt. Auch die Wiedertäufer des 16. Jh.s, der so genannte radikale Flügel der Reformation, dachte nicht so, obwohl sie den Kennzeichen der Reformatoren über die Kirche (in Form von Wort, Sakramenten und Gemeindezucht) auch noch Gemeinschaft und brüderliche Liebe hinzufügen wollten. Sie sprachen viel über Apostelgeschichte 2 und 4 und über »die Gütergemeinschaft«, erkannten aber gleichzeitig, dass diese nicht allgemein verpflichtend war. Die hutterischen Brüder in Mähren scheinen dabei die einzige Ausnahme zu bilden, weil sie die völlige Gütergemeinschaft zur Bedingung für die Mitgliedschaft machten.[70] Menno Simons[71], der einflussreichste Führer der Täuferbewegung, hob jedoch hervor, dass der Versuch von Jerusalem weder allgemeine noch unbegrenzte Gültigkeit habe. Er schrieb, dass »wir … die Gütergemeinschaft weder jemals gelehrt noch praktiziert haben«[72].

Es ist wichtig, dass wir uns vor Augen halten, dass das Teilen von Eigentum und Besitz sogar in Jerusalem freiwillig war. Nach Vers 46 *brachen* sie *das Brot hier und dort in den Häusern.* Offensichtlich besaßen viele immer noch ihre Häuser und hatten sie nicht verkauft. Es ist auch bemerkenswert, dass bei den zwei Verben in Vers 45 das Imperfekt verwendet wird. Dies deutet an, dass nur gelegentlich der Besitz verkauft und abgegeben wurde, als Reaktion auf spezielle Nöte und nicht ein für allemal. Zudem lag bei Hananias und Saphira, zu denen wir in Apostelgeschichte 5 noch kommen werden, nicht die Sünde der Habgier oder des Materialismus vor, sondern des Betrugs. Sie hatten nicht dadurch gesündigt, dass sie einen Teil des Erlöses durch den Verkauf zurückbehalten hatten, sondern dadurch, dass sie dies getan hatten, dabei jedoch vorgaben, alles zu geben. Petrus macht dies deutlich, indem er zu ihnen sagt: »Hättest du den Acker nicht behalten können, als du ihn hattest? Und konntest du nicht auch, als er verkauft war, noch tun, was du wolltest? …« (Apg 5, 4).

Auch wenn der Verkauf und das Teilen von Gütern freiwillig war und ist, so muss zugleich jeder Christ in diesem Bereich vor Gott gewissenhafte Entscheidungen treffen. Wir alle sind dazu aufgerufen, großzügig zu sein, besonders gegenüber den Armen und Bedürftigen. Schon zur Zeit des A.T.s gab es die ausgeprägte Tradition, für die Armen zu sorgen. Die Israeliten sollten ein Zehntel ihrer Erzeugnisse »dem Leviten, dem Fremdling, der Waise und der Witwe geben«[73]. Wie können geisterfüllte Gläubige dann aber bereit sein, weniger zu geben? Das Prinzip wird in der Apostelgeschichte zweimal erwähnt: Sie *teilten sie aus unter alle, je nach dem es einer nötig hatte* (V. 45) und »*(34) Es war auch keiner unter ihnen, der Mangel hatte; ... das Geld ... gab [man] einem jeden, was er nötig hatte.*« (Apg 4,34-35). Wenn wir, so schrieb Johannes es später, materiellen Besitz haben und einen Bruder oder eine Schwester in Not sehen und doch nicht mit ihm oder ihr das teilen, was wir haben, wie können wir dann behaupten, dass Gottes Liebe in uns wohnen würde?[74] Christliche Gemeinschaft bedeutet gegenseitige Fürsorge, und die christliche Fürsorge beinhaltet stets auch das gegenseitige Teilen untereinander. Chrysostomus hat dies sehr schön beschrieben: »Dies war eine Gemeinschaft von Engeln, keiner nannte sein Eigenes sein Eigen. Sofort wurde die Wurzel des Bösen ausgerottet ... Keiner machte einem anderen Vorwürfe, keiner beneidete den anderen, keiner gönnte dem anderen etwas nicht, kein Stolz, keine Verachtung von anderen gab es dort ... Der arme Mann kannte keine Scham, der reiche Mann keinen Hochmut«[75]. Nun dürfen wir nicht der Herausforderung dieser Verse ausweichen. Dass wir Hunderttausende von notleidenden Brüder und Schwestern haben, sollte uns, die wir wohlhabend sind, ständig ermahnen. Es gehört zu unserer Verantwortung als geisterfüllte Christen, dass wir in der neuen Gemeinschaft Jesu Not lindern und Armut aufheben.

c. Die Gemeinde – eine betende Gemeinschaft

Sie blieben aber beständig ... im Brotbrechen und im Gebet (V. 42). Das heißt, ihre Gemeinschaft drückte sich nicht nur in der Sorge füreinander aus, sondern auch in gemeinschaftlichem Gottesdienst. Zudem deutet der bestimmte Artikel in beiden Ausdrücken (wörtlich: »in *dem* Brechen des Brotes und *den* Gebeten«) einerseits auf einen möglichen Zusammenhang mit dem Abendmahl (obwohl dies zu diesem frühen Zeitpunkt ziemlich sicher noch Bestandteil eines großen Essens war) und andererseits auf öffentliche Gebetsgottesdienste oder -treffen hin (vermutlich ist nicht an privates Gebet zu denken). Es gibt zwei Aspekte, die die Ausgewogenheit im Gottesdienst der ersten Gemeinde veranschaulichen:

1. Der Gottesdienst der ersten Gemeinde war förmlich und formlos zugleich, denn er fand sowohl *im Tempel* als auch *in den Häusern* statt (V. 46). Dies ist eine interessante Kombination. Es überrascht vielleicht, dass sie eine Zeit lang weiter im Tempel blieben, aber sie taten es. Sie haben nicht gleich mit dem gebrochen, was man die institutionelle Kirche nennen könnte. Ich glaube nicht, dass sie immer noch an den Opfern im Tempel teilgenommen haben, denn sie hatten bereits verstanden, dass diese in dem Opfer Jesu erfüllt waren. Doch es scheint so, dass sie weiter die Gebetsgottesdienste im Tempel besucht haben (vgl. Apg 3, 1), es sei denn, die Theorie stimmt, dass sie hinauf zum Tempel gingen, um dort zu predigen und nicht um zu beten. Gleichzeitig ergänzten sie die Gottesdienste im Tempel mit eher formlosen und spontanen Treffen in ihren Häusern (diese schlossen auch das Brotbrechen ein). Vielleicht können wir, die wir verständlicherweise angesichts der traditionellen Gemeindestrukturen immer ungeduldiger werden, davon manches lernen. Ich für mich selbst glaube, dass der Heilige Geist mit der institutionalisierten Gemeinde, für die wir uns nach evangeliumsgemäßen Reformen sehnen, eher so handelt, dass er sie geduldig reformieren will, als dass er sie ungeduldig verwerfen wollte. Sicherlich ist es immer gut, wenn die eher förmlichen und würdevollen Gottesdienste der örtlichen Gemeinde durch ungezwungene und fruchtbare Treffen in den Häusern der Gemeindeglieder ergänzt werden. Es ist nicht nötig, zwischen dem Strukturierten und dem Unstrukturierten, dem

Traditionellen und dem Spontanen Gegensätze aufzubauen. Die Gemeinde braucht beides gleichermaßen.

2. Der zweite Beleg für die Ausgewogenheit der Gottesdienste in der ersten Gemeinde ist, dass sie fröhlich und ehrfurchtsvoll zugleich waren. Es gibt keinen Zweifel daran, dass sie fröhlich waren, werden sie doch als *mit Freude und lauterem Herzen* beschrieben (V. 46). Dies bedeutet wörtlich »in Jubel (*agalliasis*) und Schlichtheit des Herzens«. Die Übersetzung von Albrecht fasst dies in einem Ausdruck gut zusammen und lautet »mit freudigem, lauterm Herzen«. Weil Gott seinen Sohn in die Welt gesandt und ihnen nun seinen Geist geschickt hatte, hatten sie allen Grund voller Freude zu sein. Außerdem ist »[d]ie Frucht des Geistes ... Freude«[76], manchmal eine etwas ungehindertere Freude, als sie in den festen Traditionen der historisch gewachsenen Kirchen üblich (oder annehmbar) ist. Doch jeder Gottesdienst sollte eine frohe Feier der mächtigen Taten Gottes durch Jesus Christus sein. Es ist richtig, wenn wir im öffentlichen Gottesdienst ehrfurchtsvoll sind, aber es ist nicht zu verzeihen, wenn wir teilnahmslos werden. Doch gleichzeitig war die Freude der Gläubigen der ersten Gemeinde niemals ohne Ehrfurcht. So wie Freude an Gott ein echtes Werk des Heiligen Geistes ist, so ist es auch die Gottesfurcht: *Es kam aber Furcht über alle Seelen* (V. 43). Dabei scheinen sowohl die Christen als auch die Nichtchristen miteingeschlossen zu sein. Gott hatte ihre Stadt besucht. Er war in ihrer Mitte, das wussten sie. Sie beugten sich demütig und voller Erstaunen vor ihm nieder. Es wäre deshalb falsch zu denken, dass sich Ehrfurcht und Freude in einem öffentlichen Gottesdienst gegenseitig ausschließen. Die Kombination von Freude und Ehrfurcht und von Form und Formlosigkeit stellen gerade eine gute Ausgewogenheit im Gottesdienst dar.

d. Die Gemeinde – eine evangelistische Gemeinschaft

Bisher haben wir das Studium, die Gemeinschaft und den Gottesdienst der Jerusalemer Gemeinde betrachtet. In diesen drei Dingen *blieben* die Gläubigen nach den Worten von Lukas *beständig*. Dieses waren Erscheinungen des internen Gemeindelebens, doch sie sagen noch nichts über die erbarmungsvolle Hinwendung an die Welt aus. Es gibt Zehntausende von Predigten über Apostelgeschichte 2, 42, die sehr gut zeigen, wie gefährlich es ist, einen Text aus seinem Zusammenhang zu reißen. Für sich gesehen bietet Vers 42 ein sehr einseitiges Bild des Gemeindelebens. Es muss aber auch Vers 47b beachtet werden: *Der Herr aber fügte täglich zur Gemeinde hinzu, die gerettet wurden.* Die ersten Christen in Jerusalem waren nicht so mit Lernen, Teilen und Gottesdienstfeiern beschäftigt, dass sie darüber vergaßen, ihren Glauben zu bezeugen. Denn der Heilige Geist ist ein missionarischer Geist, der eine missionarische Kirche geschaffen hat. Harry Boer drückt dies in seinem herausfordernden Buch *Pentecost and Missions* (»Pfingsten und Mission«)[77] so aus: Die Apostelgeschichte »wird von einem vorherrschenden, sich über alles hinwegsetzenden und alles bestimmenden Motiv bestimmt. Dieses Motiv ist die Ausbreitung des Glaubens durch das missionarische Zeugnis in der Kraft des Heiligen Geistes ... Ohne Unterbrechung treibt der Heilige Geist die Gemeinde zum Zeugnis für ihren Glauben, und ununterbrochen entstehen durch dieses Zeugnis Gemeinden. Die Gemeinde ist eine missionarische Gemeinde«[78].

Von diesen ersten Gläubigen in Jerusalem können wir deshalb drei wesentliche Lektionen über Evangelisation für uns heute lernen:

1. Der Herr selbst (das heißt Jesus) tat es: *Der Herr fügte ... hinzu.* Ohne Zweifel tat er dies durch die Predigt der Apostel, das Zeugnis der Gemeindeglieder, die eindrucksvolle Liebe, die in ihrem gemeinsamen Leben deutlich wurde, und durch ihr Vorbild, denn sie *lobten Gott und fanden Wohlwollen beim ganzen Volk* (V. 47a). Doch er tat es. Denn er ist das

Haupt der Gemeinde. Er allein hat das Vorrecht, Menschen zu Gliedern zu machen und von seinem Thron aus Heil zu schenken. Dies muss unbedingt betont werden, denn heutzutage sprechen viele über das Evangelium mit einem sträflichen Selbstvertrauen, ja sogar mit einem Machtgefühl, als würden sie denken, dass die Weltmission der letzte Triumph der menschlichen Technologie wäre. Wir sollten für die Aufgabe der Evangelisation uns all die Möglichkeiten nutzbar machen, die Gott uns gegeben hat, doch in einer Haltung der demütigen Abhängigkeit von ihm als dem eigentlichen Evangelisten.

2. Jesus tat zwei Dinge zugleich: Er *fügte … hinzu, die gerettet wurden* (das Partizip Präsens *sōzomenous* drückt entweder keinen zeitlichen Aspekt aus, oder es betont, dass das Heil eine fortlaufende Erfahrung ist, die ihren Höhepunkt in der endgültigen Verherrlichung haben wird). Er fügte sie nicht zur Gemeinde hinzu, ohne sie zu erretten (es gab anfangs also keine nominellen Christen), und er errettete sie auch nicht, ohne sie zu der Gemeinde hinzuzufügen (es gab also damals keine gemeindelosen Christen). Das Heil und die Gemeindemitgliedschaft gehörten also zusammen, auch heute noch.

3. Der Herr fügte *täglich* zu der Gemeinde hinzu. Das Verb steht im Imperfekt (»er fügte *ständig* hinzu«)[79], und das Adverb (»täglich«) macht dies überaus deutlich. Die Evangelisation der ersten Gemeinde fand also nicht nur gelegentlich oder sporadisch statt. Sie organisierten nicht alle fünf oder zehn Jahre eine Evangelisation (Mission ist so lange etwas Gutes, solange sie nur Episoden in einem fortlaufenden Programm darstellt). Nein, so wie sie täglich Gottesdienst feierten (V. 46a), so bezeugten sie täglich ihren Glauben. Lob Gottes und die Verkündigung kamen beide aus Herzen, die vom Heiligen Geist überflossen. Und so wie sie dauernd nach außen wirksam waren, so wurden ständig Bekehrte hinzugefügt. Wir müssen auch wieder diese Erwartung haben, dass die Gemeinde ständig und ununterbrochen wachsen soll.

Wenn wir auf diese Merkmale der ersten geisterfüllten Gemeinde zurückschauen, so ist offensichtlich, dass alle mit den Beziehungen innerhalb der Gemeinde zu tun hatten. Zuerst waren die Gläubigen (durch Gehorsam) mit den Aposteln verbunden. Sie waren begierig nach der Unterweisung durch sie. *Eine geisterfüllte Gemeinde ist eine apostolische Gemeinschaft*, eine neutestamentliche Gemeinde, die darauf bedacht ist, zu glauben und dem zu gehorchen, was Jesus und seine Apostel lehrten. Zweitens waren sie untereinander (durch Liebe) verbunden. Sie beharrten in der Gemeinschaft, unterstützten einander und linderten die Bedürfnisse der Armen. *Eine geisterfüllte Gemeinde ist eine liebende, fürsorgliche, teilende Gemeinschaft.* Drittens waren sie (durch den Gottesdienst) mit Gott verbunden. Sie lobten ihn im Tempel und zu Hause, beim Abendmahl und in den Gebeten, mit Freude und Ehrfurcht. *Eine geisterfüllte Gemeinde ist eine lobende Gemeinschaft.* Viertens waren sie (durch die Mission) mit der Welt verbunden. Sie evangelisierten ständig. Keine egozentrische, auf sich selbst gerichtete Gemeinde (die von ihren eigenen gemeindlichen Angelegenheiten ganz in Anspruch genommen wird) kann für sich beanspruchen, mit dem Heiligen Geist erfüllt zu sein. Der Heilige Geist ist ein missionarischer Geist. *Deshalb ist eine geisterfüllte Gemeinde immer auch eine missionarische Gemeinschaft.*

Wir müssen nicht wie die 120 Gläubigen auf das Kommen des Heiligen Geistes warten. Denn der Heilige Geist ist an Pfingsten gekommen und hat seine Gemeinde seitdem nie verlassen. Unsere Aufgabe ist es, uns demütig vor seiner souveränen Autorität zu beugen, uns darum zu bemühen ihn nicht zu dämpfen, sondern ihm seine Freiheit zuzugestehen. Denn dann werden in unseren Gemeinden wieder diese Merkmale der Gegenwart des Heiligen Geistes sichtbar werden, nach denen so viele junge Leute heute besonders Ausschau halten, nämlich biblische Lehre, liebevolle Beziehungen, lebendiger Gottesdienst und eine andauernde, nach außen gerichtete Evangelisation.

3. Der Beginn von Verfolgungen (Apg 3,1-4,31)

Lukas hat uns die erste christliche Gemeinde in Jerusalem als fast malerische Idylle dargestellt. Die Glieder hatten Vergebung und den Heiligen Geist erhalten und lernten begierig von den Aposteln, lobten eifrig Gott, sorgten sorgfältig füreinander und bezeugten ihren Glauben gegenüber denen, die noch nicht zu ihrer Gemeinschaft gehörten. Alles war schön und friedlich. Liebe, Freude und Frieden regierten. Im Auftrag Christi und mit der Kraft seines Geistes ausgerüstet, standen sie an der Schwelle zu dem großen Abenteuer der Mission, das Lukas danach beschreibt. Das gute Schiff *Christusgemeinde* war dazu bereit, den Wind des Heiligen Geistes auszunutzen und die Segel für die geistliche Eroberungsfahrt zu setzen. Doch fast sofort kommt ein gefährlicher Sturm auf, ein Sturm von solch einer Wildheit, dass die bloße Existenz der Gemeinde auf dem Spiel zu stehen schien.

Wir könnten es auch anders sagen: Während in dem Bericht von Apostelgeschichte 1 und 2 der Heilige Geist der Hauptakteur ist, scheint in Apostelgeschichte 3 bis 6 der Teufel die Regie zu übernehmen. Sicher, er wird nur einmal namentlich erwähnt, doch sein Handeln ist durchweg erkennbar. Als Petrus Hananias gegenübersteht, wird er ausdrücklich genannt: »Hananias, warum hat der Satan dein Herz erfüllt, dass du den Heiligen Geist belogen … hast?« Hier stehen der Heilige Geist und der böse Geist, der oft mit dem Teufel identifiziert wird, in völliger Konkurrenz zueinander. Dem äußeren Anschein nach stehen sich zwei Männer gegenüber, und einer log den anderen an, doch Petrus besaß die geistliche Urteilskraft, um hinter den Äußerlichkeiten die nicht sichtbare Realität zu erkennen: Satan hatte Gott angelogen (Apg 5, 3 - 4). In der Tat hatte Satan das Herz von Hananias »erfüllt« und ihn dazu gebracht, so zu handeln – dies ist eine Art teuflisches Gegenstück zu dem Umstand, dass Petrus vom Heiligen Geist erfüllt war.

Um die Urgemeinde ganz zu verstehen, müssen wir die *Apostelgeschichte* und die *Offenbarung an Johannes* nebeneinander legen und miteinander lesen. Beide berichten in vielem das Gleiche über die Gemeinde und ihre konfliktreichen Erfahrungen, doch jeweils aus einer anderen Perspektive. Lukas hält in der Apostelgeschichte fest, was sich äußerlich vor den Augen von Beobachtern auf der Bühne der Geschichte ereignet hat, Johannes dagegen macht es uns durch das Buch der Offenbarung möglich, dass wir sehen, wie die verborgenen Mächte hinter den Kulissen am Werk sind. In der Apostelgeschichte bekämpfen Menschen die Gemeinde und versuchen, sie zugrunde zu richten. In der Offenbarung öffnet sich der Vorhang, und wir sehen, wie feindselig der Teufel selbst vorgeht, dargestellt als riesiger roter Drachen, der von zwei grotesken Monstern und einer unanständigen Hure unterstützt und angestiftet wird. Die Offenbarung ist die Vision eines andauernden Kampfes zwischen dem Lamm und dem Drachen, Christus und dem Satan, der heiligen Stadt Jerusalem und der großen Stadt Babylon, der Gemeinde und der Welt. Zudem kann es kaum ein Zufall sein, dass die Symbolik der drei Verbündeten des Drachens in der Offenbarung den drei gegen die Gemeinde gerichteten Waffen des Teufels in den ersten Kapiteln der Apostelgeschichte entspricht – diese sind Verfolgung, moralische Kompromissbereitschaft und die Gefahr, falschen Lehren ausgesetzt zu sein, weil die Apostel von ihrer Hauptverantwortung abgehalten werden, nämlich dem »Gebet und ... Dienst des Wortes« (Apg 6, 4).

Die primitivste Waffe des Teufels ist physische Gewalt. Lukas beschreibt, wie zweimal Verfolgungen durch den Sanhedrin ausbrechen. Bei der ersten werden Petrus und Johannes verhaftet, ins Gefängnis geworfen, verhört, sie erhalten Predigtverbot, werden verwarnt und schließlich freigelassen (Apg 4, 1 - 22). Bei der zweiten Verfolgung werden sie und andere (die Apostel ganz allgemein) verhaftet, inhaftiert und verhört und diesmal auch ausgepeitscht, bevor man ihnen wieder verbietet zu predigen und sie doch wieder freilässt. Lukas sieht dies als eine Erfüllung der in seinem Evangelium festgehaltenen Vorhersage Jesu an, dass seine Jünger gehasst, beschimpft und verworfen werden (Lk 6, 22.26), vor Gericht »vor die Machthaber und die Obrigkeit« gestellt (Lk 12, 11) und um seines Namens willen verfolgt und verhaftet werden würden (Lk 21, 12ff.).

Es ist bemerkenswert, dass der Aufbau, den sich Lukas in Kapitel 3 und 4 zu Eigen macht, der gleiche ist wie in Kapitel 2:

1. Er berichtet über ein übernatürliches Ereignis aus dem Blickwinkel eines Beobachters: in Kapitel 2 über das Kommen des Heiligen Geistes (Apg 2, 1 - 13), in Kapitel 3 über die Heilung eines Gelähmten (Apg 3, 1 - 10). Die Erzählung wird objektiv und tatsachengetreu wiedergegeben, auch wenn in beiden Fällen von der Menschenmenge gesagt wird, dass sie völlig erstaunt und »ratlos« war und nicht erklären konnte, was eigentlich geschehen war.[1]

2. Lukas hält eine Predigt von Petrus fest, die das Wundergeschehen zum Inhalt hat und es so auslegt, dass Christus verherrlicht wird, den seine Hörer getötet, den Gott jedoch auferweckt hatte, wie die Apostel es bezeugten. Zudem hatte der jetzt verherrlichte Christus sowohl den Heiligen Geist ausgegossen als auch den Gelähmten geheilt und so die Macht seines Namens gegenüber den Gläubigen geoffenbart (Apg 2, 23 - 39; 3, 13 - 16; 4, 12). In beiden Fällen beschließt Petrus seine Predigt mit der Aufforderung an die Menschenmenge, Buße zu tun, damit sie die verheißenen Segnungen erhalten würden (Apg 2, 38ff. und 3, 17ff.).

3. Lukas beschreibt die Auswirkungen des Wundergeschehens und der Erklärung durch Petrus, nämlich eine geisterfüllte Gemeinde, die nach dem ersten Bericht lernt, Gott lobt, teilt und bezeugt (Apg 2, 42 - 47) und nach dem zweiten verfolgt wird, aber ebenfalls betet und teilt (Apg 4, 1 - 37).

Bei seinem zweiten Abriss über die Gemeinde in der Zeit nach Pfingsten konzentriert sich Lukas auf den Gelähmten, der geheilt wird (Apg 3, 1 - 10), auf den Apostel Petrus, der zu der Menschenmenge redet (Apg 3, 11 - 26), auf den Hohen Rat, der die Apostel verhaftet und vor Gericht stellt (Apg 4, 1 - 22), und auf die Gemeinde, die sich im Gebet vertrauensvoll an Gott wendet (Apg 4, 23 - 31).

3.1 Ein von Geburt an Gelähmter wird geheilt (Apg 3, 1 - 10)

Die Heilung des Gelähmten mit der folgenden Predigt von Petrus löste den Widerstand der jüdischen Führer aus. Lukas leitete seinen zweiten Band damit ein, dass er seinen Lesern weiter berichten werde, was Jesus nach seiner Himmelfahrt durch seine Apostel »tat und lehrte« (Apg 1, 1 - 2). Er hat uns bereits mitgeteilt, dass »viele Zeichen und Wunder durch die Apostel« geschahen (Apg 2, 43). Nun führt er ein weiteres dramatisches Beispiel an: *Petrus aber und Johannes gingen hinauf in den Tempel.* Das genaue Datum wird nicht genannt (es geschah *einmal* GN), jedoch der Zeitpunkt, nämlich *um die neunte Stunde*, d. h. um drei Uhr nachmittags, *zur Gebetszeit* (V. 1). Diese war kurz nach dem abendlichen Opfer und wurde von allen frommen Juden wie Daniel und auch gottesfürchtigen Menschen wie Kornelius eingehalten.[2] Zur gleichen Zeit wie die Apostel erreicht *ein Mann ..., lahm von Mutterleibe*, der – vermutlich von Freunden und/oder Verwandten – *herbeigetragen* wurde, den Tempel, damit er diejenigen anbetteln könnte, die zum Gottesdienst kamen und gemäß ihrer jüdischen Frömmigkeit bereit waren, Almosen für Bedürftige zu geben.

Der Ort, an dem der Bettler saß, so sagt Lukas, war *die Tür des Tempels, die da heißt die Schöne.* Die meisten Kommentatoren halten diese für das Nikanortor, welches der Hauptzugang zum Tempelbezirk von Osten, aus dem Vorhof der Heiden, her war. Weil Lukas es *die Schöne* nennt, ist es vielleicht das Tor, das aus korinthischem Erz gemacht war, von dem Josephus sagt: »Eines aber, an der Außenseite des Tempels, war aus korinthischem Erz und übertraf an Wert bei weitem die übersilberten und vergoldeten«[3]. Es war ungefähr 23 m hoch und hatte große doppelte Torflügel. Zu den Füßen dieses prächtigen Tores saß jedoch der Bettler. An dem kurzen »Bericht«, den Lukas hier gibt, lässt sich sein medizinisches Interesse erkennen. Es handelte sich um eine angeborene Behinderung, so schreibt er. Der Mann war nun »über vierzig Jahre alt« (Apg 4,22) und so schwer behindert, dass er getragen werden musste und dass man ihn *täglich vor die Tür des Tempels* setzte, ... *damit er um Almosen bettelte bei denen, die in den Tempel gingen* (V. 2). *Als er nun Petrus und Johannes sah, wie sie in den Tempel hineingehen wollten, bat er um ein Almosen* (V. 3). Die Apostel hielten an, und *Petrus aber blickte ihn an mit Johannes.* Petrus fordert den Mann nun zu zwei Dingen auf: Zuerst sagt er: »*Sieh uns an!*« (V. 4). *Und er sah sie an und wartete darauf, dass er etwas von ihnen empfinge* (V. 5). Doch mit seinem zweiten Befehl gibt Petrus ihm zu verstehen, dass er etwas Besseres geben wollte als Geld: »... *Silber und Gold habe ich nicht; aber was ich habe, das gebe ich dir: Im Namen Jesu Christi von Nazareth steh auf und geh umher!*« (V. 6). Der Apostel ist dann nicht zurückgetreten und hat zugesehen, wie sich der Mann abmühte, auf seine Füße zu kommen. Stattdessen beugt er sich selbst vor und *ergriff ihn bei der rechten Hand und richtete ihn auf* (V. 7a). Thomas Walker kommentiert dies mit den Worten: »Es war Jesu Macht, aber die Hand von Petrus«[4]. Dies war kein Ausdruck des Unglaubens, sondern der Liebe. Zudem hatte Petrus gesehen, wie Jesus dies getan hatte, als er die Tochter des Jairus bei der Hand nahm.[5] Lukas als Arzt fährt dann folgendermaßen fort: »*Sogleich wurden seine Füße und Knöchel fest* (V. 7b), sehr stark und beweglich, denn *er sprang auf, konnte gehen*«, was er nie zuvor getan hatte. Nicht nur das, er begleitete dann die Apostel *in den Tempel*, dabei *sprang* er *umher und lobte Gott* (V. 8). Dies war eine äußerst eindrückliche Erfüllung der messianischen Prophezeiung: »Dann werden die Lahmen springen wie ein Hirsch«[6].

Schnell versammelte sich eine Menschenmenge. *Und es sah ihn alles Volk umhergehen und Gott loben* (V. 9). Dies ist bereits das vierte Mal, dass Lukas beschreibt, wie der Mann geht, als wenn er diese unglaubliche Tatsache betonen wollte, dass seine schwachen, gelähmten Beine und Füße nun das erste Mal richtig funktionierten. *Sie erkannten ihn auch, dass er es war, der* ihnen seit Jahrzehnten ein wohlvertrauter Anblick war, seitdem er täglich *vor der Schönen Tür des Tempels gesessen und um Almosen gebettelt hatte; und Verwunderung und Entsetzen erfüllte sie über das, was ihm widerfahren war* (V. 10).

3.2 Der Apostel Petrus predigt zu der Menschenmenge (Apg 3, 11 - 26)

Als er sich aber zu Petrus und Johannes hielt – zwar geheilt, hielt er sich dennoch immer noch an ihnen fest und war beim Gehen noch nicht ganz sicher – *lief alles Volk zu ihnen in die Halle, die da heißt Salomos, und sie wunderten sich sehr* (V. 11). Dies war ein Kreuzgang oder eine »Säulenhalle« (Rev. Elb.), gebildet von einer doppelten Reihe von marmorierten Säulen mit einem Zederndach, der an der ganzen östlichen Mauer des äußeren Vorhofes verlief. Jesus ging selbst hier entlang und hatte auch an diesem Ort gelehrt.[7]

Petrus nutzte die Gelegenheit, um zu predigen. So wie das Ereignis von Pfingsten die Basis für seine erste Predigt war, so war die Heilung des Gelähmten die Grundlage für seine zweite. Beide waren große Taten des erhöhten Christus. Beides waren Zeichen, die ihn als Herrn und Erlöser bekannt machten. Beide riefen das Erstaunen der Menschen hervor.

Petrus beginnt, indem er Jesus alle Ehre zuschreibt: »... *Ihr Männer von Israel, was wundert ihr euch darüber* ...«, so fragt er (V. 12), wobei er vermutlich auf den geheilten Gelähmten zeigte. Und »*was seht ihr auf uns* – vermutlich waren diese Worte von einer auf sie selbst verweisenden Geste begleitet – *als hätten wir durch eigene Kraft oder Frömmigkeit bewirkt, dass dieser gehen kann?*« (V. 12). Stattdessen richtet er ihren Blick auf Jesus, durch dessen machtvollen Namen das Wunder geschehen war. Denn »*Der Gott Abrahams und*

Isaaks und Jakobs, der Gott unserer Väter, hat seinen Knecht Jesus verherrlicht« (V. 13a). Indem Petrus sich auf Gott beruft, drückt er seine Überzeugung aus, dass das, was in Jesus neu war, trotzdem einen direkten Zusammenhang mit dem A.T. hatte. Im Gegensatz zu der Ehre, die Gott Jesus bereitet hatte, beschreibt Petrus unverblümt die vierfache Schmach, die die Einwohner Jerusalems ihm bereitet hatten: 1) *den ihr überantwortet und* 2) *verleugnet habt vor Pilatus* (so wie auch Petrus selbst Jesus vor einer Magd und anderen »verleugnet« hatte)[8], *als der ihn loslassen wollte* (V. 13b). 3) *Ihr aber habt den Heiligen und Gerechten verleugnet und darum gebeten, dass man euch den Mörder schenke* (V. 14), so verlangten sie zugleich »die Verurteilung des Unschuldigen« und »den Freispruch des Schuldigen«[9], 4) *aber den Fürsten des Lebens habt ihr getötet.* – Ein treffendes Paradoxon, in dem der Urheber und Geber des Lebens (*archēgos* kann beides bedeuten) selbst des Lebens beraubt wird, doch *den hat Gott*, der diese vierfache Verwerfung Jesu rückgängig macht, *auferweckt von den Toten;* und von dieser machtvollen Auferstehung *sind wir* (die Apostel) *Zeugen* (V. 15). So ist es *durch den Glauben an seinen Namen*, an den Namen des einst verworfenen Jesus, der jedoch wieder auferweckt wurde und jetzt herrscht, geschehen, dass *sein Name diesen* Gelähmten, *den ihr seht und kennt, stark gemacht* hat. Petrus wiederholt dies noch einmal, um dies zu betonen, diesmal unterscheidet er den Namen und den Glauben, der dies erfasst hat. Denn es war Jesu Name (all das, was er ist und getan hat), zusammen mit dem *Glaube[n], der durch ihn gewirkt ist*, der in denen hervorgerufen wurde, die die Bedeutung seines Namens verstanden haben, der *diesem die Gesundheit gegeben [hat] vor euer aller Augen* (V. 16).

Das bemerkenswerteste Merkmal der zweiten Predigt des Petrus ist wie bei der ersten die Christuszentriertheit. Er lenkt die Aufmerksamkeit der Menschenmenge weg von dem geheilten Gelähmten und weg von den Aposteln auf Christus hin, den die Menschen zwar entehrt, indem sie ihn getötet hatten, den Gott jedoch für gerecht erklärte, indem er ihn wieder auferweckt hatte, und dessen Name, mit dem dazugehörigen Glauben, stark genug war, den Mann völlig gesund zu machen. Außerdem bezeichnet Petrus Jesus in seinem Zeugnis mit einer Menge von bedeutungsträchtigen Titeln. Er fängt damit an, dass er ihn »Jesus Christus von Nazareth« nennt (V. 6), und fährt damit fort, dass er ihn als Gottes »Knecht« bezeichnet (V. 13), der zuerst litt, dann aber als Erfüllung von Jesaja 52, 13ff.[10] verherrlicht wurde. Als Nächstes ist er der »Heilige und Gerechte« (V. 14) und der »Fürst oder Urheber des Lebens« (V. 15). In dem abschließenden Teil seiner Predigt nennt Petrus Jesus den »Propheten«, den Mose vorhergesagt hatte (V. 22). Vor dem Sanhedrin bezeichnet er ihn dann als »den verworfenen Stein, der zum Eckstein geworden ist« (Apg 4, 11). Knecht und Christus, der Heilige und die Quelle des Lebens, Prophet und Stein – diese Titel drücken die Einmaligkeit Jesu in seinem Leiden und seiner Herrlichkeit, in seinem Charakter und seiner Sendung, seiner Offenbarung und seiner Erlösung aus. All dies ist in seinem »Namen« zusammengefasst und trägt dazu bei, seine errettende Kraft zu verdeutlichen.

Nachdem Petrus den Namen Jesu gepriesen hat, beendet er seine Predigt und fordert seine Hörer – er nennt sie *Brüder* – auf, Buße zu tun, indem er herausstellt, wie notwendig dies ist und welchen Segen sie empfangen würden. Er sagt: »*Nun, liebe Brüder, ich weiß, daß ihr's aus Unwissenheit getan habt wie auch eure Oberen*« (V. 17). Er will mit diesen Worten nicht ihre Sünde entschuldigen oder etwa andeuten, dass Vergebung nicht nötig sei, stattdessen möchte er vielmehr zeigen, dass Vergebung auch für ihre Schuld möglich ist. Petrus greift hier auf die alttestamentliche Unterscheidung zwischen Sünden »aus Versehen« und Sünden »aus Vorsatz« zurück.[11] Außerdem wusste Gott, was sie taten, auch wenn sie es selbst nicht erkannten. Denn in dem, was mit Jesus geschehen war, erfüllten sich Prophezeiungen, denn »*Gott aber hat erfüllt, was er durch den Mund aller seiner Propheten zuvor verkündigt hat: dass sein Christus leiden sollte*« (V. 18). Doch weder ihre Unwissenheit noch Gottes Vorhersagen entschuldigten sie. Petrus fordert sie auf: »*So tut nun Buße und bekehrt euch*« (V. 19a). Dann würden sie durch drei aufeinander folgende Dinge gesegnet werden:

Der erste Segen wird der sein, *dass eure Sünden getilgt werden* (V. 19b), sogar ihre Sünde, dass sie den Urheber des Lebens getötet hatten. *Exaleiphō* hat die Bedeutung »abwischen, auslöschen, vernichten«. In der Offenbarung wird es sowohl für Gott, der unsere Tränen wegwischen wird[12], als auch für Christus verwendet, der sich weigert, unsere Namen aus dem Buch des Lebens zu streichen.[13] William Barclay erklärt diese Andeutung: »In der Antike schrieb man auf Papyrus, und die Tinte, die dabei verwendet wurde, enthielt keine Säure. Deshalb drang sie nicht so in das Papier ein, wie es moderne Tinte tut. Sie befand sich nur auf der Oberfläche des Papiers. Um die Schrift zu entfernen, konnte man einen nassen Schwamm nehmen und sie einfach abwischen«[14]. Genau so ist es, wenn Gott uns unsere Sünden vergibt, wischt er die »Schiefertafel« einfach sauber.[15]

Der zweite verheißene Segen ist der, dass *er den sende, der euch zuvor zum Christus bestimmt ist: Jesus* (V. 20). Obwohl er auch während der gegenwärtigen Übergangszeit uns andauernd seine Vergebung und Erquickung gibt, *muss der Himmel [ihn] aufnehmen bis zu der Zeit, in der alles wiedergebracht wird, wovon Gott geredet hat durch den Mund seiner heiligen Propheten von Anbeginn* (V. 21). Einige Kommentatoren meinen, dass sich das Wort »alles« in diesem Satz nicht auf das Universum (das »All«), das Gott »erneuern« wird, bezieht, sondern auf die Verheißungen, die er »erfüllen« wird. So übersetzt die Genfer Neue Bibel (vgl. GN): »… bis wirklich auch *alles* eingetroffen ist, was Gott schon vor langer Zeit durch seine heiligen Propheten angekündigt hat«. Doch *apokatastasis* sollte normalerweise eher als eschatologische Wiederherstellung verstanden werden, die Jesus als »Wiedergeburt« bezeichnet[16], die dann stattfinden wird, wenn die Natur von ihrer Bindung an Leid und Vergänglichkeit befreit werden[17] und Gott einen neuen

Himmel und eine neue Erde schaffen wird.[18] Diese endgültige Vollkommenheit sieht der Wiederkunft Christi entgegen.

Diese auf Christus zentrierten Verheißungen von völliger Vergebung (getilgten Sünden), geistlicher Erquickung und allgemeiner Wiederherstellung werden allesamt schon im A.T. angedeutet. So schließt Petrus mit noch deutlicheren Zitaten und Andeutungen. Er verweist auf drei vorrangige prophetische Linien, die mit Mose, Samuel (und seinen Nachfolgern) und Abraham zu tun haben: 2. *(22) Mose hat gesagt: »Einen Propheten wie mich wird euch der Herr, euer Gott, erwecken aus euren Brüdern; den sollt ihr hören in allem, was er zu euch sagen wird. (23) Und es wird geschehen, wer diesen Propheten nicht hören wird, der soll vertilgt werden aus dem Volk.«*[19] *Und alle Propheten von Samuel an, wie viele auch danach geredet haben, die haben auch diese Tage verkündigt*, d.h. die Tage des Messias (Vers 24). Auch wenn diese Aussage sehr allgemein gehalten ist, so ist sie doch der entscheidende Verweis auf Gottes Verheißung, das Königreich Davids aufzurichten, was schon mit Samuel begann.[20] Petrus versichert seinen Zuhörern bei jeder Gelegenheit, dass sie *die Söhne der Propheten* sind *und des Bundes, den Gott geschlossen hat mit euren Vätern* (V. 25a). Es beeindruckt, dass Petrus die vielen und unterschiedlichen Linien der alttestamentlichen Verheißung als ein einheitliches Zeugnis ansieht. Diese wendet er auf »diese Tage« an, weil diese in Christus und in seinem Volk erfüllt sind. 3. Gott sprach *zu Abraham: »Durch dein Geschlecht sollen gesegnet werden alle Völker auf Erden«* (V. 25b).[21] Dies war eine grundlegende Verheißung des A.T.s Beachtenswert sind sowohl die Empfänger als auch die Art des verheißenen Segens: *Für euch zuerst hat Gott seinen Knecht Jesus erweckt und hat ihn zu euch gesandt* (V. 26a), d.h. die Empfänger sind zunächst die leiblichen Nachkommen Abrahams, wie Paulus es mehrmals betont.[22] Doch später begründet Paulus vor allem in seinen Briefen an die Römer und Galater, dass der verheißene Segen allen Gläubigen – die Heiden mit eingeschlossen – gilt, die durch den Glauben Abrahams geistliche Kinder geworden sind. Und worin besteht der Segen? Nicht nur in der Vergebung, sondern in der Gerechtigkeit. Denn Gott sandte seinen Knecht Jesus Christus, um *euch zu segnen, dass ein jeder sich bekehre von seiner Bosheit* (V. 26b).

Im Rückblick auf die Predigt des Petrus in der Säulenhalle fällt auf, dass er der Menschenmenge Christus, »wie geschrieben steht«, der Reihe nach als leidenden Knecht (V. 13, 18), als Prophet wie Mose (V. 22-23), davidischen König (V. 24) und als dem Nachkomme Abrahams (V. 25-26) bezeichnet. Und wenn wir seine Pfingstpredigt hinzunehmen und einen Blick auf seine Rede vor dem Sanhedrin (Apg 4, 8ff.) werfen, lässt sich ein biblischer Wandteppich weben, der ein sorgfältiges Bild von Christus darstellt. Nach der zeitlichen Abfolge der Ereignisse seines Erlösungswerkes angeordnet, sagen die alttestamentlichen Texte aus, dass er ein Nachkomme Davids war (Ps 132, 11 = Apg 2, 30); dass er litt und für uns als Knecht Gottes starb (Jes 53 = Apg 2, 23; 3, 18); dass der Stein, den die Bauleute verworfen haben, dennoch der Eckstein geworden ist (Ps 118, 22 = Apg 4, 11), weil Gott ihn von den Toten auferweckte (Jes 52, 13 = Apg 2, 25ff.), weil der Tod ihn nicht halten konnte und Gott ihn nicht dem Tode überlassen würde (Ps 16, 9ff. = Apg 2, 24.27.31); dass Gott ihn dann zu seiner Rechten erhöhte, um dort auf seinen endgültigen Siegeszug zu warten (Ps 110, 1 = Apg 2, 34-35); dass durch ihn unterdessen der Heilige Geist ausgegossen wurde (Joel 3, 1ff. = Apg 2, 16ff.33); dass das Evangelium nun weltweit gepredigt wird, auch denen, die weit entfernt wohnen (Jes 57, 19 = Apg 2, 39), auch wenn Widerstand gegen Jesus vorausgesagt ist (Ps 2, 1ff. = Apg 4, 25-26); dass die Menschen auf ihn hören oder die Strafe für ihren Ungehorsam tragen müssen (5. Mose 18, 18-19 = Apg 3, 22-23) und dass die, die auf ihn hören und ihm gehorsam sind, den an Abraham verheißenen Segen erben würden (1. Mose 12, 3; 22, 18 = Apg 3, 25-26).

Dieses umfassende Zeugnis über Jesus, der von Menschen verworfen, doch von Gott für gerecht erklärt wurde, wodurch sich die Verheißungen des A.T.s erfüllten, der Buße fordert und Segen verheißt und der Urheber und Geber des Lebens ist (leiblich für den geheilten Gelähmten und geistlich für diejenigen, die glauben) – dieses Zeugnis rief die Empörung und den Widerspruch der Machthaber hervor. Der Teufel kann die Erhöhung Jesu Christi nicht ertragen. So hetzte er den Sanhedrin nun dazu auf, die Apostel zu verfolgen.

3.3 Der Hohe Rat stellt die Apostel vor Gericht (Apg 4, 1 - 22)

(1) Während sie zum Volk redeten, traten zu ihnen die Priester und der Hauptmann des Tempels und die Sadduzäer, (2) die verdross, dass sie das Volk lehrten und verkündigten an Jesus die Auferstehung von den Toten. (3) Und sie legten Hand an sie und setzten sie gefangen bis zum Morgen; denn es war schon Abend. (4) Aber viele von denen, die das Wort gehört hatten, wurden gläubig; und die Zahl der Männer stieg auf etwa fünftausend.

Lukas macht deutlich, dass beide Wellen der Verfolgung von den Sadduzäern in die Wege geleitet wurden (Apg 4, 1 und 5, 17). Sie waren die herrschende Klasse der wohlhabenden Adligen. Sie schmeichelten sich politisch bei den Römern ein und verfolgten eine Politik der Kooperation, sodass sie fürchteten, dass die Lehre der Apostel staatsgefährdende Folgen haben würde. In theologischer Hinsicht glaubten sie, dass das messianische Zeitalter zu der Zeit der Makkabäer begonnen hatte, sie warteten also nicht auf den Messias. Sie lehnten auch die Lehre von der *Auferstehung von den Toten* ab, die die Apostel *an Jesus* verkündigten (V. 2b). Sie sahen in den Aposteln also Aufhetzer und Irrlehrer, aus ihrer Sicht Störenfriede in Bezug auf den Frieden und Feinde der Wahrheit. Folglich *verdross* sie dies sehr, sie waren »empört« (HFA), »aufgebracht« (GN, GNB, Albrecht) über das, was die Apostel das

Volk lehrten (V. 2a), denn dies stellte eine »unerlaubte Verkündigung durch unprofessionelle Prediger« dar.[23]

Angeführt durch den *Hauptmann des Tempels* (V. 1), d. h. durch den Obersten der Tempelpolizei, der für die Aufrechterhaltung von Gesetz und Ordnung verantwortlich und ein Priester war – dessen Rang gleich nach dem Hohenpriester kam – *legten* sie an Petrus und Johannes *Hand an*. Und weil es *schon Abend* war und somit zu spät, um den Hohen Rat zusammenzurufen, *setzten sie* sie *gefangen bis zum Morgen* (V. 3). Lukas versichert seinen Lesern sofort, dass der Widerstand durch Menschen das Wort Gottes nicht hinderte. Die Sadduzäer konnten die Apostel verhaften, aber nicht das Evangelium. Im Gegenteil – *viele von denen, die das Wort gehört hatten, wurden gläubig; und die Zahl der Männer stieg auf etwa fünftausend* (V. 4); er scheint Frauen und Kinder dabei noch nicht einmal mitzuzählen.

Als nun der Morgen kam, versammelten sich ihre Oberen (d. h. der Sanhedrin, der aus 71 Mitgliedern bestand, die vom Hohepriester angeführt wurden), *und Ältesten* (wahrscheinlich die Sippenführer) *und Schriftgelehrten* (die Schreiber, die das Gesetz abschrieben, bewahrten und auslegten) *in Jerusalem* (V. 5). *Auch Hannas* war dabei, so berichtet uns Lukas. Er nennt ihn auch den *Hohepriester*, weil er unter den Juden sein Ansehen, seinen Einfluss und seinen Titel behalten hatte, obwohl die Römer ihn 15 n. Chr. abgesetzt hatten.[24] *Kaiphas*, der Schwiegersohn des Hannas, war auch zugegen. Beide waren auch wichtige Personen bei dem Prozess und der Verurteilung Jesu gewesen.[25] Lukas erwähnt auch *Johannes und Alexander* (über beide ist uns aber nichts Genaues bekannt) *und alle, die vom Hohenpriestergeschlecht waren* (V. 6). Als sie im gewohnten Halbkreis saßen und Petrus und Johannes vor sie gebracht wurden (V. 7a), müssen den Aposteln viele Erinnerungen an den Prozess Jesu gekommen sein. Würde sich die Geschichte wiederholen? Von diesem Gericht konnten sie wohl kaum Gerechtigkeit erwarten, hatten sie doch auf falsche Zeugen gehört und ihren Herrn zu Unrecht verurteilt. Würde sie das gleiche Schicksal ereilen? Würden sie den Römern übergeben und gekreuzigt werden? Solche Fragen werden ihnen sicherlich in den Sinn gekommen sein.

a. Die Verteidigungsrede des Petrus (Apg 4,8 - 12)

Der Hohe Rat beginnt sein Verhör mit einer direkten Frage an Petrus und Johannes: »*Aus welcher Kraft oder in welchem Namen habt ihr das* [d.h. die Heilung des Gelähmten] *getan?*«. Dies erinnert an den jüdischen Führer, der Jesus gefragt hatte, in welcher Vollmacht er den Tempel gereinigt hatte.[26] Daraufhin bezeugen die Apostel Jesus Christus. Egal ob sie der Menschenmenge predigten oder auf Anklagen im Hohen Rat zu antworten hatten, Petrus und Johannes verteidigten sich nicht in erster Linie, sondern ehrten und lobten vor allem ihren Herrn. In diesem Moment der Bedrängnis erfüllte sich Jesu Verheißung, dass ihnen »Mund und Weisheit« gegeben würde, wenn sie vor Gericht gestellt würden.[27] Petrus wurde erneut *voll des Heiligen Geistes* und *sprach zu ihnen: »Ihr Oberen des Volkes und ihr Ältesten! (9) Wenn wir heute verhört werden wegen dieser Wohltat an dem kranken Menschen* (denn was könnte daran anstößig sein?), *durch wen er gesund geworden ist, (10) so sei euch und dem ganzen Volk Israel kundgetan: Im Namen Jesu Christi von Nazareth, den ihr gekreuzigt habt, den Gott von den Toten auferweckt hat; durch ihn steht dieser hier gesund vor euch. (11) Das ist der Stein, von euch Bauleuten verworfen, der zum Eckstein geworden ist«.* Petrus verwendet zum dritten Mal die plastische Formulierung (»Ihr habt ihn getötet, doch Gott hat ihn auferweckt« Apg 2,23-24; 3,15), weil Jesus der in Psalm 118 erwähnte Stein ist, den die Bauleute verworfen haben, den Gott jedoch zum Eckstein erkoren hat (V. 11) – ein Text, den Jesus selbst zitiert hatte.[28] *Und in keinem andern ist das Heil, auch ist kein andrer Name unter dem Himmel den Menschen gegeben, durch den wir sollen selig werden* (V. 12). Wir bemerken, wie einfach es für

Petrus ist, von der Heilung zum Heil zu wechseln, vom Speziellen zum Allgemeinen. Er sieht die körperliche Heilung eines Menschen als ein Bild für das Heil an, das allen in Christus angeboten wird. Die zwei negativen Wendungen (*in keinem andern* und *kein andrer Name*) verkündigen die positive Einmaligkeit des Namens Jesu. Sein Tod und seine Auferstehung, seine Erhöhung und seine Autorität machen ihn zum einzigen Erretter, weil kein anderer derartige Fähigkeiten besitzt.

b. Die Entscheidung des Hohen Rates (Apg 4,13-22)

(13) Sie sahen aber den Freimut des Petrus und Johannes und wunderten sich; denn sie merkten, dass sie ungelehrte und einfache Leute waren, und wussten auch von ihnen, dass sie mit Jesus gewesen waren. (14) Sie sahen aber den Menschen, der gesund geworden war, bei ihnen stehen und wussten nichts dagegen zu sagen. (15) Da hießen sie sie hinausgehen aus dem Hohen Rat und verhandelten miteinander und sprachen: (16) Was wollen wir mit diesen Menschen tun? Denn dass ein offenkundiges Zeichen durch sie geschehen ist, ist allen bekannt, die in Jerusalem wohnen, und wir können's nicht leugnen. (17) Aber damit es nicht weiter einreiße unter dem Volk, wollen wir ihnen drohen, dass sie hinfort zu keinem Menschen in diesem Namen reden. (18) Und sie riefen sie und geboten ihnen, keinesfalls zu reden oder zu lehren in dem Namen Jesu. (19) Petrus aber und Johannes antworteten und sprachen zu ihnen: Urteilt selbst, ob es vor Gott recht ist, dass wir euch mehr gehorchen als Gott. (20) Wir können's ja nicht lassen, von dem zu reden, was wir gesehen und gehört haben. (21) Da drohten sie ihnen und ließen sie gehen um des Volkes willen, weil sie nichts fanden, was Strafe verdient hätte; denn alle lobten Gott für das, was geschehen war. (22) Denn der Mensch war über vierzig Jahre alt, an dem dieses Zeichen der Heilung geschehen war.

Der Hohe Rat *wunderte sich* über *den Freimut des Petrus und Johannes*, besonders weil sie *ungelehrte* (*agrammatoi* heißt nicht, dass sie Analphabeten waren, sondern dass sie nicht entsprechend der rabbinischen Theologie unterwiesen worden waren) *und einfache Leute* (*idiōtai* hat die Bedeutung »Laien« oder »Nichtstudierte«) waren. Doch sie nehmen zur Kenntnis, dass *sie mit Jesus gewesen waren*, der ebenfalls keine formale theologische Ausbildung[29] besaß oder den Status eines Rabbis hatte (V. 13). Trotzdem sahen sie auch die unbestreitbare Tatsache vor sich, dass der Gelähmte geheilt worden war. Obwohl es in der ganzen Stadt bekannt war, dass er noch nie in seinem Leben hatte gehen können, sahen sie ihn bei den Aposteln *stehen*. Sie *wussten nichts dagegen zu sagen* (V. 14). Sie konnten es nicht leugnen, sie wollten es aber auch nicht anerkennen. So in Verlegenheit geraten, befahlen sie ihnen, den Hohen Rat zu verlassen, um intern weiterzuberaten (V. 15).

Bibelkritische Theologen haben oft mit Spott danach gefragt, wie Lukas wissen konnte, was in der geheimen Diskussion im Sanhedrin vor sich ging. »Der Verfasser berichtet über die interne Beratung«, kommentiert Haenchen sarkastisch, »als wäre er dabei gewesen«[30]. Doch vielleicht war Paulus dabei. Wahrscheinlicher jedoch Gamaliel, und er konnte Paulus später berichten, was geschehen war. Auf jeden Fall befand sich der Hohe Rat in einem richtigen Dilemma. Auf der einen Seite war *ein offenkundiges Zeichen* vollbracht worden, wie es *allen bekannt* war, *die in Jerusalem wohnen*, sie konnten es also *nicht leugnen* (V. 16). Auf der anderen Seite mussten sie dafür sorgen, dass *es nicht weiter einreiße unter dem Volk* (V. 17a). Es ist erstaunlich, dass sie keinen Versuch machten, das Zeugnis der Apostel über die Auferstehung Jesu in Verruf zu bringen, obwohl sie wussten, dass dies der Mittelpunkt ihrer Botschaft war V. 2. Was sollten sie also tun? Alles, was sie machen konnten, war sie durch eine rechtlich bindende Verwarnung vor Zeugen zu ermahnen, dass *sie hinfort zu keinem Menschen in diesem Namen reden* (V. 17b) – in dem machtvollen Namen, durch den der Gelähmte geheilt worden war, den Petrus gepredigt hatte und den sie selbst nur äußerst ungern in den Mund nahmen.

So *riefen* sie *sie* wieder herein und verboten ihnen nachdrücklich, *keinesfalls zu reden oder zu lehren in dem Namen Jesu* (V. 18). Auf dieses Verbot antworteten Petrus und Johannes temperamentvoll, dass der Hohe Rat entscheiden sollte, ob die Angeklagten sich aus Gottes Sicht richtig verhielten, wenn sie ihnen oder Gott gehorchten (V. 19), denn sie fügen hinzu: »*Wir können's ja nicht lassen, von dem zu reden, was wir gesehen und gehört haben*« (V. 20). Der Hohe Rat bedrohte sie ein weiteres Mal und ließ *sie* dann *gehen*. Es schien nicht möglich zu sein, sie zu bestrafen, *denn alle lobten Gott für das, was geschehen war* (V. 21), besonders weil der Gelähmte, der wunderbarerweise geheilt worden war, schon *über vierzig Jahre alt* war (V. 22).

3.4 Die Gemeinde betet (Apg 4,23-31)

(23) Und als man sie hatte gehen lassen, kamen sie zu den Ihren und berichteten, was die Hohenpriester und Ältesten zu ihnen gesagt hatten. (24) Als sie das hörten, erhoben sie ihre Stimme einmütig zu Gott und sprachen: Herr, du hast Himmel und Erde und das Meer und alles, was darin ist, gemacht, (25) du hast durch den Heiligen Geist, durch den Mund unseres Vaters David, deines Knechtes, gesagt: »Warum toben die Heiden, und die Völker nehmen sich vor, was umsonst ist?

(26) Die Könige der Erde treten zusammen, und die Fürsten versammeln sich wider den Herrn und seinen Christus.« (27) Wahrhaftig, sie haben sich versammelt in dieser Stadt gegen deinen heiligen Knecht Jesus, den du gesalbt hast, Herodes und Pontius Pilatus mit den Heiden und den Stämmen Israels, (28) zu tun, was deine Hand und dein Ratschluss zuvor bestimmt hatten, dass es geschehen solle. (29) Und nun, Herr, sieh an ihr Drohen

und gib deinen Knechten, mit allem Freimut zu reden dein Wort; (30) strecke deine Hand aus, dass Heilungen und Zeichen und Wunder geschehen durch den Namen deines heiligen Knechtes Jesus. (31) Und als sie gebetet hatten, erbebte die Stätte, wo sie versammelt waren; und sie wurden alle vom Heiligen Geist erfüllt und redeten das Wort Gottes mit Freimut.

Wie reagierten die Apostel auf das Verbot und die Drohungen des Hohen Rates? *Und als man sie hatte gehen lassen*, so berichtet uns Lukas, gingen sie direkt *zu den Ihren*, ihren Geschwistern und Freunden in Christus, sie *berichteten* von allem, *was die Hohenpriester und Ältesten zu ihnen gesagt hatten* (V. 23). Dann wandten sie sich im Gebet an Gott (V. 24a). Dies ist christliche Gemeinschaft (*koinōnia*) in Aktion. Wir haben die Apostel im Hohen Rat gesehen, nun sehen wir sie in der Gemeinde. Nachdem sie kräftig im Zeugnis waren, waren sie genauso kraftvoll im Gebet. Ihr erstes Wort ist mächtiger *Herr* (*despotēs*), ein Begriff, der für den Besitzer eines Sklaven oder für einen Herrscher mit unanfechtbarer Macht verwendet wird. Der Sanhedrin mag Warnungen, Drohungen und Verbote aussprechen und versuchen, die Gemeinde zum Schweigen zu bringen, doch ihre Macht war immer noch einer höheren Autorität untergeordnet. Die Erlasse von Menschen können die Verordnungen Gottes nicht außer Kraft setzen.

Als Nächstes beobachten wir, dass die Menschen, bevor sie irgendeine Bitte stellten, sich die göttliche Souveränität bewusst machten: 1. Er ist der Schöpfergott, der *Himmel und Erde und das Meer und alles, was darin ist, gemacht* hat (V. 24). 2. Er ist der Gott, der sich offenbart hat, der *durch den Heiligen Geist, durch den Mund … David[s]* gesprochen und in Psalm 2 (bereits im 1. Jh. v. Chr. wurde dieser Psalm messianisch gedeutet) den Widerstand der Welt gegen seinen Christus vorhergesagt hatte, wobei die Nationen vor Wut toben, die Menschen sich verschwören, die Könige gegen den Gesalbten des Herrn aufstehen und die Herrscher sich versammeln (V. 25 - 26). 3. Er ist der Gott der Geschichte, der sogar bewirkt, dass seine Feinde (Herodes und Pilatus, Heiden und Juden, in der Verschwörung gegen Jesus vereint, V. 27) tun, was seine *Hand und ... Ratschluss zuvor bestimmt hatten, dass es geschehen solle* (V. 28). So sah die erste Gemeinde Gott, sie verstand ihn als Schöpfergott, als Gott der sich offenbart hat, und als Gott der Geschichte, dessen typische Handlungen sich mit den drei Verben »du hast ... gemacht« (V. 24), »du hast ... gesagt« (V. 25) und du hast »bestimmt« (V. 28) zusammenfassen lassen.

Erst jetzt, nachdem sie ihre Sicht von Gott geschildert und sich vor ihm gedemütigt hatten, waren sie schließlich bereit zu beten. Lukas berichtet uns über ihre drei Hauptanliegen: Das erste ist, dass Gott *ihr Drohen* ansehen würde (V. 29a). Sie beteten nicht, dass Gottes Gericht über ihre Drohungen kommen sollte, und auch nicht, dass diese Drohungen sich nicht erfüllen würden, damit die Gemeinde weiter in Frieden und Sicherheit bestehen bleiben könne, sondern nur, dass Gott diese Drohungen ansehen sollte, sie in seiner Erinnerung behält. Ihre zweite Bitte ist, dass Gott seine *Knechte* (wörtlich »Sklaven«) befähigen möge, sein Wort *mit allem Freimut zu reden* (V. 29b), nicht von dem Verbot des Hohen Rates eingeschüchtert und ohne Angst vor ihren Drohungen. Und ihre dritte Bitte ist, dass Gott seine Hand ausstrecken möge, *dass Heilungen und Zeichen und Wunder geschehen durch den Namen ... Jesus* (V. 30). Alexander betont, dass »sie jetzt nicht Wunder der Vergeltung oder Zerstörung erbitten, wie Feuer vom Himmel[31], sondern Wunder der Gnade«[32]. Zudem würden Wort und Zeichen zusammengehören und die Zeichen und Wunder das kräftig verkündigte Wort bestätigen.

Als Antwort auf ihr vereintes und ernsthaftes Gebet 1) *erbebte die Stätte*; Chrysostomus kommentiert dies mit den Worten: »Das machte sie noch unerschütterlicher«[33]. 2) *und sie wurden alle vom Heiligen Geist erfüllt* und 3) *redeten* als Antwort auf ihre konkrete Bitte *das Wort Gottes mit Freimut* (V. 31). In diesem Zusammenhang wird nichts über die Erfüllung ihrer anderen konkreten Bitte nach Heilungen (V. 30) gesagt, doch vielleicht kann man berechtigterweise Apostelgeschichte 5, 12 als die passende Antwort ansehen: »Es geschahen aber viele Zeichen und Wunder im Volk durch die Hände der Apostel.«

3.5 Schlussfolgerung: Zeichen und Wunder

Die drei bemerkenswertesten Punkte der Erzählung von Lukas in Apostelgeschichte 3 und 4 sind vielleicht 1) das spektakuläre Heilungswunder und das Gebet um weitere, 2) die auf Christus zentrierte Predigt von Petrus und 3) der Ausbruch der Verfolgung. Weil wir über das Zeugnis des Petrus über Christus bereits in der Auslegung genauer nachgedacht haben und weil die Verfolgung Gegenstand des nächsten Kapitels sein wird, wollen wir uns jetzt allein auf den Themenbereich der Wunder konzentrieren.

Die gegenwärtige Auseinandersetzung über Zeichen und Wunder sollte nicht dazu führen, dass wir zwischen Befürwortern und Leugnern naiv Partei ergreifen. Stattdessen sollten wir mit dem großen Bereich beginnen, in dem wir alle übereinstimmen. Alle biblischen Christen glauben, dass, obwohl die Treue des Schöpfers sich in der Gleichmäßigkeit und Regelmäßigkeit des Universums offenbart, was eine unerlässliche Grundlage z. B. für naturwissenschaftliche Untersuchungen darstellt, Gott auch manchmal von der Regel zu unnormalen Erscheinungen hin abweicht, die wir dann »Wunder« nennen. Doch, wenn wir sie als »Abweichungen von der Natur« bezeichnen, heißt das nicht, dass sie kurzerhand (wie im 18. Jh. von den Deisten) als »Verletzungen der Natur« abgetan werden können, die sich nicht ereignen können und sich deshalb auch nicht ereignet haben und ereignen werden. Nein, unsere biblische Lehre von der Schöpfung, dass Gott alles aus dem Nichts geschaffen hat, schließt diese Art von Skeptizismus aus. Campbell Morgan sagte z. B.: »Ist die Wahrheit des ersten Verses der Bibel sichergestellt, dann gibt es keine Probleme mit den Wundern«[34]. Wenn wir außerdem glauben, dass die Wunder, die in der Bibel – und nicht zuletzt in der Apostelgeschichte – geschildert werden, sich ereignet haben, dann gibt es keinen *a priori* Grund zu behaupten, dass sie heute nicht wieder auftreten können. Es steht uns nicht frei, Gott vorzuschreiben, was er tun darf und was nicht. Und wenn wir wegen einigen Behauptungen über »Zeichen und Wunder« in der heutigen Zeit Bedenken haben, dann müssen wir sicherstellen, dass wir Gott und uns nicht in das Gefängnis des westlich-rationalistischen Glaubens einsperren.[35]

Der bekannteste Vertreter der Lehre über »Zeichen und Wunder« ist heutzutage John Wimber von der Vineyard Fellowship in Kalifornien.[36] Kevin Springer und er haben ihren Standpunkt in den Büchern *Vollmächtige Evangelisation* (»Power Evangelism«) und *Heilung in der Kraft des Geistes* (»Power Healing«) zusammengefasst. Auch wenn man diesen mit ein paar Sätzen nicht gerecht werden kann, so vertreten sie grundsätzlich folgende Meinung: 1) Jesus setzte das Reich Gottes ein und demonstrierte dessen Anbruch durch Zeichen und Wunder; wir sollen in ähnlicher Weise dessen Anbruch sowohl verkündigen als auch sichtbar darstellen; 2) Zeichen und Wunder waren »ein Teil des täglichen Lebens und wurden von der Gemeinde erwartet«[37], deshalb sollten sie auch für unser »normales christliches Leben« charakteristisch sein; 3) Das Wachstum der Gemeinde in der Apostelgeschichte lässt sich auf die weite Verbreitung von Wundern zurückführen. »Zeichen und Wunder kommen in der Apostelgeschichte vierzehnmal in Verbindung mit der Verkündigung des Evangeliums vor, und die Gemeinde wuchs jedesmal. An zwanzig weiteren Stellen heißt es, dass Gemeindewachstum allein durch die Zeichen und Wunder hervorgerufen wurde, die die Jünger vollbrachten.«[38]

John Wimber begründet seine Meinung mit Ernsthaftigkeit und Nachdruck. Doch es bleiben einige Fragen unbeantwortet. Ich will drei Fragen stellen, die besonders im Zusammenhang mit unserer Untersuchung der Apostelgeschichte stehen.

1. Kann sichergestellt werden, dass Zeichen und Wunder das wichtigste Geheimnis von Gemeindewachstum sind? John Wimber erstellt eine Tabelle mit 14 Ereignissen in der Apostelgeschichte, in denen – so behauptet er – Zeichen und Wunder Begleiterscheinungen der Predigt waren und »die Gemeinde wuchs jedesmal«[39]. Ein oder zwei Fälle sind unstrittig, zum Beispiel als die samaritanischen Menschenmengen Philippus »zuhörten und die Zeichen sahen, die er tat« und deshalb »hingen [sie] ihm ... an« (Apg 8, 6.11). Doch in einer Reihe von anderen Fällen stellt nur Wimber und nicht Lukas den Zusammenhang zwischen Wundern und dem Wachstum der Gemeinde her. Um nur die zwei Beispiele zu nehmen, die er aus den ersten zwei Kapiteln nennt, die wir bereits betrachtet haben, gibt es im Text keinen Anhaltspunkt dafür, dass die Erscheinungen von Wind, Feuer und Sprachen an Pfingsten (Apg 2, 1 - 4) die direkte Ursache der Bekehrung von 3000 Menschen in Vers 41 sind oder dass die Heilung des von Geburt an Gelähmten (Apg 3, 1ff.) die direkte Ursache des Wachstums auf fünftausend Glieder war (Apg 4, 4), so wie Wimber es in seiner Tabelle behauptet. Lukas scheint eher das Wachstum mit der Vollmacht der Predigt des Petrus in Zusammenhang zu bringen. In diesem Sinne ist jede wahre Evangeliumsverkündigung »vollmächtige Evangelisation« (»power evangelism«), denn Bekehrung und Wiedergeburt und somit Gemeindewachstum können nur durch die Macht Gottes mittels seines Wortes und seines Geistes geschehen.[40]

2. Kann sichergestellt werden, dass Zeichen und Wunder von Gott als »ein Teil des täglichen Lebens« gedacht waren und »von der Gemeinde erwartet«[41] wurden? Ich denke nicht. Wunder sind nicht nur laut Definition eher unnormal als normal, sondern auch die Apostelgeschichte bietet keine Grundlage dafür, dass die Wunder weit verbreitet waren. Lukas betont, dass sie meistens von den Aposteln vollbracht wurden (Apg

2, 43; 5, 12), besonders durch die Apostel Petrus und Paulus, auf die er unsere Aufmerksamkeit lenkt. Natürlich vollbrachten auch Stephanus und Philippus Zeichen und Wunder, und vielleicht machten es auch andere. Doch man kann mit Recht behaupten, dass Stephanus und Philippus besondere Menschen waren, weniger weil die Apostel ihnen die Hände aufgelegt hatten (Apg 6, 5-6), sondern eher weil jeder eine einmalige Funktion bei der Grundlegung der weltweiten Mission durch die Gemeinde innehatte (siehe Apg 7, 1ff. und 8, 5ff.). Sicherlich liegt die Stoßrichtung der Bibel darin, dass Wunder, in neuen Epochen der Offenbarung, sich rund um die Hauptträger der Offenbarung häufen, im Speziellen bei dem Gesetzesgeber Mose, dem neuen prophetischen Zeugnis, das durch Elia und Elisa angeführt wird, dem messianischen Dienst Jesu und den Aposteln, sodass Paulus sich auf seine Wunder mit den Worten »die Zeichen eines Apostels« bezog.[42] Es mag auch heute Situationen geben, in denen Wunder angemessen erscheinen, z. B. in Neulandgebieten der Mission und in einer Umgebung, in der ein solcher Unglaube alles beherrscht, der nach einem Machtkampf zwischen Christus und dem Antichristus ruft. Doch die Heilige Schrift selbst legt nahe, dass dies besondere Fälle sind und weniger »ein Teil des täglichen Lebens«.

3. Kann sichergestellt werden, dass heute als Zeichen und Wunder bezeichnete Ereignisse denen entsprechen, die im N.T. berichtet werden? Einige entsprechen ihnen, zumindest scheint es so. Doch indem Jesus in seinem öffentlichen Dienst Wasser in Wein verwandelt, einen Sturm stillt, Brote und Fische vermehrt und auf dem Wasser geht, weist Jesus deutlich darauf hin, dass die Natur letztlich ihm völlig unterstellt ist – ein Unterstelltsein, das nicht zu dem »Schon jetzt«, sondern zu dem »Noch nicht« des Reiches Gottes gehört. Deshalb sollten wir nicht erwarten, dass wir heutzutage diese Dinge tun können. Auch sollten wir nicht erwarten, dass wir auf wunderbare Weise durch einen Engel des Herrn aus dem Gefängnis befreit werden oder dass Gemeindeglieder tot

umfallen wie Hananias und Saphira. Auch die Heilungswunder in den Evangelien und der Apostelgeschichte weisen Merkmale auf, wie sie sich in unserer Zeit selten äußern, das betrifft auch die Zeichen- und Wunderbewegung.

Kommen wir zurück zu der Apostelgeschichte, um dies zu veranschaulichen. Ich wähle die Heilung des Gelähmten als Beispiel. Dies ist die erste und längste wundersame Heilung, die in diesem Buch beschrieben wird. Sie wies fünf bemerkenswerte Kennzeichen auf, die zusammen deutlich machen, was das N. T. unter einem Heilungswunder versteht: 1) Die Heilung war eine Heilung von schwerem körperlichem Leiden und kann nicht als psychosomatische Heilung angesehen werden. Lukas bemüht sich, uns zu sagen, dass der Mann von Geburt an gelähmt gewesen war (Apg 3, 2), dass er jetzt mehr als 40 Jahre alt (Apg 4, 22) und so behindert war, dass er überall hingetragen werden musste (Apg 3, 2). Menschlich gesprochen war er ein hoffnungsloser Fall. Ärzte konnten nichts mehr für ihn tun. 2) Die Heilung ereignete sich durch einen direkten Befehl im Namen Jesu Christi, ohne die Anwendung jeglicher medizinischer Mittel. Es wurde nicht einmal gebetet, es wurden ihm nicht die Hände aufgelegt, oder er wurde auch nicht mit Öl gesalbt. Sicherlich reichte Petrus dem Mann seine Hand zur Hilfe (Apg 3, 7), doch dies gehörte nicht mehr zu der Heilung. 3) Die Heilung ereignete sich sofort, nicht schrittweise, denn »sogleich wurden seine Füße und Knöchel fest«, sodass er aufsprang und anfing herumzugehen (Apg 3, 7-8). 4) Die Heilung war eine vollständige und andauernde Heilung, nicht eine teilweise oder nur eine, die nur eine Zeit lang andauerte. Dies wird zweimal erwähnt. Dem Mann wurde völlige »Gesundheit gegeben«, so sagt Petrus es zu der Menschenmenge (Apg 3, 16), und später sagt er vor dem Hohen Rat, dass er vollkommen »gesund« vor ihnen stehe (Apg 4, 10). 5) Die Heilung war öffentlich anerkannt und wurde nicht bestritten. Darüber gab es keine Zweifel, dies war keine umstrittene Frage. Der gelähmte Bettler war stadtbekannt (Apg 3, 10.16). Jetzt war er geheilt. Nicht nur die Jünger Jesu waren davon überzeugt, sondern auch die Feinde des Evangeliums. »Verwunderung und Entsetzen erfüllte« die bisher ungläubige Menschenmenge (Apg 3,10), während der Hohe Rat die Heilung als »offenkundiges Zeichen« bezeichnet, das sie nicht leugnen konnten (Apg 4,14.16).

Wenn wir uns nun von der Heiligen Schrift leiten lassen, werden wir versuchen, beide Extrempositionen zu vermeiden. Wir werden weder sagen, dass Wunder »niemals geschehen«, noch werden wir sie als »alltägliche Ereignisse« bezeichnen, wir werden weder sagen, sie seien »unmöglich«, noch dass sie »normal« wären. Stattdessen werden wir völlig offen gegenüber Gott sein, der sowohl durch die Natur als auch durch Wunder handelt. Und wenn behauptet wird, eine Heilung sei ein Wunder, werden wir erwarten, dass sie Ähnlichkeiten zu den Heilungen aufweist, die in den Evangelien und der Apostelgeschichte beschrieben sind, nämlich dass sie sich sofort ereignete, dass es eine völlige Heilung von schwerem körperlichem Leiden war, dass sie sich ohne medizinische oder chirurgische Mittel ereignete und dass sie für weitere Nachforschungen offen ist und sogar Ungläubige überzeugt. Denn so war es bei dem von Geburt an Gelähmten. Petrus machte diese wundersame Heilung zur Grundlage seiner Predigt an die Menge und seiner Rede vor dem Hohen Rat. Das Wort und das Zeichen bezeugten zusammen den einmaligen machtvollen Namen Jesu. Die Heilung des Körpers des Gelähmten war eine lebhafte Veranschaulichung der Botschaft der Apostel vom Heil.

4. Der Gegenangriff Satans (Apg 4,32-6,7)

Wir erwähnten zu Beginn von Kapitel 3, dass, sobald der Heilige Geist auf die Gemeinde gekommen war, der Satan einen grausamen Gegenangriff startete. Auf Pfingsten folgte die Verfolgung. Ein anderer Titel für dieses Kapitel könnte daher »Die Strategie Satans« heißen. Seine Strategie war sorgfältig durchdacht. Er griff an drei Fronten an: Seine erste und grausamste Taktik war physische Gewalt. Er versuchte, die Gemeinde durch die Verfolgung zu vernichten. Sein zweiter und noch listigerer Angriff geschah durch moralische Bestechlichkeit oder Kompromissbereitschaft. Nachdem sein Versuch, die Gemeinde von außen zu vernichten, gescheitert war, versuchte er, das Böse durch Hananias und Saphira in das interne Leben der Gemeinde hineinzuschleusen und so die christliche Gemeinschaft zu zerstören. Sein dritter und raffiniertester Trick war die Ablenkung. Er versuchte, die Apostel von ihren wichtigsten Verantwortungen, dem Gebet und der Predigt abzuhalten, indem er sie mit der Bewältigung der sozialen Angelegenheiten beschäftigte, wozu sie nicht berufen waren. Hätte er damit Erfolg gehabt, wäre eine unbelehrte Gemeinde jedem Wind falscher Lehre hilflos ausgesetzt gewesen. Er benutzte also folgende Waffen – physische (Verfolgung), moralische (Zermürbung) und zeitliche (Ablenkung).

Nun behaupte ich nicht, mit dem Teufel besonders gut oder nah bekannt zu sein. Doch ich bin davon überzeugt, dass es ihn gibt und dass er ausgesprochen skrupellos ist. Ich habe auch noch über ihn gelernt, dass es ihm besonders an Ideenreichtum fehlt. Durch die Jahre hindurch hat er weder seine Strategie noch seine Taktik oder seine Waffen geändert. Er bewegt sich immer noch in den ausgefahrenen Gleisen. So sollte eine Untersuchung seines Feldzuges gegen die Gemeinde uns bewusst machen, wie heute womöglich seine

Strategie aussieht. Wenn wir uns überrumpeln lassen, können wir keine Entschuldigung vorbringen.

Lukas ist jedoch nicht nur daran interessiert, die Tücke des Teufels aufzudecken, sondern auch zu zeigen, wie er besiegt wurde: 1. Es wurde nicht zugelassen, dass die Heuchelei von Hananias und Saphira um sich griff, denn Gottes Gericht kam über sie, und die Gemeinde wuchs sprunghaft (Apg 5, 12-16). 2. Als der Sanhedrin wieder von Gewalt Gebrauch machte, wurde er durch den behutsamen Rat des Gamaliel davon zurückgehalten, die Apostel zu töten (Apg 5, 17-42). 3. Als die Kontroverse um die Witwen all die Zeit und Energie der Apostel zu verzehren schien, wurde die soziale Aufgabe anderen übertragen, und die Apostel nahmen wieder ihre Hauptaufgaben wahr. Wieder vervielfachte sich die Gemeinde (Apg 6, 1-7).

4.1 Die Gläubigen erfreuen sich am gemeinsamen Leben (Apg 4, 32-37)

(32) Die Menge der Gläubigen aber war ein Herz und eine Seele; auch nicht einer sagte von seinen Gütern, dass sie sein wären, sondern es war ihnen alles gemeinsam. (33) Und mit großer Kraft bezeugten die Apostel die Auferstehung des Herrn Jesus, und große Gnade war bei ihnen allen. (34) Es war auch keiner unter ihnen, der Mangel hatte; denn wer von ihnen Äcker oder Häuser besaß, verkaufte sie und brachte das Geld für das Verkaufte (35) und legte es den Aposteln zu Füßen; und man gab einem jeden, was er nötig hatte. (36) Josef aber, der von den Aposteln Barnabas genannt wurde – das heißt übersetzt: Sohn des Trostes –, ein Levit, aus Zypern gebürtig, (37) der hatte einen Acker und verkaufte ihn und brachte das Geld und legte es den Aposteln zu Füßen.

Lukas hatte gerade berichtet, dass die Gläubigen als Antwort auf ihre Gebete »alle vom Heiligen Geist erfüllt« worden waren (Apg 4, 31). Das sofortige Ergebnis war, dass sie »das Wort

Gottes mit Freimut« redeten. Dies sollten wir vielleicht mit Vers 33 in Verbindung bringen: »Und mit großer Kraft bezeugten die Apostel die Auferstehung des Herrn Jesus«, was eine ihrer größten Aufgaben darstellte (vgl. Apg 1, 22). So ignorierten sie das Verbot des Sanhedrin, und ihr Zeugnis war kraftvoll und stark. »Große Gnade war bei ihnen allen«, was ausdrückt, dass sie »sich großer Beliebtheit« (Menge) »beim Volk« (Albrecht) erfreuten. Es könnte auch eine eher allgemeine Aussage darüber sein, dass Gottes Gnade sie erhielt.

Doch Lukas belässt es nicht dabei. Er ist auch daran interessiert, zu zeigen, dass die Fülle des Heiligen Geistes sich in Tat und Wort ausdrückt, in Dienst und Zeugnis, sowohl in Liebe zu der Familie als auch dem Zeugnis gegenüber der Welt. So wie er nach dem ersten Kommen des Heiligen Geistes die Kennzeichen der vom Heiligen Geist erfüllten Gemeinschaft beschrieben hatte (Apg 2, 42 - 47), so liefert er jetzt eine zweite Beschreibung, nachdem sie wieder mit dem Heiligen Geist erfüllt worden war (Apg 4, 32 - 37). Tatsächlich betont er in beiden Fällen das Gleiche. *Die Menge der Gläubigen* – so beginnt er in Apostelgeschichte 4, 32 und ähnlich schon in Apostelgeschichte 2, 44 – stellte eine eng miteinander verbundene Gruppe dar. Sie »waren beieinander« (Apg 2, 44), so wie sie beständig »in der Gemeinschaft« waren (Apg 2, 42). Und sie waren *ein Herz und eine Seele* (Apg 4, 32). Dies war der grundlegende Zusammenhalt durch die Liebe, den die Gläubigen hatten, und dass sie ihre Güter miteinander teilten, drückte die Einheit ihrer Herzen und Seelen aus.

Der Vergleich der zwei Darstellungen, die Lukas für die gleiche vereinte, geisterfüllte Gemeinde in Jerusalem verwendet, ist sehr aufschlussreich. Auch wenn die zwei Berichte vom Wortlaut her voneinander unabhängig sind, erwähnt Lukas in jedem Bericht die gleichen drei Konsequenzen ihrer gegenseitigen Hingabe:

1. Die erste will ich *ihre radikale Einstellung* nennen, besonders im Bezug auf ihren Besitz. Sie »hatten alle Dinge gemeinsam« (Apg 2, 44); *auch nicht einer sagte von seinen*

Gütern, dass sie sein wären, sondern es war ihnen alles gemeinsam (Apg 4,32b). Beide Verse enthalten die zwei Schlüsselwörter *hapanta koina*, »alle Dinge gemeinsam«. Im Hinblick auf die spätere Aussage des Petrus gegenüber Hananias, dass sein Besitz *sein* Eigentum gewesen war (Apg 5,4), können wir diesen Worten nicht die Bedeutung aufzwingen, dass die Gläubigen wortwörtlich auf privaten Besitz verzichtet hatten und stattdessen alles gemeinsam hatten. Die wohl entscheidende Aussage ist: *auch nicht einer sagte von seinen Gütern, dass sie sein wären*. Auch wenn sie in Wirklichkeit und dem Gesetz nach weiter ihre eigenen Güter besaßen, so entwickelten sie in ihrem Herzen eine so radikale Haltung, dass sie über ihren Besitz dachten, dass er dazu bereitsteht, ihren bedürftigen Schwestern und Brüdern zu helfen.

2. Ihre radikale Haltung hatte die Folge, dass sie diese aufopferungsvoll umsetzten, nämlich der, der *von ihnen Äcker oder Häuser besaß, verkaufte sie und brachte das Geld für das Verkaufte und legte es* dann *den Aposteln zu Füßen*, damit diese es verteilten (Apg 4,34b-35). Auf die gleichen Verkaufs- und Verteilhandlungen bezieht sich Apostelgeschichte 2,45. In beiden Fällen verkauften die Betreffenden freiwillig und sporadisch, wenn sie Geld brauchten (*wenn es an etwas fehlte* 4,34 GNB).

3. Sowohl die radikale Einstellung als auch die praktische Umsetzung basierten auf dem unparteiischen Prinzip, dass je nach dem tatsächlich vorhandenen Bedürfnis verteilt wurde. In den zwei Berichten werden dieselben Begriffe *kathoti an tis chreian eixen*, »einem jeden, was er nötig hatte« (Apg 4,35b; vgl. 2,45), verwendet. Doch nur in seiner zweiten Beschreibung legt Lukas die Folge der Verteilung von Hilfsmitteln dar, bei der bestimmte Grundsätze beachtet wurden, nämlich: *Es war auch keiner unter ihnen, der Mangel hatte* (Apg 4,34a).

Calvin hat dazu in seinem Kommentar passend geschrieben:

> »Unser Herz müsste härter sein als Eisen, wenn diese Geschichte uns nicht Eindruck machte. Damals spende-

ten die Gläubigen reichlich von ihrem Gut; wir begnügen uns heute nicht, missgünstig zu verschließen, was wir in Händen haben, sondern rauben grausam noch Fremdes ... Einst verkaufte man seine Besitztümer; jetzt herrscht eine unersättliche Gier, alles zusammenzukaufen. Damals machte die Liebe den Privatbesitz den Armen gemein; jetzt sind gewisse Leute so unmenschlich, dass sie den Armen missgönnen, mit ihnen zusammen auf der Erde zu wohnen und mit ihnen das Wasser, die Luft und den Himmel zu genießen.«[1]

Wenn wir versuchen, das so genannte »Jerusalem-Experiment« zu beurteilen, so sollten wir so weise sein, extreme Positionen zu vermeiden. Wir besitzen nicht die Freiheit, es als unvernünftigen und dummen Fehler abzutun, der durch die Erwartung einer baldigen Wiederkunft hervorgerufen wurde und die Armut zur Folge hatte, die Paulus später durch seine Sammlung bei den griechischen Gemeinden beheben musste. Lukas deutet dies in keinster Weise an. Andererseits können wir auch nicht sagen, dass die vom Heiligen Geist erfüllte Jerusalemer Gemeinde ein für alle verpflichtendes Modell hinterließ – eine Art von urchristlichem »Kommunismus« – das nach Gottes Willen von allen christlichen Gemeinden nachgeahmt werden soll. Die Tatsache, dass der Besitz freiwillig verkauft und der Erlös freiwillig gegeben wurde, reicht aus, um dieses zu widerlegen. Stattdessen sollen wir auf jeden Fall die Fürsorge für die Bedürftigen und die opferbereite Großzügigkeit, die der Heilige Geist bewirkte, beachten und versuchen, diese nachzuahmen. Natürlich hegten viele Gemeinschaften den Traum vom Ende der Armut. Z. B. blickten die Griechen auf ein goldenes Zeitalter zurück, in der alles öffentlicher Besitz war. Und man sagt, dass Pythagoras dies mit seinen Schülern praktizierte und den Spruch prägte: »Freunde haben alles gemeinsam (*koina*)«. Später nahm Plato dieses Ideal in seine Vision einer utopischen Republik auf. Dann schrieb Josephus, dass die Essener, die uns als Qumrangemeinschaft bekannt ist, »eine ähnliche Klasse von Menschen bilden wie bei den Griechen die Pythagoräer«[2]. Doch die Anregung für das gemeinsame Leben und die Liebe der Jerusalemer Gemeinde wird weder von Pythagoras noch von Plato oder den Essenern stammen, sondern aus dem A.T., so wie Jesus es erklärte. Denn das Gesetz war in dieser Hinsicht eindeutig: »Es sollte überhaupt kein Armer unter euch sein« (5. Mose 15,4). Zudem betont Lukas Jesu Lehre, dass das Evangelium vom Reich Gottes die gute Botschaft für die Armen war.[3] Doch wie sollte das geschehen, solange es ihnen nicht ebenso Gerechtigkeit wie auch das Heil, die Aufhebung ihrer Armut ebenso wie die Vergebung ihrer Sünden anbot?

Nachdem Lukas den Zusammenhalt durch die Liebe in der Jerusalemer Gemeinde dargestellt hat, bietet er seinen Lesern zwei gegensätzliche Beispiele dar: Barnabas, dessen Freigebigkeit und Offenheit dieses Ideal erfüllte (Apg 4,36-37), und Hananias und Saphira, deren Habsucht und Heuchelei dem Ideal widersprachen (Apg 5,1ff.). »Barnabas« (*Sohn des Trostes*), so nannten die Apostel *Josef, ein[en] Levit[en], aus Zypern gebürtig*, wegen seiner Hilfsbereitschaft (Apg 4,36). Er *verkaufte* einen Acker, der vermutlich in Zypern lag, und *legte* das Geld *den Aposteln zu Füßen* (Apg 4,37). Dies war ein Akt der Großzügigkeit, der völlig mit seinem Charakter übereinstimmte, wie er später in der Apostelgeschichte erscheint. Lukas führt Barnabas hier ganz bewusst in die Erzählung ein.

4.2 Hananias und Saphira werden für ihre Heuchelei bestraft (Apg 5,1-11)

Die Erzählung über den Betrug und den Tod dieses Ehepaares ist aus verschiedenen Gründen von Bedeutung. Sie veranschaulicht, wie ernsthaft Lukas als Geschichtsschreiber vorgeht. Er hat diesen schmutzigen Zwischenfall nicht vertuscht, sondern bringt etwas aus dem internen Leben der ersten geisterfüllten Gemeinschaft ans Licht. Es war nicht alles romantisch und gerecht. Diese Geschichte liefert auch ein weiteres Beispiel für die Vorgehensweise des Teufels. Mehrere Kommentatoren sehen eine Parallele zwischen Hananias und Achan – dem Achan, der nach der Zerstörung Jerichos Geld und Kleidung gestohlen hatte. So schreibt Bengel: »Achans Sünde im Anfang des Alten Testaments, wie Ananias' Sünde im Anfang des Neuen Testaments haben viel Ähnliches«[4]. Bruce sieht eine weitere Entsprechung: »Die Erzählung von Hananias ist für die Apostelgeschichte das, was die Erzählung von Achan für das Buch Josua ist. In beiden Erzählungen unterbricht eine betrügerische Handlung die siegreiche Weiterentwicklung des Volkes Gottes«[5].

Uns wird berichtet, dass *ein Mann aber mit Namen Hananias samt seiner Frau Saphira* zuerst *einen Acker* verkaufte (V. 1). Danach *hielt* er *mit Wissen* (oder »mit Einverständnis«, Einh.; vgl. HFA) *seiner Frau etwas von dem Geld zurück und brachte nur einen Teil und legte ihn den Aposteln zu Füßen* (V. 2). Dem äußeren Anschein nach haben Barnabas und Hananias genau dasselbe getan. Beide haben ein Grundstück verkauft. Beide brachten den Erlös des Verkaufes den Aposteln, und beide überließen es ihnen, damit sie es verteilten. Der Unterschied war nur, dass Barnabas den gesamten Erlös, Hananias aber nur einen Teil davon brachte. So begingen Hananias und Saphira eine doppelte Sünde, eine Mischung aus Unehrlichkeit und Betrug. Auf den ersten Blick war nichts Falsches daran, dass sie einen Teil des Gelderlöses zurückbehielten. So wie Petrus später unmissverständlich sagt, gehörte ihr Besitz vor und nach dem Verkauf ihnen (siehe V. 4). Sie waren also nicht dazu verpflichtet, ihr Stück Land zu verkaufen oder etwas – geschweige denn alles – von dem Erlös nach dem Verkauf abzugeben. Doch dies ist nur ein Teil der Geschichte. Es gehört noch etwas anderes dazu, etwas unterschwellig Vorhandenes. Denn Lukas verwendet bei der Schilderung dessen, dass Hananias einen Teil des Geldes für sich *zurückhielt*, das Verb *nosphizomai*, das die Bedeutung »für sich auf die Seite schaffen, veruntreuen« hat[6]. In der LXX wird das gleiche Wort für Achans Diebstahl verwendet[7], und bei dem einzigen anderen Vorkommen im N. T. hat es die Bedeutung »stehlen«[8]. Deshalb können wir vermuten, dass Hananias und Saphira vor dem Verkauf in irgendeiner Weise vereinbart hatten, dass sie der Gemeinde die gesamte erzielte Summe geben würden. Deshalb machten sie sich der Veruntreuung schuldig, als sie nur einen Teil anstatt des gesamten Erlöses brachten.

Doch Petrus konzentriert sich nicht auf diese Sünde, sondern auf die der Heuchelei. Der Apostel beanstandete nicht, dass sie es an Ehrlichkeit (sie hatten nur einen Teil des Verkaufserlöses gebracht), sondern dass sie es an Rechtschaffenheit hatten fehlen lassen (sie brachten nur einen Teil, gaben jedoch vor, den gesamten Erlös zu bringen). Sie waren weniger Geizhälse als Diebe – und vor allem Lügner. Sie wollten die Anerkennung und das Ansehen dafür erlangen, dass sie so opferbereit und großzügig gewesen waren, jedoch nicht die damit verbundenen Unannehmlichkeiten in Kauf nehmen. Um also einen Ruf zu erlangen, auf den sie keinen Anspruch hatten, erzählten sie eine unverschämte Lüge. Ihr Motiv, etwas zu geben, lag nicht darin, den Armen zu helfen, sondern ihr eigenes Ich aufzupolieren.

Petrus sah hinter der Heuchelei von Hananias das raffinierte Handeln des Teufels. Er entgegnet Hananias: *»Hananias, warum hat der Satan dein Herz erfüllt, dass du den Heiligen Geist belogen und etwas vom Geld für den Acker zurückbehalten* [wieder *nosphizomai*] *hast?«* (V. 3). Petrus klagt ihn sowohl der Veruntreuung als auch der Falschheit, sowohl des Diebstahls als auch der Unwahrhaftigkeit an. Doch gab es für keine der beiden Sünden einen Grund. *Hättest du den Acker nicht behalten können, als du ihn hattest? Und konntest du nicht auch, als er verkauft war, noch tun, was du wolltest? Warum hast du dir dies in deinem Herzen vorgenommen? Du hast nicht Menschen, sondern Gott belogen* (V. 4). Wir nehmen beiläufig zur Kenntnis, dass Petrus annimmt, dass der Heilige Geist Gott ist, denn ihn anzulügen (V. 3) bedeutete, Gott anzulügen (V. 4).

(5) Als Hananias diese Worte hörte, fiel er zu Boden und gab den Geist auf. Und es kam eine große Furcht über alle, die dies hörten. (6) Da standen die jungen Männer auf und deckten ihn zu und trugen ihn hinaus und begruben ihn. (7) Es begab sich nach einer Weile, etwa nach drei Stunden, da kam seine Frau herein und wusste nicht, was geschehen war. (8) Aber Petrus sprach zu ihr: Sag mir, habt ihr den Acker für diesen Preis verkauft? Sie sprach: Ja, für diesen Preis. (9) Petrus aber sprach zu ihr: Warum seid ihr euch denn einig geworden, den Geist des Herrn zu versuchen? Siehe, die Füße derer, die deinen Mann begraben haben, sind vor der Tür und werden auch dich hinaustragen. (10) Und sogleich fiel sie zu Boden, ihm vor die Füße, und gab den Geist auf. Da kamen die jungen Männer und fanden sie tot, trugen sie hinaus und begruben sie neben ihrem Mann. (11) Und es kam eine große Furcht über die ganze Gemeinde und über alle, die das hörten.

Lukas berichtet nicht, was Hananias auf die Anklage und die Fragen des Petrus antwortete. Er sagt nur, dass Gottes Gericht über ihn kam: *er fiel ... zu Boden und gab den Geist auf* (V. 5a). Verständlicherweise *kam eine große Furcht*, das ist der Ernst, der in der Gegenwart Gottes erfahren wird, *über alle, die dies hörten* (V. 5b), gerade als sich bestimmte *junge[n] Männer* um das Begräbnis kümmerten (V. 6). *Etwa nach drei Stunden* wiederholte sich dieser Vorfall; Saphira, die noch nichts vom Tod ihres Mannes wusste, *kam ... herein.* Petrus gab ihr die Möglichkeit, Buße zu tun, indem er sie bat, den Erlös zu nennen, den sie für das Land erhalten hatten. Doch sie schloss sich lediglich der Lüge ihres Mannes an (V. 7-8). Petrus erhob Einspruch und sagte, sie hätten sich verschworen, *den Geist des Herrn zu versuchen*, vermutlich, um zu sehen, ob sie mit ihrem Betrug davonkommen würden, und er wies sie darauf hin, dass diejenigen, die ihren Ehemann begraben hatten, auch sie beerdigen würden (V. 9), woraufhin *sie zu Boden fiel* und *den Geist aufgab.* Die jungen Männer *begruben sie neben ihrem Mann* (V. 10). Ein zweites Mal verweist Lukas auf die *große Furcht*, die *über die ganze Gemeinde* kam und auch *über alle, die das hörten* (V. 11).

Viele Leser dieser Erzählung fühlen sich durch das, was sie als Härte des Gerichtes Gottes empfinden, angegriffen. Manche sagen sogar, dass sie »hoffen, dass Hananias und Saphira eine Legende sind«[9]. Oder sie versuchen, Gott zu entlasten, indem sie stattdessen die Verantwortung für den Tod von Hananias und Saphira Petrus zuschreiben. Entweder, so sagten sie, verfluchte er sie oder er setzte sie unter übertriebenen psychischen Druck und nahm so den modernen »Lügendetektor« vorweg. Doch selbst wenn aus menschlicher Sicht die Angst eines verletzten Gewissens zu ihrem Tode mit beitrug, so möchte Lukas offensichtlich, dass wir ihn als ein Werk des göttlichen Gerichtes verstehen. Nimmt man dies an, gibt es mindestens drei wertvolle Lektionen, die wir daraus lernen können:

1. Die Ernsthaftigkeit ihrer Sünde. Petrus betonte dies, indem er wiederholte, dass ihre Lüge sich nicht in erster Linie gegen ihn gerichtet hatte, sondern gegen den Heiligen Geist, gegen Gott selbst. Und Gott hasst Heuchelei. Lukas berichtet, wie Jesus diese verurteilt[10], zusammen mit der Warnung, dass denjenigen, die gegen den Heiligen Geist lästern (in bewusstem Widerstand gegen eine erkannte Wahrheit), nicht vergeben wird (Lk 12,10). Die Sünde von Hananias und Saphira richtete sich also auch gegen die Gemeinde. Verwendet Lukas absichtlich an dieser Stelle zum ersten Mal das Wort *ekklēsia* (V. 11)? Er bekräftigt so den engen Zusammenhang mit Gottes erlöstem und versammeltem Volk im A.T.[11] Lukas scheint das große Unheil, das mit der Sünde gegen das Volk Gottes verbunden ist, zu unterstreichen. Falschheit zerstört die Gemeinschaft. Wenn die Heuchelei von Hananias und Saphira nicht öffentlich aufgedeckt und bestraft worden wäre, wäre das christliche Ideal einer offenen Gemeinschaft nicht erhalten geblieben. Und der heute verbreitete Ruf »Es gibt so viele Heuchler in der Gemeinde« wäre von Anfang an zu hören gewesen.

2. Die zweite Lektion, die wir hieraus lernen können, bezieht sich darauf, wie wichtig, ja sogar wie wertvoll und heilig das menschliche Gewissen ist. Lukas wird später von der Behauptung des Paulus gegenüber Felix berichten, dass er immer darum bemüht war, »ein unverletztes Gewissen zu haben vor Gott und den Menschen« (Apg 24,16). Das scheint das zu sein, was Johannes unter »im Licht wandeln« versteht. Es heißt, vor Gott ein offenes Leben zu führen, ohne Hinterlist und Ausflüchte. Dies hat zur Folge, dass »wir Gemeinschaft untereinander« haben.[12] Die »Brüder« der Erweckung in Ostafrika betonen diese Lehre sehr und veranschaulichen sie humorvoll so, dass sie den Wunsch ausdrücken, »in einem Haus ohne Decke oder Mauern zu leben«, das heißt, dass sie nicht zulassen wollen, dass etwas zwischen sie und Gott bzw. andere Menschen kommt. Diese Offenheit haben Hananias und Saphira vernachlässigt und sich nicht bewahrt.

3. Dieser Vorfall zeigt, dass Gemeindezucht notwendig ist. Auch wenn in der Folgezeit der körperliche Tod manchmal die Strafe für solche Sünden war, die »die Gemeinde Gottes [verachtet] und beschämt«[13] haben, so wandelte sich die Strafe fortan in Gemeindeausschluss (Exkommunikation).[14] Die Gemeinde tendiert seither dazu, in diesem Bereich zwischen extremer Strenge (Gemeindezucht wird wegen der banalsten Vergehen ausgeübt) und extremer Nachlässigkeit (es wird überhaupt keine Gemeindezucht ausgeübt, auch nicht bei ernsthaften Vergehen) zu schwanken. Es gibt die gute allgemeine Regel, dass verborgene Sünden auch vertraulich behandelt werden sollten, private Sünden im Privaten und nur öffentliche Sünden öffentlich. Gemeinden verhalten sich auch weise, wenn sie dem Vorgehen, wie Jesus es lehrte, folgen.[15] Im Normalfall wird der Sünder zur Buße geleitet werden, bevor die letzte Stufe der Exkommunikation erreicht ist. Doch Vergehen, die an sich sehr schwerwiegend und ein öffentliches Ärgernis geworden sind, die jedoch nicht bereut wurden, sollten verurteilt werden. Die Presbyterianer liegen damit richtig, dass sie »den Tisch einschränken«, d.h., dass

sie die Teilnahme am Abendmahl mit Bedingungen verknüpfen. Denn auch wenn der Tisch des Herrn Sündern offen steht (wer sonst hätte das Abendmahl nötig oder würde überhaupt kommen wollen?), so sind doch nur bußfertige Sünder eingeladen.

Wir haben jetzt gesehen, dass, während die erste Taktik des Teufels die war, die Gemeinde von außen zu zerstören, seine zweite Strategie diejenige ist, sie durch Lüge von innen zu beschädigen. Er hat diesen Versuch immer noch nicht aufgegeben, sei es durch Heuchelei von solchen, die etwas zu tun vorgeben, es aber dann doch nicht tun, sei es durch den Starrsinn solcher, die sündigen, aber nicht Buße tun wollen. Die Gemeinde muss weiter auf der Hut sein.

4.3 Die Apostel heilen viele Menschen (Apg 5,12-16)

Lukas berichtet gerade über die zweite Welle der Verfolgung, mit der der Teufel versucht, die Gemeinde zu vernichten. Während er dies tut, stellt er verschiedene Entwicklungen dar, besonders »die wachsende Missgunst und den wachsenden Widerstand der Sadduzäer, die Zurückhaltung der Pharisäer und die zunehmende Freude und das wachsende Vertrauen der Christen«[16]. Doch zuvor verweist er auf folgende Tatsache: *Es geschahen aber viele Zeichen und Wunder im Volk durch die Hände der Apostel*, besonders durch Petrus (V. 12a). Nachdem er vorher ihre Botschaft geschildert hatte, beschreibt er jetzt die außerordentlichen Zeichen, die sie auszeichneten. Es scheint, dass sie sich *in der Halle Salomos* ereignet haben, im östlichen Kreuzgang, in dem Petrus seine zweite Predigt gehalten hatte (Apg 3,11) und in dem jetzt *alle... einmütig beieinander* waren (V. 12b). Die Wunder hatten zwei interessante und einander entgegengesetzte Ergebnisse zur Folge. Einerseits: *Von den andern aber wagte keiner, ihnen zu nahe zu kommen; doch das Volk hielt viel von ihnen* (V. 13). Dies könnte einfach bedeuten, dass es dem Widerstand an der Beherztheit fehlte, »mit ihnen zu diskutieren«[17], doch der Zusammenhang legt nahe, dass sie sich lieber von ihnen fern hielten, als dass sie sich ihnen anschlossen. Andererseits: *Desto mehr aber wuchs die Zahl derer, die an den Herrn glaubten – eine Menge Männer und Frauen –* (V. 14), die keine solchen Bedenken hatten. »Scheue Zurückhaltung – große Missionserfolge«, wie Haenchen es ausdrückt.[18] Diese paradoxe Situation hat sich seither oftmals wiederholt. Die Gegenwart des lebendigen Gottes, die sich entweder durch Predigten oder Wunder oder beides zugleich offenbarte, beunruhigt die einen und findet Anklang bei den anderen. Manche lassen sich vertreiben, während andere zum Glauben hingezogen werden.

Während die Bewegung wächst, so fährt Lukas fort, trugen *sie die Kranken sogar auf die Straßen hinaus ...*, vermutlich ihre kranken Verwandten, Freunde und Nachbarn, und sie legten *sie* so *auf Betten und Bahren, damit, wenn Petrus käme, wenigstens sein Schatten auf einige von ihnen fiele* (V. 15). Diese Handlung mag etwas abergläubisch erscheinen, doch ich sehe keinen Grund, dies als dem Glauben an Zauberei gleichkommend zu verurteilen, jedenfalls nicht weniger oder mehr als den Glauben der Frau, dass eine Berührung der Quasten des Gewandes Jesu genügen würde, um sie zu heilen. Nein, die Menschen waren von den Worten und Taten des Petrus zutiefst beeindruckt, sie hatten ihn als einen Mann Gottes erkannt, als einen Apostel Christi, und sie glaubten, dass sie durch die bloße Nähe zu ihm geheilt werden könnten. Es fällt auf, dass Lukas das Verb *episkiazō*, das er an dieser Stelle wählt und das die Bedeutung »überschatten, seinen Schatten werfen«[19] hat, in seinem Evangelium zweimal verwendet hat, um die »Überschattung« durch Gottes Gegenwart zu beschreiben.[20]

Nun *kamen auch viele aus den Städten rings um Jerusalem und brachten* nicht nur *Kranke*, sondern auch *solche, die von unreinen Geistern geplagt waren* (Lukas hält diese beiden Zustände stets auseinander)*; und alle wurden gesund* (V. 16). Dies war eine bemerkenswerte Demonstration der Macht Gottes, zu heilen und Menschen zu befreien, so wie der Vorfall mit Hananias und Saphira veranschaulicht hatte, dass er auch die Macht hatte zu verurteilen.

4.4 Der Sanhedrin verstärkt seinen Widerstand (Apg 5,17-42)

Die Heilungsmission durch die Apostel rief den zweiten Angriff der Machthaber hervor, ganz ähnlich wie die Heilung des von Geburt an Gelähmten den ersten hervorgerufen hatte. Verärgert darüber, dass ihr erster Schlag gegen die Apostel fehlgeschlagen war, bestürzt darüber, dass sie das Verbot und die Drohungen des Hohen Rates ignoriert hatten, entschlossen sie sich, *von Eifersucht* auf ihre Macht und Beliebtheit *erfüllt* (V. 17), *der Hohepriester und alle, die mit ihm waren, nämlich die Partei der Sadduzäer,* weitere Schritte zu unternehmen.

a. Die Verhaftung (Apg 5,18-25)

(18) und legten Hand an die Apostel und warfen sie in das öffentliche Gefängnis. (19) Aber der Engel des Herrn tat in der Nacht die Türen des Gefängnisses auf und führte sie heraus und sprach: (20) Geht hin und tretet im Tempel auf und redet zum Volk alle Worte des Lebens. (21) Als sie das gehört hatten, gingen sie frühmorgens in den Tempel und lehrten. Der Hohepriester aber und die mit ihm waren, kamen und riefen den Hohen Rat und alle Ältesten in Israel zusammen und sandten zum Gefängnis, sie zu holen. (22) Die Knechte gingen hin und fanden sie nicht im Gefängnis, kamen zurück und berichteten: (23) Das Gefängnis fanden wir fest verschlossen und die Wächter vor den Türen stehen; aber als wir öffneten, fanden wir niemanden darin. (24) Als der Hauptmann des Tempels und die Hohenpriester diese Worte hörten, wurden sie betreten und wussten nicht, was daraus werden sollte. (25) Da kam jemand, der berichtete ihnen: Siehe, die Männer, die ihr ins Gefängnis geworfen habt, stehen im Tempel und lehren das Volk.

Diesmal verhafteten sie nicht nur Petrus und Johannes, sondern *die Apostel*, die Mehrzahl, wenn nicht sogar alle (siehe V. 29), und *warfen sie in das öffentliche Gefängnis* (V. 18). Doch *in der Nacht* wurden sie durch einen *Engel des Herrn* befreit. Neil vermutet, dass dies »ein gleichgesinnter Wächter« oder »ein geheimer Sympathisant in der Wachmannschaft« war, der später als »ein getarnter Engel« angesehen wurde.[21] Doch es steht uns nicht zu, das zu entmythologisieren, wovon Lukas offensichtlich möchte, dass seine Leser es für einen himmlischen Befreier halten, der nicht nur *die Türen des Gefängnisses auftat* und die Apostel hinausführte (V. 19), sondern ihnen auch auftrug, *im Tempel aufzutreten* und öffentlich *alle Worte des Lebens* zu reden (V. 20). Sie gingen *frühmorgens in den Tempel*, so wie *sie das gehört hatten*, und *lehrten* (V. 21a). Wir bemerken, dass sie die Anordnung des Sanhedrin nicht befolgen, der ihnen ja verboten hatte, weiter im Namen Jesu zu reden (Apg 4, 17). Dies taten sie aber, um dem Engel zu gehorchen, der ihnen aufgetragen hatte, die Worte des Lebens zu verkünden.

Unterdessen war der Sanhedrin, den Lukas als *den Hohen Rat und alle Ältesten in Israel* (oder »jüdischen Gerichtshof«, HFA) beschreibt, versammelt (V. 21b). Und diese wurden durch die Entdeckung gedemütigt, dass, während sie nach den Aposteln sandten, diese nicht mehr im Gefängnis waren, wohin man sie ja gebracht hatte, obwohl dieses *fest verschlossen* war *und die Wächter vor den Türen* standen (V. 22-24). Stattdessen waren sie *im Tempel und lehrten das Volk* (V. 25), was man ihnen doch verboten hatte.

b. Der Prozess (Apg 5, 26 - 39)

(26) Da ging der Hauptmann mit den Knechten hin und holte sie, doch nicht mit Gewalt; denn sie fürchteten sich vor dem Volk, dass sie gesteinigt würden. (27) Und sie brachten sie und stellten sie vor den Hohen Rat. Und der Hohepriester fragte sie (28) und

sprach: Haben wir euch nicht streng geboten, in diesem Namen nicht zu lehren? Und seht, ihr habt Jerusalem erfüllt mit eurer Lehre und wollt das Blut dieses Menschen über uns bringen. (29) Petrus aber und die Apostel antworteten und sprachen: Man muss Gott mehr gehorchen als den Menschen. (30) Der Gott unsrer Väter hat Jesus auferweckt, den ihr an das Holz gehängt und getötet habt. (31) Den hat Gott durch seine rechte Hand erhöht zum Fürsten und Heiland, um Israel Buße und Vergebung der Sünden zu geben. (32) Und wir sind Zeugen dieses Geschehens und mit uns der Heilige Geist, den Gott denen gegeben hat, die ihm gehorchen. (33) Als sie das hörten, ging's ihnen durchs Herz und sie wollten sie töten. (34) Da stand aber im Hohen Rat ein Pharisäer auf mit Namen Gamaliel, ein Schriftgelehrter, vom ganzen Volk in Ehren gehalten, und ließ die Männer für kurze Zeit hinausführen. (35) Und er sprach zu ihnen: Ihr Männer von Israel, seht genau zu, was ihr mit diesen Menschen tun wollt. (36) Denn vor einiger Zeit stand Theudas auf und gab vor, er wäre etwas, und ihm hing eine Anzahl Männer an, etwa vierhundert. Der wurde erschlagen und alle, die ihm folgten, wurden zerstreut und vernichtet. (37) Danach stand Judas der Galiläer auf in den Tagen der Volkszählung und brachte eine Menge Volk hinter sich zum Aufruhr; und der ist auch umgekommen und alle, die ihm folgten, wurden zerstreut. (38) Und nun sage ich euch: Lasst ab von diesen Menschen und lasst sie gehen! Ist dies Vorhaben oder dies Werk von Menschen, so wird's untergehen; (39) ist es aber von Gott, so könnt ihr sie nicht vernichten – damit ihr nicht dasteht als solche, die gegen Gott streiten wollen. Da stimmten sie ihm zu.

Erneut verhafteten der Hauptmann der Tempelwache und seine Knechte die Apostel, wobei sie dies *nicht mit Gewalt* taten, *denn sie fürchteten sich vor dem Volk, dass sie gesteinigt würden* (V. 26). Dann *brachten sie* sie *und stellten sie vor den Hohen Rat*, damit sie ein zweites Mal verhört würden (V. 27). Mit der Art und Weise, in der der Hohepriester sich an sie wandte, gestand er in Wirklichkeit ein, wie machtlos der Hohe Rat der Absicht Gottes gegenüberstand. Denn der Sanhedrin hatte Jesus verurteilt und umgebracht, er hatte den Aposteln *streng geboten, in diesem Namen* (den sie immer noch nicht aussprechen wollten) *nicht zu lehren* und sie ins Gefängnis gesperrt. Sie schienen alle Macht und Autorität auf ihrer Seite zu haben. Doch zur Schande des Hohen Rates und ihrer Autorität zum Trotz hatten die Apostel mit ihrer Lehre *Jerusalem erfüllt* und waren (nach der Meinung des Hohen Rates) entschlossen, *das Blut dieses Menschen über uns zu bringen* (V. 28). Doch – dies hatten sie anscheinend bereits vergessen – sie hatten selbst einmal das Volk dazu gedrängt, dieses Blut über sie selbst und ihre Kinder herabzubeschwören.[22]

Die Apostel antworteten in der Form einer kleinen Predigt, denn es war ihnen immer noch nicht daran gelegen, sich selbst zu verteidigen, sondern Christus zu erhöhen. *Man muss Gott mehr gehorchen als den Menschen*, so sprachen sie (V. 29) und legten damit das Prinzip von zivilem und gemeindlichem Ungehorsam dar. Natürlich sind Christen dazu aufgefordert, gewissenhafte Staatsbürger zu sein und, allgemein gesprochen, sich menschlichen Autoritäten unterzuordnen.[23] Doch wenn die betreffende Autorität die ihr von Gott gegebene Macht missbraucht und befiehlt, was er verbietet, oder untersagt, was Gott befiehlt, dann besteht die Pflicht von Christen darin, der menschlichen Autorität ungehorsam zu sein, um es Gott gegenüber zu bleiben.

Nachdem die Apostel dargelegt hatten, dass ihre größte Verantwortung darin besteht, Gott zu gehorchen, betonen sie drei Wahrheiten über ihn: 1. Gott ist der *Gott unserer Väter*, der *Jesus auferweckt* hat, den die jüdischen Führer aber *an das Kreuz gehängt und getötet* hatten (V. 30). Wieder der wohlvertraute Kontrast: ihr habt ihn getötet, doch Gott hat ihn auferweckt; ihr habt ihn verworfen, doch Gott hat ihn für gerecht erklärt. 2. *Gott* hat ihn *durch seine rechte Hand erhöht zum Fürsten* (erneut *archēgos* wie in Apg 3, 15) *und Heiland*, sodass er von diesem höchsten Platz aus *Israel Buße und Vergebung der Sünden* – beides sind Gaben Gottes – austeilen kann (V. 31). Zudem waren die Apostel *Zeugen* von Jesu Tod und Auferstehung, nicht nur »Augenzeugen«, sondern auch »Sprechzeugen«, denn sie waren dazu berufen Zeugnis über das abzulegen, was sie gesehen hatten. 3. Doch der Hauptzeuge Jesu Christi ist der *Heilige Geist*[24], *den Gott denen gegeben hat* (wörtlich »gab«), *die ihm gehorchen* (V. 32). Dies ist die dritte Bekräftigung von Gottes Handeln durch die Apostel. Er weckte Jesus von den Toten auf, erhöhte ihn als Erlöser und gab den Heiligen Geist denjenigen, die ihm gehorchen. So begann und endete die Predigt mit einem Hinweis darauf, dass man Gott gehorchen solle. Gottes Volk ist dazu verpflichtet, ihm zu gehorchen, und wenn es dies tut, auch falls es dann vielleicht leiden muss (wenn es menschlichen Autoritäten ungehorsam sein muss), so wird es dafür reichlich durch den Dienst des Heiligen Geistes belohnt werden.

Dem Hohen Rat, der sich diese Verteidigungs- und Siegesrede angehört hatte, *ging's durchs Herz* (sie »wurden ergrimmt«, Meister, Rev. Elb.; »wurden sie zornig«, GN, Einh.; »wurden sie mit Wut erfüllt«, Albrecht, vgl. JB). Ohne das diplomatische Eingreifen Gamaliels hätten sie wahrscheinlich ihren Wunsch, sie zu *töten*, sofort in die Tat umgesetzt (V. 33). Gamaliel aber war ein Pharisäer und legte als solcher eine tolerantere Haltung an den Tag als die Gegenpartei der Sadduzäer. Als Enkel und Nachfolger des berühmten liberalen Rabbi Hillel wurde ihm der Ehren- und Kosename »Rabban«, »unser Lehrer«, gegeben. Auch Saulus von Tarsus war einer seiner Schüler (Apg 22,3). Gamaliel hatte einen guten Ruf wegen seiner Gelehrtheit, seiner Weisheit und wegen seiner vermittelnden Position und wurde *vom ganzen Volk in Ehren gehalten*. Sein Verhalten in dieser Situation entsprach völlig seinem öffentlichen Ansehen. Er stand auf und gab die Anweisung, die Apostel *für kurze Zeit hinauszuführen*, damit der Hohe Rat sich in einer geschlossenen Sitzung beraten konnte (V. 34). Er fuhr damit fort, ihren Ärger zu dämpfen und auf Grund bestimmter historischer Ereignisse zur Vorsicht zu raten (V. 35). Er nennt zwei Beispiele, namentlich zwei Männer, Theudas und Judas der Galiläer.

Der uns überlieferte Bericht Gamaliels über ihren Lebenslauf ist nur kurz. Als Theudas auftrat und vorgab, *er wäre etwas*, schlossen sich ihm *eine Anzahl Männer* an, *etwa vierhundert.* Doch er selbst *wurde erschlagen, und alle, die ihm folgten, wurden zerstreut* und seine Bewegung wurde *vernichtet* (V. 36). *Danach stand Judas der Galiläer auf in den Tagen der Volkszählung* (Volkszählungen waren immer ein Gefahrenherd, stellten sie doch ein Symbol der römischen Herrschaft durch die Besteuerung dar) *und brachte eine Menge Volk hinter sich zum Aufruhr.* Doch auch er kam um, *und alle, die ihm folgten, wurden zerstreut* (V. 37). Gamaliel skizzierte ihre Geschichten parallel zueinander. Beide Männer *standen auf,* stellten Forderungen und gewannen eine Anhängerschaft für sich. Doch dann kam jeder um, die Anhänger *wurden zerstreut,* und die Bewegung verschwand.

Verständlicherweise haben sich Kommentatoren bei Josephus informiert, um diese Revolten bestätigt und/oder ausführlicher dargestellt zu finden. Sie fanden Verweise auf zwei Rebellen mit denselben Namen. Nach seinen Worten gab es »ein[en] Betrüger mit Namen Theudas«, als Fadus Landpfleger von Judäa war. Er »bewog ... eine ungeheure Menschenmenge, ihm ... an den Jordan zu folgen«. »Er gab sich nämlich für einen Propheten aus und behauptete, er könne durch sein Machtwort die Fluten des Jordan teilen«. Doch er wurde gefangen genommen und enthauptet.[25] Dann beschreibt Josephus »ein[en] Mann aus Galiläa mit Namen Judas«, der seine Landsleute dazu bewegte, einen Aufstand zu machen, weil er erklärte, dass es ein »Frevel« wäre, »wenn sie bei der Steuerzahlung an die Römer bleiben und neben Gott irgendwelche anderen sterblichen Gebieter dulden würden«, weil Abgaben nur an Gott zu zahlen seien.[26] Er war ein Vorläufer der späteren Zeloten.

Soweit gibt es geringfügige Übereinstimmungen zwischen Gamaliel und Josephus. Doch bei der Betrachtung der Jahreszahlen kommt ein Problem auf: Die Volkszählung zur Steuererhebung, gegen die sich Judas auflehnte, wurde durch

Quirinius eingeleitet, als er ungefähr im Jahre 6 n. Chr. von Rom nach Judäa kam. Doch der bei Josephus erwähnte Theudas rebellierte nicht *vor* Judas (so wie Lukas über Gamaliels Worte berichtet, V. 36-37), sondern während Fadus (44-46 n. Chr.) Landpfleger war, was erst ungefähr 40 Jahre *nach* ihm und ungefähr zehn Jahre oder noch länger nach Gamaliels Worten geschah!

Wie wir diese Unstimmigkeit erklären, hängt von unseren grundlegenden Voraussetzungen ab. Historisch-kritische Kommentatoren kommen zu dem Schluss, dass Lukas sich einen Anachronismus zu Schulden kommen lässt, der auf einen größeren Fehler hinausläuft und der unser Vertrauen in ihn als zuverlässigen Geschichtsschreiber grundlegend erschüttern muss. Konservative Theologen dagegen kommen zu dem entgegengesetzten Ergebnis: »Wir können angesichts der üblichen Genauigkeit nicht annehmen, dass Lukas ein solch grober Schnitzer unterlaufen ist, wie er ihm unterstellt wird«[27]. Wenn ein Fehler vorliegt, dann ist er wahrscheinlich eher Josephus als Lukas unterlaufen (der »weit entfernt davon war, ein unfehlbarer Historiker zu sein«)[28]. Eine andere Erklärung wäre die, dass Josephus und Lukas sich beide auf einen anderen Theudas beziehen. Ihre Berichte weichen erheblich voneinander ab (Josephus erwähnt nicht, dass er 400 Anhänger hatte, und Lukas nicht, dass er sie zum Fluss Jordan führte). Die einzigen Übereinstimmungen bestehen darin, dass beide Männer Theudas hießen und eine Revolte anführten, die schließlich zerschlagen wurde. Doch Josephus berichtet, dass nach dem Tod von Herodes dem Großen »in Judäa noch vielerlei andere Unruhen« entstanden.[29] Zudem war Theudas kein ungewöhnlicher Name. So machten vielleicht weder Lukas noch Josephus einen Fehler. Stattdessen verwies Gamaliel vielleicht auf einen Theudas, den Josephus nicht erwähnt, der ungefähr 4 v. Chr. einen Aufstand anführte, dem dann unter anderem eine Revolte unter Judas dem Galiläer im Jahre 6 n. Chr. folgte.

Auf jeden Fall verwendete Gamaliel das Scheitern beider Aufstände als lehrreiche Beispiele, die eine Politik des *Laisser-*

faire rechtfertigten. Sein Rat an den Hohen Rat wird in Vers 38 - 39 festgehalten: *Lasst ab von diesen Menschen und lasst sie gehen! Ist dies Vorhaben oder dies Werk von Menschen, so wird's untergehen; ist es aber* andererseits *von Gott, so könnt ihr sie nicht vernichten – damit ihr nicht dasteht als solche, die gegen Gott streiten wollen.* Wir sollten Gamaliel nicht zu schnell zuschreiben, dass er ein unveränderliches Prinzip aufgestellt habe. Sicherlich wird auf lange Sicht das siegen, was von Gott ist, und das, was rein menschlich ist – geschweige denn teuflisch –, wird letztlich unterliegen. Doch werden trotzdem böse Absichten auf kurze Sicht manchmal Erfolg haben, während gute, die mit dem Willen Gottes übereinstimmen, manchmal fehlschlagen. Das Prinzip von Gamaliel ist also nicht immer ein zuverlässiger Anzeiger dafür, was von Gott ist und was nicht.

c. Der Ausgang (Apg 5, 40 - 42)

Trotz allem akzeptierte der Hohe Rat die Argumente Gamaliels. *Da stimmten sie ihm zu* (V. 39). Sie *riefen die Apostel herein, ließen sie* zuerst *geißeln* (vermutlich wendeten sie die schrecklichen »vierzig weniger ein Peitschenhiebe« an) *und geboten ihnen* dann (ein zweites Mal), *sie sollten nicht mehr im Namen Jesu reden, und* sie *ließen sie gehen* (V. 40).

Die Reaktion der Apostel ruft unsere Bewunderung hervor: *Sie gingen* mit grausam verwundeten und blutenden Rücken, aber *fröhlich, von dem Hohen Rat fort, weil sie würdig gewesen waren, um Seines Namens willen Schmach zu leiden* (V. 41). Lukas Ausdrucksweise ist »eine schöne Antithese« (die Ehre, entehrt zu werden, die Gnade, ungnädig behandelt worden zu sein).[30] Sie handelten wirklich nach dem, was Jesus ihnen in der Bergpredigt geboten hatte, sie freuten sich in der Verfolgung.[31] Zudem setzten sie sich wieder unerschrocken über das Verbot des Hohen Rates hinweg, denn *sie hörten nicht auf,* öffentlich und privat, *alle Tage im Tempel und hier und dort in den Häusern zu lehren und zu predigen das Evangelium von Jesus Christus* (V. 42).

Lukas beendet hier seinen Bericht über die zwei Wellen der Verfolgung, die über die junge Gemeinde hereinbrachen. Bei der ersten erteilte der Hohe Rat ein Verbot und eine Warnung, die die Apostel dazu brachte, den souveränen Herrn um Freimut für weitere Verkündigung zu bitten. Bei der zweiten erhielten sie ein Verbot und Schläge, was sie dazu brachte, Gott für die Ehre zu danken, dass sie für Christus hatten leiden dürfen.

Der Teufel hat aber niemals den Versuch aufgegeben, die Gemeinde gewaltsam zu zerstören. Unter Nero (54 - 68 n. Chr.) wurden Christen gefangen genommen und hingerichtet, Paulus und Petrus vermutlich eingeschlossen. Domitian (81 - 96 n. Chr.) tyrannisierte die Christen, die sich weigerten, ihm die göttlichen Ehren zu erweisen, die er von ihnen forderte. Unter ihm wurde Johannes in die Verbannung nach Patmos geschickt. Mark Aurel (161 - 180 n. Chr.) glaubte, dass das Christentum gefährlich und unmoralisch sei, und verschloss seine Augen vor lokalen Ausbrüchen von Lynchjustiz. Im 3. Jh. wurde dann das, was bisher sporadisch vorkam, systematisch durchgeführt: Unter Decius (249 - 251 n. Chr.) starben Tausende, eingeschlossen Fabian, der Bischof von Rom, der sich weigerte, dem Namen des Kaisers zu opfern. Der letzte Herrscher, der die Christen vor der Bekehrung von Konstantin verfolgte, war Diokletian (284 - 305 n. Chr.). Er erließ vier Edikte, die die Christenheit als Ganzes ausrotten sollten. Er ordnete an, dass Kirchen verbrannt, Bibeln beschlagnahmt, der Klerus gefoltert und dass christliche Staatsbedienstete ihres Bürgerrechtes beraubt und bei störrischer Reuelosigkeit hingerichtet werden sollten. Auch noch heute, besonders in einigen kommunistischen, hinduistischen und muslimischen Ländern, wird die christliche Gemeinde oft schikaniert. Doch wir müssen uns nicht um ihr Überleben sorgen. Tertullian, der sich an die Herrscher des Römischen Reiches wandte, schrieb z. B.: »... quält, martert, verurteilt uns, reibt uns auf; … Wir werden jedesmal zahlreicher, so oft wir von euch niedergemäht werden; ein Same ist das Blut der Christen.«[32] Oder wie es Bischof Festo Kivengere im Februar 1979 anlässlich des zweiten Jahrestages des Martyriums des Erzbischofs Janani Luwum aus Uganda formulierte: »Wenn die Gemeinde nicht blutet, vergisst sie zu loben«. Verfolgung wird die Gemeinde läutern, sie wird sie nicht zerstören. Wenn Verfolgung zu Gebet und Lob führt, zur Anerkennung der Souveränität Gottes und zur Gemeinschaft mit den Leiden Christi, dann wird sie – wenn auch schmerzvoll – willkommen sein.

4.5 Sieben Männer werden ausgewählt und bevollmächtigt (Apg 6, 1 - 7)

Der nächste Angriff des Teufels war der raffinierteste. Nachdem er mit dem Versuch gescheitert war, die Gemeinde entweder durch Verfolgung oder durch Korruption zu bezwingen, versuchte er es jetzt mit Ablenkung. Wenn er die Apostel mit der Leitung der sozialen Angelegenheiten in Beschlag nehmen könnte, wozu sie – obgleich es eine wichtige Aufgabe war – nicht berufen waren, würden sie die ihnen von Gott übertragenen Verantwortungen des Gebets und Predigens vernachlässigen und so die Gemeinde nicht gegen falsche Lehre schützen können.

a. Das Problem (Apg 6, 1)

Die Situation liegt auf der Hand. Einerseits nahm *in diesen Tagen die Zahl der Jünger* zu. Andererseits wurde die Spannung des Gemeindewachstums durch ein bedauerliches *Murren, goggysmos*, »heimliche Rede, Getuschel«[33], gebremst. Das verwendete Verb wird in der LXX gebraucht, um das »Murren« der Israeliten gegen Mose zu beschreiben.[34] Offensichtlich haben die Glieder der Jerusalemer Gemeinde gegen die

Apostel aufbegehrt, die das Geld für die Unterstützung der Armen erhielten (Apg 4, 35.37) und von denen deshalb erwartet wurde, dass sie es gerecht verteilten. Doch solch ein Murren gehört sich für Christen nicht.[35]

Bei der Klage ging es um das Wohl der Witwen, denen Gott im A.T. verheißen hatte, für ihr Recht einzustehen.[36] Vermutlich waren sie nicht dazu in der Lage, für ihren eigenen Lebensunterhalt zu sorgen und hatten auch keine Verwandten, die für sie hätten aufkommen können.[37] Deshalb hatte wohl die Gemeinde sich dafür verantwortlich erklärt, sodass täglich an sie Essen verteilt wurde. Doch es gab zwei Gruppen in der Jerusalemer Gemeinde, die eine wurde *Hellēnistai* genannt und die andere *Hebraioi*. Die erste beklagte sich über die zweite, *weil ihre Witwen übersehen wurden bei der täglichen Versorgung* (V. 1). Es schien nicht so zu sein, dass ein vorsätzliches »Versehen« vorlag, wahrscheinlicher ist, dass bei der Organisation oder Aufsicht einfach nur Fehler unterlaufen sind.

Wer waren aber diese zwei Gruppen? Normalerweise wird vermutet, dass sie sich sowohl geografisch als auch sprachlich voneinander unterschieden. Das heißt, die *Hellēnistai* wären aus der Diaspora gekommen, hätten sich in Palästina angesiedelt und würden Griechisch sprechen, während die *Hebraioi* in Palästina geboren wären und Aramäisch sprechen würden. Doch dies ist eine unzulängliche Erklärung. Denn Paulus nannte sich selbst *Hebraios*[38], obwohl er aus Tarsus kam und Griechisch sprach. Deshalb muss die Unterscheidung über Herkunft und Sprache hinaus wohl auch auf die Kultur zurückgehen. In diesem Fall hätten die *Hellēnistai* nicht nur Griechisch gesprochen, sondern auch wie Griechen gedacht und sich auch dementsprechend verhalten, während die *Hebraioi* nicht nur Aramäisch gesprochen hätten, sondern auch tief in ihrer hebräischen Kultur verwurzelt gewesen waren. Deshalb ist *griechische Juden* eine treffende Bezeichnung, während der Begriff *die aramäisch sprechende Gemeinschaft* nicht so zutreffend ist, weil er sich nur auf die Sprache und nicht auch auf die Kultur bezieht. »Was hier nötig ist«, so schreibt Richard Longenecker, »ist eine Übersetzung wie ›Griechische Juden‹ oder ›Hebräische Juden‹«[39]. Natürlich hatte es in der jüdischen Kultur immer Rivalitäten zwischen diesen Gruppen gegeben. Doch tragisch ist, dass dies sich in der neuen Gemeinschaft Jesu fortsetzte, der doch durch seinen Tod solche Unterschiede aufgehoben hatte.[40]

Doch es ging hierbei um mehr als eine kulturelle Frage. Die Apostel erkannten, dass es sich hier letztlich um ein tiefer gehendes Problem handelte, nämlich dass die Organisation der sozialen Angelegenheiten (sowohl die Durchführung der Verteilung als auch die Schlichtung des Streites) all ihre Zeit in Beschlag nahm und sie deshalb von der Aufgabe abzuhalten drohte, die Jesus ihnen eigentlich anvertraut hatte, nämlich die der Verkündigung und Lehre.

b. Die Lösung (Apg 6, 2 - 6)

Doch *die Zwölf* forderten nicht die Gemeinde allein zu einer Lösung auf, sondern *riefen ... die Menge der Jünger zusammen*, um ihnen das Problem mitzuteilen. Sie sagten: »*Es ist nicht recht, dass wir für die Mahlzeiten sorgen und darüber das Wort Gottes vernachlässigen*« (V. 2). Nichts deutet darauf hin, dass die Apostel soziale Dienste im Vergleich zu pastoralen Diensten als minderwertiger ansahen oder dass soziale Dienste unter ihrer Würde waren. Hierbei ging es nur um die Frage der Berufung. Es stand ihnen nicht frei, sich von ihrer Hauptaufgabe ablenken zu lassen. So machten sie der Gemeinde einen Vorschlag: »*Darum, ihr lieben Brüder, seht euch um nach sieben Männern in eurer Mitte, die einen guten Ruf haben und voll Heiligen Geistes und Weisheit sind* (»... die ihr Leben ganz vom Heiligen Geist bestimmen lassen und wissen, was zu tun ist...«, HFA), *die wir bestellen wollen zu diesem Dienst. Wir aber wollen ganz beim Gebet und beim Dienst des Wortes bleiben*« (V. 3 - 4). Es ist bemerkenswert, dass die Zwölf nun bei der genauen Beschreibung ihres apostolischen Dienstes zur Verkündigung das Gebet hinzugefügt haben (was wahrscheinlich öffentliche und private Fürbitte umfasste). Natürlicherweise bilden beide zusammen ein Paar, weil der Dienst am Wort ohne das Gebet, dass der Heilige Geist den Samen bewässern solle, nur sehr unwahrscheinlich Frucht bringen wird. Diese Übertragung der sozialen Aufgaben an die sieben Männer wird üblicherweise für den Ursprung des Diakonendienstes gehalten. Dies kann so sein, denn *diakonia* wird in den Versen 1 und 2 verwendet, wie wir später sehen werden. Nichtsdestotrotz werden die sieben Männer aber nicht *diakonoi* genannt.[41]

Die Gemeinde erkannte den springenden Punkt im Plan der Apostel: *Und die Rede gefiel der ganzen Menge.* So setzten sie ihn in die Tat um. *Und sie wählten Stephanus, einen Mann voll Glaubens und Heiligen Geistes, und Philippus und Prochorus und Nikanor und Timon und Parmenas und Nikolaus, den Judengenossen aus Antiochia* (V. 5), d. h. einen Proselyten. Es wurde darauf hingewiesen, dass all die sieben Männer griechische Namen hatten. Deshalb mag es sein, dass sie *Hellēnistai* waren, die bewusst ausgewählt worden waren, um die Gruppe zufrieden zu stellen, die sich beklagt hatte. Doch das ist reine Spekulation. Es ist eher zu vermuten, dass »einige aus beiden jüdischen Gruppen ausgewählt wurden, der einzige faire und angemessene Weg«[42]. Egal ob sie Diakone waren oder nicht, egal ob sie *Hellēnistai* waren oder nicht, die Gemeinde *stellte[n] sie vor die Apostel; die beteten und legten die Hände auf sie* (V. 6) und beauftragten und bevollmächtigten sie so dazu, diesen Dienst auch auszuführen.

c. Das Prinzip

Durch diesen Vorfall wird ein grundlegendes Prinzip veranschaulicht, das auch für die Gemeinde in unserer Zeit dringliche Wichtigkeit hat. Das Prinzip besteht darin, dass Gott sein ganzes Volk zum Dienst beruft, dass er verschiedene Menschen in unterschiedliche Dienste ruft und dass diejenigen, die zum »Gebet und ... Dienst des Wortes« berufen sind, keinesfalls zulassen dürfen, dass sie von ihren Prioritäten abgelenkt werden.

Sicherlich ganz bewusst werden der Dienst der Zwölf und der Dienst der sieben Männer in gleicher Weise *diakonia* (V. 1 und 4), »Dienst«, genannt. Der erste ist der »Dienst des Wortes« (V. 4) oder der pastorale Dienst, der zweite der »Tischdienst« (Menge, V. 2) oder der soziale Dienst. Keine Aufgabe ist der anderen übergeordnet. Im Gegenteil, beides sind christliche Dienste, d. h., Arten, Gott und seinem Volk zu dienen. Für beide sind geistliche Menschen nötig, sie müssen »voll Heiligen Geistes« sein, um diese Aufgabe zu übernehmen. Und beides können vollzeitliche christliche Dienste sein. Der einzige Unterschied zwischen ihnen liegt in der Form, die der Dienst annimmt und die verschiedene Gaben und verschiedene Berufungen erfordert.

Wir erweisen der Gemeinde einen schlechten Dienst, wenn wir auf den Pastorendienst als »den Dienst« verweisen, wenn wir zum Beispiel von der Ordination als dem »Eintritt zum Dienst« sprechen. Die Verwendung des bestimmten Artikels deutet dann an, dass nur der ordinierte Pastor ein Diener ist. Doch *diakonia* ist der Oberbegriff für viele Dienste. Es fehlt die genaue Beschreibung, wenn nicht ein beschreibendes Adjektiv hinzugefügt wird, z. B. »pastoraler«, »sozialer«, »politischer«, »medizinischer« usw. Dienst. Ohne Ausnahme sind alle Christen, die Nachfolger desjenigen sind, der »nicht gekommen ist, dass er sich dienen lasse, sondern dass er diene«[43], zum Dienst berufen, ja dazu, ihr Leben in diesen Dienst zu geben. Doch der Ausdruck »vollzeitlicher christlicher Dienst« sollte nicht auf den Gemeinde- oder Missionsdienst beschränkt werden, ein vollzeitlicher Dienst kann auch in der Regierung, in den Medien, im Berufs- und im Geschäftsleben, in der Industrie und zu Hause ausgeübt werden. Wir müssen diese Sicht der großen Unterschiedlichkeit von Diensten, zu denen Gott seine Leute beruft, heutzutage wiedererlangen.

Im Besonderen ist es für das Wohl und das Wachstum der Gemeinde belebend, dass die Pastoren und die Menschen in der örtlichen Gemeinde sich diese Lektion zu Herzen nehmen. Sicherlich sind Pastoren keine Apostel, denn den Aposteln war die Autorität übertragen, das Evangelium erstmals zu formulieren und zu lehren, während Pastoren dafür verantwortlich sind, die Botschaft auszulegen, die die Apostel uns im N. T. hinterlassen haben. Trotzdem ist es ein wirklicher »Dienst des Wortes«, an den Pastoren ihr Leben hingeben sollten. Die Apostel waren nicht zu beschäftigt für den Dienst, sondern mit der falschen Aufgabe betraut. So ist es auch heute noch bei vielen Pastoren. Statt dass sie sich auf den Dienst am Wort konzentrieren können (was die Predigt vor der Gemeinde, Seelsorge an Einzelnen und Lerngruppen einschließt), werden sie mit Verwaltungsaufgaben überschüttet. Manchmal liegt die Schuld beim Pastor selbst (er möchte alle Fäden in den eigenen Händen halten), manchmal bei den Gemeindegliedern (sie erwarten von ihm, dass er »Mädchen für alles« ist). In beiden Fällen sind die Folgen verhängnisvoll. Das Niveau der Verkündigung und Lehre nimmt ab, weil der Pastor zu wenig Zeit zum Bibelstudium und Gebet hat. Und die Laien nehmen nicht den Platz ein, den Gott ihnen zugewiesen hat, weil der Pastor alles selbst macht. Durch beide Ursachen wird die Gemeinde daran gehindert, dass sie in der Reife in Christus wächst. Es ist die grundlegende, biblische Erkenntnis nötig, dass Gott verschiedene Männer und Frauen zu verschiedenen Diensten beruft. Dann können die Gemeindeglieder sichergehen, dass ihr Pastor von unnötiger Verwaltungsarbeit befreit ist, um sich selbst in den Dienst am Wort zu geben. Und dann kann der Pfarrer sichergehen, dass die Gemeindeglieder ihre Gaben erkennen, und er wird Dienste entwickeln, die auch zu ihnen passen.

d. Das Ergebnis (Apg 6, 7)

Die direkte Folge davon, dass die Apostel die sozialen Dienste an andere übertragen hatten, um sich auf ihre pastoralen Hauptaufgaben zu konzentrieren, war: *das Wort breitete sich aus* (V. 7a). Natürlich! Das Wort kann sich nicht ausbreiten, wenn der Dienst am Wort vernachlässigt wird. Umgekehrt breitet es sich aber aus, wenn sich Pastoren dem Wort intensiv widmen. Zudem wurde *die Zahl der Jünger … sehr groß in Jerusalem. Es wurden auch* (welch bemerkenswerte Entwicklung!) *viele Priester dem Glauben gehorsam* (V. 7b). Die zwei Verben »ausbreiten« und »sehr groß werden« stehen im Imperfekt und zeigen an, dass das Wort sich dauerhaft ausbreitete und die Gemeinde beständig wuchs. Dieser Vers ist der erste von sechs, die das Wachstum der Gemeinde zusammenfassen und die Lukas hier und da in seinen Bericht einstreut. Sie erscheinen an den entscheidenden Punkten seiner sich entfaltenden Geschichte: nach der Entscheidung der Apostel, ihre Aufmerksamkeit dem Gebet und der Verkündigung zu widmen (Apg 6, 7)[44]; nach der dramatischen Bekehrung von Saulus von Tarsus (9, 31); nach der genauso wunderbaren Bekehrung der ersten Heiden (11, 21), gefolgt von dem Sturz von Herodes Agrippa I. (12, 24); nach der ersten Missionsreise des Paulus und dem Konzil von Jerusalem (16, 5); nach der zweiten und dritten Missionsreise (19, 20) und am Ende des Buches, nach der Ankunft des Paulus in Rom, wo er »mit allem Freimut ungehindert« das Reich Gottes predigte (28, 31). In jedem dieser Verse lesen wir entweder, dass sich das Wort ausbreitete, dass die Gemeinde wuchs oder beides zugleich. Gott war am Werk. Weder Menschen noch Dämonen konnten sich ihm in den Weg stellen.

Wir haben jetzt die drei Vorgehensweisen des Teufels gesehen, die er bei seiner Gesamtstrategie anwandte, um die Gemeinde zu vernichten: 1. Er versuchte, sie durch die jüdischen Autoritäten mit Gewalt zu unterdrücken. 2. Er versuchte, sie durch das Ehepaar Hananias und Saphira mit

Heuchelei zu Grunde zu richten. 3. Er versuchte, die Leitenden durch einige zankende Witwen vom Gebet und der Verkündigung abzulenken und die Gemeinde so dem Falschen und dem Bösen preiszugeben. Wenn er auch nur mit einem dieser Versuche Erfolg gehabt hätte, wäre die neue Gemeinde Jesu schon im Anfangsstadium vernichtet worden. Doch die Apostel waren wachsam genug, »die Anschläge des Teufels« zu erkennen.[45] Auch heute brauchen wir ihre geistliche Urteilskraft, um das Handeln des Heiligen Geistes und auch des bösen Geistes (vgl. Apg 5, 3) zu erkennen. Wir brauchen auch ihren Glauben an den kraftvollen Namen Jesu, durch dessen Autorität allein die Mächte der Finsternis überwunden werden können.[46]

B. Die Grundlegung der Weltmission (Apg 6,8-12,24)

5. Der Märtyrer Stephanus (Apg 6,8-7,60)

Nachdem der Heilige Geist gekommen war und der Satan seinen Gegenangriff gestartet hatte – seine Niederlage feierte Lukas in Apostelgeschichte 6, 7 –, ist die Gemeinde fast dazu bereit, mit der weltweiten Mission zu beginnen. Bis jetzt setzte sich aber die Gemeinde nur aus Juden zusammen und war auf Jerusalem beschränkt. Nun beginnt der Heilige Geist, sein Volk in die weite Welt hinauszusenden. Der Apostel Paulus – der Held des Lukas – sollte das von Gott erwählte Werkzeug sein, um den Weg für diese Entwicklung zu bahnen. Doch in den nächsten sechs Kapiteln der Apostelgeschichte schildert Lukas zunächst, wie durch zwei bemerkenswerte Männer (den Märtyrer Stephanus und den Evangelisten Philippus) die Grundlagen für die Heidenmission gelegt werden. Diesem folgen zwei ungewöhnliche Bekehrungen (die des Pharisäers Saulus und die des Hauptmannes Kornelius). Diese vier Männer leisten jeder auf seine Weise zusammen mit Petrus, durch dessen Dienst Kornelius sich ja bekehrt, einen unerlässlichen Beitrag, dass die Gemeinde sich weltweit ausbreitet.

Als Erstes ist der Märtyrer Stephanus an der Reihe (Apg 6, 8-8, 2). Seine Predigt ruft den energischen Widerstand der Juden hervor, doch in seiner bedacht argumentativen Verteidigungsrede vor dem Sanhedrin betont er, dass der lebendige Gott die Freiheit dazu besitzt, dorthin zu gehen, wo es ihm gefällt, und dass er ebenso auch mit seinem Volk verfahren kann. Obwohl es ihm nicht gelingt, den Hohen Rat zu überzeugen, und er zu Tode gesteinigt wird, scheint sein Martyrium einen großen Eindruck auf Paulus von Tarsus gemacht zu haben. Es führte auch dazu, dass die Jünger bis nach Judäa und Samarien zerstreut wurden.

Der Evangelist Philippus (Apg 8,4-40) hatte zwei unterschiedliche Aufgaben. Er war der Erste, der die frohe Botschaft den verachteten Samaritanern mitteilte und war so das Werkzeug, mit dem die Barriere zwischen Juden und Samaritanern durchbrochen wurde. Des Weiteren führte er den ersten Afrikaner zu Christus, den äthiopischen Eunuchen, und taufte ihn.

Die zur gleichen Zeit stattfindende Bekehrung und Sendung des Pharisäers Saulus (Apg 9,1-31) war eine unerlässliche Vorbereitung für die Heidenmission, da er dazu berufen worden war, der herausragende Apostel für die Heiden zu sein.

Der Hauptmann Kornelius (Apg 10,1-11,18) war schließlich der allererste Heide, der sich bekehrte und in die Gemeinde aufgenommen wurde. Dass auch er den Heiligen Geist empfing, bestätigte, dass er auf die gleiche Weise wie Juden zur messianischen Gemeinschaft hinzugefügt wurde. Auf diese Art und Weise wurde die enge jüdische Voreingenommenheit des Apostel Petrus überwunden.

Erst nachdem diese vier Männer ihre Rollen in der Geschichte, die Lukas hier entfaltet, gespielt hatten, war die Bühne für die erste Missionsreise frei, von der in Apostelgeschichte 13 und 14 dann berichtet wird.

Lukas hatte Stephanus bereits eingeführt. Als einer der Sieben war er »voll Heiligen Geistes und Weisheit« (Apg 6,3). Er selbst wird danach als »Mann voll Glaubens und Heiligen Geistes« beschrieben (Apg 6,5). Und hier wird er erneut als *voll Gnade und Kraft* eingeführt (Apg 6,8a). Vom Heiligen Geist und daher mit Weisheit, Glauben, Gnade und Kraft erfüllt, machte er auf die Leute einen Eindruck der Vollkommenheit. »Gnade und Kraft« stellen eine bemerkenswerte

Kombination dar, die Campbell Morgan als »Freundlichkeit und Stärke ... in einer Person vereint« beschreibt.[1] Sicherlich weist »Gnade« auf einen begnadeten christusähnlichen Charakter hin, während auf seine »Kraft« die *Wunder und großen Zeichen* hindeuteten, die er *unter dem Volk* tat (V. 8b). Bisher sind von Lukas Zeichen und Wunder nur Jesus (Apg 2, 22) und den Aposteln (Apg 2, 43; 5, 12) zugeschrieben worden. Jetzt wird das erste Mal gesagt, dass auch andere sie vollbrachten. Manche kommen zu der Überzeugung, dass Stephanus (Apg 6, 8) und Philippus (Apg 8, 6) besondere Fälle waren, weil die Apostel ihnen die Hände aufgelegt hatten (Apg 6, 6) und sie so in ihren eigenen apostolischen Dienst mit eingeschlossen wurden und weil sie einen besonderen Platz in der Heilsgeschichte einnahmen, nämlich im Übergang von einer jüdischen Bewegung zur weltweiten Gemeinschaft. Doch dies kann nicht so ohne weiteres stehen gelassen werden. Stephanus und Philippus sind sicherlich ein Indiz dafür, dass, auch wenn Zeichen und Wunder nach Lukas hauptsächlich auf die Apostel beschränkt waren, diese Einschränkung nicht ohne Ausnahme galt.

Doch trotz der hervorstechenden Eigenschaften von Stephanus rief sein Dienst heftigen Widerstand hervor. Uns wird zwar nicht berichtet weshalb, doch es wird erklärt, dass *einige ... von der Synagoge der Libertiner* aufstanden. Zudem werden Juden *der Kyrenäer und der Alexandriner und einige von denen aus Zilizien und der Provinz Asien* erwähnt (V. 9a). Die *Libertiner* (*libertinoi*, ein griechisches Lehnwort aus dem Lateinischen) waren befreite Sklaven und deren Nachkommen. Doch wer waren die Juden aus Kyrene, Alexandria, Zilizien und Asien? Manche meinen, dass sie vier verschiedene Synagogen darstellen, mit den Libertinern als fünfte. Andere vermuten dagegen, dass an zwei, drei oder vier Synagogen gedacht sei. Doch vielleicht ist es am besten, wie die meisten deutschen Bibelübersetzungen es auslegen, dass Lukas sich auf nur eine Synagoge bezieht (da das Wort »Synagoge« hier in der Einzahl steht). Doch weil sie aus der Sklaverei befreit worden waren, müssen es ausländische Juden gewesen sein, die jetzt gekommen waren, um in Jerusalem zu leben. Vielleicht gehörte zu denen aus Zilizien auch Saulus von Tarsus. Wie es auch sei – die Einsetzung des Stephanus als einer der Sieben, denen die Fürsorge für die Witwen anvertraut worden war, erforderte es nicht, dass er seither darauf verzichten musste zu predigen, denn die Synagogenmitglieder wandten sich ja gegen seine Botschaft:

1. *Diese Männer* stritten mit Stephanus (V. 9b). *Doch* sie hatten nicht damit gerechnet, dass Stephanus ein Mann von solch einem Format war, denn *sie vermochten nicht zu widerstehen der Weisheit und dem Geist, in dem er redete* (V. 10), womit vielleicht »die Weisheit, die der Heilige Geist ihm geschenkt hatte« (GN) gemeint ist. Dies war eine Erfüllung einer Verheißung Jesu, von der Lukas hier berichtet, nämlich dass er seinen Nachfolgern »Mund und Weisheit« geben würde, denen ihre Gegner nicht widerstehen und nichts entgegenbringen würden können.[2]

2. Nachdem sie im offenen Disput gescheitert waren, setzen die Gegner von Stephanus eine Schmierkampagne gegen ihn in Gang, denn wenn Argumente nichts bewirken, scheint Schmutz ein ausgezeichneter Ersatz zu sein. So *stifteten sie* heimlich *einige Männer* – vermutlich indem sie sie bestachen – *an*, die behaupten sollten: *Wir haben ihn Lästerworte reden hören gegen Mose und gegen Gott* (V. 11). So *brachten* sie *das Volk und die Ältesten und die Schriftgelehrten auf* (V. 12a).

3. Sie *ergriffen* Stephanus *und führten ihn vor den Hohen Rat* (V. 12b), dann *stellten* sie *falsche Zeugen* auf (V. 13a).

So entartete der Widerstand von der Theologie über Verleumdung zu Gewalt. Diese Reihenfolge von Ereignissen hat sich oftmals wiederholt. Zuerst ist es noch eine ernsthafte theologische Debatte. Scheitert man damit, setzt man eine persönliche lügenbehaftete Intrige in Gang. Zuletzt greift man auf legale oder halblegale Mittel zurück, um so zu versuchen, seinen Widersacher mit Gewalt loszuwerden. Lassen wir andere diese Waffen gegen uns anwenden, doch mögen wir davor bewahrt bleiben, von solchen selbst Gebrauch zu machen!

Nach dieser Einleitung über Stephanus legt Lukas die Anklage, die gegen ihn erhoben wurde, dar (Apg 6,13-15), danach fasst er die Verteidigungsrede vor dem Hohen Rat zusammen (Apg 7,1-53) und zuletzt beschreibt er das Endergebnis, das Urteil, das vollstreckt wurde – mit anderen Worten: Den Tod von Stephanus durch Steinigung (Apg 7,54-60).

5.1 Stephanus wird angeklagt (Apg 6,13-15)

Es wird das Gerücht verbreitet, dass Stephanus gegen Mose und Gott gelästert habe (V. 11). Nun führen die falschen Zeugen ihre Anschuldigungen vor dem Sanhedrin aus: »*Dieser Mensch hört nicht auf, zu reden gegen diese heilige Stätte und das Gesetz*« (V. 13). Wir halten inne und bemerken, dass dies eine sehr ernste zweifache Anklage war. Denn den Juden war nichts heiliger und nichts wertvoller als ihr Tempel und ihr Gesetz. Der Tempel war die »heilige Stätte«, das Allerheiligste der Gegenwart Gottes, und das Gesetz war die »heilige Schrift«, die Offenbarung von Gottes Absicht und Willen. Weil der Tempel das Haus Gottes war und das Gesetz Gottes Wort, sprach man, wenn man gegen den Tempel oder das Gesetz etwas sagte, gegen Gott selbst oder – mit anderen Worten – man lästerte ihn.

Doch in welcher Hinsicht äußerte sich Stephanus gegen den Tempel und das Gesetz? Die falschen Zeugen erklärten: »*Denn wir haben ihn sagen hören: Dieser Jesus von Nazareth wird diese Stätte zerstören und die Ordnungen ändern, die uns Mose gegeben hat*« (V. 14). Die Äußerungen von Stephanus gegen den Tempel und das Gesetz müssen also als seine Lehre darüber verstanden werden, was Jesus von Nazareth mit diesen tun würde. Doch hatte Stephanus Recht? War Jesus ein Bilderstürmer, der damit drohte, den Tempel zu zerstören und das Gesetz abzuändern und Israel so seiner am höchsten in Ehren gehaltenen Schätze zu berauben und sich somit auch gegen Gott zu wenden, der diese doch gegeben hatte? Sicherlich – Jesus war dessen angeklagt worden, und es ist ebenso sicher zu vermuten, dass Stephanus dessen Lehre auch treu wiedergab.

Was hat Jesus nun über den Tempel und das Gesetz gesagt? 1. Er sagte, dass er den Tempel ersetzen würde. »*Wir haben gehört*«, so hatten falsche Zeugen bezeugt, »*dass er gesagt hat: Ich will diesen Tempel, der mit Händen gemacht ist, abbrechen und in drei Tagen einen andern bauen, der nicht mit Händen gemacht ist.*«[3] Seine Zuhörer dachten, dass er dies buchstäblich so gemeint hatte, und fragten: »*Dieser Tempel ist in sechsundvierzig Jahren erbaut worden, und du willst ihn in drei Tagen aufrichten?*«[4]. »*Er aber*«, so kommentiert Johannes, »*redete von dem Tempel seines Leibes*«[5], sowohl von seinem Auferstehungsleib, der am dritten Tag auferweckt wurde, als auch von seinem geistlichen Leib, der Gemeinde, die den Platz des aus Steinen erbauten Tempels einnehmen würde. So nahm Jesus es sich heraus, von sich selbst als Gottes neuem Tempel zu sprechen, der den alten ersetzen würde. »*Ich sage euch aber*«, so verkündete er, »*hier ist größeres als der Tempel*«[6]. Auch wenn in der Vergangenheit die Menschen zum Tempel kamen, um Gott zu begegnen, würde demzufolge in Zukunft er selbst der Ort der Begegnung mit Gott sein.

2. Jesus sagte, dass er das Gesetz erfüllen würde. Zwar war er wegen Respektlosigkeit gegenüber dem Gesetz angeklagt worden, beispielsweise in Verbindung mit dem Sabbat, doch die Schriftgelehrten und Pharisäer verstanden ihn nicht. Denn er widersprach der falschen Interpretation von Mose durch die Schriftgelehrten und entkräftete so all die Traditionen der Ältesten. Doch er verhielt sich niemals gegenüber dem Gesetz an sich respektlos. Im Gegenteil, er sagte: »*Ihr sollt nicht meinen, dass ich gekommen bin, das Gesetz oder die Propheten aufzulösen; ich bin nicht gekommen aufzulösen, sondern zu erfüllen*«[7]. Im Besonderen erfüllte sein Entschluss, sein Leben für uns zu geben, jedes Priesteramt und Opfer.

Jesus lehrte also, dass der Tempel und das Gesetz abgelöst werden würden, was nicht bedeutete, dass sie niemals vorher Gaben Gottes gewesen seien, sondern dass sie ihre von Gott so beabsichtigte Erfüllung in ihm, dem Messias, finden würden. Jesus selbst war und ist der Ersatz für den Tempel und die Erfüllung des Gesetzes. Zudem wird ihre Bedeutung noch gesteigert und nicht verunglimpft, wenn bekräftigt wird, dass sowohl der Tempel als auch das Gesetz im Voraus auf ihn hinwiesen und jetzt in ihm erfüllt sind.

Soweit wir es beurteilen können, lehrte Stephanus überwiegend das Gleiche, was Jesus selbst gelehrt hatte. Die falschen Zeugen klagten ihn damit an, dass sie sagten, dass Jesus von Nazareth den Tempel zerstören und das Gesetz verändern würde. D.h., dass sie das Werk Christi mit negativen, destruktiven Ausdrücken darstellten. Doch das, was Stephanus wirklich sagen wollte, war, dass er Christus predigte, in positiver und konstruktiver Weise, als den Einen, in dem alles, was das A.T. vorhergesagt hatte und erahnen ließ, erfüllt wurde, eingeschlossen der Tempel und das Gesetz.

In diesem Augenblick blickten *alle, die im Rat saßen, ... auf ihn und sahen sein Angesicht wie eines Engels Angesicht* (V. 15). Es ist auf jeden Fall wichtig, dass der Hohe Rat, der auf den Gefangenen auf der Anklagebank blickte, sein Gesicht wie das eines Engels leuchten sehen sollte, denn genau dasselbe geschah mit dem Gesicht von Mose, als er vom Berg Sinai mit dem Gesetz herabkam.[8] War es nicht Gottes bewusste Absicht, Stephanus, als er angeklagt wurde, dem Gesetz zu widerstehen, dasselbe leuchtende Gesicht zu geben, das er Mose gegeben hatte, als dieser das Gesetz erhielt? Auf diese Weise zeigte Gott, dass sowohl der Dienst von Mose durch das Gesetz als auch die Auslegung des Gesetzes durch Stephanus seine Anerkennung fanden. Gottes Segen über Stephanus ist durchweg offensichtlich: Die Gnade und Kraft seines Dienstes (V. 8), seine unwiderstehliche Weisheit (V. 10) und sein leuchtendes Gesicht (V. 15) waren allesamt Anzeichen dafür, dass das Wohlgefallen Gottes auf ihm ruhte.

5.2 Stephanus verteidigt sich (Apg 7, 1-53)

Viele, die sich mit der Rede des Stephanus befasst haben, haben sie als weitschweifig, langweilig und sogar zusammenhangslos bezeichnet. Ein gutes Beispiel dafür stellt das Vorwort von George Bernard Shaw zu seinem Buch *Androcles and the Lion* (»Androklus und der Löwe«[9]) dar. Er bezeichnet Stephanus als »nahezu unerträglichen jungen Redner« und als »einen taktlosen und eingebildeten Kerl« und beschreibt ihn als einen, der »eine Rede vor dem Hohen Rat hält, in der er ... ihnen einen langweiligen Abriss der Geschichte Israels aufdrängt, mit der sie vermutlich genauso gut vertraut waren wie er«[10]. Andere haben seine Rede nicht nur für langweilig, sondern auch hinsichtlich der Aussage als mangelhaft befunden.

Z. B. schrieb Dibelius von der »Beziehungslosigkeit des allergrößten Teils der Rede«.[11] Derart negative Urteile über die Rhetorik des Stephanus sind jedoch auf keinen Fall überall anzutreffen. William Neil nennt seine Rede sogar eine »scharfsinnige und geschickte Verkündigung des Evangeliums«[12].

Es ist wichtig die Art und Weise sowie die Absicht der Rede des Stephanus zu bedenken. Nachdem zwei schwerwiegende Anklagen gegen ihn erhoben worden waren, stellte ihn der Hohepriester mit der direkten Frage *Ist das so?* zur Rede (V. 1). So musste Stephanus sich selbst gegen sie in der Art und Weise verteidigen, dass er eine Apologie (*apologia)* für sein radikales Evangelium entwickelte. Er wiederholte nicht nur einfach die herausragenden Hauptpunkte der alttestamentlichen Geschichte, mit der der Sanhedrin sicherlich so vertraut war wie er, sondern er leitete Wahrheiten aus ihnen ab, die sie nie gelernt noch beachtet hatten. Sein Anliegen lag darin nachzuweisen, dass sein Standpunkt weit davon entfernt war, »gotteslästerlich« zu sein, weil er gegenüber Gottes Wort respektlos wäre, sondern dass er es in Wahrheit ehrte. Denn das A.T. selbst bekräftigte seine Lehre vom Tempel und dem

Gesetz ebenfalls, indem es den Messias vorhersagte. Stattdessen waren sie es, die das Gesetz missachteten, indem sie den Messias verworfen hatten. Stephanus hatte offenbar das A.T. in sich aufgesogen, denn seine Rede kann als eine Aneinanderreihung von Anspielungen auf dasselbige gedeutet werden.

a. Der Tempel

Die Juden schätzten den Tempel nicht wegen seiner architektonischen Herrlichkeit so hoch, sondern weil Gott versprochen hatte, »seinen Namen daselbst wohnen«[13] zu lassen und seinem Volk dort zu begegnen. Mehrere Psalmen belegen Israels konsequente Liebe zum Tempel. Z. B.: »Eines bitte ich vom Herrn, das hätte ich gerne: dass ich im Hause des Herrn bleiben könne mein Leben lang, zu schauen die schönen Gottesdienste des Herrn und seinen Tempel zu betrachten«[14]. Dies war vollkommen richtig. Doch viele zogen einen falschen Schluss daraus. Sie stellten sich Jahwe als völlig mit dem Tempel identisch vor, sodass die Existenz des Tempels seinen Schutz für sie darstellte. Zugleich würde seine Zerstörung bedeuten, dass er sie verlassen hätte. Die Propheten waren über solche Vorstellungen erbost.[15] Doch schon lange vor ihnen – das hebt Stephanus hervor – hatten die wichtigen Personen des A.T.s niemals daran gedacht, dass Gott in einem Haus eingesperrt wäre.

Stephanus hebt vier Abschnitte der Geschichte Israels hervor, die von vier Hauptpersonen bestimmt waren: Zuerst nennt er Abraham und das Zeitalter der Patriarchen (V. 2-8), dann Josef und das ägyptische Exil (V. 9-19), als Drittes Mose, den Auszug aus Ägypten und die Wüstenwanderung (V. 20-44) und zuletzt David und Salomo und die Begründung der Monarchie (V. 45-50). Was diese vier Epochen verbindet, ist der Umstand, dass in keiner von ihnen Gottes Gegenwart auf einen bestimmten Platz beschränkt war. Im Gegenteil – der Gott des A.T.s war der lebendige Gott, ein Gott, der in

Bewegung und unterwegs war, der immer wieder sein Volk zu neuen Erfahrungen herausforderte und sie begleitete und führte, wenn sie unterwegs waren.

1. Abraham (Apg 7,2-8)

Dies ist die Zusammenfassung des Stephanus über die erste oder auch patriarchalische Epoche, in der Abraham die Hauptfigur war:

(2) Er aber sprach: Liebe Brüder und Väter, hört zu. Der Gott der Herrlichkeit erschien unserm Vater Abraham, als er noch in Mesopotamien war, ehe er in Haran wohnte, (3) und sprach zu ihm: »Geh aus deinem Land und von deiner Verwandtschaft und zieh in das Land, das ich dir zeigen will.« (4) Da ging er aus dem Land der Chaldäer und wohnte in Haran. Und als sein Vater gestorben war, brachte Gott ihn von dort herüber in dies Land, in dem ihr nun wohnt, (5) aber er gab ihm kein Eigentum darin, auch nicht einen Fußbreit, und verhieß ihm, er wolle es ihm und seinen Nachkommen zum Besitz geben, obwohl er noch kein Kind hatte. (6) Denn so sprach Gott: »Deine Nachkommen werden Fremdlinge sein in einem fremden Lande, und man wird sie knechten und misshandeln vierhundert Jahre lang. (7) Aber das Volk, dem sie als Knechte dienen müssen, will ich richten«, sprach Gott, »und danach werden sie ausziehen und mir dienen an dieser Stätte.« (8) Und er gab ihm den Bund der Beschneidung. Und so zeugte er Isaak und beschnitt ihn am achten Tage, und Isaak den Jakob, und Jakob die zwölf Erzväter.

Es ist kein Zufall, dass Stephanus Jahwe als den *Gott der Herrlichkeit* beschreibt, denn seine »Herrlichkeit« ist die Offenbarung seiner selbst. Stephanus nennt einige Details darüber, wie Gott sich selbst Abraham bekannt machte. Als Erstes *erschien* er ihm, *als er noch in Mesopotamien war*, genau gesagt in Ur in Chaldäa[16], wobei er und seine Familie »andern

Göttern« dienten.[17] Doch selbst in dieser götzendienerischen Umgebung erschien Gott und sprach zu Abraham. Er sagte ihm, dass er sich selbst von seinem Haus und Volk lösen und in ein anderes Land wandern sollte, das er ihm später zeigen würde. Manche Kommentatoren meinen, dass Stephanus hierbei einen Fehler gemacht habe, weil sie aus 1. Mose 11, 31 - 12, 1 ableiten würde, dass Abraham der Befehl Gottes in Haran und nicht in Ur gegeben worden war. Doch 1. Mose 12, 1 kann übersetzt werden als »Der Herr *hatte* zu Abram gesagt«, was darauf schließen lässt, dass das, was er ihm in Haran gesagt hatte, tatsächlich eine Bekräftigung dessen war, was er vorher bereits in Ur zu ihm gesagt hatte. Zweifellos bezeichnete Gott sich selbst als »der Herr«, der dich aus Ur in Chaldäa geführt hat, und sowohl Josua und Nehemia bezeugen dies.[18] So verließ Abram Ur *und wohnte in Haran.* Doch von dort *brachte Gott ihn* beim nächsten Reiseabschnitt in das Land Kanaan. Doch *er gab ihm kein Eigentum darin, auch nicht einen Fuß breit.* Stattdessen *verhieß* er ihm, dass seine Nachkommen dieses Land besitzen würden (obwohl er zu dieser Zeit keine Kinder hatte). Gleichzeitig würden sie es nicht sofort in Besitz nehmen, denn seine *Nachkommen werden* zuerst *Fremdlinge sein in einem fremden Lande*, in dem sie *vierhundert Jahre lang* geknechtet und misshandelt würden (Stephanus begnügt sich mit dieser abgerundeten Zahl, obwohl die Sklaverei exakt 430 Jahre andauerte).[19] Selbst während der grausamen Sklaverei vergaß Gott sie nicht noch ließ er sie im Stich. Er griff ein, um das Volk zu *richten*, das sie versklavt hatte, und um sie aus ihrer Knechtschaft zu befreien (V. 7).

Wir können nicht übersehen, wie Stephanus die Initiative Gottes betont. Gott erschien, sprach, sandte, verhieß, bestrafte und befreite. Von Ur nach Haran, von Haran nach Kanaan, von Kanaan nach Ägypten, von Ägypten wieder zurück nach Kanaan – Gott leitete jeden Abschnitt der Wanderung seines Volkes. Obwohl der gesamte fruchtbare Halbmond vom Euphrat bis zum Nil die Umgebung ihrer Wanderung darstellte, war Gott mit ihnen. Warum war dies so? Weil er Abraham *den Bund der Beschneidung* gegeben hatte (V. 8); d. h., er versprach Abraham feierlich, ihn und seine Nachkommenschaft zu segnen, und gab ihm die Beschneidung als Bundeszeichen und um mit ihm den Bund zu besiegeln. Lange bevor es eine heilige Stätte gab, hatte es also heilige Menschen gegeben, denen Gott Zusagen gemacht hatte. Später erneuerte Gott das Versprechen, das er Abraham gegeben hatte, erst gegenüber dessen Sohn Isaak, dann gegenüber dessen Enkelsohn Jakob und daraufhin gegenüber dessen Urenkelsöhnen, den *zwölf Erzvätern* (V. 8b). So leitet Stephanus von Abraham zu Josef über, der zweiten Hauptfigur des A.T.s, die er hier hervorhebt (V. 9-16).

2. *Josef (Apg 7,9-16)*

(9) Und die Erzväter beneideten Josef und verkauften ihn nach Ägypten. Aber Gott war mit ihm (10) und errettete ihn aus aller seiner Bedrängnis und gab ihm Gnade und Weisheit vor dem Pharao, dem König von Ägypten; der setzte ihn zum Regenten über Ägypten und über sein ganzes Haus. (11) Es kam aber eine Hungersnot über ganz Ägypten und Kanaan und eine große Bedrängnis, und unsre Väter fanden keine Nahrung. (12) Jakob aber hörte, dass es in Ägypten Getreide gäbe, und sandte unsre Väter aus zum erstenmal. (13) Und beim zweitenmal gab sich Josef seinen Brüdern zu erkennen; so wurde dem Pharao Josefs Herkunft bekannt. (14) Josef aber sandte aus und ließ seinen Vater Jakob holen und seine ganze Verwandtschaft, fünfundsiebzig Menschen. (15) Und Jakob zog hinab nach Ägypten und starb, er und unsre Väter; (16) und sie wurden nach Sichem herübergebracht und in das Grab gelegt, das Abraham für Geld gekauft hatte von den Söhnen Hamors in Sichem.

Wir merken sofort, dass so, wie Mesopotamien eine unerwartete Umgebung für Gottes Erscheinung gegenüber Abraham war (Apg 7,2), Ägypten ein ebenso unerwarteter Schauplatz für Gottes Handeln mit Josef ist. Sechsmal wiederholt Stephanus in sieben Versen das Wort »Ägypten«, so, als wolle er sicherstellen, dass seine Zuhörer verstehen, wie wichtig dies ist. Ägypten war das »fremde Land«, in dem Abrahams Nachkommen für 400 Jahre Fremde und Sklaven sein würden (V. 6), und der Eifersucht der Erzväter auf ihren jüngeren Bruder Josef war es zu verdanken, dass die »Übersiedlung« überhaupt stattfand (V. 9). Obwohl Josef jetzt ein Fremder und ein Sklave in Ägypten war, war *Gott ... mit ihm* (V. 9). Folglich *errettete* Gott *ihn aus aller seiner Bedrängnis* (die »Bedrängnis« ist ein Euphemismus für seine ungerechte Inhaftierung durch Potifar) *und gab ihm ... Weisheit* (besonders Weisheit, um Träume zu deuten), sodass er *Gnade ... vor dem Pharao* erlangte und zum *Regenten über Ägypten* befördert wurde (V. 10).

Gott war nicht nur mit Josef, sondern auch mit seiner ganzen Familie, denn er bewahrte sie während der Dürrezeit vor dem Hungertod (V. 11). Der Schauplatz dieser Rettung durch Gott war wieder Ägypten. Stephanus stellt in groben Zügen die drei Besuche dar, die die Brüder Josefs Ägypten abstatteten, den ersten mit dem Ziel, Getreide zu bekommen (V. 12), den zweiten, bei dem Josef sich ihnen zu erkennen gibt (V. 13), und den dritten, bei dem sie ihren Vater Jakob zusammen mit ihren Frauen und Kindern mitbringen, was zusammen *fünfundsiebzig Menschen* ergibt (V. 14). Diese Zahl wird in der griechischen Übersetzung, der LXX, zu 1. Mose 46,27 und 2. Mose 1,5 angegeben, obwohl der hebräische Text in beiden Versen 70 hat. Der Unterschied lässt sich wahrscheinlich von daher erklären, ob man Josefs Söhne in der Gesamtzahl mit einschließt oder nicht. Wir können uns nur schwer vorstellen – und auch Stephanus erwähnt dies nicht – was für ein traumatisches Erlebnis diese Reise hinab nach Ägypten für Jakob gewesen sein muss. Mit Sicherheit wusste er, dass der Herr bei einer früheren Hungersnot seinem Vater Isaak ausdrücklich verboten hatte, »... hinab nach Ägypten« zu ziehen, und ihn stattdessen angewiesen hatte, im verheißenen Land zu bleiben.[20] Schloss dieses Verbot auch Jakob ein? Es diente zweifellos dazu, Jakobs Bedenken zu beschwichtigen, dass Gott zu ihm in einer nächtlichen Erscheinung bei Beerscheba, nahe an der Grenze zwischen Kanaan und Ägypten, sagte, dass er sich nicht fürchten solle, »nach Ägypten hinabzuziehen«, weil er mit ihm hinabziehen, ihn dort segnen und schließlich auch wieder zurückbringen würde.[21] So *zog* Jakob *hinab nach Ägypten* (V. 15). Und dort starb er, und dort starben auch alle seine Söhne, weit entfernt vom verheißenen Land, in das sie nicht wieder zurückgekehrt waren. Nur ihre Leichen *wurden ... herübergebracht*, um dort bestattet zu werden (V. 16).

Es gab zwei Beerdigungsstätten der Patriarchen in Kanaan. Die erste war das Feld und die Höhle in Machpela bei Hebron, die Abraham dem Hetiter Efron abgekauft hatte[22]; die zweite war ein Stück Land bei Sichem, das Jakob von den Söhnen Hamors erworben hatte.[23] Einige Kommentatoren haben sich über Stephanus (oder Lukas) lustig gemacht, weil dieser dies vertauscht habe, weil er davon spricht, dass Abraham statt Jakob das Grab bei Sichem gekauft hat. Doch es ist zunächst unwahrscheinlich, dass Stephanus, der das A.T. so genau kannte, dieser Fehler unterlaufen sei. Man sollte besser den Schluss daraus ziehen, dass Jakob die Begräbnisstätte bei Sichem im Namen Abrahams erstanden hat, weil dieser zu dieser Zeit noch am Leben war, oder dass Stephanus – während er einen zusammenfassenden Bericht über die Begräbnisse aller Patriarchen gibt – bewusst die zwei Plätze miteinander »verschmilzt«, weil Jakob auf seinen eigenen Wunsch hin im Feld von Machpela begraben wurde[24], während Josefs Gebeine erst viele Jahre später in Sichem begraben wurden.[25]

3. Mose (Apg 7,17 - 43)

Die dritte heilsgeschichtliche Epoche des Stephanus (V. 17 - 43) ist von Mose bestimmt, durch dessen Dienst Gott seine Verheißungen an Abraham erfüllt, die immer noch offen standen. Vielleicht behandelt Stephanus den Werdegang von Mose (diesen unterteilt er in drei je 40 Jahre lange Abschnitte) länger und ausführlicher als den der anderen, weil er dafür angeklagt worden war, dass er gegen ihn sprechen würde (Apg 6,11). Er lässt seine Richter in keinem Zweifel darüber, dass er großen Respekt vor der Leitung und Gesetzgebung durch Mose hat.

(17) Als nun die Zeit der Verheißung sich nahte, die Gott dem Abraham zugesagt hatte, wuchs das Volk und mehrte sich in Ägypten, (18) bis ein andrer König über Ägypten aufkam, der nichts wusste von Josef. (19) Dieser ging mit Hinterlist vor gegen unser Volk und misshandelte unsre Väter und ließ ihre kleinen Kinder aussetzen, damit sie nicht am Leben blieben. (20) Zu der Zeit wurde Mose geboren, und er war ein schönes Kind vor Gott und wurde drei Monate ernährt im Hause seines Vaters. (21) Als er aber ausgesetzt wurde, nahm ihn die Tochter des Pharao auf und zog ihn auf als ihren Sohn. (22) Und Mose wurde in aller Weisheit der Ägypter gelehrt und war mächtig in Worten und Werken. (23) Als er aber vierzig Jahre alt wurde, gedachte er, nach seinen Brüdern, den Israeliten, zu sehen. (24) Und sah einen Unrecht leiden; da stand er ihm bei und rächte den, dem Leid geschah, und erschlug den Ägypter. (25) Er meinte aber, seine Brüder sollten's verstehen, dass Gott durch seine Hand ihnen Rettung bringe; aber sie verstanden's nicht. (26) Und am nächsten Tag kam er zu ihnen, als sie miteinander stritten, und ermahnte sie, Frieden zu halten, und sprach: Liebe Männer, ihr seid doch Brüder; warum tut einer dem andern Unrecht? (27) Der aber seinem Nächsten Unrecht getan hatte, stieß ihn von sich und sprach: »Wer hat dich zum Aufseher und Richter über uns gesetzt? (28) Willst du mich auch töten, wie du gestern den

Ägypter getötet hast?« (29) Mose aber floh wegen dieser Rede und lebte als Fremdling im Lande Midian; dort zeugte er zwei Söhne.

(30) Und nach vierzig Jahren erschien ihm in der Wüste am Berge Sinai ein Engel in einer Feuerflamme im Dornbusch. (31) Als aber Mose das sah, wunderte er sich über die Erscheinung. Als er aber hinzuging, zu schauen, geschah die Stimme des Herrn zu ihm: (32) »Ich bin der Gott deiner Väter, der Gott Abrahams und Isaaks und Jakobs«. Mose aber fing an zu zittern und wagte nicht hinzuschauen. (33) Aber der Herr sprach zu ihm: »Zieh die Schuhe aus von deinen Füßen; denn die Stätte, auf der du stehst, ist heiliges Land! (34) Ich habe gesehen das Leiden meines Volkes, das in Ägypten ist, und habe sein Seufzen gehört und bin herabgekommen, es zu erretten. Und nun komm her, ich will dich nach Ägypten senden«.

(35) Diesen Mose, den sie verleugnet hatten, als sie sprachen: »Wer hat dich als Aufseher und Richter eingesetzt?«, den sandte Gott als Anführer und Retter durch den Engel, der ihm im Dornbusch erschienen war. (36) Dieser Mose führte sie heraus und tat Wunder und Zeichen in Ägypten, im Roten Meer und in der Wüste vierzig Jahre lang. (37) Dies ist der Mose, der zu den Israeliten gesagt hat: »Einen Propheten wie mich wird euch der Herr, euer Gott, erwecken aus euren Brüdern.« (38) Dieser ist's, der in der Gemeinde in der Wüste stand zwischen dem Engel, der mit ihm redete auf dem Berge Sinai, und unsern Vätern. Dieser empfing Worte des Lebens, um sie uns weiterzugeben. (39) Ihm wollten unsre Väter nicht gehorsam werden, sondern sie stießen ihn von sich und wandten sich in ihrem Herzen wieder Ägypten zu (40) und sprachen zu Aaron: »Mache uns Götter, die vor uns hergehen; denn wir wissen nicht, was diesem Mose, der uns aus dem Lande Ägypten geführt hat, widerfahren ist.« (41) Und sie machten zu der Zeit ein Kalb und opferten dem Götzenbild und freuten sich über das Werk ihrer Hände. (42) Aber Gott wandte sich ab und gab sie dahin, sodass sie dem Heer des Himmels dienten, wie geschrieben steht im Buch der Propheten: »Habt ihr

vom Hause Israel die vierzig Jahre in der Wüste mir je Opfer und Gaben dargebracht? (43) Ihr trugt die Hütte Molochs umher und den Stern des Gottes Räfan, die Bilder, die ihr gemacht hattet, sie anzubeten. Und ich will euch wegführen bis über Babylon hinaus.«

Das israelitische Exil und die Sklaverei in Ägypten dauerten vier schmerzliche Jahrhunderte an. Hatte Gott sein Volk und sein Versprechen, es zu segnen, vergessen? Nein. Er hatte Abraham angekündigt, dass sie 400 Jahre in der Versklavung und Misshandlung verbringen würden (V. 6). Doch nun *nahte* sich schließlich *die Zeit* (die Gott festgelegt hatte, denn Gott ist der Herr der Geschichte) *der Verheißung . . ., die Gott dem Abraham zugesagt hatte* (V. 17a). Gott hatte Abraham eigentlich zwei Versprechen gegeben, nämlich die, ihm sowohl eine Nachkommenschaft (zahlreiche Nachkommen) als auch ein Land (Kanaan) zu geben.[26] Das erste Versprechen erfüllte sich auch während der ägyptischen Gefangenschaft des Volkes, denn es *wuchs das Volk und mehrte sich in Ägypten* (V. 17b). Doch wie würde die Landverheißung sich erfüllen? Erst nach großem Leiden. Denn ein anderer Pharao wurde *König über Ägypten*, der nichts von Josef wusste. Er beutete die Israeliten aus und *misshandelte unsere Väter* und »zwang die Väter, ihre Kinder auszusetzen« (V. 18-19, Schlachter, vgl. Albrecht; HFA; Einh.; GN; GNB).

Zu der Zeit, als das Leiden des Volkes am größten und ihre Aussichten am trübsten waren, *wurde Mose geboren*, der von Gott bestimmte Befreier. Mit »kein gewöhnliches Kind« überträgt die englischsprachige *New International Version* (NIV) einen Ausdruck, der beide Aussagen enthält, sowohl dass er schön war als auch dass er Gott gefiel (V. 20).[27] Die ersten *drei Monate* lang wurde Mose von seiner eigenen Mutter *ernährt*, doch dann wurde er als Adoptivsohn der Tochter des Pharaos im ägyptischen Palast aufgezogen (V. 21). So wurde er *in aller Weisheit der Ägypter gelehrt* und wurde *mächtig in Worten und Werken* (V. 22).

Im Alter von 40 Jahren *gedachte er, nach seinen Brüdern, den Israeliten, zu sehen,* d.h. er wollte ihre Notlage untersuchen und versuchen, diese abzuwenden (V. 23). Als er Zeuge zweier ungerechter Vorfälle wurde, nahm er die Sache selbst in die Hand. Zuerst versuchte er, einen Israeliten zu verteidigen, und tötete den Ägypter, der ihn misshandelt hatte (V. 24). Am folgenden Tag versuchte er, den Streit zweier Israeliten zu schlichten, und forderte sie dazu auf, sich daran zu erinnern, dass sie Brüder seien und sich deshalb nicht gegenseitig verletzen sollten (V. 26). In beiden Fällen meinte er, dass *seine Brüder … verstehen* und anerkennen sollten, dass Gott ihm den Auftrag dazu gegeben hatte, sie zu befreien (V. 25); *aber sie verstanden's nicht.* Stattdessen stellte der Israelit, der den anderen misshandelte, Moses Autorität in Frage, dass er der *Aufseher und Richter* über sie sein sollte, und fragte ihn, ob er ihn genauso töten wollte, wie er vorher den Ägypter getötet hatte (V. 27-28). Beunruhigt dadurch, dass seine Mordtat bekannt geworden war, *floh* Mose nach Midian, wo er *als Fremdling* lebte, heiratete und *zwei Söhne* bekam (V. 29). Dies war der Anfang seines zweiten vierzigjährigen Lebensabschnittes.

Am Ende dieses Abschnittes, als Gott ihm begegnete und ihm seinen Auftrag gab, kam der Wendepunkt seines Lebenslaufs. Sicher, man sagt, dass *ein Engel* Mose *in der Wüste am Berge Sinai … in einer Feuerflamme im Dornbusch* erschien (V. 30). Doch *die Stimme des Herrn* sprach zu ihm und verkündete, dass er *der Gott Abrahams und Isaaks und Jakobs* war, so dass Mose *zu zittern* anfing und nicht *wagte … aufzuschauen* (V. 31-32). Die Stimme Gottes befahl ihm nun, seine Sandalen auszuziehen, weil der Platz, an dem er sich befand, heiliger Boden war, denn er stand in der unmittelbaren Gegenwart des lebendigen Gottes (V. 33). Diese Aussage war für Stephanus entscheidend. Es gab heiligen Boden außerhalb des heiligen Landes. Überall, wo Gott ist, ist das Land heilig. Zudem war derselbe Gott, der Mose in der Wüste in Midian begegnet war, in Ägypten anwesend, denn er hatte *das Leiden* seines Volkes dort *gesehen, sein Seufzen gehört* und war sogar selbst *herabgekommen*, um *es zu erretten*. Und nun sandte er Mose *nach Ägypten*, um ihre Befreiung zu bewirken (V. 34). *Diesen Mose*, den die Israeliten als *Aufseher und Richter* über sie abgelehnt hatten, *sandte Gott als Anführer und Retter durch den Engel, der ihm im Dornbusch erschienen war* (V. 35).

Seinen dritten vierzigjährigen Lebensabschnitt verbrachte Mose in der Wüste, nachdem er das Volk aus Ägypten herausgeführt hatte. Zudem wurde sein einmaliger Dienst als Befreier und Gesetzesgeber *in Ägypten, im Roten Meer und in der Wüste* durch *Zeichen und Wunder* bestätigt (wie auch der ähnlich einmalige Dienst der Apostel) (V. 36). »*Dies ist der Mose*«, so fuhr Stephanus fort, indem er seinen Dienst herausstellen wollte – der Mose, der das Kommen des Messias als einen Propheten, wie er selbst einer war, vorhergesagt hatte[28], der *in der Gemeinde* (*ekklēsia*) *in der Wüste* zusammen mit dem Volk und dem *Engel, der mit ihm redete auf dem Berge Sinai*, war, der *Worte des Lebens* empfing, Weissagungen Gottes, die er an das Volk weitergeben sollte (V. 37-38). Sicherlich (und hier nimmt Stephanus vorweg, wie seine Verteidigungsrede enden wird), dieses Volk, das so sehr bevorzugt war, wollte Gott *nicht gehorsam werden*. Es *wandte* sich nicht nur in ihren Herzen *wieder Ägypten zu*, sondern lehnte Moses Leitung ab und beauftragte Aaron damit, für das Volk Ersatzgötter herzustellen, die vor dem Volk her ins verheißene Land gehen sollten (V. 39-40). Dann *opferten* sie dem Goldenen Kalb und *freuten sich über das Werk ihrer Hände* (V. 41), was Gott schließlich dazu veranlasste, sich von ihnen abzuwenden und sie dahinzugeben, *sodass sie dem Heer des Himmels dienten* (V. 42a). Obwohl Stephanus seine Anklage mit Amos 5 unterstreicht, was ja erst einige Jahrhunderte nach dem Bericht über den Auszug geschrieben war, so bezieht sich diese Stelle dennoch auf den falschen Gottesdienst Israels während der 40 Jahre in der Wüste. Ihre *Opfer und Gaben* brachten sie in Wirklichkeit nicht Jahwe, auch wenn sie dies behaupteten, sondern vielmehr heidnischen Götzen dar (V. 42b-43).

Stephanus hat das Leben und den Dienst von Mose während der ägyptischen, midianitischen und der Wüstenzeit nachgezeichnet und gezeigt, dass Gott zu jeder Zeit und an jedem Ort mit ihm war. Chrysostomus hat die Wichtigkeit dieser Tatsache verstanden. Sowohl als Mose im ägyptischen Palast erzogen wurde und ebenso als Gott ihm in der Wüste von Midian erschien, werden »mit keinem Wort der Tempel, mit keinem Wort Opfer erwähnt« (Chrysostomus wiederholt diesen Satz). Tatsächlich war das »heilige Land« beim brennenden Busch »viel wunderbarer ... als ... das Allerheiligste«, denn nirgends wird erwähnt, dass Gott im Inneren des Tempels in Jerusalem erschienen wäre, wie er es im brennenden Busch getan hatte. Aus der Erfahrung von Mose sollten wir also lernen, dass »Gott überall gegenwärtig ist« und dass »das heilige Land überall dort ist, wo Gott ist«.[29]

4. *David und Salomo*

Im vierten Abschnitt seiner Rede (Apg 7,44-50), der die Niederlassung im verheißenen Land und die Einführung der Monarchie enthält, wird das erste Mal ein religiöses Gebäude erwähnt, nämlich die *Stiftshütte*, die das Volk *in der Wüste* bei sich hatte (V. 44).

(44) Es hatten unsre Väter die Stiftshütte in der Wüste, wie der es angeordnet hatte, der zu Mose redete, dass er sie machen sollte nach dem Vorbild, das er gesehen hatte. (45) Diese übernahmen unsre Väter und brachten sie mit Josua in das Land, das die Heiden innehatten, die Gott vertrieb vor dem Angesicht unsrer Väter, bis zur Zeit Davids. (46) Der fand Gnade bei Gott und bat darum, dass er eine Stätte finden möge für das Haus Jakob. (47) Salomo aber baute ihm ein Haus. (48) Aber der Allerhöchste wohnt nicht in Tempeln, die mit Händen gemacht sind, wie der Prophet spricht: (49) »Der Himmel ist mein Thron und die Erde der Schemel meiner Füße; was wollt ihr mir denn für ein Haus bauen«,

spricht der Herr, »oder was ist die Stätte meiner Ruhe? (50) Hat nicht meine Hand das alles gemacht?«

In seinen Worten über die Stiftshütte und den Tempel äußert sich Stephanus über keines der beiden abfällig. Im Gegenteil, sie werden mit einigen der wichtigsten Namen der israelitischen Geschichte in Verbindung gebracht – Mose, Josua, David und Salomo. Zudem war die Stiftshütte errichtet worden, *wie der es angeordnet hatte, der zu Mose redete*, und zwar *nach dem Vorbild, das er gesehen hatte* (V. 44). Danach *brachten* unsere Väter *sie mit Josua in das Land*, das sie den Völkern abnahmen, die sie enteigneten (V. 45a). Lange Zeit blieb sie im Land als Zentrum des nationalen Lebens, sogar *bis zur Zeit Davids* (V. 45b), der *Gnade bei Gott* fand und um die Erlaubnis bat, Gott eine feste und bleibende *Stätte* zu errichten (V. 46). Doch diese Bitte wurde abgelehnt, und erst *Salomo … baute ihm ein Haus* (V. 47). Bei dieser Geschichte über den Übergang von der Stiftshütte zum Tempel wird Stephanus von manchen so interpretiert, dass er eine besondere Neigung für erstere hatte, weil sie beweglich war. Doch er bringt weder eine Vorliebe für die Stiftshütte noch eine Abneigung gegen den Tempel zum Ausdruck. Denn beide waren in Übereinstimmung mit dem Willen Gottes errichtet worden. Doch widerspricht dies nicht der Behauptung des Stephanus? Nein, denn es war nicht seine Absicht, festzustellen, dass es falsch war, die Stiftshütte oder den Tempel zu erbauen, sondern dass beide niemals buchstäblich als Gottes Wohnung angesehen werden sollten. Denn *der Allerhöchste wohnt nicht in Tempeln, die mit Händen gemacht sind* (V. 48). Diese Überzeugung vertritt auch Paulus gegenüber den Athener Philosophen (Apg 17,24). Und auch wenn diese Ansicht im A.T. nicht mit vielen Worten zum Ausdruck kommt, stimmte Salomo selbst mit ihr überein. Nachdem der Tempel erbaut worden war, betete er: »Aber sollte Gott wirklich auf Erden wohnen? Siehe, der Himmel und aller Himmel Himmel können dich nicht fassen – wie sollte es dann dies Haus tun, das ich gebaut habe?«[30]. Anstatt diesen Vers zu zitieren, nennt Stephanus Jesaja 66, 1-2, wo Gott sagt: »Der Himmel ist mein Thron und die Erde der Schemel meiner Füße! Was ist denn das für ein Haus, das ihr mir bauen könntet, oder welches ist die Stätte, da ich ruhen sollte?«. Gott selbst ist der Schöpfer, wie könnte der Erschaffer aller Dinge in von Menschen erbauten Gebäuden eingesperrt werden? (V. 49-50)

Es ist nicht schwer, die Aussage von Stephanus zu verstehen, denn ein roter Faden zieht sich durch den ersten Teil seiner Verteidigungsrede: Der Gott Israels ist ein »pilgernder Gott« und daher auf keinen Ort zu beschränken. Die wichtigste Behauptung in dieser Rede ist, dass der Gott der Herrlichkeit Abraham erschien, als er sich noch im heidnischen Mesopotamien befand (V. 2); dass Gott sogar dann noch bei Josef war, als er Sklave in Ägypten war (V. 9); dass Gott zu Mose in der Wüste von Midian kam und dabei den Ort zu einem »heiligen Land« erklärte (V. 30, 33); dass, auch wenn Gott in der Wüste »in einem Zelt als Wohnung umhergezogen [ist]«,[31] »der Allerhöchste [doch] nicht in Tempeln [wohnt], die mit Händen gemacht sind« (V. 48). In der Heiligen Schrift selbst wird deutlich, dass Gottes Gegenwart nicht auf einen Ort festgelegt werden kann und dass kein Gebäude ihn einschränken oder sein Handeln gar hindern kann. Wenn er doch eine Wohnung auf der Erde haben sollte, dann bei seinem Volk. Er hat sich ihnen durch einen feierlichen Bund als ihr Gott verpflichtet. Deshalb gilt seinem Bundesversprechen entsprechend: Wo immer sie sind, dort ist auch er.

b. Das Gesetz

Die falschen Zeugen hatten Stephanus zweier Lästerungen beschuldigt, nämlich »zu reden gegen diese heilige Stätte und das Gesetz« (Apg 6, 13). In seiner Entgegnung auf beide Anklagepunkte entfaltete er eine ähnliche Verteidigung, nämlich dass er in jedem Bereich alttestamentlicher war als sie.

Das heißt, das A.T. betonte weniger den Tempel und mehr das Gesetz, als sie es taten. Dieses Argument haben wir in Bezug auf den Tempel verfolgt. Hinsichtlich des Gesetzes dreht er jetzt den Spieß um. Nicht er, so behauptet Stephanus, hat sich respektlos gegenüber dem Gesetz verhalten, sondern sie wie auch schon ihre Vorfahren vor ihnen. Der Angeklagte schlüpft nun in die Rolle des Anklägers.

Dieses Thema hat er in groben Zügen bereits in dem ersten Teil seiner Rede dargestellt. Sein Respekt vor Mose und dem Gesetz war unzweideutig. Seine Anerkennung der göttlichen Berufung von Mose stand außer Frage. Moses Geburt und Erziehung während seiner Kindheit waren von Gott überwacht worden (V. 20 - 22). Seine Berufung kam direkt von Gott, der zu ihm aus dem brennenden Busch sprach (V. 31 - 32). Seine Einsetzung als Anführer und Retter geschah durch Gott selbst (V. 35), und von demselben Gott »empfing [er] Worte des Lebens«, die er an das Volk weitergeben sollte (V. 38). Die schockierende Respektlosigkeit gegenüber Mose ging nicht von Stephanus aus, sondern von den Israeliten selbst. Sie waren es, die ihn nicht als ihren vom Himmel gesandten Erretter erkannten (V. 25), sie »stießen ihn von sich« (V. 27), sie lehnten ihn als Leiter ab (V. 35) und sie »wollten ihm nicht gehorchen«. Stattdessen wandten sie sich in ihren Herzen zurück nach Ägypten und wurden Götzendiener (V. 39ff.). Ähnlich war es bei den Propheten. Stephanus zitiert zwei von ihnen (Amos in den Versen 42 - 43 und Jesaja in den Versen 48 - 50) und pflichtet ihnen bei, denn in beiden Zitaten weisen die Propheten Israel zurecht.

Nachdem er Israels Untreue gegenüber dem Gesetz und den Propheten in der Vergangenheit hervorgehoben hat, fährt Stephanus damit fort, seine Richter derselben Sünde zu überführen.

(51) Ihr Halsstarrigen, mit verstockten Herzen und tauben Ohren, ihr widerstrebt allezeit dem Heiligen Geist, wie eure Väter, so auch ihr. (52) Welchen Propheten haben eure Väter

nicht verfolgt? Und sie haben getötet, die zuvor verkündigten das Kommen des Gerechten, dessen Verräter und Mörder ihr nun geworden seid. (53) Ihr habt das Gesetz empfangen durch Weisung von Engeln und habt's nicht gehalten.

Wir bemerken, wie unerschrocken Stephanus den Sanhedrin *halsstarrig* nennt, das heißt unbeugsam, ein Attribut, das sowohl Mose als auch die Propheten für Israel verwendet haben.[32] Und obwohl sie auf der körperlichen Beschneidung bestanden, so beschreibt er sie als »Unbeschnittene an Herz und Ohren« (Rev. Elb.; JB; Schlachter; vgl. ZB; Meister; Menge; Albrecht), mit einem weiteren Ausdruck, der bei Mose und den Propheten üblich war[33] und der andeutete, dass sie Heiden im Bezug auf ihr Herz und taub für die Wahrheit waren. Tatsächlich sagte Stephanus zu ihnen im Bezug auf ihre eigensinnige Ablehnung des Wortes Gottes Folgendes: *wie eure Väter, so auch ihr* (V. 51).

Indem er seine Anklage durch genauere Details auf den Punkt bringt, erklärt Stephanus sie für schuldig in Bezug auf ihre Sünde gegen den Heiligen Geist, den Messias und das Gesetz: 1. *Ihr widerstrebt allezeit dem Heiligen Geist* (V. 51), indem ihr seine Forderungen ablehnt. 2. Während ihre Vorfahren jeden Propheten verfolgt[34] und sogar die *getötet* hatten, *die zuvor verkündigten das Kommen des Gerechten*, waren sie selbst noch schlimmer als sie, denn sie waren *Verräter und Mörder* desjenigen geworden, den die Propheten vorhergesagt hatten (V. 52). 3. Obwohl sie dadurch besonders bevorzugt waren, dass sie durch die Vermittlung von Engeln das Gesetz erhalten hatten, haben sie es doch *nicht gehalten* (V. 53).

Die Rede des Stephanus war weniger eine Verteidigung seiner selbst als ein Zeugnis für Christus. Sein Hauptthema war positiv, nämlich dass der Messias Jesus gekommen war, um den Tempel zu ersetzen und das Gesetz zu erfüllen, die beide Zeugnis für ihn ablegten. Calvin drückte dies so aus: »Dies führt zu dem Schluss, dass dem Tempel und Gesetz kein

Unrecht geschieht, wenn man Christus als beider Zweck und Wahrheit in die Mitte stellt«[35].

5.3 Stephanus wird gesteinigt (Apg 7, 54 - 60)

(54) Als sie das hörten, ging's ihnen durchs Herz und sie knirschten mit den Zähnen über ihn. (55) Er aber, voll Heiligen Geistes, sah auf zum Himmel und sah die Herrlichkeit Gottes und Jesus stehen zur Rechten Gottes (56) und sprach: Siehe, ich sehe den Himmel offen und den Menschensohn zur Rechten Gottes stehen. (57) Sie schrien aber laut und hielten sich ihre Ohren zu und stürmten einmütig auf ihn ein, (58) stießen ihn zur Stadt hinaus und steinigten ihn. Und die Zeugen legten ihre Kleider ab zu den Füßen eines jungen Mannes, der hieß Saulus, (59) und sie steinigten Stephanus; der rief den Herrn an und sprach: Herr Jesus, nimm meinen Geist auf! (60) Er fiel auf die Knie und schrie laut: Herr, rechne ihnen diese Sünde nicht an! Und als er das gesagt hatte, verschied er.

Stephanus war dazu bereit, der erste wahre Märtyrer (*martys*) zu sein, der sein Zeugnis mit seinem Blut besiegelte. Sein Tod war von der Person Christi geprägt. Lukas berichtet von drei weiteren Sätzen, die er noch sagte; der erste von ihnen bezog sich auf Christus, die übrigen zwei waren an Christus selbst gerichtet.

Als der Sanhedrin, der durch die Anschuldigungen des Stephanus wütend geworden war, mit den Zähnen über ihn knirschte (V. 54), die Zähne fletschte wie ein wildes Tier, hatte Stephanus, der vom Heiligen Geist erfüllt war, eine Erscheinung der Herrlichkeit Gottes (V. 55) und rief aus: »*Siehe, ich sehe den Himmel offen und den Menschensohn zur Rechten Gottes stehen*« (V. 56). Es wurden viele Vermutungen darüber geäußert, warum Jesus zur Rechten Gottes stand (wiederholt in den Versen 55 und 56) und nicht saß.[36] Es mag sein, dass der Menschensohn, der in Daniels Vision[37] in die Gegenwart

Gottes geführt wurde, vor ihm stand, um Autorität und Macht zu erhalten. Doch es ist wahrscheinlicher, dass sich Christus eher Stephanus direkt zuwandte und dass er entweder als sein himmlischer Fürsprecher aufstand oder um ihn als ersten Märtyrer willkommen zu heißen. F. F. Bruce formulierte es so: »Stephanus hat Christus vor den Menschen bezeugt, und jetzt sieht er wiederum, wie Christus seinen Diener vor Gott bezeugt«[38].

Der Hohe Rat wollte auf keinen Fall das Zeugnis des Stephanus über die Erhöhung Jesu anhören, sie *hielten sich die Ohren zu* und versuchten, seine Stimme durch Schreien zu übertönen. Schlimmer noch, sie waren dazu entschlossen, ihn zum Schweigen zu bringen. So *stürmten* sie *einmütig auf ihn ein* (V. 57), *stießen ihn zur Stadt hinaus und steinigten ihn* (V. 58a). Weil die Römer den Juden das Recht entzogen hatten, die Todesstrafe durchzuführen[39], scheint es so, dass es sich bei der Steinigung des Stephanus eher um Lynchjustiz als um eine offizielle Hinrichtung gehandelt hat. Doch gab es eine gewisse Ähnlichkeit mit dem geltenden Recht, denn nach dem Gesetz[40] mussten die Ersten, die begannen, die verurteilte Person zu steinigen, »die Zeugen« sein, d. h. die Ankläger; in dem Fall des Stephanus waren dies die falschen Zeugen aus Apostelgeschichte 6, 13 oder die Mitglieder des Sanhedrin. Wie es auch sei – sie *legten ihre Kleider ab zu den Füßen eines jungen Mannes, der hieß Saulus* (V. 58b), ein Erlebnis, das er niemals vergessen würde (Apg 22, 20). So führt Lukas beiläufig den Mann in seine Erzählung ein, der sie bald allein bestimmen würde.

Während er gesteinigt wurde, sagte Stephanus einen zweiten Satz: *»Herr Jesus, nimm meinen Geist auf!«* (V. 59). Sein Gebet ähnelt dem, was Lukas als Gebet Jesu kurz vor dessen Tod festhält: »Vater, ich befehle meinen Geist in deine Hände!«[41]. Doch dies sollte noch nicht das letzte Wort von Stephanus gewesen sein. Als er *auf die Knie* fiel, sagte er einen dritten Satz. Er *schrie laut*: *»Herr, rechne ihnen diese Sünde nicht an!«* (V. 60a). Dies erinnert auch an das erste Wort, das Jesus nach dem Bericht des Lukas am Kreuz spricht: »Vater, vergib ihnen, denn sie wissen nicht, was sie tun!«[42]. Egal, ob Stephanus bewusst seinen Herrn nachahmte oder ob Lukas diese Tatsache besonders beachtete und hervorhob – es gibt einige Parallelen zwischen dem Tod Jesu und dem von Stephanus. In beiden Fällen wurden falsche Zeugen herbeigeschafft, und in beiden Fällen lautete die Anklage auf Gotteslästerung. In beiden Fällen war die Hinrichtung von zwei Gebeten begleitet, jeder betete um Vergebung für die Vollstrecker der Hinrichtung und bei seinem Tod um die Annahme seines Geistes. So spiegelte der Jünger – ob bewusst oder unbewusst – seinen Herrn wider. Der einzige Unterschied liegt darin, dass Jesus seine Gebete an den Vater richtete, während Stephanus sich an Jesus wandte, ihn »Herrn« nennt und ihn damit auf eine Stufe mit Gott stellt.

Lukas schließt seinen Bericht mit der drastischen Gegenüberstellung von Stephanus und Saulus ab. Stephanus *verschied* (V. 60b), was für Bengel »[e]in wehmütig-lieblicher Ausdruck« ist.[43] F. F. Bruce nennt dies »eine unerwartet schöne und friedvolle Beschreibung eines solch brutalen Todes«.[44] Im Gegensatz dazu *hatte* Saulus *Gefallen an seinem Tode* (Apg 8, 1a). Wir werden später noch auf den Einfluss von Stephanus auf Saulus zurückkommen. Zum gegenwärtigen Zeitpunkt soll es genügen, zu bemerken, wie leuchtend sich der ruhige Glaube des Stephanus von dem dunklen Hintergrund der mordlustigen Wut des Saulus abhebt (Apg 8, 1.3).

5.4 Schlussfolgerung

Die meisten Menschen interessiert an Stephanus allein die Tatsache, dass er der erste christliche Märtyrer war. Doch das wichtigste Anliegen des Lukas ist ein ganz anderes. Er betont, was für eine grundlegende Funktion Stephanus sowohl durch seine Lehre als auch durch seinen Tod bei der Entwicklung der weltweiten christlichen Mission innehatte.

Die Lehre des Stephanus, die falsch als »Lästerung« gegen den Tempel und das Gesetz verstanden wurde, bestand darin, dass Jesus (so wie er es selbst behauptet hatte) die Erfüllung von beidem darstellte. Bereits im A.T. war Gott mit seinem Volk verbunden – egal, wo es sich befand – und nicht etwa mit Gebäuden. Und so ist Jesus jetzt bereit, sein Volk dorthin zu begleiten, wo es auch immer hingeht. Wenn Paulus und Barnabas sich bald in unbekannte Gebiete hinein aufmachen, sich auf die erste Missionsreise begeben, werden sie (wie vorher Abraham, Josef und Mose) feststellen, dass Gott mit ihnen ist. Genau das berichten sie bei ihrer Rückkehr (Apg 14,27; 15,12). Diese Gewissheit ist in der Tat für die Mission unerlässlich. Umwälzungen sind für uns alle schmerzlich, besonders dann, wenn es unsere hochgeschätzten Gebäude und Gewohnheiten betrifft. Natürlich sollten wir nicht einfach Veränderungen nur um der Veränderungen willen anstreben. Doch wirklicher christlicher Radikalismus ist für Wandlung offen. Er ist sich dessen sicher, dass Gott sich selbst seiner Gemeinde (mit dem Versprechen, sie nie zu verlassen) und seinem Wort (mit dem Versprechen, dass es nie vergehen wird) verpflichtet hat. Doch Gottes Gemeinde besteht aus Menschen und nicht aus Gebäuden. Und Gottes Wort ist die Heilige Schrift und nicht Traditionen. So lange, wie diese Grundlage bewahrt bleibt, können Gebäude und Traditionen bei Bedarf abgeschafft werden. Wir dürfen nicht zulassen, dass sie den lebendigen Gott einsperren oder die Mission in der Welt behindern.

Das Martyrium des Stephanus verstärkt den Einfluss seiner Lehre. Es hat nicht nur Saulus von Tarsus tief beeindruckt und zu seiner Bekehrung beigetragen, die ja schließlich dazu führte, dass er der Apostel für die Heiden wurde, sondern er hat auch »eine große Verfolgung« verursacht, die wiederum der Anlass wurde, dass die Jünger »in die Länder Judäa und Samarien« zerstreut wurden (Apg 8,1b).

Die Gemeinde war durch das Martyrium des Stephanus und den gewaltsamen Widerstand, der darauf folgte, geschockt, ja sogar betäubt. Doch mit dem Vorteil, das Ganze im Rückblick betrachten zu können, sehen wir, dass Gottes Vorsehung das Zeugnis des Stephanus in Wort und Tat – durch Leben und Tod – dazu benutzte, die Mission der Gemeinde Jesu voranzutreiben.

6. Der Evangelist Philippus (Apg 8,1-40)

Lukas scheint Stephanus und Philippus als ein Paar betrachtet zu haben. Beide Männer gehörten zu den sieben Armenpflegern und trugen so die Verantwortung für soziale Angelegenheiten in der Jerusalemer Gemeinde (Apg 6,5). Doch beide waren auch predigende Evangelisten (Apg 6,10; 8,5), und beide vollbrachten öffentliche Zeichen und Wunder (Apg 6,8; 8,6). Zudem sah Lukas den Dienst beider Männer als einen Beitrag dazu an, den Weg zur Heidenmission zu ebnen. Der Anteil des Stephanus bestand in seiner Lehre über den Tempel, das Gesetz und Christus sowie in den Auswirkungen, die sein Martyrium hatte, während der Beitrag des Philippus darin lag, freimütig die Samaritaner und einen äthiopischen Hofbeamten zu missionieren. Die Juden betrachteten nämlich die Samaritaner als häretische Außenseiter und Äthiopien als »die äußerste Grenze der bewohnbaren Welt im heißen Süden«.[1]

Eine bemerkenswerte Besonderheit dieses Kapitels besteht darin, wie zwei ausgesprochen christliche Wörter für Evangelisation gebraucht werden. Lukas hatte bereits beschrieben, dass die Apostel Christus bezeugten, indem sie ihre Botschaft verkündigten (*katangellein*, Apg 4,2), sich selbst dem Dienst am Wort Gottes hingaben und die Menschen lehrten. Doch an dieser Stelle führt er das Verb *kēryssō* (»bekannt machen, laut verkündigen«)[2], als er sich auf die Verkündigung Christi des Philippus bezieht (Apg 8,5), und das Verb *euangelizō* (»e[ine] gute Botschaft bringen, e[ine] freudige Nachricht, Gutes verkündigen«)[3] ein. Das zweite Verb hat er bereits einmal zuvor verwendet (Apg 5,42), doch in diesem Kapitel kommt es fünfmal vor. Zweimal stellen die Städte oder Orte, die missioniert werden, das Objekt dar (Apg 8,25.40), während bei den anderen drei Vorkommen das Objekt die Botschaft an sich ist, nämlich »das Wort« (Apg 8,4), die gute Nachricht »von dem Reich Gottes« und der Name Jesu Christi

(Apg 8, 12) oder einfach »Jesus« selbst (Apg 8, 35). Dies ist eine heilsame Erinnerung daran, dass es keine Evangelisation ohne Evangelium geben kann und dass die christliche Evangelisation die gute Nachricht von Jesus Christus voraussetzt. Eine wirkungsvolle Evangelisation wird nur dann möglich sein, wenn die Gemeinde sowohl das biblische Evangelium als auch das frohe Vertrauen in seine Wahrheit, Bedeutsamkeit und Macht wiedererlangt.

In den ersten vier Versen schildert Lukas nun die Rahmenbedingungen für die evangelistischen Aktivitäten von Philippus, von denen er berichten wird. Er beginnt mit der Aussage: *Saulus aber hatte Gefallen an seinem Tode* (d. h. des Stephanus; V. 1a). Es scheint, als ob Lukas seine Aufmerksamkeit hier auf eine dreifache Verbindung von Ursache und Wirkung richten möchte:

1. Das Martyrium des Stephanus brachte *eine große Verfolgung über die Gemeinde in Jerusalem* mit sich. Sie begann *an diesem Tag*, dem Tag, an dem Stephanus starb, und sie *erhob sich* mit der rauen Gewalt eines plötzlich aufkommenden Sturmes (V. 1b). Sicherlich leistete nicht jeder Einwohner der Stadt Widerstand, denn es gab *gottesfürchtige Männer* (wahrscheinlich sind eher fromme Juden als Gläubige gemeint), die Stephanus *bestatteten und eine große Klage über ihn hielten* (V. 2) und seinen nicht gerechtfertigten Tod bedauerten. Sie werden ein beachtenswertes persönliches Risiko auf sich genommen haben, weil sie sich so auf seine Seite stellten. Im Gegensatz dazu versuchte nun Saulus, der an der Steinigung von Stephanus Gefallen gehabt hatte (Apg 8, 1a; vgl. 22, 20), *die Gemeinde zu zerstören* (V. 3a). Das Verb *lumainō* drückt eine »unmenschliche und sadistische Grausamkeit« aus.[4] Indem er *von Haus zu Haus* ging und jedes durchsuchte, *schleppte* er *Männer und Frauen fort und warf sie ins Gefängnis* (V. 3b). Er verschonte nicht nur die Frauen nicht, nein, er hörte auch nicht damit auf, seinen Opfern nach dem Leben zu trachten – und stellte auch sicher, dass sie getötet wurden (Apg 9, 1; 22, 4; 26, 10). Saulus von Tarsus hatte Blut an seinen

Händen, denn einige andere folgten Stephanus ins Martyrium.

2. Die große Verfolgung führte zu einer weiten Zerstreuung: *da zerstreuten sich alle in die Länder Judäa und Samarien, außer den Aposteln* (V. 1c). Lukas erinnert daran, wie der auferstandene Herr seinen Nachfolgern befohlen hatte, seine Zeugen »in ganz Judäa und Samarien« zu sein (Apg 1, 8), wie auch schon in Jerusalem. Nun legt er dar, wie der Auftrag als Auswirkung der Verfolgung erfüllt wurde. Uns ist die jüdische Diaspora wohl bekannt, die zur Ausbreitung des Judentums geführt hatte: »Dies war der Anfang der Zerstreuung des neuen Israel«[5], was zur Verbreitung des Evangeliums führte. Die Rede von Stephanus war wahrlich eine prophetische Rede. Jetzt beginnen Jerusalem und der Tempel aus dem Blick zu verschwinden, als Christus sein Volk herausruft und sie begleitet. Die Apostel werden nicht dafür getadelt, dass sie zurückgeblieben sind. Noch für eine Weile würde Jerusalem das Zentrum für die neue christliche Gemeinschaft sein und offenbar sahen sie es als ihre Pflicht an, dort zu bleiben. Zudem wäre es für sie sehr gefährlich gewesen, Jerusalem zu verlassen, auch wenn sich die Verfolgung eher gegen »Hellenisten« wie Stephanus richtete als gegen die »Hebräer«, wie sie es waren.

3. Wenn das Martyrium des Stephanus zur Verfolgung führte und die Verfolgung schließlich zur Zerstreuung, so hatte die Zerstreuung nun zur Folge, dass sich das Evangelium weit verbreitete. Der Zerstreuung der Christen wiederum folgte die Ausstreuung des guten Samens des Evangeliums. Denn denen, die auf ihrer Flucht *nun zerstreut worden waren*, lag es ferne, sich versteckt zu halten oder sich in ein vorsichtiges Schweigen zu hüllen. Sie *zogen umher und predigten das Wort* (V. 4). Bis zu diesem Zeitpunkt waren es die Apostel gewesen, die die Evangelisation anleiteten, dem Verbot, der Gewalt und den Drohungen des Sanhedrin zum Trotz. Jetzt aber, als die Apostel in Jerusalem blieben, nahmen die Gläubigen allgemein die Aufgabe der Evangelisation wahr.

Es wurden nicht alle vollzeitliche »Prediger« oder »Missionare«. Die Aussage, dass sie das Wort *predigten*, mag da irreführen. Der griechische Ausdruck muss nicht notwendigerweise mehr aussagen, als dass sie »die gute Nachricht weitererzählten«. Philippus würde bald den samaritanischen Menschenmengen predigen (V. 6), doch ist es besser, wenn man sich die anderen Flüchtlinge als Laien-Zeugen vorstellt (»namenlose Laienmissionare«)[6].

Es wird deutlich, dass der Teufel (der hinter der Verfolgung der Gemeinde steckt) übers Ziel hinausgeschossen ist. Sein Angriff hatte genau das Gegenteil von dem zur Folge, was er eigentlich hatte bewirken wollen. Statt dass das Evangelium erstickt wurde, bewirkte die Verfolgung nur, dass es sich weiter ausbreitete. Bengel kommentiert dies mit den Worten: »Der Wind facht die Flamme noch mehr an«[7]. Eine aufschlussreiche Parallele finden wir in dem, was sich 1949 in China ereignete, als die Nationalregierung von den Kommunisten gestürzt wurde: 637 Missionare der China-Inland-Mission mussten das Land verlassen. Dies schien eine totale Katastrophe zu sein. Doch innerhalb von vier Jahren wurden 286 von ihnen nach Südostasien und Japan verlegt, während die einheimischen Christen in China sich auch unter harter Verfolgung vervielfachten und es nun über dreißig- bis vierzigmal so viele Christen gibt wie zu der Zeit, als die Missionare das Land verlassen mussten (die exakten Zahlen sind uns leider nicht bekannt).

Nachdem er in den ersten vier Versen des Kapitels die Rahmenbedingungen geschildert hat, stellt Lukas nun zwei Beispiele für die frühe christliche Mission dar, wobei Philippus in beiden als Protagonist dient. Vielleicht hat Lukas die Tatsachen aus dem Mund von ihm selbst gehört, denn etwa 20 Jahre später hielt er sich ja in dessen Haus in Cäsarea auf (Apg 21, 8).

6.1 Der Evangelist Philippus und eine samaritanische Stadt (Apg 8,5-25)

(5) Philippus aber kam hinab in die Hauptstadt Samariens und predigte ihnen von Christus. (6) Und das Volk neigte einmütig dem zu, was Philippus sagte, als sie ihm zuhörten und die Zeichen sahen, die er tat. (7) Denn die unreinen Geister fuhren aus mit großem Geschrei aus vielen Besessenen, auch viele Gelähmte und Verkrüppelte wurden gesund gemacht; (8) und es entstand große Freude in dieser Stadt.

(9) Es war aber ein Mann mit Namen Simon, der zuvor in der Stadt Zauberei trieb und das Volk von Samaria in seinen Bann zog, weil er vorgab, er wäre etwas Großes. (10) Und alle hingen ihm an, Klein und Groß, und sprachen: Dieser ist die Kraft Gottes, die die Große genannt wird. (11) Sie hingen ihm aber an, weil er sie lange Zeit mit seiner Zauberei in seinen Bann gezogen hatte. (12) Als sie aber den Predigten des Philippus von dem Reich Gottes und von dem Namen Jesu Christi glaubten, ließen sich taufen Männer und Frauen. (13) Da wurde auch Simon gläubig und ließ sich taufen und hielt sich zu Philippus. Und als er die Zeichen und großen Taten sah, die geschahen, geriet er außer sich vor Staunen.

(14) Als aber die Apostel in Jerusalem hörten, dass Samarien das Wort Gottes angenommen hatte, sandten sie zu ihnen Petrus und Johannes. (15) Die kamen hinab und beteten für sie, dass sie den Heiligen Geist empfingen. (16) Denn er war noch auf keinen von ihnen gefallen, sondern sie waren allein getauft auf den Namen des Herrn Jesus. (17) Da legten sie die Hände auf sie und sie empfingen den Heiligen Geist.

(18) Als aber Simon sah, dass der Geist gegeben wurde, wenn die Apostel die Hände auflegten, bot er ihnen Geld an (19) und sprach: Gebt auch mir die Macht, damit jeder, dem ich die Hände auflege, den Heiligen Geist empfange. (20) Petrus aber sprach zu ihm: Dass du verdammt werdest mitsamt deinem Geld, weil du meinst, Gottes Gabe werde durch Geld erlangt. (21) Du hast weder Anteil noch Anrecht an dieser Sache; denn dein Herz ist nicht rechtschaffen vor Gott. (22) Darum tu Buße für

diese deine Bosheit und flehe zum Herrn, ob dir das Trachten deines Herzens vergeben werden könne. (23) Denn ich sehe, dass du voll bitterer Galle bist und verstrickt in Ungerechtigkeit. (24) Da antwortete Simon und sprach: Bittet ihr den Herrn für mich, dass nichts von dem über mich komme, was ihr gesagt habt. (25) Als sie nun das Wort des Herrn bezeugt und geredet hatten, kehrten sie wieder um nach Jerusalem und predigten das Evangelium in vielen Dörfern der Samariter.

Es ist für uns nur schwer nachvollziehbar, welcher Mut für Philippus notwendig war, um den Schritt zu wagen, das Evangelium in Samarien zu predigen. Denn schon seit 1000 Jahren hatte zwischen den Juden und den Samaritanern Feindschaft geherrscht. Es begann mit der Teilung der Monarchie im 10. Jh. v. Chr., als 10 Stämme abtrünnig wurden, Samaria zu ihrer Hauptstadt machten und nur zwei Stämme Jerusalem treu blieben. Das Verhältnis wurde stetig schlechter, als Samaria 722 v. Chr. von Assyrien in die Gefangenschaft geführt wurde – Tausende von Samarias Einwohnern wurden weggeführt und das Land bewohnten anschließend Fremde. Als die Juden im 6. Jh. v. Chr. in ihr Land zurückkehrten, lehnten sie die Hilfe der Samaritaner bei der Wiedererrichtung des Tempels ab. Erst im 4. Jh. v. Chr. verhärtete sich schließlich die Trennung von den Samaritanern, als sie sich ihren »Gegentempel« auf dem Berg Garizim errichteten und das A.T. mit Ausnahme des Pentateuch, der fünf Bücher Mose, ablehnten. Die Samaritaner wurden von den Juden als Bastarde hinsichtlich der Rasse und Religion und als Häretiker und Schismatiker verachtet. Johannes fasste die ganze Situation mit der einfachen Aussage zusammen, dass »die Juden ... keine Gemeinschaft mit den Samaritanern« haben.[8] Doch bereits im Evangelium des Lukas wird deutlich, dass Jesus Sympathie für sie hegte.[9] Nun in Apostelgeschichte 8 ist Lukas offensichtlich von der Evangelisation der Samaritaner und ihrer Integration in die messianische Gemeinschaft begeistert.

Es ist unklar, in welcher Stadt Philippus evangelisierte, denn manche Handschriften lesen »*eine* Stadt in Samaria« (wie die Übersetzung von Schlachter, die Rev. Elb.; vgl. JB) und andere »*die* Stadt Samaria« (Albrecht). Die besser bezeugte Lesart hat den bestimmten Artikel, wobei in diesem Fall »die Stadt« (vermutlich ist damit die »Hauptstadt« gemeint; vgl. Luther '84, Menge, Einh., ZB) wahrscheinlich die alttestamentliche Stadt mit dem Namen Samaria war – diese hatte Herodes der Große zu Ehren von Kaiser Augustus in »Sebastos« umbenannt – oder das alte Sichem, welches damals »Neapolis« genannt wurde und heute »Nablus« heißt. Andererseits kann auch »eine Stadt in [der Provinz] Samaria« korrekt sein, denn weder in diesem Vers noch in Vers 25 scheint Lukas die fragliche Stadt oder die fraglichen Orte klar zu identifizieren.

Lukas liegt eher daran, uns zu berichten, was sich in der Stadt ereignete. Er entfaltet die Geschichte in fünf Akten.

a. Philippus evangelisiert in der Stadt (Apg 8,5-8)

Der Evangelist *predigte* den Samaritanern *von Christus* (V. 5), weil sie auch einen Messias erwarteten[10], und tat *Zeichen* (V. 6), er trieb unreine Geister aus, die ihre Opfer *mit großem Geschrei* verließen und heilte *viele Gelähmte und Verkrüppelte* (V. 7). Manche denken, dass diese Wunder spezifisch für Philippus waren, andere meinen, dass sie für die Evangelisation üblich sind. Mit Sicherheit kann gesagt werden, dass die Heilige Schrift nicht dazu berechtigt, Wunder als auf die Apostel beschränkt anzusehen, denn weder Stephanus noch Philippus waren Apostel. Jedenfalls *neigte* sich *das Volk ... einmütig dem zu, was Philippus sagte* (V. 6), als sie die Botschaft hörten und seine Wundertaten sahen. Und die Verbindung von Heil und Heilungen brachte der Stadt *große Freude* (V. 8).

b. Der Zauberer Simon bekennt sich zum Glauben (Apg 8, 9 - 13)

Bevor Philippus in der Stadt angekommen war, hatte diese unter einem ganz anderen Einfluss gestanden. *Ein Mann mit Namen Simon* hatte *in der Stadt Zauberei* getrieben. Er hatte *das Volk von Samaria in seinen Bann* gezogen (V. 9), sogar das Volk in der Umgebung der Stadt – nicht nur durch seine magischen Künste (V. 11), sondern auch durch seine außergewöhnlichen Behauptungen (V. 9). Denn er gab vor, *er wäre etwas Großes*, sogar »etwas Besonderes« (HFA). *Und alle hingen ihm an, Klein und Groß*, »alle[n] Schichten der Bevölkerung« – sie schienen sehr leichtgläubige Menschen zu sein – und sagten, dass *dieser ... die Kraft Gottes* ist, *die die Große genannt wird* (V. 10). Die Kommentatoren sind sich über die Bedeutung dieses Satzes nicht einig. Haenchen vermutet: »Die ›große Kraft‹ ist nicht eine Kraft Gottes, sondern die höchste Gottheit selbst«, und »Simon hat behauptet, es [das höchste Gottwesen] sei in ihm zur Erlösung der Menschen herabgekommen«.[11] Andere halten es für wahrscheinlicher, dass Simon sich selbst für eine Emanation oder Stellvertreter eines göttlichen Wesens hielt und auch als ein solcher betrachtet wurde. Zweifellos beschrieb Justin der Märtyrer, der selbst aus Samaria kam, im 2. Jh. n. Chr. »einen gewissen Samaritaner Simon«, der »durch seine Zauberkunst viele bedrückte«, sodass nicht nur »fast alle Samaritaner ... ihn als den höchsten Gott« verehrten, sondern auch einige in Rom, die ihm zu Ehren eine Statue errichteten.[12] Am Ende des 2. Jh. n. Chr. stellt Irenäus ihn als einen solchen Menschen dar, »der von vielen wie ein Gott verehrt wurde« und als denjenigen, »von dem sämtliche Sekten abstammen«[13], während er im 3. Jh. n. Chr. als der Urheber der Gnosis und der Erzfeind des Apostels Petrus angesehen wurde. Doch dies entspricht eher der Phantasie als der realen Geschichte.

In Samarien jedoch sah Simon sich von Philippus herausgefordert. Die Wunder konkurrierten nicht nur mit der Zauberei Simons. Vielmehr predigte Philippus *von dem Reich*

Gottes und von dem Namen Jesu Christi (V. 12), während Simon nur sich selbst rühmte. Zunächst »neigte sich das Volk einmütig dem zu, was Philippus sagte« (V. 6a), dann *glaubte* es Philippus (V. 12). Lukas meint wahrscheinlich, dass sie dem Evangelium des Philippus glaubten, dass sie sich mit anderen Worten bekehrten, denn Männer und Frauen *ließen sich taufen* (V. 12b). Weniger eindeutig ist, was unter der nächsten Aussage des Lukas zu verstehen ist: *Da wurde auch Simon gläubig und ließ sich taufen und hielt sich zu Philippus. Und als er die Zeichen und großen Taten sah, die geschahen, geriet er außer sich vor Staunen* (V. 13). Er, der andere in Erstaunen versetzt hatte, wurde nun selbst in Erstaunen versetzt. Wir müssen nicht vermuten, dass er den Glauben nur vortäuschte oder dass er andererseits rettenden Glauben besaß, denn Petrus erklärt später, dass er »nicht rechtschaffen vor Gott« war (V. 21). Calvin schlägt vor, dass wir eine Mittelposition annehmen sollten, nämlich dass »es ein Mittleres zwischen Glauben und reiner Heuchelei gibt«.[14] Wahrscheinlich »glaubte der Zauberer all den Erscheinungen, wie es auch die Übrigen taten; er täuschte Glauben vor, war aus der Sicht der anderen ein normaler Bekehrter, indem er sich dem Ritus der Taufe unterzog«.[15] Die Sprache des N.T.s unterscheidet nicht immer deutlich zwischen echtem und vorgetäuschtem Glauben.[16]

c. Die Apostel senden Petrus und Johannes (Apg 8, 14 - 17)

Die Apostel in Jerusalem hörten, dass Samarien das Wort Gottes angenommen hatte (V. 14). Dies ist mehr als ein Tatsachenbericht. Es hat den Anschein, dass Lukas durch einen nahezu »technischen Begriff« anzeigt, dass der Vormarsch des Evangeliums eine wichtige neue Phase erreicht hat. Dieser Satz bezieht sich auf Pfingsten, als 3000 Juden das »Wort annahmen«, welches Petrus ihnen verkündigt hatte (Apg 2, 41). Und er wird es erneut nach der Bekehrung des Kornelius verwenden, als die Apostel hörten, dass »auch die Heiden Gottes

Wort angenommen hatten« (Apg 11, 1). Zudem spielt Petrus bei diesen drei Entwicklungsstufen eine entscheidende Rolle, so gebraucht er die Schlüssel des Himmelreiches – auch wenn Lukas darauf nicht ausdrücklich verweist –, um es mit Erfolg für Juden, Samaritaner und Heiden zu öffnen.

Als die Apostel von der Bekehrung der Samaritaner hörten, *sandten sie* zwei *zu ihnen »Petrus und Johannes«*, damit sie weitere Nachforschungen anstellten (V. 14). Es ist besonders angemessen, dass einer der beiden Johannes war, denn Lukas beschreibt ihn in seinem Evangelium als solchen, der in einer bestimmten Situation Feuer vom Himmel herabrufen wollte, das eine samaritanische Stadt verschlingen sollte.[17] Nun möchte er sehen, wie die Samaritaner nicht vernichtet, sondern errettet wurden. Als sie hinabkamen, erkannten sie (wir erfahren nicht wie), dass die Samaritaner zwar das Evangelium und die Taufe angenommen, jedoch nicht den Heiligen Geist empfangen hatten. So *beteten* sie *für sie, dass sie den Heiligen Geist empfingen* (V. 15), denn, so erklärt Lukas, *er war noch auf keinen von ihnen gefallen, sondern sie waren allein getauft auf den Namen* (d. h. auf die Gefolgschaft, ja sogar zum Eigentum) *des Herrn Jesus* (V. 16). Zusätzlich zu ihrem Gebet für sie *legten sie ihnen die Hände auf*, wodurch sie zeigten, für welche Menschen sie beteten, und als Antwort auf ihre Gebete *empfingen* sie *den Heiligen Geist* (V. 17). Lukas hält sich genauso bedeckt darüber, woher die Apostel wussten, dass die Menschen den Heiligen Geist erhalten hatten, wie über die Tatsache, woher sie vorher gewusst hatten, dass sie ihn noch nicht bekommen hatten. Manche schreiben ihr Wissen der Gabe der Unterscheidung zu, andere meinen, dass es sich – egal ob beim Sprechen in Zungen wie an Pfingsten oder bei ihrer ausgelassenen Freude oder ihrem freimütigen Zeugnis – um ein öffentlich sichtbares Ereignis gehandelt haben muss.

Ich meine, dass Howard Marshall Recht hat, wenn er Vers 16 (denn er [der Heilige Geist] war noch auf keinen von ihnen gefallen, sondern sie waren allein getauft auf den Namen des Herrn Jesus) »vielleicht die außergewöhnlichste

Aussage in der Apostelgeschichte« nennt.[18] Denn Petrus hatte die Gabe des Heiligen Geistes denen verheißen, die (als Folge des Glaubens) Buße tun und sich taufen lassen (Apg 2,38). Wie konnten die Samaritaner dann glauben und getauft werden und *nicht* den Geist erhalten haben? Diese Frage hat bei christlichen Lesern große Verwirrung und Spaltungen verursacht. Wir werden in Kürze auf diese Frage zurückkommen.

d. Simon versucht, sich Macht zu erkaufen (Apg 8,18-24)

Als aber Simon sah, dass der Geist gegeben wurde, wenn die Apostel die Hände auflegten, bot er ihnen Geld an (V. 18) – Simon den Zauberer könnte man auch Simon den Abergläubischen nennen. Ihm erschienen die Apostel als »außergewöhnlich begabte religiöse Magier«.[19] Er bot ihnen dieses Geld als Gegenwert für die Macht dazu an, den Heiligen Geist Menschen dadurch zu verleihen, indem er ihnen seine Hände auflegte (V. 19).

Petrus weist ihn sofort öffentlich scharf zurecht, weil er meinte, dass sich Gottes Gabe erkaufen ließe (V. 20). Er fügt hinzu, dass Simon *weder Anteil noch Anrecht an dieser Sache* habe, denn sein *Herz* war *nicht rechtschaffen vor Gott* (V. 21). Deshalb rief er ihn dazu auf, *Buße für diese ... Bosheit* zu tun und *zum Herrn* zu flehen, ob Gott ihm dafür vergeben würde, dass er solch einen bösen Gedanken in sich trug (V. 22), trotz der Tatsache, dass er *voll bitterer Galle* und *verstrickt in Ungerechtigkeit* war (V. 23). Seit diesem Tag wird der Versuch, geistliche Angelegenheiten in kommerzielle umzuwandeln und mit Gottes Gaben Handel zu treiben, besonders aber der Versuch, sich ein geistliches Amt zu erkaufen, auch »Simonie« genannt.

Simons Antwort auf die Zurechtweisung durch Petrus klingt nicht sehr viel versprechend. Er zeigt keine Anzeichen von Buße oder gar von Reue. Anstatt um Vergebung zu beten, wozu Petrus ihn aufgefordert hatte (V. 22), fühlt er sich nicht im Stande zu beten, oder er misstraut seinem eigenen Gebet, sodass er Petrus bittet, an seiner statt zu beten. Es lag ihm nicht daran, wirklich Gottes Vergebung zu erlangen, sondern nur, Gottes Gericht zu entfliehen, mit dem Petrus ihm gedroht hatte (V. 24). Es stimmt, dass eine Handschrift, der Kodex Beza, an dieser Stelle einfügt, dass »er nicht aufhörte, überschwänglich zu weinen«. Doch diese Worte sind nicht ursprünglich. Auch wenn sie es wären, so waren Simons Tränen nur Tränen der Reue oder der Wut, aber nicht Tränen der Buße.[20]

e. Petrus und Johannes evangelisieren in vielen samaritanischen Städten (Apg 8, 25)

Die apostolische Mission war erfüllt, die Samaritaner hatten den Heiligen Geist erhalten. Petrus und Johannes blieben für eine unbestimmte Zeit und verkündigten *das Wort des Herrn*, vermutlich unterwiesen sie die Neubekehrten. Dann *kehrten sie wieder um nach Jerusalem.* Jedoch nicht auf direktem Wege, sondern sie waren in *vielen Dörfern der Samaritaner*, die auf dem Weg lagen, um auch in ihnen das Evangelium zu verkündigen und so die Zahl der samaritanischen Bekehrten zu vermehren (V. 25).

6.2 Philippus, die Samaritaner, die Apostel und der Heilige Geist

Wir kommen nun auf die Fragen nach der Gabe des Heiligen Geistes zurück, die der Bericht über die Samaritaner aufkommen lässt. Wie konnte es geschehen, dass die samaritanischen Gläubigen durch den Dienst des Philippus nur die Taufe und nicht mehr erhielten? Wie konnte es sein, dass sie den Heiligen Geist erst später durch den Dienst der Apostel Petrus und Johannes empfingen? Was hatten die Apostel getan, was

Philippus nicht tun konnte? Wie sollen wir die Zusammenhänge in den Beziehungen zwischen Philippus, den Samaritanern sowie den Aposteln und dem Heiligen Geist verstehen?

Hinter dieser Frage liegt zudem eine andere und viel entscheidendere Frage verborgen: Möchte Lukas, dass seine Leser das zweigeteilte Erleben der Samaritaner (zuerst die Glaubenstaufe, später die Gabe des Heiligen Geistes) als typisch oder untypisch, als normal oder unnormal verstehen? Wird uns dies als normales Muster für die heutige christliche Erfahrung oder als Ausnahme dargestellt, von der wir nicht erwarten sollten, dass sie sich wiederholen wird?

Auf diese zentrale Frage werden gegensätzliche Lösungen gegeben. Einer ersten Antwort entsprechend, ist die christliche Initiation[21] oder das Christwerden ein Zweistufenprozess, der erstens aus der Bekehrung und Wassertaufe und zweitens aus der Gabe oder Taufe des Heiligen Geistes besteht. Demzufolge muss das Erleben der Samaritaner als normal angesehen werden. Der zweiten Antwort gemäß ist die christliche Initiation ein einmaliges Ereignis, das Buße, Glauben, Wassertaufe und Geistestaufe umfasst, sodass das, was sich in Samaria ereignete, als eher unnormal anzusehen ist.

a. Die zweistufige Initiation

Apostelgeschichte 8 ist der wichtigste Beweistext für zwei große Gruppen, die sich an gegensätzlichen Enden des kirchlichen Spektrums befinden, auf der einen Seite »Katholiken« (römische Katholiken sowie einige Anglikaner) und auf der anderen Seite »Pfingstler« (klassische Pfingstler, zusammen mit neopfingstlerischen oder charismatischen Christen in den älteren Konfessionen). Beide meinen, mit diesem Abschnitt ihren Glauben rechtfertigen zu können, dass sich die christliche Initiation in zwei Stufen vollzieht, wobei die zweite (der Empfang des Heiligen Geistes) mit der Handauflegung unter Gebet verbunden ist. Sicherlich gibt es zwischen den beiden Gruppierungen darin Unterschiede, dass das katholische Vorgehen größtenteils äußerlich und zeremoniell ist, während das pfingstlerische Vorgehen größtenteils innerlich und geistlich verstanden wird. Doch eine unübersehbare Parallele bleibt dennoch bestehen.

Katholiken glauben, dass die erste Stufe der Initiation die Taufe ist und die zweite Stufe die Firmung oder Konfirmation[22] durch einen Bischof, der als Nachfolger der Apostel angesehen wird und durch dessen Handauflegung der Heilige Geist gegeben wird. Diese Ansicht kann bis ins 3. Jh. n. Chr. (bis auf Hippolyt und Cyprian) zurückverfolgt werden. Cyprian kommentiert den Vorfall bei den Samaritanern folgendermaßen: »Dies geschieht auch jetzt noch bei uns: diejenigen, die in der Kirche getauft werden, bringt man vor die Vorsteher der Kirche, und durch unser Gebet und unsere Handauflegung erlangen sie den Heiligen Geist ...«.[23] Moderne römisch-katholische Autoren neigen dazu, Ähnliches zu lehren. George D. Smith schreibt z. B., dass das Ereignis in Samarien »alle Kennzeichen eines normalen Vorgehens trägt«.[24] Mit Bezug auf den gleichen Abschnitt systematisiert Ludwig Ott die katholische Position folgendermaßen: »a) Die Apostel vollzogen einen sakramentalen Ritus, bestehend aus Handauflegung und Gebet. b) Die Wirkung dieses äußeren Ritus war die Mitteilung des Heiligen Geistes, ... c) Die Apostel handelten im Auftrag Christi ... Die Selbstverständlichkeit, mit der die Apostel ... den Ritus der Handauflegung vornahmen, setzt eine entsprechende Anordnung Christi voraus«.[25] In ähnlicher Weise schließt R. B. Rackham, ein frommer anglikanisch-katholischer Kommentator, daraus, dass in Apostelgeschichte 8 der Heilige Geist durch apostolische Hände vermittelt wurde, dass »die Kirche dies als normale Vorgehensweise akzeptiert hat« und dies im Ritus der bischöflichen Firmung, bzw. Konfirmation hat weiterlaufen lassen.[26] Das anglikanische Gebetbuch von 1928 vermittelt denselben Eindruck. Sicherlich spricht der Text im Hinblick auf die Ordination der Firmung/Konfirmation nur vom Heiligen Geist, der die »stärkt«, die er bereits »erneuert« hat. Dennoch besagt das Vorwort zum Gottesdienst, dass »die Gemeinde bei der Ausübung der Firmung/Konfirmation dem Beispiel der Apostel Christi folgt«, wobei Apostelgeschichte 8 als Begründung zitiert wird. Es erklärt als Lehre, dass »eine spezielle Gabe des Heiligen Geistes durch Handauflegung unter Gebet verliehen wird«, ohne zu erläutern, was diese »spezielle Gabe« nun genau ist.

Auch die Pfingstkirchen lehren gemeinsam mit einigen (jedoch auf keinen Fall allen) Charismatikern eine zweistufige christliche Initiation, doch sie formulieren dies anders. Für sie besteht die erste Stufe in der Bekehrung (die menschliche Umkehr, nämlich Buße und Glauben) und Erneuerung (Gottes Werk der Neugeburt), während die zweite Stufe die »Taufe in oder durch den Heiligen Geist« darstellt, was oft (aber nicht immer) mit der Handauflegung durch einen pfingstlerischen Leiter verbunden ist. Z. B. besagt Paragraph 7 der »Stellungnahme zu den grundlegenden Wahrheiten« (»Statement of Fundamental Truths«) der Gemeinden Gottes: »Alle Gläubigen haben, dem Gebot unseres Herrn Jesus Christus entsprechend, einen Anspruch auf die Taufe mit Heiligem Geist und Feuer, sie sollten sie inbrünstig begehren und ernstlich nach ihr streben. Dies war die normale Erfahrung aller in der frühen christlichen Kirche ...«. In ähnlicher Weise schreibt Myer Pearlman, ein Bibelschullehrer der Gemeinden Gottes: »Während wir freimütig anerkennen, dass Christen durch den Heiligen Geist wiedergeboren worden sind und zu Mitarbeitern durch den Heiligen Geist bestimmt worden sind, behaupten wir, dass nicht alle Christen die charismatische Wirkung (d. h. die Taufe) des Heiligen Geistes erfahren haben, der eine plötzliche übernatürliche Äußerung folgt«.[27]

Bei dem Versuch, diese Standpunkte zu beurteilen, wollen wir an dieser Stelle nur eine Frage stellen: Soll die zweistufige samaritanische Erfahrung als Norm für die christliche Initiation angesehen werden? Wir leugnen nicht, dass dieses Geschehen in Samaria sich in der Tat in zwei Stufen vollzog.

Wir haben auch nicht das Recht abzustreiten, dass dies, nachdem dies einmal geschehen ist, noch einmal so verlaufen könnte, besonders dann, wenn die Umstände ähnlich sind. Wir dürfen die Souveränität des Heiligen Geistes nicht angreifen. Doch wir betonen mit Nachdruck die Frage, ob es Gottes Absicht ist, dass der Empfang des Heiligen Geistes normalerweise eine zweite Erfahrung ist, die der Bekehrung und der Taufe erst folgt.

Diese Frage müssen wir mit Nein beantworten (später werden wir zur entgegengesetzten Position kommen), denn das, was sich in Samaria ereignete, weicht von der eindeutigen und allgemeinen Lehre der Apostel ab. Die christliche Initiation ist nach dem N. T. ein einstufiges Ereignis, bei der wir Buße tun, glauben, getauft werden und sowohl die Vergebung der Sünden als auch die Gabe des Heiligen Geistes empfangen. Danach wachsen wir durch die innewohnende Kraft des Heiligen Geistes zu reifen Christen heran. Während dieser Zeit des Wachstums mag es in der Tat viele tiefgründige, erfüllte, reiche Erfahrungen Gottes geben. Ein Bestehen darauf, dass dies unbedingt ein zweistufiges Geschehen ist, sollten wir aber verwerfen. Zudem ist die Auflegung von Händen nicht nötig, um das grundlegende Heilshandeln Gottes zu vervollständigen. Natürlich ist die Handauflegung in Verbindung mit Gebet um Segen, Trost, Heilung oder Sendung eine wichtige Geste. Die anglikanische Kirche hat diese bei der bischöflichen Firmung/Konfirmation bewahrt, auch wenn in diesem Zusammenhang der Zweck darin liegt, dass den Anwärtern ihre Annahme durch Gott zugesichert wird und sie in die volle Kirchenmitgliedschaft eingeführt werden, jedoch ausdrücklich nicht darin, ihnen den Heiligen Geist zu verleihen.

Deshalb handelt es sich bei der Situation in Samaria, bei der eine zweistufige Erfahrung, verbunden mit einer apostolischen Handauflegung, vorlag, um eine Ausnahme und sollte weder vom katholischen noch vom pfingstlerischen Standpunkt aus zur Norm erhoben werden.

b. Die einstufige Initiation

Eine Möglichkeit, mit der ersten Hälfte von Apostelgeschichte 8 umzugehen, ist die, dass man sagt, dass auch die samaritanische Erfahrung – auch wenn sie sich in zwei Stufen vollzog – keine zweistufige Initiation war, auch wenn es auf den ersten Blick so erscheinen mag, denn entweder war die erste oder die zweite Stufe keine echte Initiation.

Manche behaupten, dass es sich bei der ersten Stufe der Samaritaner überhaupt nicht um eine wirkliche, sondern um eine vorgetäuschte Bekehrung gehandelt habe. Campbell Morgan sieht ihre Annahme des Wortes Gottes (V. 14) als eine lediglich intellektuelle Zustimmung an: »Sie haben nicht den Geist empfangen, der Erneuerung bringt, den Anfang eines neuen Lebens«.[28] In unserer Zeit hat James Dunn eine gründliche Entfaltung dieser These vorgelegt. Er schlägt vor, dass die Samaritaner »von dem Herdeninstinkt einer Massenbewegung des Volkes« mitgezogen wurden. Es heißt, dass sie Philippus glaubten (V. 12); er meint, dass dies nicht bedeutet, dass sie an Jesus Christus glaubten. Und bei ihrer Taufe handelte es sich (wie bei Simon) um einen formalen Akt ohne dahinterstehende Realität. Da »zur Zeit des N.T.s der Besitz des Heiligen Geistes *das* Gütesiegel des Christen« war, können wir die Samaritaner nicht als solche betrachten, die sich in einer Situation befanden, in der sie überhaupt Christen sein konnten. Deshalb handelte es sich bei ihrer zweiten Erfahrung in Wahrheit erst um ihre erste. Sie wurden durch Petrus und Johannes Christen und nicht schon durch Philippus.[29]

Dies ist klug rekonstruiert, doch es hat keine allgemeine Zustimmung gewonnen. Der Haupteinwand ist der, dass Lukas überhaupt keinen Hinweis darauf gibt, dass er die ursprüngliche Reaktion der Samaritaner für mangelhaft hält, auch wenn klar ist, dass das Bekenntnis von Simon dem Zauberer falsch war. Nein, Lukas schreibt, dass ein ausgesprochener Segen den Dienst von Philippus begleitete (V. 4-8), dass sie »den Predigten des Philippus von dem Reich Gottes und von dem Namen Jesu Christi glaubten« (V. 12). Deshalb wäre es nicht zulässig, den Glauben an Philippus von dem Glauben an Christus, den Philippus verkündigte, zu trennen. Sie hatten »das Wort Gottes angenommen« (V. 14), in dem Sinne von »glauben«, wie er diesen Ausdruck sonst auch verwendet (z. B. Apg 2, 41; 11, 1), und auch die Apostel deuteten durch nichts an, dass der Dienst des Philippus oder der Glaube der Samaritaner ihrer Meinung nach mangelhaft sei.

Andere meinen, dass die Samaritaner wirklich an Jesus geglaubt und dass sie deshalb in Übereinstimmung mit der Lehre des N.T.s auch zu diesem Zeitpunkt den Heiligen Geist empfangen haben müssen. Folglich erhielten sie durch die Handauflegung der Apostel nicht die Erstlingsgabe des Heiligen Geistes – diesen hatten sie bei ihrer Bekehrung schon empfangen – sondern eher eine charismatische Manifestation des Heiligen Geistes. Calvin lehrte: »Alles in allem: mit dem Geist der Kindschaft waren die Samaritaner bereits begabt; nun aber häufte Gott ausgezeichnete Gnadengaben darüber ...«.[30] Reformierte Theologen neigten in der Folgezeit zu der gleichen Deutung. Sie mögen Recht haben. Mit Sicherheit kann sich die Aussage, dass der Heilige Geist »noch auf keinen von ihnen gefallen« war (V. 16), auf spezielle Gnadengaben beziehen. Andererseits sagt Lukas niemals, dass die Samaritaner den Heiligen Geist erhielten, als sie glaubten und getauft wurden, während er sehr wohl von dem »Geben« und »Empfangen« des Heiligen Geistes redet (V. 15, 17-19). Dies wird gleichbedeutend dafür verwendet, dass der Heilige Geist »auf sie fiel«, was vermuten lässt, dass das, was sie durch den Dienst der Apostel empfingen, schon die Erstlingsgabe des Heiligen Geistes war.

Auch wenn diese zwei Rekonstruktionsversuche sich gegenseitig ausschließen, so haben sie eines gemeinsam: Beide bekräftigen, dass die Eingliederung der Samaritaner in den Leib Christi ein einstufiges Ereignis gewesen ist, weil sie ablehnen, dass die andere Stufe die christliche Initiation war.

Nach der ersten Ansicht stellte Stufe eins nur eine vorgetäuschte Bekehrung und eine ungewöhnliche Taufe dar, so dass es sich bei Stufe zwei um die tatsächliche Initiation handelte, was den Glauben und die Gabe des Heiligen Geistes mit einschloss. Nach der zweiten Ansicht stellte Stufe eins die eigentliche Initiation der Samaritaner dar, was ihre Bekehrung und den Empfang des Heiligen Geistes mit einschloss, so dass Stufe zwei keine Initiation, sondern eine nachfolgende, zusätzliche charismatische Begabung war. Wenn man in beiden Fällen eine der zwei Stufen auslässt – indem man entweder die erste als falsch oder die zweite als Ergänzung deutet – ergibt sich dasselbe Ergebnis, nämlich eine einstufige Initiation in Christus.

Doch keiner dieser Rekonstruktionsversuche ist völlig zufriedenstellend, da Lukas die erste Stufe als echte Bekehrung und die zweite Stufe als den ersten Empfang des Heiligen Geistes zu verstehen scheint. Weil Lukas eine zweistufige Initiation in Samaria beschreibt, ergibt sich eine weitere Deutungsmöglichkeit, nämlich die, dass dieses Ereignis als vollkommen unüblich anzusehen ist. Für diese These gibt es zwei Hauptargumente, nämlich dass beide sowohl von der üblichen Lehre als auch von der gewöhnlichen Praxis der Apostel abwichen.

Betrachten wir zunächst die Lehre der Apostel. Es ist immer gefährlich, irgendeinen Abschnitt der Bibel isoliert zu betrachten, und es ist immer weise, die gesamte Heilige Schrift zurate zu ziehen. Worin besteht aber die allgemeine Lehre der Heiligen Schrift über den Empfang des Heiligen Geistes? Nach der ersten Predigt des Petrus bilden Vergebung und die Gabe des Heiligen Geistes den zweifachen ersten Segen, den Gott jedem verleiht, der ihn anruft, Buße tut, glaubt und getauft wird (Apg 2,38-39). Zudem stimmt Paulus mit Petrus überein. Gott gibt allen seinen Kindern seinen Geist, sodass die Aussage, jeder, der »Christi Geist nicht hat, der ist nicht sein, trotzdem bestehen bleibt«.[31]

Nun muss Lukas mit dieser Lehre der Apostel sehr vertraut gewesen sein, war er doch der stetige Reisegefährte des Paulus, und er berichtet doch über die Unterweisung des Petrus in Apostelgeschichte 2,38-39. Deshalb ist es nicht verwunderlich, dass wir einen Ausdruck des Erstaunens in dieser Erzählung entdecken, nämlich als er beschreibt, dass die Samaritaner nicht den Heiligen Geist empfangen haben, sondern »allein« oder »nur« (Schlachter, Albrecht) auf den Namen Christi getauft waren (V. 16). »*Nur* deutet an, dass man erwartete oder dass es normal war, dass diese zwei Dinge zusammenkamen.«[32] Doch im Gegensatz zu dem, was zu erwarten gewesen wäre, war die Wassertaufe ohne die Geistestaufe empfangen worden, das Zeichen ohne das, was es bezeichnete. Lukas deutet an, dass diese Zweiteilung ausgesprochen merkwürdig war. Bezüglich dieser Unregelmäßigkeit schreibt James Dunn, dass »die zwei Hauptapostel schleunigst aus Jerusalem herabkamen, um eine Situation wieder in Ordnung zu bringen, bei der in irgendeiner Weise etwas ernsthaft falsch gelaufen war«.[33]

Die zweite Abweichung betrifft die Praxis der Apostel. Lukas berichtet, dass das »Kollegium der Apostel« – nennen wir sie an dieser Stelle einmal so – in dieser Situation eine Delegation seiner zwei führenden Glieder sandte, damit diese die Vorkommnisse in Samaria beurteilten. Dies war ein einmaliges Geschehen. Normalerweise begaben sich die Apostel nicht selbst in die Rolle der »Inspektoren der Evangelisation«. Wenn bei anderen Gelegenheiten Menschen das Evangelium empfingen, kamen die Apostel nicht und stellten Ermittlungen an. Sie hielten es auch nicht für nötig, ihre Zustimmung zu dem zu geben, was getan worden war. Sie hatten dies nicht getan, als andere Christen, die zum Anfang dieses Kapitels erwähnt werden (V. 1, 4), evangelisierten, und auch nicht bei der Bekehrung des Äthiopiers, von dem dann am Ende des Kapitels berichtet wird (V. 26-40). »Sich Apostel vorzustellen, die am östlichen Ende des Mittelmeeres hin und her rasten, um mit der raschen Ausbreitung des christlichen Evangeliums standzuhalten, die dabei keine Zeit für andere Dinge, sondern nur für ›Konfirmationsgottesdienste‹ hatten, mag amüsant sein, ist jedoch unvorstellbar.«[34] Warum war es dann nötig gewesen, dass eine offizielle Delegation der Apostel das Werk des Philippus prüfte und bestätigte? Und warum wurde auf jeden Fall der Heilige Geist nicht durch Philippus gegeben, der gepredigt und sie getauft hatte? Aus welchem speziellen Grund sollte Gott den Heiligen Geist zurückgehalten haben? Es gibt keine Anzeichen dafür, dass Philippus mangelhaft gepredigt hätte. Sonst hätten die Apostel seine Verkündigung ergänzt, doch statt sie zu belehren, beteten sie für die Samaritaner und legten ihnen die Hände auf.

Die einfachste Erklärung dafür, dass der Heilige Geist mit Verzögerung gegeben wurde, ist die, dass dies der erste Fall war, bei der das Evangelium nicht nur außerhalb von Jerusalem, sondern gleichzeitig auch innerhalb von Samarien verkündigt wurde. Deshalb ist dieser Fall offensichtlich für den Erzählverlauf des Berichtes von Lukas von großer Bedeutung, denn die Samaritaner stellten sozusagen die Zwischenstufe zwischen Juden und Heiden dar. »Die Bekehrung von Samaria ... war gleichsam der Anbruch der Bekehrung der Heiden.«[35] Am ehesten lässt sich die Untersuchung durch Petrus und Johannes mit dem vergleichen, wie die ersten Heiden zum Glauben kamen. Als Kornelius sich bekehrte, baten die Apostel Petrus, sein Handeln zu erläutern (Apg 11,1-18), und als die Griechen in Antiochien sich dem Herrn zuwandten, wurde Barnabas dorthin gesandt, um die Lage zu erkunden (Apg 11,20-24).

Wie wir bereits vorher gesehen haben, hatte die Trennung der Juden von den Samaritanern jahrhundertelang angedauert. Doch jetzt waren die Samaritaner evangelisiert worden und gehorchten dem Evangelium. Dies war ein Moment, in dem viel voranging, der aber auch mit großer Gefahr verbunden war. Was würde jetzt geschehen? Würde die langjährige Spaltung weiter Bestand haben? Das Evangelium war von den Samaritanern angenommen worden, doch würden die Juden auch die Samaritaner willkommen heißen? Oder würde es einzelne Parteien von jüdischen und samaritanischen Christen in der Gemeinde Jesu Christi geben? Diese Vorstellung mag theoretisch vielleicht undenkbar scheinen, doch dies hätte in der Realität wirklich geschehen können. Es bestand wirklich »die Gefahr …, dass sie Christus in Stücke zerrissen oder zumindest eine neue und abgetrennte Gemeinde für sich bildeten«.[36]

Erscheint es nicht (angesichts dieses historischen Hintergrunds) vernünftig zu vermuten, dass Gott bewusst den Heiligen Geist von den samaritanischen Bekehrten zurückhielt, um eine solche Katastrophe zu verhindern? Es handelte sich jedoch nur um eine zeitweilige Verzögerung, bis zu dem Zeitpunkt, an dem die Apostel zur Erforschung der Lage herabgekommen waren, das freimütige Vorgehen des Philippus bei der Evangelisation Samarias gutgeheißen, für die Bekehrten gebetet hatten, ihnen die Hände als »ein Zeichen der Gemeinschaft und Solidarität«[37] aufgelegt und so der gesamten Gemeinde eine öffentliche Bekundung dafür gegeben hatten, dass sie rechtgläubige (*bona fide*) Christen waren, die genauso wie jüdische Bekehrte in die Gemeinschaft der Erlösten aufgenommen werden sollten. Ich zitiere noch einmal Geoffrey Lampe: »An diesem Wendepunkt der Mission war zusätzlich zu der üblichen Taufe von Bekehrten etwas Weiteres erforderlich. Den Samaritanern musste ohne den Anflug eines Zweifels bewiesen werden, dass sie wirklich – gemeinsam mit den ursprünglichen ›Säulen‹ – Glieder der Gemeinde geworden waren … Eine bisher noch nicht dagewesene Situation erforderte ziemlich ungewöhnliche Methoden«.[38]

Dies scheint die einzige Erklärung zu sein, die alle Aussagen aus Apostelgeschichte 8 berücksichtigt, die den Bericht in seinem historischen Zusammenhang der Entwicklung der christlichen Mission liest und mit dem übrigen N. T. in Einklang steht. Sie erhält auch zunehmend beiderseits der charismatischen Trennungslinie Zustimmung. Auch wenn J. I. Packer diese Lösung nicht mehr als eine »Vermutung«

nennt, so fügt er doch hinzu, dass sie »sinnvoll und dem Text angemessen« scheint.[39] In ähnlicher Weise sieht Michael Green die Verzögerung als »ein göttliches Veto gegenüber Trennungen in der jungen Gemeinde an, eine Trennung, die sich fast unbemerkt in die christliche Gemeinschaft hätte hineinschleichen können, als hätten Bekehrte von den zwei Seiten des samaritanischen Vorhangs Christus gefunden, ohne einander zu finden. Dies wäre eine Verneinung der einen Taufe und all dessen gewesen, für das sie stand«[40]. Auf jeden Fall scheint die Tat der Apostel wirkungsvoll gewesen zu sein. Von nun an sollten Juden und Samaritaner in der Gemeinschaft der Christen ohne Unterschied aufgenommen werden. Es gab nur einen Leib, weil es auch nur einen Geist gab.

Zusammenfassend lässt sich festhalten, dass das Geschehen von Samaria nicht dazu berechtigt, eine zweistufige christliche Initiation als Norm anzusehen oder die Hände aufzulegen, um die vermeintliche zweite Stufe herbeizuführen. Der offizielle Besuch und das Handeln von Petrus und Johannes stellen eine geschichtliche Ausnahme dar. Für diese Ereignisse gibt es in unserer Zeit keine Parallelen, weil es keinerlei »Samaritaner« oder Apostel Christi mehr gibt. Weil wir keine Samaritaner sind, empfangen wir die Sündenvergebung und den Heiligen Geist zusammen in dem Moment, an dem wir beginnen zu glauben. Das Gleiche gilt für die Handauflegung, auch wenn sie eine angemessene und hilfreiche Geste in verschiedenen Situationen sein kann. Die Anwendung in dem Sinne, dass durch sie der Heilige Geist gegeben und empfangen würde, entbehrt jeglicher Grundlage, sei es bei der bischöflichen Firmung/Konfirmation oder im »charismatischen Dienst«, denn weder Bischöfe noch charismatische Leiter sind Apostel, die man mit Petrus und Johannes vergleichen könnte, genauso wenig, wie Philippus einer gewesen ist, auch wenn er von ihnen selbst eingesetzt worden war.

6.3 Der Evangelist Philippus und ein äthiopischer Hofbeamter (Apg 8,26-40)

(26) Aber der Engel des Herrn redete zu Philippus und sprach: Steh auf und geh nach Süden auf die Straße, die von Jerusalem nach Gaza hinabführt und öde ist. (27) Und er stand auf und ging hin. Und siehe, ein Mann aus Äthiopien, ein Kämmerer und Mächtiger am Hof der Kandake, der Königin von Äthiopien, welcher ihren ganzen Schatz verwaltete, der war nach Jerusalem gekommen, um anzubeten. (28) Nun zog er wieder heim und saß auf seinem Wagen und las den Propheten Jesaja. (29) Der Geist aber sprach zu Philippus: Geh hin und halte dich zu diesem Wagen! (30) Da lief Philippus hin und hörte, dass er den Propheten Jesaja las, und fragte: Verstehst du auch, was du liest? (31) Er aber sprach: Wie kann ich, wenn mich nicht jemand anleitet? Und er bat Philippus, aufzusteigen und sich zu ihm zu setzen. (32) Der Inhalt aber der Schrift, die er las, war dieser: »Wie ein Schaf, das zur Schlachtung geführt wird, und wie ein Lamm, das vor seinem Scherer verstummt, so tut er seinen Mund nicht auf. (33) In seiner Erniedrigung wurde sein Urteil aufgehoben. Wer kann seine Nachkommen aufzählen? Denn sein Leben wird von der Erde weggenommen.« (34) Da antwortete der Kämmerer dem Philippus und sprach: Ich bitte dich, von wem redet der Prophet das, von sich selber oder von jemand anderem? (35) Philippus aber tat seinen Mund auf und fing mit diesem Wort der Schrift an und predigte ihm das Evangelium von Jesus.

Schon bald nach der Abreise von Petrus und Johannes aus der samaritanischen Stadt wird Philippus eine weitere evangelistische Aufgabe gegeben. Ihm wird aufgetragen, nach Süden zu gehen. Die Person, die ihm diese Anweisung erteilt, wird *Engel des Herrn* genannt, auch wenn zu einem späteren Zeitpunkt des Berichtes ihn der *Geist* zum Äthiopier führt (V. 29) und *der Geist des Herrn* ihn entrückte (V. 39). Philippus wurde zu (und längs) der *Straße* geführt, *die* etwa 100 km *von Jerusalem nach Gaza hinabführt.* Gaza war die südlichste der fünf

Philisterstädte und befand sich nahe der Mittelmeerküste. Ob es um das »alte Gaza«, das 93 v. Chr zerstört worden war, oder um das »neue Gaza«, das weiter südlich etwa 35 Jahre später erbaut worden war, geht, wird uns nicht berichtet. In jedem Fall war diese Straße stark frequentiert, weil sie hinter Gaza nach Ägypten und somit zum afrikanischen Kontinent führte.

a. Philippus trifft den Äthiopier (Apg 8, 27 - 29)

Das »Äthiopien« der damaligen Zeit entsprach dem, was wir den »Oberlauf des Nils« nennen, der ungefähr von Assuan nach Khartum reicht. Der Mann, der aus diesem Gebiet kam und den Lukas hier einführt, war nicht nur ein *Kämmerer* (ein Eunuch, wie es die meisten Hofangestellten waren), sondern auch ein *Mächtiger am Hof der Kandake, der Königin von Äthiopien, welcher ihren ganzen Schatz verwaltete* (V. 27). »Kandake« war kein Personenname, sondern ein dynastischer Titel für die Königinmutter, die im Auftrag des Königs bestimmte Funktionen wahrnahm. Der äthiopische Beamte, zu dem Philippus gesandt wird, verwaltete ihren Schatz oder war der Schatzmeister der Staatskasse, vermutlich ein Schwarzafrikaner. Doch er *war nach Jerusalem gekommen, um anzubeten*, er war ein Pilger bei einem der jährlichen Feste, und jetzt *zog er wieder heim und saß auf seinem Wagen und las* die Schriftrolle des *Propheten Jesaja* (V. 28). Dies kann heißen, dass er tatsächlich ein Jude war, sei es von Geburt an oder seit seiner Bekehrung zum Judentum, denn die Zerstreuung der Juden hatte sich mindestens bis nach Ägypten erstreckt, wahrscheinlich aber noch weiter. Vielleicht hatte mittlerweile die Verheißung an Eunuchen in Jesaja 56, 3ff. den Fluch aus 5. Mose 23, 2 aufgehoben. Es ist sehr unwahrscheinlich, dass er ein Heide war, denn Lukas stellt ihn nicht als den ersten Heiden dar, der sich bekehrte. Dies bleibt Kornelius vorbehalten. Er betrachtet die Bekehrung des Äthiopiers eher als ein weiteres Beispiel dafür, dass die Bindungen an Jerusalem sich lösten (so wie

Stephanus es in seiner Rede vorhergesagt hatte) und dass das Wort Gottes freigegeben wurde, um das Evangelium für die ganze Welt zu sein. Besonders fällt auf, dass dieser Afrikaner, der *nach Jerusalem gekommen* war, *um anzubeten*, es jetzt verließ und nicht mehr dorthin zurückkehren würde. Der Bericht endet mit der Aussage des Lukas, dass er »seine Straße fröhlich« zog (V. 39), weit von Jerusalem entfernt, jedoch von Christus begleitet.

b. Philippus teilt dem Äthiopier die gute Nachricht mit (Apg 8, 30 - 35)

Nachdem ihm befohlen worden war, *zu diesem Wagen* zu gehen und sich zu ihm zu halten (V. 29), *lief Philippus* nahe genug *hin*, um zu hören, *dass er den Propheten Jesaja las* (denn jedermann las damals laut), und nahe genug, um ihm die Frage zuzurufen: »*Verstehst du auch, was du liest?*« (V. 30). Der Äthiopier antwortete, dass er nicht verstand, *wenn nicht jemand* ihn *anleitet*; so *bat* er *Philippus, aufzusteigen und sich zu ihm* in den Wagen *zu setzen* (V. 31).

Calvin stellt der Bescheidenheit des Äthiopiers, mit der er »freiwillig und offen seine Unwissenheit gesteht« dem Menschen gegenüber, der »gelehrig« ist und »den das Vertrauen auf seinen eigenen Geist aufbläht«.[41] Er fährt mit folgenden Worten fort: »Deshalb bringt das Lesen der Heiligen Schrift nur bei so wenigen Menschen Frucht, denn kaum einer von hundert findet sich, der sich mit Freuden der Lehre unterordnet«.[42] Es ist eine Tatsache, dass Gott uns zwei Gaben gegeben hat, erstens die Heilige Schrift und zweitens Lehrer, die uns die Heilige Schrift erschließen, erklären, auslegen und anwenden. Wie wunderbar ist es, Gottes Vorsehung für das Leben des Äthiopiers zu beobachten – zuerst ermöglicht er es, dass er eine Kopie der Jesajaschriftrolle erwirbt, und dann sendet er Philippus zu ihm, dass er ihn damit belehre. Howard Marshall schreibt dazu: »Die Art, in der die Geschichte erzählt wird, weist einige Ähnlichkeiten zu einer anderen Geschichte auf, in der sich ein Fremder zu zwei Reisenden gesellt und ihnen die Heilige Schrift erschließt, an einer sakramentalen Handlung teilnimmt und dann aus ihren Augen verschwindet (Lk 24, 13-35)«.[43]

So müssen wir uns den Äthiopier mit der Schriftrolle von Jesaja 53 auf seinem Schoß vorstellen, neben dem nun Philippus sitzt, während der Wagen weiter auf seinem holperigen Weg nach Süden ist. Die Verse, die Lukas zitiert[44], erzählen von einem leidenden Menschen, der *wie ein Schaf ... zur Schlachtung geführt wird* und *wie ein Lamm ... vor seinem Scherer verstummt*. Er erfährt tiefe *Erniedrigung*, »*sein Urteil* wird *aufgehoben*« und er wird getötet (V. 32-33). Der Äthiopier fragt, *von wem ... der Prophet* redet, *von sich selber oder von jemand anderem?* (V. 34). Philippus antwortet ihm und *fing mit diesem Wort der Schrift an und predigte ihm das Evangelium von Jesus* (V. 35). Es gibt keine Hinweise darauf, dass irgendjemand aus dem Judentum des 1. Jh. n. Chr. einen leidenden Christus erwartete, stattdessen hoffte man auf einen triumphierenden Messias. Jesus selbst aber wandte Jesaja 53 auf sich an und verstand seinen Tod im Lichte dieser Textstelle.[45] Also hatten die ersten Christen es von ihm gelernt, Jesaja 53 auf diese Art und Weise zu verstehen. Vom Heiligen Geist war das Herz des äthiopischen Hofbeamten so gut vorbereitet worden, dass es den Anschein hat, dass er sofort zum Glauben kam und im Anschluss daran gleich um die Taufe bat.

Chrysostomus stellt der Bekehrung des Äthiopiers die Bekehrung von Saulus von Tarsus gegenüber, von der in Apostelgeschichte 9 dann berichtet wird. Er sagt: »Jeder hat großen Grund dazu, diesen Eunuchen zu bewundern«. Denn anders als Saulus hatte er keine übernatürliche Erscheinung Jesu Christi. Doch er glaubte, denn »so großartig ist es, in der Heiligen Schrift zu lesen«.[46]

c. Philippus tauft den Äthiopier (Apg 8, 36 - 39a)

Und als sie auf der Straße dahinfuhren, kamen sie an ein Wasser, vermutlich ein Wadi am Wegesrand. Der Äthiopier fragte: »*Siehe, da ist Wasser, was hindert's, dass ich mich taufen lasse?*« (V. 36). Bei dem folgenden Vers (V. 37) handelt es sich um eine Ergänzung des »Westlichen Textes«, sie findet sich nicht in den frühen Handschriften. In der Lutherübersetzung wird dies durch einen Stern und eine Anmerkung deutlich gemacht: »Philippus aber sprach: Wenn du von ganzem Herzen glaubst, so kann es geschehen. Er aber antwortete und sprach: Ich glaube, dass Jesus Christus Gottes Sohn ist.« Diese zwei Sätze scheinen zu einer frühen Taufliturgie gehört zu haben. Sie wurden wahrscheinlich durch einen späteren Abschreiber in den Text eingefügt, der sich sicher war, dass Philippus vor der Taufe des Äthiopiers sicherstellte, dass er in seinem Herzen glaubte – ganz im Gegensatz zu Simon dem Zauberer, dessen Herz »nicht rechtschaffen vor Gott« war (V. 21). Auf jeden Fall *ließ* der Äthiopier *den Wagen halten. Beide stiegen in das Wasser hinab, Philippus und der Kämmerer, und er taufte ihn* (V. 38). Das Wasser stellte ein sichtbares Zeichen dafür dar, dass die Sünden abgewaschen wurden und er mit dem Heiligen Geist getauft wurde. Übrigens können die Worte »stiegen in das Wasser hinab«, wie J.A. Alexander anfügt, »nichts darüber aussagen, wie ausgedehnt oder wie tief das Wasser war«.[47] Sie *könnten* ein völliges Untertauchen andeuten, doch in diesem Falle wären der Täufer und der Täufling beide untergetaucht, weil über beide die gleiche Aussage gemacht wird. Dieser Ausdruck könnte – so wie die ältesten Bilder und Baptisterien (Taufbecken) vermuten lassen – eher besagen, dass sie bis zu ihrer Hüfte ins Wasser hinabstiegen und Philippus dann Wasser über den Äthiopier schüttete.[48] Einige Handschriften fügen hinzu, dass der Heilige Geist auf den Eunuchen fiel. Manche Wissenschaftler halten diese Worte für ursprünglich. Doch es ist wahrscheinlicher, dass sie gesondert hinzugefügt wurden, »um deutlich zu machen, dass der Taufe des Äthiopiers die Gabe des Heiligen Geistes folgte«.[49]

d. Philippus wird von dem Äthiopier getrennt (Apg 8,39b-40)

Lukas deutet an, dass *der Geist des Herrn* gleich, nachdem sie *aus dem Wasser heraufstiegen*, Philippus entrückte (V. 39). Philippus *fand sich* danach *in Aschdod* (V. 40a). Manche sehen dies als einen »Überschallflug«[50] »[m]it wunderbarer Geschwindigkeit« an.[51] Sicherlich hat das griechische Verb für »entrücken« (*harpazō*) normalerweise die Bedeutung »rauben, fortschleppen, wegführen, entfernen«[52] wie auch bei der Entrückung.[53] Doch meiner Ansicht nach hat Campbell Morgan Recht: »Es ist überhaupt nicht notwendig, dies als ein Wunder anzusehen. Ich habe keine Angst davor, Wunder dort hineinzulesen, wo sie nicht sind. Ich habe eher Angst davor, Wunder dort wegzulassen, wo sie sind«.[54] Auf jeden Fall *sah* der Kämmerer *ihn* (Philippus) *nicht mehr; er aber zog seine Straße fröhlich* (V. 39b), ohne den Evangelisten, aber mit dem Evangelium, ohne menschliche Hilfe, aber mit dem Geist Gottes, der ihm nicht nur Freude gab, sondern nach Irenäus auch Mut und Kraft, in seinem eigenen Land »das zu verkündigen, was er selbst geglaubt hatte«.[55] Philippus evangelisierte weiter, arbeitete sich an der Küste nach Norden voran, er *predigte in allen Städten das Evangelium, bis er nach Cäsarea kam* (V. 40b), wo er später, wenn er es nicht bereits vorher getan hatte, sein Haus baute (Apg 21,8).

6.4 Einige Anmerkungen bezüglich Evangelisation

Lukas hat für uns zwei Beispiele über die evangelistischen Dienste des Philippus zusammengestellt. Diese miteinander zu vergleichen und einander gegenüberzustellen, ist sehr lehrreich. Die Ähnlichkeiten sind eindeutig: In beiden Fällen zeigt sich bei Philippus der gleiche Pioniergeist, durch den die ersten Samaritaner und der erste Afrikaner für Christus gewonnen wurde. Beiden Zuhörerschaften wurde die gleiche Botschaft verkündigt, nämlich das Evangelium von Jesus Christus (Apg 8, 12.35), denn es gibt nur ein Evangelium. In beiden Fällen erfolgt die gleiche Antwort, denn die Zuhörer glaubten und ließen sich taufen (Apg 8, 12.36-38). Und in beiden Fällen wird uns die gleiche Folge berichtet, nämlich Freude (Apg 8, 8.39).

Ebenso fallen die Unterschiede auf. Ich meine nicht die Art und Weise, auf die der Heilige Geist empfangen wurde, auch nicht die Delegation der Apostel, die nach Samaria gesandt wurde, was bei der Bekehrung des Äthiopiers keine Parallele hat. Ich denke eher an die evangelisierten Menschen und die angewandten Methoden.

Betrachten wir zunächst die evangelisierten Menschen: Die Menschen, an die Philippus die gute Nachricht austeilt, unterschieden sich hinsichtlich ihrer Rasse, ihrer Stellung und ihrer Religion. Die Samaritaner waren gemischtrassig, halb jüdisch, halb heidnisch und asiatisch, während der Äthiopier wahrscheinlich ein Schwarzafrikaner war, auch wenn er von Geburt an ein Jude oder ein Proselyt gewesen sein mag. Hinsichtlich ihrer Stellung waren die Samaritaner vermutlich normale Bürger, während der Äthiopier ein besonderer Beamter im Dienst für das Königshaus war. Dies führt uns weiter zur Religion. Die Samaritaner verehrten Mose, aber lehnten die Propheten ab. Unlängst waren sie in den Bann von Simon dem Zauberer und seinen okkulten Mächten geraten. Sie hingen ihm an (V. 10), bevor sie sich Philippus zuneigten (V. 6). Auf der anderen Seite war der Äthiopier eng mit dem Judentum verbunden, vielleicht hatte er sich dazu bekehrt. Dies hatte ihn dazu bewegt, eine Pilgerreise nach Jerusalem zu machen und genau einen der Propheten zu lesen, den die Samaritaner verworfen hatten. Die Samaritaner waren also ausgesprochen unbeständig und leichtgläubig, während der Äthiopier ernsthaft nach der Wahrheit suchte. Doch trotz dieser Unterschiede im Bezug auf die Rasse, ihre soziale Schicht und ihre vorherige religiöse Haltung stellte Philippus ihnen beiden die gleiche gute Nachricht von Jesus vor.

Betrachten wir als Nächstes die Methoden, die Philippus anwendet: Seine Mission der Samaritaner stellt ein frühes Beispiel einer »Massenevangelisation« dar, denn »das Volk« hörte seiner Botschaft zu, sah seine Zeichen, und glaubte und wurde getauft (Apg 8,6.12). Das Gespräch, das Philippus mit dem Äthiopier führt, stellt dagegen ein bemerkenswertes Beispiel einer »persönlichen Evangelisation« dar, denn hier saß ein Mann neben einem anderen Mann und sprach mit ihm von der Heiligen Schrift her persönlich und geduldig über Jesus. Es ist außerdem bemerkenswert, dass der gleiche Evangelist anpassungsfähig genug war, beide Methoden anzuwenden, nämlich die öffentliche Verkündigung und das private Zeugnis. Doch auch wenn er in seiner Methode variieren konnte, so änderte er doch nicht die zu Grunde liegende Botschaft.

Diese Verbindung von Anpassungsfähigkeit (hinsichtlich der Situation und Methoden) und Unveränderlichkeit (hinsichtlich des Evangeliums an sich) und der Fähigkeit, beide voneinander zu unterscheiden, stellt eines der beständigen Vermächtnisse des Philippus an die Kirche Jesu dar.

7. Die Bekehrung des Saulus (Apg 9,1-31)

Nachdem nun Stephanus und Philippus ihren ersten Beitrag zur Vorbereitung für die Weltmission der Gemeinde beigesteuert haben, ist Lukas dazu bereit, von zwei bemerkenswerten Bekehrungen zu berichten, die diese einleiteten. Bei der ersten Bekehrung handelt es sich um die von Saulus von Tarsus, der der Apostel der Nationen wurde[1], bei der zweiten um die des Hauptmannes Kornelius, der der erste Heide war, der zum Glauben fand. Um die Bekehrung von Saulus geht es in diesem Kapitel, um die von Kornelius dann im folgenden.

Das Erlebnis von Saulus auf der Straße nach Damaskus stellt die berühmteste Bekehrung der Kirchengeschichte dar. Für Lukas ist diese Bekehrung so wichtig, dass sie dreimal in seinem Bericht enthalten ist, einmal in der eigenen Erzählung des Lukas und zweimal in den Reden des Paulus selbst. Ihm liegt offensichtlich viel daran, dass wir »diese wunderbare Bekehrung in Erinnerung behalten«, wie es das »Allgemeine Gebetbuch« (»Book of Common Prayer«)[2] ausdrückt.

Doch beim Lesen stellt sich uns eine entscheidende Frage: Möchte Lukas, dass wir die Bekehrung des Saulus als die typische Form einer Bekehrung in der heutigen Zeit ansehen oder eher als einen Ausnahmefall? Viele Leute tun sie kurzerhand als eine völlig unübliche Bekehrung ab, die keine mögliche Form für eine in unserer Zeit darstellt. »Ich kann kein Damaskuserlebnis vorweisen«, so sagen sie. Sicherlich sind manche Aspekte der Bekehrung von Saulus untypisch. Einerseits war sie mit dramatischen, übernatürlichen Ereignissen verbunden, z. B. mit dem Licht vom Himmel und der Stimme, die ihn bei seinem Namen rief. Andererseits war sie mit geschichtlich einmaligen Aspekten verbunden, z. B. der Erscheinung des auferstandenen Jesus, von der Paulus später behauptet, dass sie zugleich die letzte Erscheinung des Auferstandenen war (Apg 9, 17.27; 1. Kor 15, 8), und seine Berufung zum Apostel – ähnlich der Berufungen von Jesaja, Jeremia und Hesekiel zum Prophetenamt – genauer gesagt zum Heidenapostel.[3] Um bekehrt zu sein, ist es nicht nötig, dass wir von einem göttlichen Blitz getroffen, zu Boden geworfen werden oder unseren Namen in aramäischer, bzw. hebräischer (vgl. 26, 14) Sprache hören, so wie es genauso wenig notwendig ist, dass wir zu demselben Ort vor Damaskus reisen müssen. Zudem kann uns keine Erscheinung des Auferstandenen oder eine Berufung zum Apostel garantiert werden, wie es bei Paulus der Fall war.

Trotzdem wird aus dem übrigen N. T. deutlich, dass andere Aspekte der Bekehrung und Berufung des Saulus auch auf uns und unsere Zeit anwendbar sind. Denn auch wir können (und müssen) eine persönliche Begegnung mit Jesus Christus haben, uns ihm bußfertig ausliefern und seine Aufforderung zum Dienen empfangen. Vorausgesetzt wir unterscheiden zwischen dem, was historisch einmalig war, und dem, was allgemein gültig ist, zwischen den dramatischen äußerlichen Begleiterscheinungen und der zu Grunde liegenden inneren Erfahrung, so bleibt das, was Saulus erlebt hat, eine lehrreiche Fallstudie in Sachen »christlicher Bekehrung«. Zudem sollte der ganze »Reichtum seiner Langmut« (Albrecht), die Christus ihm erwies, ein ermutigendes »Beispiel« für andere sein.[4]

Doch wir sollten einen weiteren Angriff auf den Bericht über die Bekehrung des Saulus beachten, nämlich den Versuch, die Übernatürlichkeit seiner Bekehrung völlig auszuschalten. Im 19. Jh. mutmaßten manche Kommentatoren, dass Saulus einen Sonnenstich oder einen epileptischen Anfall erlitten habe. Heutzutage versucht man eher, seine Bekehrung zum Teil psychologisch und zum Teil physiologisch zu erklären. Im Besonderen tut dies William Sargant in seinem Buch *Battle for the Mind* (»Kampf um das Gehirn«).[5] Es trägt den Untertitel »Eine Psychologie der Bekehrung und Gehirnwäsche«. Das Buch soll »zeigen, wie religiöse Anschauungen … mit Gewalt in das menschliche Gehirn eingeimpft und wie Menschen auf beliebige religiöse Überzeugungen umgeschaltet werden können, die denen völlig entgegenstehen, an die sie sich vorher hielten«. Das Buch endet mit dem Ergebnis, dass »einfache psychologische Bekehrungsmechanismen existieren«.[6] Seine These basiert auf Pavlovs Experimenten mit Hunden und seiner eigenen Behandlung von Patienten in der Kriegszeit, die unter »Erschöpfung vom Kampf« zusammengebrochen waren. Sargant vermutet, dass Saulus etwas Ähnliches passiert sei. Nach »seinem akuten Stadium nervöser Erregung« folgte ein »völliger Zusammenbruch, Halluzinationen und ein zunehmendes Stadium der Beeinflussbarkeit«[7], das durch das dreitägige Fasten noch verstärkt wurde. In einer solchen Verfassung wurden ihm neue religiöse Anschauungen eingeimpft, die denen, an die er sich vorher gehalten hatte, völlig entgegenstanden – zuerst von Hananias, dann durch »die notwendige Zeit der Indoktrinierung« durch die Christen in Damaskus.[8]

Mit Sargants allgemeiner Analyse der schrecklichen Methode der Gehirnwäsche, bei der das Gehirn ununterbrochen mit fremden Vorstellungen bombardiert wird, bis es dann zusammenbricht und völlig gefügig und beeinflussbar wird, haben wir keine Probleme. Auch leugnen wir nicht, dass so etwas durch rhythmisches Trommeln und Tanzen bei primitiven Religionen und sogar durch manche Formen von manipulativer und emotionaler Evangelisation geschieht. Doch wir sind nicht einverstanden damit, dass Sargant versucht, die Bekehrung von Saulus künstlich in sein Schema zu pressen. Denn die Tatsachen sprechen nicht für seine Rekonstruktion. Es gibt keine Hinweise darauf, dass irgendeine »Methode« von irgendjemandem angewandt und Saulus »bombardiert« worden wäre, bis er dann zusammenbrach – außer, dass dies durch Jesus selbst verursacht war. Doch dies würde eine übernatürliche Erklärung erforderlich machen, was Sargants These ja gerade untergraben würde. Zudem unterscheiden sich die Bekehrungserfahrungen in der Apostelgeschichte so sehr, dass sie nicht alle durch physiologische oder psychologische Phänomene wegerklärt werden können.[9]

Als völligen Gegensatz zu diesen Versuchen von Ungläubigen, auf die Bekehrung des Saulus ein schlechtes Licht zu werfen, möchte ich einen Brief aus dem 18. Jh. von Baron George Lyttelton an Gilbert West erwähnen, der unter dem Titel *Observations on the Conversion and Apostleship of Saint Paul* (»Untersuchungen zur Bekehrung und zum Apostelamt des Paulus«) veröffentlicht wurde.[10] »Baron George Lyttelton war so sehr davon überzeugt, dass die Bekehrung des Saulus echt war, dass er meinte, dass sie selbst, von anderen Argumenten abgesehen, ›ein Beweis‹ sei, der ausreiche, um nachzuweisen, dass das Christentum eine Offenbarung Gottes sei.«[11] Richten wir unsere Aufmerksamkeit auf die Verweise von Paulus selbst, auf seine Bekehrung in seinen Reden und Briefen, so wird deutlich, dass er seinen Fall bis ins kleinste Detail darstellte. Denn Saulus war weder »ein Betrüger, der bewusst etwas Falsches erzählte, um andere zu betrügen« noch »ein Enthusiast, der sich selbst durch überspannte Vorstellungen belog«, noch war er »durch einen Betrug anderer getäuscht« worden, denn das, »was er für die Ursache seiner Bekehrung erklärte und das, was sich als Folge dessen ergeben hatte, ist alles passiert; deshalb ist die christliche Religion eine Offenbarung Gottes«.[12]

Akzeptieren wir die Tatsache, dass sich die Bekehrung des Saulus auf Grund eines Eingreifens Jesu Christi ereignete, und akzeptieren wir, dass es notwendig ist, zwischen den ihr zu Grunde liegenden und ihren außergewöhnlichen Merkmalen zu unterscheiden, so sind wir in der Lage, ihre Ursachen und Auswirkungen zu untersuchen. Der Reihe nach betrachten wir Saulus in seinem Zustand vor der Bekehrung, Saulus und Jesus bei ihrer Begegnung auf der Straße, Saulus und Hananias, der ihn in der Gemeinde von Damaskus herzlich aufnahm, und Saulus und Barnabas, der ihn den Aposteln in Jerusalem vorstellte.

7.1 Saulus: Vor seiner Bekehrung in Jerusalem (Apg 9, 1 - 2)

(1) Saulus aber schnaubte noch mit Drohen und Morden gegen die Jünger des Herrn und ging zum Hohenpriester (2) und bat ihn um Briefe nach Damaskus an die Synagogen, damit er Anhänger des neuen Weges, Männer und Frauen, wenn er sie dort fände, gefesselt nach Jerusalem führe.

Wenn wir nach der Ursache der Bekehrung des Saulus fragen, so ist nur eine Antwort möglich: In der Erzählung sticht besonders die souveräne Gnade Gottes in Jesus Christus hervor. Saulus hat sich nicht »für Christus entschieden«, wie wir vielleicht sagen würden. Ganz im Gegenteil – er verfolgte Christus. Es war eher Christus, der sich für ihn entschied und in sein Leben eingriff. Dies ist offensichtlich und unbestreitbar.

Betrachten wir zuerst Saulus Haltung zu diesem Zeitpunkt. Lukas hat ihn bereits dreimal erwähnt, und jedesmal war er ein erbitterter Gegner Christi und der Gemeinde. Er berichtet, dass »die Zeugen« bei dem Martyrium des Stephanus »ihre Kleider zu den Füßen eines jungen Mannes ablegten, der hieß Saulus« (Apg 7, 58), dass Saulus »Gefallen an seinem Tode« hatte (Apg 8, 1) und dass Saulus seither versuchte, »die Gemeinde zu zerstören« (Apg 8, 3), wobei er von Haus zu Haus ging, alle Häuser durchsuchte und Männer und Frauen ins Gefängnis schleppte. Nun setzt Lukas den Bericht über Saulus mit den Worten fort, dass er immer *noch mit Drohen und Morden gegen die Jünger des Herrn* schnaubte (9, 1). Seit dem Tod von Stephanus hatte er sich nicht verändert, er war immer noch hasserfüllt und feindselig.

Es wurde noch schlimmer. Offensichtlich hoffte Saulus, die Nachfolger Jesu in Jerusalem gefangen zu nehmen, um sie dort zu vernichten (Apg 8, 3). Doch einige waren ihm aus der Falle geschlüpft und nach Damaskus geflohen, wo es einige Synagogen für eine große jüdische Kolonie gab. Mit dem festen Entschluss, diese flüchtigen Jünger bis in fremde

Städte zu verfolgen, heckte er einen Plan über ihre Vernichtung aus und überzeugte den Hohenpriester, der seinen Plan genehmigte (Apg 9, 1b-2). Dieser selbst ernannte Inquisitor verließ daraufhin Jerusalem, bewaffnet mit schriftlicher Autorität für die Synagogen in Damaskus, damit *er Anhänger des neuen Weges* (eine sehr interessante frühe Beschreibung für Nachfolger Jesu, die wir später betrachten werden), *Männer und Frauen, wenn er sie dort fände, gefesselt nach Jerusalem führe* (V. 2). Mit anderen Worten – der Hohepriester stattete ihn mit einem Auslieferungsantrag aus.

Lukas scheint Saulus in seinem Zustand vor der Bekehrung – mit seinen Worten gesprochen – offensichtlich als »ungebändigtes und wildes Tier« zu beschreiben.[13] Das Verb *lymainomai* kommt nur an dieser Stelle im N.T. vor, wo es das »Zerstören« der Gemeinde beschreibt (8, 3). Es wird auch in Psalm 79, 14 (LXX) für wilde Säue verwendet, die einen Weinberg verwüsten. Es weist besonders auf »das Verwüsten eines Körpers durch ein wildes Tier hin«.[14] Wenig später schildern die Christen in Damaskus ihn als solchen, »der in Jerusalem alle vernichten wollte« (V. 21). Hier kommt das Verb *portheō* (wie in Gal 1, 13.23) vor, das C.S.C. Williams mit »misshandeln« übersetzt hat.[15] Denselben Vergleich verwendet J.A. Alexander und behauptet, dass das *Drohen und Morden* des Saulus (V. 1) »eine Anspielung auf das Keuchen und Schnauben wilder Tiere«[16] sei, während nach Calvin später Gottes Gnade erkennbar ist, »weil ein so grausamer Wolf nicht bloß in ein Schaf sich wandelte, sondern den Sinn eines Hirten bekam«.[17]

Dies war also der Mann – vielleicht eher ein wildes Tier als ein Mensch – der ein paar Tage später ein bekehrter und getaufter Christ sein würde. Doch er war überhaupt nicht dazu aufgelegt, die Behauptungen Christi zu beachten. Sein Herz war von Hass erfüllt und sein Gehirn war mit Vorurteilen vergiftet. Um mit seinen eigenen Worten zu sprechen – er war von »maßloser Wut« besessen (Apg 26, 11; Einh., Menge). Wenn wir ihn beim Verlassen Jerusalems getroffen hätten und ihm (mit dem Vorteil, das Ende zu kennen) erzählt hätten, dass er vor dem Erreichen von Damaskus ein gläubiger Christ werden würde, hätte er sich über diese Vorstellung lächerlich gemacht. Doch genau dies traf ein. Er hatte bei seinen Plänen die souveräne Gnade Gottes nicht beachtet.

7.2 Saulus und Jesus: Seine Bekehrung auf der Straße nach Damaskus (Apg 9, 3 - 9)

(3) Als er aber auf dem Wege war und in die Nähe von Damaskus kam, umleuchtete ihn plötzlich ein Licht vom Himmel; (4) und er fiel auf die Erde und hörte eine Stimme, die sprach zu ihm: Saul, Saul, was verfolgst du mich? (5) Er aber sprach: Herr, wer bist du? Der sprach: Ich bin Jesus, den du verfolgst. (6) Steh auf und geh in die Stadt; da wird man dir sagen, was du tun sollst. (7) Die Männer aber, die seine Gefährten waren, standen sprachlos da; denn sie hörten zwar die Stimme, aber sahen niemanden. (8) Saulus aber richtete sich auf von der Erde; und als er seine Augen aufschlug, sah er nichts. Sie nahmen ihn aber bei der Hand und führten ihn nach Damaskus; (9) und er konnte drei Tage nicht sehen und aß nicht und trank nicht.

Der zweite Beweis, dass die Bekehrung des Saulus allein der Gnade Gottes zuzuschreiben ist, liefert der weitere Bericht des Lukas über die Ereignisse. Wir werden die Informationen darüber aus allen drei Berichten der Apostelgeschichte entnehmen, auch wenn wir diese in einem späteren Kapitel vergleichen und einander gegenüberstellen wollen. Saulus und seine Eskorte (uns wird nicht berichtet, wer dazu gehörte) hatten ihre Reise von ungefähr 250 km nahezu beendet. Diese Reise wird fast eine Woche gedauert haben. Als sie sich zur Mittagszeit (Apg 22, 6) Damaskus, einer schönen Oase, die von Wüste umgeben war, näherten, geschah es: Ihn umleuchtete *plötzlich ein Licht vom Himmel* (V. 3), heller als der Glanz der Mittagssonne (Apg 26, 13). Dieses war so überwältigend, dass seine Augen geblendet waren (V. 8-9) und es ihn zu Boden warf. *Er fiel auf die Erde* (V. 4), »er lag zu den Füßen dessen, der ihn besiegt hatte«.[18] Dann sprach ihn eine *Stimme* direkt und persönlich (auf Aramäisch bzw. Hebräisch; Apg 26,14) an: »*Saul, Saul* [Lukas belässt hier das originale aramäische/hebräische *Saoul*], *was verfolgst du mich?*«. Als Antwort auf die Frage des Saulus nach der Identität des Sprechers fährt die Stimme fort: »*Ich bin Jesus, den du verfolgst*« (V. 5). Auf einmal, durch die außergewöhnliche Art und Weise, in der Jesus sich mit seinen Nachfolgern identifizierte – wer sie verfolgte, verfolgte ihn! – muss Saulus verstanden haben, dass Jesus lebendig und seine Behauptungen wahr waren. So gehorchte er sofort der Aufforderung, aufzustehen und *in die Stadt* zu gehen (V. 6), wo er weitere Anweisungen erhalten sollte. Unterdessen standen die *Männer ..., die seine Gefährten waren, ... sprachlos da, denn sie hörten zwar die Stimme, aber sahen niemanden* (V. 7) und verstanden nicht die Worte des unsichtbaren Redners (Apg 22,9). Trotzdem *führten* sie *ihn nach Damaskus* (V. 8). Er, der erwartet hatte, Damaskus voller Stolz und Kühnheit zu betreten, als ein selbstbewusster Gegner Christi, wurde tatsächlich hineingeführt, gedemütigt und erblindet, ein Gefangener genau des Christus, den er bekämpft hatte. Es konnte kein Missverständnis über das geben, was geschehen war. Der auferstandene Herr war Saulus erschienen. Dies war keine subjektive Vision und kein Traum, dies war eine objektive Erscheinung des auferstandenen und jetzt verherrlichten Jesus Christus.[19] Das Licht, das er gesehen hatte, war die Herrlichkeit Jesu Christi, und die Stimme, die er gehört hatte, war seine Stimme gewesen. Jesus Christus hatte seine unbesonnene Karriere als Christenverfolger jäh unterbrochen und hatte ihn herumgedreht, sodass er nun in die genau entgegengesetzte Richtung sah.

Die Art und Weise, in der Saulus später als Apostel selbst auf seine Bekehrung verweist, ist der dritte Hinweis darauf, dass diese Bekehrung auf Gottes Gnade beruht. Er erwähnt niemals seine Bekehrung, ohne dies eindeutig klar zu machen. »Als es aber Gott wohl gefiel«, so schreibt er, »dass er seinen Sohn offenbarte in mir ...«.[20] Gott hatte gemäß seines eigenen Willens und nach seinem Wohlgefallen die Initiative ergriffen. Paulus veranschaulicht diese Wahrheit zudem durch mindestens drei dramatische Bilder: 1. Er wurde »von Christus Jesus ergriffen«[21] oder auch »in Besitz genommen«, das Verb *katalambanō* deutet darauf hin, dass Christus ihn verhaftet hatte, bevor er die Gelegenheit dazu gehabt hatte, irgendwelche Christen in Damaskus zu verhaften, 2. er vergleicht seine innere Erleuchtung mit dem Gebot aus dem Schöpfungsbericht, »Es werde Licht!«[22] oder »Licht soll aus der Finsternis hervorleuchten«[23], und 3. schreibt er von der Gnade Gottes, die ihn überströmt, wie ein Fluss, der Hochwasser führt und sein Herz mit Glauben und Liebe erfüllt.[24] So nahm Gottes Gnade ihn gefangen, schien in sein Herz hinein und überschwemmte ihn wie ein Fluss. Diese vielen verschiedenen Bilder erinnern mich an eine andere Reihe von Vergleichen, die C. S. Lewis in den letzten Kapiteln seiner Autobiographie verwendet. Er empfand, dass Gott ihm schonungslos nachging und vergleicht Gott mit dem »großen Angler«, dessen Fisch er ist, mit einer Katze, die einer Maus nachjagt, mit einer Meute Hunde, die einem Fuchs nachstellt und schließlich mit einem göttlichen Schachspieler, der seinen Mitspieler in die ungünstigsten Positionen hineinmanövriert, bis er sich schließlich geschlagen gibt und »schachmatt« ist.[25]

Dass die Bekehrung des Saulus Gott zuzuschreiben ist, kann jedoch leicht missverstanden und muss in zweierlei Hinsicht näher erläutert werden, nämlich dass die souveräne Gnade, die Saulus gefangen nahm, weder plötzlich (in dem Sinne, dass es keine vorherige Vorbereitung gegeben hatte) noch zwingend war (in dem Sinne, dass er keine Antwort darauf geben musste).

Die Bekehrung des Saulus war erstens überhaupt nicht so »plötzlich«, wie es ihr oft nachgesagt wird. Sicherlich griff Christus am Ende plötzlich ein: Ihn umleuchtete »plötzlich ein Licht vom Himmel« (V. 3), und eine Stimme sprach zu ihm. Doch dies war in keiner Weise das erste Mal, wo Christus zu ihm gesprochen hatte. So wie Paulus es später in seinem eigenen Bericht schildert, sagte Jesus zu ihm: »Es ist schwer für dich, gegen den Stachel auszuschlagen!« (Apg 26, 14, Menge). Mit diesem Sprichwort (welches sowohl in der griechischen als auch in der lateinischen Literatur ziemlich weit verbreitet gewesen zu sein scheint) vergleicht Jesus Saulus mit einem lebendigen und widerspenstigen jungen Ochsen und sich selbst mit einem Bauern, der Stachelstöcke verwendet, um ihn abzurichten. Dies deutet an, dass Jesus Saulus verfolgte, ihn piekte und stach, wogegen Saulus nur sehr »schwer« (unter Schmerzen und völlig vergeblich) widerstehen konnte. Mit was für Stacheln hatte Jesus ihn gestochen und gegen wen schlug Saulus aus? Uns wird nicht gesagt, worum es genau geht, doch das N.T. gibt uns eine Anzahl von Hinweisen.

Ein Stachel waren sicherlich seine Zweifel. Er hatte Jesus bewusst als Betrüger abgelehnt – Jesus, der von seinem eigenen Volk verworfen worden war und am Kreuz, unter dem Fluch Gottes stehend, gestorben war. Hatte er ihn jemals gesehen oder getroffen? »Es gibt solche, die … diese Möglichkeit kategorisch ausschließen«, so schreibt Donald Coggan, doch »ich gehöre nicht zu ihnen«. Warum nicht? Weil es »mehr als wahrscheinlich ist, dass sie Zeitgenossen waren, deren Alter nicht weit auseinander lag«. Deshalb ist es wahrscheinlich, dass beide Jerusalem und den Tempel zur gleichen Zeit besuchten. Ist es nicht in diesem Fall »möglich, ja eigentlich höchstwahrscheinlich, dass sich der junge Lehrer aus Galiläa und der junge Pharisäer aus Tarsus in die Augen gesehen haben und dass Saulus Jesus hatte lehren hören?«.[26] Auch wenn sie sich nicht getroffen haben sollten, so wird Saulus doch Berichte über Jesu Lehren und Wunder, seinen Charakter und seine Behauptungen gehört haben, was mit dem hartnäckigen Gerücht, das durch viele Zeugen verbreitet wurde, verbunden war, dass er vom Tode auferweckt und gesehen worden war.

Ein weiterer Stachel wird Stephanus gewesen sein. Hierbei handelte es sich nicht um ein Gerücht, denn Saulus war bei seinem Prozess und seiner Hinrichtung dabei gewesen. Er hatte mit seinen eigenen Augen gesehen, dass das Gesicht des Stephanus wie das eines Engels leuchtete (Apg 6, 15) und wie couragiert er auch bei seiner Steinigung keinen Widerstand leistete (Apg 7,58-60). Er wird auch mit seinen eigenen Ohren die vielsagende Rede des Stephanus vor dem Sanhedrin gehört haben, vielleicht auch seiner weisen Rede in der Synagoge (Apg 6,9-10), seinem Gebet darum, dass Gott seinen Mördern vergeben sollte, und auch seine außergewöhnliche Behauptung, dass er sehe, wie Jesus als der Menschensohn zur Rechten Gottes stehe (Apg 7,56), gehört haben. In dieser Hinsicht war »Stephanus und nicht Gamaliel der wahre Lehrer von Paulus«.[27] Denn Saulus konnte das Zeugnis des Stephanus nicht verdrängen. Diese Christen hatten etwas, was sich nicht erklären ließ – etwas Übernatürliches, etwas, was von der göttlichen Macht Jesu zeugte. Dass Saulus die Christen so fanatisch verfolgte, offenbarte seine wachsende Unruhe, »denn Fanatismus findet sich nur«, so schreibt Jung, »in Menschen, die geheime Zweifel kompensieren wollen«.[28]

Doch die Stachel Jesu hatten sowohl moralische als auch intellektuelle Züge. Das schlechte Gewissen des Saulus brachte ihn mehr in innere Aufruhr als seine nagenden Zweifel. Denn auch wenn er behaupten konnte, in Bezug auf die äußerliche Gerechtigkeit »untadelig« zu sein[29], so wusste er, dass seine Gedanken, Motive und Wünsche aus Gottes Sicht nicht lauter waren. Besonders hinsichtlich des zehnten Gebotes über die Habsucht war er schuldig geworden. Den anderen Geboten konnte er in Wort und Tat gehorchen, doch Habsucht war weder ein Wort noch eine Tat, sondern eine Herzenshaltung, die er nicht unter Kontrolle hatte.[30] So besaß er weder Kraft noch Frieden. Doch dies hätte er niemals zugegeben. Er schlug gewaltsam gegen den Stachel Jesu aus, und dies brachte ihm Verletzungen bei. Seine Bekehrung auf der Straße nach Damaskus stellte deshalb den plötzlichen

Höhepunkt eines langen Prozesses dar, bei dem der »Hund des Himmels« ihn verfolgt hatte. Der Starrsinn des selbstgerechten Pharisäers wurde gebrochen. Der Ochse ging in die Knie.

Wenn die Gnade Gottes nicht plötzlich geschah, so war sie auch nicht zwingend. Das heißt, der Christus, der ihm erschien und zu ihm redete, vernichtete ihn nicht. Er demütigte ihn, sodass er zu Boden fiel, doch er zerstörte nicht seine Persönlichkeit. Er erniedrigte Saulus nicht zum Roboter und zwang ihn nicht, bestimmte Handlungen in einer Art hypnotischer Trance zu vollführen. Im Gegenteil – Jesus stellt ihm eine eindringliche Frage: »Was verfolgst du mich?«. Er appellierte so an seinen Verstand und an sein Gewissen, um ihm bewusst zu machen, wie dumm und böse das war, was er tat. Jesus sagte dann zu ihm, er solle aufstehen und in die Stadt gehen, wo ihm gesagt werden würde, was er als Nächstes tun sollte. Saulus war auch nicht so sehr von der Vision und der Stimme überwältigt, dass er seiner Stimme beraubt worden wäre und nicht mehr in der Lage zu antworten. Nein, er antwortete auf die Frage Christi mit zwei Gegenfragen: 1. »Herr, wer bist du?« (V. 5) und 2. »Herr, was soll ich tun?« (Apg 22, 10). Er antwortete vernünftig, bei Bewusstsein und ungezwungen. *Kyrios* (»Herr«) kann nicht mehr als »Herr sowieso« bedeutet haben. Doch seit ihm bewusst geworden war, dass er mit Jesus sprach und dass dieser von den Toten auferstanden war, musste bereits jetzt der theologische Anklang mitschwingen, wie er dann in den paulinischen Briefen zu finden ist.

Zusammenfassend lässt sich aber sagen, dass die Ursache für die Bekehrung von Saulus die Gnade war, die souveräne Gnade Gottes. Doch souveräne Gnade ist langsam fortschreitende Gnade und zugleich sanfte Gnade. Langsam und ohne Gewalt stach Jesus mit seinen Stacheln in das Bewusstsein und das Gewissen des Saulus. Dann offenbarte er sich selbst durch das Licht und die Stimme – nicht, um ihn zu überwältigen, sondern in einer solchen Art und Weise, dass er ihn dazu befähigte, eine ungezwungene Antwort zu geben.

Die Gnade Gottes tritt einen Menschen nicht mit Füßen. Ganz im Gegenteil – denn sie befähigt Menschen dazu, echte Menschen zu werden. Die Sünde nimmt gefangen, die Gnade befreit. Die Gnade Gottes befreit uns von den Fesseln unseres Stolzes, unserer Vorurteile und Ichbezogenheit, und sie befähigt uns dazu, Buße zu tun und zu glauben. Man kann nur die Gnade Gottes rühmen, dass er einem solchen wütenden Fanatiker wie Saulus von Tarsus gnädig war – und es gegenüber solch stolzen, rebellischen und eigensinnigen Geschöpfen, wie wir es sind, ebenso ist.

C. S. Lewis, dessen Empfindung, wie Gott ihn verfolgte, ich ja bereits erwähnt habe, drückt auch aus, wie er sich frei fühlte, als er Gott antwortete:

> »Mir wurde bewußt, daß ich etwas auf Abstand hielt oder etwas aussperrte. Oder, wenn Sie so wollen, daß ich irgendeine steife Kleidung trug, wie ein Korsett oder gar eine Rüstung, als wäre ich ein Hummer. Ich spürte, wie mir dort und in diesem Moment eine freie Wahl angeboten wurde. Ich konnte die Tür öffnen oder verschlossen lassen; ich konnte die Rüstung ablegen oder anbehalten. Keine der Alternativen wurde mir als Pflicht dargestellt; und an keine waren Drohungen oder Verheißungen geknüpft, obwohl ich wußte, daß ich mich auf etwas Unberechenbares einließ, wenn ich die Tür öffnete oder das Korsett abnahm. Die Wahl schien von tiefgreifender Bedeutung zu sein, doch sie war gleichzeitig auch merkwürdig emotionslos. Ich wurde nicht von Wünschen oder Ängsten getrieben. In gewissem Sinne wurde ich von gar nichts getrieben. Ich entschied mich, aufzumachen, die Rüstung abzulegen, den Zügel zu lockern. Ich sage ›Ich entschied mich‹, doch es schien eigentlich gar nicht möglich zu sein, das Gegenteil zu tun. Auf der anderen Seite waren mir keinerlei Motive bewußt. Sie könnten einwenden, daß ich hier nicht frei handeln konnte, doch ich neige eher zu der Auffassung, daß dies einer vollkom-

men freien Handlung ähnlicher war als das meiste andere, das ich je getan habe. Notwendigkeit ist vielleicht nicht das Gegenteil der Freiheit, und vielleicht ist ein Mensch dann am freiesten, wenn er, statt Motive vorzubringen, nur sagen kann: ›Ich bin, was ich tue.‹«[31]

7.3 Saulus und Hananias: Die Aufnahme des Saulus in der Gemeinde von Damaskus (Apg 9, 10-25)

(10) Es war aber ein Jünger in Damaskus mit Namen Hananias; dem erschien der Herr und sprach: Hananias! Und er sprach: Hier bin ich, Herr. (11) Der Herr sprach zu ihm: Steh auf und geh in die Straße, die die Gerade heißt, und frage in dem Haus des Judas nach einem Mann mit Namen Saulus von Tarsus. Denn siehe, er betet (12) und hat in einer Erscheinung einen Mann gesehen mit Namen Hananias, der zu ihm hereinkam und die Hand auf ihn legte, damit er wieder sehend werde. (13) Hananias aber antwortete: Herr, ich habe von vielen gehört über diesen Mann, wieviel Böses er deinen Heiligen in Jerusalem angetan hat; (14) und hier hat er Vollmacht von den Hohenpriestern, alle gefangenzunehmen, die deinen Namen anrufen. (15) Doch der Herr sprach zu ihm: Geh nur hin; denn dieser ist mein auserwähltes Werkzeug, dass er meinen Namen trage vor Heiden und vor Könige und vor das Volk Israel. (16) Ich will ihm zeigen, wieviel er leiden muss um meines Namens willen. (17) Und Hananias ging hin und kam in das Haus und legte die Hände auf ihn und sprach: Lieber Bruder Saul, der Herr hat mich gesandt, Jesus, der dir auf dem Wege hierher erschienen ist, dass du wieder sehend und mit dem Heiligen Geist erfüllt werdest. (18) Und sogleich fiel es von seinen Augen wie Schuppen und er wurde wieder sehend; und er stand auf, ließ sich taufen (19) und nahm Speise zu sich und stärkte sich.

Folgen wir dem Bericht von Lukas weiter, so kommen wir jetzt von den Ursachen zu den Folgen der Bekehrung des Saulus. Wie wunderbar ist es zu sehen, wie sich seine Einstellungen und sein Charakter veränderten und wie diese Veränderungen sofort sichtbar wurden – besonders die Veränderungen in seinem Verhältnis zu Gott, zur christlichen Gemeinde und zur ungläubigen Welt.

1. Saulus hatte eine neue Ehrfurcht vor Gott. Hananias war aufgetragen worden, zu dem jungen Bekehrten hinzugehen und ihm zu helfen, ihm war gesagt worden: »Denn siehe, er [d. h. Saulus] betet« (V. 11). Drei Tage waren vergangen seit seiner Begegnung mit dem auferstandenen Herrn, während dieser drei Tage *aß* er *nicht und trank* er *nicht* (V. 9). Vermutlich hat er diese drei Tage mit Fasten und Beten verbracht, d. h., er hatte nichts gegessen, um ohne Ablenkung beten zu können. Es war nicht so, dass er vorher noch nie gefastet oder gebetet hätte. So wie der Pharisäer im Gleichnis Jesu wird er hinauf in den Tempel gegangen sein, um zu beten. Und vielleicht hat er wie dieser Pharisäer gehandelt. »Ich faste zweimal in der Woche.«[32] Doch jetzt war Saulus durch Jesus und sein Kreuz mit Gott versöhnt worden und erfreute sich infolgedessen eines neuen und direkten Zugangs zum Vater, so wie der Heilige Geist seinem Geist bezeugte, dass er das Kind seines Vaters war.[33] Was betete Saulus? Wir können vermuten, dass er um die Vergebung aller seiner Sünden bat, besonders die Vergebung seiner Selbstgerechtigkeit und seiner brutalen Verfolgung der Nachfolger Jesu und damit Jesu selbst. Er betete vielleicht um Weisheit und die Erkenntnis dessen, was Gott jetzt von ihm wollte, und vielleicht um Kraft für jeglichen Dienst, den Gott ihm auch auftragen würde. Ohne Zweifel lobte er Gott auch in seinen Gebeten, er schüttete sein Herz vor ihm aus und lobte Gott dafür, dass er ihm gnädig gewesen war. Aus dem Mund, der »mit Drohen und Morden gegen die Jünger des Herrn« geschnaubt hatte (Apg 9, 1), aus dem gleichen Mund kamen nun Gebete und Lob Gottes. »Der brüllende Löwe war in ein blökendes Schaf verwandelt worden.«[34]

Auch heute noch ist die erste Folge der Bekehrung das neue Bewusstsein dessen, dass Gott der Vater ist, so wie der Heilige Geist uns dazu befähigt zu rufen: »Abba, lieber

Vater!«.[35] Damit ist Dankbarkeit für seine Gnade verbunden und eine Sehnsucht danach, ihn besser kennen zu lernen, ihm noch mehr zu gefallen und zu dienen. Das ist Gottesfurcht. Und keine vorgegebene Bekehrung ist echt, wenn sie nicht ein gottesfürchtiges Leben zur Folge hat.

2. Saulus hatte ein neues Verhältnis zur Gemeinde, in die Hananias ihn nun einführte. Es ist kein Wunder, dass William Barclay Hananias »einen der vergessenen Helden der christlichen Gemeinde« nennt.[36] Zuerst, als ihm aufgetragen wurde, Saulus zu helfen, hatte Hananias jedoch Bedenken. Er sträubte sich dagegen, irgendwelche »Nacharbeit« – um einen modernen Ausdruck zu verwenden – zu machen. Dass er zögerte, ist verständlich. Zu Saulus zu gehen, wäre das Gleiche, als würde er sich selbst der Polizei ausliefern. Dies würde einem Selbstmord gleichkommen. Denn er hatte *von vielen gehört über diesen Mann, wieviel Böses* er dem Volk Jesu in Jerusalem angetan hatte (V. 13). Hananias wusste auch, dass Saulus mit einer *Vollmacht von den Hohepriestern, alle* Gläubigen *gefangenzunehmen,* nach Damaskus gekommen war (V. 14). Doch Jesus wiederholte seinen Befehl: »*Geh nur hin*« und fügte hinzu, dass Saulus sein *auserwähltes Werkzeug* war, seinen Namen *vor Heiden und vor Könige und vor das Volk Israel* tragen sollte (V. 15) – ein Dienst, der ihm viel Leiden für diesen Namen einbringen würde (V. 16).

So ging Hananias *in die Straße, die die Gerade heißt* (V. 11), welche immer noch die Hauptverkehrsstraße vom Osten in den Westen von Damaskus ist, und in das Haus des Judas, in den Raum, in dem Saulus sich befand. Dort legte er ihm die Hände auf (V. 17) – vielleicht um sich mit ihm zu identifizieren – und betete um die Heilung seiner Blindheit und um die Fülle des Heiligen Geistes, dass dieser ihn zu seinem Dienst bevollmächtigte. Ich vermute zudem, dass diese Handauflegung eine Geste der Liebe gegenüber einem blinden Mann war, der nicht das Lächeln auf dem Gesicht des Hananias sehen, aber dafür den Druck seiner Hände spüren konnte. Gleichzeitig spricht Hananias ihn als *lieber Bruder*

Saul an. Ich bin immer wieder von diesen Worten bewegt. Dies waren wohl die ersten Worte, die Saulus nach seiner Bekehrung aus dem Munde eines Christen hörte – es waren Worte des brüderlichen Willkommens. Sie müssen wie Musik in seinen Ohren geklungen haben. Wie bitte? Der Erzfeind der Gemeinde wurde als Bruder begrüßt? Der gefürchtete Fanatiker wurde als Glied der Familie willkommen geheißen? Ja, so war es. Hananias erklärte, wie der gleiche Jesus, der Saulus auf der Straße begegnet war, ihn nun zu ihm geschickt hatte, damit er sein Augenlicht wieder erhalten und *mit dem Heiligen Geist erfüllt* würde (V. 17). *Und sogleich fiel es von seinen Augen wie Schuppen, und er wurde wieder sehend* (Lukas verwendet hier einige medizinische Fachbegriffe). Danach *ließ er sich taufen* (V. 18), vermutlich von Hananias, der ihn so sichtbar und öffentlich in die Gemeinschaft Jesu aufnahm. Erst dann *nahm* er wieder *Speise zu sich*, sodass er nach seinem dreitägigen Fasten erneut zu Kräften kam (V. 19a). Hat Hananias das Essen zubereitet und es Saulus serviert, so wie er ihn auch getauft hatte? Wenn ja, dann erkannte er, dass der Jungbekehrte sowohl physische als auch geistliche Bedürfnisse hatte.

Als Nächstes wird uns berichtet, dass Saulus *einige Tage bei den Jüngern in Damaskus* blieb (V. 19b). Er wusste, dass er nun zu genau der Gesellschaft gehörte, die er vorher hatte vernichten wollen. Dies bringt er ganz deutlich zum Ausdruck, indem er *in den Synagogen von Jesus* zu predigen begann, *dass dieser Gottes Sohn sei* (V. 20). Es ist erstaunlich, dass er aufgenommen wurde. In der Tat waren die Menschen, die ihn predigen hörten, *entsetzt[en]* (sie waren »in Erstaunen geraten«, Menge), und sie fragten, ob er *nicht der* sei, *der in Jerusalem alle* Gläubigen *vernichten wollte* und der jetzt nach Damaskus gekommen sei, *dass er sie gefesselt zu den Hohenpriestern führe* (V. 21). Lukas berichtet nicht darüber, was auf ihre angstvollen Fragen geantwortet wurde, vielleicht versuchte auch Hananias, sie zu beruhigen. Unterdessen *gewann* Saulus als Zeuge und Apologet Jesu *immer mehr an Kraft*. Dies ging sogar so weit, dass er *die Juden*, die in Damaskus wohnten, *in die Enge* trieb, indem er *bewies, dass Jesus der Christus ist* (V. 22).

Saulus blieb jedoch nicht für lange Zeit bei den Christen von Damaskus. Lukas beschreibt weiter, wie er die Stadt *nach mehreren Tagen* verließ (V. 23a). Diese Zeitangabe ist bewusst ungenau, doch aus Galater 1,17-18 wissen wir, dass diese »mehreren Tage« tatsächlich drei Jahre lang andauerten und dass Saulus während dieser Zeit in Arabien war. Dazu hatte er nicht weit reisen müssen, denn die nordwestliche Spitze von Arabien reichte fast bis nach Damaskus. Doch weshalb ging er nach Arabien? Manche meinen, dass er weiter predigte und missionierte, doch andere vermuten, was wahrscheinlicher ist, dass er eine Zeit lang leise sein musste und dass Jesus ihm nun die Wahrheiten Gottes offenbarte, die er später »das mir durch Offenbarung kundgemachte Geheimnis«, »mein[em] Evangelium« und »das Evangelium«, das »ich … durch eine Offenbarung Jesu Christi« empfing, nennen würde.[37] Andere haben sogar vermutet, dass diese drei Jahre in Arabien ein bewusster Ersatz für die drei Jahre waren, die die anderen Apostel mit Jesus hatten, Saulus jedoch nicht. Auf jeden Fall kehrte Saulus nach dieser Zeit in Arabien nach Damaskus zurück.[38] Jedoch wiederum nicht für lange. Denn die Juden *beschlossen, ihn zu töten* (V. 23b), und *sie bewachten Tag und Nacht auch die Tore, um ihn zu töten* (V. 24). Auf irgendeine Weise *wurde Saulus* dieser Plan *bekannt*. Schließlich *ließen ihn* seine Jünger (ein interessanter Hinweis darauf, dass seine leitende Stellung bereits erkannt worden war und eine gewisse Gefolgschaft begonnen hatte) *in einem Korb die Mauer hinab* (V. 25), sodass er nach Jerusalem entfliehen konnte.

7.4 Saulus und Barnabas: Seine Einführung bei den Apostein in Jerusalem (Apg 9, 26 - 31)

(26) Als er aber nach Jerusalem kam, versuchte er, sich zu den Jüngern zu halten; doch sie fürchteten sich alle vor ihm und glaubten nicht, dass er ein Jünger wäre. (27) Barnabas aber nahm ihn zu sich und führte ihn zu den Aposteln und erzählte ihnen, wie Saulus auf dem Wege den Herrn gesehen und dass der mit ihm geredet und wie er in Damaskus im Namen Jesu frei und offen gepredigt hätte. (28) Und er ging bei ihnen in Jerusalem ein und aus und predigte im Namen des Herrn frei und offen. (29) Er redete und stritt auch mit den griechischen Juden; aber sie stellten ihm nach, um ihn zu töten. (30) Als das die Brüder erfuhren, geleiteten sie ihn nach Cäsarea und schickten ihn weiter nach Tarsus. (31) So hatte nun die Gemeinde Frieden in ganz Judäa und Galiläa und Samarien und baute sich auf und lebte in der Furcht des Herrn und mehrte sich unter dem Beistand des Heiligen Geistes.

Saulus machte in Jerusalem ähnliche Erfahrungen wie in Damaskus. Bei seiner Ankunft in der Hauptstadt *versuchte er, sich zu den Jüngern zu halten*, denn er wusste, dass er einer von ihnen war, doch diese waren von Skepsis und Angst erfüllt: *sie fürchteten sich alle vor ihm und glaubten nicht, dass er ein Jünger wäre* (V. 26). Vermutlich hatten sie seit drei Jahren nichts über ihn gehört. Doch diesmal kam ihm Barnabas zu Hilfe. Seinem Wesen und seinem Namen entsprechend, *nahm* er *ihn zu sich und führte ihn zu den Aposteln* (nach Galater 1, 18 - 20 speziell zu Petrus und Jakobus) *und erzählte ihnen, wie Saulus auf dem Wege den Herrn gesehen und dass der mit ihm geredet und wie er in Damaskus im Namen Jesu frei und offen gepredigt hätte* (V. 27). Nach diesem Zeugnis wurde Saulus als christlicher Bruder angenommen. *Und er ging bei ihnen in Jerusalem* in den zwei Wochen, die er dort blieb, *ein und aus.*[39]

Somit war Saulus eindeutig ein Glied der neuen Gemeinschaft Jesu. Zuerst in Damaskus, dann in Jerusalem suchte er die »Jünger« (V. 19.26) auf. Sicherlich zögerten beide Gruppen, doch ihr anfänglicher Zweifel wurde überwunden. Danken wir Gott für Hananias, der Saulus in die Gemeinschaft in Damaskus einführte, und für Barnabas, der das Gleiche später in Jerusalem tat! Denn ohne sie und ohne die Aufnahme, die sie ihm ermöglichten, wäre die Kirchengeschichte vielleicht anders verlaufen.

Eine wahre Bekehrung führt immer zur Gliedschaft in einer Gemeinde. Jedoch sollten nicht nur Bekehrte an der christlichen Gemeinschaft teilhaben, sondern auch die christliche Gemeinschaft soll Bekehrte willkommen heißen, im Besonderen solche, die aus einem anderen religiösen, ethnischen oder sozialen Hintergrund kommen. Die »Hananiasse« und »Barnabasse« in der heutigen Zeit müssen unbedingt ihre Bedenken und Zweifel überwinden und in der Begegnung mit Neulingen die Initiative ergreifen und ihnen die Freundschaft anbieten.

Zusätzlich zu seiner neuen Ehrfurcht vor Gott und seiner Beziehung zur Gemeinde erkennt Saulus, dass er eine neue Verantwortung für die Welt trägt, insbesondere als Zeuge Gottes. Nach seinem eigenen Bericht über seine Bekehrung bestimmte Jesus ihn bereits auf der Straße nach Damaskus »zum Diener und zum Zeugen« und sogar als Apostel für die Heiden (Apg 26, 16ff.). Jesus bestätigte dann gegenüber Hananias, dass Saulus sein »auserwähltes Werkzeug« war (Apg 9, 15), und Hananias gab dann Jesu Auftrag an Saulus weiter, dass er »vor allen Menschen Zeuge« dessen sein würde, was er gesehen und gehört hatte (Apg 22, 15). Beachten wir einige Merkmale seines Zeugnisses über Jesus:

1. Sein Zeugnis war christuszentriert. In Damaskus »predigte« er, dass Jesus der Sohn Gottes ist (Apg 9, 20) und »bewies«, dass er der Christus war (Apg 9, 22). Die Argumente aus dem A.T. und seine eigene Erfahrung stimmten überein. Beide waren auf das Zentrum Christus ausgerichtet, und dies ist auch die Aufgabe eines christlichen Zeugnisses. Ein Zeugnis ist nicht das Gleiche wie eine Autobiographie. Zeuge zu

sein, heißt von Christus zu sprechen. Unsere eigene Erfahrung mag unser Zeugnis veranschaulichen, sie darf unser Zeugnis aber nicht beherrschen.

2. Saulus gab sein Zeugnis über Christus in der Kraft des Heiligen Geistes (Apg 9, 17), sodass er mehr und mehr an Kraft gewann (Apg 9, 22). Kein Wunder, denn die Hauptaufgabe des Heiligen Geistes besteht darin, Christus zu bezeugen.[40]

3. Sein Zeugnis war mutig. Zweimal weist Lukas darauf hin, dass er »frei und offen« predigte – zuerst in Damaskus (Apg 9, 27), in genau der Synagoge, an die der Hohepriester die Briefe adressiert hatte, die die Erlaubnis enthielten, dass Saulus die Christen verhaften könne (Apg 9, 2.20), und dann in Jerusalem selbst (Apg 9, 28), dem Sitz des Sanhedrins, von dem die Vollmacht gekommen war. Er diskutierte auch wie Stephanus mit den griechischen Juden oder Hellenisten (Apg 9, 29), vielleicht sogar in derselben Synagoge (Apg 6, 8ff.).

4. Das Zeugnis des Saulus kostete etwas. Für sein Zeugnis hatte er gelitten, so wie Jesus es ihm angekündigt hatte: »Ich will ihm zeigen, wie viel er leiden muss um meines Namens willen« (Apg 9, 16). Bereits in Damaskus geriet er in Lebensgefahr (Apg 9, 23 - 24), sodass er, als alle Zugänge zur Stadt verschlossen waren, mittels eines Korbes aus der Stadt fliehen musste (Apg 9, 25).[41] Auch in Jerusalem versuchten einige Hellenisten, ihn zu töten (Apg 9, 29), sodass Jesus ihn dazu aufforderte, die Stadt sofort zu verlassen (Apg 22, 17 - 18). So *geleiteten* ihn seine christlichen Brüder selbst *nach Cäsarea* an der Mittelmeerküste *und schickten ihn* per Schiff *weiter nach Tarsus*, in seine Heimatstadt, wo er inkognito die nächsten sieben oder acht Jahre verbrachte.

Somit beginnt der Bericht über die Bekehrung des Saulus in Apostelgeschichte 9, dass er mit einem offiziellen Auftrag des Hohenpriesters, die geflohenen Christen verhaften zu dürfen, Jerusalem verlässt, und er endet damit, dass er selbst aus Jerusalem als Christ fliehen muss. Aus dem Verfolger Saulus wurde der Verfolgte. In den übrigen Kapiteln der Apostelgeschichte berichtet Lukas uns Weiteres über sein heldenhaftes Leiden, darüber wie er in Lystra gesteinigt und für tot gehalten liegen gelassen wird, wie er in Philippi misshandelt und eingekerkert wurde, wie er im Mittelmeer Schiffbruch erlitt und schließlich in Rom inhaftiert wurde. Das Zeugnis für Christus beinhaltet auch das Leiden für Christus. Es ist kein Zufall, dass das griechische Wort für »Zeugnis« (*martys*) mit dem Martyrium in Verbindung gebracht wurde. »So wird das Leiden zum Kennzeichen der Nachfolger Christi«, schrieb einmal Dietrich Bonhoeffer.[42]

Doch der Widerstand der Welt verhinderte nicht, dass sich das Evangelium ausbreitete und dass die Gemeinde wuchs. Ganz im Gegenteil – Lukas beendet seinen Bericht über die Bekehrung des Saulus mit einem weiteren seiner zusammenfassenden Verse (V. 31). Die Gemeinde, die sich nun *in ganz Judäa und Galiläa und Samarien* ausgebreitet hatte, weist nach seiner Beschreibung fünf Merkmale auf: 1) Frieden (ohne Übergriffe von außen), 2) Stärke (sie festigte ihre Position), 3) Ermutigung (sie erfreute sich des *paraklēsis*, des Dienstes des Heiligen Geistes, des Parakleten), 4) Wachstum (sie vervielfachte sich) und 5) Gottesfurcht (sie *lebte in der Furcht des Herrn*).

7.5 Schlussfolgerungen

Wir haben nun die Ursache und die Auswirkungen der Bekehrung des Saulus betrachtet. Unser Gesamteindruck ist, dass die Gnade Gottes, die der Ursprung solch großartiger Folgen war, die Hand auch an einen solch hartnäckigen Rebellen legte und ihn völlig veränderte, »aus einem Wolf ein Schaf« machte.[43] Der Bericht von Lukas sollte uns deshalb davon überzeugen, dass wir mehr von Gott erwarten sollten, sowohl im Hinblick auf die Ungläubigen als auch auf die Neubekehrten.

Es gibt auch heute viele unbekehrte »Saulusse« in unserer Welt. Wie er sind sie im Hinblick auf ihren Intellekt und ihren Charakter reich mit natürlichen Begabungen ausgestattet – Männer und Frauen mit persönlichem Format, Energie, Initiative und Schwung. Sie sind von ihren nichtchristlichen Ansichten überzeugt, äußerlich aufrichtig, dabei aber zugleich aufrichtig im Irrtum. Sie reisen so wie damals Saulus von Jerusalem nach Damaskus anstatt umgekehrt von Damaskus nach Jerusalem zu reisen; hart, störrisch, ja sogar fanatisch in ihrem Widerstand gegen Jesus Christus. Doch sie stehen nicht jenseits seiner souveränen Gnade. Wir brauchen mehr Glauben, mehr heilige Erwartung, welche uns dazu bringen würde, für sie zu beten – so wie wir sicher vermuten können, dass die ersten Christen für Saulus gebetet haben – dass Christus sie zuerst mit seinen Stacheln stechen und sie dann bewusst anrühren möge.

Doch wir sollten niemals mit der Bekehrung eines Menschen zufrieden sein. Dies ist nur der Anfang. Dieselbe Gnade, die die Neugeburt eines Menschen bewirkt, kann ihn auch in das Bild Christi verwandeln.[44] Jeder Neubekehrte wird ein anderer Mensch werden und trägt in der Bibel auch verschiedene Bezeichnungen, die dies beweisen – nämlich »Jünger« (Apg 9, 26) oder »Heiliger« (Apg 9, 13), der in einem neuen Verhältnis zu Gott steht, ein »Bruder« (Apg 9, 17) oder eine »Schwester«, die sich in einem neuen Verhältnis zur Gemeinde befindet, und ein »Zeuge« (Apg 22, 15; 26, 16), der sich in einem neuen Verhältnis zur Welt vorfindet. Wenn diese drei veränderten Beziehungen – zu Gott, zur Gemeinde und zur Welt – nicht bei Menschen erkennbar werden, die behaupten, Christ zu sein, so haben wir guten Grund, die Echtheit ihrer Bekehrung in Frage zu stellen. Doch wenn solche veränderten Beziehungen sichtbar werden, haben wir aufrichtigen Anlass, die Gnade Gottes zu rühmen.

8. Die Bekehrung des Kornelius (Apg 9,32-11,18)

Nach der Bekehrung von Saulus, der der Apostel für die Heiden werden würde, fährt Lukas mit der Bekehrung von Kornelius fort, dem ersten Heiden, der gläubig werden sollte. Diese zwei Bekehrungen waren die grundlegenden Fundamente, auf die sich die Heidenmission gründen würde. Und bei beiden sticht ein führender Apostel hervor – bei der ersten Bekehrung geht es um Paulus, bei der zweiten handelt Petrus. Trotz ihrer unterschiedlichen Berufung[1] spielen beide eine wichtige Rolle dabei, wie das Evangelium den jüdischen Rahmen verlässt und wie sich das Königreich Gottes auch für die Heiden öffnet. Lukas wechselt in Apostelgeschichte 9,32 abrupt von Paulus zu Petrus. Er lässt Paulus für eine Weile in Tarsus zurück (Apg 9,30), verliert ihn zeitweilig aus dem Blick, bis er ihn wieder auf seiner ersten Missionsreise zum Mittelpunkt des Geschehens machen wird (Apg 13,1ff.). Währenddessen konzentriert er sich mehr als drei Kapitel lang (Apg 9,32-12,25) auf Petrus, auch wenn er dabei Paulus zweimal erwähnt (Apg 11,25-30; 12,25). Wenn sein Buch also von den »Taten der Apostel« berichtet, so teilt uns dieser Abschnitt im Besonderen von den »Taten des Petrus« etwas mit.[2] Danach verschwindet Petrus ganz von der Bildfläche – sein Erscheinen beim Apostelkonzil in Jerusalem einmal ausgenommen (Apg 15).

Lukas wählt drei Berichte von Petrus aus: 1. Ein doppeltes Wunder (wie Äneas geheilt und Tabita vom Tod auferweckt wurde), 2. Eine Bekehrung (wie Kornelius zum Glauben geführt wurde) und 3. Ein Bericht über eine Flucht (wie Petrus aus dem Gefängnis und somit auch von den bösen Absichten des Herodes bewahrt wurde). Jedes dieser Ereignisse kann als eine besondere Herausforderung angesehen werden – ausgelöst durch Krankheit und Tod, durch heidnische Ablehnung und politische Tyrannei. Zudem folgte jedem Konflikt ein Sieg – die Heilung des Äneas, die Wiederbelebung der

Tabita, die Bekehrung des Kornelius und das Ende von Herodes. Der Apostel Petrus wird als einer dargestellt, der wirkungsvoll seinen Auftrag ausführt, durch den der auferstandene Herr durch seinen Geist weiterhin handelt und lehrt. Während wir die Gefangenschaft und die Befreiung von Petrus erst im nächsten Kapitel behandeln, konzentrieren wir uns in diesem Kapitel auf seinen Dienst an Äneas, Tabita und Kornelius.

8.1 Petrus heilt Äneas und weckt Tabita auf (Apg 9,32-43)

(32) Es geschah aber, als Petrus überall im Land umherzog, dass er auch zu den Heiligen kam, die in Lydda wohnten. (33) Dort fand er einen Mann mit Namen Äneas, seit acht Jahren ans Bett gebunden; der war gelähmt. (34) Und Petrus sprach zu ihm: Äneas, Jesus Christus macht dich gesund; steh auf und mach dir selber das Bett. Und sogleich stand er auf. (35) Da sahen ihn alle, die in Lydda und in Scharon wohnten, und bekehrten sich zu dem Herrn. (36) In Joppe war eine Jüngerin mit Namen Tabita, das heißt übersetzt: Reh. Die tat viele gute Werke und gab reichlich Almosen. (37) Es begab sich aber zu der Zeit, dass sie krank wurde und starb. Da wuschen sie sie und legten sie in das Obergemach. (38) Weil aber Lydda nahe bei Joppe ist, sandten die Jünger, als sie hörten, dass Petrus dort war, zwei Männer zu ihm und baten ihn: Säume nicht, zu uns zu kommen! (39) Petrus aber stand auf und ging mit ihnen. Und als er hingekommen war, führten sie ihn hinauf in das Obergemach und es traten alle Witwen zu ihm, weinten und zeigten ihm die Röcke und Kleider, die Tabita gemacht hatte, als sie noch bei ihnen war. (40) Und als Petrus sie alle hinausgetrieben hatte, kniete er nieder, betete und wandte sich zu dem Leichnam und sprach: Tabita, steh auf! Und sie schlug ihre Augen auf; und als sie Petrus sah, setzte sie sich auf. (41) Er aber gab ihr die Hand und ließ sie aufstehen und rief die Heiligen und die Witwen und stellte sie lebendig vor sie. (42) Und das wurde in ganz Joppe bekannt und viele kamen zum

Glauben an den Herrn. (43) Und es geschah, dass Petrus lange Zeit in Joppe blieb bei einem Simon, der ein Gerber war.

Petrus wird in die Erzählung als einer eingeführt, der im Reisedienst unterwegs ist: Er zog *überall im Land umher...* (V. 32a). Vorher, beim Ausbruch der Verfolgung, hatten die Apostel es für klüger gehalten, in Jerusalem zu bleiben (Apg 8,1b). Als die Gemeinde nun eine friedvolle Zeit erlebte (Apg 9,31), fühlten sie sich jedoch frei, die Stadt auch zu verlassen. Petrus hatte nicht nur die Absicht, das Evangelium zu verkündigen, sondern auch, *zu den Heiligen* zu kommen (V. 32b), um sie zu unterweisen und zu ermutigen. Auf einer seiner Reisen kam er zuerst in Richtung Westen an die Mittelmeerküste und dann an ihr entlang, wobei sich zwei Vorfälle ereigneten, die Lukas offensichtlich als ein sich ergänzendes Paar ansah: In Lydda, das ungefähr 20 km südöstlich von Joppe liegt, lebte ein Mann mit dem Namen Äneas, der *seit acht Jahren* gelähmt und *ans Bett gebunden* war (V. 33). In Joppe, dem heutigen Jaffa und dem am nächsten bei Jerusalem gelegenen Seehafen, lebte eine Frau mit dem Namen Tabita oder Dorkas (das aramäische und griechische Wort für »Gazelle«), die Lukas als *eine Jüngerin* beschreibt, die *viele gute Werke* tat und *reichlich Almosen* gab (V. 36). Sie scheint sowohl Unterbekleidung als auch Obergewänder, »Unter- und Oberkleider« (V. 39; Rev. Elb., vgl. Albrecht) für die Bedürftigen hergestellt zu haben. Doch sie wurde *krank ... und starb* (V. 37). Dies ist die Ausgangssituation dieser zwei Ereignisse. An der Art und Weise, in der Lukas über diese sich ereignenden Wunder berichtet, wird deutlich, dass er Petrus offensichtlich als einen wahren Apostel Jesu Christi darstellen möchte, der auch die echten »Zeichen eines Apostels« vollbrachte.[3] Ähnliche Wunder hatten den Dienst von Elia und Elisa bestätigt.[4] Vier Faktoren unterstützen diesen Eindruck:

1. Beide Wunder entsprechen dem *Beispiel Jesu.* Äneas erinnert an einen anderen Gelähmten, der in Kapernaum lebte. So wie Jesus zu ihm gesagt hatte »steh auf, nimm dein

Bett und geh heim«[5], so sagte Petrus jetzt zu Äneas »steh auf und mach dir selber das Bett« (V. 34). Und die Auferweckung von Tabita erinnert an die Auferweckung der Tochter von Jairus. Weil die Menschen laut weinten, trieb *Petrus sie alle hinaus ...*, so wie es auch Jesus damals getan hatte. Zudem sind die Worte, die jeweils zu der toten Person geredet werden, fast identisch. Einige Kommentatoren weisen sogar darauf hin, dass, wenn Petrus in diesem Fall Aramäisch gesprochen hat, sogar nur ein Buchstabe verändert wäre. Denn Jesus hatte gesagt: »Talita kum!«[6], während Petrus »Tabita kum!« gesagt haben würde (V. 40).

2. Beide Wunder wurden durch *die Macht Jesu* vollbracht. Petrus wusste, dass er Krankheit und Tod nicht durch seine eigene Autorität oder Macht besiegen konnte. Also versuchte er es auch gar nicht erst. Stattdessen sagte er zu dem gelähmten, bettlägerigen Äneas: »*Jesus Christus macht dich gesund*« (V. 34). Bevor er die tote Tabita ansprach, *kniete er nieder* und *betete* (V. 40) – diese Einzelheit muss von Petrus selbst stammen, da kein anderer bei ihm war.

3. Beide Wunder waren Zeichen des *Heils durch Jesus*. Weil Petrus auf die Macht Jesu vertraute, wagte er es, den kranken Mann und die tote Frau mit demselben Befehl anzusprechen: *anastēthi*, »steh auf« (V. 34, 40). *Anistēmi* ist das Verb, das auch dafür verwendet wird, als Gott Jesus auferweckte – dies kann kein Zufall sein. Dabei sollten wir nicht vergessen, dass Tabita in ihr altes Leben »wiederbelebt« wurde (nur, um wieder zu sterben), während Jesus zu einem neuen Leben »auferweckt« wurde (um nie wieder zu sterben). Es sollte also eher hervorgehoben werden, dass sowohl die Gesundung nach einer Lähmung als auch die Wiederbelebung vom Tod sichtbare Zeichen für das neue Leben sind, zu dem wir Sünder durch die Macht der Auferstehung »erweckt« werden sollen.

4. Beide Wunder geschahen zur *Ehre Jesu*. Als Äneas geheilt wurde, *sahen ihn alle, die in Lydda und in Scharon* (der Küstenebene) *wohnten, und bekehrten sich zu dem Herrn*

(V. 35). Das Wort »alle« sollten wir nicht so deuten, dass es jeden einzelnen Einwohner meint, denn, wie Calvin dazu weise bemerkt: »Wenn die Heilige Schrift ›alle‹ erwähnt, ... verwendet sie ›alle‹ für viele, für die Mehrheit oder für eine Menschenmenge«.[7] »Gemeint ist nicht gerade jeder Einzelne ohne Ausnahme, sondern die Mehrheit der Bewohnerschaft«.[8] Ähnlich ist es bei Tabita: Als sie wieder ins Leben zurückgerufen wurde, *wurde* dies *in ganz Joppe bekannt, und viele kamen zum Glauben an den Herrn* (V. 42). Dies stimmte mit der Absicht der Zeichen überein: Sie sollten die Echtheit der Heilsbotschaft des Apostels bestätigen und veranschaulichen – Menschen hörten die Worte, sahen die Zeichen und glaubten.

8.2 Kornelius bittet Petrus zu ihm zu kommen (Apg 10,1-8)

(1) Es war aber ein Mann in Cäsarea mit Namen Kornelius, ein Hauptmann der Abteilung, die die Italische genannt wurde. (2) Der war fromm und gottesfürchtig mit seinem ganzen Haus und gab dem Volk viele Almosen und betete immer zu Gott. (3) Der hatte eine Erscheinung um die neunte Stunde am Tage und sah deutlich einen Engel Gottes bei sich eintreten; der sprach zu ihm: Kornelius! (4) Er aber sah ihn an, erschrak und fragte: Herr, was ist? Der sprach zu ihm: Deine Gebete und deine Almosen sind vor Gott gekommen und er hat ihrer gedacht. (5) Und nun sende Männer nach Joppe und lass holen Simon mit dem Beinamen Petrus. (6) Der ist zu Gast bei einem Gerber Simon, dessen Haus am Meer liegt. (7) Und als der Engel, der mit ihm redete, hinweggegangen war, rief Kornelius zwei seiner Knechte und einen frommen Soldaten von denen, die ihm dienten, (8) und erzählte ihnen alles und sandte sie nach Joppe.

Petrus hatte freimütig auf die Herausforderungen von Krankheit und Tod reagiert. Wie würde er auf die Provokationen durch ethnische und religiöse Diskriminierung antworten? Lukas könnte auf seine verhältnismäßig große Offenheit hinweisen, indem er den Bericht mit den Worten beendet: »Petrus [blieb] lange Zeit in Joppe ... bei einem Simon, der ein Gerber war« (Apg 9,43). Denn Gerber wurden als kultisch unrein angesehen, da sie mit toten Tieren arbeiteten, um aus ihrer Haut Leder zu machen. Doch Petrus beachtet dies gar nicht, was »zu zeigen scheint, dass [er] bereits eine Einstellung hatte, die ihn auf die kommende Offenbarung im nächsten Kapitel und die Anweisung, zum Heiden Kornelius zu gehen und ihn zu taufen, vorbereit hatte«.[9]

In jedem Fall erinnern wir uns, die wir jetzt Apostelgeschichte 10 lesen, dass Jesus Petrus die »Schlüssel des Himmelreiches« gegeben hatte, auch wenn Matthäus darüber berichtet und nicht Lukas.[10] Und wir haben bereits gesehen, dass er von diesen Schlüsseln Gebrauch gemacht hat, indem er das Himmelreich an Pfingsten für Juden öffnete und bald danach auch den Samaritanern. Jetzt gebraucht er sie wieder, um den Heiden das Himmelreich zu öffnen. Dies tut er, indem er Kornelius, den ersten heidnischen Bekehrten, evangelisiert und auch tauft (vgl. Apg 15,7).

Kornelius war in Cäsarea stationiert, einer Garnisonsstadt, die nach Augustus Cäsar benannt war. Cäsarea war die Regierungshauptstadt der Provinz Judäa, die sich ihres großartigen Hafens rühmte, der von Herodes dem Großen erbaut worden war. Lukas beschreibt Kornelius als einen *Hauptmann der Abteilung, die die Italische genannt wurde* (V. 1). »Abteilung« übersetzt das griechische Wort *speira*, das normalerweise als »Kohorte« bezeichnet wird. Eine solche Kohorte bestand aus sechs »Zenturien« (100 Männern) und steht unter dem Kommando eines Hauptmannes (»Zenturio«). Zehn Kohorten bilden eine Legion. Somit entspricht ein Hauptmann ungefähr einem heutigen »Kompaniechef«, also einem »Major« oder »Hauptmann«.

Zudem scheint er ein vorbildlicher *pater familiae* (Familienoberhaupt) gewesen zu sein, denn er war *fromm und gottesfürchtig mit seinem ganzen Haus*, was sich sowohl in seiner Großzügigkeit gegenüber Armen bzw. in jüdischen Belangen als auch in regelmäßigem Gebet ausdrückte (V. 2). Man ist sich nicht einig darüber, ob *gottesfürchtig* eher allgemein so zu verstehen ist, dass Kornelius »religiös« war (wie in V. 35), oder eher in einem speziellen Sinn, dass er ein »Gottesfürchtiger« geworden war (z.B. Apg 13,16.26), ein »Proselyt am Tor«.[11] Stimmt die zweite Annahme, dann hieße das, dass er den Monotheismus und die ethischen Normen der Juden angenommen hatte und die jüdischen Synagogengottesdienste besuchte, doch kein echter Proselyt geworden und somit noch nicht beschnitten worden war. Auch wenn er später (V. 22) als »mit gutem Ruf bei dem ganzen Volk der Juden« beschrieben wird, so war er dennoch ein Heide, ein Außenseiter, der nicht an Gottes Bund mit Israel teilhatte.

Wir können uns nur schwerlich diesen unüberbrückbaren Abgrund vorstellen, der sich zu der damaligen Zeit zwischen den Juden auf der einen und den Heiden (sogar die »Gottesfürchtigen« eingeschlossen) auf der anderen Seite erstreckte. Nicht dass das A.T. solch eine Trennung gutgeheißen hätte. Ganz im Gegenteil, neben den Fremdvölkersprüchen gegen die feindlichen Nationen bekräftigte es, dass Gott ein Ziel mit ihnen hatte. Dadurch dass er eine Familie ausgewählt und gesegnet hatte, wollte er alle Familien der Erde segnen.[12] So sagten Psalmisten und Propheten den Tag voraus, an dem der Messias Gottes die Völker regieren würde, an dem der Knecht des Herrn ihr Licht sein würde, an dem alle Völker zum Haus Gottes strömen und Gott seinen Geist auf die ganze Menschheit ausgießen würde.[13] Die Tragödie bestand darin, dass Israel die Lehre über die Erwählung in eine Anschauung der exklusiven Gunst Gottes verwandelte, mit Stolz auf die eigene Nation erfüllt war, die Heiden aber als »Hunde« verachtete und Traditionen entwickelte, die diese von ihnen fern hielt. Kein orthodoxer Jude würde jemals das Haus eines Heiden betreten, nicht einmal das eines »Gottesfürchtigen«, auch würde er niemals einen solchen in sein Haus einladen (siehe V. 28). »Jeder familiäre Umgang mit Heiden war untersagt«, und »ein frommer Jude hätte sich auf gar keinen Fall an den Tisch eines Heiden gesetzt.«[14]

Dies war also das tief verwurzelte Vorurteil, das überwunden werden musste, bevor Heiden genauso wie Juden in die Gemeinschaft der Christen aufgenommen werden konnten und bevor die Gemeinde wirklich eine vielvölkische und multikulturelle Gemeinschaft werden konnte. In der Apostelgeschichte haben wir gesehen, welche konkreten Schritte Gott unternommen hatte, um eine sich weiter fortsetzende Trennung zwischen Juden und Samaritanern in der Gemeinde zu verhindern. Wie würde er nun eine bestehende Trennung zwischen Juden und Heiden überwinden? Lukas hält diese Episode für so wichtig, dass er sie zweimal erzählt, erst mit seinen eigenen Worten (Apg 10) und dann mit den Worten des Petrus selbst, als dieser der Jerusalemer Gemeinde berichtet, was sich ereignet hatte (Apg 11,1-18).

Zuerst wird deutlich gemacht, dass Petrus bei dieser Entwicklung Gottes Werkzeug sein sollte, denn Kornelius erhält die Anweisung, dass er ihn kommen lassen soll. *Um die neunte Stunde am Tage* – Lukas hat diese Zeit bereits als die Zeit des Gebets bei den Juden beschrieben – *hatte* er *eine Erscheinung*, bei der er *deutlich einen Engel Gottes bei sich eintreten* sah, der ihn bei seinem Namen rief (V. 3). Der Engel antwortete auf die erschrockene Frage des Kornelius, dass seine *Gebete und ... Almosen ... vor Gott gekommen* seien, dass Gott *ihrer gedacht* habe (V. 4) und er *Männer nach Joppe*, das etwa 50 km südlicher an der Mittelmeerküste lag, senden sollte. Diese sollten Simon Petrus herbeiholen, der *am Meer* bei seinem Namensgenossen weilte, bei Simon, dem Gerber (V. 5-6). Ein paar Jahrhunderte früher hatte der ungehorsame Prophet Jona in Joppe ein Schiff bestiegen und so in seiner Dummheit versucht, vor Gott davonzulaufen.[15] Doch der Hauptmann Kornelius, der es selbst gewohnt war, Befehle zu erteilen, gehorchte dem Befehl und schickte zwei seiner Knechte und einen Soldaten nach Joppe (V. 7-8). Der Engel verkündete dem Hauptmann nicht das Evangelium, mit diesem Vorrecht wurde allein der Apostel Petrus betraut.

Dieses erste Ereignis bereitet den Boden für das, was noch kommen würde. Denn die Hauptfrage war, wie Gott mit Petrus umgehen würde. Wie würde es ihm gelingen, die in Petrus fest verwurzelte ethnische Intoleranz niederzureißen? Das zentrale Thema dieses Kapitels ist weniger die Umkehr von Kornelius, sondern eher die Bekehrung von Petrus.

8.3 Petrus hat eine Vision (Apg 10,9-23)

(9) Am nächsten Tag, als diese auf dem Wege waren und in der Nähe der Stadt kamen, stieg Petrus auf das Dach, zu beten um die sechste Stunde. (10) Und als er hungrig wurde, wollte er essen. Während sie ihm aber etwas zubereiteten, geriet er in Verzükkung (11) und sah den Himmel aufgetan und etwas wie ein großes leinenes Tuch herabkommen, an vier Zipfeln niedergelassen auf die Erde. (12) Darin waren allerlei vierfüßige und kriechende Tiere der Erde und Vögel des Himmels. (13) Und es geschah eine Stimme zu ihm: Steh auf, Petrus, schlachte und iss! (14) Petrus aber sprach: O nein, Herr, denn ich habe noch nie etwas Verbotenes und Unreines gegessen. (15) Und die Stimme sprach zum zweiten Mal zu ihm: Was Gott rein gemacht hat, das nenne du nicht verboten. (16) Und das geschah dreimal; und alsbald wurde das Tuch wieder hinaufgenommen gen Himmel. (17) Als aber Petrus noch ratlos war, was die Erscheinung bedeute, die er gesehen hatte, siehe, da fragten die Männer, vom Kornelius gesandt, nach dem Haus Simons und standen an der Tür, (18) riefen und fragten, ob Simon mit dem Beinamen Petrus hier zu Gast wäre. (19) Während aber Petrus nachsann über die Erscheinung, sprach der Geist zu ihm: Siehe, drei Männer suchen dich; (20) so steh auf, steig hinab und geh mit ihnen und zweifle nicht, denn ich habe sie gesandt. (21) Da stieg Petrus hinab zu den Männern und sprach: Siehe, ich bin's, den ihr sucht: warum seid ihr hier? (22) Sie aber sprachen: Der Hauptmann Kornelius, ein frommer

und gottesfürchtiger Mann mit gutem Ruf bei dem ganzen Volk der Juden, hat Befehl empfangen von einem heiligen Engel, dass er dich sollte holen lassen in sein Haus und hören, was du zu sagen hast. (23) Da rief er sie herein und beherbergte sie. Am nächsten Tag machte er sich auf und zog mit ihnen, und einige Brüder aus Joppe gingen mit ihm.

Am nächsten Tag nach der Bekehrung von Kornelius, *um die sechste Stunde* (d. h etwa 21 Stunden danach), gerade als die Leute des Kornelius *auf dem Wege waren und in die Nähe der Stadt* Joppe *kamen, stieg Petrus auf das* flache *Dach* des Gerbers, um *zu beten* (V. 9). *Und als er hungrig wurde, wollte er essen. Während sie ihm aber etwas zubereiteten, geriet er in Verzückung* (V. 10) und hatte eine außergewöhnliche Erscheinung. Er *sah den Himmel aufgetan und etwas wie ein großes leinenes Tuch herabkommen, an vier Zipfeln niedergelassen auf die Erde* (V. 11). Manche Kommentatoren haben gemutmaßt, dass Petrus in dieser vom Hunger verursachten Trance auf dem zur Seeseite gewandten Dach des Hauses in Wirklichkeit kein weißes Tuch, sondern das Segel eines vorbeifahrenden Schiffes gesehen hatte. Sicherlich kann man *othonē* mit »Segeltuch« übersetzen.[16] Das Wichtigste bei der Erscheinung besteht jedoch in dem Inhalt des Tuches, nämlich *allerlei vierfüßige[n] und kriechende[n] Tiere[n] der Erde und Vögel des Himmels*, offensichtlich eine Mischung von reinen und unreinen Tieren, die in jedem orthodoxen Juden Ekel erregen mussten. Doch nachdem Petrus diese Erscheinung gesehen hatte, hörte er *eine Stimme*, die den schockierenden Auftrag erteilte: »*Steh auf, Petrus, schlachte und iss!*« (V. 13). »*O nein, Herr!*«, antwortete Petrus, so wie er es auch während des öffentlichen Dienstes von Jesus getan hatte,[17] und er fügte noch hinzu: »*Denn ich habe noch nie etwas Verbotenes und Unreines gegessen.*« (V. 14). *Und die Stimme sprach zum zweiten Mal zu ihm: »Was Gott rein gemacht hat, das nenne du nicht verboten«* (V. 15). Es hat den Anschein, als habe sich die ganze Erscheinung mit dem Tuch sofort *dreimal* wiederholt, denn *das Tuch wurde wieder hinaufgenommen gen Himmel* (V. 16).

Nach der Erscheinung war Petrus verwirrt. Doch während er *noch ratlos war* (»bei sich selbst ganz ungewiss war«, Schlachter), *»was die Erscheinung bedeute, die er gesehen hatte«*, fand die Delegation, die *Kornelius gesandt* hatte, heraus, wo das *Haus Simons* war. Sie *standen an der Tür* (V. 17), *riefen und fragten, ob Simon mit dem Beinamen Petrus hier zu Gast wäre* (V. 18). *Während aber Petrus nachsann über die Erscheinung, sprach der Geist zu ihm* (in einer direkten und unmissverständlichen Art): »*Siehe, drei Männer suchen dich;* (V. 19) *so steh auf, steig hinab und geh mit ihnen und zweifle nicht, denn ich* (der Heilige Geist) *habe sie gesandt* (V. 20). Der entscheidende Ausdruck *mēden diakrinōmenos* in Apostelgeschichte 10,20 und *mēden diakrinanta* in Apostelgeschichte 11,12 wird normalerweise mit den Worten »ohne Bedenken« (Meister, Schlachter, Menge, Albrecht, Einh., HFA, JB, GN) oder »ohne irgend zu zweifeln« (Rev. Elb., vgl. Luther '84) übersetzt,[18] doch es könnte auch mit »keinen Unterschied machen« wiedergegeben werden (Apg 11,12; ZB),[19] d. h. »keinen grundlosen, boshaften Unterschied zwischen Juden und Heiden machen«.[20] Auch wenn die Erscheinung die grundsätzliche Unterscheidung zwischen reiner und unreiner Nahrung, die Petrus zur Sprache gebracht hatte, ablehnt, bezog der Heilige Geist dies auf die Unterscheidung zwischen reinen und unreinen Menschen und trug ihm auf, von dieser Diskriminierung abzulassen. An seiner späteren Aussage »Gott hat mir gezeigt, dass ich keinen Menschen meiden oder unrein nennen soll« (10,28) wird deutlich, dass Petrus dies auch verstanden hatte.

So *stieg Petrus hinab zu den Männern*, die von Kornelius gekommen waren, *und sprach*: »*Siehe, ich bin's, den ihr sucht; warum seid ihr hier?*« (V. 21). *Sie aber sprachen: »Der Hauptmann Kornelius, ein frommer und gottesfürchtiger Mann mit gutem Ruf bei dem ganzen Volk der Juden, hat Befehl empfangen von einem heiligen Engel, dass er dich sollte holen lassen in sein Haus und hören, was du zu sagen hast*« (V. 22). *Da rief er sie herein und beherbergte sie.* (V. 23a). Es scheint, dass er sie dort übernachten ließ, auch wenn sie unbeschnittene Heiden waren.

Wir merken, wie perfekt Gott sein Werk an Kornelius und Petrus aufeinander abgestimmt hat. Denn während Petrus betete und seine Erscheinung hatte, näherten sich die Männer, die Kornelius geschickt hatte, der Stadt (V. 9 - 16). Als Petrus sich über die Bedeutung dessen, was er gesehen hatte, noch völlig im Unklaren war, kamen sie bei seinem Haus an (V. 17 - 18). Indem Petrus immer noch über die Erscheinung nachdachte, sagte der Heilige Geist zu ihm, dass die Männer nach ihm suchten und er ohne Bedenken mit ihnen gehen konnte (V. 19 - 20). Und als Petrus nach unten ging und sich ihnen vorstellte, erklärten sie ihm, warum sie gekommen waren (V. 21 - 23).

8.4 Petrus predigt der Hausgemeinschaft des Kornelius (Apg 10, 23b- 48)

(23) Am nächsten Tag machte er sich auf und zog mit ihnen, und einige Brüder aus Joppe gingen mit ihm. (24) Und am folgenden Tag kam er nach Cäsarea. Kornelius aber wartete auf sie und hatte seine Verwandten und nächsten Freunde zusammengerufen. (25) Und als Petrus hereinkam, ging ihm Kornelius entgegen und fiel ihm zu Füßen und betete ihn an. (26) Petrus aber richtete ihn auf und sprach: Steh auf, ich bin auch nur ein Mensch. (27) Und während er mit ihm redete, ging er hinein und fand viele, die zusammengekommen waren. (28) Und er sprach zu ihnen: Ihr wisst, dass es einem jüdischen Mann nicht erlaubt ist, mit einem Fremden umzugehen oder zu ihm zu kommen; aber Gott hat mir gezeigt, dass ich keinen Menschen meiden oder unrein nennen soll. (29) Darum habe ich mich nicht geweigert zu kommen, als ich geholt wurde. So frage ich euch nun, warum ihr mich habt holen lassen. (30) Kornelius sprach: Vor vier Tagen um diese Zeit betete ich um die neunte Stunde in meinem Hause. Und siehe, da

stand ein Mann vor mir in einem leuchtenden Gewand (31) und sprach: Kornelius, dein Gebet ist erhört, und deiner Almosen ist gedacht worden vor Gott. (32) So sende nun nach Joppe und lass herrufen Simon mit dem Beinamen Petrus, der zu Gast ist im Hause des Gerbers Simon am Meer. (33) Da sandte ich sofort zu dir; und du hast recht getan, dass du gekommen bist. Nun sind wir alle hier vor Gott zugegen, um alles zu hören, was dir vom Herrn befohlen ist. (34) Petrus aber tat seinen Mund auf und sprach: Nun erfahre ich in Wahrheit, dass Gott die Person nicht ansieht; (35) sondern in jedem Volk, wer ihn fürchtet und recht tut, der ist ihm angenehm. (36) Er hat das Wort dem Volk Israel gesandt und Frieden verkündigt durch Jesus Christus, welcher ist Herr über alle. (37) Ihr wisst, was in ganz Judäa geschehen ist, angefangen von Galiläa nach der Taufe, die Johannes predigte, (38) wie Gott Jesus von Nazareth gesalbt hat mit Heiligem Geist und Kraft; der ist umhergezogen und hat Gutes getan und alle gesund gemacht, die in der Gewalt des Teufels waren, denn Gott war mit ihm. (39) Und wir sind Zeugen für alles, was er getan hat im jüdischen Land und in Jerusalem. Den haben sie an das Holz gehängt und getötet. (40) Den hat Gott auferweckt am dritten Tag und hat ihn erscheinen lassen, (41) nicht dem ganzen Volk, sondern uns, den von Gott vorher erwählten Zeugen, die wir mit ihm gegessen und getrunken haben, nachdem er auferstanden war von den Toten. (42) Und er hat uns geboten, dem Volk zu predigen und zu bezeugen, dass er von Gott bestimmt ist zum Richter der Lebenden und der Toten. (43) Von diesem bezeugen alle Propheten, dass durch seinen Namen alle, die an ihn glauben, Vergebung der Sünden empfangen sollen. (44) Während Petrus noch diese Worte redete, fiel der Heilige Geist auf alle, die dem Wort zuhörten. (45) Und die gläubig gewordenen Juden, die mit Petrus gekommen waren, entsetzten sich, weil auch auf die Heiden die Gabe des Heiligen Geistes ausgegossen wurde; (46) denn sie hörten, dass sie in Zungen redeten und Gott hoch priesen. Da antwortete Petrus: (47) Kann auch jemand denen das Wasser zur Taufe verwehren, die den Heiligen Geist empfangen haben ebenso wie wir? (48) Und er befahl, sie zu taufen in dem

Namen Jesu Christi. Da baten sie ihn, noch einige Tage dazubleiben.

Am nächsten Tag brachen Petrus und sein Gefolge an der Küstenstraße entlang nach Cäsarea auf. Die Gruppe bestand aus 10 Leuten – die drei Heiden von Kornelius, Petrus selbst und *einige Brüder aus Joppe* (V. 23b), nämlich genau sechs (Apg 11,12). Wenn sie zu Fuß gegangen sind, wird die Reise gut neun oder zehn Stunden gedauert haben, Pausen noch nicht einmal mitgerechnet. So erreichten sie am folgenden Tag ihren Bestimmungsort. Dort fanden sie eine bemerkenswerte Gruppe vor, denn *Kornelius ... wartete auf sie*, und hatte nicht nur seine eigene Hausgemeinschaft, sondern auch *seine Verwandten und nächsten Freunde* zusammen geholt (V. 24). Seine geistliche Demut und Lernbereitschaft kann daran erkannt werden, dass, *als Petrus hereinkam*, »›ihm Kornelius ... zu Füßen [fiel]‹ wie vor einem himmlischen Wesen«.[21] Diese Geste war jedoch völlig unangemessen. Petrus *richtete ihn auf* und bekräftigte, dass er selbst nur ein Mensch sei.[22]

Wenn sich schon das Niederfallen des Kornelius vor Petrus nicht geziemte, so war es ebenso unangemessen nach der jüdischen Tradition, dass Petrus ein heidnisches Haus betrat. »Ihr wisst, dass es einem jüdischen Menschen nicht erlaubt ist, mit einem Fremden umzugehen oder zu ihm zu kommen«, sagte Petrus (V. 28). Der Begriff *athemitos* »bezeichnet eher etwas, was der überlieferten Gewohnheit oder Vorschrift (*themis*) widerspricht, als einem ausdrücklichem Gebot (*nomos*)«.[23] Das Wort *athemitos* beschreibt in der Tat etwas, was »tabu« ist.[24] Doch Petrus fühlte sich jetzt frei, dieses traditionelle Tabu zu brechen und das Haus des Kornelius zu betreten, weil Gott ihm gezeigt hatte, dass kein Mensch aus seiner Sicht unrein war.

Ob bewusst oder unbewusst – Petrus weist somit die beiden extremen und einander ausschließenden Haltungen zurück, die Menschen manchmal gegenseitig annehmen: Er hatte gesehen, dass es einerseits völlig unangebracht war, einen Menschen als Gott anzubeten (was Kornelius ja ihm gegenüber versucht hatte), und andererseits jemanden als unrein abzulehnen (was er vorher mit Kornelius getan hätte). Petrus weigerte sich sowohl, von Kornelius als Gott behandelt zu werden, als auch, mit Kornelius wie mit einem »Hund« umzugehen.

Petrus fährt damit fort, dass er sagt, dass er sich *nicht geweigert* habe *zu kommen, als* er *geholt wurde* (V. 29) oder »ohne Bedenken« (JB) kam. Warum hatte Kornelius ihn nun aber kommen lassen?

Kornelius antwortet auf seine Frage, indem er von seiner Engelserscheinung erzählt (V. 30-33), die er vier Tage zuvor gehabt hatte. Sein Bericht stimmt mit dem von Lukas überein (V. 3-6), ausgenommen, dass er jetzt den Engel als *Mann ... in einem leuchtenden Gewand* bezeichnet und dass er auch nicht von dem Schrecken, der ihn ereilt hatte, berichtet (V. 4). Dann dankt er Petrus für sein Kommen und fügt hinzu: »*Nun sind wir alle hier vor Gott zugegen, um alles zu hören, was dir vom Herrn befohlen ist*« (V. 33). Dies war ein bemerkenswertes Bekenntnis – dass sie sich in der Gegenwart Gottes befanden, dass der Apostel Petrus ihnen Gottes Wort überbringen würde und dass sie alle bereit waren, ihm zuzuhören. Kein Prediger könnte heute um eine aufmerksamere Zuhörerschaft bitten!

Petrus begann seine Predigt mit der ernsthaften und persönlichen Darstellung dessen, was er durch seine Erfahrungen der vorangegangenen Tage gelernt hatte. Er drückt dies sowohl negativ als auch positiv aus. Erstens: »*Nun erfahre ich in Wahrheit, dass Gott die Person nicht ansieht*« (V. 34). *Prosōpolēmpsia* bedeutet »Parteilichkeit«.[25] Schon im A.T. war es den Richtern untersagt, parteilich zu sein. Sie sollten das Recht nicht verdrehen, indem sie entweder den Reichen oder den Armen begünstigten.[26] Denn bei Gottes Urteil gibt es »kein Unrecht, weder Ansehen der Person noch Annehmen von Geschenken«.[27] Doch die Aussage des Petrus geht noch weiter. Er meint, dass Gottes Einstellung gegenüber den Menschen nicht durch irgendwelche äußeren Kriterien bestimmt wird, sei es durch ihre Erscheinung, ihre Rasse, ihre Nationalität oder ihre soziale Schicht. Stattdessen ist *in jedem Volk, wer ihn fürchtet und recht tut, ... ihm angenehm* (*dektos*) (V. 35). Diese Aussage werden wir jetzt noch nicht eingehend untersuchen. Für jetzt soll es genügen, die Aufmerksamkeit auf den Zusammenhang in Apostelgeschichte 10 und die ihr entgegenstehende Sicht der »exklusiven Gunst Gottes« zu lenken. Es wird betont, dass Kornelius als Heide annehmbar war, so dass er kein Jude zu werden brauchte – aber seine eigene Gerechtigkeit war nicht so ausreichend, dass er kein Christ hätte werden müssen. Denn »[h]iedurch wird keine Gleichgültigkeit der Religionen, sondern eine Gleichgültigkeit der Nationen behauptet«.[28] Lenski argumentiert ähnlich: »Wenn seine ernsthaften heidnischen Überzeugungen ausgereicht hätten, warum suchte er dann die Synagoge auf? Wenn die Synagoge ausgereicht hätte, warum war Petrus dann da?«.[29] Petrus würde ihm bald verkündigen, dass der Glaube für die Errettung notwendig war (V. 43).

Nach dieser Einleitung, die bekräftigt, dass »keine völkische Schranke ... das christliche Heil« begrenzt,[30] fasst Lukas die Predigt von Petrus zusammen (V. 36-43). Auch wenn sie an eine heidnische Zuhörerschaft gerichtet war, so war ihr Inhalt grundsätzlich doch der gleiche wie der der Predigten, die er vor Juden gehalten hatte. Petrus drückt dies selbst so aus, wenn er beide Botschaften *das Wort* nennt, das Gott *dem Volk Israel gesandt* hatte und den *Frieden* (Versöhnung mit Gott und dem Nächsten) *durch Jesus Christus, welcher ist Herr über alle*, nicht nur der Herr über Israel (V. 36). Dies bezog sich auf bestimmte vorangegangene Ereignisse, von denen die Zuhörerschaft von Petrus wusste, weil sie allgemein bekannt waren, und deren Ort und Zeitpunkt er genau bestimmen kann: *»Ihr wisst, was in ganz Judäa geschehen ist, angefangen von Galiläa nach der Taufe, die Johannes predigte«* (V. 37; vgl. Apg 1, 22). Diese Ereignisse konzentrieren sich auf den historischen Jesus, auf die aufeinander folgenden Schritte seines Heilshandelns und auf die Errettung, die er als Folge anbietet.

1. Petrus weist auf Jesu Leben und Dienst hin, *wie Gott Jesus von Nazareth* für seinen Dienst als Messias *gesalbt hat*, und zwar nicht mit Öl wie die Könige von Israel und Juda, sondern *mit Heiligem Geist und Kraft*, d. h. mit der Kraft des Heiligen Geistes.[31] So gesalbt, zog er umher *und hat Gutes getan und alle gesund gemacht, die in der Gewalt des Teufels waren* oder von ihm »tyrannisiert« wurden,[32] sodass erkennbar war, dass seine Kraft größer war als die des Teufels, *denn Gott war mit ihm* (V. 38; vgl. Apg 2,22). Petrus fährt fort, dass »*wir … Zeugen für alles [sind], was er getan hat im jüdischen Land und in Jerusalem*« (V. 39a). Deshalb konnten sie Beweise und ein Zeugnis aus erster Hand geben. Daraus wird ersichtlich, dass »eine Art Zusammenfassung des Lebens und des Wesens Jesu zum Grundbestand der Verkündigung der ersten Gemeinde gehörte, besonders bei der ersten Evangelisation«.[33]

2. Es folgt der Tod Jesu. Die Machthaber hatten ihn *getötet*, indem sie ihn kreuzigen ließen. Doch Petrus weist sofort, wie er es auch bei seinen früheren Predigten getan hatte (Apg 2,23; 5,30), darauf hin, dass dieses geschichtliche Ereignis eine theologische Bedeutung hat, dass hinter der Hinrichtung durch Menschen ein göttlicher Plan steht. Denn sie hatten ihn gekreuzigt, indem sie ihn *an das Holz gehängt* hatten (V. 39b). Petrus war nicht dazu gezwungen, das Kreuz als »Holz« zu bezeichnen, er nannte es bewusst so, um anzudeuten, dass Jesus an unserer statt den »Fluch« oder das Urteil Gottes über unsere Sünden zu tragen hatte.[34]

3. Petrus schildert als drittes Ereignis die Auferstehung (V. 40-41). Er betont, dass beides Gott getan hatte. (*Den haben sie … getötet. Den hat Gott auferweckt.* Dies ist der gleiche dramatische Kontrast wie in Apg 2,23-24 und Apg 5,30-31). Zudem lässt sich dieses Ereignis datieren (*am dritten Tag*). Dies wurde auch leiblich bewiesen, denn *Gott … hat ihn erscheinen lassen, nicht dem ganzen Volk, sondern* besonderen, *von Gott vorher erwählten Zeugen*, im Besonderen *uns* Aposteln. Zudem konnte der Auferstehungsleib, den die Apostel

sahen, und der auf wunderbare Weise umgestaltet und verherrlicht war, trotzdem materiell vorhanden sein, sodass sie *mit ihm gegessen und getrunken haben* und er mit ihnen war, *nachdem er auferstanden war von den Toten.*[35]

Das Leben, der Tod und die Auferstehung Jesu waren mehr als bedeutende Ereignisse – sie sind das Evangelium, das er *uns* (wieder den Aposteln) *geboten* hat, *dem Volk zu predigen*, zunächst *dem Volk*, d. h. den Juden. Doch der Blick des Evangeliums richtete sich auf die ganze Welt. Die Apostel sollten ihn also als »Herr über alle« (V. 36), als Richter über alle und als Retter all derer, die an ihn glauben, verkündigen. Sie sollten *bezeugen, dass er von Gott bestimmt ist zum Richter der Lebenden und Toten* (V. 42; vgl. Apg 17,31). Dies schließt alle mit ein, niemand kann diesem Gericht entfliehen. Doch wir müssen das Gericht Christi nicht fürchten, denn er ist es auch, der errettet. Lange bevor die Apostel ihn als Retter bezeugt hatten, hatten dies schon *alle Propheten* im A.T. getan, und sie tun es noch immer durch ihr geschriebenes Wort. *Von diesem bezeugen* sie, von diesem einmaligen, historischen, fleischgewordenen, gekreuzigten und auferstandenen Jesus, *dass durch seinen Namen alle, die an ihn glauben, Vergebung der Sünden empfangen sollen* (V. 43), d. h. durch die Wirksamkeit dessen, wer er ist und was er getan hat. Bei *alle* sind Heiden genauso wie Juden mit eingeschlossen: Dieser Satz »durchbricht die in Vers 42 noch gezogene Schranke« von Rasse und Nationalität.[36]

Diese Botschaft war erstaunlich umfassend, eine Zusammenfassung des Evangeliums nach Petrus, die Markus später ausführlicher in seinem Bericht festhalten würde und die auch Lukas in sein Evangelium mit eingebaut hat. Petrus konzentriert sich auf Jesus und stellt ihn als eine historische Person dar, in der und durch die Gott Rettung erwirkt, der nun Gläubigen das Heil und die Rettung vor dem Gericht zusichert. Somit waren wie in anderen apostolischen Predigten die Geschichte, die Theologie und das Evangelium miteinander verwoben. Als Kornelius, seine Familie, seine Verwandten,

Freunde und Sklaven dies hörten, öffneten sich ihre Herzen, und sie verstanden und glaubten der Botschaft von Petrus und taten so Buße und glaubten an Jesus.

Während Petrus noch diese Worte redete, noch vor dem Ende seiner Rede (Apg 11,15), *fiel der Heilige Geist auf alle, die dem Wort zuhörten*, und sie glaubten (V. 44) – dies war die Bedingung, die Petrus gerade vorher erst erwähnt hatte (V. 43). Die kleine Gruppe jüdischer Christen (*die gläubig gewordenen Juden*), *die mit Petrus gekommen waren, entsetzte[n] sich* (sie »gerieten außer sich vor Staunen«; Albrecht), *weil auch auf die Heiden*, die sie bisher als unbeschnittene Außenseiter betrachtet hatten, *die Gabe des Heiligen Geistes ausgegossen wurde* (V. 45). Doch sie konnten nicht leugnen, was ihre Augen und Ohren ihnen offenbarten, *denn sie hörten, dass sie in Zungen redeten und Gott hoch priesen* (V. 46), so wie es auch an Pfingsten geschehen war. Dies war »ein Bild für die Versöhnung zwischen Juden und Heiden, deren Entfremdung sich seit sehr langer Zeit verfestigt hatte und durch den Sprachunterschied verdeutlicht wurde«.[37]

Petrus zog schnell den unvermeidbaren Schluss: Weil Gott diese heidnischen Gläubigen angenommen hatte – was er auch wirklich getan hatte (Apg 15,8) – musste die Gemeinde sie auch annehmen. Denn Gott hatte sie mit seinem Heiligen Geist getauft (Apg 11,16). *»Kann auch jemand denen das Wasser zur Taufe verwehren, die den Heiligen Geist empfangen haben ebenso wie wir?«* (V. 47). Wie konnte solchen das Zeichen verwehrt werden, die bereits die dadurch ausgedrückte Realität erhalten hatten? Chrysostomus lässt sich breit über diese Logik aus. Dadurch dass der Heilige Geist Kornelius und seiner Hausgemeinschaft gegeben worden war, bevor sie getauft waren, gab Gott Petrus eine *apologia megalē* (einen triftigen Grund oder eine Berechtigung), ihnen die Wassertaufe zukommen zu lassen.[38] In einem gewissen Sinne war ihre Taufe »bereits vollzogen«[39], denn Gott hatte sie bereits getauft. Petrus war sich völlig darüber im Klaren, dass er »in keiner Hinsicht der Urheber war, sondern dies in jeder Hinsicht Gott allein zukam«. Es ist fast so, als würde Petrus sagen: »Gott hat sie getauft, nicht ich«.[40]

So *befahl* Petrus, *sie zu taufen in dem Namen Jesu Christi.* Nachdem sie in Gottes Familie willkommen geheißen worden waren, *baten sie* Petrus, *noch einige Tage dazubleiben* (V. 48) – ohne Frage mit der Absicht, dass er sie in ihrem neuen Glauben und Leben unterrichten sollte. Die Gabe des Heiligen Geistes reichte nicht aus, sie brauchten auch menschliche Lehrer. Dass Petrus ihre Gastfreundschaft annahm, zeigte die neue Gemeinschaft zwischen Juden und Heiden an, die Christus nun ermöglicht hatte.

8.5 Petrus rechtfertigt sein Handeln (Apg 11,1-18)

(1) Es kam aber den Aposteln und Brüdern in Judäa zu Ohren, dass auch die Heiden Gottes Wort angenommen hatten. (2) Und als Petrus hinaufkam nach Jerusalem, stritten die gläubig gewordenen Juden mit ihm (3)und sprachen: Du bist zu Männern gegangen, die nicht Juden sind, und hast mit ihnen gegessen! (4) Petrus aber fing an und erzählte es ihnen der Reihe nach und sprach: (5) Ich war in der Stadt Joppe im Gebet und geriet in Verzückung und hatte eine Erscheinung; ich sah etwas wie ein großes leinenes Tuch herabkommen, an vier Zipfeln niedergelassen vom Himmel; das kam bis zu mir. (6) Als ich hineinsah, erblickte ich vierfüßige Tiere der Erde und wilde Tiere und kriechende Tiere und Vögel des Himmels. (7) Ich hörte aber auch eine Stimme, die sprach zu mir: Steh auf, Petrus, schlachte und iss! (8) Ich aber sprach: O nein, Herr; denn es ist nie etwas Verbotenes oder Unreines in meinen Mund gekommen. (9) Aber die Stimme antwortete zum zweiten Mal vom Himmel: Was Gott rein gemacht hat, das nenne du nicht verboten. (10) Das geschah aber dreimal; und alles wurde wieder gen Himmel hinaufgezogen. (11) Und siehe, auf einmal standen drei Männer vor dem Hause, in dem wir waren, von Cäsarea zu mir gesandt. (12) Der Geist aber sprach zu mir, ich solle mit ihnen gehen und nicht zweifeln. Es kamen aber

mit mir auch diese sechs Brüder und wir gingen in das Haus des Mannes. (13) Der berichtete uns, wie er den Engel in seinem Haus gesehen habe, der zu ihm sagte: Sende Männer nach Joppe und lass holen Simon, mit dem Beinamen Petrus; (14) der wird dir die Botschaft sagen, durch die du selig wirst und dein ganzes Haus. (15) Als ich aber anfing zu reden, fiel der Heilige Geist auf sie ebenso wie am Anfang auf uns. (16) Da dachte ich an das Wort des Herrn, als er sagte: Johannes hat mit Wasser getauft; ihr aber sollt mit dem Heiligen Geist getauft werden. (17) Wenn nun Gott ihnen die gleiche Gabe gegeben hat wie auch uns, die wir zum Glauben gekommen sind an den Herrn Jesus Christus: wer war ich, dass ich Gott wehren konnte? (18) Als sie das hörten, schwiegen sie still und lobten Gott und sprachen: So hat Gott auch den Heiden die Umkehr gegeben, die zum Leben führt!

Die Neuigkeit, dass *die Heiden Gottes Wort angenommen hatten*, breitete sich schnell und weit aus. Die *Apostel und Brüder in Judäa* hörten davon. Weil die Apostel die Evangelisation der Samaritaner, die »das Wort Gottes angenommen hatten«, erst bestätigen mussten, ist es verständlich, dass die Apostel sich so auch mit der Bekehrung und Taufe der ersten Heiden befassten, die das Evangelium in ähnlicher Weise erhalten hatten (V. 1). Sie hatten Petrus nicht herbeizitiert, damit er seinen eigenen Bericht geben sollte. Lukas schreibt nur, dass *Petrus* freiwillig *nach Jerusalem* hinaufkam. Und der Herausgeber des Kodex Beza (D) war darum bemüht, dies außer Frage zu stellen, und fügt hinzu, dass Petrus »schon seit beträchtlicher Zeit nach Jerusalem kommen wollte«, dass er dies eventuell aus eigener Initiative tat und dass er »ihnen von der Gnade Gottes berichtete«.[41]

Wie es auch sei – bei seiner Ankunft in Jerusalem kritisierten ihn *die gläubig gewordenen Juden*, dass er *zu Männern gegangen* sei, *die nicht Juden sind* und dass er *mit ihnen gegessen* habe (V. 3). Manche vermuten, dass die Kritiker von Petrus die »Beschneidung[spartei]« gewesen sei, d. h. »der rechte Flügel der jüdischen Christen«, »die Extremisten« oder »Rigoristen«.[42] Doch der griechische Ausdruck besagt nur, dass es um diejenigen geht, die von Geburt an Juden waren, nämlich um die gesamte christliche Gemeinde in Jerusalem, die bis dahin ja nur aus Juden bestanden hatte. Die jüngsten Ereignisse in Cäsarea hatten sie natürlich beunruhigt.

In den Versen 4 bis 17 *erzählte* Petrus *ihnen der Reihe nach*, was geschehen war (V. 4). Nun wiederholt Lukas die ganze Geschichte ein zweites Mal, tut dies jedoch in einer kürzeren Form, in einer anderen Reihenfolge der Ereignisse und durch den Mund von Petrus selbst. In seinem eigenen Bericht war Lukas chronologisch nach den Ereignissen der vier Tage vorgegangen – er hatte mit der Erscheinung eines Engels vor Kornelius begonnen. Doch weil Petrus die Dinge so nacherzählt, wie er sie selbst erlebt hatte, beginnt er mit seiner eigenen Erscheinung des Tuches und erwähnt die Erscheinung von Kornelius nicht bis zu dem Zeitpunkt, wo er vom vierten Tag erzählt, als er sie selbst aus dem Munde von Kornelius hörte (auch wenn die drei Männer von Kornelius sie bereits erwähnt hatten; Apg 10,22). Die Reihenfolge der Ereignisse bei Petrus ist aber von Bedeutung, da sie uns dabei hilft, seine Erfahrungen mitzuerleben und so zu erkennen, wie Gott ihm gezeigt hatte, dass er niemanden unrein nennen sollte (Apg 10,28). So wie er es der Jerusalemer Gemeinde erzählt, waren vier Hammerschläge der Offenbarung Gottes nötig, bevor seine ethnischen und religiösen Vorurteile überwunden waren:

1. *Die Erscheinung des Tuches von Gott* (Apg 11,4-10), das Tiere, Reptilien und Vögel enthielt, war das Erste. In Vers 6 fügt er *wilde Tiere* hinzu. Petrus beschreibt es so, dass er ganz gespannt in das Tuch *hineinsah*. Der Erscheinung folgte eine Stimme, die Petrus den überraschenden Befehl erteilte: »*Steh auf, Petrus, schlachte und iss!*«. Nach seinem Protest wies sie ihn zurecht, dass er nicht, *was Gott rein gemacht hat, ... verboten* nennen soll. Die ganze Erscheinung, der Befehl und die Zurechtweisung eingeschlossen, wiederholte sich dreimal, so

dass die himmlische Stimme ihn insgesamt sechsmal mit derselben grundlegenden Botschaft anredete. Danach hatte Petrus verstanden, dass die reinen und unreinen Tiere (eine Unterscheidung, die von Jesus abgeschafft worden war)[43] ein Symbol für reine und unreine, beschnittene und unbeschnittene Menschen waren. Rackham drückt dies so aus: »Das Tuch ist die Gemeinde«, die »alle Rassen und Schichten ohne jeden Unterschied enthalten« wird,[44] auch wenn Petrus erst später die ganze Tragweite des Gesichtes bewusst wurde.

2. Der zweite Hammerschlag war *der Befehl Gottes* (Apg 11,11-12), die drei Männer zu begleiten, die aus Cäsarea gekommen waren, um ihn zu holen. Denn »gerade in dem Augenblick« (Albrecht), als die Erscheinung zu Ende gewesen war, kamen die Männer von Kornelius bei dem Haus des Petrus an, und der Heilige Geist trug ihm auf, ohne Bedenken oder Distanzierung mit ihnen mitzugehen (V. 12), obwohl sie unbeschnittene Heiden waren. Die *sechs Brüder*, die jetzt mit Petrus in Jerusalem waren, hatten ihn vorher schon von Joppe nach Cäsarea begleitet (Apg 10,23), und waren so Augenzeugen dessen gewesen, was sich ereignet hatte. Zusammen mit Petrus bildeten sie eine Gruppe von sieben Leuten, was William Barclay für bedeutsam hält, denn »nach dem ägyptischen Recht, welches den Juden gut bekannt gewesen sein wird, waren sieben Zeugen dazu notwendig, einen Fall zu beweisen«, während »nach dem römischen Recht, welches ihnen auch gewiss vertraut war, sieben Siegel nötig waren, um ein wirklich wichtiges Dokument wie ein Testament zu beglaubigen«.[45]

3. Der dritte Hammerschlag war *die Vorbereitung durch Gott* (Apg 11,13-14). D. h., Kornelius erzählte Petrus und der Gruppe um ihn, als sie das Haus betraten, wie Gott ihn auf ihren Besuch vorbereitet hatte. Ein Engel war ihm erschienen und hatte ihm gesagt, er solle Simon Petrus aus Joppe holen lassen, der ihm die Heilsbotschaft bringen würde. In dem eigenen Bericht des Lukas war der Inhalt dessen, was Kornelius zu Petrus gesagt hatte, nicht erwähnt worden (Apg 10,5-

6.22.32-33), doch Petrus wusste, was für Erwartungen der Engel bei Kornelius geweckt hatte.

Als Petrus der Jerusalemer Gemeinde die Geschichte der zwei Erscheinungen wiedergab, muss er erneut von der zeitlichen Anordnung beeindruckt gewesen sein. Denn Gott hatte auf beiden Seiten gewirkt, an Kornelius und an ihm selbst; er hatte es bewusst arrangiert, dass sie sich treffen würden, und dieses Treffen so vorbereitet, indem er jeden an aufeinanderfolgenden Tagen eine besondere, voneinander unabhängige und doch passende Erscheinung haben ließ. Er sagte zu Kornelius in Cäsarea, dass er Petrus aus Joppe holen lassen sollte, und zu Petrus in Joppe, dass er zu Kornelius nach Cäsarea gehen sollte – diese zwei Ereignisse hat er perfekt synchron zueinander ablaufen lassen. Haenchen meint, dass Lukas Gottes übernatürliches Eingreifen zu übertrieben darstellt, weil er dadurch »die menschliche Entscheidung so gut wie völlig aus[schaltet]«[46], und das, »was Lukas als Glaubensgehorsam schildern möchte, wird etwas ganz anderes: die Menschen drohen zu Marionetten zu werden«.[47] Doch diese Darstellung wird Lukas nicht gerecht. Dass Gott in das Leben von Kornelius und auch von Petrus eingreift, ist ganz offensichtlich, doch keiner von beiden wird in einer solchen Art und Weise manipuliert, dass sein Verstand oder sein Wille etwa übergangen wird. Ganz im Gegenteil – sie denken über das nach, was sie gesehen und gehört haben, sie interpretieren ihre Bedeutung und entscheiden sich freiwillig zum Gehorsam.

4. Die vierte und letzte Offenbarung von Petrus war *das Handeln Gottes* (Apg 11,15-17). Denn als Petrus *anfing zu reden* oder zumindest, während er redete (Apg 10,44) – denn die Kommentatoren warnen davor, diese semitische Konstruktion zu wörtlich zu nehmen –, *fiel der Heilige Geist auf sie*, und er fügt hinzu: *ebenso wie am Anfang auf uns*. Ihm fiel auf, wie außergewöhnlich ähnlich sich diese zwei Ereignisse waren. Er erinnerte sich daran, was der auferstandene Jesus nach seiner Auferstehung gesagt hatte (Apg 1,5), nämlich: *»Johannes hat mit Wasser getauft; ihr aber sollt mit dem Heiligen*

Geist getauft werden«. Mit anderen Worten: Das, was sich in Cäsarea ereignete, war das Pfingsten der Heiden, das so dem Pfingsten der Juden in Jerusalem entsprach.

Dies waren die vier Hammerschläge Gottes, die alle geschickt auf das jüdische Vorurteil gegen andere Rassen abzielten – besonders auf die des Petrus selbst –; die Erscheinung, der Befehl, die Vorbereitung und die Ausführung zusammen demonstrieren überzeugend, dass Gott nun unter den gleichen Bedingungen wie gläubige Juden auch gläubige Heiden in seiner Familie willkommen hieß. Petrus hatte sich überzeugen lassen. Zugleich zog er den richtigen Schluss aus dieser Sache, nämlich dass Gott den Heiden und den Juden die gleiche Gabe des Heiligen Geistes gegeben hatte. Er stellt zwei rhetorische Fragen: Die erste bezieht sich auf den Zeitpunkt: »Kann auch jemand denen das Wasser zur Taufe verwehren, die den Heiligen Geist empfangen haben ebenso wie wir?« (Apg 10,47). Die zweite Frage richtet er an seine Kritiker in Jerusalem: »Wenn nun Gott ihnen die gleiche Gabe gegeben hat wie auch uns …: wer war ich, dass ich Gott wehren konnte?« (Apg 11,17). Auf beide Fragen konnte man keine Antwort geben. Und sie sind noch bemerkenswerter, weil sie beide einen fast identischen griechischen Ausdruck enthalten, nämlich *dynatai kōlysai* (Apg 10,47) und *dynatos kōlysai* (Apg 11,17), was wörtlich »hindern, abhalten, verbieten, verweigern können«[48] bedeutet. Man konnte diesen Heiden die Wassertaufe nicht verbieten, denn man konnte Gott nicht verwehren, das zu tun, was er tat, nämlich ihnen die Geistestaufe zu geben. Dieses Argument war nicht zu widerlegen. Petrus war »mit einer *fait accompli* [einer vollendeten Tatsache] Gottes konfrontiert« worden.[49] Es war sicherlich ein mutiger, innovativer Schritt, an unbeschnittenen Heiden die Wassertaufe durchzuführen, doch sie zu verwehren, hätte geheißen, sich »Gott in den Weg [zu] stellen« (GN, GNB).

Wenn Petrus durch diesen Beweis überzeugt worden war, war es jetzt auch die Jerusalemer Gemeinde: sie *schwiegen … still und lobten Gott.* F. F. Bruce drückte dies sehr treffend aus:

»Ihre Kritik hörte auf, ihr Lob Gottes begann«.[50] Und sie hatten wirklich Grund dazu, Gott zu verherrlichen, denn sie schlossen daraus: *So hat Gott auch den Heiden die Umkehr gegeben, die zum Leben führt!* (Apg 11,18).

8.6 Was wir daraus lernen können

Lukas berichtet von der Bekehrung von Kornelius mit sehr gekonnter Dramaturgie. Doch hat diese Geschichte irgendeine fortdauernde Relevanz? Es gibt heute keine römischen Hauptmänner mehr und auch die Heiden sind seit Jahrhunderten volle Glieder der Gemeinde Gottes. Oder ist dieser Vorfall mehr als nur historisch – oder gar mehr als nur für die damalige Situation – interessant? Ja, denn er gibt auch Antworten auf einige Fragen unserer Zeit: über die Gemeinde, den Heiligen Geist, nichtchristliche Religionen und das Evangelium.

a. Die Einheit der Gemeinde

In der Korneliusgeschichte wird vor allem betont, dass, weil Gott in seiner neuen Gesellschaft keine Unterschiede macht, wir auch nicht die Freiheit haben, welche einzuführen. Es ist jedoch tragisch, dass die Gemeinde nie wirklich verstanden hat, was diese Wahrheit eigentlich bedeutet, dass sie eine Einheit ist und ihre Glieder in Christus alle gleich sind. Dies gilt selbst für Petrus – obwohl er das vierfache Zeugnis von Gott erhalten hatte, unterlief ihm später in Antiochia ein schwerer Fehler – er verließ die Gemeinschaft mit gläubigen Heiden aus Angst vor den Juden und musste deswegen von Paulus öffentlich zurechtgewiesen werden.[51] Sogar danach setzte immer noch eine Gruppe von Beschnittenen (die »Beschneidungspartei«) ihre Propaganda fort, und das Apostelkonzil von Jerusalem musste angerufen werden, um diese Frage zu klären (Apg 15). Und selbst nach diesem tauchte in der Gemeinde immer wieder diese hässliche Sünde der Diskriminierung auf, und zwar in der Form von Rassismus (auf Grund von Vorurteilen gegen Menschen anderer Hautfarbe), Nationalismus (»mein Land, egal ob es richtig oder falsch handelt«) z. B. im Stämmewesen in Afrika oder im Kastenwesen in Indien, in der Form von sozialem und kulturellem Snobismus[52] oder Sexismus (Diskriminierung von Frauen). Alle derartigen Diskriminierungen sind selbst in einer nichtchristlichen Gesellschaft nicht zu entschuldigen. In einer Gemeinschaft von Christen sind sie jedoch inhuman (weil sie die Menschenwürde angreifen) und sogar gotteslästerlich (weil sie Gott missachten, der ohne Unterschied alle die annimmt, die Buße tun und glauben). Wie Petrus müssen wir lernen, dass »Gott die Person nicht ansieht« (Apg 10,34).

b. Die Gabe des Heiligen Geistes

Wir haben bereits bemerkt, dass Lukas ein starkes Interesse an dem Dienst des Heiligen Geistes hat – diesen hebt er auch besonders in der Korneliusgeschichte hervor. Dies weist all die Christen zurecht, die sein Werk heutzutage übersehen oder herunterspielen wollen. Auch wenn das Sprechen in fremden Sprachen, was sowohl für das jüdische als auch das heidnische Pfingsten charakteristisch war (Apg 2,4; 10,46), nicht zu den allgemeinen für alle Christen gültigen Segnungen gehört, so doch der Heilige Geist. Doch dieser Bericht stellt einige unangenehme Anfragen an solche, die auf eine zweistufige Initiation bestehen, denn es ist sicher, dass Lukas die Bekehrung von Kornelius beschreibt und nicht eine zweite Geistestaufe nach der Bekehrung. Denn Petrus verkündigte ihm das Evangelium, es wird gesagt, dass Kornelius Buße tut (Apg 11,18) und glaubte (Apg 15,7.9). Das, was er erlebte, kann man entweder den »Empfang« der Gabe des Heiligen Geistes (Apg 10,45.47; 11,17) oder die »Taufe« mit dem Heiligen Geist nennen (Apg 11,16). Die Wassertaufe des Kornelius bezeichnete die völlige Errettung und besiegelte die Erlösung (Apg 11, 14), die Gott ihm zuvor gegeben hatte, welche sowohl die Sündenvergebung als auch die Gabe des Heiligen Geistes mit einschloss (Apg 10, 43.45), so wie es auch an Pfingsten der Fall gewesen war (Apg 2, 38).

c. *Die Bedeutung von nichtchristlichen Religionen*

Der Bericht über Kornelius hat hinsichtlich des neuen Pluralismus mancher Gesellschaften und der gegenwärtigen Bewertung von nichtchristlichen Religionen neu an Bedeutung gewonnen. Manche meinen, dass dieser Bericht »vielleicht der deutlichste Hinweis auf die Inklusivität von Gottes Heilshandeln« ist und Aussagen enthält, die »wichtige Anhaltspunkte für ein christliches Verständnis der Stellung von Nichtchristen vor Gott« beinhaltet.[53] Diese »Hinweise« und diese »Anhaltspunkte« müssen wir deshalb sorgfältig untersuchen.

Es stimmt, dass Lukas Kornelius als einen »frommen« und »gottesfürchtigen« (*eusebēs*) Mann beschreibt, der »dem Volk viele Almosen« gab und »immer zu Gott« betete (Apg 10, 2). Später beschreiben seine Knechte ihn als »frommen [*dikaios*, »gerecht«] und gottesfürchtigen Mann mit gutem Ruf bei dem ganzen Volk der Juden« (Apg 10, 22), während Petrus ihn zu denen zählt, die »Gott fürchten und recht« handeln (Apg 10, 35). Seine Gebete und Almosen »sind vor Gott gekommen, und er hat ihrer gedacht« (Apg 10, 4; vgl. 10, 31). Der Ausdruck »vor Gott gekommen« übersetzt das griechische Wort *mnēmosynos* (»Gedächtnisopfer«[54]), ein Wort aus der Opfersprache, das in der LXX für das so genannte »Gedenkopfer«, das verbrannt wurde, auch verwendet wird.[55] Soll dies bedeuten, dass die Gebete und die Almosen von Kornelius aus der Sicht Gottes als ein Opfer angenommen wurden (vgl. Apg 10, 31)?[56] Was meint Petrus, wenn er sagt, dass Gott in jedem Volk den annimmt (*dektos*, »angenehm, willkommen«[57]), der »ihn fürchtet und recht tut« (Apg 10, 35)? Auf was für eine Art von »Annahme« bei Gott deutet dieses Wort *dektos* hin, und was soll die Verwendung des Bildes aus der Opfersprache in Apostelgeschichte 10, 4 und 10, 31 aussagen?

Eine Möglichkeit ist, dass *dektos* auf die Art von Annahme hinweist, die man »Rechtfertigung« nennt, aber dass die Gottesfurcht und das Tun von richtigen Dingen (Apg 10, 35) »keine heilsnotwendigen Verdienste oder Voraussetzungen dafür sind, dass die Gnade Gottes erfahren wird, sondern ihre Früchte und Erweise«. Dies würde heißen, dass Petrus eher von Gläubigen als von Ungläubigen spricht (so wie Paulus es in Römer 2, 10 tut). Dadurch würde betont, dass Gott alle die annimmt, die ihn fürchten und das Richtige tun, nicht ungeachtet ihres Glaubens an Jesus (denn sie haben geglaubt, und ihr Glaube erweist sich in ihren Werken), sondern ungeachtet ihrer Rasse und ihrer Stellung in der Gesellschaft. »Die wichtigste Bedeutung ist die, dass, wie immer Gott jemand in einem Volk annimmt, so nimmt er ihn auch in jedem anderen Volk an.«[58] Eine andere Erklärung scheint sich mir jedoch besser in den Zusammenhang einzufügen. Danach hat *dektos* nicht die Bedeutung »angenommen« im absoluten Sinne des Wortes »gerechtfertigt«, sondern »angenehm« in einem vergleichenden Sinne, denn bei jedem Menschen zieht Gott die Gerechtigkeit der Ungerechtigkeit und die Aufrichtigkeit der Unaufrichtigkeit vor. In dem Fall Kornelius hatte Gott dafür gesorgt, dass er das errettende Evangelium hören würde.

Was Petrus bestimmt nicht meint, ist, dass jeder aus jeder Nation oder Religion, der »fromm« ist (»Gott fürchtet«) und aufrichtig ist (»recht tut«), dadurch schon gerechtfertigt wird. Calvin weist diese Meinung als »einen äußerst kindischen Fehler« entschieden von sich.[59] Dies würde nicht nur dem Evangelium von Paulus widersprechen, das Lukas treu in der Apostelgeschichte wiedergibt, sondern wird auch von dem Rest des Berichtes über Kornelius widerlegt. Denn dieser fromme, gottesfürchtige, aufrichtige, ernsthafte und großzügige Mann musste dennoch das Evangelium hören, um Buße zu tun (Apg 11, 18) und an Jesus zu glauben (Apg 15, 7). Nur unter diesen Umständen errettet Gott ihn (Apg 11, 14; 15, 11) in seiner Gnade (Apg 15, 11), vergibt ihm seine Sünden (Apg 10, 43), gibt ihm seinen Heiligen Geist (Apg 10, 45; 15, 8) und Leben (Apg 11, 18) und reinigt sein Herz durch den Glauben (Apg 15, 9). Zudem wurde er erst dann getauft und so sichtbar und öffentlich in die Gemeinschaft der Christen aufgenommen.

Man missbraucht Apostelgeschichte 10 und 11, wenn man daraus schließt, dass Kornelius bereits, bevor er Petrus gehört hatte, in der richtigen Beziehung zu Gott stand oder bereits »gerechtfertigt« war. Das Wesentliche dieses Berichtes ist (negativ ausgedrückt), dass Gott niemanden vorzieht (Apg 10, 34) und keinen Unterschied zwischen den Rassen macht (Apg 10, 20.29; 11, 12; 15, 9), und (positiv gesagt), dass er den gleichen Heiligen Geist allen im gleichen Maße gab und gibt, nicht ungeachtet des Glaubens, aber ungeachtet der Beschneidung.

d. Die Macht des Evangeliums

Lukas hat nun die Bekehrungen von Saulus und Kornelius nacherzählt. Zwischen diesen zwei Männern gab es bemerkenswerte Unterschiede. Saulus war im Blick auf die Volkszugehörigkeit ein Jude, Kornelius ein Heide; Saulus war im Hinblick auf die Kultur ein Gelehrter, Kornelius ein Soldat; Saulus war hinsichtlich der Religion ein Fanatiker, Kornelius dagegen ein Suchender. Doch beide wurden durch das gnädige Eingreifen Gottes bekehrt, beide erhielten die Vergebung ihrer Sünden und die Gabe des Heiligen Geistes und beide wurden getauft und in der Familie der Christen unter den gleichen Bedingungen willkommen geheißen. Diese Tatsachen sind ein außerordentliches Zeugnis der Macht und Unvoreingenommenheit des Evangeliums Jesu Christi, das immer noch »eine Kraft Gottes [ist], die selig macht alle, die daran glauben, die Juden zuerst und ebenso die Griechen«.[60]

9. Ausbreitung und Widerstand (Apg 11,19-12,24)

Lukas hat den vorherigen Abschnitt mit den Worten »So hat Gott auch den Heiden die Umkehr gegeben, die zum Leben führt!« beendet (Apg 11, 18). Dies war eine epochemachende Erklärung durch die konservativen jüdischen Führer der Jerusalemer Gemeinde. So wie Petrus durch Beweise, die sich aus den Umständen heraus ergeben haben, überzeugt worden war, dass Gott wollte, dass auch die Heiden in die Gemeinschaft der Erlösten aufgenommen werden sollten, so wurden auch diejenigen, die Petrus kritisiert hatten, durch seine Wiederholung dieser Ereignisse überzeugt. Gott hatte diese Frage zweifelsfrei geklärt, indem er einer heidnischen Hausgemeinschaft seinen Geist verliehen hatte.

Die Aufnahme der Heiden in die Gemeinde stellt das Hauptthema des Lukas in den restlichen Kapiteln der Apostelgeschichte dar. In Kapitel 13 fängt er an, die missionarischen Großtaten von Paulus aufzuzeichnen. Vorher präsentiert er dem Leser jedoch noch zwei Berichte am Rande, die einen Übergang von der Bekehrung des ersten Heiden (durch Petrus) zu der gut geplanten Evangelisation der Heiden (durch Paulus) darstellen. Das erste Ereignis, das behandelt wird (Apg 11, 19-30) schildert die Ausbreitung der Gemeinde in Richtung Norden, welche ein Ergebnis der evangelistischen Aktivität von uns nicht bekannten Missionaren darstellt. Der Schauplatz ist Antiochia. Die Hauptrolle spielt dabei Paulus, auch wenn Barnabas mehr auffällt. Das zweite Ereignis, das nur am Rande behandelt wird (Apg 12, 1-25), beschreibt den Widerstand gegen die Gemeinde durch König Herodes Agrippa I., dessen Angriffe sich auf den Kreis der Apostel konzentrieren. Der Schauplatz ist Jerusalem. Petrus steht hier nochmal im Mittelpunkt des Geschehens. Dieses ist die letzte von Lukas beschriebene Petrusgeschichte, bevor Paulus seine Führungsrolle übernimmt. Jerusalem tritt in den

Hintergrund, während das große Ziel Rom schon ins Rampenlicht rückt.

9.1 Ausbreitung: Die Gemeinde in Antiochia (Apg 11, 19-30)

Das Schlüsselwort am Ende des letzten Abschnittes war »auch den Heiden« (Apg 11, 18), das Schlüsselwort dieses Abschnittes lautet »auch zu den Griechen« (Apg 11,20). Es ist von Bedeutung, dass in beiden Versen »auch« (*kai*) hinzugefügt wurde. Die Evangelisation unter den Juden sollte jetzt nicht aufhören, vielmehr musste die Evangelisation unter den Heiden beginnen. Paulus schreibt dies später so (dies ist sozusagen der Refrain der ersten Kapitel des Römerbriefes): Das Evangelium betraf »die Juden zuerst und ebenso die Griechen«.[1]

a. Die Mission unter Griechen wird durch ungenannte Evangelisten eingeleitet (Apg 11, 19 - 21)

Lukas schrieb in Apostelgeschichte 8, 1, dass als Folge der Verfolgung, die nach dem Martyrium von Stephanus ausbrach, sich »alle in die Länder Judäa und Samarien zerstreuten, außer den Aposteln«. Seinen Bericht nimmt er nun wieder auf: *Die aber zerstreut* [*diasparēntes*] *waren wegen der Verfolgung, die sich wegen Stephanus erhob, gingen bis nach Phönizien und Zypern und Antiochia und verkündigten das Wort niemandem als allein den Juden* (V. 19). In beiden Fällen stellt er die Ausbreitung der Gläubigen als eine christliche »Diaspora« oder Zerstreuung dar. In beiden Fällen folgte das gleiche Resultat, nämlich dass die, »die nun zerstreut worden waren, umherzogen ... und ... das Wort« predigten (Apg 8, 4), sie *verkündigten das Wort* (V. 19b). In beiden Fällen lässt er uns nicht wissen, wer die Evangelisten waren, außer dass er sagt, dass sie keine Apostel sind (Apg 8, 1) und dass Philippus dabei erwähnt wird (Apg 8, 5ff.).

Lukas legt nun dar, wie sich das Evangelium äußerlich auf zwei Weisen ausbreitete – geografisch und kulturell. Geografisch dehnte sich die Mission in Richtung Norden aus, auch über »Judäa und Samarien« hinaus (Apg 8, 1b), *bis nach Phönizien*, den heutigen Libanon, der Insel *Zypern* und der syrischen Stadt *Antiochia* (V. 19). Kulturell gelangte die Mission nun über die Juden hinaus zu den Heiden. Die meisten Missionare *verkündigten das Wort niemandem als allein den Juden* (V. 19c). *Es waren aber einige unter ihnen, Männer*, die *aus Zypern* (das übrigens die Heimat von Barnabas war, Apg 4, 36) *und Kyrene* an der nordafrikanischen Küste kamen (vielleicht gehörte zu ihnen auch »Luzius von Kyrene«, der in Apg 13, 1 erwähnt wird), *die kamen nach Antiochia und redeten auch zu den Griechen und predigten das Evangelium vom Herrn Jesus* (V. 20). Sie verkündigten Jesus jetzt nicht mehr als »den Christus«, sondern als »den Herrn«. Diese Neuerung wurde zudem von Gott reich gesegnet, denn *die Hand des Herrn* [seine Kraft, die ihr Reden bestätigte] *war mit ihnen, und eine große Zahl wurde gläubig und bekehrte sich zum Herrn* (V. 21). Dabei waren Buße und Glaube miteinander verbunden, was man gewöhnlich »Bekehrung« nennt. Manche vermuten, dass Lukas selbst einer dieser Bekehrten war, weil der Westliche Text Vers 28 mit den Worten »als *wir* miteinander versammelt waren« einleitet, was andeutet, dass Lukas selbst dabei war. Ein weiterer Hinweis darauf wäre eine alte Tradition, die bis an das Ende des 2. Jh. n. Chr. zurückverfolgt werden kann, welche besagt, dass Lukas in Antiochia geboren wurde.

Kann jedoch überhaupt sichergestellt werden, dass diese »wagemutigen Geister«[2] unter Griechen in Antiochia evangelisiert haben und nicht nur unter Hellenisten, das heißt griechisch sprechenden Juden? Diese Frage hat die Wissenschaft lange beschäftigt. Die etwas besser bezeugte Lesart in Vers 20 ist nicht *Hellēnas*, »Griechen«, sondern *Hellēnistas*, »Hellenisten«.

Um wen geht es nun? Das Wort selbst (*Hellēnistes*) klärt diese Frage nicht, denn es »findet sich nirgendwo in der älteren griechischen oder in der hellenistisch-jüdischen Literatur« wieder, schreibt Bruce Metzger. »Im N. T. kommt es nur hier und in 6, 1 und 9, 29 vor.« Alles, was mit Sicherheit gesagt werden kann, ist, dass es »eine neu abgeleitete Form von *hellēnizein*, ›griechisch sprechen‹ oder ›griechische Sitten praktizieren‹, zu sein scheint«.[3] Es deutet somit die Kultur der betreffenden Leute an, aber nicht unbedingt ihre Nationalität.

Weil die Bedeutung des Wortes an sich unklar ist, muss der Zusammenhang klären, was dieses Wort meint. Doch selbst der Kontext ist nicht eindeutig. Manche meinen, dass der Gegensatz zwischen »allein den Juden« (V. 19) und »auch zu den Griechen« (V. 20) die Frage klärt. Es wäre nichts Ungewöhnliches gewesen, griechisch sprechenden Juden das Evangelium zu verkündigen, weil dies von Anfang an so geschehen war. Deswegen wäre keine gesonderte Untersuchung von Jerusalem aus nötig gewesen. So folgern sie, dass der Textzusammenhang es erforderlich macht, dass wir (wie die meisten der Kirchenväter) *Hellēnistas* als ein Synonym für *Hellēnas* zu verstehen haben und es als »Griechen«, »Nichtjuden« (GN; GNB) oder »Heiden« (Albrecht) zu übersetzen haben.

Andere heben hervor, dass, auch wenn der engere Textzusammenhang eindeutig ist (der Gegensatz zwischen »allein den Juden« und »auch zu den Griechen« in den Versen 19 und 20), so ist doch der größere Kontext des Textes nicht eindeutig. Es wäre in der Tat ein Anachronismus, wenn die groß angelegte Heidenmission von anonymen Evangelisten in Antiochia begonnen worden wäre, behält Lukas doch diese Neuerung Paulus auf seiner ersten Missionsreise vor (Apg 13). Es ist nur sehr unwahrscheinlich, dass er dies an dieser Stelle vorwegnimmt (Apg 11).

Weil sowohl das Wort *Hellēnistas* als auch der Textzusammenhang nicht eindeutig sind, scheint es weise, nach einer Kompromisslösung zwischen griechisch-sprechenden Juden auf der einen Seite und völligen Heiden auf der anderen Seite zu suchen. Aus linguistischer Sicht können wir uns nur dessen sicher sein, dass *Hellēnistas* Leute bezeichnet, deren Sprache und Kultur griechisch sind. Das Wort sagt nichts über ihre ethnische Herkunft aus, darüber ob »die Person ein Jude oder ein Römer oder irgendein anderer Nichtgrieche ist«.[4] Es ist mit Sicherheit nicht zwingend, dass die Person ein Jude sein muss. Vom Textzusammenhang her schlägt Longenecker vor, dass die *Hellēnistas* wirklich Heiden waren, aber Heiden »die irgendeine Beziehung zum Judentum hatten«, vielleicht »Gottesfürchtige«. Er zieht den Schluss, »dass Lukas die Griechen in Vers 20 nicht einfach als Griechen ansah, die nicht von dem Einfluss des Judentums berührt worden waren und dass er die ersten Schritte der hellenistischen Christen auf sie zu nicht als in Beschlagnahmung der Einmaligkeit von Paulus späterem Verhalten gegenüber den Heiden ansah«.[5] Stattdessen sollte man *Hellēnistas* »im weiteren Sinne als ›griechisch sprechende Person‹ verstehen, womit die gemischte Bevölkerung von Antiochia im Gegensatz zu den *Joudaioi* in Vers 19 gemeint ist«.[6] In Apostelgeschichte 15,1 und Galater 2,11ff. wird deutlich, dass die Gemeinde von Antiochia aus Juden und Griechen, Beschnittenen und Unbeschnittenen bestand, die zu dieser Zeit Tischgemeinschaft miteinander hatten.

Dieser neue Vorstoß der Mission fand in *Antiochia* statt, wie Lukas uns erzählt (V. 20) – man kann sich keinen geeigneteren Ort vorstellen, weder als Standort der ersten internationalen Gemeinde noch als Sprungbrett für die weltweite christliche Mission. Diese Stadt wurde 300 v. Chr. von Seleukos I. Nikator gegründet, einem der Generäle von Alexander dem Großen. Er benannte die Stadt nach seinem Vater Antiochus »Antiochia« und den dazugehörigen Hafen, der ungefähr 25 km westlich entlang des schiffbaren Flusses Orontes lag, nach sich selbst »Seleuzia«. Mit den Jahren wurde Antiochia wegen seiner schönen Häuser als »das schöne Antiochia« bekannt. Zur Zeit von Lukas war es wegen seiner langen, gepflasterten Prachtstraße berühmt, die von Norden nach Süden verlief und von einer Doppelreihe von Bäumen und Brunnen flankiert wurde. Obwohl es von seiner Entstehung her eine griechische Stadt war, war die Bevölkerung doch sehr international. Man schätzt sie auf ungefähr 500.000. Es gab eine große Kolonie von Juden, die von Seleukos und seinem Angebot gleiche Bürgerrechte zu erhalten, angelockt worden waren. Zudem gab es Orientale aus Persien, Indien und sogar China, was ihr einen anderen Spitznamen einbrachte – »die Königin des Ostens«. Weil es von Pompejus 64 v. Chr. ins Römische Reich einverleibt worden war und die Hauptstadt der römischen Provinz Syrien – der später auch Zilizien angehörte – wurde, gehörten auch Römer zu ihren Bewohnern. So bildeten Griechen, Juden, Orientale und Römer die gemischte Bevölkerung der Stadt, die nach Josephus hinter Rom und Alexandria »den dritten Platz in der von den Römern beherrschten Welt einnimmt«.[7]

b. Die Mission unter Griechen wird von Barnabas gebilligt (Apg 11,22 - 24)

Die Neuigkeit über diese Entwicklungen *kam ... der Gemeinde von Jerusalem zu Ohren* (V. 22), so wie sie vorher gehört hatte, »dass Samarien das Wort Gottes angenommen hatte« (Apg 8,14) und »dass auch die Heiden [d. h. Kornelius und seine Hausgemeinschaft] Gottes Wort angenommen hatten« (Apg 11,1). Lukas scheint andeuten zu wollen, dass sie es für nötig hielten, sich selbst dessen zu versichern, dass alles in Ordnung war, zusätzlich zu dem, dass sie mit dazu beitragen wollten, diese junge multikulturelle Gemeinde zu unterstützen. Doch diesmal sandten sie keinen Apostel, sondern *sie sandten Barnabas, dass er nach Antiochia ginge* (V. 22). Barclay nennt ihn »den Mann mit dem weitesten Herzen in der Gemeinde«.[8] Er war dafür bekannt, seinem Namen getreu ein »Sohn des Trostes« zu sein (Apg 4,36). *Als dieser dort hingekommen war*, erkannte er sofort *die Gnade Gottes* im veränderten Leben der Neubekehrten und in der neuen internationalen Gemeinschaft. Dies machte ihn *froh*, vermutlich drückte sich seine Freude im Lob Gottes aus, und er *ermutigte die Gläubigen* (dies ist vielleicht eine bewusste Anspielung auf seinen Namen), *fest und entschlossen in ihrem Glauben an den Herrn zu bleiben* (HFA, V. 23). Dies war eine Ermahnung zu ausdauerndem und das ganze Herz erfüllendem Glauben. Lukas war offensichtlich von dem Charakter des Barnabas tief beeindruckt und schrieb diesem Charakter seinen Dienst zu: *denn er war ein bewährter Mann, voll Heiligen Geistes und Glaubens.* Es ist kein Wunder, dass *viel Volk ... für den Herrn gewonnen* (wörtlich: »hinzugefügt«[9]; vgl. Meister, Rev. Elb.) wurde (V. 24).

Das griechische Verb für »hinzugefügt« in Vers 24 (*prostithēmi*) ist bei Lukas fast ein Fachbegriff für Gemeindewachstum. Er verwendet es zweimal in Bezug auf Pfingsten, zuerst im Hinblick auf die 3000 Menschen, die der Gemeinde an diesem Tag hinzugefügt wurden (Apg 2,41) und dann im Hinblick auf diejenigen, die täglich hinzukamen (Apg 2,47). Später schreibt er von einer »Menge Männer und Frauen«, die an den Herrn glaubten und zur Gemeinde hinzugefügt wurden (Apg 5,14), während im syrischen Antiochia »viel Volk« dazu kam (Apg 11,24). Diese Verwendung des Verbs *prostithēmi* brachte den berühmten niederländischen Theologen Abraham Kuyper dazu, das Wort »Prosthetik« als Definition der Missiologie vorzuschlagen (auch wenn heute das englische Wort »prosthēsis« wie auch das deutsche »Prothese« für den chirurgischen Ersatz von Gliedmaßen und Organen verwendet wird), denn diese Wissenschaft sollte sich mit der Ausbreitung der Gemeinde, dadurch dass Mitglieder zu ihr hinzugefügt werden, befassen. Hermann Bavinck erwiderte darauf, dass dieses jedoch kein angemessener Begriff wäre, da im N.T. der Herr zur Gemeinde hinzufügt (Apg 2,47) und nicht Missionare.[10] Wir könnten ferner anführen, dass es nicht nur um Hinzufügungen zur Gemeinde, sondern zum Herrn geht (Apg 11,24). Wenn wir erkennen, dass »der Herr zum Herrn hinzufügt«, sodass er sowohl Subjekt als auch Objekt, Quelle und Ziel der Evangelisation ist, müssen wir von allen egozentrischen und auf uns selbst vertrauenden Konzepten der christlichen Mission Abschied nehmen.

c. *Die Mission unter Griechen festigt sich unter Saulus (Apg 11, 25 - 26)*

Als Nächstes ging Barnabas *nach Tarsus*, um *Saulus zu suchen* (V. 25), denn die Gläubigen aus Jerusalem hatten Saulus in seine Heimatstadt geschickt, als er in Lebensgefahr war (Apg 9, 28 - 30). Dies war vor sieben oder acht Jahren gewesen. Wir wissen nicht, was er in der Zwischenzeit getan hat, auch wenn er in seinem Brief an die Galater anzudeuten scheint, dass er in Syrien und Zilizien gepredigt hatte.[11] Manche Kommentatoren haben die Vermutung geäußert, dass er in diesem Zeitraum unter einigen der körperlichen Verfolgungen zu leiden hatte, auf die er später verwies,[12] und dass er von seiner Familie enterbt wurde.[13]

Wir bewundern die Demut von Barnabas und sein Gespür für durchdachte Aktionen. Er wollte seinen Dienst mit Saulus gemeinsam tun. Er musste wissen, dass Saulus zum Apostel für die Heiden berufen worden war (Apg 9, 15.27). Es kann auch gut sein, dass die Bekehrungen der Heiden in Antiochia ihn an Saulus erinnerten. Wie es auch sei – *als er ihn fand, brachte er ihn nach Antiochia. Und sie blieben ein ganzes Jahr bei der Gemeinde und lehrten viele*, denn die meisten Glieder der Gemeinde waren junge und noch nicht unterwiesene Gläubige (V. 26a).

Sie werden Christus gelehrt haben, um sicherzustellen, dass die Bekehrten sowohl um die Tatsachen als auch die einzigartige Bedeutung seines Lebens, seines Todes, seiner Auferstehung, seiner Erhöhung, seiner Gabe des Heiligen Geistes, seiner gegenwärtigen Herrschaft und seines zukünftigen Kommens wussten. Vielleicht *wurden die Jünger* in Antiochia *zuerst Christen genannt* (V. 26), weil sie ständig das Wort »Christus« auf ihren Lippen hatten? Lukas hatte sie bisher »Jünger« (Apg 6, 1), »Heilige« (Apg 9, 13), »Brüder« (Apg 1, 16; 9, 30), »Gläubige« (vgl. Apg 10, 45), die, »die gerettet wurden« (Apg 2, 47) und die »Anhänger des neuen Weges« (Apg 9, 2) genannt. Nun scheint die ungläubige Bevölkerung von Antiochia, die für ihren Humor und ihren Einfallsreichtum in Sachen Spitznamen bekannt war, den Beinamen *Christianoi* geprägt zu haben, wobei man annahm, dass »Christus« eher ein Eigenname als ein Titel (der Christus oder Messias) war. Es wurde vielleicht eher als vertraut und lustig denn als höhnisch empfunden. Obwohl dieser Name sich nicht gleich verbreitet zu haben scheint – denn er kommt sonst nur zweimal im N.T. vor (Apg 26, 28 und 1. Petr 4, 16) –, so betonte er doch, wie sehr sich die Nachfolge Christi auf Christus konzentriert. Denn es gab ähnliche Wortbildungen, zum Beispiel die *Hērōdianoi* (die Herodianer) und die *Kaisarianoi* (die Cäsarianer). So kennzeichnet dieser Name die Jünger als solche, die unter allen Menschen die Nachfolger und Diener Christi sind.

d. Die Mission unter Griechen wird durch gute Werke bestätigt (Apg 11, 27 - 30)

In diesen Tagen, so fährt Lukas fort, *kamen Propheten von Jerusalem nach Antiochia* (V. 27). *Und einer von ihnen mit Namen Agabus trat auf und sagte durch den Geist eine große Hungersnot voraus, die über den ganzen Erdkreis* [*oikoumenē* »die gesamte römische Welt« oder »die bewohnte Erde«[14], was als mehr oder weniger identisch mit dem Römischen Reich angesehen wurde] *kommen sollte.* Lukas fügt in einem Einschub hinzu, dass diese vorhergesagte Hungersnot sich *unter dem Kaiser Klaudius* ereignete (V. 28). Klaudius regierte von 41 bis 54 n. Chr., doch die Geschichtsschreiber berichten über keine ernsthafte und weltweite Hungersnot in diesem Zeitraum. F. F. Bruce schlägt daher den allgemeineren Begriff »großen Mangel« vor, und fügt hinzu, dass dieser Zeitraum »in der Tat durch eine Reihe schlechter Ernten und ernsthafter Hungersnöte in verschiedenen Teilen des Römischen Reiches gekennzeichnet war«.[15] Z.B. schreibt Josephus von einer großen Hungersnot, die während der Regierungszeit von Klaudius das Volk von Judäa bedrückte, sodass »viele Bürger aus Mangel an Lebensmitteln umkamen«, obwohl Königin Helena große Mengen von Korn und Feigen kaufte und verteilen ließ.[16]

Doch Lukas ist weniger an der Erfüllung der Prophetie des Agabus interessiert als an der großzügigen Reaktion der Gemeinde von Antiochia. Denn *unter den Jüngern beschloss ein jeder, nach seinem Vermögen den Brüdern, die in Judäa wohnten, eine Gabe zu senden* (V. 29). Zudem hatte ihre Entscheidung Taten zur Folge. Bald *schickten sie zu den Ältesten durch Barnabas und Saulus* (V. 30), die, nachdem sie als Evangelisten und Lehrer gedient hatten, jetzt auch gerne als »Sozialarbeiter« sich betätigten. Dieser zweite Besuch von Saulus in Jerusalem, von dem Lukas hier berichtet, scheint der gleiche zu sein, den Paulus selbst in Galater 2,1 - 10 erwähnt. Auch wenn nicht alle Wissenschaftler dieser Meinung sind, gibt es hinreichend überzeugende Parallelen. Er schreibt dort, dass er »mit Barnabas« reiste, dass er »auf Grund einer Offenbarung« hinaufzog (d.h. auf Grund der Prophetie von Agabus) und dass die leitenden Apostel ihn dazu aufforderten, »an die Armen« zu denken, was er sich »auch eifrig bemüht habe zu tun«, nämlich um Hilfe wegen der Hungersnot zu bringen.

Man fragt sich natürlich, warum die Jerusalemer Gemeinde, einmal ganz abgesehen von der Hungersnot, nun so arm war, dass sie diese Unterstützung brauchte und ob vielleicht ihre extreme Großzügigkeit, die Lukas in Apostelgeschichte 2 und 4 beschrieben hat, dazu geführt hat. Wie es auch sei – nun waren die Gläubigen aus Antiochia an der Reihe, um großzügig zu sein. Jeder gab *nach seinem Vermögen*,[17] genauso wie die Gläubigen aus Jerusalem vorher »unter alle [austeilten], je nach dem es einer nötig hatte« (Apg 2,45; 4,35). Ich habe mich oft gefragt, ob Marx diese zwei Texte gekannt und sie sich in seinem Bewusstsein tief eingegraben hatten. Denn in seiner berühmten »Kritik des Gothaer Programms« (1875), d. h. in seiner Kritik an der vereinten Politik der zwei Flügel des deutschen Sozialismus, schlug er etwas noch Radikaleres vor als das, was diese vorgeschlagen hatten: »... erst dann kann ... die Gesellschaft auf ihre Fahne schreiben: Jeder nach seinen Fähigkeiten, jedem nach seinen Bedürfnissen«.[18]

Egal, was für politische und ökonomische Überzeugungen wir auch immer haben, dieses sind offensichtlich biblische Prinzipien, d. h. auf der einen Seite die Fähigkeiten, auf der anderen Seite die Bedürfnisse und wie sie sich zueinander verhalten sollen. Diese Prinzipien sollten für die Familie Gottes charakteristisch sein. Es ist kein Zufall, dass die Jerusalemer Empfänger der Gaben der Gemeinde aus Antiochia *Brüder* genannt werden (V. 29). Noch wichtiger ist, dass diese Bruderschaft oder Familie sowohl jüdische als auch heidnische Christen mit einschloss. Und die Gemeinschaft untereinander wurde durch die Beziehungen zwischen den zwei Gemeinden deutlich sichtbar. Die Gemeinde von Jerusalem hatte Barnabas nach Antiochia gesandt, nun sandte die Gemeinde von Antiochia Barnabas zusammen mit Saulus nach Jerusalem. Diese Hilfe für die Hungersnot fand vor der Sammlung statt, die Paulus später organisieren würde, bei der die wohlhabenden griechischen Gemeinden aus Mazedonien und Achaja für die Bedürfnisse der verarmten Gemeinden von Judäa spendeten.[19] Diese Sammlung war deshalb für Paulus so wichtig, weil sie ein Symbol für die heidnisch-jüdische Solidarität in Christus war. »Denn«, so schreibt er, »wenn die Heiden an ihren geistlichen Gütern Anteil bekommen haben, ist es recht und billig, dass sie ihnen auch mit leiblichen Gütern Dienst erweisen.«[20]

9.2 Widerstand: Die Gemeinde in Jerusalem (Apg 12,1 - 25)

Lukas hat von einer Bekehrung nach der anderen berichtet – die 3000 an Pfingsten, die Samaritaner, der äthiopische Eunuch, Saulus von Tarsus, der heidnische Hauptmann Kornelius und das bunte Völkchen in Antiochia. In konzentrischen Kreisen breitete sich das Wort Gottes aus. Lukas ist gerade dabei den großen Sprung nach vorne zu beschreiben, den wir die erste Missionsreise nennen. Doch vorher muss er noch über einen ernsthaften Rückschlag berichten, den Tod von Jakobus und die Verhaftung von Petrus – beide waren Apostel und Leiter der Jerusalemer Gemeinde. Herodes Agrippa I. war der Tyrann, der für diesen zweifachen Angriff auf das Werk Gottes verantwortlich war. Zu diesem Zeitpunkt muss dies für die Gläubigen den Anschein einer ernsthaften Krise haben, auch wenn Lukas danach von der Befreiung von Petrus durch das Eingreifen Gottes berichten kann. Somit stehen sich die zerstörerische Macht von Herodes und die rettende Macht Gottes einander gegenüber. Während der gesamten Kirchengeschichte schwang das Pendel immer zwischen Ausbreitung und Widerstand, zwischen Wachstum und Minderung, zwischen Vormarsch und Rückzug, jedoch immer mit der Versicherung, dass die Mächte des Todes und der Hölle niemals die Gemeinde Christi überwinden würden, da diese sicher auf dem Fels Jesus Christus gebaut ist.

Herodes Agrippa I. war der Enkel von Herodes dem Großen. Er hatte einige der Eigenschaften, die auch sein Großvater schon gehabt hatte, und nachdem die Kaiser Caligula und Klaudius ihm mehr und mehr Teile des palästinischen Territoriums gegeben hatten, war sein Königreich so groß wie das seines Großvaters geworden.

a. Der Anschlag durch Herodes (Apg 12, 1 - 4)

Um diese Zeit (Lukas formuliert dies bewusst so ungenau, während die Wissenschaftler über die genaue Anordnung der Ereignisse, über die er in Apostelgeschichte 10 bis 12 berichtet, streiten) *legte der König Herodes* (Lukas benutzt genau den Titel, den Kaiser Caligula ihm gegeben hatte) *Hand an einige von der Gemeinde, sie zu misshandeln* (V. 1). Er musste sehr gut über Jesus und seine Nachfolger informiert gewesen sein, denn sein Onkel Antipas hatte Jesus gekannt und verhört.[21] Er war auch dafür bekannt, sich darum zu bemühen, dass die »Pax Romana« in Palästina erhalten blieb, und dass er deshalb Minderheiten nicht leiden konnte, die diese zu stören drohten. Es stimmte völlig mit seiner Politik überein, dass er sich bei den Juden einzuschmeicheln versuchte (die ihn natürlich wegen seiner römischen Erziehung und seiner edomitischen Abstammung verachteten), indem er gewissenhaft das Gesetz hielt und nun die Gemeinde verfolgte. So *tötete* er *Jakobus, den Bruder des Johannes, mit dem Schwert* (V. 2), oder er ließ ihn »enthaupten« (GN, GNB, vgl. HFA). Jesus hatte Jakobus und Johannes, die nach den besten Plätzen in seinem Königreich gefragt hatten, vorhergesagt, dass sie seinen Kelch trinken und seine Taufe teilen,[22] d. h., dass sie an seinen Leiden teilhaben würden. Doch es gehört zu dem Geheimnis von Gottes Vorsehung, warum dies für Jakobus Enthauptung und für Johannes Exil hieß,[23] während Petrus diesmal dem Schicksal, das Jakobus ereilte, noch entfliehen konnte, obwohl Herodes auch ihm dieses Schicksal zugedacht hatte. Denn *als er sah, dass es den Juden gefiel, fuhr er fort und nahm auch Petrus gefangen. Es waren aber eben die Tage der Ungesäuerten Brote* (V. 3), auf die unmittelbar das Passafest folgte, während dessen das jüdische Gesetz weder Prozesse noch Verurteilungen erlaubte. *Als er ihn nun ergriffen hatte, warf er ihn ins Gefängnis*, vielleicht in den Turm der Burg Antonia in der nordwestlichen Ecke des Tempelbezirkes, *und überantwortete ihn vier Wachen von je vier Soldaten, ihn zu bewachen*, mit dem allergrößten

Sicherheitsaufgebot. Diese arbeiteten in Schichten, sodass jede Wache sechs Stunden lang oder vielleicht nur drei Stunden während der Nachtwachen im Dienst war. *Denn* Herodes *gedachte, ihn nach dem Fest vor das Volk zu stellen* – wir würden dies heute vielleicht einen Schauprozess nennen. Das Passafest schloss die Tage ein, die das Fest der Ungesäuerten Brote andauerte (V. 4). Dem Prozess gegen Petrus würde dann natürlich seine Hinrichtung folgen.

Es sah sehr düster aus, ja sogar hoffnungslos. Es schien keine Hoffnung für eine Befreiung von Petrus zu geben. Was konnte die kleine Gemeinde Jesu in ihrer Machtlosigkeit gegen die bewaffnete Weltmacht Rom denn schon ausrichten?

b. Die Niederlage von Herodes (Apg 12, 5 - 19a)

Die Jerusalemer Gemeinde wird nicht die zwei früheren Verhaftungen von Petrus vergessen haben, auch wenn diese durch den Sanhedrin vollzogen worden waren (Apg 4, 3; 5, 18). Sie werden auch noch in Erinnerung haben, wie Petrus und Johannes nach ihrer ersten Befreiung mit der übrigen Gemeinde zum Gebet versammelt waren, wo sie bekräftigten, dass Gott souverän war und dass Herodes Antipas und Pontius Pilatus, die Heiden und die Juden sich gegen Jesus verschworen hatten – nur um das zu tun, was seine »Hand und sein Ratschluss zuvor bestimmt hatten, dass es geschehen sollte« (Apg 4, 23 - 28). Wenn ein Engel des Herrn bei der zweiten Inhaftierung der Apostel die Tore des Gefängnisses öffnen und sie so hatte befreien können (Apg 5, 19), konnte er dies nicht noch einmal tun? *So wurde nun Petrus im Gefängnis festgehalten; aber die Gemeinde betete ohne Aufhören für ihn zu Gott* (V. 5). Lukas benutzt das Adverb *ektenōs* (»angespannt, beharrlich, eifrig«[24]), welches er vorher auch für das intensive Ringen Jesu in Gethsemane verwendet hatte.[25] Sie glaubten daran, dass Gott – durch ein Wunder oder auch nicht – als Antwort auf ihre Gebete die Befreiung des inhaftierten Apostels ermöglichen konnte.[26] Hier standen sich zwei Gemeinschaften gegenüber – die Welt und die Gemeinde, jede kämpfte mit der ihr angemessen erscheinenden Waffe. Auf der einen Seite stand die Autorität von Herodes, die Macht des Schwertes und die Sicherheit des Gefängnisses. Auf der anderen Seite wendet sich die Gemeinde zum Gebet, welches das einzige Mittel ist, das die Machtlosen besitzen.

Und in jener Nacht, als ihn Herodes vorführen lassen wollte, schlief Petrus zwischen zwei Soldaten, mit zwei Ketten gefesselt, und die Wachen vor der Tür bewachten das Gefängnis (V. 6). Lukas beschreibt bewusst, wie sorgfältig der Apostel bewacht wurde, um eine Flucht oder Befreiung zu verhindern. Im Normalfall hielt man es für ausreichend, dass ein Gefangener an einen Soldaten mit Handschellen gefesselt war, doch als besondere Vorsichtsmaßnahme hatte Petrus auf zwei Seiten einen Soldaten, und beide Hände lagen in Handschellen, während zugleich vor der Zelle zwei weitere Soldaten der Wache im Dienst waren. Obwohl es anscheinend unmöglich war, dass Petrus befreit werden würde und trotz der sehr hohen Wahrscheinlichkeit, dass er am folgenden Tag das gleiche Schicksal erleiden würde, das auch schon Jakobus erlitten hatte (dies war vielleicht eine Erfüllung der Weissagung Jesu, dass er als Märtyrer sterben würde)[27], zeigte Petrus keine Anzeichen von Furcht, geschweige denn Unruhe. Ganz im Gegenteil, er schlief schnell ein. Später würde Paulus in einer ähnlichen Lage in Philippi zu Gott beten und singen (Apg 16,25). Dies bringt Chrysostomus dazu, zu sagen: »Es ist schön, dass Paulus Lieder singt, während Petrus hier schläft«.[28] Die beiden Helden von Lukas, Petrus und Paulus, waren beide in gleicher Weise dem Tode gewachsen.

Dann kam *der Engel des Herrn … herein* (V. 7). Das, was wir unter diesem »Engel« verstehen, wird größtenteils von unseren Voraussetzungen abhängen – im Speziellen davon, ob wir überhaupt an die Existenz von Engeln und an die Möglichkeit von Wundern glauben. Es stimmt, dass das Wort *angelos* einfach mit »Bote« übersetzt werden kann[29] und dass Lukas es in seinem Evangelium einige Male für Menschen verwendet, z. B. für die Boten, die Johannes der Täufer zu Jesus sandte (Lk 7, 24), auch für Johannes den Täufer selbst (Lk 7, 27) und für die, die Jesus nach Jerusalem vorausschickte, um die notwendigen Dinge vorzubereiten (Lk 9, 52). Folglich, so vermute ich, könnte man dafür eintreten, dass hier ein menschlicher Bote gemeint ist. Folgt man William Neil, so könnte man zudem die Befreiung von Petrus »kein geringeres ›Wunder‹ nennen, wenn sie von Sympathisanten unter den Wachleuten eingefädelt wurde«.[30] Und R. C. P. Hanson hält es für »vernünftig«, es so zu verstehen, dass es Petrus »gelang zu fliehen, weil er die Wachen bestochen hatte, weil diese unaufmerksam waren oder einfach, weil es sich die Machthaber anders überlegt haben«.[31] Doch die grundlegende hermeneutische Frage ist die, was Lukas selbst seinen Lesern mitteilen möchte. Und darüber gibt es keinen Zweifel. Er hat bereits über fünfzehnmal in seinem Evangelium und in den ersten Kapiteln der Apostelgeschichte auf übernatürliche Engelwesen verwiesen, und in dieser Geschichte betont er das Eingreifen Gottes durch einen himmlischen Boten. Um dies unzweideutig klarzustellen, leuchtete *Licht … in dem Raum*, und die Befreiung wurde durch einige rasche Handlungen vollendet, wobei Petrus sich immer noch fast im Halbschlaf befand und sich nicht sicher war, ob er nicht nur träumte. Der Bericht von Lukas bedarf keiner weiteren Erläuterung:

(7) Und siehe, der Engel des Herrn kam herein, und Licht leuchtete auf in dem Raum; und er stieß Petrus in die Seite und weckte ihn und sprach: Steh schnell auf! Und die Ketten fielen ihm von seinen Händen. (8) Und der Engel sprach zu ihm: Gürte dich und zieh deine Schuhe an! Und er tat es. Und er sprach zu ihm: Wirf deinen Mantel um und folge mir! (9) Und er ging hinaus und folgte ihm und wusste nicht, dass ihm das wahrhaftig geschehe durch den Engel, sondern meinte, eine Erscheinung zu sehen. (10) Sie gingen aber durch die erste und zweite Wache und kamen zu dem eisernen Tor, das zur Stadt führt; das tat sich

ihnen von selber auf. Und sie traten hinaus und gingen eine Straße weit, und alsbald verließ ihn der Engel. (11) Und als Petrus zu sich gekommen war, sprach er: Nun weiß ich wahrhaftig, dass der Herr seinen Engel gesandt und mich aus der Hand des Herodes errettet hat und von allem, was das jüdische Volk erwartete.

Und als er sich besonnen hatte – denn jetzt war Petrus erst richtig wach – *ging er zum Haus Marias, der Mutter des Johannes mit dem Beinamen Markus* (V. 12). Dass es für ihn nahe liegend war, gleich dorthin zu gehen, lässt vermuten, dass dies ein bekannter (vielleicht sogar der wichtigste) Versammlungsort der Jerusalemer Christen war. Die Maria, der das Haus gehörte, ist nur als die Mutter von Johannes Markus bekannt, einem Cousin von Barnabas,[32] der hier von Lukas das erste Mal erwähnt wird und der bald wieder in seinem Bericht als derjenige, der das erste Missionsteam verlassen würde, auftauchen wird (Apg 12,25; 13,5.13). Manche Kommentatoren vermuten, dass dieses Haus von Maria den »großen Saal ..., der mit Polstern versehen und vorbereitet ist« enthielt, den Markus selbst als den Ort erwähnt, an dem Jesus mit den Jüngern das letzte Passamahl vor seiner Verhaftung, seinem Prozess und seiner Kreuzigung zu sich nahm.[33] Vielleicht war dies auch das Haus, in dem die zwölf Apostel lebten und in dem sie und die anderen sich in den 10 Tagen zwischen der Himmelfahrt und Pfingsten zum Gebet trafen (Apg 1,12-14). Es war mit Sicherheit ein großes Haus, denn es hatte einen äußeren Eingang oder einen Vorplatz, wo Petrus anklopfte. Vermutlich hatte es auch einen Innenhof zwischen diesem und dem Haupthaus. Hier waren auf jeden Fall, obwohl es mitten in der Nacht war, *viele beieinander ... und beteten* (V. 12).

Als Petrus *an das Hoftor klopfte*, musste die Gruppe der Betenden sofort gedacht haben, dass sie Besuch von der »Geheimpolizei« erhielten. Als sie voller Spannung warteten, *kam eine Magd mit Namen Rhode* [diese spielte eine so herausragende Rolle bei diesem Ereignis, dass ihr Name nicht vergessen, sondern weiter überliefert wurde], *um zu hören, wer da wäre* (V. 13). *Und als sie die Stimme des Petrus erkannte* – damals war es üblich, dass Besucher sowohl riefen als auch anklopften – *tat sie vor Freude das Tor nicht auf*, ließ Petrus draußen vor dem Tor stehen, *lief hinein und verkündete, Petrus stünde vor dem Tor* (V. 14). »*Du bist von Sinnen*«, sagten diese zu ihr. Es ist paradox, dass diese Gruppe, die leidenschaftlich und beharrlich darum betete, dass Petrus freikomme, die Person als verrückt ansieht, die mitteilte, dass die Gebete beantwortet worden waren. Rhodes einfache Freude hebt sich hier leuchtend vor dem dunklen Hintergrund der »ungläubigen« Gemeinde ab. Als sie weiter darauf *bestand* – denn sie war sich sicher, dass sie die Stimme von Petrus richtig erkannt hatte, schlugen sie andere Töne an und sagten: »*Es ist sein Engel*« (V. 15). Damit meinten sie, was man gemeinhin als »Schutzengel« bezeichnet.[34] F.F. Bruce drückt dies so aus: »Man stellt sich an dieser Stelle den Engel als die geistliche Entsprechung des Menschen vor, die dazu im Stande ist, seine Gestalt anzunehmen und so mit der Person selbst verwechselt werden kann«.[35] *Petrus aber klopfte weiter an. Als sie nun aufmachten, sahen sie ihn und entsetzten sich* (V. 16). Sie müssen auch im Chor laute Begrüßungsrufe gerufen haben, denn Petrus *winkte ihnen mit der Hand, dass sie schweigen sollten*, – vielleicht fürchtete er, dass das Geschrei die Nachbarn wecken würde – und er *erzählte ihnen, wie ihn der Herr aus dem Gefängnis geführt hatte*. Er gab ihnen dann eine einzige Anordnung: »*Verkündet dies dem Jakobus* [d.h. dem Bruder des Herrn, der bereits als Leiter der Jerusalemer Gemeinde anerkannt gewesen zu sein scheint; vgl. Apg 15,13; 21,18; Gal 1,19; 2,9.12] *und den Brüdern* [der übrigen christlichen Versammlung in Jerusalem].« *Dann ging er hinaus und zog an einen andern Ort* (V. 17). Dieser Ort war auf keinen Fall Rom, wie es die apokryphen *Petrusakten* behaupten und wie normalerweise römisch-katholische Kommentatoren meinen, wobei sie hinzufügen, dass er als der erste Papst dort 25 Jahre blieb. Lukas meint nur, dass er sich zeitweilig verbarg, egal ob irgendjemand wusste, wo er war oder nicht. Wir wissen nur, dass er ungefähr ein oder zwei Jahre später in Antiochia[36] und dann beim Apostelkonzil wieder zurück in Jerusalem war (Apg 15,7ff.).

Die vielleicht wichtigste Aussage der gesamten Erzählung von der Befreiung von Petrus enthält Vers 17: »... wie ihn der Herr aus dem Gefängnis geführt hatte ...«. Die dramatischen Details, die Lukas anführt, scheinen allesamt das Eingreifen Gottes und die Passivität von Petrus zu betonen. Petrus schlief ein und der Engel des Herrn musste ihn anstoßen, um ihn aus dem Schlaf zu wecken. Die Ketten fielen von ihm ab. Der Befehl, sich anzuziehen, wurde schrittweise erteilt: »Steh schnell auf! ... Gürte dich und zieh deine Schuhe an! ... Wirf deinen Mantel um und folge mir!«. Sie passierten die diensthabenden Wachen im Flur, die vermutlich tief schliefen, und das äußere Gefängnistor öffnete sich automatisch. Petrus wusste selbst nicht, ob er träumte oder ob alles wahr war, ob es Realität oder Phantasie war.

Als es aber Tag wurde – genau der Tag, an dem Petrus vor Gericht kommen und hingerichtet werden sollte – *entstand eine nicht geringe Verwirrung unter den Soldaten, was wohl mit Petrus geschehen sei*, denn ihr Gefangener war nirgends zu finden (V. 18). Als diese Neuigkeit *Herodes* erreichte, »ließ [er] ihn suchen« (Albrecht). Als er *ihn* dann *nicht fand, verhörte er die Wachen und ließ sie abführen*, d. h. er »befahl, sie hinzurichten« (Albrecht, V. 19a), denn nach dem römischen Gesetz musste ein Gefängniswärter, der es zugelassen hatte, dass der ihm anvertraute Gefangene hatte entfliehen können, die Strafe bekommen, zu der der Gefangene verurteilt worden war (vgl. Apg 16,27; 27,42).

c. Der Tod von Herodes (Apg 12,19b-24)

Obwohl das Opfer des Herodes aus seinen Klauen entflohen war, war er selbst immer noch auf freiem Fuß. So beschließt Lukas diesen Teil seines Berichtes, dass er beschreibt, wie der

Tyrann stirbt. *Dann zog er von Judäa hinab nach Cäsarea und blieb dort eine Zeit lang* (V. 19b). Lukas stellt nun in groben Zügen die Geschichte dar, die den Hintergrund dessen bildet, worüber er nun berichten wird. Herodes war *zornig auf die Einwohner von Tyrus und Sidon* an der phönizischen Küste. *Sie aber kamen einmütig zu ihm* und baten um eine Audienz. Dazu brauchten sie einen Vermittler. So *überredeten* sie *Blastus, den Kämmerer des Königs,* [vielleicht mit einem Bestechungsgeschenk] *und baten um Frieden.* Es war sehr dringlich für sie, wieder die Gunst des Herodes zu gewinnen, *weil ihr Land seine Nahrung*, besonders das Getreide aus Galiläa, *aus dem Land des Königs bekam* (V. 20).

Dies war der Hintergrund. Nun, *an einem festgesetzten Tag*, an dem Blastus ihm ihren Fall vorstellte, *legte Herodes das königliche Gewand an, setzte sich auf den Thron und hielt eine Rede an sie* (V. 21). Die Menge schrie: »*Das ist Gottes Stimme und nicht die eines Menschen.*« (V. 22). Und *alsbald schlug ihn der Engel des Herrn, weil er Gott nicht die Ehre gab* und die Ehre für sich in Anspruch nahm, die eigentlich allein Gott gebührte (V. 23).

Josephus beschreibt mit großer Detailliertheit die Umstände des Todes von Herodes.[37] Sein Bericht und der des Lukas unterscheiden sich voneinander in ein paar wenigen Einzelheiten, welche darauf hinweisen, dass diese Berichte nicht voneinander abhängen. Dennoch sagen sie im Allgemeinen das Gleiche aus. Beide stimmen darin überein, dass Herodes zu dieser Zeit in Cäsarea war, auch wenn Josephus sagt, dass er sich dorthin begeben hatte, um an einem Fest zu Ehren Cäsars teilzunehmen, an dem eine große Menge von führenden Bürgern anwesend war. Beide erwähnen die königlichen Gewänder, die er trug, wobei Josephus die Einzelheit hinzufügt, dass sein Gewand »mit wunderbarer Kunstfertigkeit ganz aus Silber gewirkt war«. Dieses leuchtete so hell in der Morgensonne, dass die Menschen ihn als einen Gott begrüßten. »Der König machte ihnen daraus keinen Vorwurf«, so fährt Josephus fort, »und wies ihre gotteslästerlichen Schmeicheleien nicht zurück.« Lukas und Josephus stimmen deshalb darin überein, dass Gottes Gericht über ihn kam, weil er sich selbst anstatt Gott verherrlichte. Obwohl Lukas sagt, dass er »von Würmern zerfressen« wurde (V. 23), gibt sich Josephus mit der allgemeineren Aussage zufrieden, dass »sich ... heftige Schmerzen in seinem Leibe ein[stellten]«, die so stark wurden, dass er in seinen Palast getragen wurde, wo er fünf Tage später starb. Die Beschreibung von Josephus und Lukas erinnert an die letzten Tage des »Erzverfolgers« Antiochus Epiphanes, der »in seiner Überheblichkeit« meinte, nach den Sternen greifen zu können, jedoch an »ein[em] solche[n] Reißen im Leib« erkrankte und »ein so großes Grimmen in den Därmen« erlitt, an dem er schließlich verstarb.[38]

A. Rendle Short, ein Professor für Chirurgie an der Universität von Bristol, der ein Buch mit dem Titel *The Bible and Modern Medicine* (»Die Bibel und die moderne Medizin«) geschrieben hat, meint, dass sehr viele Menschen in Asien »Würmer im Darm in sich haben«, die sich zu einer festen Kugel verbinden und »akute Darmverstopfungen« verursachen können. Dies kann auch die Ursache des Todes von Herodes gewesen sein.[39]

Lukas fügt noch einen seiner zusammenfassenden Verse hinzu, der in krassem Gegensatz zum Tod des Tyrannen steht: *Und das Wort wuchs und breitete sich aus* (V. 24; vgl. Apg 6,7; 9,31). Man muss in der Tat die Kunstfertigkeit bewundern, mit der Lukas diesen vollkommenen Umschwung in der Situation der Gemeinde schildert. Zu Beginn des Kapitels wütet Herodes – er verhaftet und verfolgt die Leiter der Gemeinde. Am Ende wird er selbst niedergestreckt und stirbt. Das Kapitel beginnt mit dem Tod des Jakobus, mit Petrus im Gefängnis und dem Triumph von Herodes, es schließt mit seinem Tod, mit Petrus in Freiheit und dem triumphierenden Wort Gottes. Dies ist die Macht Gottes, die feindliche menschliche Pläne zunichte macht und stattdessen seine eigenen durchsetzt. Tyrannen mag es gestattet sein, eine Zeit lang zu prahlen und zu toben, die Gemeinde zu schikanieren und die Ausbreitung des Evangeliums zu verhindern, doch sie werden sich nicht lange halten. Am Ende wird ihr Reich zerbrochen sein und ihr Stolz verschwinden.

C. Der Heidenapostel (Apg 12,25-21,17)

10. Die erste Missionsreise (Apg 12,25-14,28)

Lukas hat einen entscheidenden Wendepunkt in seiner Erzählung erreicht. In Übereinstimmung mit der Prophezeiung des auferstandenen Herrn (Apg 1,8) war Jesus »in Jerusalem« und »in ganz Judäa und Samarien« bezeugt worden. Nun weitet sich der Horizont »bis an das Ende der Erde«. Die zwei evangelistischen Diakone haben diesen Weg vorbereitet – Stephanus durch sein Lehren und sein Martyrium, Philippus durch seine freimütige Evangelisation unter den Samaritanern und gegenüber dem Äthiopier. Dies haben auch die zwei wichtigsten Bekehrungen verdeutlicht, die Lukas dokumentiert – die von Saulus, der auch zum Heidenapostel beauftragt wurde, und die von Kornelius durch die Mitwirkung des Apostels Petrus. Ungenannte Evangelisten haben das Evangelium auch den »Hellenisten« in Antiochia verkündigt. Doch die ganze Zeit über blieben die Handlungen hauptsächlich auf Palästina und das syrische Festland beschränkt. Niemand hatte bisher die Idee gehabt, die frohe Botschaft zu den Völkern übers Meer zu bringen, obwohl Zypern bereits in Apostelgeschichte 11,19 erwähnt wurde. Doch jetzt sollte dieser bedeutsame Schritt endlich getan werden.

10.1 Barnabas und Saulus werden von Antiochia aus ausgesandt (Apg 12,25-13,4a)

Diese zwei Männer waren im südlich gelegenen Jerusalem gewesen, um die Hilfsgelder der Gemeinde von Antiochia für die Hungersnot zu überbringen (Apg 11,30). Nachdem sie nun *die Gabe überbracht hatten, kehrten* sie von dort *zurück* (Apg 12,25). Es stimmt, dass die bessere Lesart »*nach* Jerusalem« ist, sodass dieser Vers (ähnlich wie in der Luther '84) heißen muss: »sie kehrten zurück, nachdem sie in Jerusalem ihre Mission erfüllt hatten«. Doch dies klingt schwerfällig, und der Textzusammenhang muss vor dem buchstäblichen Text den Vorrang haben, nämlich dass Barnabas und Saulus, die mit ihrer Gabe von Antiochia *nach* Jerusalem gereist waren (Apg 11,30), nun *aus* Jerusalem nach Antiochia zurückkehrten, nachdem sie sie übergeben hatten (Apg 12,25).[1] Zudem *nahmen* sie *mit sich Johannes, der den Beinamen Markus hat*, der sie begleiten würde, wenn sie zu ihrer ersten Missionsreise ausreisen würden.

Die internationale Bevölkerung von Antiochia spiegelte sich in den Mitgliedern und auch in der Leitung der Gemeinde wider. Diese bestand aus fünf ansässigen *Propheten und Lehrer[n]*. Lukas erklärt weder, wie er den Unterschied zwischen diesen Diensten verstand, noch ob alle fünf Männer beides ausübten oder (wie manche meinen) die ersten drei Propheten und die letzten zwei Lehrer waren. Lukas nennt uns nur ihre Namen. Der Erste war *Barnabas*, den er vorher als »Levit, aus Zypern« beschrieben hatte (Apg 4,36). Zweitens war dort *Simon* (ein hebräischer Name), *genannt Niger* (»schwarz«), der vermutlich ein Schwarzafrikaner war. Es ist durchaus denkbar, dass er niemand anders als Simon von Kyrene war, der das Kreuz für Jesus trug[2] und Christ geworden sein muss, denn seine Söhne Alexander und Rufus waren in der Gemeinschaft der Christen bekannt.[3] Der dritte Leiter, *Luzius von Kyrene*, kam definitiv aus Nordafrika, aber die Vermutung einiger früher Kirchenväter, dass Lukas hier auf sich selbst verwies, ist äußerst unwahrscheinlich, denn er bewahrte sich im gesamten Buch sehr sorgfältig seine Anonymität. Viertens gab es dort *Manaën*, der im Griechischen der *syntrophos* des *Landesfürsten Herodes*, d. h. von Herodes Antipas, dem Sohn von Herodes dem Großen, genannt wird. Das Wort *syntrophos* könnte ganz allgemein bedeuten, dass Manaën mit ihm *erzogen worden war*, oder spezieller, dass er sein Pflegebruder oder bester Freund gewesen war.[4] Wie es auch gewesen sein mag – weil Lukas viel über den Hof und die Familie des Herodes wusste, kann Manaën diesbezüglich sehr wohl sein Informant gewesen sein. Der fünfte Gemeindeleiter war *Saulus*, der natürlich aus Tarsus nach Zilizien gekommen war. Diese fünf Männer stehen symbolisch für die ethnische und kulturelle Vielfalt von Antiochia.

Als sie aber dem Herrn dienten und fasteten, sprach der Heilige Geist zu ihnen: *Sondert mir aus Barnabas und Saulus zu dem Werk, zu dem ich sie berufen habe* (V. 2). Dieses Ereignis war so entscheidend, dass es hilfreich sein mag, einige Fragen dazu zu stellen:

1. Wem offenbarte der Heilige Geist seinen Willen? Wer waren »sie«, die dem Herrn dienten und fasteten, und zu wem sprach er? Es erscheint unwahrscheinlich, dass wir »sie« auf die kleine Gruppe der fünf Leiter beschränken sollten, denn dies würde bedeuten, dass drei von ihnen über die anderen zwei Anweisungen empfingen. Es ist wahrscheinlicher, dass die Gemeindeglieder als Ganzes gemeint sind, weil sowohl sie als auch die Leiter zusammen in Vers 1 erwähnt werden. In der nicht unähnlichen Situation, in der die Sieben gewählt worden waren, war es die gesamte Gemeinde als Ganzes, die handelte (Apg 6,2-6). Zudem »versammelten« Saulus und Barnabas nach ihrer Rückkehr »die Gemeinde«. Sie gaben der Gemeinde einen Bericht, weil sie von ihr ausgesandt worden waren (Apg 14,26-27). Wenn der Heilige Geist zudem der Gemeinde seine Absicht offenbart, müssen Barnabas und Saulus dabei nicht ausgeschlossen sein. Ganz im Gegenteil: Deutet nicht der Befehl des Heiligen Geistes, sie zu dem Werk

auszusondern, »zu dem ich sie berufen habe«, darauf hin, dass er sie bereits berufen hatte, bevor er dies der Gemeinde bekannt gab?

2. Was offenbarte der Heilige Geist der Gemeinde? Es war nicht besonders präzise. Die Art des Werkes, zu dem er Barnabas und Saulus berufen hatte, wird nicht genauer festgelegt. Dies ähnelt der Berufung von Abraham. Zu ihm sagte Gott: »Geh ... in ein Land, das ich dir zeigen werde«.[5] Zur Gemeinde von Antiochia sagte Gott: »Sondert mir aus Barnabas und Saulus zu dem Werk, zu dem ich sie berufen habe«. In beiden wurden sie eindeutig dazu berufen, dass sie gehen sollen, während das Land und das Werk nicht eindeutig waren. So war in beiden Fällen ein abenteuerlicher Schritt im Glauben als Antwort auf Gottes Ruf nötig.

3. Wie wurde Gottes Berufung offenbart? Dies wird uns nicht gesagt. Es ist am wahrscheinlichsten, dass Gott durch einen der Propheten zu der Gemeinde sprach. Doch die Berufung konnte auch eher eine innerliche als eine äußerliche gewesen sein, nämlich das Zeugnis des Heiligen Geistes in ihren Herzen und in ihren Sinnen. Wie immer ihnen dies gezeigt wurde, ihre erste Reaktion war, dass sie fasteten und beteten, einerseits, um Gottes Ruf zu prüfen, und andererseits, um für die zwei einzustehen, die ausgesandt werden sollten. Wir bemerken, dass das Fasten in diesen Versen nicht alleine genannt wird. In Vers 2 ist es mit Gottesdienst verbunden und in Vers 3 mit Gebet. Denn nur selten liegt der Zweck des Fastens im Fasten selbst. Es ist eine negative Handlung (Enthaltung von Essen und anderen Ablenkungen) mit einer guten Absicht (Dienst für Gott oder Gebet). Nachdem sie gefastet und gebetet hatten und sich so über den Willen Gottes klarer geworden waren und sich dafür vorbereitet hatten, diesem zu gehorchen, *legten* sie *die Hände auf sie und ließen sie ziehen* (V. 3). Dies war keine Einsetzung in ein Amt und noch weniger die Bestimmung zum Apostel (denn Paulus betont, dass er »nicht von Menschen, auch nicht durch einen Menschen« zum Apostel bestimmt wurde[6]), sondern

eher eine Abschiedsrede, die sie zum Missionsdienst beauftragte.

4. Wer beauftragte nun die Missionare? Das ist unsere vierte Frage. Nach Vers 4 wurden Barnabas und Saulus *vom Heiligen Geist* ausgesandt, der vorher der Gemeinde geboten hatte, sie für ihn auszusondern (V. 2). Doch nach Vers 3 sandte die Gemeinde sie aus, nachdem sie ihnen die Hände aufgelegt hatten. Es stimmt, dass das letzte Verb in Vers 3 mit »sie ließen sie ziehen« übersetzt werden kann (wie es Luther '84 tut), d. h., dass sie sie von ihrer Lehrverantwortung in der Gemeinde in Antiochia befreiten, damit sie für einen größeren Dienst verfügbar waren. Denn Lukas gebraucht manchmal das Verb *apoluō* im Sinne von »loslassen«[7], »gehen lassen« und »freilassen«.[8] Doch er verwendet es auch im Sinne von »verabschieden«.[9] In unserem Bestreben, dem Wirken des Heiligen Geistes gerecht werden zu wollen, sollten wir die Gemeinde nicht als völlig passiv darstellen. Entspricht es nicht der Wahrheit, wenn man einerseits sagt, dass der Heilige Geist sie aussandte, indem er der Gemeinde gebot, dies zu tun, und andererseits auch, dass die Gemeinde, der der Heilige Geist dies angeordnet hatte, sie aussandte? Diese Ausgewogenheit wäre eine heilsame Korrektur für die beiden einander entgegengesetzten Extreme. Das erste Extrem ist die Tendenz zum Individualismus, wobei ein Christ behauptet, vom Heiligen Geist selbst ohne irgendeinen Bezug zur Gemeinde geleitet zu werden. Das zweite Extrem ist aber die Tendenz zur Institutionalisierung, wobei alle Entscheidungen von der Gemeinde getroffen werden ohne irgendeinen Bezug zum Heiligen Geist. Auch wenn wir nicht die Freiheit dazu haben, den Wert einer persönlichen Entscheidung zu leugnen, so ist diese nur in der Verbindung mit dem Heiligen Geist und der Gemeinde sicher und gesund. Es gibt keine Anzeichen dafür, dass Barnabas und Saulus sich von sich aus für den Missionsdienst anboten. Nein, sie wurden ausgesandt mittels des Heiligen Geistes durch die Gemeinde. Noch heute hat jede örtliche Gemeinde (und besonders ihre Leiter) die Verantwortung, empfänglich

für den Heiligen Geist zu sein, um zu erkennen, wen er begabt und beruft.

10.2 Barnabas und Saulus auf Zypern (Apg 13, 4b-12)

Nachdem sie, die Missionare der Gemeinde aus Antiochia, *nun ausgesandt waren vom Heiligen Geist, kamen sie nach Seleuzia*, dem Hafen nahe der Mündung des Flusses Orontes, ungefähr 25 km entfernt, *und von da zu Schiff nach Zypern* (V. 4). Uns wird nicht gesagt, weshalb Zypern als ihr erster Zielort gewählt worden war, doch wir wissen, dass Barnabas ein Zypriot war (Apg 4, 36). Der folgende Bericht von Lukas ist unweigerlich eine Auswahl der Ereignisse. Zuerst konzentriert er sich auf die Taten des Paulus im Westen und Norden, mit dem Blick auf Rom gerichtet. Er sagt nichts über die Ausbreitung der Gemeinde in Richtung Osten und Süden oder über missionarische Abenteuer anderer Apostel, z. B. von Thomas, der nach der syrisch-orthodoxen Tradition und nach den Mar-Thomas-Gemeinden von Kerala, von Syrien nach Indien reiste. Sogar in seinem Bericht über die Reisen des Paulus stellt Lukas nur eine Auswahl dar, je nachdem welche Informationen er erhalten konnte und wie es seinen Absichten als Herausgeber entsprach. So konzentriert er sich bei der ersten Missionsreise auf drei Hauptereignisse, auch wenn er die gesamte Reiseroute skizzenhaft darstellt. Er schildert Paulus als Evangelisten vor dem Prokonsul und in der Konfrontation mit dem Zauberer in Paphos, der Provinzhauptstadt von Zypern, als Prediger des Evangeliums in der Synagoge von Antiochia in Pisidien im südlichen Galatien und als Redner unter freiem Himmel vor einer Gruppe von Heiden in Lystra. Dies veranschaulicht die außergewöhnliche Vielseitigkeit des Apostels, der sich verschiedenen Situationen anpassen konnte. Er hatte weder mit einzelnen Menschen noch mit Menschenmengen große Mühe, seien es Juden oder Heiden, religiöse oder nichtreligiöse, gebildete oder ungebildete, freundlich oder feindlich gesonnene Menschen.

Und als sie in die Stadt Salamis, eine Handelsstadt an der Ostküste Zyperns, *kamen, verkündigten sie das Wort Gottes in den Synagogen der Juden.* Doch Lukas berichtet nicht weiter darüber, außer dass sie *auch Johannes* (d.h. Markus, vgl. Apg 12,25) *als Gehilfen bei sich* hatten (V. 5). Wir wüssten gerne, wie er ihnen geholfen hat und ob wir richtig liegen, wenn wir vermuten, dass, während Barnabas und Saulus im Besonderen vom Heiligen Geist erwählt und gesandt worden waren, Johannes Markus von ihnen ohne eine ähnliche direkte Berufung durch Gott ausgewählt worden war. Wir können nur sagen, dass das Wort *hypēretēs* zur Bezeichnung eines Dieners oder Assistenten eines Arztes, eines militärischen Offiziers, Priesters oder Politikers verwendet wurde. Es sagt nichts darüber aus, ob Markus als Pastor diente (z.B. indem er die Fragen von Interessierten beantwortete oder Neubekehrte unterwies) oder im praktischen Bereich (z.B. durch Kochen und Saubermachen).

Nachdem sie Salamis verlassen hatten, durchzogen *sie die ganze Insel bis nach Paphos* (V. 6a). Diese Reise führte sie etwa 145 km von der Ost- zur Westküste. Ramsay begründet damit, dass Lukas das Verb *dierchomai* verwendet, dass es sich hierbei um »eine Predigtreise über die gesamte Insel« handelte.[10] In Paphos *trafen sie einen* Mann, den Lukas sofort als *Zauberer und falschen Propheten* schildert, *einen Juden, der hieß Barjesus*, »Sohn des Heils« (V. 6). Beruflich *war* er als eine Art »Hofzauberer« *bei dem Statthalter Sergius Paulus.* Dieser Prokonsul war nach der Beschreibung des Lukas *ein verständiger Mann*, obwohl er offensichtlich an abergläubischen und okkulten Praktiken interessiert war. *Dieser rief Barnabas und Saulus zu sich und begehrte, das Wort Gottes zu hören* (V. 7). Die Missionare folgten ohne Frage seiner Aufforderung und wir können uns nur zu gut vorstellen, dass Paulus, der christliche Apostel, dem römischen Statthalter Paulus die frohe Botschaft mitteilte.

Da widerstand ihnen der Zauberer Elymas – denn so wird sein Name übersetzt (V. 8). Lukas bezeichnet ihn nun mit einem anderen Namen. Die Worte in der Parenthese haben die Kommentatoren verwirrt. Die »Hoffnung für alle« übersetzt sie wohl richtig: »Elymas, wie der Name des Zauberers auf Griechisch hieß«. Eine andere Erklärung wäre die, dass Lukas die Bedeutung des Wortes »Elymas« erläutert, denn es könnte ursprünglich ein arabisches Wort für einen »Sachkundigen« oder »Experten« sein, mit anderen Worten ein *magos* oder ein weiser Mann. Wie es auch sei – Elymas sah in den christlichen Missionaren eine Bedrohung seines Ansehens und seines Lebensunterhaltes. So *versuchte* er, *den Statthalter vom Glauben abzuhalten* (V. 8). Diesen Versuch sah der Apostel als einen besonders schwerwiegenden Angriff durch den Teufel an, sodass Paulus sich nun gegen den Zauberer stellt, so wie Petrus sich gegen den Zauberer Simon in Samaria gestellt hatte (Apg 8, 20ff.). Lukas nutzt diesen Moment, um uns darüber zu informieren, dass *Saulus ... auch Paulus heißt* (V. 9). Es war allgemein üblich, dass Juden einen zweiten griechischen oder römischen Namen annahmen, so wie Josef Barsabbas (Apg 1, 23) und Johannes Markus (Apg 12, 12.25). Dieser Moment ist für Lukas geeignet, um nun den Beinamen des Saulus zu erwähnen, da er sich jetzt immer mehr in nichtjüdische Kontexte begab. Lukas nennt Paulus ab jetzt an keiner Stelle mehr »Saulus«. Als Nächstes berichtet er uns davon, dass Paulus *voll Heiligen Geistes* war, um zu zeigen, dass sein Freimut, seine Offenheit und Kraft bei der Verurteilung von Elymas allesamt von Gott waren. Mit dieser Macht ausgestattet, *sah* er *ihn an* (V. 9), nahm ihn mit seinen Augen ins Visier *und sprach: Du Sohn des Teufels, voll aller List und aller Bosheit, du Feind aller Gerechtigkeit, hörst du nicht auf, krumm zu machen die geraden Wege des Herrn?* (V. 10). *Und nun siehe, die Hand des Herrn kommt über dich, und du sollst blind sein und die Sonne eine Zeitlang nicht sehen!* (V. 11a).

Paulus verurteilte Elymas, dass er seinen Namen »Barjesus« Lügen strafte und eher ein Kind des Teufels als ein Kind des Heils war, und dass er ein Feind des Guten und der Wahrheit war, ein »elender und gerissener Betrüger« (Einh.). In Übereinstimmung mit seinem Charakter krümmte er die geraden Wege Gottes und hatte sich der »Verdrehung« (*diastrephō*, V. 8.10) statt der »Umkehr« (*epistrephō*, z.B. Apg 9,35; 11,21; 14,15) schuldig gemacht.

Gottes Gericht über ihn war angebracht. Denn die, »die Böses gut und Gutes böse nennen«[11], haben das Licht, das sie ursprünglich einmal hatten, verwirkt. *Auf der Stelle fiel Dunkelheit und Finsternis* (Lukas verwendet hier zwei damals übliche medizinische Begriffe) *auf ihn, und er ging umher und suchte jemanden, der ihn an der Hand führte* (V. 11b). Paulus muss sich selbst an den noch nicht viele Jahre zurückliegenden Tag erinnert haben, an dem er selbst blind geworden – obschon er durch die Herrlichkeit Gottes das Augenlicht verloren hatte – und an der Hand nach Damaskus geführt werden musste.

Als der Statthalter sah, was geschehen war, wurde er gläubig und verwunderte sich über die Lehre des Herrn (»[b]eeindruckt«, HFA; »tief beeindruckt«, GN, GNB). Ihn beeindruckte die Kombination von Wort und Zeichen, von der Lehre des Apostels und der Niederlage des Zauberers. Man muss deshalb nicht wie einige argumentieren, weil keine Taufe erwähnt wird, der Statthalter nicht wirklich bekehrt war oder dass die Missionare »womöglich seine Höflichkeit fälschlicherweise für eine Bekehrung gehalten haben«.[12] Die Aussage, dass er *gläubig* wurde, ist deutlich genug und stimmt mit dem allgemeinem Gebrauch des Lukas an anderen Stellen überein (z.B. Apg 14,1; 17,34; 19,18). Er deutet mit nichts daraufhin, dass der Glaube des Statthalters nur vorgetäuscht war, so wie es sich vielleicht hinsichtlich Simons, des Zauberers, verhalten hatte (Apg 8,13.18ff.). Nein, er präsentiert seinem Leser einen dramatischen kraftvollen Bericht, bei dem der Heilige Geist das Böse überwand, bei dem der Apostel den Zauberer verwirrte und das Evangelium über das Okkulte triumphierte. Mehr noch als das – Lukas möchte sicherlich, dass wir

Sergius Paulus als den ersten »echten« Heiden ansehen, der vorher keinen Kontakt zum Judentum hatte und sich bekehrte. Dass Paulus sich direkt an Heiden wandte, war »die große neue Entwicklung dieser, seiner ersten Missionsreise«.[13]

10.3 Paulus und Barnabas in Antiochia in Pisidien (Apg 13, 13-52)

Paulus aber und die um ihn waren, fuhren von Paphos ab und kamen nach Perge in Pamphylien (V. 13a). Somit kamen sie von der »Heimatinsel« von Barnabas zur Südküste des »Heimatlandes« von Paulus, Kleinasien.[14] Sie gingen vermutlich in Attalia an Land und wanderten dann ungefähr 20 km landeinwärts nach Perge.

Hier in Perge erlitten sie einen Rückschlag: *Johannes aber trennte sich von ihnen und kehrte zurück nach Jerusalem* (V. 13b). Lukas verkündet dies als reine Tatsache und scheint ihm keine Schuld zuzuschreiben. Doch in Apostelgeschichte 15, 38 wird deutlich, dass er Markus als denjenigen ansieht, »der sie ... verlassen hat«. Später kam er wieder zurück und wurde Paulus in seinem Dienst wieder »nützlich«.[15] Warum hatte er sie aber verlassen? Es sind viele verschiedene Vermutungen darüber angestellt worden. Hatte er Heimweh, fehlte ihm seine Mutter, ihr geräumiges Haus in Jerusalem mit den Sklaven? Ärgerte er sich über die Tatsache, dass aus der Partnerschaft von »Barnabas und Saulus« (V. 2.7) »nun Paulus und Barnabas« (V. 13.46 etc.) geworden war, weil Paulus jetzt die Leitung übernahm und seinen Cousin in den Schatten stellte? Stimmte er als treues Mitglied der Jerusalemer konservativen jüdischen Gemeinde nicht mit dem freimütigen Vorgehen des Paulus bei der Evangelisation unter Heiden überein? War er es sogar, der bei seiner Rückkehr nach Jerusalem die Judaisten dazu brachte, Paulus Widerstand zu leisten (Apg 15, 1ff.)? Oder wollte Markus nur nicht die schwierigen Bergpässe des Taurusgebirges überqueren, die dafür bekannt waren, dass es auf ihnen nur so von Banditen wimmelte (vgl. Paulus »in Gefahr unter Räubern«[16])? Wir wissen es nicht.

Oder lag der Grund darin, dass Paulus vielleicht krank war und Markus es für tollkühn hielt, dass er nordwärts über das Gebirge gehen sollte? Wir wissen, dass Paulus, als er die Städte der südgalatischen Ebene erreichte, an einer Krankheit litt, die ihn sehr schwächte. (»Ihr wisst doch, dass ich euch in Schwachheit des Leibes das Evangelium gepredigt habe beim ersten Mal.«[17]) Es hat den Anschein, dass dies ihn in irgendeiner Hinsicht beeinträchtigte, sodass die Galater ihn verächtlich behandelt haben könnten,[18] und es scheint seine Sehkraft beeinträchtigt zu haben, sodass sie ihm – wenn es denn möglich gewesen wäre – ihre eigenen Augen gegeben hätten.[19] William Ramsay meint, dass Paulus an einer »Art von chronischem Malariafieber« litt (welches die Griechen und Römer in der Antike kannten und fürchteten), dass dies »sehr schmerzvolle und kräfteraubende Krämpfe« mit sich brachte und mit stechenden Kopfschmerzen »wie von einer glühend heißen Stange, die durch die Stirn getrieben wird« verbunden war (vielleicht sein »Pfahl im Fleisch«[20]) und dass sein Fieber es erforderte, dass er das schwächende Klima der tiefer liegenden Küstenebene verließ, auch wenn es einen beschwerlichen Anstieg mit sich brachte, um die erfrischende Kälte der Taurus-Hochebene ungefähr 1.000 m über dem Meeresspiegel zu erreichen.[21] Vielleicht erklärt diese Eile, warum die Missionare nicht in Perge blieben, um dort zu evangelisieren, so wie sie es auf ihrer Rückreise taten.

Auf alle Fälle und aus welchen Gründen auch immer – verließ Markus sie, und Paulus und Barnabas reisten ohne ihn weiter. *Sie zogen aber von Perge weiter und kamen nach Antiochia in Pisidien* (V. 14), das mehr als 150 km nördlich des Gebirges lag. Es war eine römische Kolonie. Einige Bögen des Aquädukts aus dem 1. Jh. n. Chr. stehen noch heute. Antiochia war auch »das Regierungs- und Militärzentrum der südlichen Hälfte der großen Provinz Galatien«.[22] Obwohl es politisch zu Galatien gehörte, zählte man es von der Sprache und Geografie her zu Phrygien. Sie *gingen am Sabbat in die Synagoge und setzten sich* (V. 14). Der Synagogengottesdienst wird mit der Rezitation des *Schema* (»Höre, Israel, der Herr ist unser Gott, der Herr allein. Und du sollst den Herrn, deinen Gott, liebhaben …«[23]) und einigen Gebeten begonnen haben, darauf folgten zwei Lesungen, eine aus dem Pentateuch (5 Bücher Mose) und die andere aus den Propheten, worauf eine Auslegungspredigt folgte. Beschlossen wurde er mit einem Segen. *Nach der Lesung des Gesetzes und der Propheten* (es wird wegen der Zitate von Paulus vermutet, dass es sich um 5. Mose 1 und Jesaja 1 handelte) *aber schickten die Vorsteher der Synagoge zu ihnen* – vielleicht erkannten sie an seiner Kleidung, dass Paulus ein Rabbi war – *und ließen ihnen sagen: Liebe Brüder, wollt ihr etwas reden und das Volk ermahnen, so sagt es* (V. 15).

Lukas liefert uns nun die erste vollständige Zusammenfassung einer Predigt des Paulus. Obwohl einige heidnische Gottesfürchtige anwesend waren, wendet er sich doch hauptsächlich an die jüdischen Zuhörer. Lukas wird später zwei weitere Beispiele von Reden des Paulus an Heiden bringen, nämlich die Reden an die Heiden von Lystra und die Philosophen von Athen. Doch hier ist die ganze Atmosphäre jüdisch. Es ist Sabbat, der Schauplatz ist die Synagoge, die Lesungen kommen aus dem Gesetz und den Propheten, die Zuhörer sind »Männer von Israel« (V. 16), und thematisch geht es darum, wie »der Gott dieses Volkes Israel« (V. 17) »Jesus [hat] kommen lassen als Heiland für das Volk Israel« (V. 23). Lukas ist offensichtlich sehr darum bemüht, zu zeigen, dass die Botschaft des Paulus an die Juden im Wesentlichen die gleiche ist wie die von Petrus, dass Paulus sich nicht an die Heiden wendet, bevor er das Evangelium den Juden dargeboten hatte und von ihnen abgewiesen worden war, und dass Paulus weit davon entfernt war, etwas vollkommen Neues zu lehren, sondern er lediglich verkündigte, was Gott in der Heiligen Schrift verheißen und nun in Jesus erfüllt hatte.

a. Die Einleitung der Predigt: Die alttestamentliche Vorbereitung (Apg 13,16 - 25)

(16) Da stand Paulus auf und winkte mit der Hand und sprach: Ihr Männer von Israel und ihr Gottesfürchtigen, hört zu! (17) Der Gott dieses Volkes Israel hat unsre Väter erwählt und das Volk groß gemacht, als sie Fremdlinge waren im Lande Ägypten, und mit starkem Arm führte er sie von dort heraus. (18) Und vierzig Jahre lang ertrug er sie in der Wüste (19) und vernichtete sieben Völker in dem Land Kanaan und gab ihnen deren Land zum Erbe; (20) das geschah in etwa vierhundertfünfzig Jahren. Danach gab er ihnen Richter bis zur Zeit des Propheten Samuel. (21) Und von da an baten sie um einen König; und Gott gab ihnen Saul, den Sohn des Kisch, einen Mann aus dem Stamm Benjamin, für vierzig Jahre. (22) Und als er diesen verstoßen hatte, erhob er David zu ihrem König, von dem er bezeugte: »Ich habe David gefunden, den Sohn Isais, einen Mann nach meinem Herzen, der soll meinen ganzen Willen tun.« (23) Aus dessen Geschlecht hat Gott, wie er verheißen hat, Jesus kommen lassen als Heiland für das Volk Israel, (24) nachdem Johannes, bevor Jesus auftrat, dem ganzen Volk Israel die Taufe der Buße gepredigt hatte. (25) Als aber Johannes seinen Lauf vollendete, sprach er: Ich bin nicht der, für den ihr mich haltet; aber siehe, er kommt nach mir, dessen Schuhriemen zu lösen ich nicht wert bin.

In dieser kurzen Zusammenfassung der Geschichte Israels von den Patriarchen an bis zum Königtum betont Paulus Gottes gnädiges Handeln. Gott ist das Subjekt von fast allen Verben. Gott *hat unsre Väter erwählt und das Volk groß gemacht ... im Lande Ägypten, und mit starkem Arm führte er sie von dort heraus* (V. 17). In der Wüste *ertrug er sie* (diese Worte sind ein Anklang an 5. Mose 1,31)[24], und im Land Kanaan *vernichtete* er *sieben Völker* und *gab ihnen deren Land zum Erbe* (V. 19). *Das geschah in etwa vierhundertfünfzig Jahren*, so fügt Paulus hinzu, um kurz Atem zu holen. Dies ist natürlich eine runde Zahl, und vermutlich soll sie 400 Jahre im Exil, vierzig in der

Wüste und zehn Jahre der Eroberung des Landes einschließen. Nach der Ansiedlung *gab er ihnen Richter* (V. 20). *Gott gab ihnen Saul* als ihren ersten König (V. 21), und danach *erhob er David zu ihrem König* und nannte ihn *einen Mann nach meinem Herzen* (V. 22). Nachdem er jetzt bei David war, springt er direkt zum verheißenen *Heiland* Jesus, der von David abstammte (V. 23),[25] und erwähnt Johannes den Täufer als seinen unmittelbaren Vorboten, der von sich weg auf Jesus hinwies (V. 24-25). Paulus kann nun dem Beispiel des Täufers folgen und die Aufmerksamkeit seiner Hörer auf diesen Jesus lenken.

b. Das Zentrum der Predigt: Der Tod und die Auferstehung Jesu (Apg 13, 26 - 37)

(26) Ihr Männer, liebe Brüder, ihr Söhne aus dem Geschlecht Abrahams und ihr Gottesfürchtigen, uns ist das Wort dieses Heils gesandt. (27) Denn die Einwohner von Jerusalem und ihre Oberen haben, weil sie Jesus nicht erkannten, die Worte der Propheten, die an jedem Sabbat vorgelesen werden, mit ihrem Urteilsspruch erfüllt. (28) Und obwohl sie nichts an ihm fanden, das den Tod verdient hätte, baten sie doch Pilatus, ihn zu töten. (29) Und als sie alles vollendet hatten, was von ihm geschrieben steht, nahmen sie ihn von dem Holz und legten ihn in ein Grab. (30) Aber Gott hat ihn auferweckt von den Toten; (31) und er ist an vielen Tagen denen erschienen, die mit ihm von Galiläa hinauf nach Jerusalem gegangen waren; die sind jetzt seine Zeugen vor dem Volk. (32) Und wir verkündigen euch die Verheißung, die an die Väter ergangen ist, (33) dass Gott sie uns, ihren Kindern, erfüllt hat, indem er Jesus auferweckte; wie denn im zweiten Psalm geschrieben steht: »Du bist mein Sohn, heute habe ich dich gezeugt.« (34) Dass er ihn aber von den Toten auferweckt hat und ihn nicht der Verwesung überlassen wollte, hat er so gesagt: »Ich will euch die Gnade, die David verheißen ist, treu bewahren.« (35) Darum sagt er auch an einer andern Stelle: »Du wirst nicht

zugeben, dass dein Heiliger die Verwesung sehe.« (36) Denn nachdem David zu seiner Zeit dem Willen Gottes gedient hatte, ist er entschlafen und zu seinen Vätern versammelt worden und hat die Verwesung gesehen. (37) Der aber, den Gott auferweckt hat, der hat die Verwesung nicht gesehen.

Paulus erzählt die Geschichte von Jesus, so wie er bereits die Geschichte Israels erzählt hatte. Dabei konzentriert er sich auf die zwei großen Ereignisse, die das Heil brachten, seinen Tod und seine Auferstehung, und er legt dar, dass beide das erfüllten, was Gott schon in der Heiligen Schrift vorhergesagt hatte. Er räumt ein, dass die Einwohner und die Oberen von Jerusalem *Jesus nicht erkannten.* Trotzdem, so fügt er hinzu, haben sie *die Worte der Propheten ... mit ihrem Urteilsspruch erfüllt* – diese Worte waren ihnen sehr gut bekannt, da sie *an jedem Sabbat* in der Synagoge *vorgelesen werden* (V. 27). Obwohl sie keinen hinreichenden Grund zu seiner Verurteilung finden konnten, *baten sie doch Pilatus, ihn zu töten* (V. 28). Und auch wenn sie es nicht wahrnahmen, so *vollendeten* sie *alles ..., was von ihm geschrieben steht,* eingeschlossen dessen, dass sie seinen Leichnam *von dem Holz* (dem Ort des Fluches Gottes) nahmen und *ihn in ein Grab* legten (V. 29). Doch *Gott hat ihn auferweckt von den Toten* (V. 30) und ermöglichte es, dass er *denen erschien,* die ihn von Galiläa nach Jerusalem begleitet hatten (Apg 1,21-22), nämlich den Aposteln. *Die sind jetzt seine Zeugen* (V. 31). Paulus sagt »sie«, nicht »wir«, weil er nicht zu den 12 Aposteln gehörte, die von ihm das bezeugen konnten, was sie während seines öffentlichen Dienstes gesehen und gehört hatten. Doch nun wechselt er vom »sie« zum »wir«, was ihn mit einschließt: *Wir verkündigen euch die frohe Botschaft* (Albrecht), dass Gott in der Auferstehung (wie auch im Kreuz) das für uns erfüllt hat, was er unseren Vätern verheißen hat (V. 32-33). Um diese Behauptung zu konkretisieren, zitiert Paulus im Folgenden drei alttestamentliche Schriftstellen – Psalm 2,7 über Gottes Sohn, was er gedanklich vielleicht mit Gottes Verheißung an David in Verbindung brachte, dass sein Nachkomme, dessen Königsthron bestätigt werden würde, sein Sohn sein sollte.[26] Paulus zitiert zudem Jesaja 55, 3 über *die Gnade, die David verheißen ist, treu zu bewahren* (V. 34), die nur wegen der Auferstehung des Davidssohnes »gewiß« (Schlachter), d. h. von Dauer sein könnte. Und er zitiert Psalm 16, 10 über den Heiligen Gottes, der die Verwesung nicht sehen würde (V. 35). David starb, wurde begraben und verweste (V. 36), aber der Davidssohn, den Gott auferweckt hat, *hat die Verwesung nicht gesehen* (V. 37). Alle drei Texte können im vorchristlichen Judentum als messianisch aufgefasst werden (dies ist aber nicht bei jedem der Zitate nachgewiesen), alle drei beziehen sich auch auf David, aus dessen Geschlecht »Gott … Jesus [hat] kommen lassen als Heiland für das Volk Israel« (V. 23).

c. *Die Schlussfolgerung aus der Predigt: Die Wahl zwischen Leben und Tod (Apg 13, 38 - 41)*

Nachdem Paulus die Heilige Schrift und die Geschichte zusammengefügt und gezeigt hat, wie Gott das, was er im A.T. schon vorhergesagt hat, in Jesu Tod und Auferstehung erfüllt hat, kommt er zu seiner Aufforderung:

(38) So sei euch nun kundgetan, liebe Brüder, dass euch durch ihn Vergebung der Sünden verkündigt wird; und in all dem, worin ihr durch das Gesetz des Mose nicht gerecht werden konntet, (39) ist der gerecht gemacht, der an ihn glaubt. (40) Seht nun zu, dass nicht über euch komme, was in den Propheten gesagt ist: (41) »Seht, ihr Verächter, und wundert euch und werdet zunichte! Denn ich tue ein Werk zu euren Zeiten, das ihr nicht glauben werdet, wenn es euch jemand erzählt.«

Die Wahl ist entscheidend. Auf der einen Seite steht die Verheißung der *Vergebung der Sünden* durch den gekreuzigten und auferstandenen Jesus (V. 38). Denn *durch ihn* (Paulus wiederholt es, denn er ist der einzige Mittler), *ist der gerecht gemacht* (d.h., er wird für gerecht vor Gott erklärt), *der an ihn glaubt* (V. 39). *Durch das Gesetz des Mose* gibt es für niemanden die Rechtfertigung, denn wir brechen alle das Gesetz, und das Gesetz verurteilt den, der es übertritt (V. 38). Doch durch Jesus gibt es die Rechtfertigung für jeden, der glaubt, d. h. für den, der auf ihn vertraut (V. 39). Wir müssen uns ins Gedächtnis rufen, dass Paulus zu den Galatern spricht. Nur wenige Monate später wird er seinen Brief an die Galater schreiben. Es ist daher sehr treffend, dass er hier zum Schluss seiner Predigt fünf der wichtigsten Worte zusammenbringt, die Grundsteine des Evangeliums sein werden, wie er sie in seinem Brief entfaltet. Nachdem er auf Jesu Tod am Kreuz verwiesen hat (V. 29),[27] spricht er daraufhin von Sünde (V. 38), Glaube, Rechtfertigung, Gesetz (V. 39) und Gnade (V. 43). W.C. van Unnik meinte, er könne behaupten, dass »Lukas kein Verständnis von der Lehre der Rechtfertigung durch den Glauben hat, wie es das Zentrum des paulinischen Denkens ist«.[28] Doch ich denke, dass Luther der Wahrheit näher ist, wenn er in seinem *Vorwort zur Apostelgeschichte* (1533) schreibt:

> »Sondern darauf soll man merken, daß St. Lucas mit diesem Buch die ganze Christenheit lehrt ... das rechte Hauptstück christlicher Lehre, nämlich wie wir müssen alle gerecht werden allein durch den Glauben an JEsum Christum, ohne alles Zuthun des Gesetzes oder Hülfe unser Werke ... Solches Stück ist seine vornehmste Meinung und Ursache, dieses Buch zu schreiben.«[29]

Andererseits warnt Paulus im Blick auf das Angebot der Vergebung ernsthaft alle, die dieses zurückweisen. Er erinnert seine Hörer an das, was die Propheten angeprangert hatten. Im Besonderen zitiert er Habakuk (Hab 1,5), der den Aufstieg der Babylonier als Gottes Gericht über Israel vorhersagte (V. 40-41).

Wenn wir auf die drei Abschnitte der Predigt von Paulus zurückblicken, dann können wir nicht anders, als dass wir bemerken, wie ähnlich sie der Struktur des apostolischen *kērygma* sind, welches in 1. Korinther 15,3-4 erscheint. Hier wie dort kommen die gleichen vier Ereignisse vor: Jesus Christus starb, wurde begraben, wurde auferweckt und erschien – damit verbunden wird genauso betont, dass die beiden wichtigsten Ereignisse, sein Tod und seine Auferstehung, »nach der Schrift« geschahen. Die Struktur ist also mit der der Predigt von Petrus an Pfingsten praktisch identisch, in der wir die Heilsereignisse entdeckten (das Kreuz und die Auferstehung), die Zeugen des Evangeliums (die Propheten des A.T.s und die Apostel des N.T.s), die Verheißungen des Evangeliums (das neue Leben der Rettung in Christus durch den Heiligen Geist) und die Bedingungen des Evangeliums (Buße und Glaube).

d. Die Folgen der Predigt: Eine gemischte Reaktion (Apg 13,42-52)

Die sofortige Wirkung war ausgesprochen positiv:

(42) Als sie aber aus der Synagoge hinausgingen, baten die Leute, dass sie am nächsten Sabbat noch einmal von diesen Dingen redeten. (43) Und als die Gemeinde auseinanderging, folgten viele Juden und gottesfürchtige Judengenossen dem Paulus und Barnabas. Diese sprachen mit ihnen und ermahnten sie, dass sie bleiben sollten in der Gnade Gottes.

Das Interesse der Menschen war geweckt worden. Sie baten (»bettelten«, gemäß der englischsprachigen RSV) darum, mehr zu hören. Sowohl Juden als auch Proselyten umringten die Missionare und wollten noch vor dem nächsten Sabbat weitere Belehrungen erhalten. Mindestens ein paar von ihnen waren wirklich gläubig und empfingen Gottes Gnade, denn

Paulus und Barnabas *ermahnten sie, dass sie bleiben sollten in der Gnade Gottes* (V. 43b).

Am folgenden Sabbat aber kam fast die ganze Stadt zusammen, das Wort Gottes zu hören (V. 44). In seinem Enthusiasmus ist Lukas vielleicht eine kleine harmlose Übertreibung unterlaufen. Bei der Beschreibung ihres Widerstandes übertreibt er jedoch nicht: *Als ... die Juden die Menge sahen, wurden sie neidisch* (oder »eifersüchtig«, GN), weil die Besucher eine solch große Versammlung zusammenbringen konnten, die sie nie hätten auftreiben können. So *widersprachen* sie *dem, was Paulus sagte* (V. 45).

(46) Paulus und Barnabas aber sprachen frei und offen: Euch musste das Wort Gottes zuerst gesagt werden; da ihr es aber von euch stoßt und haltet euch selbst nicht für würdig des ewigen Lebens, siehe, so wenden wir uns zu den Heiden. (47) Denn so hat uns der Herr geboten: »Ich habe dich zum Licht der Heiden gemacht, damit du das Heil seist bis an die Enden der Erde.« (48) Als das die Heiden hörten, wurden sie froh und priesen das Wort des Herrn, und alle wurden gläubig, die zum ewigen Leben bestimmt waren.

Zu diesem Text braucht nur wenig gesagt zu werden. Paulus und Barnabas waren sich darüber im Klaren, dass es »notwendig« war (Meister, vgl. Rev. Elb.), dass das Wort Gottes *euch* (d.h. den Juden) zuerst verkündigt werden sollte. Denn dies war der Wille Gottes (Apg 3,26; »für euch zuerst«). Und diese Reihenfolge wurde auch beibehalten, wie Paulus später schrieb: »die Juden zuerst und ebenso die Griechen«.[30] Auf den in der Apostelgeschichte beschriebenen missionarischen Reisen behielt Paulus die gleiche Vorgehensweise bei, nämlich dass er zuerst den Juden predigte, auch nachdem er begonnen hatte, unter den Heiden zu evangelisieren.[31] Doch der Widerstand der Juden veranlasste ihn hier aber, sich den Heiden zuzuwenden und die Rechtfertigung für diese epochemachende Entscheidung in der Heiligen

Schrift in Jesaja 49, 6 zu finden (»Licht der Heiden«), was er frei aus der LXX zitiert. Lukas hatte bereits davon berichtet, wie dieser Vers von Simeon auf Jesus angewandt worden war[32] und wird bald erläutern, wie Jesus ihn auch auf Paulus anwendet (Apg 26, 17-18). Dies ist jedoch kein Widerspruch, denn der leidende Knecht des Herrn ist der Messias, der um sich eine messianische Gemeinschaft versammelt, die mit ihm gemeinsam den Dienst an den Völkern ausführen soll.

Diejenigen, die auf das Wort antworteten und glaubten, werden als solche beschrieben, *die zum ewigen Leben bestimmt waren* (V. 48). Manche Kommentatoren haben sich an dem gestört, was sie als extreme Prädestinationslehre in diesem Satz betrachten, und haben auf verschiedene Arten versucht, dies zu entkräften. Doch das griechische Verb *tassō* hat die Bedeutung »anordnen, festsetzen, befehlen«[33], manchmal im Sinne von »jemanden zu einer Gattung zählen«.[34] F. F. Bruce verweist darauf, wie er aus einigen Papyri ableitet, dass es »einschreiben« oder »eintragen« heißen kann,[35] wobei es dann ein Verweis auf das »Buch des Lebens« wäre.[36] Mit Sicherheit schreiben alle, die an Jesus geglaubt und ewiges Leben von ihm erhalten haben, den Verdienst der Gnade Gottes zu, und nicht ihrem eigenen Handeln. Das Gegenteil ist jedoch nicht der Fall. Es fällt auf, dass genau in diesem Abschnitt diejenigen, die das Evangelium ablehnen, es anscheinend bewusst getan haben, weil sie sich »selbst nicht für würdig des ewigen Lebens« hielten (V. 46).

Die späteren Entwicklungen in Antiochia in Pisidien folgen demselben Schema von Annahme und Widerstand:

(49) Und das Wort des Herrn breitete sich aus in der ganzen Gegend. (50) Aber die Juden hetzten die gottesfürchtigen vornehmen Frauen und die angesehensten Männer der Stadt auf und stifteten eine Verfolgung an gegen Paulus und Barnabas und vertrieben sie aus ihrem Gebiet. (51) Sie aber schüttelten den Staub von ihren Füßen zum Zeugnis gegen sie und kamen nach

Ikonion. (52) Die Jünger aber wurden erfüllt von Freude und Heiligem Geist.

Nichts konnte die Ausbreitung des Wortes Gottes hindern. Die *ganze Gegend* hörte davon (V. 49). Doch zugleich nahm die Verfolgung zu. Paulus selbst hatte darunter zu leiden. Dies deutet Vers 50 an, denn die Missionare wurden wahrscheinlich mit Gewalt vertrieben. Dies wird später durch die eigenen Worte des Paulus bekräftigt, dass Timotheus alles über seine Verfolgungen und Leiden »in Antiochia, in Ikonion, in Lystra«[37] wisse. Die Missionare *schüttelten* aber ihrerseits *den Staub von ihren Füßen* – dies war ein öffentlicher Protest gegen die, die das Evangelium ablehnten und stimmte mit der Lehre Jesu überein.[38] Trotz des Widerstandes *wurden* die Jünger *erfüllt von Freude und Heiligem Geist*, denn, so wie Paulus später den Galatern schreiben würde, ist »Freude eine Frucht des Geistes …«.[39]

10.4 Paulus und Barnabas in Ikonion (Apg 14, 1 - 7)

Ungefähr 160 km südöstlich von Antiochia in Pisidien liegt die sehr alte Stadt Ikonion, die die weite Ebene zwischen den Bergketten des Taurus- und Sultangebirges bestimmt und sehr gut von deren Flüssen mit Wassern versorgt wird. Heute ist dies Konya, die viertgrößte Stadt der Türkei. Bei dem Besuch von Paulus und Barnabas war Ikonion immer noch eine griechische Stadt und ein Handels- und Landwirtschaftszentrum.

Auch wenn die Missionare Paulus und Barnabas *wieder* wie üblich zuerst *in die Synagoge der Juden gingen*, so war ihre Mission in Ikonion offenbar nicht nur auf Juden ausgerichtet. Ganz im Gegenteil – sie predigten so, *dass eine große Menge Juden und Griechen gläubig wurde* (V. 1). Doch auch wenn einige Juden und Heiden im Glauben vereint waren, so schlossen sich andere im Widerstand zusammen. *Die Ju-*

den ..., die ungläubig blieben (wörtlich »ungehorsam waren«[40], denn Glaube und Gehorsam gehören zusammen, so wie Unglaube und Ungehorsam zusammenhängen), *stifteten Unruhe und hetzten die Seelen der Heiden auf gegen die Brüder* (V. 2), indem sie eine skrupellose Verleumdungskampagne starteten.

Dennoch – unerschrocken angesichts dieser Propaganda, ja sogar (so wird angedeutet) ihretwegen – *blieben* Paulus und Barnabas *eine lange Zeit dort*, widersprachen den falschen Behauptungen und waren selbst ein wahres Zeugnis, sie *lehrten frei und offen im Vertrauen auf den Herrn, der das Wort seiner Gnade* – »man könnte das Evangelium nicht schöner erklären«[41] – *bezeugte und ... Zeichen und Wunder geschehen ließ durch ihre Hände* (V. 3). Erneut bemerken wir, wie eng Wort und Zeichen miteinander verbunden sind, wie das Letztere das Erstere bekräftigt. Calvin kommentiert dies mit folgenden Worten: »Gott lässt kaum zu, dass sie [d. h. die Wunder] von seinem Wort getrennt werden«.[42] Ihr »Zweck« liegt darin, »dem Evangelium volles und sicheres Ansehen zu verschaffen«.[43]

Die Menge in der Stadt war sehr gespalten, denn das Evangelium vereint und trennt: *die einen hielten's mit den Juden* und glaubten ihren bösen Verleumdungen, *und die andern* hielten sich zu *den Aposteln* (V. 4), weil sie von der Wahrheit ihrer Worte und Wunder überzeugt waren. Es verwirrt, dass hier und in Vers 14 sowohl Barnabas als auch Paulus der Titel »Apostel« zugeschrieben wird, es sei denn, wir rufen uns ins Gedächtnis, dass dieses Wort im N. T. in zweierlei Bedeutung Verwendung findet. Einerseits waren dies die »Apostel Christi«, die von ihm selbst als Zeugen seiner Auferstehung eingesetzt worden waren. Dies schloss die 12 Apostel, Paulus und wahrscheinlich Jakobus mit ein (Apg 1,21; 10,41).[44] Nichts deutet aber darauf hin, dass Barnabas zu dieser Gruppe gehörte. Andererseits waren sie die »Apostel der Gemeinden«[45], die von einer Gemeinde oder mehreren Gemeinden zu bestimmten Missionen ausgesandt wurden, so wie Epaphroditus ein Apostel oder ein Botschafter der Gemeinde von Philippi war.[46] Somit waren Paulus und Barnabas beide Apostel der Gemeinde von Antiochia in Syrien; sie waren von ihr ausgesandt worden, wobei nur Paulus *auch* ein Apostel Jesu Christi war.

Die Verleumdungen gegen die Missionare steigerten sich bis zu bewusst geplanter Gewalt. Es erhob sich *ein Sturm … bei den Heiden und Juden und ihren Oberen* (»im Einvernehmen mit der dortigen Obrigkeit«, Menge, vgl. Albrecht). Sie *misshandelten* sie (*hybrizō* umfasst Beleidigungen und Demütigungen) und wollten sie *steinigen* (V. 5). Doch sie *merkten … es und entflohen in die Städte Lykaoniens, nach Lystra und Derbe, und in deren Umgebung* (V. 6). Lukas lokalisiert diese Städte richtigerweise in Lykaonien, einer der Regionen – Phrygien und Pisidien waren die anderen –, in die die römische Provinz Galatien unterteilt war. Doch warum hatten die Missionare diese Städte ausgewählt, um in ihnen zu evangelisieren? Keine dieser Städte hatte viele Einwohner oder lag an einer wichtigen Handelsstraße. Die einheimischen Lykaonier waren im Großen und Ganzen ungebildet, ja sogar Analphabeten. Ramsay konnte Lystra sogar als »tiefste Provinz« bezeichnen.[47] Vielleicht waren dies vorübergehende Zufluchtsorte, zu denen sie flohen (V. 6; 19-20). Wie es auch sei – sie *predigten dort das Evangelium* (V. 7), denn nichts konnte sie zum Schweigen bringen.

10.5 Paulus und Barnabas in Lystra und Derbe (Apg 14,8-20)

Lukas konzentriert sich auf das, was sich in Lystra ereignet, und nennt uns keine weiteren Einzelheiten über die Mission in Derbe.

a. Die Heilung des Gelähmten (Apg 14,8 - 10)

(8) Und es war ein Mann in Lystra, der hatte schwache Füße und konnte nur sitzen; er war gelähmt von Mutterleib an und hatte noch nie gehen können. (9) Der hörte Paulus reden. Und als dieser ihn ansah und merkte, dass er glaubte, ihm könne geholfen werden, (10) sprach er mit lauter Stimme: Stell dich aufrecht auf deine Füße! Und er sprang auf und ging umher.

Lukas sieht die dramatische Heilung dieses Mannes offenbar als ein Gegenstück zu der Heilung des von Geburt an Gelähmten in Jerusalem an (Apg 3,1ff.), denn einige Ausdrücke in den zwei Berichten stimmen überein (z. B. *gelähmt von Geburt an* und *als dieser ihn ansah*). Doch in Jerusalem führte Petrus die Heilung Gottes aus, hier war es Paulus. Auch die Reaktion der Menschenmenge ist unterschiedlich.

b. Der Versuch, Paulus und Barnabas anzubeten (Apg 14,11 - 15a)

(11) Als aber das Volk sah, was Paulus getan hatte, erhoben sie ihre Stimme und riefen auf lykaonisch: Die Götter sind den Menschen gleich geworden und zu uns herabgekommen. (12) Und sie nannten Barnabas Zeus und Paulus Hermes, weil er das Wort führte. (13) Und der Priester des Zeus aus dem Tempel vor ihrer Stadt brachte Stiere und Kränze vor das Tor und wollte opfern samt dem Volk. (14) Als das die Apostel Barnabas und Paulus

hörten, zerrissen sie ihre Kleider und sprangen unter das Volk und schrien: (15) Ihr Männer, was macht ihr da? Wir sind auch sterbliche Menschen wie ihr …

Das abergläubische und sogar fanatische Verhalten der Menschenmenge ist nur schwer zu verstehen, doch einige Hintergrundinformationen über die Situation vor Ort werfen hierauf mehr Licht: Ungefähr 50 Jahre zuvor hatte der lateinische Dichter Ovid in seiner *Metamorphosen* eine alte Legende dieses Ortes festgehalten. Der höchste Gott Jupiter (bei den Griechen Zeus) und sein Sohn Merkur (Hermes) besuchten einst das Bergland Phrygien, wobei sie sich als sterbliche Menschen verkleideten. Inkognito suchten sie Gastfreundschaft, wurden jedoch tausendmal abgewiesen. Zuletzt wurde ihnen eine Unterkunft in einer winzigen Hütte angeboten, die mit Stroh und Schilf aus dem Sumpf gedeckt war. Hier lebte ein älteres Bauernpaar mit den Namen Philemon und Baucis, die sie mit dem, was sie in ihrer Armut besaßen, bewirteten. Später belohnten die Götter sie dafür, zerstörten jedoch durch eine Flut die Häuser, in die sie nicht aufgenommen worden waren. Man kann mit gutem Grund annehmen, dass die Menschen aus Lystra diese Geschichte über ihre Nachbarn kannten und dass sie darum besorgt waren, bei einem erneuten Besuch der Götter in ihrer Umgebung nicht dasselbe Schicksal wie die nicht gastfreundlichen Phrygier zu erleiden. Neben diesen literarischen Hinweisen bei Ovid wurden auch zwei Inschriften und ein Steinaltar in der Nähe von Lystra entdeckt, die andeuten, dass Zeus und Hermes zusammen als örtliche Schutzgötter verehrt wurden.[48]

Weil die Menschen *auf lykaonisch* ihre Überzeugung ausriefen, dass die Götter sie erneut besuchen würden und Barnabas Zeus und Paulus Hermes nannten, ist es verständlich, dass sie zunächst nicht begriffen, was vor sich ging (V. 11 - 12). Es dämmerte ihnen erst, als *der Priester des Zeus … Stiere und Kränze* brachte, um ihnen zu *opfern* (V. 13). Nun *zerrissen* die Missionare *ihre Kleider*, um ihr Entsetzen über die Gotteslästerung des Volkes auszudrücken.[49] Sie *sprangen unter das Volk*, protestierten gegen ihre Absicht und betonten, dass sie Menschen wie sie waren (V. 14-15).

c. Die Predigt von Paulus (Apg 14,15b-18)[50]

(15) Wir ... predigen euch das Evangelium, dass ihr euch bekehren sollt von diesen falschen Göttern zu dem lebendigen Gott, der Himmel und Erde und das Meer und alles, was darin ist, gemacht hat. (16) Zwar hat er in den vergangenen Zeiten alle Heiden ihre eigenen Wege gehen lassen; (17) und doch hat er sich selbst nicht unbezeugt gelassen, hat viel Gutes getan und euch vom Himmel Regen und fruchtbare Zeiten gegeben, hat euch ernährt und eure Herzen mit Freude erfüllt. – (18) Und obwohl sie das sagten, konnten sie kaum das Volk davon abbringen, ihnen zu opfern.

Obwohl Lukas nur einen sehr kurzen Abriss der Predigt von Paulus in seinen Bericht einschließt, ist diese von größter Bedeutung, da sie die einzige festgehaltene Ansprache an Heiden ist, die nicht lesen und schreiben konnten. Sie fordert quasi zum Vergleich mit seiner Predigt vor religiösen und gebildeten Juden in der Synagoge in Antiochien in Pisidien heraus, welches die einzige andere Predigt darstellt, die Lukas auf der ersten Missionsreise festhält. Man kann gar nicht anders, als die Vielseitigkeit von Paulus in seinem evangelistischen Vorgehen zu bewundern. Ich habe gar keinen Zweifel daran, dass seine Botschaft, wo immer er auch hinging, die frohe Botschaft von Jesus Christus enthielt, die sich niemals ändert. Dies meint Lukas, wenn er sagt, dass die Missionare »das Wort Gottes«[51], »das Wort dieses Heils« (Apg 13,26), »das Wort seiner Gnade« (Apg 14,3) oder »das Evangelium«[52] verkündigten. Obwohl der Kern seiner Botschaft sich nicht veränderte, so variierte Paulus doch in seinem Vorgehen und seiner Akzentsetzung. Bei seiner Predigt vor den Juden in

Antiochia war sein Rahmen, innerhalb dessen er predigte, das A.T. – seine Geschichte, seine Prophezeiungen und das Gesetz. Doch bei den Heiden in Lystra konzentrierte er sich nicht auf eine Bibelstelle, die sie nicht kannten, sondern auf die natürliche Welt, die sie umgab, die sie wahrnahmen und sehen konnten. Er forderte sie dazu auf, sich von der Nichtigkeit des Götzendienstes ab- und sich dem lebendigen und wahren Gott zuzuwenden. Er sprach von dem lebendigen Gott als dem Schöpfer des Himmels, der Erde, des Meeres und all dessen, was darin ist (V. 15). Zeigte er vielleicht zum Himmel, zum Taurusgebirge im Süden und zum großen Meer, das sich dahinter befand? Zudem war er, der alle Dinge geschaffen hat, seither nicht passiv. Obwohl er in der Vergangenheit *alle Heiden ihre eigenen Wege hat gehen lassen* (V. 16), so hat er sich doch zu keiner Zeit und an keinem Ort *unbezeugt gelassen.* Ganz im Gegenteil – durch seine Güte hat er sich ständig der gesamten Menschheit geoffenbart, eingeschlossen den Zuhörern von Paulus. Er hat ihnen *vom Himmel Regen und fruchtbare Zeiten* auf der Erde gegeben und sie so *ernährt* und ihre *Herzen mit Freude erfüllt* (V. 17). Tief beeindruckt von der Großartigkeit dieser Perspektive ließ sich die Menschenmenge nur schwer davon abhalten, *ihnen zu opfern* (V. 18).

Wir müssen von der Vielseitigkeit des Paulus lernen. Wir dürfen nicht den Kern der frohen Botschaft von Jesus Christus verändern. Dies wird auch niemals nötig sein. Doch wir müssen dort beginnen, wo die Menschen sich befinden, um einen Anknüpfungspunkt zu finden. Bei heutigen säkularisierten Menschen mag dieser Anknüpfungspunkt das sein, was echtes Menschsein ausmacht, die allgemeine Suche nach der Transzendenz, der Hunger nach Liebe und Gemeinschaft, die Suche nach Freiheit oder das Verlangen nach persönlichem Lebenssinn. Doch wo immer wir anknüpfen – wir müssen bei Jesus Christus enden, der selbst die frohe Botschaft ist und der alleine alle menschlichen Sehnsüchte erfüllen kann.

d. Die Steinigung von Paulus (Apg 14,19 - 20)

(19) Es kamen aber von Antiochia und Ikonion Juden dorthin und überredeten das Volk und steinigten Paulus und schleiften ihn zur Stadt hinaus, und meinten, er wäre gestorben. (20) Als ihn aber die Jünger umringten, stand er auf und ging in die Stadt. Am nächsten Tag zog er mit Barnabas weiter nach Derbe.

Die Steinigung, die in Ikonion ausgeheckt worden war (V. 5), fand nun in Lystra statt. Dies war keine rechtliche Hinrichtung, sondern ein Lynchmord. Erinnerte Paulus sich, als die Steine auf ihn geschleudert wurden, an Stephanus oder gar an sein Gebet? Diese Situation wird diejenige sein, auf die er später mit den Worten »ich bin ... einmal gesteinigt worden« verwies.[53] Die Feinde des Evangeliums hatten ihn jedoch nicht getötet. Sie *meinten* nur, *er wäre gestorben* (V. 19). Lukas behauptet nicht, dass das, was sich als Nächstes ereignete, eine Wiederbelebung war. Die Jünger, die denen gefolgt waren, die seinen Körper nach draußen vor die Stadt geschleift hatten, *umringten* ihn und hofften, dass sie ihm helfen könnten, sicherlich beteten sie für ihn, als er plötzlich auf*stand.* Dies war eine lebendige Illustration eines anderen Verses, den Paulus später im 2. Korintherbrief schreiben würde: »Wir werden unterdrückt, aber wir kommen nicht um«[54] oder »wir werden niedergestreckt und doch nicht vernichtet« (Einh.). Paulus war nicht nur unverwüstlich, sondern auch mutig. Er *ging in die Stadt* zurück, die ihn abgelehnt hatte, um dort die Nacht zu verbringen (V. 20a).

Am nächsten Morgen – Lukas schreibt dies fast in der Art eines reinen Tatsachenberichts – *zog* Paulus *mit Barnabas weiter nach Derbe* (V. 20b). Dies war ein mindestens 95 km weiter, mühsamer Marsch. Wie würde der übel zugerichtete Körper von Paulus diesen Marsch überstehen? »Ich trage die Malzeichen Jesu an meinem Leibe«, würde er bald an die Galater schreiben[55] – dachte er an die Wunden, die er sich in Lystra zugezogen hatte? »Einst sah ich die Fährte eines blutenden Hasen im Schnee«, so sagte J. H. Jowett, »dies war die Spur des Paulus in Europa.«[56] Sicherlich wird Paulus die Gemeinschaft mit Barnabas ermutigt haben. Doch als ich selbst einmal seiner Route von Lystra nach Derbe folgte, fragte ich mich unweigerlich, ob sein Geist durch die spektakulären, schneebedeckten Berggipfel, von den weißen Störchen, die auf den Dächern der Häuser in den Dörfern nisteten, und von dem schönen Gesang der Lerchen ermutigt wurde.

Man wundert sich über die Wechselhaftigkeit der Menschenmenge. An einem Tag versuchen sie, Paulus und Barnabas zu opfern, so als wenn sie Götter wären. Bald danach wollen sie gemeinsam Paulus steinigen, als wäre er ein Schwerverbrecher. Doch Lukas hat bereits etwas Ähnliches über die Bevölkerung von Jerusalem berichtet, die zuerst Jesus zujubelte und dann seine Hinrichtung verlangte.[57] Wie Jesus ließ Paulus sich nicht erschüttern. In seinem standhaften Charakter ließ er sich weder durch Schmeichelei noch durch Widerstand aus der Fassung bringen.

10.6 Paulus und Barnabas kehren nach Antiochia in Syrien zurück (Apg 14,21-28)

(21) ... und sie predigten dieser Stadt das Evangelium und machten viele zu Jüngern. Dann kehrten sie zurück nach Lystra und Ikonion und Antiochia, (22) stärkten die Seelen der Jünger und ermahnten sie, im Glauben zu bleiben, und sagten: Wir müssen durch viele Bedrängnisse in das Reich Gottes eingehen. (23) Und sie setzten in jeder Gemeinde Älteste ein, beteten und fasteten und befahlen sie dem Herrn, an den sie gläubig geworden waren. (24) Und sie zogen durch Pisidien und kamen nach Pamphylien (25) und sagten das Wort in Perge und zogen hinab nach Attalia. (26) Und von da fuhren sie mit dem Schiff nach Antiochia, wo sie der Gnade Gottes befohlen worden waren zu dem Werk, das sie nun ausgerichtet hatten. (27) Als sie aber dort ankamen, versam-

melten sie die Gemeinde und verkündeten, wie viel Gott durch sie getan und wie er den Heiden die Tür des Glaubens aufgetan hätte. (28) Sie blieben aber dort eine nicht geringe Zeit bei den Jüngern.

Lukas berichtet uns über die Mission in Derbe nur, dass die Missionare dort *das Evangelium* predigten und *viele zu Jüngern* machten (V. 21). Vielleicht gehörte »Gajus aus Derbe« zu den Bekehrten (Apg 20,4). Dann gingen sie denselben Weg zurück, besuchten erneut (trotz der drohenden Gefahr) die gleichen drei galatischen Städte, in denen sie auf der Hinreise evangelisiert hatten – Lystra, Ikonion und Antiochien in Pisidien (V. 21). Bei diesem Dienst *stärkten* (*epistērizontes*) und *ermahnten* (*parakalountes*) sie *die Seelen der Jünger.* Diese beiden Verben waren fast Fachausdrücke für die Gründung und Festigung von Neubekehrten und Gemeinden.[58] Doch zur Ermutigung gehörte auch die Warnung, denn wir müssen *viele Bedrängnisse* überstehen, so sagen es die Missionare, wenn wir *in das Reich Gottes eingehen* (V. 22). Die eigenen Leiden des Paulus »in Antiochia, in Ikonion und in Lystra« ließ ihn folgende Behauptung aufstellen: »Alle, die fromm leben wollen in Christus Jesus, müssen Verfolgung leiden«.[59]

Zusätzlich, dass sie die Neubekehrten dazu ermutigten, *im Glauben zu bleiben* (V. 22), *setzten* sie *in jeder Gemeinde Älteste* für sie *ein* (V. 23a), die sie in der Folgezeit im Glauben unterweisen würden. Genauso wie die Missionare von Antiochia aus mit Gebet und Fasten ausgesandt worden waren, wurden die Ältesten der galatischen Gemeinden mit Gebet und Fasten dem Herrn anbefohlen (V. 23b).

Nach ihrem erneuten Besuch der galatischen Städte, in denen die Missionare Gemeinden gegründet hatten, ging es nun wieder nach Hause. Sie überquerten den Pass über das Taurusgebirge und stiegen zu den Sümpfen an der Küste in Pamphylien hinab (V. 24). Diesmal ließen sie Perge nicht aus, sondern *sagten* dort *das Wort* und gingen dann weiter nach Attalia (V. 25), zu dem Hafen, von dem aus sie *mit dem Schiff nach Antiochia* segelten, nachdem sie das Werk vollendet hatten, wegen dessen sie ja der Gnade Gottes anbefohlen worden waren (V. 26).

Bei ihrer Ankunft versammelten sie die Gemeinde und berichteten, *wie viel Gott durch sie getan* hatte, wörtlich »mit ihnen«, »in Verbindung mit ihnen als seinen Werkzeugen, seinen Botschaftern, seinen Mitarbeitern«.[60] Im Speziellen berichteten sie über das großartige Neue, nämlich, wie Gott *den Heiden die Tür des Glaubens aufgetan* hatte (V. 27). Wenn der Westliche Text in Apostelgeschichte 11, 18 vielleicht Recht hat, wo er liest »als wir versammelt waren« – dies deutet an, dass Lukas bei diesem Ereignis anwesend war – dann wird Lukas wahrscheinlich persönlich vor Ort gewesen sein und den aufregenden Bericht der Missionare gehört haben. Sie waren fast zwei Jahre unterwegs gewesen. So *blieben* sie erst einmal *dort* in Antiochia in Syrien *eine nicht geringe Zeit bei den Jüngern* (V. 28).

10.7 Die Missionsstrategie des Paulus

»Der erste und größte Unterschied zwischen seinem (d. h. von Paulus') Handeln und unserem liegt darin, dass er ›Gemeinden‹ gründete, während wir ›Missionsgemeinschaften‹ hinterlassen. Nichts kann die Tatsache ändern oder verdecken, dass Paulus nach seinem ersten Besuch komplette Gemeinden hinterließ.« Tatsächlich »gründete Paulus in etwas mehr als 10 Jahren Gemeinden in vier Provinzen des Römischen Reiches, in Galatien, Mazedonien, Achaia und Asien; im Jahre 57 n. Chr. konnte Paulus sagen, dass seine Arbeit dort getan war«.[61] Diese drei Zitate stammen aus der Feder des redegewandten Roland Allen, eines Missionars der anglikanischen Hochkirche in Nordchina (1895-1903), dessen zwei wichtigsten Bücher, *Missionary Methods: St. Paul's or Ours?* (1912, »Missionsmethoden: Wie Paulus oder unsere?«) und *The Spontaneous Expansion of the Church and the Causes which Hinder it* (1927, »Die schnelle Ausbreitung der Gemeinde und

Ursachen, die diese verhindern können«), immer noch gelesen werden und viel diskutiert sind. Seine Prinzipien wurden in den vergangenen Jahren auch auf bemerkenswerte Art und Weise in dem China bestätigt, das er liebte und dem er diente.

Über die wichtigste Behauptung von Roland Allen, nämlich, dass Paulus auf seinen Missionsreisen Gemeinden hinterließ, lässt sich nicht streiten. Dies war von Anfang an so. Nachdem er und Barnabas den gleichen Weg über Derbe, Lystra, Ikonion und Antiochia in Pisidien zurückgelegt hatten und sie die Neubekehrten »stärkten« und »ermahnten«, gründeten sie keine Missionsgemeinschaften. Sie ließen die Gemeinden so zurück, wie sie waren, und gingen nach Hause. Worauf gründete sich die Strategie des Paulus, diese Gemeinden von Einheimischen leiten zu lassen? Es gibt drei Gründe dafür:

a. Die Anweisung der Apostel

Paulus ermahnte die Gemeindeglieder, treu *im Glauben zu bleiben* (V. 22), in dem Glauben, den sie von ihm empfangen hatten. Eine Anzahl von ähnlichen Ausdrücken werden an verschiedenen Stellen des N.T.s verwendet, wobei sie andeuten sollen, dass es eine allgemein bekannte Anzahl von Dogmen gab, einen Kern von grundlegenden Glaubenssätzen, die die Apostel lehrten. Hier wird dieser Kern der »Glaube« genannt, an anderen Stellen »die Tradition«, »das anvertraute Gut«, »die Lehre« oder »die Wahrheit«. Ohne Zweifel werden die zwei Missionare die Galater auf ihrer Rückreise daran erinnert haben. In gewissem Ausmaß können wir diesen Kern anhand der Briefe der Apostel rekonstruieren. Er wird folgende Lehren beinhaltet haben: die Lehre über den lebendigen Gott, den Schöpfer aller Dinge, über Jesus Christus, seinen Sohn, der für unsere Sünden starb, der in Übereinstimmung mit den alttestamentlichen Schriften wieder auferweckt wurde, der nun herrscht und wiederkommen wird, über den

Heiligen Geist, der in den Gläubigen wohnt und die Gemeinde mit Leben erfüllt, über die Rettung durch Gott, über die neue Gemeinschaft mit Jesus und die hohen Anforderungen der Heiligung und Liebe, die er von seinem Volk erwartet, über die Leiden, die den Weg zur Herrlichkeit begleiten, und die große Hoffnung, die für uns im Himmel aufbewahrt wird. Diese Wahrheiten, die vielleicht in einer etwas einfacheren Form das darstellen, was später das Apostolische Glaubensbekenntnis wurde, hinterließ Paulus und führte sie später in seinen Briefen aus. Jede Gemeinde würde anfangen, neben dem A.T., das sie bereits besaßen, die Briefe der Apostel zu sammeln.[62] In ihren öffentlichen Gottesdiensten am Sonntag würden Auszüge aus ihnen laut vorgelesen werden.

b. Die Aufsicht durch Pastoren

Paulus und Barnabas *setzten* auch *in jeder Gemeinde Älteste ein* (V. 23). Diese Ordnung galt seit der ersten Missionsreise und erlangte allgemeine Gültigkeit. Auch wenn im N. T. keine schriftliche Dienstanweisung festgehalten ist, so wird doch eine Art der pastoralen Aufsicht (*episkopē*), die zweifellos an die örtlichen Bedürfnisse damals angepasst gewesen war, als unerlässlich für das Wohlergehen der Gemeinde angesehen. Wir müssen beachten, dass diese Aufsicht durch mehrere örtliche Pastoren geschah – örtlich in der Hinsicht, dass die Ältesten aus der Mitte der Gemeinde ausgewählt und nicht von außen eingesetzt wurden, und mehrere im Blick darauf, dass die bekannte moderne Struktur »ein Pastor, eine Gemeinde« schlicht unbekannt war. Stattdessen gab es eine Gruppe von Pastoren, zu der wahrscheinlich (je nach der Größe der Gemeinde) hauptberufliche und nebenberufliche Pastoren, bezahlte und ehrenamtliche Mitarbeiter, Älteste, Diakone und Diakoninnen gehörten. In späteren Schreiben legt Paulus dar, welche Qualifikationen diese erfüllen müssen.[63] Diese Qualifikationen betreffen Fragen der moralischen Reinheit, doch es waren auch Treue zur Lehre der Apostel und die Gabe des Lehrens dazu nötig.[64] So sollten die Hirten sich um die Schafe Christi kümmern, indem sie sie ernährten – mit anderen Worten: sie sollten für sie sorgen, indem sie sie belehrten.

Dies war die zweifache – und damit einzige – menschliche Vorsorgemaßnahme des Paulus für diese jungen Gemeinden: einerseits ein bestimmtes Maß an dogmatischer und ethischer Unterweisung, gesichert durch das A.T. und die Briefe der Apostel, andererseits Pastoren, die die Menschen anhand dieser schriftlichen Quellen unterwiesen und für sie im Namen des Herrn sorgten. Allein die Heilige Schrift und das Amt des Pastors, das war alles. Doch es gab noch eine dritte – und zwar göttliche – Vorsorgemaßnahme.

c. Göttliche Treue

Die darin innewohnenden Prinzipien gründen sich letztlich auf der Überzeugung, dass die Kirche Gott gehört und dass man ihm in der Hinsicht vertrauen kann, dass er für sein eigenes Volk sorgt. Bevor Paulus und Barnabas die galatischen Gemeinden verließen, *befahlen sie* sie *dem Herrn* an, *an den sie gläubig geworden waren* (Apg 14, 23b), genauso wie sie vorher die Neubekehrten in Antiochia dazu aufgefordert hatten, »in der Gnade Gottes« zu bleiben (Apg 13, 43).

Darin liegen die Gründe, wegen derer Paulus glaubte, dass die Gemeinden getrost allein gelassen werden konnten, damit sie ihre eigenen Belange selbst regelten. Sie hatten die Apostel, die sie belehrten (durch den »Glauben« und die Briefe), Pastoren, die sie als Hirten versorgten, und den Heiligen Geist, der sie leitete, bewahrte und segnete. Durch diese drei Vorsorgemaßnahmen (die Unterweisung durch die Apostel, die Aufsicht durch Pastoren und die Treue Gottes) würden sie bewahrt bleiben.

Auch wenn Roland Allen nicht speziell diesen Textabschnitt der Apostelgeschichte auslegte oder sich auf ihn berief, so fällt doch auf, dass er die gleichen drei Punkte erwähnt: 1. »Paulus scheint seine neu gegründeten Gemeinden mit einem unkomplizierten System der Lehre des Evangeliums, mit zwei Sakramenten, der Überlieferung der wichtigsten Tatsachen des Todes und der Auferstehung und dem A.T. zurückgelassen zu haben«.[65] 2. »Er setzte Älteste durch eine Kombination von Wahl und Bestimmung ein.«[66] 3. »Er vertraute auf den Heiligen Geist und fürchtete sich deshalb nicht vor Risiken«.[67] »Er glaubte an den Heiligen Geist . . ., der in den durch ihn Bekehrten personhaft wohnte.« Daher konnte er sich auf die durch ihn neu Bekehrten verlassen. . . . Er vertraute ihnen nicht, weil er auf ihre natürlichen Qualitäten oder ihre intellektuelle Fähigkeit zählte. Stattdessen glaubte er an den Heiligen Geist in ihnen. Er wusste, dass Christus dazu willens und in der Lage sei, das zu halten, was er ihnen versprochen hatte.[68] Er musste sich deshalb »von den durch ihn neu Bekehrten zurückziehen, um für Christus Platz zu machen«.[69]

Roland Allen lebte in der Blütezeit des Kolonialismus, als die Missionare dazu tendierten, nur auf ihr Heimatland fixiert zu sein. »Überall«, so schreibt er 1912, »ist das Christentum noch eine exotische [Pflanze] . . . Überall sind unsere Missionsstationen abhängig . . .« »Wir wollen eine Christenheit sehen, die in fremden Gebieten Fuß fasst, fremdartige Kleidung trägt und neue Formen der Herrlichkeit und Schönheit entwickelt.«[70] Bischof Lesslie Newbigin stimmt darin mit ihm überein. Missionare müssen, so schreibt er, zwischen dem *traditum* (dem, was wir tatsächlich erhalten haben) und dem *tradendum* (das, was wir unbedingt weitergeben müssen) unterscheiden. Roland Allen »führte einen Krieg gegen alles, was mit diesem unbedingt Notwendigen vermischt worden war, gegen alles, was die Mission wie ein Stück des westlichen Imperialismus aussehen lässt – den gesamten Apparat eines professionellen Dienstes, Institutionen, Kirchengebäude, kirchliche Organisationen, Diözesanbüros – gegen alles, vom Harmonium bis zum Erzdiakon«.[71]

Natürlich war Roland Allen nicht der Erste, der diese Fragen aufbrachte. In der Mitte des 19. Jh.s. hegten die transatlantischen Freunde Henry Venn (London) und Rufus Anderson (Boston) die Vision von einheimischen Gemeinden. In einem Memorandum aus dem Jahre 1851 schrieb Venn von der »Errichtung einer Gemeinde von Einheimischen unter eingeborenen Pastoren auf der Grundlage eines sich selbst tragenden, sich selbst leitenden und sich selbst ausbreitenden Systems«. Er stellte vier Phasen in dieser Entwicklung auf, bis »die Mission ihren sanften Tod erreicht hat«.[72] Anderson verwendete die gleichen drei »selbst-Adjektive«, jedoch in der umgekehrten Reihenfolge. Er sah die Gründung von Gemeinden als den Anfang und nicht als das eigentliche Ziel an.

Doch das Venn-Anderson/Allen-Konzept ist nicht vor Kritik gefeit: 1. Es ist hinsichtlich der Identität der Gemeinde nicht radikal genug. Ihre drei Prinzipien waren »sich selbst tragend, sich selbst leitend, sich selbst ausbreitend«, doch die wirkliche Selbstständigkeit einer Gemeinde geht über die Finanzen, die Leitung und die Evangelisation hinaus bis zur Fähigkeit sich kulturell völlig selbst auszudrücken, was die Theologie, den Gottesdienst und den Lebensstil mit einschließt. Die Leitung der Gemeinde durch Einheimische (lokale Autonomie) sollte zur Identität in der eigenen Kultur (Kontextualisierung) führen. 2. Es ist im Blick auf die Verbindung zu den Missionaren nicht kreativ genug. Henry Venn dachte, dass wenn einmal die nationale Kirche errichtet war, Missionare diese verlassen sollten. Aber das Gegenteil ist oft der Fall. Der Ruf nach einem Moratorium, wie es 1974 von John Gatu, dem Leiter der Presbyterianischen Kirche in Kenia, vorgeschlagen wurde, sollte nicht bedeuten, dass Missionare überflüssig wären, sondern eher, dass *einige* Missionare das Wachstum der nationalen Kirche zur Selbstständigkeit behindern. Hat jedoch eine Gemeinde einmal zu einer eigenständigen Identität gefunden, sind fremde Missionare als Gäste willkommen, um unter einer nationalen Leitung zu arbeiten, um bestimmte Kenntnisse zu vermitteln oder den internationalen Charakter der Kirche Jesu zu veranschaulichen. 3. Roland Allens Vision ist hinsichtlich ihrer Erwartungen nicht flexibel genug. Die Selbstständigkeit von Gemeinden unter verschiedenen Umständen ist nur in unterschiedlichem Ausmaß erreichbar. Wahrscheinlich erkannte Allen nicht hinreichend die einmalige Stellung der Juden und Gottesfürchtigen, die sich unter Paulus bekehrten – sie hatten bereits ein großes Hintergrundwissen über die alttestamentlichen Lehren und Moralvorstellungen. Joachim Jeremias schrieb über das Judentum: »Das Judentum ist die erste große Missionsreligion der Welt des Mittelmeerraumes«.[73] Er bezeichnete die folgende Zeit als »Missionszeitalter, das seinesgleichen in der jüdischen Geschichte nicht besitzt«.[74] Folglich fanden die christlichen Missionare überall Proselyten und Gottesfürchtige vor. »Die gewaltigen Erfolge der Mission des Apostels Paulus, der in einem Jahrzehnt fast in der ganzen damaligen Welt Stützpunkte des christlichen Glaubens gründen konnte, beruhen zum Teil darauf, dass er allenthalben an die Vorarbeit der jüdischen Mission anknüpfen konnte.«[75] Es ist zu bezweifeln, ob Paulus nach nur ein paar Monaten Älteste in einer Versammlung hätte einsetzen können, die völlig aus ehemaligen Heiden und Götzendienern bestand. In solch einem Fall hätte es mit sehr großer Sicherheit einen Zeitraum des Übergangs von der Mission zur Gemeinde gegeben, in dem Älteste unterwiesen und gelehrt worden wären.

Kehren wir zum Schluss wieder zur ersten Missionsreise zurück – das bemerkenswerteste Merkmal war das Bewusstsein der Missionare für die Führung Gottes. Der Heilige Geist selbst hatte der Gemeinde von Antiochia aufgetragen, Barnabas und Saulus auszusondern, er hatte sie ausgesandt, er führte sie von Ort zu Ort und verlieh ihrer Predigt Vollmacht, sodass sich Menschen bekehrten und Gemeinden gegründet wurden. Die aussendende Gemeinde hatte sie für ihr Werk der Gnade Gottes anbefohlen (Apg 14,26) und bei ihrer Rückkehr berichteten sie, »wieviel Gott durch sie getan und wie er den Heiden die Tür des Glaubens aufgetan« hatte (Apg 14,27).

Sicherlich hatte er das Werk »mit ihnen« (wörtlich) vollbracht, in Zusammenarbeit oder gemeinsam mit ihnen, doch Gott hatte es getan, und sie gaben ihm allein die Ehre dafür. Die Gnade war von ihm gekommen, zu ihm allein muss deshalb auch die Ehre zurückkehren.

11. Das Konzil von Jerusalem (Apg 15,1-16,5)

Seit mehreren Jahren waren nun bereits Heiden zum Glauben an Christus gekommen und in der Gemeinde durch die Taufe willkommen geheißen worden. Alles hatte mit dem gottesfürchtigen Hauptmann Kornelius in Cäsarea begonnen. Es geschah nicht nur unter wirklich außergewöhnlichen Umständen, dass er die frohe Botschaft hörte, sie glaubte, den Heiligen Geist empfing und getauft wurde, nein, auch die Jerusalemer Leiter erhoben keinen Einspruch, sondern »lobten Gott« (Apg 11, 18), nachdem ihnen alle Geschehnisse ausführlich dargestellt worden waren. Als Nächstes kam die bemerkenswerte Bewegung in Antiochien in Syrien, als ungenannte Missionare »auch zu den Griechen« redeten (Apg 11, 20), von denen eine große Anzahl zum Glauben kam. Die Jerusalemer Gemeinde hörte auch von dieser Begebenheit und sandte Barnabas dorthin, damit er Nachforschungen anstellte. Er sah »die Gnade Gottes« und wurde froh (Apg 11, 23). Die dritte Entwicklung, von der Lukas berichtet, ist die erste Missionsreise, auf der der erste völlige »Außenseiter« zum Glauben kam (Sergius Paulus, der Statthalter von Zypern) und Paulus und Barnabas antworten später auf den Unglauben der Juden mit der freimütigen Erklärung »so wenden wir uns zu den Heiden« (Apg 13, 46). Danach kamen, wo sie auch hingingen, Juden und Heiden zum Glauben (z. B. Apg 14, 1). Bei ihrer Rückkehr nach Antiochia in Syrien konnten die Missionare berichten, dass »Gott ... den Heiden die Tür des Glaubens aufgetan hätte« (Apg 14, 27).

All dies war verhältnismäßig unkompliziert gewesen. Nach der Bekehrung von Kornelius und den Griechen in Antiochia konnten sich die Leiter in Jerusalem dessen versichern, dass Gott dies bewirkt hatte. Wie würden sie nun auf das noch verwegenere Vorgehen von Paulus reagieren? Die Heidenmission kam in Fahrt. Das kleine Rinnsal von Heidenbekehrungen wurde schnell zu einem reißenden Strom. Die jüdischen Leiter hatten grundsätzlich keine Probleme damit, dass Heiden zum Glauben kamen, denn viele alttestamentliche Stellen hatten vorhergesagt, dass auch sie mit eingeschlossen werden würden. Doch nun stellte sich ihnen eine konkrete Frage: Wie sollten die Heiden nach Gottes Willen in die Gemeinschaft der Gläubigen mit aufgenommen werden? Bis jetzt war angenommen worden, dass sie durch die Beschneidung ein Teil Israels werden müssten und dass sie durch das Halten des Gesetzes als *bona fide*-Glieder (rechtmäßige Glieder) des Bundesvolkes Gottes anerkannt werden würden. Doch etwas ganz anderes geschah nun, etwas, was viele beunruhigte, ja sogar alarmierte. Neubekehrte Heiden waren durch die Taufe und ohne die Beschneidung in die Gemeinschaft aufgenommen worden. Sie waren Christen geworden, ohne vorher Juden geworden zu sein. Sie behielten ihre eigene Identität und Integrität als Glieder aus anderen Völkern. Für die Jerusalemer Leiter war es eine Sache gewesen, die Bekehrung von Heiden anzuerkennen, doch konnten sie eine Bekehrung ohne Beschneidung, einen Glauben an Jesus ohne die Werke des Gesetzes und ein Bekenntnis zum Messias ohne die Aufnahme in das Judentum anerkennen? War ihre Vision groß genug, sodass sie das Evangelium Christi nicht als eine Reformbewegung innerhalb des Judentums, sondern als die frohe Botschaft für die ganze Welt und die Gemeinde Christi nicht als eine jüdische Sekte, sondern als die internationale Familie Gottes ansahen? Dies waren die revolutionären Fragen, die manche nicht zu stellen wagten.

Es ist kein Wunder, dass Haenchen schreiben kann: »Kap. 15 ist der Wendepunkt, ›Mittelstück‹ ... und ›Wasserscheide‹ des Buches ..., die kommende Entwicklung innerlich ermöglichend und die vergangene abschließend und rechtfertigend«.[1] Dies ist keine Übertreibung. Lukas lenkt darauf die Aufmerksamkeit durch eine leise Verschiebung der Betonung. In diesem Kapitel steht Jerusalem im Mittelpunkt des Interesses, und Petrus erscheint ein letztes Mal in seinem Bericht. Doch Petrus verschwindet ab jetzt, um von Paulus ganz ersetzt zu werden. Zudem tritt Jerusalem in den Hintergrund zurück, während Paulus über Asien weiter nach Europa vordringt und Rom schon am Horizont erscheint. Auch wir können aus dem Rückblick in die Kirchengeschichte die entscheidende Bedeutung dieses ersten allgemeinen Konzils, das in Jerusalem abgehalten wurde, erkennen. Die einmütige Entscheidung befreite das Evangelium von seinen jüdischen »Windeln« in eine Botschaft Gottes an die gesamte Menschheit und gab der jüdisch-griechischen Gemeinde eine selbstbewusste Identität als das ausgesöhnte Volk Gottes, den einen Leib Christi. Und obwohl das gesamte Konzil dies bekräftigte, behauptete Paulus, dass dieses neue Verständnis ihm zuzuschreiben sei; das »Geheimnis«, das vorher verborgen, doch jetzt offenbart geworden sei, nämlich dass Heiden durch den Glauben an Christus allein in seiner neuen *einen* Gemeinde als »Miterben ... und zu seinem Leib [Gehörige] und Mitgenossen« auf derselben Stufe wie die Juden stehen.[2]

11.1 Die strittige Frage (Apg 15, 1 - 4)

Die Eintracht der Gemeinschaft der Christen in Antiochia in Syrien wurde von der Ankunft einer Gruppe überschattet, die Paulus später als »gewisse Leute ..., die euch verwirren« bezeichnet.[3] *Und einige kamen herab von Judäa* nach Antiochia (V. 1). Bevor ich darauf eingehe, wer diese Leute waren und was sie lehrten, muss ich dem Leser mitteilen, dass ich die so genannte »südgalatische Hypothese« vertrete, welche besagt, dass der Brief des Paulus an die Galater an die südgalatischen Gemeinden von Antiochia in Pisidien, Ikonion, Lystra und Derbe adressiert war, die Barnabas und er gerade auf ihrer ersten Missionsreise besucht hatten. Sie besagt zudem, dass er ihn auf dem Höhepunkt dieser theologischen Kontroverse diktierte, bevor das Konzil diese Frage klärte (denn er verweist in seinem Brief nicht auf das »Apostelkonzil«), und dass er ihn wahrscheinlich auf seinem Weg zum Konzil in Jerusalem schrieb, was sein dritter Besuch in dieser Stadt sein würde. Doch er erwähnt diesen Besuch im Brief an die Galater nicht, weil er noch nicht stattgefunden hatte. Somit ist die Situation, die Lukas zu Beginn von Apostelgeschichte 15 beschreibt, die gleiche, auf die Paulus in Galater 2,11-16 verweist.[4]

Wenn diese Ansicht stimmt, dann bezieht sich die Aussage *einige kamen herab von Judäa* nach Antiochia (V. 1) auf »bevor einige von Jakobus [nach Antiochia] kamen« (Gal 2,11-12). Das heißt nicht, dass Jakobus sie auch gesandt hatte, denn er dementiert dies später (V. 24), sondern dass sie sich auf ihn beriefen. Sie versuchten, zwei Apostel gegeneinander aufzuhetzen, beanspruchten Jakobus als ihren Vorreiter und betrachteten Paulus als ihren Gegenspieler. Sie waren »Pharisäer« (V. 5) und »Eiferer für das Gesetz« (Apg 21,20). Sie *lehrten die Brüder: Wenn ihr euch nicht beschneiden lasst nach der Ordnung des Mose, könnt ihr nicht selig werden* (V. 1). Doch sie forderten nicht nur die Beschneidung der Heiden, sondern gingen mit ihren Ansprüchen noch weiter. Sie bestanden darauf, dass neubekehrte Heiden auch *das Gesetz des Mose ... halten* sollten (V. 5). Weil sie eine Bekehrung ohne Beschneidung nicht als voll gültig anerkennen konnten, hatten sie sich als Interessengruppe zusammengetan, die wir auch als »Judaisten« oder die »Beschneidungspartei« bezeichnen können. Sie richteten sich nicht gegen die Heidenmission, sondern waren fest entschlossen, diese unter die Obhut der jüdischen Gemeinde zu bringen. Somit sollten sich die heidnischen Gläubigen nicht nur der Taufe im Namen Jesu, sondern – wie die jüdischen Proselyten – auch der Beschneidung und den Forderungen des Gesetzes unterstellen. Es überrascht nicht, dass *Zwietracht entstand* und diese Lehre *Paulus und Barnabas* in *einen nicht geringen Streit* mit ihnen brachte (V. 2a).

Wir müssen uns darüber im Klaren sein, was diese Leute sagten und was genau der strittige Punkt war. Sie bestanden darauf – so berichtet Lukas es in seiner bezeichnenden

Zusammenfassung – dass Bekehrte, die sich nicht beschneiden lassen, *nicht selig werden* konnten (V. 1). Sicherlich war die Beschneidung das von Gott gegebene Bundeszeichen und die Judaisten betonten dies ohne Zweifel. Doch sie gingen noch weiter und machten die Beschneidung zu einer Bedingung für das Heil. Sie erzählten neubekehrten Heiden, dass der Glaube an Jesus nicht genüge und nicht für das Heil ausreiche: Sie müssten zum Glauben die Beschneidung hinzufügen und zur Beschneidung das Halten des Gesetzes. Mit anderen Worten – sie mussten Mose das vollenden lassen, was Jesus begonnen hatte und das Gesetz zum Evangelium hinzufügen. Dies war ein sehr großes Problem. Das Wesen des Heils stand auf dem Spiel. Das Evangelium war umstritten. Die wesentlichen Grundlagen des christlichen Glaubens wurden untergraben.

Der Apostel Paulus erkannte dies ganz deutlich und war entsetzt. Seine Empörung wuchs noch mehr, als die Judaisten einen wichtigen Christen, den Apostel Petrus, auf ihre Seite ziehen konnten, der zu der Zeit auch in Antiochia weilte. Bevor sie angekommen waren, wie Paulus in Galater 2, 11 - 14 erklärt, »aß er [d. h. Petrus] mit den Heiden«. Sicherlich – sie waren nicht beschnitten, aber sie waren bekehrt. Sie waren zum Glauben gekommen, hatten den Heiligen Geist erhalten und waren getauft worden. So schloss sich Petrus, der sich an Kornelius erinnerte, ihnen gerne an, aß mit ihnen, ohne Zweifel nahm er auch mit ihnen das Abendmahl und erkannte sie als Brüder und Schwestern im Herrn an. Doch als die Beschneidungspartei in Antiochia ankam, überzeugte sie Petrus davon, dass er sich von den Heiden zurückziehen sollte.

Doch dies war leider erst der Anfang. Das, was sich als Nächstes ereignete, erzählt Paulus in Galater 2 nach. Der Rest der jüdischen Gläubigen folgte dem schlechten Beispiel von Petrus und sie »heuchelten« mit ihm (Gal 2, 13) – denn Paulus wusste, dass Petrus aus Furcht und nicht aus eigener Überzeugung handelte. Selbst Barnabas wurde von dieser »Flut« mit fortgerissen und »verführt«, obwohl er alles gesehen, was sich auf der ersten Missionsreise ereignet hatte. Paulus war wutentbrannt, nicht weil er persönlich gereizt war oder weil seine Position an Boden verlor, sondern weil es ihm um die Wahrheit ging. Er erkannte, dass Petrus und seine Anhänger »nicht richtig handelten nach der Wahrheit des Evangeliums« (Gal 2,14). So »widerstand« Paulus Petrus »ins Angesicht, denn es war Grund zur Klage gegen ihn« (Gal 2,11): Paulus wies Petrus so für seine Unbeständigkeit zurecht. Sein Verhalten stellte einen schmachvollen Widerspruch zum Evangelium dar. So sagte er zu ihm: »Wir wissen [du und ich, Petrus und Paulus, wir stimmen darin überein], dass der Mensch durch Werke des Gesetzes nicht gerecht wird, sondern durch den Glauben an Jesus Christus. So sind auch wir zum Glauben an Christus Jesus gekommen, damit wir gerecht werden durch den Glauben an Christus und nicht durch Werke des Gesetzes; denn durch Werke des Gesetzes wird kein Mensch gerecht«.[5] Wie können wir, die wir dies wissen und dies selbst erlebt haben, den Heiden ein anderes Evangelium verkündigen? Wenn Gott sie zudem durch den Glauben annimmt, so wie er uns angenommen hat, wie können wir die Gemeinschaft miteinander abbrechen? Wie können wir die zurückweisen, die Gott angenommen hat? Die Argumentation des Paulus war unbestreitbar. Seine mutige Zurechtweisung von Petrus hatte das gewünschte Ergebnis zur Folge. Denn zu der Zeit, als Petrus das Konzil in Jerusalem erreichte, hatte er sein theologisches Gleichgewicht wiedergewonnen und bekannte sich während der Versammlung weiter treu zum Evangelium der Gnade und seinen Konsequenzen für die heidnisch-jüdische Gemeinschaft. Auch Barnabas kam wieder zur rechten Einsicht.

Der Streitpunkt kann durch eine Reihe von Fragen verdeutlicht werden. Wird der Sünder durch die reine Gnade Gottes in und durch den gekreuzigten Christus gerettet, wenn er einfach glaubt, d.h. bei Jesus Zuflucht sucht? Hat Jesus Christus durch seinen Tod und seine Auferstehung alles getan, was zum Heil notwendig ist? Oder werden wir teilweise durch die Gnade Christi und teilweise durch unsere eigenen guten Werke und unsere religiöse Pflichterfüllung gerettet? Geschieht Rechtfertigung *sola fide*, allein durch den Glauben, oder durch eine Mischung von Glaube und Werken, Gnade und Gesetz, Jesus und Mose? Stellen heidnische Christen eine jüdische Sekte dar oder echte Glieder einer internationalen Familie? Es standen nicht einige jüdisch-kulturelle Praktiken auf dem Spiel, sondern die ganze Wahrheit des Evangeliums und die Zukunft der Kirche Christi.

Deshalb erstaunt es uns nicht, dass »Zwietracht« und ein »nicht geringer Streit« aufkam (Apg 15,2). Wir können der Gemeinde von Antiochia dankbar sein, dass sie den Stier bei den Hörnern packte und praktische Schritte unternahm, um einen Beschluss über diese Streitfrage zu erwirken. Es kann sehr wertvoll sein, ein Konzil zusammenzurufen, wenn der Zweck darin liegt, eine Lehrfrage zu klären, eine Kontroverse zu beenden und den Frieden zu fördern. *(2) Als nun Zwietracht entstand, und Paulus und Barnabas einen nicht geringen Streit mit ihnen hatten, ordnete man an, dass Paulus und Barnabas und einige andere von ihnen nach Jerusalem hinaufziehen sollten zu den Aposteln und Ältesten um dieser Frage willen. (3) Und sie wurden von der Gemeinde geleitet und zogen durch Phönizien und Samarien und erzählten von der Bekehrung der Heiden und machten damit allen Brüdern große Freude. (4) Als sie aber nach Jerusalem kamen, wurden sie empfangen von der Gemeinde und von den Aposteln und von den Ältesten. Und sie verkündeten, wieviel Gott durch sie getan hatte.*

11.2 Die Diskussion in Jerusalem (Apg 15,5-21)

Die Delegation aus Antiochia war gerade erst von der Jerusalemer Gemeinde herzlich willkommen geheißen worden, als die Kontroverse erneut ausbrach. *Da traten einige von der Partei der Pharisäer auf, die gläubig geworden waren, und sprachen: Man muss sie beschneiden und ihnen gebieten, das Gesetz des Mose zu halten* (V. 5). Sie argumentierten dabei vollkommen biblisch, wenn sie die Beschneidung und das Gesetz als Gaben Gottes an Israel ansahen. Doch sie gingen noch weiter und machten sie für jeden verpflichtend, die Heiden eingeschlossen. Man beachte die Worte »muss« sowie »kann nicht« in Vers 1: Sie bestanden darauf, dass die Beschneidung und das Halten des Gesetzes für das Heil notwendig waren. So *kamen die Apostel und die Ältesten zusammen, über diese Frage zu beraten* (V. 6), obwohl auch andere anwesend waren. Lukas liefert keine näheren Einzelheiten über den langen Streit, der sich entwickelte (V. 7), aber er fasst die entscheidenden Reden zusammen, die nacheinander von den drei Aposteln gehalten wurden – von Petrus (15,7-11), Paulus, der von Barnabas unterstützt wird (15,12), und Jakobus (15,13-21).

a. Petrus (Apg 15,7-11)

Der maßgebliche Beitrag des Petrus bestand darin, dass er die Versammlung an die Bekehrung von Kornelius erinnerte, bei der er der entscheidende menschliche Botschafter gewesen war. Diese hatte sich *vor langer Zeit* ereignet, wahrscheinlich schon rund 10 Jahre zuvor. Demütig schreibt er Gott alles Wirken zu: 1. Er sagt, dass *Gott … unter euch bestimmt hat, dass durch meinen Mund die Heiden das Wort des Evangeliums hörten und glaubten* (V. 7). Gott hatte die Wahl getroffen, das war sein Recht. 2. *Und Gott, der die Herzen kennt* (das Wort *kardiōgnostēs*, »Herzenskenner«, war in Apostelgeschichte 1,24 für Jesus verwendet worden), *hat es bezeugt und ihnen den Heiligen Geist gegeben wie auch uns* (V. 8). Dies belegt, dass die Aussage, die Petrus vorher getroffen hatte, nämlich dass »in jedem Volk, wer ihn fürchtet und recht tut, der ist ihm [d. h. Gott] angenehm« (Apg 10,35), so zu deuten ist, dass es keine ethnischen Hindernisse im Bezug auf die Bekehrung gibt. Doch Gott nahm sie nur in seiner Familie auf, in dem Sinne, dass er sie willkommen hieß, wenn er ihnen seinen Geist gab.

3. Gott *hat keinen Unterschied gemacht zwischen uns und ihnen, nachdem er ihre Herzen gereinigt hatte durch den Glauben* (V. 9). Dies veranschaulicht, dass die inwendige Reinheit des Herzens die Gemeinschaft erst ermöglicht, nicht die äußerliche Reinheit im Blick auf Essensvorschriften und Rituale. Dies ist eine Reinigung durch den Glauben, nicht durch Werke.

Dieses dreifache Werk Gottes (die Erwählung von Petrus, die Gabe des Heiligen Geistes und die Reinigung des Herzens) musste zu einem unvermeidbaren Schluss führen. Petrus wendet sich mit seinen Worten über dieses Ergebnis direkt an die Gegenseite: *Warum versucht ihr denn nun Gott* (d. h., warum fordert ihr ihn heraus, indem ihr Widerstand gegen das leistet, was er eindeutig offenbart hat?) *dadurch, dass ihr ein Joch auf den Nacken der Jünger legt, das weder unsere Väter noch wir haben tragen können?* (V. 10). Wir Juden haben das Heil nicht durch den Gehorsam gegenüber dem Gesetz empfangen – wie können wir von den Heiden erwarten, dass sie dies tun? Petrus folgert, dass dies nicht sein kann: *Vielmehr glauben wir, durch die Gnade des Herrn Jesus selig zu werden, ebenso wie auch sie* (V. 11).

Uns fällt auf, dass er in seiner letzten Beteuerung vielleicht völlig unbewusst die Aussage über das Evangelium wiederholt, die Paulus ihm gegenüber in Antiochia getroffen hatte, als er ihm öffentlich widersprach. Zusammen machen sie deutlich, dass das Heil »durch die Gnade Jesu Christi« und »durch den Glauben an Jesus Christus« geschieht. Die Gnade und der Glaube können nicht voneinander getrennt werden:

Paulus: »... wir wissen, dass der Mensch ... gerecht wird ... durch den Glauben an Jesus Christus. So sind auch wir zum Glauben an Christus Jesus gekommen ...« (Gal 2, 16).

Petrus: »Vielmehr glauben wir, durch die Gnade des Herrn Jesus selig zu werden, ebenso wie auch sie« (Apg 15, 11).

Das zentrale Thema des Zeugnisses des Petrus war nicht nur, dass Heiden das Evangelium gehört, an Jesus geglaubt, den Heiligen Geist erhalten hatten und durch den Glauben gereinigt worden waren, sondern dass Gott auch in keinem Augenblick einen *Unterschied gemacht [hatte] zwischen uns und ihnen* (V. 9; vgl. Apg 10,15.20.28; 11,9.12.17). In dem zusammenfassenden Bericht der Rede von Petrus kommen viermal die Pronomen »uns – ihnen« oder »wir – sie« vor. Gott gab ihnen den Heiligen Geist, so wie er ihn uns gegeben hatte (V. 8), und macht keinen Unterschied zwischen uns und ihnen (V. 9). Warum sollten wir ihnen dann ein Joch auferlegen, das wir selbst nicht tragen können? (V. 10). Daraus ziehen wir den Schluss, dass wir ebenso durch die Gnade errettet sind wie sie (V. 11). Wenn die Judaisten nur verstehen könnten, dass Gott keinen Unterschied zwischen Juden und Heiden macht, sondern beide durch die Gnade mittels des Glaubens errettet, dann würden sie auch keinen Unterschied machen. Gnade und Glaube bringen uns auf dasselbe Niveau, sie ermöglichen die brüderliche Gemeinschaft miteinander.

b. Paulus und Barnabas (15,12)

Da schwieg die ganze Menge offenbar voll tiefem Respekt *still und hörte Paulus und Barnabas zu* (vielleicht wird Barnabas an erster Stelle genannt, weil er in Jerusalem bekannter war als Paulus), *die erzählten, wie große Zeichen und Wunder Gott durch sie getan hatte unter den Heiden* (V. 12). Vorher war gesagt worden, dass Gott »mit« ihnen gewirkt hatte (*meta* in Apg 14,27 und 15,4, Meister, Schlachter, Rev. Elb.), nun wirkte er »durch« (*dia*) sie als seine Botschafter. Diese sehr kurze Zusammenfassung ist vielleicht darauf zurückzuführen, dass die Leser von Lukas nach dem Lesen von Apostelgeschichte 13 und 14 mit den Einzelheiten der ersten Missionsreise bereits sehr gut vertraut waren. Wahrscheinlich betont er die Zeichen und Wunder nicht, damit dadurch die Verkündigung des Wortes abgeschwächt wird, sondern weil sie die Verkündigung bekräftigten und bestätigten.

c. Jakobus (15, 13 - 21)

Jakobus, der als Nächstes sprach, wurde später aufgrund seiner gottesfürchtigen Rechtschaffenheit unter dem Namen »Jakobus der Gerechte« bekannt. Er war einer der Brüder Jesu, der wahrscheinlich dadurch zum Glauben an ihn gekommen war, als dieser ihm als Auferstandener erschienen war.[6] In seinem neutestamentlichen Brief würde er später betonen, dass rettender Glaube zu guten Werken der Liebe führe und dass die himmlische Weisheit »zuerst lauter, dann friedfertig, gütig [ist], sich etwas sagen [lässt], ... reich an Barmherzigkeit und guten Früchten, unparteiisch [und] ohne Heuchelei« sei.[7] Ein Teil dieser Weisheit wird an dieser Stelle deutlich. Mit hoher Wahrscheinlichkeit ein Apostel[8] und bereits als ein (oder sogar »der«) Leiter der Jerusalemer Gemeinde anerkannt (Apg 12, 17),[9] war er offensichtlich der Leiter des Treffens. Er wartete so lange, bis die führenden Missionsapostel Petrus und Paulus ihre Argumentation beendet hatten. *Danach, als sie schwiegen, antwortete Jakobus und sprach* zu seinen Zuhörern, die er als *Brüder* anspricht und bittet: *hört mir zu!* (V. 13). Im Folgenden bezieht er sich auf Petrus mit dessen hebräischen Namen (ein Hinweis auf die Echtheit dieses Textes) und fasst sein Zeugnis mit folgenden Worten zusammen: *Simon* [wörtlich: *Symeon*] *hat erzählt, wie Gott zum ersten Mal die Heiden gnädig heimgesucht hat, um aus ihnen ein Volk für seinen Namen zu gewinnen* (V. 14).

Seine Aussage hat erheblich mehr Bedeutung, als es auf den ersten Blick scheint, denn die Worte »Volk« (*laos*) und »für seinen Namen« werden im A.T. normalerweise auf Israel angewandt. Jakobus bringt seine Überzeugung zum Ausdruck, dass heidnische Gläubige nun zu dem wahren Israel gehören, von Gott berufen und erwählt, um zu seinem einen wahren Volk zu gehören und seinen Namen zu verherrlichen. Er verweist nicht auf das Zeugnis von Paulus und Barnabas, vielleicht deshalb, weil ihr Vorgehen bei der Mission auf dem Prüfstand stand. Stattdessen geht er von der Aussage des Apostels zum Wort der Propheten über: *Dazu stimmen die Worte der Propheten* (V. 15). Konzile haben keine Autorität über die Gemeinde, solange nicht gezeigt werden kann, dass ihre Beschlüsse mit der Heiligen Schrift übereinstimmen. Um seine Behauptung zu bekräftigen, zitiert Jakobus Amos 9, 11 - 12:

(16) Danach will ich mich wieder zu ihnen wenden und will die zerfallene Hütte Davids wieder bauen, und ihre Trümmer will ich wieder aufbauen und will sie aufrichten, (17) damit die Menschen, die übriggeblieben sind, nach dem Herrn fragen, dazu alle Heiden, über die mein Name genannt ist, spricht der Herr, (18) der tut, was von alters her bekannt ist.

So wie es hier steht, ist dieses Zitat eine machtvolle Aussage über zwei miteinander verwandte Wahrheiten. Gott verheißt zuerst, die zerfallene Hütte Davids wieder aufzurichten und seine Ruinen wieder aufzubauen (christliche Augen deuten dies als eine Prophetie über die Auferstehung und Erhöhung Christi, den Nachkommen Davids und die Gründung seines Volkes), sodass zweitens ein heidnischer Überrest den Herrn suchen wird. Mit anderen Worten: Durch den davidischen Christus werden auch Heiden zu seiner neuen Gemeinschaft hinzugefügt.[10] So bekannte Jakobus, den die Beschneidungspartei als ihren Leiter für sich in Anspruch genommen hatte, dass er völlig mit Petrus, Paulus und Barnabas übereinstimmte. Dass die Heiden miteinbezogen wurden, war kein nachträglicher Einfall Gottes, sondern die Propheten hatten dies schon vorhergesagt. Die Heilige Schrift selbst bekräftigt die Tatsachen, die die Missionare erlebt hatten. Es bestand eine Übereinstimmung zwischen dem, was Gott durch seine Apostel getan, und dem, was er durch seine Propheten vorhergesagt hatte. Dieser Gleichklang zwischen der Heiligen Schrift und der Erfahrung, zwischen dem Zeugnis der Propheten und Apostel war für Jakobus entscheidend. Er war dazu bereit, sein *Urteil* abzugeben. Das griechische Verb *krinō* könnte lediglich »eine Meinung äußern« ausdrücken. Doch der Textzusammenhang verlangt eine stärkere Bedeutung. Die Übersetzung »ich bestimme also« wäre jedoch zu stark, so wie auch die Erklärung von Kirsopp Lake zu weit geht, dass »dies das Urteil eines Richters sei und dass das *egō* beinhaltet, dass er durch die Autorität seiner Person handeln würde«.[11] So brauchen wir ein stärkeres Wort als »Ansicht« (Menge; GN; GNB) oder »Meinung« (vgl. Albrecht, HFA) und ein schwächeres als »ich bestimme«. Vielleicht wäre die Übersetzung »ich bin überzeugt« die beste, denn Jakobus macht einen bestimmten Vorschlag, dem sich die anderen Leiter anschlossen, sodass die Entscheidung einstimmig getroffen wurde und der Brief im Namen der »Apostel und Ältesten … samt der ganzen Gemeinde« verabschiedet wurde.

Was wurde nun beschlossen? Allgemein gesagt wurde festgelegt, »dass man denen von den Heiden, die sich zu Gott bekehren, nicht Unruhe mache« (»nicht unnötige Lasten aufbürde[n]« [Albrecht, vgl. Menge], V. 19), *sondern ihnen vorschreibe, dass sie sich enthalten sollen von Befleckung durch Götzen und von Unzucht und vom Erstickten und vom Blut* (V. 20). Fasst man diese zwei Sätze zusammen, so sagt Jakobus, dass sie die heidnischen Gläubigen als Brüder und Schwestern in Christus anerkennen und aufnehmen sollen und man es ihnen nicht auferlegen solle, sie zu bitten, dass sie doch zu ihrem Glauben an Christus entweder die Beschneidung oder die gesamten Bestimmungen der jüdischen Praktiken hinzufügen sollten. Nachdem das Prinzip festgesetzt worden war, dass das Heil – durch die Gnade allein – durch den Glauben geschieht und ohne Werke, war es gleichzeitig nötig, diese heidnischen Gläubigen dazu aufzufordern, das Gewissen ihrer jüdischen Mitchristen zu respektieren, indem sie ein paar Handlungen unterließen, die deren Gewissen angreifen würden. *Denn*, so erklärt Jakobus weiter, *Mose hat von alten Zeiten her in allen Städten solche, die ihn predigen, und wird alle Sabbattage in den Synagogen gelesen* (V. 21). In solchen Situationen, in denen die Lehre von Mose sehr bekannt und hoch geschätzt war, waren die jüdischen Gewissen sehr empfindlich und sollten aus Nächstenliebe nicht verletzt werden.

Eine gewisse Unsicherheit besteht darüber, was die vier Enthaltungsgebote betrifft, auf die manchmal – zumindest in anglikanischen Kreisen – mit dem Ausdruck »Jerusalemer Quadrilateral« verwiesen wird. Auf den ersten Blick erscheinen sie wie eine merkwürdige Mischung aus Moral- und Zeremonialgesetzen, denn geschlechtliche Unzucht gehört zu der erstgenannten Kategorie, Götzenfleisch, »Fleisch erstickter Tiere« (Menge) und Blut aber zu der letztgenannten Kategorie. Wie konnte Jakobus diese so miteinander kombinieren, als wenn sie von gleicher Bedeutung wären? Zudem gehört geschlechtliche Keuschheit als grundlegendes Element zur christlichen Heiligkeit. Doch warum werden hier so eindeutige Dinge genannt, indem man sie in die Aufzählung mit aufnimmt? Zudem wirft Vers 20 komplexe textkritische Fragen auf, da verschiedene griechische Lesarten unterschiedliche Auslegungen widerspiegeln. Es wurden zwei Lösungsversuche vorgeschlagen, wobei beide das Ziel verfolgen, die ethischen von den rituellen Geboten zu trennen:

Der erste Vorschlag besteht darin, die Enthaltungsgebote allesamt als moralische Gebote anzusehen. Weil das dritte Gebot (das Fleisch von erstickten Tieren) durch keinen erdenklichen Gewaltakt oder Einfallsreichtum in eine ethische Frage umgewandelt werden kann, wird vorgeschlagen, dem Westlichen Text zu folgen und es auszulassen. Dann bleiben drei übrig. »Fleisch« »von Befleckung durch Götzen« (V. 20) bzw. »Götzenopfer[fleisch]« (V. 29) wird als Götzendienst verstanden. »Blut« wird als Blutvergießen gedeutet, d. h. als Mord. »Geschlechtliche Unsittlichkeit« behält seine moralische Bedeutung. Diese drei (Götzendienst, Mord und Sittenlosigkeit) waren aus jüdischer Sicht die drei wichtigsten moralischen Vergehen, an denen sich ein Mensch schuldig machen konnte. Dies scheint eine geschickte Lösung zu sein, doch sie schafft mehr Probleme, als sie löst. a) Die textliche Grundlage für »Fleisch erstickter Tiere« ist sehr schwach. b) Die Auslegung des sehr allgemeinen Wortes »Blut« als Mord ist zu weit hergeholt. c) Die drei Sünden sind so schwerwiegend, dass kein Konzilsbeschluss notwendig gewesen wäre, um diese zu verbieten. d) Die Auswahl von nur drei moralischen Verboten lässt die Frage aufkommen, ob die heidnischen Christen den übrigen Teil der zehn Gebote, z.B. Diebstahl, falsches Zeugnis geben und Habsucht, brechen durften. Die Tatsache, dass diese Gebote fehlen, hat vielleicht den Schreiber des Westlichen Textes bewogen, die Goldene Regel in negativer Form hinzuzufügen: »... und nicht anderen das zu tun, was einem nicht selbst getan werden soll«.

Die andere Lösung ist das genaue Gegenteil der ersten, bei ihr werden nämlich die vier Enthaltungsgebote allesamt als zeremoniell, als Aspekte der äußerlichen Reinheit angesehen. In diesem Fall würde es sich bei dem ersten nicht um tatsächlichen Götzendienst handeln, sondern um das Essen von Götzenopferfleisch, auf welches Paulus später in Römer 14 und 1. Korinther 8 verweisen wird. »Blut« bezieht sich nicht auf das Vergießen, sondern auf das Essen von Blut, welches in 3. Mose verboten wird, während sich »das Fleisch von erstickten Tieren« auf Tiere bezieht, die getötet wurden, ohne das Blut ausfließen zu lassen. Deren Fleisch durften Juden nicht essen (3. Mose 17,13-14).[12] Deutet man die beiden Anweisungen so, würde von den heidnischen Gläubigen erwartet werden, dass sie »koscheres« Fleisch essen, das nach den jüdischen Speisevorschriften zubereitet worden ist. Es bleibt der vierte Punkt, sexuelle Ausschweifung. Es scheint sich dabei um eine moralische Ausnahme in der Aufzählung der zeremoniellen Anforderungen zu handeln, genauso wie das »Erstickte« die zeremonielle Ausnahme in der Aufzählung der moralischen Anforderungen war. Eine Möglichkeit, mit diesem Problem umzugehen, ist dieses Wort auszulassen. Es scheint mindestens eine Handschrift gegeben zu haben, in der dies der Fall ist und die Origenes im 3. Jh. n. Chr. bekannt war. Doch diese Textbasis ist extrem schwach. Besser wäre es dagegen, es als *porneia* zu verstehen (damit ist in jedem Fall »jede Art illegitimen Geschlechtsverkehrs« gemeint).[13] Damit würde es auf all die illegalen Ehen verweisen, wie sie in 3. Mose 18 aufgezählt werden. Eine Reihe von Kommentatoren stimmen mit dieser Ansicht überein.

Wenn diese Rekonstruktion richtig ist, bezogen sich alle vier Enthaltungsgebote auf das Zeremonialgesetz, wie es in 3. Mose 17 und 18 niedergeschrieben ist. Drei von ihnen betreffen bestimmte Essensvorschriften, die gemeinsames Essen von Juden und Heiden hätten verhindern können. Sich dieser Dinge zu enthalten wäre ein höfliches und zeitlich beschränktes – wenn auch bei manchen Gelegenheiten »notwendiges«, V. 28 – Zugeständnis an das Gewissen der Juden gewesen, zumal die Beschneidung für unnötig erklärt und das Prinzip der Gleichheit festgelegt worden war. »Die Enthaltsamkeit, die hier gefordert wird, muss ... nicht als grundlegende christliche Pflicht verstanden werden, sondern als ein Zugeständnis an das Gewissen von anderen, d. h. an das Gewissen von jüdischen Neubekehrten, die immer noch ein solches Essen aus Gottes Sicht als unerlaubt und abscheulich ansahen.«[14]

11.3 Der Brief des Konzils (Apg 15,22-29)

Das Konzil stimmte mit der Zusammenfassung von Jakobus überein. Die Kombination aus Verheißungen der Heiligen Schrift und Erfahrung der Apostel hatte sie überzeugt, so wie sie vorher ihn selbst überzeugt hatte. Und der Vorschlag von Jakobus, dass sich die heidnischen Christen in vier kulturellen Lebensbereichen enthalten sollten, schien ihnen eine weise Vorgehensweise zu sein, um die gegenseitige Toleranz und die Gemeinschaft miteinander zu fördern. *Und die Apostel und Ältesten beschlossen samt der ganzen Gemeinde, aus ihrer Mitte* [d. h. von den Gliedern der Jerusalemer Gemeinde] *Männer auszuwählen und mit Paulus und Barnabas nach Antiochia zu senden, nämlich Judas mit dem Beinamen Barsabbas,* offenbar ein Hebräisch sprechender Christ, über den nichts Weiteres bekannt ist, außer dass er vielleicht zufällig der Bruder von Josef Barsabbas gewesen ist (Apg 1, 23) *und Silas* (V. 22), dessen lateinischer Name Silvanus lautete. Er war also ein Hellenist, der zugleich ein römischer Bürger war (Apg 16, 37) und später eng mit Paulus[15] und Petrus[16] verbunden sein würde. Lukas beschreibt diese zwei Männer als *angesehene Männer unter den Brüdern* (V. 22). Die Gemeinde entschloss sich jedoch, nicht nur Abgesandte auszuwählen und zur Gemeinde von Antiochien zu senden, aus der die Bitte gekommen war, in dieser Kontroverse ein Urteil zu fällen, sondern auch einen Brief an die Gemeinden mit heidnischen Gliedern zu schicken, um die Entscheidungen zu verbreiten. Ein Brief allein könnte jedoch unpersönlich erscheinen. So war es weise, Leute mit diesem Brief zu schicken, die seine Entstehung erklären, seine Bedeutung auslegen und seine Akzeptanz sicherstellen konnten.

Dieser Brief wurde mit Recht als »ein Meisterwerk des Takt- und Feingefühls« beschrieben.[17] Er beginnt in einer ausgesprochen brüderlichen Haltung: *Und sie gaben ein Schreiben in ihre Hand* (d. h. von Judas Barsabbas und Silas), *also lautend: Wir, die Apostel und Ältesten, eure Brüder, wünschen Heil den Brüdern aus den Heiden in Antiochia und Syrien und Zilizien.*

Eine englischsprachige Übersetzung (NIV) lässt diesen Teil – aus welchen Gründen auch immer– einfach weg. Wenn Brüder mit Brüdern kommunizieren, dann gibt es gute Gründe zu erwarten, dass hierbei ein versöhnlicher Geist vorherrscht. Dies war hier auch der Fall. Der Text des Briefes lautet wie folgt:

(24) Weil wir gehört haben, dass einige von den Unsern, denen wir doch nichts befohlen hatten, euch mit Lehren irre gemacht und eure Seelen verwirrt haben, (25) so haben wir, einmütig versammelt, beschlossen, Männer auszuwählen und zu euch zu senden, mit unsern geliebten Brüdern Barnabas und Paulus, (26) Männer, die ihr Leben eingesetzt haben für den Namen unseres Herrn Jesus Christus. (27) So haben wir Judas und Silas gesandt, die euch mündlich dasselbe mitteilen werden. (28) Denn es gefällt dem Heiligen Geist und uns, euch weiter keine Last aufzuerlegen als nur diese notwendigen Dinge: (29) dass ihr euch enthaltet vom Götzenopfer und vom Blut und vom Erstickten und von Unzucht. Wenn ihr euch davor bewahrt, tut ihr recht. Lebt wohl!

Die Jerusalemer Gemeinde und ihre Leiter machen in ihrem Brief drei wichtige Aussagen: 1. Sie distanzieren sich von der Beschneidungspartei und demzufolge natürlich auch von der Forderung nach der Beschneidung. Diese Männer waren *von den Unsern, denen wir doch nichts befohlen hatten* (V. 24). Diese falschen Lehren hatten zudem diejenigen, die sie hörten, *irre gemacht* (V. 24, das Verb *tarassō* hat die Bedeutung »in Aufregung, Unruhe, Verwirrung bringen«[18] und ist interessanterweise genau das Wort, das Paulus im Hinblick auf diese Leute in Galater 1,7 und 5,10 verwendet). 2. Sie stellen eindeutig klar, dass die Männer, die sie *beschlossen* hatten, *auszuwählen und ... zu senden* (V. 25), nämlich *Judas und Silas*, ihre volle Anerkennung und Unterstützung hatten. Sie würden den Brief nicht nur überbringen, sondern auch *mündlich ... mitteilen*, was darin enthalten war (V. 27). 3. Sie erklärten, dass sie einmütig beschlossen hatten (dem *Heiligen Geist und uns* hat es gefallen), heidnischen Neubekehrten *keine weiteren Lasten aufzuerlegen* (mit Sicherheit nicht die Beschneidung) *als nur diese notwendigen Dinge* (V. 28), nämlich die vier spezifischen Enthaltungsgebote, die wir bereits betrachtet haben. Der Schluss des Briefs, der eher eine Empfehlung als eine Forderung enthält, lautet: *Wenn ihr euch davor bewahrt, tut ihr recht* (V. 29).

11.4 Das Nachspiel des Konzils (Apg 15,30 - 16,5)

Nachdem Lukas seinen Lesern den Inhalt des Briefes mitgeteilt hat, berichtet er nun darüber, wie er von den überwiegend heidenchristlichen Gemeinden angenommen wurde – zuerst in Antiochia in Syrien (15,30 - 35), dann in Syrien und Zilizien (15,36 - 41) und drittens in Galatien (16,1 - 5).

a. Antiochia bekommt den Brief (15,30 - 35)

Im Briefkopf wird Antiochia als der erste Empfänger des Briefes genannt, weil dort die ursprüngliche Diskussion ausgebrochen und von dort auch die Bitte um Hilfe ausgegangen war.

(30) Als man sie hatte gehen lassen, kamen sie nach Antiochia und versammelten die Gemeinde und übergaben den Brief. (31) Als sie ihn lasen, wurden sie über den Zuspruch froh. (32) Judas aber und Silas, die selbst Propheten waren, ermahnten die Brüder mit vielen Reden und stärkten sie. (33) Und als sie eine Zeitlang dort verweilt hatten, ließen die Brüder sie mit Frieden gehen zu denen, die sie gesandt hatten. (35) Paulus und Barnabas aber blieben in Antiochia, lehrten und predigten mit vielen andern das Wort des Herrn.

Dieses Treffen der Gemeinde in Antiochia muss sie an ein ähnliches Treffen, das einige Zeit zuvor schon stattgefunden hatte, erinnert haben (Apg 14,27). Paulus und Barnabas waren beide Male dabei gewesen. Damals hatte die Zusammenkunft sich ereignet, weil sie einen Bericht über die erste Missionsreise mit den wunderbaren Nachrichten über die Bekehrung von Heiden erhalten hatten. Nun waren sie versammelt, um den Brief aus Jerusalem zu übergeben, der genauso wunderbare Nachrichten enthielt, dass nämlich Heiden, die zum Glauben an Jesus gekommen waren, als Christen angesehen werden sollten, ohne dass diese gleichzeitig auch Juden werden mussten. Kein Wunder, dass die Menschen beim Hören des Briefinhalts *über den Zuspruch froh* wurden (V. 31). *Judas ... und Silas*, die diesmal als *Propheten* bezeichnet werden, blieben noch für einige Zeit dort und *ermahnten die Brüder mit vielen Reden und stärkten sie* (V. 32). Doch dann *ließen* sie *sie mit Frieden gehen*, und sie kehrten nach Jerusalem zurück (V. 33). Die Aussage in Vers 34: *Es gefiel aber Silas, dort zu bleiben* (Anm. Luther '84, vgl. Anm. in Rev. Elb.), ist offensichtlich eine Glosse. Die besten Handschriften lassen diesen Vers aus. Vielleicht wurde dieser Satz eingefügt, um zu erklären, wie Silas in Vers 40 in Antiochia sein konnte, doch es widerspricht der klaren Aussage in Vers 33, dass sowohl er als auch Judas abreisten. *Paulus und Barnabas aber blieben* und *lehrten und predigten* (wörtlich »evangelisierten«) *mit vielen anderen das Wort des Herrn* (V. 35).

b. Syrien und Zilizien erhalten den Brief (15, 36 - 41)

Die Provinz Syrien (zu Syrien gehörte auch Antiochien) und Zilizien (in Zilizien lag Tarsus) war der Schauplatz von einigen der ersten evangelistischen Bemühungen des Paulus gewesen (Apg 9, 30).[19] Offensichtlich gab es dort einige heidenchristliche Gemeinden, denn diese Provinzen werden im Kopf des Briefes aus Jerusalem genannt (V. 23b). Doch bevor Lukas darüber berichten kann, wie der Brief sie erreichte, muss er, ehrlich wie er ist, die traurige Geschichte berichten, dass Paulus und Barnabas sich trennten.

(36) Nach einigen Tagen sprach Paulus zu Barnabas: Lass uns wieder aufbrechen und nach unsern Brüdern sehen in allen Städten, in denen wir das Wort des Herrn verkündigt haben, wie es um sie steht. (37) Barnabas aber wollte, dass sie auch Johannes mit dem Beinamen Markus mitnähmen. (38) Paulus aber hielt es nicht für richtig, jemanden mitzunehmen, der sie in Pamphylien verlassen hatte und nicht mit ihnen ans Werk gegangen war.

(39) Und sie kamen scharf aneinander, sodass sie sich trennten. Barnabas nahm Markus mit sich und fuhr nach Zypern. (40) Paulus aber wählte Silas und zog fort, von den Brüdern der Gnade Gottes befohlen. (41) Er zog aber durch Syrien und Zilizien und stärkte die Gemeinden.

Wir bemerken, dass *einige Tage* später (vielleicht als der Winter dem Frühling Raum machte und das Reisen wieder möglich war) Paulus Barnabas seinen Vorschlag unterbreitet, dass sie die galatischen Neubekehrten erneut besuchen und sehen sollten, wie sie vorankamen (V. 36). Barnabas stimmte dem zu, wollte jedoch seinen Cousin Johannes Markus mitnehmen, vielleicht um ihm eine zweite Chance zu geben (V. 37). Doch Paulus hielt dies für unweise, denn er hielt die Tatsache, dass Markus sie verlassen und es an Ausdauer hatte fehlen lassen, für bedenklich (V. 38). Die Meinungsverschiedenheit zwischen beiden war so groß, dass sie sich voneinander trennten – Barnabas nahm Markus mit sich und segelte in sein Heimatland Zypern (V. 39), während Paulus Silas auswählte, dessen kürzlicher Dienst in Antiochien ihn offensichtlich beeindruckt hatte. Von der Gemeinde wurden sie *der Gnade Gottes befohlen* (V. 40), genauso wie es auch bei Paulus und Barnabas für ihre Missionsreise der Fall gewesen war (Apg 14,26). Gott herrschte mit Sicherheit auch souverän über diesen »traurigen Streit«[20], denn als Folge davon sind »aus einem Paare … zwei Paare geworden«, wie Bengel feststellt.[21] Doch dieses Beispiel für die Vorsehung Gottes sollte nicht als eine Entschuldigung für Streitereien unter Christen herangezogen werden. Nun *zog* er (Paulus, aber auch Silas, wie wir gerade erst gelernt haben) *durch Syrien und Zilizien.* Dies wird eingeschlossen haben, dass sie durch den majestätischen, engen Pass im Taurusgebirge, der als »die Zilizischen Tore« bekannt ist, gingen. Dabei *stärkte* er *die Gemeinden* (V. 41), was ohne Zweifel sowohl durch das Überbringen des Briefes als auch durch ihr Lehren und ihre Ermutigung geschah.

c. Galatien bekommt den Brief (16, 1 - 5)

(1) Er kam auch nach Derbe und Lystra; und siehe, dort war ein Jünger mit Namen Timotheus, der Sohn einer jüdischen Frau, die gläubig war, und eines griechischen Vaters. (2) Der hatte einen guten Ruf bei den Brüdern in Lystra und Ikonion. (3) Diesen wollte Paulus mit sich ziehen lassen, und er nahm ihn und beschnitt ihn wegen der Juden, die in jener Gegend waren; denn sie wussten alle, dass sein Vater ein Grieche war. (4) Als sie aber durch die Städte zogen, übergaben sie ihnen die Beschlüsse, die von den Aposteln und Ältesten in Jerusalem gefasst worden waren, damit sie sich daran hielten. (5) Da wurden die Gemeinden im Glauben gefestigt und nahmen täglich zu an Zahl.

Lystra und Derbe waren die letzten galatischen Städte, die auf der ersten Missionsreise besucht worden waren. Weil Paulus sich ihnen nun von Osten her näherte, waren sie jetzt die ersten Orte, die er erneut besuchte. Das bemerkenswerteste Ereignis fand in Lystra statt. Hier lebte Timotheus (*ein Jünger*) und seine Mutter Eunike,[22] die eine Jüdin, jedoch *gläubig* geworden war. Vermutlich hatten sich Mutter und Sohn während des ersten Besuches von Paulus vor ungefähr fünf Jahren bekehrt.[23] Doch der Vater von Timotheus war ein Grieche (V. 1). Weil das Verb »war« (*hyperēchen*) in Vers 3 im Imperfekt steht, vermuten manche Kommentatoren, dass er bereits tot war. Weil Timotheus einen ausgezeichneten Ruf bei den Christen in Ikonion und Lystra hatte (V. 2), wollte Paulus ihn zu seinem Missionsteam hinzufügen – nicht einfach als Kameraden, sondern als Mitarbeiter; vielleicht sollte er den Platz von Markus einnehmen, so wie Silas den Platz von Barnabas eingenommen hatte. Seine jüdisch-griechische Herkunft würde ihm guten Zugang zu beiden Gruppierungen verschaffen. Doch obwohl er von seiner Mutter im jüdischen Glauben erzogen worden ist, war er niemals beschnitten worden. So beschnitt Paulus ihn *wegen der Juden, die in jener Gegend waren*, um so für diese seinen Dienst annehmbar zu machen. Denn diese wussten von seinem griechischen Vater (V. 3) und würden vermuten, dass er unbeschnitten war. Es ist wirklich merkwürdig, dass Paulus, der sich vorher über die Judaisten in Antiochia so sehr entrüstet hatte (Apg 15,1) und sich in seinem Brief an die Galater vehement gegen die Beschneidung wendet,[24] sich nun anschickt, Timotheus zu beschneiden. Kleinlich gesinnte Leute würden ihm Inkonsequenz vorwerfen. Doch er dachte und handelte zutiefst planmäßig. Nachdem prinzipiell vereinbart worden war, dass die Beschneidung nicht für die Errettung nötig war, war Paulus nun auch bereit, Zugeständnisse bei der Taktik zu machen. Das, was nicht nötig war, um bei Gott angenommen zu werden, konnte ratsam sein, um von einigen Menschen angenommen zu werden.

Wahrscheinlich wurde Timotheus auch »ordiniert«, bevor er Lystra verließ. Paulus und die Ältesten der Gemeinde werden ihm zumindest die Hände aufgelegt haben,[25] vermutlich um ihn für seinen Dienst zu beauftragen. Als Paulus, Silas und Timotheus nun *durch die Städte zogen, übergaben sie ihnen die Beschlüsse*, die der Brief enthielt. Infolgedessen *wurden die Gemeinden im Glauben gefestigt und nahmen täglich zu an Zahl* (wie auch in Apg 2,47).

Es ist bemerkenswert, dass Lukas in jedem dieser drei Abschnitte, die die Annahme des Briefes aus Jerusalem beschreiben, eine ähnliche Aussage über die Gemeinde macht. In Antiochia sprachen Judas und Silas und *stärkten* so die Brüder (Apg 15,32). Dann gingen Paulus und Silas durch Syrien und Zilizien und *stärkten* dort *die Gemeinden* (Apg 16,5). Wie auch in Apostelgeschichte 14,22 sind die beiden ersten Verben *episterizō*. Dort haben wir zur Kenntnis genommen, dass es sich dabei fast um ein Fachwort für die Festigung oder Errichtung von Christen oder christlichen Gemeinden handelt. Das dritte ist ein ähnliches Verb, *stereoō*, »stark machen, festigen«[26]. Der im Brief enthaltene Beschluss des Jerusalemer Konzils war so weise und gut, dass, wo immer diese gute Botschaft sich auch hin ausbreitete, die Gemeinden an Stabilität und Festigkeit zunahmen.

11.5 Bleibende Bedeutung

Liest und studiert man in der heutigen Zeit Apostelgeschichte 15, so ist man versucht, ungeduldig darüber hinwegzugehen, da der Inhalt nur von geschichtlichem Interesse sei. Heutzutage gibt es keine Beschneidungspartei mehr, die versucht, irgendjemandem die mosaischen Riten aufzuerlegen. Und es wäre absurd, von irgendeiner heutigen christlichen Gruppe zu erwarten, dass sie die vier Enthaltungsgebote der Apostel akzeptiert, auch wenn einige von ihnen (wie der Verzehr von koscherem Essen) immer noch bei Christen, die unter konservativen Juden leben, Anwendung finden könnten. Ansonsten erscheint uns diese ganze Angelegenheit sehr weit entfernt, ja sogar irrelevant. Doch sie enthält mindestens zwei Lektionen, die immer noch gültig sind; die erste bezieht sich auf das Heil und die zweite auf die Gemeinschaft.

a. Heil: Eine Sache der christlichen Wahrheit

Die Judaisten vertraten die Ansicht, dass zur Errettung die Beschneidung nötig war (V. 1). Deshalb bestand die Gefahr, dass die Gemeinde in miteinander streitende theologische Splittergruppen mit verschiedenen Anführern zerbrach, die unterschiedliche Evangelien lehrten und so die Einheit der Gemeinde zerstörten. Diese Gefahr war ganz real. Die Judaisten nahmen die Autorität von Jakobus für sich in Anspruch und widersprachen Paulus. Petrus hatte sich in die Irre führen lassen und wurde von Paulus deshalb angegriffen. Es hatte den Anschein, als lagen sich die drei Apostel in den Haaren, wobei sich Jakobus und Paulus gegenüberstanden und Petrus zwischen beiden hin und her schwankte. Die Lage war kritisch. So gibt Lukas sich große Mühe zu beschreiben, wie Petrus beim Konzil zuerst auftrat, danach Paulus und zum Schluss Jakobus, wie die Heilige Schrift und die Erfahrung miteinander übereinstimmten und wie die Apostel (alle drei), die Ältesten und die gesamte Gemeinde einen einstimmigen Beschluss fassten (V. 22, 28). So bewahrte die Einheit des Evangeliums die Einheit der Gemeinde. Trotz der verschiedenartigsten Formulierungen und Betonungen im N.T. gibt es nur ein Evangelium der Apostel. Wir müssen uns modernen Theologen entgegenstellen, die die neutestamentlichen Schreiber als solche darstellen wollen, die sich nicht einig waren. Wir müssen uns von solchen Gelehrten distanzieren, die über paulinische, petrinische und johanneische Positionen sprechen, als handelte es sich dabei um nicht miteinander zu vereinbarende Evangelien. Sogar Paulus und Jakobus, die sich auf dem Konzil miteinander versöhnten, können in ihren neutestamentlichen Briefen in Einklang miteinander gebracht werden. Beide lehrten denselben Heilsweg.

Zudem ist das Evangelium der Apostel Christi das Evangelium der freien Gnade Gottes, die Botschaft von der unverdienten Liebe für Sünder im Tod seines Sohnes, der an unserer statt starb. Zudem ist es das Evangelium der hinreichenden Gnade Gottes. Es kann weder als Ergänzung zu etwas anderem (z. B. zum Judaismus) noch in der Weise angesehen werden, als wäre ein weiterer Zusatz nötig (z. B. die Beschneidung), ohne dadurch selbst untergraben zu werden. Doch genau dies war der Fehler der Judaisten gewesen. Für sie war der Glaube an Jesus nicht genug, die Beschneidung und die Werke des Gesetzes mussten hinzukommen. Heutzutage versuchen manche Menschen auch, etwas hinzuzufügen, vielleicht die Menschenliebe oder religiöse Bräuche oder eine bestimmte Zeremonie oder Erfahrung. In jedem Fall handelt es sich dann um ein »Jesus-plus-etwas-Evangelium«, welches das völlig ausreichende Werk Jesu in Frage stellt. Wir müssen uns die Worte von Petrus stets vergegenwärtigen: »Vielmehr glauben wir, durch die Gnade des Herrn Jesus selig zu werden, ebenso wie auch sie« (V. 11). Alle Menschen, Juden und Heiden, werden auf die gleiche Weise gerettet, durch das einzige apostolische Evangelium der Gnade Gottes.

b. Gemeinschaft: Eine Sache der christlichen Liebe

Es war die eine Sache, das Evangelium vor Veränderungen zu schützen, es war aber eine andere, die Gemeinde vor der Zersplitterung zu bewahren. Paulus wollte auf keinen Fall die »Wahrheit des Evangeliums«[27] verändern. Er widerstand den Judaisten, er wies Petrus öffentlich zurecht und schrieb einen leidenschaftlichen Aufruf an die Galater.[28] Gleichzeitig war er sehr darum besorgt, die jüdisch-heidnische Zusammengehörigkeit in dem einen Leib Christi zu erhalten. Wie konnte er nun die Gemeinde vereinen, ohne das Evangelium zu verändern, oder wie konnte er die Reinheit des Evangeliums verteidigen, ohne die Einheit der Gemeinde zu opfern? Seine Antwort offenbart sein gütiges Herz und seinen großherzigen Sinn. Nachdem er das theologische Prinzip fest verankert hatte, dass Heil nur durch die Gnade geschieht und dass die Beschneidung nicht nötig war, sondern hinsichtlich des Heils neutral ist, war er bereit, sein praktisches Vorgehen abzustimmen. Er machte zwei bemerkenswerte Vorschläge, beide aus dem gleichen versöhnlichen Grund: Zuerst nahm er die vier kulturellen Enthaltungsgebote an, die die jüdischen Leiter den heidnischen Neubekehrten vorschlugen, denn Mose wurde in weiten Kreisen gelesen und gepredigt. Diese Einschränkungen der Heiden würden das jüdische Gewissen beruhigen und die sozialen Verbindungen zwischen Juden und Heiden fördern. Als Zweites beschnitt er Timotheus – er, der er gerade erst gegen die Beschneidung gewettert hatte – in Anbetracht der Juden, die sich angegriffen fühlen würden, wenn er weiterhin unbeschnitten wäre.

Einige Kommentatoren waren so sehr über die offensichtliche Diskrepanz zwischen Paulus, dem Unflexiblen, der sich gegen die Beschneidung wandte, und Paulus dem Flexiblen, der Timotheus beschnitt, erstaunt, dass sie dies als nicht miteinander vereinbar bezeichneten. Dies war der Hauptgrund dafür, dass F.C. Baur schließlich schrieb, »dass der Paulus der Apostelgeschichte offenbar ein ganz anderer ist als der Paulus der paulinischen Briefe selbst«.[29] Doch es ist eine Tatsache, dass dieser Unterschied in der Erzählung der Apostelgeschichte selbst zu finden ist. Zudem stehen die Zugeständnisse von Paulus in Apostelgeschichte 15 und 16 völlig im Einklang mit der versöhnlichen Lehre in seinen Briefen. Er forderte die Christen mit einem »starken« (oder gebildeten) Gewissen dazu auf, nicht das Gewissen der »Schwachen« (oder Überängstlichen) zu verletzen. Ein starkes Gewissen vermittelt uns Freiheit im Verhalten, aber wir sollten unsere Freiheit aus Liebe zu den Schwachen einschränken.[30] Obwohl Paulus frei war, war er dazu bereit, sich selbst zum Diener anderer zu machen. Gegenüber denjenigen unter dem Gesetz, war er bereit, wie einer unter dem Gesetz zu werden, um diejenigen unter dem Gesetz zu gewinnen.[31] Tat er nicht genau dies, als er Timotheus beschnitt und als er einige Jahre später in Jerusalem den Vorschlag von Jakobus annahm, an bestimmten jüdischen Reinigungsriten teilzunehmen (Apg 21, 17-26)?

So können wir sagen, dass das Jerusalemer Konzil einen doppelten Sieg errang – einen Sieg der Wahrheit bei der Bekräftigung des Evangeliums der Gnade und einen Sieg der Liebe, in dem die Gemeinschaft durch feinfühlige Zugeständnisse an Gewissensbisse von Juden bewahrt wurde. Wie Luther es ausgedrückt hat, war Paulus stark im Glauben und sanft in der Liebe: »Darum soll ein Christ in allem, was den Glauben betrifft, überaus stolz und hartnäckig sein, gar nichts leiden, niemandem auch nur ein Haarbreit weichen, denn durch den Glauben wird der Mensch zum Gott ... So ist auch der Glaube unveränderlich, deshalb soll er nichts leiden, niemandem weichen. Nach der Liebe aber soll der Christ weichen und alles leiden, denn da ist er nur ein lauterer Mensch«.[32] Oder wie John Newton einmal auf einem Treffen der *Eclectic Society* (»Eklektische Gesellschaft«) im Jahr 1799 gesagt hat: »Paulus war ein Schilfrohr in Nebensächlichkeiten – eine eiserne Säule in wesentlichen Dingen«.[33]

12. Mission in Mazedonien (Apg 16,6-17,15)

Das bemerkenswerteste Ereignis auf der zweiten Missionsreise von Paulus, von der Lukas in diesen Kapiteln berichtet, ist, dass auf ihr der gute Same des Evangeliums nun das erste Mal auf europäischem Boden ausgesät wurde. Natürlich gab es zur damaligen Zeit keine Grenzlinie zwischen »Asien« und »Europa«, und die Missionare, die durch den nördlichen Teil des Ägäischen Meeres segelten, waren sich nur dessen bewusst, dass sie von einer Provinz zur anderen gelangten, nicht von einem Kontinent zum anderen, denn beide Küsten der Ägäis gehörten zum Römischen Reich. Trotzdem stimme ich Campbell Morgan zu, der schreibt: »Paulus war es nicht vor Augen, dass er nach Europa übersetzte – aber dem Heiligen Geist«.[1] Mit dem Vorteil dessen, dass wir dies im geschichtlichen Rückblick betrachten können, und dem Wissen, dass Europa der erste christliche Kontinent wurde und bis vor nicht allzu langer Zeit der Hauptausgangspunkt für die Mission der restlichen Welt war, können wir sehen, was für eine epochemachende Entwicklung dies war. Von Europa aus breitete sich zur gegebenen Zeit das Evangelium zu den großen Kontinenten Afrika, Asien, Nordamerika, Lateinamerika und Ozeanien aus und erreichte so die Enden der Erde.

Paulus und seine Begleiter waren sich dessen bewusst, dass sie auf ihrer zweiten Missionsreise in drei römischen Provinzen neue Gemeinden gegründet hatten, zu denen sie auf ihrer ersten Missionsreise nicht vorgedrungen waren. Auf ihrer ersten Reise hatten sie sich insbesondere auf Zypern und Galatien konzentriert, auf ihrer zweiten erreichten sie nun Mazedonien und Achaja, beziehungsweise die Provinzen des nördlichen und südlichen Griechenlands, und sie machten nur einmal kurz Halt in der Provinz Asien, als sie Ephesus besuchten und versprachen, auf ihrer nächsten Reise dorthin zurückzukehren. Zudem berücksichtigten die Missionare bei ihren Reiseplänen in jedem Fall die jeweilige Hauptstadt –

Thessalonich als Hauptstadt Mazedoniens, Korinth als die von Achaja und Ephesus als Hauptstadt Asiens. Zudem schrieb Paulus später an jede der Gemeinden in diesen Orten Briefe, nämlich seine Briefe an die Thessalonicher, die Korinther und die Epheser. In diesem Kapitel konzentrieren wir uns aber auf seine Mission in Mazedonien, welche Besuche in den drei wichtigsten Städten Mazedoniens einschloss, nämlich Philippi, Thessalonich und Beröa.

Wie kam es aber, dass die Missionare Europa erreichten? Paulus war von Antiochia in Syrien aus aufgebrochen, wiederum von der Gemeinde der Gnade Gottes anbefohlen, nicht in erster Linie, um neue Gemeinden zu gründen, sondern um diejenigen zu erbauen und zu stärken, die einige Jahre zuvor auf seiner ersten Reise gegründet worden waren. Das Verb, das in Apostelgeschichte 15, 36 mit »nach jemand sehen« übersetzt wird (*episkopeo*) ist inhaltlich mit *episkopē*, pastoraler Aufsicht, verbunden und wird für Besuche bei Kranken[2] und die Fürsorge für Witwen und Waisen[3] verwendet. Paulus war mehr als ein Pioniermissionar – ihm lag daran, die Gemeinden und Gläubigen reifen zu sehen. So verbrachten er und seine Reisegefährten zuerst einige Zeit in Derbe und Lystra und danach in Ikonion und Antiochien in Pisidien, welches Lukas wahrscheinlich mit dem Ausdruck *Phrygien und das Land Galatien* (Apg 16, 6), nämlich der »Region Phrygien in der Provinz Galatien«, gemeint hat.[4] Es ist sehr lehrreich zu sehen, wie Gott sie bei ihren nächsten Schritten leitet.

(6) Sie zogen aber durch Phrygien und das Land Galatien, da ihnen vom Heiligen Geist verwehrt wurde, das Wort zu predigen in der Provinz Asien. (7) Als sie aber bis nach Mysien gekommen waren, versuchten sie, nach Bithynien zu reisen; doch der Geist Jesu ließ es ihnen nicht zu. (8) Da zogen sie durch Mysien und kamen hinab nach Troas. (9) Und Paulus sah eine Erscheinung bei Nacht: ein Mann aus Mazedonien stand da und bat ihn: Komm herüber nach Mazedonien und hilf uns! (10) Als er aber die Erscheinung gesehen hatte, da suchten wir sogleich nach

Mazedonien zu reisen, gewiss, dass uns Gott dahin berufen hatte, ihnen das Evangelium zu predigen.

Antiochien in Pisidien, der Mittelpunkt der Region Phrygien, lag also sehr nahe an der Grenze zur Provinz Asien. Aus diesem Grund war es nur natürlich, dass der Blick der Missionare in den Südwesten, entlang der *Via Sebaste* gerichtet war, die nach Kolossä (ungefähr 240 km davon entfernt) führt und anschließend an die Küste nach Ephesus (noch einmal ungefähr 240 km). Es hat tatsächlich den Anschein, dass sie einen Teil ihres Weges an dieser Straße entlang gereist sind, doch in einer nicht näher bestimmten Weise wurden sie vom Heiligen Geist daran gehindert, *das Wort zu predigen in der Provinz Asien* (V. 6). Weil die Route in Richtung Südwesten so blockiert war, wandten sie sich nach Norden, bis sie *nach Mysien* gekommen waren. Dies war keine Regierungsprovinz des Römischen Reiches, sondern ein alter Name für einen großen Teil von Kleinasiens nordwestlichem Landvorsprung. Hier versuchten sie, weiter nach Norden zu reisen und Bithynien zu erreichen, die Provinz, die an der Südküste des Schwarzen Meeres lag und in der Städte wie Nicäa und Nikomedien lagen. Doch in einer Art und Weise, die Lukas wiederum nicht näher erklärt, *ließ* der *Geist Jesu* dies wieder *nicht zu* (V. 7).

Auf Grund der Tatsache, dass Petrus später an die christliche Diaspora in diesen Gegenden schrieb, Asien und Bithynien eingeschlossen,[5] hat man geschlussfolgert, dass Paulus davon abgehalten wurde, dort zu evangelisieren, um Petrus nicht in die Quere zu kommen. Doch wir können nur Vermutungen darüber anstellen, wie der Heilige Geist sie in diesen zwei Situationen hinderte. Dies kann den Missionaren durch einen starken, einmütigen inneren Eindruck vermittelt worden sein oder durch einen äußeren Umstand, wie z. B. eine Krankheit, den Widerstand von Juden oder ein gesetzliches Verbot oder auch durch die Äußerung eines christlichen Propheten, vielleicht Silas selbst (Apg 15,32). Wie es auch sei – nachdem sie aus dem Osten gekommen waren und die Straßen in den Südwesten und in den Norden versperrt vorfanden, war die einzige Richtung, die ihnen noch offen stand, der Nordwesten. So zogen sie *durch Mysien* oder »reisten ... an Mysien vorbei« (ZB, vgl. Schlachter u. Rev. Elb.), was entweder heißen konnte, dass sie es in dem Sinne »vernachlässigten«, dass sie dort nicht anhielten, um zu evangelisieren,[6] oder dass sie am Rande entlangzogen, weil es keinen Hauptverkehrsweg durch dieses Gebiet zur Küste hin gab.[7] Auf welcher Strecke sie auch genau reisten – sie kamen an dem ägäischen Hafen von *Troas* an (V. 8), nahe des Hellespont, den wir heute die Dardanellen nennen. Sie hatten einen langen Weg hinter sich, den gesamten Weg vom Südosten bis in den äußersten Nordwesten von Kleinasien, und noch dazu auf einem Umweg. Sie müssen in einem Zustand von außerordentlicher Verwunderung gewesen sein, sich gefragt haben, was Gottes Plan und Absicht war, denn bisher waren ihre Richtungsanweisungen immer negativ formuliert gewesen. Nur zu diesem Zeitpunkt erhielten sie eine positive Antwort.

Eines Nachts in Troas hatte Paulus einen Traum oder eine Vision, wobei er einen *Mann aus Mazedonien* stehen sah, der ihn in einer bittenden Haltung anflehte, ihn vielleicht zu sich herüberwinkte. Paulus hörte ihn sagen: »*Komm herüber* [über das Ägäische Meer] *nach Mazedonien und hilf uns!*« (V. 9). William Barclay machte den sehr unwahrscheinlichen Vorschlag, dass der Mann im Traum Alexander der Große war, einerseits weil »der Bezirk von Erinnerungen an Alexander durchdrungen war« und andererseits weil es die Absicht Alexanders gewesen war, »den Osten mit dem Westen zu verheiraten« und so eine Welt zu schaffen, während es Paulus Vision war, »eine Welt für Christus« zu gewinnen.[8] William Ramsay argumentierte, dass der Mazedonier Lukas sei, den Paulus gerade in Troas getroffen und ihn vielleicht als Arzt aufgesucht habe. Es ist wahrscheinlich, dass Lukas einige persönliche Verbindungen nach Philippi hatte, und es ist sicher, dass er zu der Zeit in Troas weilte, weil er im nächsten Vers (V. 10) mit dem ersten »Wir-Stück« beginnt, durch das er leise, aber bewusst die Aufmerksamkeit darauf lenkt, dass er zu dieser Zeit anwesend war. Den Mazedonier jedoch mit Lukas gleichzusetzen, ist völlig aus der Luft gegriffen, und auch Ramsay gibt zu, dass manche dies als eine »Schnapsidee« bezeichnen würden.[9]

Wir wissen wiederum, dass Paulus am nächsten Morgen seinen Begleitern von seiner Erscheinung erzählt hat, dass sie gemeinsam über deren Bedeutung und deren Andeutungen diskutierten und dass sie daraus schlossen, dass Gott sie dazu berufen hatte, das Evangelium den Mazedoniern zu predigen. Sie versuchten, *sogleich nach Mazedonien zu reisen* (V. 10). A. T. Pierson weist in seinem Buch *The Acts of the Holy Spirit* (»Die Taten des Heiligen Geistes«) auf den Umstand hin, was er »die doppelte Führung des Apostels und seiner Begleiter« nennt. Es gab nämlich »einerseits *Verbot und Hindernis*«, andererseits *Erlaubnis und Befehl*. In die eine Richtung werden sie gehindert, in die andere eingeladen; zu dem einen Weg sagt der Heilige Geist »Geht nicht diesen Weg!«, zum anderen Weg sagt er »Geht!«. Pierson fährt damit fort, dass er einige spätere Beispiele über diese »doppelte Führung« aus der Missionsgeschichte nennt: Livingstone versuchte, nach China zu gehen, doch Gott sandte ihn stattdessen nach Afrika. Vor ihm plante Carey, nach Polynesien in der Südsee zu reisen, doch Gott führte ihn nach Indien. Judson ging zuerst nach Indien, dann wurde er jedoch nach Burma getrieben. Pierson schließt damit, dass er sagt, dass auch wir in unseren Tagen, »ihm in Sachen Führung vertrauen müssen und uns gleichermaßen über seine Hindernisse und Befehle freuen sollen«.[10]

Diese Erfahrung von Paulus und seinen Begleitern veranschaulicht einige wichtige Prinzipien über die Führung Gottes. Gott leitete sie durch verschiedene Faktoren und über einen gewissen Zeitraum hinweg, was damit endete, dass sie gemeinsam über deren Bedeutung nachdachten. Zuerst kam eine zweifache Hinderung, irgendwie wurde ihr Weg nach Asien und Bithynien versperrt und sie wurden nach Troas geführt, dessen Hafen westlich nach Mazedonien wies. Dem folgte die nächtliche Erscheinung, die Paulus um Hilfe bat. Diese Umstände waren die Grundlage für ihre Diskussion, sodass sie sich selbst fragten, was diese Ereignisse bedeuteten. Dann zählten sie zwei und zwei zusammen, die negativen Dinge (das Hindernis in Richtung Asien und Bithynien) und die positiven Dinge (die Aufforderung, nach Mazedonien zu kommen) und schlossen daraus, dass Gott sie durch diese verschiedenartigen Erfahrungen dazu berief, nach Mazedonien herüberzugehen, um zu »helfen«, d. h., um das Evangelium dort zu predigen. Daraus können wir lernen, dass Gott normalerweise nicht nur in einer negativen Art und Weise, sondern auch in einer positiven führt (einige Türen sind geschlossen, andere offen); dass Gott nicht nur durch Umstände, sondern auch durch den Verstand leitet (durch das Nachdenken über unsere Situation); nicht nur einzelne Personen, sondern auch Gruppen (indem man einander die Tatsachen mitteilt, sodass wir gemeinsam über sie nachdenken und eine gemeinsame Meinung erlangen können). Das Verb *symbibazō* in Vers 10, das mit *gewiss* (Luther '84; vgl. Einh., GN, JB, Albrecht), »indem wir daraus schlossen« (Schlachter; vgl. Rev. Elb., Menge, ZB, Meister) übersetzt wird, hat wörtlich die Bedeutung »zusammenbringen, vereinigen«[11] und meint somit »aus einer Reihe von Tatsachen einen Schluss ziehen«.

12.1 Die Mission in Philippi (Apg 16, 11 - 40)

(11) Da fuhren wir von Troas ab und kamen geradewegs nach Samothrake, am nächsten Tag nach Neapolis (12) und von da nach Philippi, das ist eine Stadt des ersten Bezirks von Mazedonien, eine römische Kolonie. Wir blieben aber einige Tage in dieser Stadt.

Lukas »hat das wahrlich griechische Gefühl für das Meer«, schreibt William Ramsay,[12] denn während Lukas nun Teil des Missionsteams ist und mit ihm reist, nennt er einige Einzelheiten von ihrer Reise über die Ägäis. Er erwähnt *Samothrake*, eine Felseninsel, deren höchster Berg sich auf über 1.500 m erhebt. Wahrscheinlich machten sie dort über Nacht Halt. Er erwähnt *Neapolis*, den modernen Hafen von Kawala, wo sie *am nächsten Tag* landeten (V. 11). Sie müssen eine günstige Windrichtung gehabt haben, um ihre 240 km lange Fahrt an zwei Tagen zu vollenden, denn für die Rückreise benötigten sie ganze fünf Tage (Apg 20, 6). Von Neapolis aus wanderten sie an der *Via Egnatia* entlang, die direkt durch die griechische Halbinsel von der Ägäis zur Adria führte, 15 km ins Landesinnere nach Philippi. Noch immer kann man die massiven Pflastersteine besichtigen, die vom Verkehr der Jahrhunderte verschlissen sind.

Philippi hatte seinen Namen von Philipp II. von Mazedonien im 4. Jh. v. Chr. erhalten. Nach etwa zwei Jahrhunderten als griechische Kolonie wurde es Teil des Römischen Reiches. Bis zum Ende des 1. Jh. v. Chr. wurde es *eine römische Kolonie*, in der sich zahlreiche Veteranen niederließen. Lukas weiß auch, dass die Provinz von Mazedonien in vier Bezirke unterteilt war, und nennt Philippi »*die* erste Stadt jenes Teiles von Mazedonien« (Rev. Elb.; Schlachter). Andere Wissenschaftler übersetzen »*eine* führende Stadt des Distrikts von Mazedonien«, während wiederum andere eine textlich nicht belegte Verbesserung vorschlagen, sodass dann zu lesen wäre: *eine Stadt des ersten Bezirks von Mazedonien* (vgl. Luther '84; Einh.). Welche Lesart auch immer die richtige sein mag – Lukas spricht mit Stolz von dieser Stadt, die vielleicht seine eigene war. Das Missionsteam blieb *einige Tage in dieser Stadt* (V. 12), mit großer Sicherheit handelte es sich tatsächlich um einige Wochen. In dieser Zeit müssen sich viele bekehrt haben. Lukas erwähnt aber nur drei, nicht – so scheint es – weil sie an sich so bemerkenswert gewesen wären, sondern weil sie deutlich machen, wie Gott trennende Hindernisse niederreißt und in Christus die verschiedenartigsten Völker vereinigen kann.

a. Eine Geschäftsfrau namens Lydia (16,13 - 15)

(13) Am Sabbattag gingen wir hinaus vor die Stadt an den Fluss, wo wir dachten, dass man zu beten pflegte, und wir setzten uns und redeten mit den Frauen, die dort zusammenkamen. (14) Und eine gottesfürchtige Frau mit Namen Lydia, eine Purpurhändlerin aus der Stadt Thyatira, hörte zu; der tat der Herr das Herz auf, sodass sie darauf achthatte, was von Paulus geredet wurde. (15) Als sie aber mit ihrem Hause getauft war, bat sie uns und sprach: Wenn ihr anerkennt, dass ich an den Herrn glaube, so kommt in mein Haus und bleibt da. Und sie nötigte uns.

Anscheinend gab es keine Synagoge in Philippi, es existierte jedoch eine »Gebetsstätte« (Rev. Elb., Menge, Schlachter) – so wie die Missionare es vermutet hatten –, welche knapp zwei km *vor* der *Stadt* lag. Es kann sich um eine Art Einfriedung oder einen offenen Platz gehandelt haben. Diese Gebetsstätte lag nahe an dem kleinen Flüsschen Gangites, dessen Nähe wohl für rituelle Waschungen nützlich war. Weil Lukas hinzufügt, dass die Versammlung nur aus Frauen bestand, vermutet man üblicherweise, dass dies erklärt, warum es keine Synagoge gab: Es waren zehn Männer nötig, bevor eine Synagoge gegründet werden konnte. Wie es auch sei – Paulus und seine Freunde gesellten sich *am Sabbattag* zum Gottesdienst zu den Frauen und *setzten* sich, um darauf zu warten, dass sie gebeten würden zu sprechen (V. 13).

Eine der Frauen *mit dem Namen Lydia* kam aus Thyatira, welches im Hermustal auf der anderen Seite der Ägäis in der Provinz Asien lag. Weil dieses Gebiet zu dem antiken Königreich der Lydia gehört hatte, kann es sein, dass »Lydia« weniger ihr Eigenname als eher ihr Herkunftsname war, sie mag als die »lydische Frau« bekannt gewesen sein. Thyatira war seit Jahrhunderten für seine Farbstoffe bekannt gewesen und eine frühe Inschrift verweist auf eine Färbergilde in diese Stadt. Lydia hatte sich selbst auf Kleider spezialisiert, die mit einem teuren Purpurfarbstoff behandelt wurden, und war vermutlich die mazedonische Vertreterin eines Fabrikanten aus Thyatira. Sie war auch *eine gottesfürchtige Frau*, gläubig und dem Verhalten nach eine Jüdin, auch wenn sie nie eine geworden war. Als sie der Botschaft von Paulus zuhörte, *tat der Herr* ihr *das Herz auf, sodass sie darauf achthatte* (V. 14). D.h., er öffnete ihre inneren Augen, um Jesus zu sehen und an den zu glauben, den Paulus verkündigte. Wir sollten darauf achten, dass die Botschaft zwar von Paulus war, das Heil aber von Gott selbst herbeigeführt wurde. Die Predigt des Paulus genügte nicht, der Herr wirkte aber durch sie. Und er handelte nicht selbst auf direkte Art und Weise, sondern er wollte durch die Predigt des Paulus wirken. Diese Art des Wirkens Gottes bleibt immer die gleiche.

Bald nach ihrer Bekehrung wurde sie *mit ihrem Haus* (*oikos*) *getauft*. Dies ist die zweite Haustaufe, von der Lukas berichtet.[13] Das Haus schloss vermutlich auch ihre Diener ein. Ob auch Kinder mit eingeschlossen waren – es wurde vermutet, dass sie eine Witwe war – ist eine viel diskutierte Frage, auch wenn es beachtenswert ist, dass *oikos* mit Sicherheit manchmal für eine Familie mit Kindern verwendet wurde.[14] Lydia lud daraufhin Paulus und seine Begleiter in ihr Haus ein (welches wahrscheinlich der Treffpunkt der Christen wurde), denn wenn einmal das Herz offen ist, so ist auch das Haus offen. Wenn sie sie für eine an den Herrn gläubige Person hielten, so sagte sie, so wäre es sicherlich angemessen für sie, sie in ihr Haus aufzunehmen. Sie wandte alle ihre Überredungskünste an, ja, *sie nötigte* sie (V. 15). Dies hat zu verschiedenen falschen Mutmaßungen geführt, z. B., dass Lydia entweder Evodia oder Syntyche[15] oder der »wahre Gefährte« (»Jochgenosse« [Anm. Rev. Elb.])[16] des Paulus sei oder sogar, dass sie und Paulus geheiratet hätten. Doch hierbei handelt es sich um nichts anderes als wilde Spekulationen.

b. Eine unbekannte Magd (16,16-18)

(16) Es geschah aber, als wir zum Gebet gingen, da begegnete uns eine Magd, die hatte einen Wahrsagegeist und brachte ihren Herren viel Gewinn ein mit ihrem Wahrsagen. (17) Die folgte Paulus und uns überall hin und schrie: Diese Menschen sind Knechte des allerhöchsten Gottes, die euch den Weg des Heils verkündigen. (18) Das tat sie viele Tage lang. Paulus war darüber so aufgebracht, dass er sich umwandte und zu dem Geist sprach: Ich gebiete dir im Namen Jesu Christi, dass du von ihr ausfährst. Und er fuhr aus zu derselben Stunde.

Als Paulus und seine Freunde an einem anderen Sabbat *zum Gebet gingen, begegnete* ihnen *eine Magd*, die sich ihnen offensichtlich in den Weg stellte. Lukas berichtet uns zwei Dinge über sie. Erstens: Sie *hatte einen Wahrsagegeist*, mit dem sie die Zukunft voraussagen konnte, oder wörtlich »den Geist einer Python«. Dies verweist auf die Schlange in der klassischen griechischen Mythologie, die den Tempel von Apollo und das Orakel von Delphi am Berg Parnassos bewachte. Man dachte, dass die Schlange Apollo verkörperte und dass er die Pythoninen, seine weiblichen Anhänger, durch sein Wahrsagen inspirierte, auch wenn andere Leute sie für Bauchredner hielten. Als Zweites erzählt Lukas uns, dass die Magd von ihren Besitzern ausgebeutet wurde, für die sie *viel Gewinn mit ihrem Wahrsagen* machte (V. 16). Als Paulus und seine Freunde weitergingen, folgte ihnen das Mädchen und schrie: »*Diese Menschen sind Knechte des allerhöchsten Gottes* (dies ist eine Bezeichnung, die von den Juden für Jahwe und von den Griechen für den Gott Zeus verwendet wurde), *die euch den Weg des Heils verkündigen*« (V. 17). Weil das Heil ein beliebtes Gesprächsthema in der damaligen Zeit war – auch wenn die verschiedenen Leute unterschiedliche Dinge darunter verstanden – war es nicht im Geringsten verwunderlich, dass das Mädchen die Missionare als Lehrer des *Weg[s] des Heils* bejubelte. Es war auch nicht merkwürdig, dass der böse

Geist dies als Zeugnis der Boten Gottes ausrief, weil Lukas auch in Bezug auf den öffentlichen Dienst von Jesus von einem gleichen Ereignis berichtet hat.[17] Doch warum sollte sich ein Dämon evangelistisch betätigen? Vielleicht lag das versteckte Motiv darin, dadurch ein schlechtes Licht auf das Evangelium zu werfen, dass die Menschen es in ihren Gedanken mit dem Okkulten in Verbindung brachten.

Das Geschrei des Mädchens hielt *viele Tage lang* an, bis *Paulus ... darüber so aufgebracht* war, dass er selbst etwas unternahm. Lukas sagt, dass er sehr *aufgebracht* war. Das Verb *diaponeomai* könnte mit »ärgerlich« (Einh.) oder »unwillig« (Rev. Elb., Menge, JB, ZB) übersetzt werden. Doch es ist sicherlich nicht angebracht, zu sagen, dass »Paulus es nicht mehr ertragen konnte« (HFA). Besser ist es, dies so zu verstehen, dass er »entrüstet« (Albrecht) oder betrübt über die Situation des armen Mädchens und auch erschrocken über diese unangemessene und unwillkommene öffentliche Wirksamkeit war. Seine Unwilligkeit ließ ihn sich umdrehen und dem bösen Geist im Namen Jesu Christi befehlen, aus dem Mädchen auszufahren, was dieser dann auch sofort tat (V. 18). Auch wenn Lukas weder ausdrücklich auf ihre Bekehrung noch auf ihre Taufe verweist, so lässt die Tatsache, dass sich ihre Erlösung von dem Wahrsagegeist zwischen der Bekehrung von Lydia und des Gefängnisaufsehers ereignete, den Leser darauf schließen, dass auch sie ein Glied der Gemeinde von Philippi wurde.

c. Der römische Gefängnisaufseher (16,19-40)

Die Erlösung der Magd von ihrem Wahrsagegeist war zu viel für ihre Besitzer – sie erkannten, dass mit dem Ausfahren (*exēlthen*) des bösen Geistes *damit* auch *ihre Hoffnung auf Gewinn ausgefahren war*. Dieses Verb wurde sicherlich bewusst wiederholt. F. F. Bruce kommentiert dies mit folgenden Worten: »Als Paulus den Geist, der sie in Besitz genommen hatte, austrieb, hatte er damit gleichzeitig ihre Einkommensquelle ausgetrieben«.[18] Der Zorn der Besitzer der Magd hatte für die Missionare einige sehr unerfreuliche Konsequenzen, im Besonderen für Paulus und Silas.

(19) Als aber ihre Herren sahen, dass damit ihre Hoffnung auf Gewinn ausgefahren war, ergriffen sie Paulus und Silas, schleppten sie auf den Markt vor die Oberen (20) und führten sie den Stadtrichtern vor und sprachen: Diese Menschen bringen unsre Stadt in Aufruhr; sie sind Juden (21) und verkünden Ordnungen, die wir weder annehmen noch einhalten dürfen, weil wir Römer sind. (22) Und das Volk wandte sich gegen sie; und die Stadtrichter ließen ihnen die Kleider herunterreißen und befahlen, sie mit Stöcken zu schlagen. (23) Nachdem man sie hart geschlagen hatte, warf man sie ins Gefängnis und befahl dem Aufseher, sie gut zu bewachen. (24) Als er diesen Befehl empfangen hatte, warf er sie in das innerste Gefängnis und legte ihre Füße in den Block. (25) Um Mitternacht aber beteten Paulus und Silas und lobten Gott. Und die Gefangenen hörten sie. (26) Plötzlich aber geschah ein großes Erdbeben, sodass die Grundmauern des Gefängnisses wankten. Und sogleich öffneten sich alle Türen und von allen fielen die Fesseln ab. (27) Als aber der Aufseher aus dem Schlaf auffuhr und sah die Türen des Gefängnisses offen stehen, zog er das Schwert und wollte sich selbst töten; denn er meinte, die Gefangenen wären entflohen. (28) Paulus aber rief laut: Tu dir nichts an; denn wir sind alle hier! (29) Da forderte der Aufseher ein Licht und stürzte hinein und fiel zitternd Paulus und Silas zu Füßen. (30) Und er führte sie heraus und sprach: Liebe Herren, was muss ich tun, dass ich gerettet werde? (31) Sie sprachen: Glaube an den Herrn Jesus, so wirst du und dein Haus selig! (32) Und sie sagten ihm das Wort des Herrn und allen, die in seinem Hause waren. (33) Und er nahm sie zu sich in derselben Stunde der Nacht und wusch ihnen die Striemen. Und er ließ sich und alle die Seinen sogleich taufen (34) und führte sie in sein Haus und deckte ihnen den Tisch und freute sich mit seinem ganzen Hause, dass er zum Glauben an Gott gekommen war. (35)

Als es aber Tag geworden war, sandten die Stadtrichter die Amtsdiener und ließen sagen: Lass diese Männer frei! (36) Und der Aufseher überbrachte Paulus diese Botschaft: Die Stadtrichter haben hergesandt, dass ihr frei sein sollt. Nun kommt heraus und geht hin in Frieden! (37) Paulus aber sprach zu ihnen: Sie haben uns ohne Recht und Urteil öffentlich geschlagen, die wir doch römische Bürger sind, und in das Gefängnis geworfen und sollten uns nun heimlich fortschicken? Nein! Sie sollen selbst kommen und uns hinausführen! (38) Die Amtsdiener berichteten diese Worte den Stadtrichtern. Da fürchteten sie sich, als sie hörten, dass sie römische Bürger seien, (39) und kamen und redeten ihnen zu, führten sie heraus und baten sie, die Stadt zu verlassen. (40) Da gingen sie aus dem Gefängnis und gingen zu der Lydia. Und als sie die Brüder gesehen und sie getröstet hatten, zogen sie fort.

Der Bericht des Lukas über das, was sich in Philippi ereignete, spiegelt sehr genau die Situation in einer römischen Kolonie wider. Die Besitzer der Magd schleppten Paulus und Silas auf die *Agora*, der nicht nur der Marktplatz, sondern zugleich auch der Mittelpunkt des öffentlichen Lebens in der Stadt war (V. 19). Dann führten sie sie vor den *stratēgoi*, d. h. vor die zwei *Stadtrichter*, die als Magistrate einer römischen Kolonie handelten. Sie wurden dessen angeklagt, dass *diese Menschen … Juden* sind, die *unsere Stadt in Aufruhr* bringen und *Ordnungen* verkünden, *die wir weder annehmen noch einhalten dürfen, weil wir Römer sind* (V. 20–21). Die Beschuldigungen, dass sie einen Aufruhr anzetteln und eine fremde Religion einführen wollten, wogen schwer. »Offiziell durfte der römische Bürger keinem fremden Kult angehören, der nicht die öffentliche Genehmigung des Staates erhalten hatte, doch üblicherweise konnte er dies so lange tun, wie sein Kult nicht auf andere Weise die Gesetze oder Bräuche des römischen Lebens angriff, d. h., so lange er nicht mit politischen oder sozialen Verbrechen in Verbindung gebracht wurde.«[19] Die Besitzer der Magd handelten sehr clever. Sie kaschierten nicht nur den wahren Grund für ihren Ärger, nämlich den ökonomischen, sondern präsentierten ihre gerichtliche Anklage gegen die Missionare »mit solchen Worten, die an den latenten Antisemitismus des Volkes [*sie sind Juden*] und an ihren Stolz auf ihre Nationalität [*wir Römer*] appellierten« und so »die Flammen des Fanatismus anfachten«.[20]

Und das Volk wandte sich gegen sie, woraufhin die Stadtrichter ihre Liktoren anwiesen, sie öffentlich zu entblößen und zu schlagen (V. 22). Dies war eine sehr harte Prügelstrafe, vielleicht die erste der drei, die Paulus später nochmals erwähnt.[21] Anschließend wurden sie *ins Gefängnis* geworfen, wobei man dem Aufseher befahl, sie gut zu bewachen (V. 23). Deshalb sperrte er sie *in das innerste Gefängnis* und *in den Block* (V. 24). Wie wunderbar ist es, dass Paulus und Silas in solchem Elend mit aufgerissenen Rücken und schmerzenden Gliedern *um Mitternacht ... beteten* und Gott *lobten*. Kein Stöhnen, sondern Lieder kamen aus ihrem Mund. Statt dass sie Menschen verfluchten, lobten sie Gott. Kein Wunder, dass die anderen *Gefangenen* ihnen zuhörten (V. 25).

Plötzlich wurden darauf *die Grundmauern des Gefängnisses* durch solch *ein großes Erdbeben* erschüttert, dass *alle Türen* aufflogen, sich *die Fesseln* lösten (V. 26) und der *Aufseher aus dem Schlaf auffuhr*. Als er sah, dass die Gefängnistüren offen waren und er sich vorstellte, dass die Insassen geflohen seien, wollte er Selbstmord begehen (V. 27), weil er dafür verantwortlich gemacht worden wäre. In diesem Moment rief Paulus ihm aber zu, dass er sich nichts antun sollte, weil alle Gefangenen da wären (V. 28). Haenchen bezeichnet dieses ganze Ereignis als »ein solches Nest von Unwahrscheinlichkeiten«[22], und als solches muss es auch all denen erscheinen, die sich ihm mit kritischen Voraussetzungen nähern. Doch das Auge des Glaubens, das an einen gnädigen, souveränen Gott glaubt, sieht stattdessen Möglichkeiten, weil er alle Dinge zusammen zum Guten wirkt, in diesem Fall zur Bekehrung des Gefängnisaufsehers und zur Befreiung der Missionare. Von seiner Sünde überführt, *fiel* der Gefängnisaufseher *zitternd* vor

Paulus und Silas nieder und fragte, was er tun müsse, um gerettet zu werden (V. 29-30). Vielleicht hatte er gehört, wie die Magd von »dem Weg des Heils« rief oder vielleicht drückte er einfach die Sehnsucht seines Herzen aus. In jedem Fall gab ihm der Missionar direkt die Antwort, dass er persönlich an den Herrn Jesus glauben musste und er und sein Haus dann gerettet werden würde (V. 31). Dann *sagten* sie *ihm das Wort des Herrn, und allen, die in seinem Hause waren*, was den Weg des Heils noch weiter eröffnete (V. 32). Er glaubte nicht nur, sondern er tat auch Buße. Und als Zeichen seiner Buße, *wusch* er *ihnen* sofort und am gleichen Ort *die Striemen*. Sofort danach wurden *er ... und alle die Seinen* getauft, vielleicht in einem Brunnen oder einer Quelle im Gefängnishof oder vielleicht benutzten sie auch dieselbe Wasserschüssel, mit der er ihre Wunden gewaschen hatte (V. 33). Somit war dies eine gegenseitige Waschung, wie Chrysostomus hervorhob: »Er wusch sie und wurde gewaschen; er wusch sie [d. h. die gefangenen Missionare] wegen ihrer Striemen, er selbst wurde von seinen Sünden gereinigt«.[23] Die getaufte Familie hieß Paulus und Silas nun in ihrem Haus willkommen, so wie es auch Lydia getan hatte, und *deckte ihnen den Tisch*. Und dieses feierliche Fest war nichts als der äußerliche Ausdruck ihrer inneren Freude, die die gesamte Familie erfahren hatte, weil sie *zum Glauben an Gott gekommen* war (V. 34).

Früh am nächsten Morgen schickten die Stadtrichter ihre Liktoren mit dem Befehl zum Gefängnisaufseher, Paulus und Silas freizulassen (V. 35). Der Gefängnisaufseher leitete diese Botschaft an die Gefängnisinsassen weiter. Ohne Zweifel waren die Machthaber der Auffassung, dass öffentliche Schläge und eine Nacht im Gefängnis Bestrafung genug gewesen waren. Sie hofften, dass die Gefangenen ihre Lektion gelernt hatten und sich leise verabschieden würden. Doch Paulus reagierte anders. Er nahm für sich selbst und Silas ihre Rechte als römische Bürger in Anspruch. Vielleicht hatten sie dies bereits auf dem Marktplatz getan und man hatte ihnen nur nicht zugehört oder ihnen nicht geglaubt. Doch jetzt war ihnen ein großes Unrecht zugefügt worden. Denn »nach dem Text des *lex Julia* ... konnte der römische Bürger von einem Magistrat nicht *adversus provocationem* [entgegen dem Berufungsrecht] oder von irgendeiner anderen Person in irgendwelchen Umständen geschlagen oder gefangen genommen werden«[24], geschweige denn ohne Gerichtsverhandlung oder ohne Gerichtsurteil. Der Bürger musste nur *»civis Romanus sum«* (»Ich bin römischer Bürger«) sagen und er war zunächst vor der Bestrafung geschützt. Für solche, die gegen diese Vorrechte der römischen Bürger verstießen, waren schwere Strafen vorgesehen. So antwortete Paulus den Beamten: *»Sie haben uns ohne Recht und Urteil öffentlich geschlagen, die wir doch römische Bürger sind, und in das Gefängnis geworfen, und sollten uns nun heimlich fortschicken?«* oder »auf bequeme Weise loswerden« (HFA). *»Nein! Sie sollen selbst kommen und uns hinausführen!«* (V. 37). »Paulus scheint für den ersten aufgezeichneten ›Sitzstreik‹ verantwortlich gewesen zu sein«, schreibt A. N. Triton. »Er weigerte sich, sich zu bewegen, bevor nicht die Machthaber gekommen waren und sich entschuldigten ... Er wollte die Machthaber dazu zwingen, ihre von Gott bestimmte Aufgabe zu erkennen und zu erfüllen. Dies kann für die Freiheit der Gemeinde, die er hinterließ, sehr wichtig gewesen sein.«[25]

Als die Liktoren dies gemeldet hatten, wurden die Stadtrichter benachrichtigt (V. 38); sie *kamen* zum Gefängnis, um sich zu entschuldigen und *führten sie heraus*, wie sie es verlangt hatten, wenn sie sie auch zur gleichen Zeit – zweifelsohne wegen der öffentlichen Ordnung – *baten ..., die Stadt zu verlassen* (V. 39). Dies taten Paulus und Silas auch, nachdem sie erst in das Haus der Lydia zurückgekehrt waren, um dort die Glieder der Gemeinde zu treffen, sie zu ermutigen und sich von ihnen zu verabschieden. Dann *zogen sie fort* (V. 40) – jedoch ohne Lukas (Apg 20,5) – zufrieden damit, dass ihre Integrität wiederhergestellt worden und dass ihre Mission von dem Makel der Gesetzwidrigkeit befreit worden war.

d. Die einende Kraft des Evangeliums

Eine noch unterschiedlichere Gruppe als die Geschäftsfrau, die Magd und der Gefängnisaufseher ist nur schwer vorstellbar. In nationaler, sozialer und psychologischer Hinsicht waren diese drei Welten voneinander entfernt. Doch alle waren von demselben Evangelium verändert und in dieselbe Gemeinde aufgenommen worden.

Betrachten wir zuerst ihre *nationale* Herkunft: Philippi war eine Weltstadt, die erst griechisch, dann römisch gewesen war und an der großen, in Ost-West-Richtung verlaufenden *Via Egnatia* lag. Lydia war eine Asiatin – vielleicht nicht nach unserem Verständnis dieses Wortes, sondern in dem Sinne, dass sie aus Kleinasien kam. Sie war nach Philippi eingewandert und nicht dort geboren. Das Dienstmädchen war vermutlich Griechin und eine Ortsansässige. Es kann auch sein, dass sie eine ausländische Frau gewesen ist, da man damals von überall her Sklaven importierte, doch in diesem Bericht deutet nichts darauf hin. Der Gefängnisaufseher war wahrscheinlich wie die meisten dieser Berufsgattung zu jener Zeit ein pensionierter Soldat oder ein Veteran der Armee und – wie alle Beamten in der rechtlichen Verwaltung einer römischen Kolonie – ohne Zweifel selbst ein Römer. Jede dieser drei Personen war in einer anderen nationalen Kultur aufgewachsen. Sicherlich, sie waren in politischer Hinsicht vom Römischen Reich bereits vereint worden, doch in Jesus Christus fanden sie nun noch eine viel tiefer gehende Einheit.

Oder betrachten wir ihren *sozialen* Hintergrund: Lydia war wahrscheinlich eine wohlhabende Frau, die ihr Geld mit dem – wie wir es scherzhaft nennen – »Lumpengewerbe« verdient hatte. Sie hatte mit Sicherheit ein Haus, das groß genug war, um zusätzlich zu ihrem eigenen Haushalt die vier Missionare zu beherbergen (V. 15). Die Magd kam von dem entgegengesetzten Ende des sozialen Spektrums. Man konnte in den Augen der Öffentlichkeit nicht viel tiefer sinken als zu einem Dienstmädchen. Sie besaß nichts, nicht einmal sich selbst. Sie hatte kein Eigentum, keine Rechte, keine Freiheit und kein Privatleben. Selbst das Geld, das sie verdiente, indem sie die Zukunft voraussagte, wanderte direkt in die Taschen ihrer Besitzer. Der Gefängnisaufseher stand in sozialer Hinsicht in der Mitte zwischen den zwei Frauen. Obwohl er einen verantwortlichen Posten im örtlichen Gefängnis einnahm, war er immer noch ein niederer Beamter unter den Regierungsangestellten. Man könnte sagen, dass er zu der angesehenen Mittelklasse gehörte. Doch alle drei waren Gründungsglieder der Gemeinde von Philippi, gleichermaßen und ohne Unterschied aufgenommen. Das Haupt eines jüdischen Hauses betete üblicherweise jeden Morgen das gleiche Gebet und dankte darin Gott, dass er ihn nicht als Heiden, als Frau oder als Sklaven geschaffen hatte. Doch hier finden sich Repräsentanten dieser drei verachteten Gruppen, die in Christus erlöst und vereint worden waren. Denn wie Paulus erst kürzlich den Galatern geschrieben hatte: »Hier ist nicht Jude noch Grieche, hier ist nicht Sklave noch Freier, hier ist nicht Mann noch Frau; denn ihr seid allesamt einer in Christus Jesus«.[26]

Betrachten wir drittens ihre unterschiedlichen *persönlichen* Bedürfnisse: Man könnte sagen, dass Lydia ein intellektuelles Bedürfnis hatte. Zumindest macht Lukas über sie die Aussage: sie »hörte zu« (Apg 16, 14), der Herr öffnete ihr Herz, d. h. ihr Verständnis, um auf das zu achten, was Paulus sagte, genau so wie er das Verständnis seiner Jünger geöffnet hatte, damit sie die Heilige Schrift verstünden.[27] Vielleicht war sie zuerst eine desillusionierte Orientalin gewesen und dann vom Judentum angezogen worden. Doch sie war immer noch nicht zufrieden. Das Dienstmädchen hatte ein psychologisches Bedürfnis. Sie hatte sicherlich einen bösen Geist, der ausgetrieben werden musste. Doch besessen zu sein, hatte damals wie heute schreckliche psychologische Folgen. Sie hatte ihre Identität, ihre Individualität als Mensch verloren. Wenn sie soziologisch als Sklavin Besitz ihrer Herren war, so war sie psychologisch Besitz des Geistes, der die Kontrolle über sie besaß. Sie befand sich in einer doppelten Knechtschaft. Aber dadurch, dass sie Christus fand – denn ich meine, dass Lukas die Absicht hatte, dass wir dies so verstehen, dass sie sowohl bekehrt als auch befreit wurde – fand sie auch sich selbst. Sie wurde wieder zu einer in der Gesellschaft integrierten Person. Das Bedürfnis des Gefängnisaufsehers könnten wir als ein moralisches bezeichnen. Zumindest wissen wir, dass sein Gewissen zu einem bestimmten Grad aufgerüttelt worden war, weil er schrie und wissen wollte, wie er errettet werden könne. Die Bedürfnisse von Menschen ändern sich nicht sehr im Laufe der Jahre, doch Christus kann ihnen begegnen und ihre Sehnsüchte stillen.

Wie wunderbar ist es, dass sich in Philippi sowohl die unterschiedslose Einladung des Evangeliums (dass es so völlig verschiedene Menschen erreichen konnte) als auch die einende Kraft desselben (dass es sie in der Familie Gottes zusammenbringen konnte) beobachten lässt. Natürlich trennt das Evangelium eine Gesellschaft auch, weil einige es ablehnen, doch es vereint diejenigen, die es annehmen. Wie bewegend ist es zu sehen, dass Lukas seinen Bericht über Philippi mit einem Verweis auf »die Brüder« beschließt (V. 40). Die wohlhabende Geschäftsfrau, die ausgebeutete Sklavin und der raue römische Gefängnisaufseher waren in eine geschwisterliche Verbindung zueinander und zu den übrigen Gemeindegliedern gestellt worden. Sicherlich erfuhren sie auch einige Spannungen. In seinem späteren Brief an die Philipper musste Paulus sie ermahnen, dass sie fest »in *einem* Geist« stehen und »*eines* Sinnes sein, gleiche Liebe haben, einmütig und einträchtig« sein sollten.[28] Nichtsdestotrotz gehörten sie zu der einen Gemeinde Christi. Auch wir, die wir in einer Zeit des sozialen Zerfalls leben, müssen die einende Kraft des Evangeliums wieder neu entdecken und vorleben.

12.2 Die Mission in Thessalonich (Apg 17,1-9)

Obwohl sie »in Philippi gelitten hatten und misshandelt worden waren«, erhielten Paulus und Silas von Gott Kraft, um das Evangelium in Thessalonich zu predigen. Dies schreiben sie in ihrem ersten Brief an die Thessalonicher.[29] Calvin verweist auf die »unbesiegliche Tapferkeit und unermüdliche Geduld des Paulus unter dem Kreuz«.[30] Der Weg von Philippi nach Thessalonich war 160 km lang und folgte der *Via Egnatia* in südwestlicher Richtung. Sie reisten *durch Amphipolis und Apollonia* (V. 1a), ohne in einer Stadt Halt zu machen, außer um dort zu übernachten, denn ihr Ziel war *Thessalonich*, die Hauptstadt der Provinz Mazedonien.

Thessalonich war eine Hafenstadt, die am Ende des *Golf von Thessalonich* lag. Die Stadt beherrschte den Seehandel auf der Ägäis und den Landhandel an der in Ost-West-Richtung verlaufenden *Via Egnatia*, war ein blühendes Handelszentrum und stolz darauf, im Jahr 42 v.Chr. eine freie Stadt geworden zu sein. Auch hier gab es *eine Synagoge der Juden* (V. 1b). So wie Paulus es *gewohnt war, ging er* – selbst nach seiner Entscheidung, sich den Heiden zuzuwenden (Apg 13,46) – zuerst in die Synagoge, in der er *an drei* aufeinanderfolgenden *Sabbaten* das Evangelium predigte (V. 2a).

Auch wenn Paulus und seine Freunde sich mehrere Monate in Thessalonich aufgehalten haben müssen, wie es ja die zwei Briefe an die dortige Gemeinde deutlich machen, und auch wenn die meisten der Neubekehrten Heiden gewesen sein müssen, ja sogar heidnische Götzendiener,[31] so konzentriert sich Lukas dennoch auf seine Mission unter den Juden, die nur drei Wochen lang andauerte, und berichtet uns, wie der Konflikt mit ihnen entstand.

1. Paulus *redete mit ihnen ... von der Schrift, (3) tat sie ihnen auf und legte ihnen dar, dass Christus* [d.h. der erwartete Messias] *leiden musste und von den Toten auferstehen* (V. 2b-3a). Dies war die übliche christliche Lehre gegenüber jüdischen Leuten. Das Vorbild dafür lieferte Jesus selbst, wie

Lukas es festgehalten hatte. Während seines öffentlichen Dienstes hatte Jesus immer wieder vorhergesagt, dass der Menschensohn leiden, sterben und auferweckt werden müsse.[32] Nach seiner Auferstehung wies er dann die Emmausjünger zurecht, weil sie so langsam an das Zeugnis der Propheten glaubten, welches er durch die »ganze Schrift« zurückverfolgte, nämlich dass der Christus leiden musste, bevor er in die Herrlichkeit eingehen würde.[33] Zweitens betonte er erneut die Lehre des A.T.s und seines frühen Dienstes, dass der Christus leiden und auferstehen musste.[34] Deshalb wurde dies ganz selbstverständlich das Herz des *kērygma* (der Botschaft) der Apostel, wie Petrus es bereits an Pfingsten dargelegt hatte (Apg 2, 22ff.) und wie Paulus es dann später zusammenfasste (Apg 13, 26ff.).[35] Es kann kaum bezweifelt werden, dass die Schriftstellen, auf die Paulus sich in der Synagoge von Thessalonich bezog, die waren, die bereits in den früheren Predigten der Apostel zitiert worden waren, besonders Psalm 2, 1-7; 16, 8-11; 110, 1; 118, 22; Jesaja 52-53 und wahrscheinlich auch 5. Mose 21, 22-23.

2. Paulus war damit beschäftigt, *Christus* zu *verkündigen* (V. 3b). D. h., er erzählte die Geschichte des Lebens Jesu von Nazareth: von seiner Geburt, seinem Leben und Dienst, seinem Tod und seiner Auferstehung, seiner Erhöhung und seiner Gabe des Heiligen Geistes, seiner gegenwärtigen Herrschaft und seiner zukünftigen Wiederkunft, seinem Heilsangebot und seiner Warnung vor dem Gericht. Es gibt keinen Zweifel darüber, dass Paulus eingehend vom Heilshandeln Jesu von Anfang bis Ende berichtete.

3. Er identifizierte den historischen Jesus mit dem Christus der Heiligen Schrift und erklärte freimütig: »*Dieser Jesus, den ich – so sprach er – euch verkündige, ist der Christus*« (V. 3b). Dies ist die Bedeutung des A.T.s, wie es auch Petrus an Pfingsten angewandt hatte (Apg 2, 16). Es ist zu bemerken, dass das griechische Wort für »beweisen« am Anfang von Vers 3 das griechische Verb *paratithēmi* ist. Weil es wörtlich »danebenstellen«[36] bedeutet, kann es sein, dass es sich auf das Argu-

ment des Paulus bezieht, mit dem er »die Erfüllung neben die Verheißung stellte«.[37] Auf jeden Fall war die Gleichsetzung der Geschichte mit der Heiligen Schrift, Jesu mit Christus, der Kern der Verkündigung des christlichen Glaubens bei Paulus. Dies bleibt ein unerlässlicher Teil des christlichen Zeugnisses in unserer Zeit, in der manche Theologen versuchen, einen Keil zwischen den historischen Jesus der Evangelien und einen mystischen Christus der christlichen Theologie und Erfahrung zu treiben.

Lukas fährt damit fort, dass er die unterschiedlichen Reaktionen beschreibt, die der Dienst des Paulus erhielt. Einerseits glaubten viele, weil sein Evangelium »nicht allein im Wort, sondern auch in der Kraft« verkündigt worden war.[38] Zum Beispiel *ließen sich* einige von den Juden *überzeugen*, die sich von der vorsichtigen Argumentation des Paulus hatten überreden lassen, und *schlossen sich Paulus und Silas an*, zogen sich vielleicht von der Synagoge zurück, um Glieder der christlichen Hausgemeinde zu werden. Dies tat *auch eine große Menge von gottesfürchtigen Griechen, dazu nicht wenige von den angesehensten Frauen* (V. 4). Weil der Begriff *gottesfürchtige Griechen* eine Tautologie zu sein scheint – denn alle Gottesfürchtigen waren Griechen – bezieht Lukas sich hier vielleicht eher auf zwei Gruppierungen (Gottesfürchtige und Griechen) als auf eine, wie es auch der Westliche Text andeutet und William Ramsay vorschlägt.[39] In diesem Fall kamen die Neubekehrten aus vier Bereichen der Gesellschaft – Juden, Griechen, Gottesfürchtige und bekannte Frauen. Unter ihnen waren Aristarch und Sekundus, die später Mitreisende des Paulus werden würden, und sogar – wie im Fall von Aristarch – seine Mitgefangenen (Apg 20, 4; 27, 2).[40]

Andererseits wurden die Juden eifersüchtig *und holten sich einige üble Männer aus dem Pöbel, rotteten sich zusammen und richteten einen Aufruhr in der Stadt an und zogen vor das Haus Jasons* – Jason war der Gastgeber oder der Gastwirt der Missionare (siehe Vers 7) – *und suchten sie, um sie vor das Volk zu führen* (V. 5). Mit »Volk« wird das Wort *dēmos* übersetzt, das sich auf die Volksversammlung oder die Bürgerversammlung beziehen kann, worauf Thessalonich als freie Stadt besonders stolz war. *Sie fanden* sie, d. h. die Missionare, die sie suchten, aber *nicht. Da schleiften sie Jason und einige Brüder vor die Oberen der Stadt* (V. 6a). Die Sorgfalt des Lukas, dass er die Oberen der Stadt als *politarchas* bezeichnet, ist durch eine Reihe von mazedonischen Inschriften aus dieser Zeit bestätigt worden. »Aus fünf Inschriften, die sich auf Thessalonich beziehen, wird deutlich, dass ein Gremium aus fünf Politarchen im 1. Jh. n. Chr. über die Stadt regierte.«[41] Die Anklage gegen Paulus und Silas war sehr schwerwiegend: *(6) Diese, die den ganzen Weltkreis* [*oikoumenē*, die bekannte bewohnte Welt, quasi das Römische Reich] *erregen, sind jetzt auch hierher gekommen; (7) die beherbergt Jason. Und diese alle handeln gegen des Kaisers Gebote und sagen, ein anderer sei König, nämlich Jesus. (8) So brachten sie das Volk auf und die Oberen der Stadt, die das hörten.*

Die allgemeine Anklage gegen die Missionare war, dass sie »Unruhe stiften« (»in Aufregung« brachten Schlachter; V. 6). D. h. nicht, dass sie die Welt völlig durcheinander gebracht hätten, sondern dass sie einen radikalen sozialen Umbruch verursachten. Das Verb *anastatoō* hat einen revolutionären Unterton und wird in Apostelgeschichte 21,38 für einen ägyptischen Terroristen verwendet, der »einen Aufruhr gemacht« hatte. Paulus und Silas wurden konkret des Hochverrats angeklagt. Die Gefahr, in die sie diese Anklage brachte, ist nur schwer zu übertreiben, denn »allein der Hinweis auf Verrat gegen den Kaiser erwies sich oft als fatal für die Angeklagten«.[42] So wie Jesus vor Pilatus des Aufruhrs angeklagt worden war, dass er das Volk »aufhetzt«, indem er behauptet, »Christus, ein König, zu sein«,[43] so wurde auch die Lehre des Paulus über das Königreich Gottes (Apg 14,22) und über die *parousia* (Wiederkunft) Christi falsch verstanden. *Parusia* war die offizielle Bezeichnung für den Besuch eines Kaisers. Die *Parusia* Christi hatte Paulus, wie wir aus den Briefen an die Thessalonicher wissen, betont, als er bei ihnen war.

Denn der Kaiser wurde oft *basileus* (»König«)[44] oder auch *kaisar* (»Kaiser«) genannt. Daher konnte die Bezeichnung Jesu als *basileus* als ein hochverräterischer Angriff gedeutet werden. Die christliche Lehre bleibt in dieser Hinsicht zweideutig. Einerseits sind wir als Christen dazu aufgerufen, gewissenhafte und gesetzestreue Bürger und nicht Revolutionäre zu sein. Andererseits hat die Königsherrschaft Jesu unvermeidbare politische Konsequenzen, weil wir uns als seine ergebenen Untertanen weigern müssen, irgendeinem Herrscher oder irgendeiner Ideologie die höchste Ehre und den völligen Gehorsam zu erweisen, denn die steht allein Gott zu.

Die Erregung der Stadtoberen bewegte sie dazu, von Jason und den anderen eine *Bürgschaft* zu fordern und sie dann freizulassen (V. 9). Die Handlung der Stadtoberen beinhaltete wahrscheinlich mehr, als die Angeklagten durch eine Bürgschaft wieder freizulassen. Der von Lukas verwendete Ausdruck bezieht sich hier auf »das Angebot und das Hinterlegen von Sicherheiten in zivilen und kriminellen Angelegenheiten«.[45] Sie verpflichteten Jason und die anderen, (d. h., sie forderten von ihnen mit strengen Strafen für Zuwiderhandlungen gegen dieses Übereinkommen), dass Paulus und Silas die Stadt verlassen und nicht wieder zurückkehren würden. Wahrscheinlich sah Paulus diesen gesetzlichen Bann als Hindernis Satans an, das ihn davon abhalten sollte, wieder nach Thessalonich zurückzukehren.[46] »Dieser raffinierte Plan schuf einen unüberwindlichen Abgrund zwischen Paulus und den Thessalonichern.«[47]

12.3 Die Mission in Beröa (Apg 17,10-15)

Die Brüder aber schickten noch in derselben Nacht Paulus und Silas nach Beröa (V. 10a). Sie schmuggelten sie im Schutz der Dunkelheit aus Thessalonich heraus, um nicht noch einen weiteren öffentlichen Aufruhr heraufzubeschwören. *Als sie dahin kamen* – sie folgten einem 90 km langen Weg in südwestlicher Richtung, jedoch nicht länger auf der *Via Egnatia* – *gingen* die Missionare wieder *in die Synagoge der Juden*, um denen, die zur Synagoge gehörten, die frohe Botschaft von Jesus mitzuteilen (V. 10b). *Diese* Juden *aber waren freundlicher* (»anständiger«, »aufgeschlossener«; GN) *als die in Thessalonich*, d. h. als ihre Glaubensgenossen dort*; sie nahmen das Wort bereitwillig auf und forschten täglich* – sie trafen Paulus täglich und nicht nur wöchentlich am Sabbat, um mit ihm zu diskutieren – *in der Schrift, ob sich's so verhielte* (V. 11). Lukas schätzt offenbar ihre Begeisterung für die Predigt des Paulus, die mit ihrem Fleiß und ihrer vorurteilslosen Offenheit beim Studium der Heiligen Schrift verbunden war. Sie verbanden ihre Empfänglichkeit mit kritischen Fragen. Das Verb »forschen« (*anakrinō*) wird für gerichtliche Nachforschungen verwendet, wie z. B. als Herodes Jesus anhörte,[48] der Sanhedrin Petrus und Johannes verhörte (Apg 4, 9) und Felix Paulus (Apg 24, 8). Es deutet Rechtschaffenheit und das Fehlen von Vorurteilen an. Seitdem wird das Adjektiv »beröanisch« für Menschen verwendet, die die Heilige Schrift mit Unvoreingenommenheit und Sorgfalt studieren.

Das Zuhören und Studieren der Leute von Beröa führte jedoch nicht zu einer einmütigen Annahme des Evangeliums. Wie schon in Thessalonich gab es Uneinigkeit unter den Menschen. *So glaubten nun viele von ihnen, darunter nicht wenige von den vornehmen griechischen Frauen und Männern* (V. 12), zu denen wahrscheinlich auch Sopater, der Sohn von Pyrrhus gehörte (auch wenn er erst in Apg 20, 4 genannt wird). Zur gleichen Zeit, als *die Juden von Thessalonich erfuhren, dass auch in Beröa das Wort Gottes von Paulus verkündigt wurde, kamen sie und erregten Unruhe und verwirrten auch dort das Volk* (V. 13). Diesmal warteten *die Brüder* nicht, um weiteres öffentliches Aufsehen zu erregen, sondern *schickten ... Paulus sogleich ... bis an das Meer*, während *Silas und Timotheus* in Beröa für die Folgezeit *blieben* (V. 14). *Die aber Paulus geleiteten, brachten ihn bis nach Athen* – vermutlich auf dem Seeweg, einer Strecke, die mehr als 480 km lang war. Nachdem *sie den Auftrag empfangen hatten, dass Silas und Timotheus so schnell wie möglich zu ihm kommen sollten, kehrten sie zurück* (V. 15).

12.4 Einige abschließende Bemerkungen

Lukas berichtet über die Mission in Thessalonich und Beröa mit überraschender Knappheit. Doch ein wichtiger Aspekt, auf den die Aufmerksamkeit des Lesers offensichtlich gelenkt werden soll, ist die Haltung sowohl der Redner als auch der Zuhörer zur Heiligen Schrift, wie die verwendeten Verben deutlich machen. Paulus »redete«, »tat die Schrift auf«, »legte sie dar«, »verkündigte« und »überzeugte«, während die Juden in Beröa eifrig die Botschaft »aufnahmen« und sorgfältig in der Heiligen Schrift »forschten«. Bei der Evangelisation von Juden war es unerlässlich, dass das A.T. sowohl das Textbuch als auch das Berufungsgericht darstellte. Es beeindruckt, dass weder Redner noch Hörer mit der Heiligen Schrift oberflächlich oder unweise umgingen oder ständig nur Beweisstellen zitierten. Ganz im Gegenteil – Paulus »argumentierte« von der Schrift her und die Leute von Beröa »forschten nach«, ob die Argumente überzeugend waren. Und wir können sicher sein, dass Paulus diese durchdachte Reaktion begrüßte und dazu ermutigte. Er glaubte an die Lehre (seine Botschaft war von theologischem Inhalt), aber nicht an Indoktrination (tyrannische Belehrungen, die kritiklose Akzeptanz fordert). Bengel schrieb ähnlich über Vers 11: »Das kann die Schrift wohl leiden; das ist das Kennzeichen der wahren Religion. Wehe denen, die solche Untersuchung wehren; wohl denen, die solche recht anstellen. Geneigte Willigkeit und genaue Prüfung können gar wohl beisammen seyn«.[49] So gingen die Argumente von Paulus und das Studieren seiner Zuhörer Hand in Hand. Ich zweifle auch nicht daran, dass er beides in Gebet eingebettet hat und den Geist der Wahrheit darum bat, seinen Mund zu öffnen, dass er es erklären könne, und dass er an das

Verständnis der Zuhörer appellierte, die frohe Botschaft vom Heil in Christus zu ergreifen.

13. Paulus in Athen (Apg 17,16-34)

Die Tatsache, dass Paulus nach Athen kommt, hat etwas Fesselndes – der große christliche Apostel unter den berühmten Größen des antiken Griechenlands. Natürlich hatte er von seiner Kindheit an viel über Athen gehört. Jeder kannte es. Athen war der erste griechische Stadtstaat seit dem 5. Jh. v. Chr. gewesen. Selbst nachdem es in das Römische Reich einverleibt worden war, bewahrte es sich eine stolze intellektuelle Unabhängigkeit und wurde auch eine freie Stadt. Es rühmte sich seiner reichen philosophischen Tradition, die es von Sokrates, Plato und Aristoteles geerbt hatte, seiner Literatur und Kunst und seiner bemerkenswerten Errungenschaften hinsichtlich der menschlichen Freiheit. Auch wenn es zur Zeit von Paulus »von seiner großen Vergangenheit [lebte]«[1] und nach modernen Kriterien eine vergleichsweise kleine Stadt war, hatte es immer noch seinen unvergleichlichen Ruf als intellektuelle Hauptstadt des Römischen Reiches.

Paulus besucht nun zum ersten Mal Athen, über das er schon so viel gehört hatte; er erreichte es auf dem Seeweg von Norden her. Seine Freunde, die ihm von Beröa aus sicheres Geleit gegeben hatten, waren dorthin zurückgegangen. Er hatte sie gebeten, Silas und Timotheus so bald wie möglich zu ihm zu schicken (Apg 17,15). Er hoffte, nach Mazedonien zurückzukehren, denn er war ja dorthin berufen worden (Apg 16,10). Unterdessen, als er auf ihre Ankunft wartete, fand er sich selbst allein in dieser kulturellen Welthauptstadt vor. Wie reagierte er? Wie sollte ein Christ reagieren, der eine Stadt besucht oder in einer Stadt lebt, die von einer nichtchristlichen Ideologie oder Religion sosehr beherrscht wird, in einer Stadt, die in ästhetischer Hinsicht wunderbar ist und in puncto Kultur hoch entwickelt, jedoch in Bezug auf die Moral völlig verfallen und in geistlicher Hinsicht verführt oder gar tot? Paulus reagierte auf vierfache Weise. Lukas berichtet uns, was er sah, was er fühlte, was er tat und was er schließlich sagte.

13.1 Was Paulus sah

Als aber Paulus in Athen auf sie, d.h. Silas und Timotheus, *wartete, ergrimmte sein Geist in ihm, als er die Stadt voller Götzenbilder sah* (V. 16). Natürlich könnte er auch als Tourist durch Athen gegangen sein, so wie wir es vielleicht getan hätten, um die Sehenswürdigkeiten der Stadt zu besichtigen. Er hätte entschlossen sein können, jetzt, wo er endlich die Gelegenheit dazu hatte, Athen sorgfältig zu erkunden und seine Kulturgüter nacheinander zu betrachten. Denn die Gebäude und Monumente von Athen waren ohne Konkurrenz. Die Akropolis, die alte Zitadelle der Stadt, die so hoch lag, dass man sie noch von weitem sehen konnte, wurde als »riesiges Zusammenspiel von Architektur und Bildhauerei, als dem nationalen Stolz und dem Götzendienst gewidmet« beschrieben.[2] Selbst heute noch hat das Parthenon eine einmalige Erhabenheit, obwohl es nur noch eine teilweise erhaltene Ruine ist. Oder Paulus hätte in der Agora mit ihren vielen Säulenhallen, die von berühmten Künstlern bemalt worden waren, verweilen können, um dort den Debatten der damaligen Staatsmänner und Philosophen zuzuhören, denn Athen war für seine Demokratie weit bekannt. Und Paulus war kein ungebildeter Philister. Nach unserem Verständnis war er ein Absolvent der Universitäten von Tarsus und Jerusalem, und Gott hatte ihm einen großen Verstand verliehen. So hätte er von dem hehren Glanz der Architektur, der Geschichte und der Weisheit dieser Stadt fasziniert gewesen sein können.

Doch keines dieser Dinge machte Eindruck auf ihn. Er sah nicht zuerst und vor allem die Schönheit oder den Glanz dieser Stadt, sondern ihren Götzendienst. Das Adjektiv *kateidōlos*, das Lukas hier verwendet, kommt an keiner anderen Stelle im N. T. vor und ist auch in anderer griechischer Literatur nicht vorzufinden. Auch wenn die meisten Übersetzungen es mit »voller Götzenbilder« (Luther '84; vgl. Rev. Elb., Einh., GN, ZB, Schlachter, Menge) wiedergeben, so drückt die Vorstellung, die hier vermittelt werden soll, wohl eher aus, dass die Stadt »unter« diesen Götzenbildern war. Man könnte sagen, dass die Stadt »unter Götzenbildern begraben« oder von ihnen »überhäuft« war. Weil Wörter mit der Vorsilbe *kata* oft ein übermäßiges Wachstum ausdrücken sollen, könnte Paulus andererseits auch einen »wirklichen Wald von Götzenbildern« gesehen haben.[3] Wie er später noch sagen würde, waren die Athener »sehr religiös« (JB, vgl. Schlachter, V. 22). Xenophon verwies mit folgenden Worten auf Athen: Sie war »ein großer Altar, ein großes Opfer«.[4] Folglich »gab es in Athen mehr Götter als im übrigen Land und der römische Satiriker übertreibt kaum, wenn er sagt, dass es einfacher war, dort einen Gott als einen Menschen zu finden«.[5] Es gab dort unzählige Tempel, Schreine, Statuen und Altäre. Im Parthenon stand eine riesige goldene und elfenbeinerne Statue von Athene, »deren glänzende Spitze über 60 km weit sichtbar war«.[6] Überall waren Bilder von Apollon, dem Schutzpatron der Stadt, von Jupiter, Venus, Merkur, Bacchus, Neptun, Diana und Äskulap. Der gesamte griechische Pantheon war dort vorzufinden, all die Götter des Olymps. Und sie waren schön. Sie waren nicht nur aus Stein und Bronze gemacht, sondern auch aus Gold, Silber, Elfenbein und Marmor. Sie waren in kunstvoller Weise von den besten griechischen Bildhauern hergestellt worden. Es gibt keinen Grund, anzunehmen, dass Paulus für ihre Schönheit blind war. Aber Schönheit beeindruckte ihn nicht, wenn sie nicht Gott den Vater und den Herrn Jesus Christus ehrte. Stattdessen bedrückte es ihn, wie götzendienerisch sich die von Gott gegebene künstlerische Kreativität der Athener ausdrückte. Paulus sah eine Stadt, die von ihren Götzenbildern überschwemmt worden war.

13.2 Was Paulus fühlte

Sein Geist *ergrimmte … in ihm* (V. 16). Das griechische Verb *paroxynō*, von dem der medizinische Fachbegriff »Paroxysmus«[7] abgeleitet ist, wurde allgemein für einen Anfall oder für eine epileptische Attacke verwendet. Es hat auch die Bedeutung »anreizen, anfeuern, in Wallung bringen, zum Zorn reizen«.[8] Es kommt nur noch ein weiteres Mal im N. T. vor, und zwar im ersten Brief des Paulus an die Korinther (1. Kor 13, 5), wo er beschreibt, dass die Liebe sich »nicht erbittern« lässt (Rev. Elb., Menge, Schlachter, ZB; vgl. Albrecht, Einh. HFA). Handelte Paulus also in Athen nicht dem entsprechend, was er den Korinthern predigte? Wurde er durch den Götzendienst in der Stadt zu sündigem Zorn gereizt? Wäre es richtig zu übersetzen, dass er »verärgert« oder sogar »wütend« war, wie manche englische Übersetzungen lauten? Nein, ich denke nicht. Beginnen wir damit, dass das Verb im Imperfekt steht, was nicht ausdrückt, dass er plötzlich sein Temperament änderte, sondern eher eine anhaltende, abgeklärte Reaktion auf das war, was er sah. Zudem war er alleine. Niemand war Zeuge seines Zornanfalls. Dies muss also das Wort gewesen sein, mit dem er später seine Gefühle gegenüber Lukas ausdrückte. Offensichtlich schämte er sich dessen nicht.

Der Schlüssel zum Verständnis der Art der Emotion des Paulus ist der, dass *paroxynō* das Verb ist, das in der LXX üblicherweise für den Gott Israels verwendet wird (dies geschieht einheitlich so in der Heiligen Schrift), im Besonderen für seine Reaktion auf Götzendienst. Als die Israeliten das Goldene Kalb am Berg Sinai herstellten, als sie sich später eines schwerwiegenden Götzendienstes und Unmoral im Bezug auf Baal-Peor schuldig machten und als das nördliche Königreich ein anderes Kalb herstellte, um es in Samaria anzubeten, »reizten« sie Gott, den Herrn, zum Zorn. Er beschreibt Israel als »ein ungehorsames Volk, … das mich beständig ins Angesicht kränkt«.[9] So wurde Paulus durch den Götzendienst »provoziert« und zum Ärger, Kummer und Empörung gereizt – ebenso wie auch Gott selbst und auch aus demselben Grund, nämlich wegen der Ehre und Herrlichkeit seines Namens. Die Heilige Schrift benennt seine Emotion manchmal mit dem Wort »Eifersucht«. Z. B. steht geschrieben, dass Jahwe »Eiferer [heißt], ein eifernder Gott ist [er]«.[10] Nun ist Eifersucht der Unwille über Rivalen. Und ob sie gut oder schlecht ist, hängt davon ab, ob der Rivale ein Recht darauf hat, dort zu sein oder nicht. Auf jemanden eifersüchtig zu sein, der uns an Schönheit, Intelligenz oder sportlichen Fähigkeiten zu übertreffen scheint, ist sündig, weil wir nicht den Anspruch darauf haben, in diesen Bereichen die Besten zu sein. Wenn andererseits ein Dritter in eine Ehe eintritt, so ist die Eifersucht der verletzten Person, die zurückgesetzt worden ist, gerechtfertigt, weil der Eindringling kein Recht darauf hat, an dessen Stelle zu treten. Das Gleiche gilt bei Gott, der sagt: »Ich, der Herr, das ist mein Name, ich will meine Ehre keinem anderen geben, noch meinen Ruhm den Götzen«.[11] Unser Schöpfer und Erlöser hat ein Recht auf unsere ausschließliche Loyalität und er ist »eifersüchtig«, wenn wir diese einem anderen oder einer anderen Sache erweisen. Zudem sollte das Volk Gottes, das Gottes Namen liebt, seine »Eifersucht« um die Loyalität teilen. Z. B. sagte Elia in einer Zeit, als sich das Volk von Gott abgewandt hatte: »Ich habe geeifert für den Herrn, den Gott Zebaoth«.[12] So sehr war er darüber bekümmert, dass Gott die Ehre entzogen wurde. In ähnlicher Weise schrieb Paulus an die rückfällig gewordenen Korinther: »Denn ich eifere um euch mit göttlichem Eifer«[13], er sehnte sich danach, dass sie Jesus treu blieben, mit dem er sie verlobt hatte.

So wurde der Schmerz oder der »Anfall« den Paulus in Athen fühlte, weder von seiner schlechten Laune noch von seinem Mitleid wegen der Gleichgültigkeit der Athener ausgelöst und auch nicht von seiner Sorge um ihr ewiges Heil. Der Schmerz war eher von seiner Abscheu gegenüber dem Götzendienst verursacht worden, die in ihm tiefe Emotionen des Eifers für den Namen Gottes hervorrief. Weil er sah, dass die Menschen so verdorben waren, dass sie Götzen die Ehre und Herrlichkeit gaben, die allein dem einen, lebendigen und wahren Gott gebührte. Seine ganze Seele sträubte sich beim Anblick einer Stadt, die dem Götzendienst ergeben war.

Zudem sollte dieser innere Schmerz und Schrecken, der Paulus dazu brachte, die frohe Botschaft den Götzendienern von Athen mitzuteilen, uns in einer ähnlichen Weise bewegen. Ansporn ist in jedem Bereich wichtig. Als vernunftbegabte Menschen müssen wir nicht nur wissen, was wir tun sollten, sondern auch warum wir es tun sollten. Und diese Motivation zur Mission ist besonders wichtig – nicht zuletzt in unserer Zeit, in der der Vergleich der Religionen miteinander manche dazu geführt hat, die Absolutheit und Einmaligkeit Jesu Christi zu leugnen und den Auftrag, dass Menschen evangelisiert und zur Buße geführt werden müssen, aufgegeben wurde. Wie kann nun das Christentum, das sich einem wachsenden Widerstand gegenübergestellt sieht, die Fortführung der Weltmission begründen? Das häufigste Argument dafür ist der Verweis auf den Missionsbefehl Jesu. Und in der Tat stellt der Gehorsam gegenüber dem Missionsbefehl einen großen Ansporn dar. Doch Mitleid für Menschen wiegt schwerer als Gehorsam, die Liebe für Menschen, die Jesus Christus nicht kennen und die deshalb entfremdet, ohne Orientierung und wirklich verloren sind. Doch der größte Ansporn von allen ist der Eifer oder die Eifersucht auf die Ehre Jesu Christi. Gott hat ihn auf den höchsten Ehrenplatz erhöht, damit jedes Knie und jede Zunge bekennen solle, dass er der Herr ist. Wann immer sein rechtmäßiger Platz im Leben der Menschen verleugnet wird, sollten wir uns deshalb innerlich verwundet fühlen und eifersüchtig wegen seines Namens sein. Henry Martin drückte dies im muslimischen Persien zu Beginn des 19. Jh.s so aus: »Ich könnte das Leben nicht ertragen, wenn Jesus nicht verherrlicht würde. Es wäre die Hölle für mich, wenn er immer … verunehrt würde«.[14]

13.3 Was Paulus tat

(17) Und (*men oun*, »deshalb«) *er redete zu den Juden und den Gottesfürchtigen in der Synagoge und täglich auf dem Markt zu denen, die sich einfanden. (18) Einige Philosophen aber, Epikureer und Stoiker, stritten mit ihm.* Paulus reagierte nicht nur in einer negativen Art und Weise auf den Götzendienst der Stadt (mit Entsetzen und Bestürzung), sondern auch in einer positiven und konstruktiven (mit seinem Zeugnis). Er erhob nicht nur seine Hände in Verzweiflung oder mit hilflosem Weinen oder mit Verfluchungen der Athener. Nein, er verkündete ihnen die frohe Botschaft von Jesus. Durch die Verkündigung des Evangeliums versuchte er, sie dazu zu bewegen, sich von ihren Götzen ab- und dem lebendigen Gott zuzuwenden und so ihm und seinem Sohn die Ehre zu geben, die ihnen gebührte. Die Erregung seines Geistes, die mit gerechtfertigter Empörung verbunden war, öffnete seinen Mund zum Zeugnis. Beobachten wir die drei Gruppen, mit denen Paulus nach den Angaben von Lukas sprach:

Zuerst ging er nach seiner Gewohnheit am Sabbat zur Synagoge und redete dort mit den Juden und Gottesfürchtigen. Wie bereits in Thessalonich wird er auch in Athen den Christus der Heiligen Schrift dargestellt, den Jesus der Geschichte verkündigt und gezeigt haben, dass diese zwei in dem vom Himmel gesandten Retter für Sünder vereinigt sind.

Zweitens ging er auf die *agora*, den Marktplatz, der jetzt vollständig ausgegraben und restauriert worden ist und der sowohl als Markt als auch als Zentrum des öffentlichen Lebens fungierte. Dort diskutierte er mit zufällig vorbeikommenden Passanten, und zwar nicht nur am Sabbat, sondern auch *täglich*. Er scheint sich bewusst die berühmte sokratische Methode des Dialogs, die Fragen und Antworten enthielt, angeeignet zu haben. Er war tatsächlich eine Art christlicher Sokrates, auch wenn er ein viel besseres Evangelium besaß, als Sokrates es je gekannt hatte.

Drittens begannen die epikureischen und stoischen Philosophen mit ihm zu diskutieren und er mit ihnen. Dies waren damals vorherrschende, aber miteinander rivalisierende philosophische Richtungen. Die Epikureer oder die »Philosophen des Gartens« wurden von Epikur (342-270 v. Chr.) gegründet. Sie glaubten, dass die Götter so weit entfernt von ihnen waren, dass sie sich nicht für die Menschen interessierten und keinen Einfluss auf das Leben der Menschen hätten. Die Welt existiere aus purem Zufall, sie sei eine zufällige Ansammlung von Atomen, es gebe kein Leben nach dem Tod und kein Gericht. So sollten die Menschen das Leben genießen und besonders ein genussvolles Leben ohne Leid, Kummer und Furcht anstreben. Die Stoiker oder die »Philosophen des Portals« (die *stoa* oder die bemalte Wandelhalle in der Nähe des Marktplatzes, auf dem sie lehrten), die von Zenon (336-264 v. Chr.) gegründet worden waren, glaubten an einen höchsten Gott, dies jedoch in pantheistischer Manier, wobei sie ihn mit der »Weltseele« vermischten. Die Welt war durch das Schicksal vorherbestimmt, und die Menschen müssen ihre Pflicht erfüllen und sich einem Leben in Harmonie mit der Natur und der Vernunft ergeben, wie schmerzvoll dies auch sein mochte. So sollten sie ihre eigene Selbstbeherrschung entwickeln. Grob vereinfacht dargestellt – für die Epikureer war es charakteristisch, den Zufall, die Weltflucht und die Freude am Genuss zu betonen, und für die Stoiker war es charakteristisch, den Fatalismus, die Unterordnung und das Ertragen von Leid hervorzuheben. In der späteren Rede von Paulus auf dem Areopag werden wir einen Widerhall der Konfrontation vom Evangelium und diesen Philosophien hören, weil er auf das fürsorgliche Handeln eines persönlichen Schöpfers, die Würde der Menschen als seiner »Abkömmlinge«, die Gewissheit eines Gerichts und die Aufforderung zur Buße verweist.

Man kann über die Fähigkeiten des Paulus nur staunen – er konnte mit der gleichen Leichtigkeit zu religiösen Leuten in der Synagoge, zu zufällig vorbeikommenden Passanten auf dem Platz der Stadt und zu hochintelligenten Philosophen auf dem Marktplatz oder bei ihren Zusammenkünften reden. Heute entspricht der Synagoge am ehesten die Kirche als der Ort, an dem sich die religiösen Menschen versammeln. Dies ist immer noch ein wichtiger Ort, um Kirchgängern oder frommen Menschen am Rande der Gemeinde, die die Gottesdienste nur gelegentlich besuchen, das Evangelium mitzuteilen. Dem damaligen Marktplatz werden in verschiedenen Teilen der Welt verschiedene Orte entsprechen. Dies könnte heute ein Park, ein Platz in der Stadt oder eine Straßenecke sein, ein Einkaufszentrum oder ein Marktplatz, eine Kneipe in der Nachbarschaft, ein Café, eine Diskothek oder eine Studentencafeteria – jeder Ort, an dem sich Leute in ihrer Freizeit treffen. Wir brauchen begabte Evangelisten, die Freundschaften schließen können und das Evangelium bei solchen informellen Gelegenheiten verkündigen. Für den Areopag gibt es in der heutigen Zeit kein Pendant. Vielleicht entspricht am ehesten die Universität dem Areopag, wo die Intellektuellen aufzufinden sind. Weder die Evangelisation in der Gemeinde oder auf der Straße wäre für sie geeignet. Stattdessen sollten wir Hausevangelisationen vorantreiben, bei denen frei diskutiert werden kann, Gruppen von »anonymen Agnostikern«, in denen mit harten Bandagen gekämpft wird und evangelistische Lehrstunden, die stark apologetisch ausgerichtet sind. Wir brauchen ganz dringend mehr christliche Denker, die ihren Verstand Christus widmen, nicht nur in Vorlesungen, sondern auch als Autoren, Journalisten, Dramaturgen und Filmemacher, als Nachrichtenschreiber, Produzenten und VIPs, als Künstler und Schauspieler, die verschiedene künstlerische Formen anwenden, um das Evangelium zu verkündigen. All diese können in der Form den Kampf mit den gegenwärtigen nichtchristlichen Philosophien und Ideologien aufnehmen, in einer Art und Weise, wie es dem Denken moderner Männer und Frauen entspricht, und so letzten Endes erreichen, dass das Evangelium durch eine vernünftige Darstellung gehört wird. Christus beruft die

Menschen, ihren Verstand zu demütigen, nicht aber, ihn auszulöschen.

13.4 Was Paulus sagte

Der evangelistische Dialog des Paulus mit Juden, Gottesfürchtigen, Passanten und Philosophen kann sehr gut mehrere Tage angedauert haben. Dies führte zu einer seiner herausragendsten Möglichkeiten in seinem gesamten Dienst, zu der Darstellung des Evangeliums vor der weltberühmten und höchsten Ratsversammlung Athens, vor dem Areopag. Wie kam dies zu Stande? Die epikureischen und stoischen Philosophen hatten auf die Botschaft von Paulus auf unterschiedliche Art reagiert. *Einige von ihnen* versuchten, ihn zu verletzen. Sie fragten: »*Was will dieser Schwätzer sagen?*« (V. 18b). Mit *Schwätzer* wird das griechische Wort *spermologos* übersetzt, was Ramsay als »ein Wort, das typisch für die Athener Umgangssprache ist«, bezeichnet.[15] Wörtlich hat es die Bedeutung »Samenkörner auflesend«[16] und wurde für verschiedene samen- oder aasfressende Vögel verwendet, z. B. die Saatkrähe in der Komödie *Die Vögel* von Aristophanes. Von dort kommt die vorgeschlagene Übersetzung »Spatz«.[17] Von Vögeln wurde es auf Menschen übertragen, auf Vagabunden oder Bettler, die von Brotkrumen lebten, die sie in der Gosse aufsammelten. Drittens wurde es teilweise zur Beschreibung für Lehrer verwendet, die keine eigenen Vorstellungen haben, sondern ohne Skrupel von anderen abschrieben, Krumen des Wissens hier und dort aufsammelten und somit »eifrige Sucher des Zweitklassigen aus zweiter Hand waren«,[18] da ihr eigenes Konzept nichts als ein Sammelsurium von Ideen und Sprüchen anderer Leute ist. Von dort kommen auch die Bezeichnungen »dieser unwissende Abschreiber«,[19] »diese Elster«,[20] »diese Saatkrähe« (Meister) und »dieser Krächzer« (Schlachter).

Andere Philosophen *aber* sagten: »*Es sieht so aus, als wolle er fremde Götter verkündigen*«, – eine Anklage, die 450 Jahre früher gegen Sokrates vorgebracht worden war. *Er hatte ihnen nämlich,* so kommentiert Lukas, *das Evangelium von Jesus und von der Auferstehung verkündigt* (V. 18c). Das Wort, das hier mit *Götter* übersetzt wird, ist das Wort *daimonia,* womit nicht immer Dämonen gemeint sind; es wurde auch für »niedrigere Götter« verwendet, in diesem Fall für »fremde Gottheiten« (Menge, Meister, vgl. Albrecht). Es kann sein, dass die Philosophen, die begriffen, dass der Kern der Botschaft von Paulus in *Jēsoun kai tēn anastasin* (in *Jesus und … der Auferstehung*) bestand, dachten, dass er ein paar neue Gottheiten in Athen einführen wollte, einen männlichen Gott namens »Jesus« und seine weibliche Gemahlin »Anastasis«. Chrysostomus vermutete dies als Erster,[21] und eine Reihe von Kommentatoren folgte ihm in dieser Ansicht. F. F. Bruce geht noch einen Schritt weiter und schreibt: »In den Ohren einiger Besucher der Agora klangen diese zwei Worte so, als wenn sie die personifizierten und vergöttlichten Kräfte der ›Heilung‹ [*iasis*] und der ›Wiederherstellung‹ bezeichneten«.[22] Es ist sehr interessant, wie Conrad Gempf mir gegenüber betonte, dass beide Reden des Paulus, die an Heiden gerichtet waren, von einem falschen Verständnis der Zuhörer begleitet war. »Die Athener stellten sich zwei neue Götter vor, während die Bewohner von Lystra dachten, dass sie zwei alte Götter vor sich sahen! Könnte es sein, dass Lukas seine Leser vor Missverständnissen durch Heiden warnen will?«.

Welches genaue Motiv die Philosophen auch gehabt haben mögen – *(19) sie nahmen ihn aber mit und führten ihn auf den Areopag und sprachen: Können wir erfahren, was das für eine neue Lehre ist, die du lehrst? (20) Denn du bringst etwas Neues vor unsere Ohren; nun wollen wir gerne wissen, was das ist. (21) Alle Athener nämlich, auch die Fremden, die bei ihnen wohnten, hatten nichts anderes im Sinn, als etwas Neues zu sagen oder zu hören.*

Das Wort »Areopag« hat wörtlich die Bedeutung »Hügel [*pagos*] von Ares«[23] (die griechische Entsprechung des Mars), also »Marshügel«. Er lag im Nordwesten der Akropolis und war früher der Ort, an dem sich der ehrwürdige Gerichtshof des antiken Griechenlands versammelt hatte. Aus diesem Grund wurde die Ortsbezeichnung zum Begriff des Gerichtshofes. Zur Zeit von Paulus war der Gerichtshof eher eine Ratsversammlung mit geringen gesetzlichen Befugnissen, auch wenn noch manchmal dort Gerichtsfälle angehört wurden. Seine Mitglieder waren eher Wächter über die Religion, die Moral und die Bildung in der Stadt geworden, und man traf sich üblicherweise in der »Königlichen Vorhalle«, der Agora. Nun stellen sich uns zwei Fragen:

1. Wurde Paulus zu dem Hügel gebracht oder vor den Gerichtshof/die Versammlung oder beides? Auf diese Frage werden unterschiedliche Antworten gegeben, doch der Ausdruck, dass er »mitten auf dem Areopag« stand (V. 22) und später »aus ihrer Mitte hinausging« (V. 33, wörtlich), verweist eher auf Menschen als auf einen Ort. Es ist demnach fast sicher, dass er sich an den ehrwürdigen Senat richtete, wobei es nicht sosehr von Bedeutung ist, wo dieses Treffen stattfand.

2. War die Rede des Paulus vor dem Gerichtshof des Areopag eine Verteidigungsrede oder eine Predigt? Manche, im Besonderen diejenigen, die seine Rede als unzulängliche Darstellung des Evangeliums ansehen – denn das Kreuz sei nicht der zentrale Punkt in dieser Ansprache – versuchen, das Ansehen von Paulus dadurch zu schützen, dass sie den Grund anführen, dass er sich selbst verteidigte und nicht Christus verkündigte. Dies ist sicherlich eine Möglichkeit, weil der Gerichtshof immer noch einige gerichtliche Funktionen innehatte. Im Einzelnen vertrat er die Rechtsprechung hinsichtlich der Religion in der Stadt. Weil Paulus aber angeklagt worden war, neue Götter in die Stadt einzuführen (V. 18), wäre der Gerichtshof des Areopag juristisch dafür zuständig und hätte ein Gerichtsurteil auszusprechen. Somit könnte die Aussage in Vers 19 *sie nahmen ihn aber mit* folgendermaßen übersetzt werden: »sie ergriffen ihn« (Rev. Elb., Meister), d. h., sie verhafteten ihn. Doch die Argumente gegen diesen Vor-

schlag wiegen schwer. Der »Textzusammenhang enthält keine Spur eines gerichtlichen Prozesses«.[24] Es scheint keine gesetzliche Anklage gegeben zu haben, keinen Kläger, keinen Vorsitzenden, kein Votum der Geschworenen und kein Gerichtsurteil. Gleichzeitig wurde Paulus, auch wenn er keiner formalen Befragung unterzogen wurde, gebeten, über seine Lehre zu berichten. Deshalb könnte man diese Situation als »eine inoffizielle Untersuchung der Bildungskommission«, die ihn mit »ein wenig geringschätziger Nachsicht« behandelte, betrachten,[25] sodass er »entweder die Erlaubnis der Stadt erhalten hätte zu predigen, zensiert oder zum Schweigen gebracht worden wäre«.[26] Folglich erzählte er dem Gerichtshof, was er glaubte und lehrte, doch dabei gab er eine persönliche Erklärung des Evangeliums ab. Wie wir bereits gesehen haben, als Petrus und Johannes vor dem Sanhedrin standen, und wie wir wieder bei Gerichtsszenen in Jerusalem und Cäsarea sehen werden, schienen die Apostel nicht dazu imstande zu sein, sich selbst zu verteidigen, ohne gleichzeitig Christus zu verkündigen. Für Paulus in Athen war ein ungewöhnliches Maß an Mut nötig, um so zu reden, wie er redete, denn man kann sich nur kaum eine weniger empfängliche und noch mehr verächtlich auf ihn herabblickende Zuhörerschaft vorstellen.

(22) Paulus aber stand mitten auf dem Areopag und sprach: Ihr Männer von Athen, ich sehe, dass ihr die Götter in allen Stücken sehr verehrt. (23) Ich bin umhergegangen und habe eure Heiligtümer angesehen und fand einen Altar, auf dem stand geschrieben: Dem unbekannten Gott. Nun verkündige ich euch, was ihr unwissend verehrt. Der Apostel wählte als seinen Text oder als Berührungspunkt mit ihnen den anonymen Altar, an dem er vorbeigekommen war. In der antiken Literatur sind mehrere solche Verweise auf Altäre gefunden worden, die einem unbekannten Gott geweiht waren. Z. B. begann Pausanias, der ungefähr im Jahr 175 n. Chr. ausgedehnte Reisen unternahm und in seinem Buch *Reisen in Griechenland* seinen bewundernden Bericht über die Herrlichkeit, Geschichte und

Mythologie dieses Landes niederschrieb, seine Reise in Athen. Nachdem er auf der felsigen Halbinsel mit dem Namen Piräus landete, die acht km südwestlich dieser Stadt liegt, fand er in der Nähe des Hafens eine Reihe von Tempeln und »Altäre der Unbekannten Götter«.[27] Nachdem Paulus selbst solch einen Altar gesehen hatte, konnte er seine einleitende und höfliche Bemerkung über ihre Religiosität machen. Er war noch nicht so weit, die Torheit ihres athenischen Götzendienstes anzugreifen. Doch er griff ihr eigenes Bekenntnis ihrer Unwissenheit auf. Wie sollen wir nun seine Aussage verstehen, dass er ihnen das verkündigen würde, »was« sie »unwissend« verehrten? Gab er damit zu, dass ihr heidnischer Gottesdienst ein wirklicher Gottesdienst ist, und sollten wir mit gleichem Wohlwollen den Kult der nichtchristlichen Religionen ansehen? Hat z.B. Raymond Panikkar Recht, wenn er in *The Unknown Christ of Hiduism* (»Der unbekannte Christus des Hinduismus«) schreibt: »Den Fußspuren von Paulus folgend, können wir glauben, dass wir nicht nur von dem unbekannten Gott der Griechen sprechen können, sondern auch von dem versteckten Christus im Hinduismus«?[28] Hat er auch Recht, wenn er den Schluss zieht, dass »der gute und strenggläubige Hindu durch Christus und nicht durch den Hinduismus gerettet wird, aber durch die Sakramente des Hinduismus, durch die Botschaft der Moral und des guten Lebens, durch das Geheimnis, das zu ihm durch den Hinduismus herabkommt, rettet Christus normalerweise den Hindu«?[29]

Nein, diese gängige Darstellung kann nicht aufrechterhalten werden. Sicherlich stimmen wir darin überein, dass es nur einen Gott gibt. Es stimmt auch, dass Neubekehrte, die sich von einem nichtchristlichen religiösen System ab- und Christus zuwenden, normalerweise nicht von sich denken, dass sie ihre Anbetung von einem Gott auf den anderen verlagert haben, sondern dass sie meinen, dass sie nun in Wahrheit den Gott anbeten, den sie vorher in Unwissenheit, in einer falschen oder entstellten Weise anzubeten versuchten. Doch

N. B. Stonehouse hat damit Recht, dass das, was Paulus hier auswählte und kommentierte, das offene Bekenntnis der Athener über ihre Unwissenheit war und dass »so eher die Unwissenheit als die Anbetung unterstrichen wird«.[30] Zudem behauptete Paulus nachdrücklich, dass er ihre Unwissenheit erhellen wolle – ein Jude versucht, die unwissenden Athener zu belehren! – dabei verwendet er das *egō* (»ich«) seiner Autorität als Apostel und betont dadurch, dass die spezielle Offenbarung das bestimmen und korrigieren muss, was die allgemeine offenzulegen scheint. Er fährt damit fort, den lebendigen und wahren Gott auf fünf verschiedene Arten zu verkündigen und so die Fehler, ja, sogar die Schrecken des Götzendienstes aufzudecken:

1. Gott ist der Schöpfer des Universums: *Gott, der die Welt gemacht hat und alles, was darin ist, er, der Herr des Himmels und der Erde, wohnt nicht in Tempeln, die mit Händen gemacht sind* (V. 24). Diese Weltsicht unterscheidet sich völlig von der epikureischen Betonung der zufälligen Zusammenstellung von Atomen und dem praktischen Pantheismus der Stoiker. Stattdessen ist Gott sowohl der persönliche Schöpfer aller Dinge, die existieren, und der persönliche Herr über alles, was er geschaffen hat. Deshalb ist es völlig falsch, zu vermuten, dass er, der alles gemacht hat und überwacht, in Schreinen lebt, die Menschen erbaut haben. Jeder Versuch, den Schöpfergott zu begrenzen oder zu lokalisieren, in die Begrenzungen von menschlichen Gebäuden, Strukturen oder Konzepten einzusperren, ist lächerlich.

2. Gott ist der Erhalter des Lebens: *Auch lässt er sich nicht von Menschenhänden dienen, wie einer, der etwas nötig hätte, da er doch selber jedermann Leben und Odem und alles gibt* (V. 25). Gott erhält weiter das Leben, das er erschaffen und den menschlichen Geschöpfen gegeben hat. Deshalb wäre es absurd, zu vermuten, dass er, der das Leben erhält, es selbst nötig hätte, erhalten zu werden, dass er, der unsere Bedürfnisse stillt, unsere Versorgung bräuchte. Jeder Versuch, Gott zu zähmen, ihn auf das Niveau eines »Haustieres« zu redu-

zieren, das von uns hinsichtlich des Essens und der Herberge abhängig ist, ist wiederum ein lächerliches Vertauschen der Rollen. Wir sind von Gott abhängig, aber er ist nicht von uns abhängig.

3. Gott ist der Herrscher über alle Völker: *(26) Und er hat aus einem Menschen* (der Westliche Text »aus einem *Blut*« ist sicherlich falsch: Adam wird hier als der einzige Vorfahre aller Menschen angesehen) *das ganze Menschengeschlecht gemacht, damit sie auf dem ganzen Erdboden wohnen, und er hat festgesetzt, wie lange sie bestehen und in welchen Grenzen sie wohnen sollen, (27) damit sie Gott suchen sollen, ob sie ihn wohl fühlen und finden könnten; und fürwahr, er ist nicht ferne von einem jeden unter uns. (28) Denn in ihm leben, weben und sind wir.* Manche Kommentatoren denken, der Verweis des Paulus auf »Zeiten und Grenzen ihrer Wohnung« (Rev. Elb., vgl. Meister, Schlachter, Menge, V. 26) weise auf Gottes Vorbereitung des Planeten Erde zu unserem Wohnort als Menschen und auf seine Einrichtung der regelmäßigen Jahreszeiten hin, die Paulus in Lystra erwähnt hatte (Apg 14,17). Die »Zeiten und Grenzen der Wohnung der Menschen« scheinen hier jedoch spezieller zu sein und eher auf »die geschichtlichen Epochen und die Grenzen ihres Landes hinzuweisen« (NEB). Obwohl Gott nicht für die Tyrannei oder Aggression von einzelnen Nationen verantwortlich gemacht werden kann, stehen sowohl die Geschichte als auch die Ausbreitung jedes Volkes letztendlich unter seiner Kontrolle. Zudem lag seine Absicht darin, dass die Menschen, die er nach seinem eigenen Bilde geschaffen hatte, *Gott suchen, ob sie ihn wohl fühlen … könnten,* – dies ist ein Verb, das »das Tappen und Tasten eines blinden Mannes bezeichnet«[31] – *und [ihn] finden könnten.* Doch diese Hoffnung erfüllt sich wegen der menschlichen Sünde nicht, wie die übrigen Teile der Heiligen Schrift deutlich machen. Die Sünde entfremdet die Menschen von Gott auch dann, wenn sie nach ihm tasten und dabei die Unnatürlichkeit ihrer Trennung von ihm fühlen. Es wäre jedoch absurd, Gott die Schuld an dieser Entfremdung zu geben oder ihn als

distanziert, nicht erkennbar und uninteressiert anzusehen. Denn *er ist nicht ferne von einem jeden unter uns.* Wir sind diejenigen, die weit von ihm entfernt sind. Wenn unsere Sünde nicht wäre, die uns von ihm trennt, hätten wir einen leichten Zugang zu ihm. *Denn in ihm leben, weben und sind wir* – dies ist ein Zitat aus dem 6. Jh. v. Chr. von dem Dichter Epimenides von Knossos auf Kreta.

4. Gott ist der Vater der Menschen. *(28) ... wie auch einige Dichter bei euch gesagt haben: Wir sind seines Geschlechts. (29) Da wir nun göttlichen Geschlechts sind, sollen wir nicht meinen, die Gottheit sei gleich den goldenen, silbernen und steinernen Bildern, durch menschliche Kunst und Gedanken gemacht.* Dieses zweite Zitat stammt von dem stoischen Autor Aratus aus dem 3. Jh. v. Chr., der aus Paulus Heimat Zilizien kam, auch wenn er einen früheren Spruch des stoischen Philosophen Kleanthes aufnimmt. Es ist bemerkenswert, dass Paulus so zwei heidnische Dichter zitiert haben soll.[32] Sein Vorbild gibt auch uns das Recht, das Gleiche zu tun, und deutet an, dass kleine Funken der Wahrheit, Einsichten aus der allgemeinen Offenbarung auch bei nichtchristlichen Autoren vorzufinden sind. Gleichzeitig müssen wir dabei auch vorsichtig sein, denn wenn wir sagen, dass »wir ... seines Geschlechts« sind, bezieht sich Aratus auf Zeus – und Zeus ist bestimmt nicht identisch mit dem lebendigen und wahren Gott. Aber stimmt es überhaupt, dass alle Menschen Gottes Abkömmlinge (*genos*) sind? Ja, auch wenn Gott der Erlösung nach nur der Vater derer ist, die in Christus sind und wir durch seine Gnade und Annahme unser an Kindes statt seine Erben geworden sind, ist Gott der Schöpfung nach der Vater der gesamten Menschheit, und alle sind seine Nachkommen, seine Geschöpfe, alle haben ihr Leben von ihm erhalten. Weil wir seine Nachkommen sind, deren Dasein auf ihn zurückzuführen ist und von ihm abhängig bleiben, ist es zusätzlich absurd, von ihm als *goldene[n], silberne[n] und steinerne[n] Bilder[n]* zu denken (V. 29), die in sich selbst kein Leben haben und die ihre Existenz der menschlichen Vorstellung und Kunst ver-

danken. Paulus zitiert ihre eigenen Dichter, um ihre Inkonsequenz aufzuzeigen.

Dies sind schlagende Argumente. Jeglicher Götzendienst, ob in der Antike oder in der Moderne, ob in einer primitiven oder intelligenten Art und Weise, ist nicht zu entschuldigen, egal ob es um metallene oder mentale Götzenbilder geht, ob es materielle Gegenstände sind, die angebetet werden, oder unwürdige Vorstellungen des Verstandes. Denn Götzendienst ist der Versuch, entweder Gott an einen Ort zu binden, ihn in Grenzen einzuengen, die wir ihm auferlegen, während er jedoch der Schöpfer des Universums ist, oder Gott zu zähmen, ihn von uns abhängig zu machen, ihn zu binden, während er doch der Erhalter allen menschlichen Lebens ist. Götzendienst ist auch der Versuch, Gott zu entfremden, ihm die Schuld an seiner Entferntheit und seinem Schweigen zu geben, während er doch der Herrscher der Völker und keinem von uns fern ist. Götzendienst ist weiterhin der Versuch, Gott zu entthronen, ihn zu einer Vorstellung zu machen, die unsere eigene Erfindung oder unsere Geschicklichkeit wäre, während er doch unser Vater ist, dem wir unser Dasein verdanken. Kurz gesagt – jeglicher Götzendienst versucht, den Abgrund zwischen dem Schöpfer und seinen Geschöpfen zu verringern, um ihn unter die eigene Kontrolle zu bringen. Mehr noch als das – so werden die jeweilige Stellung von Gott und von uns völlig umgedreht, sodass wir meinen, uns einbilden zu können, dass wir Gott neu schaffen und bestimmen könnten, statt dass wir demütig anerkennen, dass Gott uns geschaffen hat und uns beherrscht. Beim Götzendienst versagen die Gesetze der Logik: Er ist der völlig verdorbene und auf den Kopf gestellte Ausdruck unserer menschlichen Rebellion gegen Gott. Dies führt uns zu dem letzten Punkt des Paulus.

5. Gott ist der Richter der Welt: *(30) Zwar hat Gott über die Zeit der Unwissenheit hinweggesehen; nun aber, gebietet er den Menschen, dass alle an allen Enden Buße tun. (31) Denn er hat einen Tag festgesetzt, an dem er den Erdkreis richten will mit Gerechtigkeit durch einen Mann, den er dazu bestimmt hat, und*

hat jedermann den Glauben angeboten, indem er ihn von den Toten auferweckt hat. Paulus kommt am Ende seiner Rede auf das Thema zurück, mit dem er schon begonnen hatte: auf die menschliche Unwissenheit. Die Athener haben mit ihrer Inschrift auf diesem Altar zugegeben, dass sie Gott nicht kennen, und Paulus hat ihre Unwissenheit bestätigt. Nun erklärt er, dass solche Unwissenheit schuldhaft ist. Denn Gott »hat ... sich selbst nicht unbezeugt gelassen« (Apg 14,17). Ganz im Gegenteil – er hat sich selbst durch die Ordnung in der Natur geoffenbart, aber die Menschen haben »die Wahrheit durch Ungerechtigkeit nieder[ge]halten«.[33] *Zwar hat Gott über die Zeit der Unwissenheit hinweggesehen.* Dies heißt aber nicht, dass Gott sie nicht bemerkt oder dass er sich dieser als entschuldbar gefügt hätte, sondern dass er in seiner nachsichtigen Güte nicht das Urteil erteilte, das sie verdient hätten.[34] *Nun aber gebietet er den Menschen, dass alle an allen Enden Buße tun.* Warum? Weil sein Gericht mit Sicherheit kommen wird. Paulus teilt seinen Zuhörern drei unveränderliche Tatsachen darüber mit. 1. Es wird ein weltweites Gericht sein: Gott wird *den Erdkreis richten.* Die Lebenden und die Toten, die Hohen und die Niedrigen werden dabei eingeschlossen sein: Keiner wird dem Gericht entfliehen können. 2. Es wird gerecht sein: *Er* will ... *richten ... mit Gerechtigkeit.* Alle Geheimnisse werden enthüllt werden. Es ist unmöglich, dass dieses Urteil ungerecht sein wird. 3. Es wird mit Sicherheit kommen, denn der Tag ist bereits bestimmt und der Richter festgesetzt worden. Und auch wenn der Zeitpunkt noch nicht geoffenbart worden ist, so ist doch die Identität des Richters schon geoffenbart worden (Apg 10,42). Gott hat seinem Sohn das Gericht übertragen,[35] »und er hat allen dadurch den Beweis gegeben, dass er ihn auferweckt hat aus den Toten« (Rev. Elb., V. 31). Jesus war durch die Auferstehung für gerecht erklärt und zum Herrn und Richter bestimmt worden. Zudem ist dieser göttliche Richter auch ein *Mann.* Alle Völker sind aus dem ersten Adam hervorgegangen, durch den letzten Adam werden alle Völker auch gerichtet werden.

Diese Erwähnung der Auferstehung, die die Philosophen dazu bewegt hatte, darum zu bitten, dass sie mehr hören könnten (V. 18), war nun genug, um das Treffen zu einem abrupten Ende zu bringen. *Als sie von der Auferstehung der Toten hörten, begannen die einen zu spotten*, möglicherweise die Epikureer*; die andern aber*, möglicherweise die Stoiker – vielleicht war es ernst gemeint, vielleicht auch nicht – *sprachen: Wir wollen dich darüber ein andermal weiter hören* (V. 32). *So ging Paulus von ihnen* (V. 33), weil die Sitzung beschlossen worden war. *Einige Männer schlossen sich ihm* jedoch *an und wurden gläubig; unter ihnen war auch Dionysius, einer aus dem Rat*, den Eusebius später (wenn auch nur unzureichend belegt) als ersten christlichen Bischof und Märtyrer Athens erwähnt, *und eine Frau mit Namen Damaris und andere mit ihnen* (V. 34). All diese müssen der Aufforderung zur Buße gefolgt sein und sich »bekehrt haben zu Gott von den Abgöttern, zu dienen dem lebendigen und wahren Gott«.[36]

Wenn wir über die Rede von Paulus auf dem Areopag nachdenken, sehen wir uns zwei kritischen Anfragen ausgesetzt: erstens, dass sie nicht authentisch wäre, und zweitens, dass sie nicht passend gewesen sei. Zu Beginn des 20. Jh.s zog Martin Dibelius den Schluss, dass Lukas diese Rede als Musterbeispiel für Predigten an Heiden verstanden wissen wollte, dass er sie für angemessen hielt, dass sie von Lukas und nicht von Paulus erstellt worden und dass sie eine »hellenistische« Rede über die Kenntnis von Gott sei, die bis zum Ende unchristlich sei.[37] Einige Jahre später schrieb Hans Conzelmann, dass sie seiner Meinung nach die freie Erfindung des Autoren (d. h. Lukas) sei, da sie nicht die spezifischen Gedanken und Vorstellungen von Paulus enthalte.[38] 1955 antwortete der schwedische Wissenschaftler Bertil Gärtner auf die Kritik von Dibelius in einem Artikel mit dem Titel *The Areopagus Speech and Natural Revelation* (»Die Areopagrede und die natürliche Offenbarung«). Seine These ist, dass 1) der Hintergrund dieser Rede eher in hebräischen Vorstellungen als in griechischen zu finden ist, besonders im

A.T., dass 2) sie Parallelen in den apologetischen Predigten des hellenistischen Judentums hat und dass 3) sie in dem Sinne genuin paulinisch ist, dass die Hauptthemen die Gedanken von Paulus in seinen Briefen widerspiegeln,[39] auch wenn Lukas sie natürlich gekürzt und in ihre gegenwärtige literarische Form gebracht hat. Somit ist es nicht problematisch, mit einem guten Gewissen zu bekräftigen, dass die Stimme, die wir in der Areopagrede hören, die Stimme des authentischen Paulus ist. Es ist auch nicht schwierig, alttestamentliche Stellen zu finden, die die wichtigsten Themen der Predigt vorwegnehmen – Gott als Schöpfer des Himmels und der Erde, in dessen Hand der Odem aller Lebewesen liegt, der nicht in von Menschen gemachten Tempeln wohnt, der die Geschichte der Völker beherrscht, der nicht mit geschnitzten oder gemeißelten Bildern verglichen werden kann, die tot und taub sind, und der vor dem Gericht warnt und zur Buße auffordert.

Die zweite Kritik betrifft die Angemessenheit der Predigt als Darstellung des Evangeliums. Ramsay hat seinerzeit die Vorstellung populär gemacht, dass Paulus »von seiner Erfahrung in Athen enttäuscht und vielleicht desillusioniert war«, weil die Ergebnisse unbedeutend waren. »Als er also von Athen nach Korinth wanderte, sprach er nicht länger in einer philosophischen Art und Weise«, sondern »›hielt es für richtig, unter euch nichts zu wissen als allein Jesus Christus, den Gekreuzigten‹ (1. Kor 2, 2)«.[40] Diese Theorie ist jedoch völlig unberechtigt und Stonehouse bezeichnete sie meiner Meinung nach berechtigterweise als »nicht haltbar«.[41]

1. In dem Bericht von Lukas gibt es keinerlei Hinweis darauf, dass er mit der Darstellung durch Paulus nicht zufrieden gewesen wäre, egal ob wir seine Rede an den Areopag als eine Verteidigungsrede oder als eine Predigt oder als eine Mischung aus beidem betrachten. Ganz im Gegenteil – Lukas hat drei Reden von Paulus in der Apostelgeschichte festgehalten, die als Musterbeispiele für seine Verkündigung an Juden und Gottesfürchtige (Antiochien in Pisidien, Apg 13), an heid-

nische Analphabeten (Lystra, Apg 14) und nun an gebildete Philosophen dienen (Athen, Apg 17).

2. Es ist falsch, den Besuch von Paulus in Athen als Fehler zu bezeichnen. Zusätzlich zu den zwei namentlich genannten Neubekehrten, gibt es nach den Angaben des Lukas »andere« (V. 34). Nebenbei gesagt »ist es äußerst gefährlich, sich darauf einzulassen, von der Anzahl der Neubekehrten auf die Korrektheit der Botschaft zu schließen«.[42]

3. Ich glaube, dass Paulus in Athen »das Kreuz« gepredigt hat. Lukas stellt nur einen kurzen Auszug aus dieser Rede dar, die man in weniger als zwei Minuten gelesen hat. Paulus muss diesen Überblick erheblich ausgefüllt haben, und sein Schluss (V. 30-31) muss auch den gekreuzigten Christus beinhaltet haben. Denn wie hätte er die Auferstehung verkündigen können, ohne den Tod zu erwähnen, der ihr vorausgegangen ist? Und wie hätte er zur Buße aufrufen können, ohne den Glauben an Christus, der immer dazugehört, auszuführen?

4. Paulus leugnete in Korinth nicht die biblische Lehre von Gott als Schöpfer, Herr und Richter, sondern die Weisheit der Welt und die Redekunst der Griechen. Seinen festen Entschluss, nichts als Christus und ihn als gekreuzigt zu predigen, hatte er wegen der Herausforderungen in Korinth gefasst, die er vorhersah, und nicht wegen seiner vermutlichen Fehler, die er in Athen begangen hatte. Zudem änderte Paulus in Korinth seine Taktik nicht, wie Lukas in seinem Bericht darlegt, sondern lehrte, diskutierte und überzeugte weiter (Apg 18,4-5).

13.5 Paulus fordert uns heraus

Die Areopagrede offenbart, wie umfassend die Botschaft von Paulus ist. Er verkündete Gott in seiner Vielfalt als Schöpfer, Erhalter, Herrscher, Vater und Richter. Er nahm die gesamte Natur und Geschichte mit hinein. Er durchschritt die gesamte

Zeit im Rück- und im Vorausblick, von der Schöpfung bis zur Vollendung. Er betonte die Größe Gottes, und zwar nicht nur als Anfang und Ende aller Dinge, sondern als der Eine, dem wir unser Leben verdanken und dem wir Rechenschaft darüber geben müssen. Er behauptete, dass die Menschen diese Dinge bereits durch die natürliche oder allgemeine Offenbarung wissen und dass ihre Unwissenheit und ihr Götzendienst deshalb nicht zu entschuldigen sind. So rief er sie mit großer Ernsthaftigkeit dazu auf, Buße zu tun, bevor es zu spät sein würde.

All dies gehört zum Evangelium. Oder es ist zumindest der unerlässliche Hintergrund der Botschaft, ohne den das Evangelium in der heutigen Zeit nicht wirkungsvoll verkündigt werden kann. Viele Leute unserer Zeit lehnen das Evangelium nicht nur ab, weil sie meinen, dass es falsch sei, sondern weil sie es für zu einfach halten. Die Menschen suchen nach einer zusammenhängenden Weltsicht, die all ihren Erfahrungen einen Sinn gibt. Wir lernen von Paulus, dass wir das Evangelium von Jesus Christus nicht ohne die Lehre über Gott predigen können, dass wir das Kreuz nicht ohne die Schöpfung oder das Heil nicht ohne Gericht verkündigen dürfen. Heutzutage braucht die Welt ein größeres Evangelium, das gesamte Evangelium der Heiligen Schrift, welches Paulus später in Ephesus als »den ganzen Ratschluss Gottes« (Apg 20,27) bezeichnet.

Nicht nur die Reichhaltigkeit der Botschaft von Paulus in Athen beeindruckt, sondern auch die Tiefe und Kraft seiner Motivation. Warum schlummert die Gemeinde Jesu trotz der großen Nöte und Möglichkeiten unserer Zeit friedlich weiter? Warum sind so viele Christen taub und stumm – taub für den Missionsbefehl Christi und sprachlos im Zeugnis? Ich denke, der Hauptgrund ist Folgender: Wir reden nicht mehr so, wie Paulus geredet hat, weil wir nicht mehr fühlen, was Paulus fühlte. Wir hatten niemals diese Anfälle der Empörung, die er erlitt. Noch nie hat uns göttliche Eifersucht innerlich aufgestachelt. Wir beten immer »Geheiligt werde dein Name!«, aber wir scheinen dies nicht so zu meinen. Oder es macht uns nichts aus, dass sein Name so vielfach gelästert wird.

Warum ist das so? Wir müssen einen Schritt zurückgehen. Wenn wir nicht wie Paulus reden, weil wir nicht wie Paulus fühlen, dann liegt das daran, dass wir nicht sehen, wie Paulus sah. Dies war die Reihenfolge: Er sah, er fühlte, er redete. Alles begann mit seinen Augen. Als Paulus durch Athen wanderte, hat er die Götzenbilder nicht nur »zur Kenntnis genommen«. Das griechische Verb, das hier dreimal verwendet wird (V. 16, 22.23), ist entweder *theōreō* oder *anatheōreō* und hat die Bedeutung »beobachten, wahrnehmen«.[43] Er hat also geguckt und geschaut, nachgedacht und überlegt, bis das Feuer der heiligen Empörung in ihm angefacht war. Denn er sah Männer und Frauen, die von Gott im Bilde Gottes geschaffen worden waren, die Götzenbildern die Ehre gaben, die allein doch ihm gebührte.

Götzen gibt es nicht nur in primitiven Gesellschaften, es gibt auch viele intellektuelle Götzen. Ein Götze ist immer ein Ersatz für Gott. Jede Person oder jede Sache, die den Platz einnimmt, den Gott innehaben sollte, ist ein Götze. Habsucht ist z. B. auch Götzendienst.[44] Ideologien können Götzendienst sein.[45] Desgleichen Ruhm, Wohlstand und Macht, Sex, Essen, Alkohol oder andere Drogen, Eltern, Ehepartner, Kinder und Freunde, Arbeit, Vergnügen, Fernsehen und Besitz, selbst die Gemeinde, Religion und der christliche Dienst. Besonders in Städten scheinen Götzen besonders vorherrschend zu sein. Jesus weinte über die unbußfertige Stadt Jerusalem. Paulus schmerzte es, die götzendienerische Stadt Athen zu sehen. Sind wir jemals durch die götzendienerischen Städte der heutigen Welt erzürnt worden?

14. Korinth und Ephesus (Apg 18,1-19,41)

»Das Ansteigen der Bevölkerung der Städte«, so schrieb Harvey Cox in *The Secular City* (»Die säkulare Stadt«), ist eines der »Kennzeichen unseres Zeitalters«.[1] »Verstädterung«, so setzt er fort, »schafft einen massiven Wechsel im Zusammenleben der Menschen«, weil sie mit ihrem Umzug aus ihrem Stamm in die »Stadt der Technik« gezogen sind. Die Erfahrungen in einer Stadt bringen eine Menge von Dingen mit sich wie z. B. Kommunikation und Mobilität, die fehlende Integration von traditionellen Religionen, Anonymität und Unpersönlichkeit, menschliches Planen, Kontrolle und Bürokratie. Und in den heruntergekommenen Innenstädten unserer Tage müssten wir hinzufügen: ökonomische Verwahrlosung, ethnische Benachteiligung, Arbeitslosigkeit, heruntergekommene Häuser und schlechte Bildung, Verbrechen, Gewalt, zerbrochene Familien und Spannungen zwischen der Polizei und der Gesellschaft.

1850 gab es nur vier »Weltstädte«, die mehr als 1 Mio. Einwohner hatten. 1980 waren es schon 225 und im Jahr 2000 können es bereits 500 sein. Oder betrachten wir die so genannten Metropolen oder »Megacities«, die mehr als 10 Mio. Einwohner haben. 1950 gehörten nur London und New York dazu. Aber für das Jahr 2000 rechnet man damit, dass es 23 Städte dieser Größenordnung geben wird, wobei Mexico City die Spitzenposition mit nahezu 30 Mio. Einwohnern einnehmen wird. Danach folgen Sao Paulo und Tokio mit nahezu 25 Mio. Die meisten dieser »Megacities« werden in der Dritten Welt sein, nur vier werden noch in Europa und den USA liegen. Bereits zwei Fünftel der Weltbevölkerung wohnen in Städten; am Ende des 20. Jh.s wird dieser Wert sogar bei 50 Prozent liegen.[2]

Dieser Prozess der Verstädterung als bedeutsame neue Tatsache dieses Jahrhunderts schafft neue Herausforderungen für die christliche Gemeinde. Einerseits brauchen wir dringend christliche Städteplaner und Architekten, Politiker in den örtlichen Verwaltungen, Stadtspezialisten, Entwicklungshelfer und Sozialarbeiter, die sich für Gerechtigkeit, Frieden und Schönheit einsetzen. Andererseits müssen die Christen in die Städte ziehen und die Nöte und Bedrängnisse des Lebens dort erfahren, um die Stadtbewohner für Christus zu gewinnen. Die pendelnde Christenheit (die in den heilen Vorstädten lebt und zu einer Gemeinde in der Stadt fährt) kann nicht das leibhaftige Betroffensein ersetzen.

Es scheint eine bewusste Taktik von Paulus gewesen zu sein, entschlossen von einem strategischen städtischen Zentrum zum nächsten zu gehen. Wahrscheinlich zog es ihn wegen der dort vorzufindenden jüdischen Synagogen, der größeren Bevölkerung und den einflussreichen Führern in die Städte. So besuchte er auf seiner ersten Missionsreise Salamis und Paphos auf Zypern und Antiochien, Ikonion, Lystra und Derbe in Galatien. Auf seiner zweiten Missionsreise evangelisierte er in Philippi, Thessalonich und Beröa in Mazedonien und Athen und Korinth in Achaja, während er sich die meiste Zeit seiner dritten Missionsreise auf Ephesus konzentrierte. Lukas beschreibt bewusst, wie das Evangelium sich »durch die schrittweise Einrichtung von ausstrahlenden Zentren oder Einflussquellen an bestimmten herausragenden Stellen über einen großen Teil des Römischen Reiches verteilt« ausbreitete.[3]

Es stimmt, dass einige der Städte, die Paulus besuchte, klein und unbedeutend waren. Doch dies kann man nicht von Athen, Korinth und Ephesus sagen. Man hat errechnet, dass Athen weniger als 10.000 Einwohner gehabt haben könnte, Ephesus jedoch eine halbe Million und dass Korinth in seiner besten Zeit nahezu eine Dreiviertelmillion Einwohner besaß. Diese drei Städte waren die führenden Städte des Römischen Reiches, die an der Küste der Ägäis lagen, wobei Korinth und Ephesus zugleich auch Provinzhauptstädte waren. Man könnte sie vielleicht folgendermaßen charakterisieren:

Athen war das *intellektuelle* Zentrum der antiken Welt, wie wir im letzten Kapitel gesehen haben; die Stadt, in der Sokrates, Plato, Aristoteles, Epikur und Zenon ihre jeweiligen Philosophien entwickelt hatten. Athen war auch der Geburtsort der Demokratie, und sie war die herausragendste der drei berühmten Universitäten der Antike (Alexandria, Tarsus und Athen). Obwohl sie bereits den Gipfel ihrer Blüte überschritten hatte, strömten immer noch die klügsten Studenten aus allen Teilen des Römischen Reiches heran. Für die junge Intelligenz der Welt hatte sie immer noch eine unwiderstehliche Anziehungskraft.

Korinth war vor allem ein großer *kommerzieller* Mittelpunkt, ein weltberühmtes Handelszentrum. Nahe an der Landenge, die das griechische Festland mit der peloponnesischen Halbinsel verband, beherrschte es die Handelsstraßen in alle Richtungen, nicht nur in Nord-Süd- auf dem Landwege, sondern auch auf dem Seewege in Ost-West-Richtung. Denn bevor der 5,5 km lange Kanal von Korinth über die Landenge ausgegraben worden war, gab es an dieser Strecke einen *diolkos* oder einen Helling (Schiffsbauplatz), auf dem Frachten und auch kleine Schiffe ziehend transportiert werden konnten, wodurch man 320 km gefährlicher Seereise um die südliche Spitze der Halbinsel sparte. Folglich hatte Korinth zwei Häfen aufzuweisen, Lechäon am Golf von Korinth im Westen und Kenchreä am Golf von Saron im Osten. So »überbrückte Korinth mit seinen zwei Häfen die Landenge mit je einem Fuß in jedem Meer«, was Horaz dazu führte, es *bimaris* oder »zweimeerig« zu nennen.[4] So war Korinth eine Stadt von Seefahrern und maritimen Kaufleuten. Es überrascht kaum, dass Poseidon, der griechische Meeresgott, den die Römer Neptun nannten, dort angebetet wurde. F. W. Farrar stellte sich die Märkte, die mit weltweiten Handelsgütern ausgestattet waren, folgendermaßen vor: »arabisches Springkraut, ägyptischer Papyrus, phönizische Datteln, lybisches Elfenbein, babylonische Teppiche, zilizisches Ziegenhaar, lykaonische Wolle, phrygische Sklaven«.[5] Paulus muss ihre strategische Bedeutung erkannt haben. Wenn sich von Korinth aus der Handel in alle Richtungen ausbreiten konnte, dann auch das Evangelium.

Auch Ephesus war für seinen Handel bekannt. Barclay nennt es »den Markt von Kleinasien«.[6] Es war auch als Hauptstadt der römischen Provinz Asien von politischer Bedeutung. Doch vor allem war Ephesus eines der wichtigsten *religiösen* Zentren der griechisch-römischen Welt. Der Kaiserkult florierte hier und zu einer bestimmten Zeit konnte die Stadt nicht weniger als drei Tempel aufweisen, die allein der Anbetung des Kaisers geweiht waren. Vor allem war Ephesus als »Hüterin der großen Diana« (Apg 19,35) berühmt. In der klassischen Mythologie war Artemis, die bei den Römern Diana genannt wurde, eine jungfräuliche Jägerin, doch in Ephesus war sie auf irgendeine Weise mit der asiatischen Fruchtbarkeitsgöttin verschmolzen. Ephesus hütete mit riesigem Stolz sowohl ihr groteskes vielbrüstiges Bildnis – wahrscheinlich war dies ursprünglich ein Meteorit gewesen – als auch den prächtigen Tempel, der sie beherbergte. Dieses Gebäude hatte mehr als 100 ionische Säulen, jede 18 m hoch, die ein weißes Marmordach trugen. Viermal so groß wie der Parthenon in Athen und durch viele schöne Bilder und Skulpturen geschmückt, wurde es als eines der sieben Weltwunder angesehen. Zudem florierten unter dem Patronat von Diana Aberglaube und okkulte Praktiken jeglicher Art. Und die magischen Worte und Formeln, die an leichtgläubige Menschen verkauft wurden, waren als »ephesische Schriften« (*Ephesia grammata*) bekannt.

Dies waren also die drei wichtigsten Städte der griechisch-römischen Welt, und alle drei waren zu einem gewissen Grade Zentren des Lernens, Handelns und der Religion. Lukas weiß offenbar, wie bedeutend sie für die Ausbreitung des Evangeliums sind. Nachdem er den Apostel Paulus unter den Philosophen in Athen dargestellt hat (Apg 17,16ff.), beschreibt er nun seinen Besuch in Korinth (Apg 18,1ff.) und in Ephesus (Apg 18,18bff.; 19,1ff.). Diese Besuche folgen einem bestimmten Vorgehen, nämlich der Evangelisation unter Juden, ihr Widerstand gegen das Evangelium, die bewusste Wendung des Apostels zu den Heiden und die vielfache Rechtfertigung seiner dramatischen Entscheidung. Dies ist das zu Grunde liegende Thema von Lukas in den Kapiteln 18 und 19:

1. Paulus beginnt in beiden Städten, dass er ernsthaft und anhaltend versucht, seine jüdischen Zuhörer in der Synagoge davon zu »überzeugen«, dass Jesus der Christus war (Apg 18,4-5; 19,8). 2. In beiden Städten reagiert Paulus auf die Ablehnung des Evangeliums durch die Juden, dass er die Synagoge verlässt und sich der Heidenevangelisation zuwendet, wobei das Haus von Titius Justus in Korinth und die Schule des Tyrannus in Ephesus seine Ausgangspunkte wurden (Apg 18,6-7; 19,9). 3. In beiden Städten wurde der mutige Schritt von Paulus dadurch gerechtfertigt, dass viele Leute das Evangelium hörten und daran glaubten (Apg 18,8; 19,10). 4. In beiden Städten bekräftigte Jesus sein Wort und ermutigte seinen Apostel – in Korinth durch eine nächtliche Erscheinung und in Ephesus durch außergewöhnliche Wunder (Apg 18,9-10; 19,11-12). 5. In beiden Städten wiesen die römischen Machthaber die Opposition von sich und erklärten das Evangelium als legal – in Korinth durch den Prokonsul Gallio und in Ephesus durch den Kanzler der Stadt (Apg 18,12ff.; 19,35ff.).

14.1 Paulus in Korinth (Apg 18,1-18a)

Danach (d.h. nach seiner Areopagrede und ihren Nachwirkungen) *verließ Paulus Athen und kam nach Korinth* (V. 1). Über diese Reise schrieb Paulus später – wie bereits zum Ende des letzten Kapitels erwähnt worden war –, in Anspielung auf die Mission in Korinth: »Denn ich hielt es für richtig, unter euch nichts zu wissen als allein Jesus Christus, den Gekreuzigten. Und ich war bei euch in Schwachheit und in

Furcht und mit großem Zittern«.[7] Wir müssen weiter in die Ursachen von Paulus Furcht und die Gründe für seinen Entschluss eindringen. Was war es in Korinth, das seine Beunruhigung auslöste und es verlangte, dass er nur Christus und sein Kreuz verkündigte?

Es war sicherlich der Stolz und die Unmoral der Menschen in Korinth, die Paulus einschüchterten, weil das Kreuz mit beiden direkt in Konflikt gerät. Beginnen wir damit, dass die Korinther stolze Menschen waren. Ihre intellektuelle Arroganz tritt deutlich in den Briefen des Paulus an sie zum Vorschein. Sie waren auch stolz auf ihre Stadt, die Julius Cäsar im Jahr 46 v. Chr. sehr schön wiederaufgebaut hatte. Sie rühmten sich ihres Wohlstandes und ihrer Kultur, der weltberühmten Isthmischen Spiele, die sie jedes Jahr ausrichteten, und ihres politischen Ansehens als Hauptstadt der Provinz Achaja, die noch über Athen stand. Doch das Kreuz greift jeden menschlichen Stolz an. Es betont, dass wir Sünder absolut nichts besitzen, mit dem wir uns unser Heil erkaufen oder auch nur einen Teil dazu beitragen könnten. Kein Wunder, dass nicht viele weise, einflussreiche Korinther oder Personen aus den oberen Schichten an das Evangelium glaubten![8]

Zweitens wurde Korinth in den Köpfen der Menschen mit Morallosigkeit in Verbindung gebracht. Im Hintergrund der Stadt, ungefähr 600 m über dem Meeresspiegel, erhob sich die felsige Anhöhe mit dem Namen Akrokorinth. Auf ihrer flachen Gipfelkuppe stand der Tempel der Aphrodite oder Venus, der Göttin der Liebe. 1000 weibliche Sklavinnen dienten ihr und durchstreiften in der Nacht als Prostituierte die Straßen der Stadt. Die sexuelle Promiskuität von Korinth war sprichwörtlich geworden, sodass das Verb *korinthiazomai* die Bedeutung »unmoralisch handeln« hatte und *korinthiastēs* ein synonymes Wort für eine Hure war. Korinth war »der Jahrmarkt der Eitelkeiten des Römischen Reiches«.[9] Aber das Evangelium des gekreuzigten Christus forderte die Korinther zu Buße und Heiligkeit auf und warnte sie davor, dass sexuelle Unmoral nicht das Königreich Gottes erben würde.[10]

Somit ist das Kreuz Christi mit seiner Aufforderung zur Selbstdemütigung und Selbstverleugnung ein Hindernis für einen stolzen und sündigen Menschen. Dadurch lässt sich auch »Schwachheit ... Furcht und ... Zittern« des Paulus erklären und die unvermeidliche Entscheidung, in Korinth »nichts zu wissen als allein Jesus Christus, den Gekreuzigten«.[11]

a. Paulus lebt bei Aquila und Priszilla (Apg 18,2 - 6)

Hier in Korinth *fand* Paulus *einen Juden mit Namen Aquila, aus Pontus gebürtig; der war mit seiner Frau Priszilla kürzlich aus Italien gekommen, weil Kaiser Klaudius allen Juden geboten hatte, Rom zu verlassen* (V. 2a). Dieses Ehepaar, Aquila und Priszilla, die Paulus später seine »Mitarbeiter in Christus Jesus« nennt, die für ihn ihren »Hals hingehalten haben«,[12] waren ein Beispiel für ein außerordentliches Maß an Beweglichkeit. In Pontus an der südlichen Küste des Schwarzen Meeres geboren, war Aquila nach Italien ausgewandert. Uns wird weder berichtet, warum, noch ob er vor oder nach seiner Heirat mit Priszilla umzog. Zusammen verließen sie jedoch auf Grund eines kaiserlichen Erlasses Rom und zogen nach Korinth. Sueton verweist darauf in seinem Werk über das Leben des *Claudius* (25,4): »Die Juden, welche, aufgehetzt von Chrestos [*impulsore Chresto*], fortwährend Unruhen anzettelten, vertrieb er aus Rom«.[13] Die ausgewiesenen Leute nannte er »Juden«, doch »Chrestos« scheint »Christus« zu heißen – die Aussprache von »Christus« und »Chrestos« wird sehr ähnlich gewesen sein –, wobei die Juden Christen gewesen sein werden und die Unruhe wird in der jüdischen Gemeinschaft durch das Evangelium verursacht worden sein. Vermutlich waren Aquila und Priszilla bereits Christen, als sie Korinth erreichten. Später zogen sie noch einmal um, dieses Mal von Korinth nach Ephesus, um bei Paulus zu sein. Die Gemeinde oder ein Teil der Gemeinde traf sich in ihrem Haus (Apg 18,18.18.26).[14]

Paulus *ging* zu ihnen (V. 2b). *Und weil er das gleiche Handwerk hatte, blieb er bei ihnen und arbeitete mit ihnen; sie waren nämlich von Beruf Zeltmacher* (V. 3). Sie hatten sowohl das gleiche Handwerk als auch den gleichen Glauben. Was für ein Handwerk betrieben sie? Eigentlich geben alle deutschen Übersetzungen das griechische Wort *skēnopoios* als »Zeltmacher« wieder, weil *skēnē* oder *skēnos* ein Zelt ist. Einige Kommentatoren bevorzugen jedoch die Übersetzung »Lederarbeiter« oder »Sattler«, weil in der Antike »Zelte meist aus Leder hergestellt« wurden.[15] Eine weitere Möglichkeit wäre »Kleidermacher«, und es wäre zumindest plausibel (wenn auch nicht nachgewiesen), dass Paulus einen grob gewebten Stoff aus dem dicken Ziegenhaar seiner Heimat Zilizien trug. Dies wird im Lateinischen *cilicium* genannt und wurde für Vorhänge, Teppiche, Kleidung und Zelte verwendet. Mit Sicherheit arbeitete er mit seinen Händen. Von Rabbis wurde tatsächlich verlangt, ein Handwerk zu erlernen, und sie forderten alle jungen Männer dazu auf, dasselbe auch zu tun. Sicherlich betonte auch Paulus mehrere Male das Recht von christlichen Lehrern, dass sie von ihren Schülern zu unterstützen seien.[16] Doch er selbst verzichtete freiwillig auf dieses Recht, einerseits um nicht eine »Last« für die Gemeinden zu sein,[17] andererseits um die Anklage zu entkräften, er predige das Evangelium aus anderweitigen Motiven.[18] »Zeltmacherdienste« sind in unserer Zeit sehr populär geworden. Dieser Ausdruck beschreibt Botschafter des Evangeliums, die aus einer Kultur in eine andere gehen und sich selbst durch ihren eigenen Beruf oder ihr geschäftliches Können finanzieren, während sie gleichzeitig missionarisch aktiv sind. J. Christy Wilson hat darüber in seinem Buch *Today's Tentmakers* (»Die Zeltmacher von heute«) geschrieben.[19] Das Prinzip der Selbstversorgung, um nicht die Gemeinden zu belasten, ist das Gleiche, doch die Hauptmotivation ist eine andere, nämlich die, dass dies der einzige Weg für Christen sein kann, um in diese Länder überhaupt hineinzukommen, die selbst ernannten »Missionaren« keine Visa erteilen.

Während Paulus an jedem Wochentag in seinem Handwerk arbeitete, *lehrte* er *in der Synagoge an allen Sabbaten und überzeugte* (ein Imperfekt, das seine Ausdauer bezeichnet: »er versuchte zu überzeugen«) *Juden und Griechen*, die Letztgenannten waren »Gottesfürchtige«, die den Synagogengottesdienst besuchten (V. 4). *Als aber Silas und Timotheus aus Mazedonien kamen*, nachdem sie in Beröa geblieben waren (Apg 17, 13) und Thessalonich besucht hatten,[20] brachten sie nicht nur die gute Nachricht über den Glauben und die Liebe der Thessalonicher mit,[21] sondern auch ein Geschenk.[22] Somit konnte Paulus seine »Zeltmacherei« aufgeben. Stattdessen *richtete sich Paulus ganz auf die Verkündigung des Wortes und bezeugte den Juden, dass Jesus der Christus ist* (V. 5) oder dass der Christus Jesus war. Wie man es auch übersetzt – wichtig war, dass der historische Jesus und der erwartete Christus der Gleiche waren. Doch dieser Mission unter den Juden wurde mit störrischem Widerstand begegnet, was Paulus dazu bewegte, einen drastischen Schritt zu wiederholen, wie er ihn bereits in Antiochien in Pisidien unternommen hatte (Apg 13, 46.51) – er wandte sich den Heiden zu. Diesmal drückte er seine Entscheidung in einer dramatischen Geste und einer ebensolchen Aussage aus: *Als sie aber widerstrebten und lästerten, schüttelte er die Kleider aus* [damit nicht ein Staubkörnchen aus der Synagoge an ihm hängen bleiben würde][23] *und sprach zu ihnen*, wobei der Prophet Hesekiel hier anklingt: *Euer Blut komme über euer Haupt; ohne Schuld gehe ich von nun an zu den Heiden* (V. 6).[24]

b. Paulus wendet sich den Heiden zu (Apg 18, 7 - 11)

Die nächste Aussage von Lukas, dass Paulus *sich von dort aufmachte und … in das Haus eines Mannes mit Namen Titius Justus, eines Gottesfürchtigen* kam (V. 7), ist mehr als eine geografische Bemerkung. Sie besagt eher, dass der Ort seiner evangelistischen Bemühungen von der öffentlichen Synagoge zu einem privaten Haus wechselte und dass so die Menschen, die evangelisiert wurden, nicht mehr Juden, sondern Heiden waren. Wir wissen, dass das Haus Titius Justus gehörte und dass er ein Gottesfürchtiger war, aber es ist pure Spekulation, dass sein anderer Name Gajus und er somit der in Römer 16,23 und 1. Korinther 1,14 erwähnte Gajus war. Es überrascht, dass der erste Neubekehrte der Heidenmission *Krispus* war, *der Vorsteher der Synagoge*, der für den Gottesdienst verantwortlich war, und dass sein ganzes Haus *zum Glauben an den Herrn* kam (V. 8a), doch ihm folgten *auch viele Korinther*, vermutlich Heiden, *die zuhörten, … gläubig wurden und … sich taufen* ließen (V. 8b).

Die mutige Entscheidung des Paulus, von der Synagoge in ein Haus zu ziehen, von der Juden- zur Heidenmission überzugehen, wurde sehr bald nicht nur durch die Bekehrung und Taufe vieler Menschen (V. 8), sondern auch durch eine Erscheinung Jesu (V. 9-10) und die Haltung der römischen Machthaber (V. 12ff.) von Gott als richtig bestätigt. *Es sprach aber der Herr durch eine Erscheinung in der Nacht zu Paulus* (V. 9a). »Der Herr« heißt nach Lukas üblicher Verwendungsweise »der Herr Jesus« (siehe Vers 8 »kam zum Glauben an den Herrn«). Doch »die Botschaft ist in die Sprache eingebettet, die Gott selbst im A.T. verwendet, wenn er seine Knechte anspricht«.[25] Gott richtete üblicherweise sowohl das Gebot »Fürchte dich nicht!« als auch die Verheißung »Ich bin mit dir!« an sein Volk. Nun sagte Jesus das Gleiche zu Paulus: *Fürchte dich nicht, sondern rede und schweige nicht!* (V. 9b). *Denn ich bin mit dir, und niemand soll sich unterstehen, dir zu schaden; denn ich habe ein großes Volk in dieser Stadt* (V. 10). Er sollte weiter seinen Glauben bezeugen, bestärkt durch die Gegenwart und den Schutz Christi und durch die Versicherung, dass Christus in Korinth »ein großes Volk« (*laos*, das alttestamentliche Wort für Israel, das nun erweitert wurde und Heiden einschließt) hatte. Der Ausdruck erinnert an die Aussage des guten Hirten, dass er »andere Schafe [also Heiden], die sind nicht aus diesem Stall [also Israel]«, hatte.[26] Sie hatten noch nicht an ihn geglaubt, aber sie würden es tun, weil sie nach seiner Absicht bereits zu ihm gehörten. Diese Überzeugung ist die größte aller Ermutigungen für einen Evangelisten. Dadurch ermutigt *blieb* Paulus *aber dort* in Korinth *ein Jahr und sechs Monate und lehrte unter ihnen das Wort Gottes* (V. 11). Denn das Wort Gottes ist das von Gott bestimmte Mittel, durch das Menschen dazu veranlasst werden, ihr Vertrauen in Christus zu setzen und sich so als die Seinen anzusehen.

c. Paulus wird durch das römische Gesetz für gerecht erklärt (Apg 18, 12 - 18a)

In diesen 18 Monaten brach an einem Punkt der jüdische Widerstand gegen das Evangelium wieder aus, was Paulus vorher dazu veranlasst hatte, sich den Heiden zuzuwenden (V. 6): Die Juden *empörten sich ... einmütig gegen Paulus und führten ihn vor den Richterstuhl* (V. 12b) oder »vor Gericht« (HFA), den *bēma*. Dies war »eine große, erhöhte Plattform, die auf dem Marktplatz stand ... vor dem Wohnsitz des Prokonsuls, und sie diente als Tribüne, auf dem er Gerichtsfälle verhandelte«.[27] Es stimmte mit der Verheißung Christi überein, dass niemand Paulus verletzen würde (V. 10), dass die Juden ihn vor Gericht brachten, *als ... Gallio Statthalter in Achaja war* (V. 12a, mit größter Sicherheit 51-52 n. Chr.), denn Gallio erwies sich als ein Freund der Gerechtigkeit und Wahrheit. Er war der jüngere Bruder von Seneca, dem stoischen Philosophen und Vormund des jugendlichen Nero, und Seneca sprach voller Bewunderung über die tolerante Freundlichkeit seines Bruders. Übrigens bezeichnete Lukas Gallio korrekterweise als »Prokonsul«, weil »Achaja zu dieser Zeit eine ›senatorische Provinz‹ des Römischen Reiches war und deshalb von einem Prokonsul regiert wurde – im Gegensatz zu einer ›kaiserlichen Provinz‹ die von einem Legaten regiert wurde«.[28] Der Status der Provinz hatte sich erst im Jahr 44 n. Chr. geändert.

Welches Vergehens aber klagten die Juden Paulus an? *Dieser Mensch überredet die Leute, Gott zu dienen dem Gesetz zuwider* (V. 13). Doch gegen welches Gesetz hatte er verstoßen? Gallio verstand sie so, dass sie sich auf das, was er »das Gesetz bei euch« nennt (V. 15), bezogen, doch sie wussten genauso gut wie er, dass Diskussionen über das jüdische Gesetz nicht im Bereich seiner Rechtsprechung lagen. So müssen sie versucht haben, zu beweisen, dass die Lehre des Paulus gegen das römische Recht war, weil die Christen keinen authentischen Ausdruck des Judentums darstellten. Das Judentum war eine *religio licita*, eine zulässige Religion. Doch die Lehre des Paulus war »etwas Neues und Unjüdisches ...; es war, so behaupteten sie, eine *religio illicita*, die dementsprechend vom römischen Recht verboten werden müsste«.[29]

Der Prokonsul gab dem Angeklagten keine Möglichkeit, auf diese Anklage zu antworten, denn er hatte sich geweigert, diese Anklage selbst anzuhören. *Als aber Paulus den Mund auftun wollte, sprach Gallio zu den Juden: Wenn es um einen Frevel oder ein Vergehen* [d. h., um einen offensichtlichen Verstoß gegen das römische Recht] *ginge, ihr Juden, so würde ich euch anhören, wie es recht ist* (V. 14)*; weil es aber Fragen sind über Lehre und Namen und das Gesetz bei euch, so seht ihr selber zu; ich gedenke, darüber nicht Richter zu sein* (V. 15). Nachdem er sich entschieden hatte, nicht die Anklage der Juden anzuhören, *trieb* er *sie weg von dem Richterstuhl* (V. 16). Darauf folgte ein unerfreuliches Beispiel der Lynchjustiz. Auch wenn nicht klar ist, wer mit *sie alle* in Vers 17 gemeint ist, scheint es die Menge der heidnischen Zuschauer gewesen zu sein, die »in einem Ausbruch des Antisemitismus, der in der griechisch-römischen Welt immer virulent war«,[30] *Sosthenes*, der offensichtlich Krispus als *Vorsteher der Synagoge* gefolgt war,[31] ergriffen *und ... ihn vor dem Richterstuhl* schlugen (V. 17a). Lukas meint mit seinem Zusatz, dass sich Gallio *nicht darum* kümmerte (V. 17b) nicht, dass ihm das Recht egal war, sondern dass er es für gerechtfertigt hielt, den Gewaltakt zu »übersehen«.

Dass Gallio sich weigerte, die Anklage der Juden gegen Paulus ernst zu nehmen oder ein Urteil darüber zu fällen, war für die Zukunft des Evangeliums sehr wichtig. Tatsächlich fällte er sogar noch ein günstiges Urteil über den christlichen Glauben und schuf so einen bedeutenden Präzedenzfall. Das Evangelium konnte nun nicht mehr mit dem Vorwurf der Illegitimität belastet werden, denn seine Freiheit als *religio licita* war reichspolitisch gesichert worden. Der zusammenfassende Kommentar von Lukas lautet logischerweise: *Paulus aber blieb noch eine Zeitlang dort* in Korinth (V. 18a), jetzt nicht mehr auf Grund der Erscheinung Jesu, sondern wegen der richterlichen Entscheidung von Gallio. Jesus würde sein Versprechen, ihn zu beschützen, halten, das wichtigste Mittel für diesen Schutz würde sogar das römische Recht sein.

14.2 Paulus auf Reisen (Apg 18, 18b-28)

Lukas folgt nun Paulus von Korinth nach Ephesus, Cäsarea, Jerusalem, Antiochien und wiederum zurück nach Galatien und Ephesus. Sein Bericht ist sehr dicht, entweder weil er nur wenige Informationen hatte (er war selbst immer noch in Philippi) oder weil seine Absicht war, Paulus von Achaja nach Asien zu befördern (wo ihm vorher der Heilige Geist es verboten hatte zu predigen, Apg 16, 6), ihn von seinen zwei Jahren in Korinth zu seinen drei Jahren in Ephesus umzusiedeln, ohne bei den dazwischenliegenden Reisemonaten lange zu verweilen.

a. Paulus besucht Ephesus, Jerusalem und Antiochien (Apg 18, 18b-23)

Einige Zeit, nachdem sich Gallio geweigert hatte, die Anklage der Juden gegen den Apostel anzunehmen, *nahm* Paulus *Abschied von den Brüdern und wollte nach Syrien fahren*

(V. 18a), vermutlich um der Gemeinde von Antiochien in Syrien, die ihn ausgesandt hatte, einen Bericht zu geben (Apg 13,1ff.; 14,26ff.; 15,35ff.). Er wurde von *Priszilla und Aquila* begleitet, die ihm möglicherweise seine Reise finanzierten. Lukas fügt nun die interessante Einzelheit hinzu, dass er sich vorher *in Kenchreä*, dem östlichen Hafen von Korinth, *sein Haupt scheren* ließ, *denn er hatte ein Gelübde getan* (V. 18b). Die Kommentatoren waren darüber verwirrt, wer dieses Gelübde gemacht haben könnte, worin es bestand, wann es gemacht wurde und aus welchem Grund. Auch wenn Aquila von der Grammatik her die betroffene Person gewesen sein könnte, so legt der Text doch nahe, dass es Paulus selbst war. Der Verweis auf sein Haar macht nahezu sicher, dass es ein Nasiräergelübde gewesen ist,[32] was Enthaltsamkeit vom Trinken von Wein und vom Haareschneiden für eine bestimmte Zeit mit einschloss. Nach dieser Zeit wurde das Haar zuerst geschnitten und danach als Symbol für das Selbstopfer für Gott in Verbindung mit Opfern verbrannt. Wenn das Gelübde nicht in Jerusalem erfüllt wurde, konnte man das Haar immer noch dorthin bringen, um es dort zu verbrennen. Derartige Gelübde wurden »entweder aus Dankbarkeit für vergangene Segnungen [wie der Schutz, den Paulus in Korinth erlebte] oder als Teil einer Bitte um zukünftige Segnungen [wie die Bewahrung auf der bevorstehenden Reise]« gemacht.[33] Nachdem Paulus einmal von dem Versuch, durch das Gesetz gerechtfertigt zu werden, frei geworden war, war sein Gewissen nun dafür frei, an Handlungen teilzunehmen, die – seien sie zeremoniell oder kulturell – zu den so genannten »Zwischendingen« gehörten, vielleicht in dieser Situation, um die jüdisch-christlichen Leiter, die er in Jerusalem sehen würde, zu beruhigen (vgl. Apg 21,23ff. bezüglich seines folgenden Besuchs).

Und sie kamen nach Ephesus, und er ließ die beiden [Aquila und Priszilla] *dort zurück; er aber ging in die Synagoge und redete mit den Juden* (V. 19). Seine Mission wurde von den Juden in Ephesus viel bereitwilliger aufgenommen als in Korinth – hatte dies vielleicht irgendetwas mit seinem geschorenen Haupt zu tun? – sie wollten unbedingt, dass er bei ihnen bliebe. Doch als sie *ihn* baten, *dass er längere Zeit bei ihnen bleibe ... willigte er nicht ein* (V. 20), wobei er (nach dem Westlichen Text) hinzufügte: »Ich muss auf jeden Fall am kommenden Fest in Jerusalem teilnehmen«, was nach Auffassung von Ramsay »sicherlich als das Passa zu verstehen ist«.[34] Worin auch immer der Grund für die Eile von Paulus gelegen haben mag – er *nahm Abschied von ihnen und sprach: Will's Gott, so will ich wieder zu euch kommen. Und er fuhr weg von Ephesus* (V. 21).

Als er *nach Cäsarea* kam, dem wichtigsten Hafen von Palästina, *ging* er *hinauf nach Jerusalem und grüßte die Gemeinde und zog hinab nach Antiochia* (V. 22). Die Gemeinde, die er bei seiner Ausschiffung grüßte, war mit ziemlicher Sicherheit nicht die von Cäsarea, sondern die von Jerusalem, was ungefähr 100 km landeinwärts lag, denn »die Wendungen ›hinaufgehen‹ und ›hinabgehen‹ werden sehr häufig für die Reise nach Jerusalem bzw. von Jerusalem weg verwendet, wie dieser Gebrauch beweist«.[35]

Und nachdem er einige Zeit in Antiochien *geblieben war* – vermutlich vom frühen Sommer des Jahres 52 n. Chr. bis zum frühen Frühling des Jahres 53 n. Chr. – und seiner Gemeinde einen vollständigen Bericht über seine zweite Missionsreise gegeben hatte, *brach er wieder auf* zu der Reise, die seine dritte und letzte werden sollte. Er wird zunächst in nordwestliche Richtung gewandert sein, dann westlich durch die Zilizischen Tore über das Taurusgebirge. Danach *durchzog* er *nacheinander das galatische Land und Phrygien und stärkte alle Jünger* (V. 23). Dies muss bedeutet haben, dass er die Gemeinden von Antiochien in Pisidien, von Ikonion, Lystra und Derbe besucht haben muss, die er auf seiner ersten Missionsreise gegründet (Apg 13-14) und auf seiner zweiten Reise gefestigt hatte (Apg 16, 5).

b. Apollos besucht Ephesus (Apg 18,24-28)

In dem Jahr, das verstrichen war, seit Paulus Korinth verlassen hatte, *kam aber nach Ephesus ein Jude mit Namen Apollos, aus Alexandria gebürtig* (V. 24a). Lukas berichtet uns im Folgenden drei interessante Dinge über ihn:

1. Er war *ein beredter Mann* – obwohl *logios* auch »gelehrt« heißen könnte, wie beispielsweise bei Menge[36] – *und gelehrt in der Schrift* (V. 24b). Alexandria hatte zu dieser Zeit einen großen jüdischen Bevölkerungsanteil. Hier war ungefähr 200 v. Chr. die LXX hergestellt worden, und hier lebte und arbeitete auch der große Wissenschaftler Philo, ein Zeitgenosse Jesu, der sich bemühte, durch die allegorische Interpretation des A.T.s die hebräische Religion mit der griechischen Philosophie zu verbinden. Legte Apollos selbst das A.T. allegorisch aus? Vielleicht hatte Luther Recht, als er als Erster den Hebräerbrief Apollos als Autoren zuschrieb.

2. Apollos *war unterwiesen im Weg des Herrn* (d.h. des Herrn Jesus). Er *redete* auch in einer sehr feurigen Art (*brennend im Geist*, wie auch in Römer 12,11, was vielleicht die Bedeutung »geistliche Leidenschaft« hatte) und verband so Gelehrsamkeit mit Enthusiasmus. Zusätzlich *lehrte* er *richtig von Jesus.* Deshalb war er, obwohl er ein Jude war, ein christlicher Lehrer (V. 25a).

3. Er *wusste aber nur von der Taufe des Johannes* (V. 25b), den Lukas als den Vorboten Jesu beschreibt,[37] der zum Gesetz und den Propheten gehörte, nicht aber zum Königreich Gottes.[38] Weil Apollos wohl kaum von der Taufe des Johannes wusste, ohne auch dessen Lehre zu kennen, muss er mit seinem Zeugnis über Jesus als den Messias vertraut gewesen sein. Doch wusste er noch mehr? Wie es auch sei – *er fing an, frei und offen zu predigen in der Synagoge*, und *Aquila und Priszilla hörten* ihn und sahen, dass sein Wissen unvollkommen war. So luden sie ihn in ihr Haus ein und *legten ihm den Weg Gottes noch genauer aus* (V. 26; »noch genauer« übersetzt

den Komparativ des Adverbs *akribos*, das auch schon im vorigen Vers verwendet wurde [»richtig«]).

Man kann nicht sicher wissen, welche christlichen Wahrheiten Apollos kannte, als er »richtig« lehrte (V. 25) und was ihm »noch genauer« erklärt wurde. Einerseits kann Lukas ihn kaum als »unterwiesen im Weg des Herrn« beschreiben, wenn er zu diesem Zeitpunkt noch nichts vom Tod und der Auferstehung Jesu wusste. Wenn andererseits sein Wissen sich größtenteils auf die Taufe und die Lehre des Johannes beschränkte, wird sein Wissen über diese Ereignisse minimal gewesen sein und er musste über den Auftrag Jesu, die Erhöhung und die Gabe des Heiligen Geistes hören. Priszilla und Aquila lehrten ihn Wahrheiten wie diese. Ihr Dienst geschah zur richtigen Zeit und im Verborgenen. F. F. Bruce bemerkt dazu: »Wieviel besser ist es, einem Prediger solch persönliche Hilfe zu geben, dessen Dienst mangelhaft war, als ihn öffentlich zu korrigieren und zurechtzuweisen!«.[39]

Als Apollos als Nächstes *nach Achaja reisen wollte, schrieben die Brüder an die Jünger dort und empfahlen ihnen, ihn aufzunehmen. Und als er dahin gekommen war, half er denen viel, die gläubig geworden waren durch die Gnade* (V. 27). *Denn er widerlegte die Juden kräftig und erwies öffentlich durch die Schrift, dass Jesus der Christus ist* (V. 28). In 1. Korinther 1-4 würdigt Paulus selbst den Dienst von Apollos in Korinth und erkannte ihn freimütig als Mitarbeiter auf dem Arbeitsfeld Gottes an. Paulus schreibt: »Ich habe gepflanzt, Apollos hat begossen; aber Gott hat das Gedeihen gegeben«.[40]

14.3 Paulus in Ephesus (Apg 19,1-41)

Es geschah aber, als Apollos in Korinth war, dass Paulus durch das Hochland zog [oder über Land zog] *und nach Ephesus kam* (V. 1), womit er sein Versprechen hielt, zurückzukehren, wenn Gott es so wollte (Apg 18,21). In diesem Jahr, in dem Paulus nicht in Ephesus gewesen war, war Apollos gekommen, hatte gedient und war wieder gegangen.

a. *Paulus und die Jünger des Täufers Johannes (Apg 19,1b-7)*

Bei seiner Ankunft in Ephesus fand Paulus *einige Jünger.* Zumindest behaupteten sie, welche zu sein. Denn in Wirklichkeit waren sie Jünger von Johannes dem Täufer und waren entschieden schlechter informiert, als Apollos es gewesen war. Lukas hat den Dialog festgehalten, der sich zwischen ihnen entwickelte (V. 2-4), und auch die Nachwirkungen dieses Dialogs:

Die erste Frage des Paulus: *Habt ihr den Heiligen Geist empfangen, als ihr gläubig wurdet?*
Ihre Antwort: *Wir haben noch nie gehört, dass es einen Heiligen Geist gibt.*
Die zweite Frage des Paulus: *Worauf seid ihr denn getauft?*
Ihre Antwort: *Auf die Taufe des Johannes.*
Der Kommentar des Paulus: *Johannes hat getauft mit der Taufe der Buße und dem Volk gesagt, sie sollten an den glauben, der nach ihm kommen werde, nämlich an Jesus.*

(5) Als sie das hörten, ließen sie sich taufen auf den Namen des Herrn Jesus. (6) Und als Paulus die Hände auf sie legte, kam der Heilige Geist auf sie, und sie redeten in Zungen und weissagten. (7) Es waren aber zusammen etwa zwölf Männer.

Dieses Ereignis ist in einigen pfingstlerischen und charismatischen Kreisen zu einem Beweistext geworden, besonders wenn man der ungenauen und ungerechtfertigten Übersetzung der Revidierten Elberfelder, von Menge und Albrecht folgt, nämlich: »Habt ihr den Heiligen Geist empfangen, nachdem ihr gläubig geworden seid?«. Von diesen Übersetzungen ausgehend, wird manchmal die zweistufige christliche Initiation begründet, die mit Glauben und Bekehrung beginnt und der später der Empfang des Heiligen Geistes folgt. Doch diese zwölf »Jünger« können möglicherweise gar nicht so dargestellt werden, dass sie einen Maßstab für eine zweistufige Initiation liefern. Ganz im Gegenteil – Michael Green hat geschrieben, dass es »kristallklar ist, dass diese Jünger in keinster Weise Christen gewesen sind«,[41] sie glaubten nicht an Jesus, während sie durch den Dienst von Paulus zum Glauben kamen und dann mit Wasser getauft wurden und mehr oder weniger gleichzeitig mit dem Heiligen Geist.

Als Paulus ihnen zum ersten Mal begegnete, vermutete er, dass sie Christen waren, doch er bemerkte, dass ihr Leben und Verhalten keine Anzeichen der Innewohnung des Heiligen Geistes aufwies. So stellte er ihnen seine zwei Leitfragen, ob sie den Heiligen Geist empfangen hatten, als sie zum Glauben gekommen und worauf sie getauft worden waren. Seine erste Frage verband den Heiligen Geist mit dem Glauben, seine zweite den Heiligen Geist mit der Taufe. D. h., seine Fragen brachten seine Vermutungen zum Ausdruck, dass solche, die zum Glauben gekommen sind, den Heiligen Geist erhalten haben,[42] und ebenso solche, die getauft worden waren, den Heiligen Geist auch empfangen haben, weil er das Zeichen (das Wasser) nicht von dem dadurch dargestellten Inhalt (der Heilige Geist) trennen konnte. Er sah es als selbstverständlich an, dass getaufte Gläubige den Heiligen Geist erhalten haben, wie bereits Petrus es gelehrt hatte (Apg 2, 38-39). Seine zwei Fragen deuten an, dass es sehr ungewöhnlich ist, zum Glauben gekommen zu sein, getauft worden zu sein und nicht den Heiligen Geist erhalten zu haben.

Betrachten wir nun die Antworten, die Paulus auf seine Fragen erhielt. Sie antworteten auf seine erste Frage, dass sie »noch nie gehört [hatten], dass es einen Heiligen Geist gibt«. Dies kann nicht bedeuten, dass sie niemals vom Heiligen Geist überhaupt gehört hatten, weil im A.T. mehrere Male auf ihn verwiesen wird und Johannes der Täufer von dem Messias als demjenigen sprach, der die Menschen mit dem Heiligen Geist taufte. Es muss eher besagen, dass sie, auch wenn sie die Prophezeiung des Johannes gehört hatten, nicht mitbekommen hatten, dass sie sich erfüllt hatte. Sie wussten nichts von Pfingsten. In ihrer Antwort auf die zweite Frage von Paulus erklärten sie, dass sie die Taufe des Johannes erhalten hatten und nicht die christliche Taufe. Mit einem Wort – sie lebten immer noch im A.T., das in Johannes dem Täufer seinen Höhepunkt fand. Sie verstanden weder, dass das neue Zeitalter durch Jesus eingeleitet worden war, noch dass diejenigen, die an ihn glaubten und auf seinen Namen getauft wurden, den charakteristischen Segen des neuen Zeitalters, den Heiligen Geist, empfingen.

Sobald sie dies durch die Unterweisung des Paulus verstanden, setzten sie ihr Vertrauen auf Jesus, von dessen Kommen ihr Meister Johannes der Täufer gesprochen hatte. Dann wurden sie auf den Namen Jesu getauft, Paulus legte ihnen seine Hände auf – so gab er seine apostolische Zustimmung zu dem, was geschah, wie auch Petrus und Johannes es in Samaria getan hatten –, der Heilige Geist kam auf sie und sie sprachen in Zungen und weissagten. Mit anderen Worten – sie erlebten ein kleines Pfingsten. Besser gesagt – Pfingsten holte sie ein. Oder noch besser – sie wurden eingeholt, als die Segnungen von Pfingsten ihnen zuteil wurden.

Die christliche Erfahrung besteht also üblicherweise in einer Verbindung von vier Dingen: Buße, Glaube an Jesus, Wassertaufe und die Gabe des Heiligen Geistes. Auch wenn die Reihenfolge unserem Empfinden nach etwas variieren kann, so gehören diese vier zusammen und sind allgemein als christliche Initiation anerkannt. Doch das Handauflegen der Apostel, das mit Zungenreden und Prophezeien einherging, war eine Besonderheit in Ephesus, wie es dies auch für Samaria gewesen war, um sichtbar und öffentlich zu veranschaulichen, dass bestimmte Gruppen durch den Heiligen Geist in den Leib Christi aufgenommen wurden. Das N. T. macht dieses Geschehen nicht allgemeingültig, denn heute gibt es keine Samaritaner oder Jünger von Johannes dem Täufer mehr.

b. Synagoge und Schule (Apg 19,8 - 10)

Paulus ging bei seinem evangelistischen Dienst in Ephesus ähnlich vor wie in Korinth. Zuerst *ging* er *aber in die Synagoge*, wo man ihn bereits kannte (Apg 18,19), *und predigte frei und offen drei Monate lang, lehrte und überzeugte sie von dem Reich Gottes* (V. 8). Vom A.T. – über das Königreich Gottes zu reden, ist das Gleiche, wie darzulegen, dass Jesus der Christus ist, weil Jesus, der Christus, das Königreich eingeleitet hat (Apg 28,31). Doch wie bereits in Korinth so lehnten auch die Menschen in Ephesus die frohe Botschaft ab: *einige* wurden *verstockt* und *glaubten* nicht *und* redeten *vor der Menge übel … von der Lehre*, eigentlich »Weg«, (wie auch die meisten deutschen Bibelübersetzungen *hodos* wiedergeben), wie die christliche Jüngerschaft wiederum genannt wird,[43] weil »die Christenheit für die Jünger der Weg der Wege war …, auf dem man gehen sollte«.[44] Als direkte Reaktion auf diesen störrischen Widerstand in der Synagoge *trennte* Paulus *sich von ihnen und sonderte auch die Jünger ab und redete* (*dialegomenos*, »erwägen, besprechen«) *täglich in der Schule des Tyrannus* (V. 9). Diese Art von Heidenmission in Form von Dialogen ging über *zwei Jahre, sodass alle, die in der Provinz Asien wohnten, das Wort des Herrn hörten, Juden und Griechen* (V. 10). Lukas lässt uns ein wenig zappeln, wenn er uns nichts über Tyrannus berichtet. Jemand hat vermutet, dass er eine Art Philosoph oder ein Pädagoge war, der während der kühlen Morgenstunden lehrte, jedoch seinen Schulraum oder Vorlesungssaal (*scholē*) während der Hitze des Tages an die christlichen Evangelisten vermietete. Weil *tyrannos* »Tyrann« oder »Despot« bedeutet, »fragt man sich müßig, ob dies der Name war, den ihm seine Eltern gegeben hatten oder ob er diesen Namen von seinen Schülern erhalten hatte!«.[45] Eindeutig klar ist, dass die für zwei Jahre täglich stattfindenden Lehrstunden des Paulus zur Evangelisierung der gesamten Provinz beitrugen.

c. Einige Machterweise (Apg 19, 11 - 20)

In Korinth ermutigte Christus seinen Apostel und bestätigte seine Lehre durch eine nächtliche Erscheinung. In Ephesus tat er dies durch Zeichen und Wunder, durch die die Macht Christi über Krankheit, dämonische Besessenheit und Magie deutlich wurde. *Und Gott wirkte nicht geringe Taten durch die Hände des Paulus* (V. 11). *So hielten sie auch die Schweißtücher und andere Tücher, die er auf seiner Haut getragen hatte* [»die Lumpen gegen den Schweiß, die er sich um seinen Kopf band, und die Schürze, die er sich um seine Hüfte band«, während er mit seiner Zeltmacherei beschäftigt war][47], *über die Kranken, und die Krankheiten wichen von ihnen und die bösen Geister fuhren aus* (V. 12). Modernen liberalen Theologen gefallen diese Verse nicht und sie neigen dazu, sie als Legende abzutun. Doch auf der anderen Seite lassen sich vier Gründe für die Echtheit dieser Begebenheiten anführen: 1. Lukas gibt sich nicht damit zufrieden, diese Ereignisse als »Wunder«, *dynameis*, als Erweise der Macht Gottes zu beschreiben, er fügt auch das Adjektiv *tychousas* hinzu, das auf unterschiedliche Weisen übersetzt wird, als »ungewöhnlich« (Rev. Elb., Einh., Schlachter, Menge), »ganz ungewöhnlich« (GN, GNB, JB, Albrecht) und »außerordentlich« (HFA). Er sieht diese nicht als gewöhnlich an – nicht einmal als gewöhnliche Wunder. 2. Er sieht sie auch nicht als Magie an, weil er die Wunder deutlich von den magischen Praktiken unterscheidet, die die ephesischen Christen bald bekennen und von denen sie sich entsagen, da sie teuflisch sind (V. 18 - 19). 3. Die weiseste Haltung zu den Schweißtuch-Wundern ist weder die der Skeptiker, die sie für unecht erklären, noch die von Nachahmern, die versuchen, diese zu kopieren wie z. B. die amerikanischen

Fernsehevangelisten, die das Angebot machen, Kranken Taschentüchern zuzuschicken, die sie gesegnet haben. Die weiseste Haltung ist die von solchen, die die Bibel studieren und sich sowohl daran erinnern, dass Paulus seine Wunder als Bestätigung seines Apostelamts ansah[48] und dass Jesus sich zu dem zaghaften Glauben einer Frau herabneigte, indem er sie heilte, als sie allein den Saum seines Gewandes berührte.[49]

4. In den Evangelien und in der Apostelgeschichte wird dämonische Besessenheit von Krankheiten unterschieden und demzufolge auch Exorzismus von Heilungen.

Die Erwähnung von Exorzismus bringt Lukas dazu, von einigen jüdischen Exorzisten zu berichten, die versuchten, die Kraft anzuzapfen, die der Name Jesu nach ihrer Vorstellung hatte. Dies hatte verheerende Auswirkungen: *Es unterstanden sich aber einige von den Juden, die als Beschwörer umherzogen, den Namen des Herrn Jesus zu nennen über denen, die böse Geister hatten, und sprachen: Ich beschwöre euch bei dem Jesus, den Paulus predigt* (V. 13). *Es waren aber sieben Söhne eines jüdischen Hohenpriesters mit Namen Skevas* – dies heißt wahrscheinlich, dass er zu einer hohenpriesterlichen Familie gehörte –, *die dies taten* (V. 14). *Aber der böse Geist antwortete und sprach zu ihnen: Jesus kenne ich wohl, und von Paulus weiß ich wohl; aber wer seid ihr?* (V. 15). *Und der Mensch, in dem der böse Geist war, stürzte sich auf sie und überwältigte sie alle und richtete sie so zu, dass sie nackt und verwundet aus dem Haus flohen* (V. 16). Sicherlich, im Namen Jesu ist Macht – rettende und heilende Macht, wie Lukas sich bemühte, es uns zu veranschaulichen (z. B. Apg 3, 6.16; 4, 10 - 12). Doch ihre Wirkungskraft ist nicht mechanisch und Menschen können diese Kraft nicht »second-hand« gebrauchen. Obwohl Jesu Name so missbraucht worden war, hatte dieses Ereignis doch eine heilsame Folge: *Das aber wurde allen bekannt, die in Ephesus wohnten, Juden und Griechen; und Furcht befiel sie alle und der Name des Herrn Jesus wurde hoch gelobt* (V. 17).

Der Machtkampf Jesu mit dem Reich des Satans war jedoch noch nicht beendet. Nach Heilungen und Exorzismus folgte die Befreiung von okkulten Praktiken. *Es kamen auch viele von denen, die gläubig geworden waren, und bekannten und verkündeten, was sie getan hatten* (V. 18). *Viele aber, die Zauberei getrieben hatten, brachten die Bücher zusammen und verbrannten sie öffentlich und berechneten, was sie wert waren, und kamen auf fünfzigtausend Silbergroschen* (V. 19). Ein Silbergroschen (Drachme) war eine Silbermünze, was ungefähr einem Tageslohn entsprach. Wir haben bereits gesehen, dass Ephesus für seine »ephesischen Schriften« (*Ephesia grammata*) berühmt war. Dies waren »beschriebene Amulette und Talismane«.[50] Dass diese jungen Gläubigen bereit waren, diese in einen Scheiterhaufen zu werfen, statt dass sie den materiellen Wert ihrer magischen Zauberworte bedachten, den diese bei einem Verkauf hätten erbringen können, war ein deutliches Zeichen dafür, dass ihre Bekehrung echt war. Ihr Vorbild führte zu noch weiteren Bekehrungen, denn *so breitete sich das Wort aus durch die Kraft des Herrn und wurde mächtig* (V. 20).

d. Die zukünftigen Pläne des Paulus (Apg 19,21-22)

Als das geschehen war, nach der Evangelisation in der Synagoge und der Schule und den Machterweisen, jedoch noch vor dem Tumult im Theater, *nahm sich Paulus im Geist vor, durch Mazedonien und Achaja zu ziehen* (V. 21a). Lukas erwähnt an dieser Stelle nicht den Grund für diesen Umweg, doch wir wissen, dass er die Spende für die notleidenden Geschwister in Judäa einsammeln würde, zu der er die Christen in Nord- und Südgriechenland aufgefordert hatte.[51] Seine Blicke waren jedoch in Wirklichkeit nicht auf Jerusalem gerichtet. *Wenn ich dort* [in Jerusalem] *gewesen bin*, so sagte er, *muss ich auch Rom sehen* (V. 21b). Darüber hinaus träumte er sogar von Spanien,[52] »dem westlichsten Vorposten der römischen Zivilisation in Europa«.[53] Seine Vision kannte keine Grenzen. Bengel kommentierte dazu richtigerweise: »Kein Alexander, kein

Cäsar, kein anderer Kriegsheld kommt der Großherzigkeit dieses kleinen [ein Wortspiel mit seinem Namen *Paulos*, ›klein‹] Benjaminiten gleich«.[54] Unterdessen *sandte* er *zwei, die ihm dienten, Timotheus und Erastus,* vor ihm her *nach Mazedonien,* vermutlich um in letzter Minute Vorbereitungen für die Sammlung zu treffen, *er aber blieb noch eine Weile in der Provinz Asien* (V. 22), und zwar in Ephesus, weil »eine Tür ... zu reichem Wirken« sich vor ihm geöffnet hatte und manche Widerstand gegen ihn leisteten.[55] Die Möglichkeit und der Widerstand machten seine weitere Anwesenheit in Ephesus erforderlich.

e. Der Tumult in der Stadt (Apg 19,23 - 41)

Lukas berichtet in einer anschaulichen Art und Weise über den Tumult, den der Silberschmied Demetrius anstiftete und den dann aber der Kanzler der Stadt geschickt wieder erstickte. Vielleicht hatte er seine Informationen von Aristarch und/oder Gajus erhalten, die sich selbst in den Aufruhr verwickelt wiederfanden (V. 29) und später die Reisegenossen von Paulus und Lukas wurden (Apg 20,4 - 6). Die Voraussetzungen von Haenchen bringen ihn dazu, in dieser Geschichte »einen ganzen Rattenschwanz von Schwierigkeiten« zu finden.[56] Er arbeitet sechs von ihnen heraus. Doch Howard Marshall hat Recht, wenn er sagt, dass Haenchens Standpunkt »dem prüfenden Blick nicht standhalten kann«. Er erklärt in angemessener Weise jedes vermutete Problem von Haenchen.[57] Die Erzählung des Lukas lässt sich einfach in drei Abschnitte einteilen, die sich auf die Ursache, den Verlauf und das Ende des Tumultes beziehen:

1. Die Ursache: Es war unvermeidlich, dass die Autorität Jesu früher oder später die böse Macht der Diana herausfordern würde.

(23) Es erhob sich aber um diese Zeit eine nicht geringe Unruhe über den neuen Weg. (24) Denn einer mit Namen Demetrius, ein

Goldschmied, machte silberne Tempel der Diana und verschaffte denen vom Handwerk nicht geringen Gewinn. (25) Diese und die Zuarbeiter dieses Handwerks versammelte er und sprach: Liebe Männer, ihr wisst, dass wir großen Gewinn von diesem Gewerbe haben; (26) und ihr seht und hört, dass nicht allein in Ephesus, sondern auch fast in der ganzen Provinz Asien dieser Paulus viel Volk abspenstig macht, überredet und spricht: Was mit Händen gemacht ist, das sind keine Götter. (27) Aber es droht nicht nur unser Gewerbe in Verruf zu geraten, sondern auch der Tempel der großen Göttin Diana wird für nichts geachtet werden, und zudem wird ihre göttliche Majestät untergehen, der doch die ganze Provinz Asien und der Weltkreis Verehrung erweist.

Lukas berichtet, dass der Aufruhr sich »über den neuen Weg« erhob (V. 23). Von der Wurzel her lag die Ursache also weder in der Lehre noch in der Ethik, sondern in wirtschaftlichen Gründen. Demetrius, den Ramsay als »wahrscheinlich den Meister der Zunft [der Silberschmiede] dieses Jahres« bezeichnet,[58] lenkt seine eigene Aufmerksamkeit und die von anderen Arbeitern auf den Erfolg von Paulus, der die Menschen überzeugte: »Was mit Händen gemacht ist, das sind keine Götter« (V. 26). Folglich schrumpften die Einnahmen, die durch den Verkauf von »silberne[n] Tempel[n] der Diana« (entweder Miniaturmodelle des Tempels oder Statuen der Göttin) erzielt wurden, und ihr luxuriöser Lebensstil war bedroht. Doch Demetrius spielte nicht direkt mit ihrer Habsucht. Er war geschickt genug, drei noch ehrbarere Gründe für ihre Bedenken aufzuzählen, nämlich die Gefahr, dass ihr Handel seinen guten Ruf verlieren würde und dass der Tempel seine Bedeutung und ihre Göttin ihr göttliches Ansehen verlieren würden (V. 27). So wurde das »persönliche Interesse als lokaler Patriotismus getarnt – in diesem Fall auch unter dem Deckmantel des religiösen Eifers«.[59]

Demetrius erwies sich als geschickter Demagoge, denn die Kunsthandwerker reagierten sofort.

(28) Als sie das hörten, wurden sie von Zorn erfüllt und schrien: Groß ist die Diana der Epheser! (29) Und die ganze Stadt wurde voll Getümmel; sie stürmten einmütig zum Theater und ergriffen Gajus und Aristarch aus Mazedonien, die Gefährten des Paulus. (30) Als aber Paulus unter das Volk gehen wollte, ließen's ihm die Jünger nicht zu. (31) Auch einige der Oberen der Provinz Asien, die ihm freundlich gesinnt waren, sandten zu ihm und ermahnten ihn, sich nicht zum Theater zu begeben. (32) Dort schrien die einen dies, die andern das, und die Versammlung war in Verwirrung, und die meisten wussten nicht, warum sie zusammengekommen waren. (33) Einige aber aus der Menge unterrichteten den Alexander, den die Juden vorschickten. Alexander aber winkte mit der Hand und wollte sich vor dem Volk verantworten. (34) Als sie aber innewurden, dass er ein Jude war, schrie alles wie aus einem Munde fast zwei Stunden lang: Groß ist die Diana der Epheser!

H. V. Morton schrieb: »Die beeindruckendste Ruine in Kleinasien ..., Ephesus, ragt in ihrer Würde heraus und ist einzigartig in ihrem Untergang«.[60] Das Ausgrabungsgelände ist herrlich, man kann sich leicht den Aufstand bildlich vorstellen. Nach dem Kodex Beza (D) in Vers 28 »rannten« die rasend gewordenen Kunsthandwerker »auf die Straße«, bevor sie begannen, für Diana zu schreien. Diese Straße war wahrscheinlich die Arkadenstraße, die Hauptdurchfahrtsstraße durch Ephesus, die 11 m breit und mit Marmor gepflastert war, von Säulen gesäumt wurde und vom Hafen zum Theater führte. Das Theater selbst, das immer noch sehr gut erhalten ist, schmiegt sich an den Fuß des Berges Pion an, hat nahezu 150 m Durchmesser und konnte mindestens 25.000 Menschen fassen. Hierhin zerrte die Volksmenge Gajus und Aristarch. Und Paulus – er vertraute vielleicht allzu sehr auf die Immunität, die seine römische Staatsbürgerschaft ihm seiner Meinung nach geben würde – wurde nur durch die Bitten seiner Jünger und einiger Freunde unter den »Oberen der Provinz« von seinem Kommen abgehalten (V. 31). Lukas nennt sie zu Recht »Asiarchen«. Sie waren leitende Bürger, die prominente Mitglieder des Provinzrats von Asien waren, im Besonderen sein »jährlicher Präsident und vielleicht ehemalige Präsidenten« und/oder die Abgeordneten, die in diesem Rat dienten, und/oder »die Verwaltungsbeamten der verschiedenen Tempel des Kaiserkults, die unter der Aufsicht der Hohenpriester standen, die vom Provinzrat bestimmt worden waren«.[61] Paulus hatte das Glück, die Freundschaft und den Rat einiger von ihnen auf seiner Seite zu haben. Von nun an regierte das Chaos im Theater. Einige Leute schrien dies, andere das, aber die meisten von ihnen hatten keine Ahnung, warum sie überhaupt dort waren. Durch einige Juden wurde eine neue Entwicklung eingeleitet, indem sie ihren Wortführer vorantrieben – ohne Zweifel, um die Juden von den Christen zu distanzieren –, doch die Volksmenge, die diese Unterscheidung nicht verstanden hätte, schrie ihn nieder und setzte für zwei Stunden ihren Sprechchor mit dem Rufen des Namens der Diana fort. Dieser Abschnitt beginnt und endet mit den hysterischen Schreien »Groß ist die Diana der Epheser!« (V. 28. 34). Haenchen kommentiert dies richtigerweise mit den Worten: »Alles, was das Heidentum gegen Paulus vermag, ist schließlich, dass es sich heiser schreit«.[62]

Lukas beschreibt nun, wie die Raserei der Volksmenge durch den »Kanzler« der Stadt (*grammateus*, V. 35) beruhigt wurde, der der »ausgewählte Leiter der Exekutive der Stadt war«[63] oder »der wichtigste, vom Magistrat jährlich gewählte Regierungsangestellte, der einen Stab von Büroangestellten unter sich hatte und für die Schreibarbeit der Stadt verantwortlich war«.[64]

(35) Als aber der Kanzler das Volk beruhigt hatte, sprach er: Ihr Männer von Ephesus, wo ist ein Mensch, der nicht weiß, dass die Stadt Ephesus eine Hüterin der großen Diana ist und ihres Bildes, das vom Himmel gefallen ist? (36) Weil das nun unwidersprechlich ist, sollt ihr euch ruhig verhalten und nichts Unbedachtes tun. (37) Ihr habt diese Menschen hergeführt, die weder Tempelräuber noch Lästerer unserer Göttin sind. (38) Haben aber

Demetrius und die mit ihm vom Handwerk sind einen Anspruch an jemanden, so gibt es Gerichte und Statthalter; da lasst sie sich untereinander verklagen. (39) Wollt ihr aber darüber hinaus noch etwas, so kann man es in einer ordentlichen Versammlung entscheiden. (40) Denn wir stehen in Gefahr, wegen der heutigen Empörung verklagt zu werden, ohne dass ein Grund vorhanden ist, mit dem wir diesen Aufruhr entschuldigen könnten. Und als er dies gesagt hatte, ließ er die Versammlung gehen.

Dieser Kanzler der Stadt war offensichtlich ein Mann von großer Intelligenz und großen Fähigkeiten in der Leitung von Menschen. Er sagt vier Dinge: 1. Die gesamte Welt weiß, dass Ephesus die Hüterin des Tempels und des Bildnisses der Diana ist. Weil dies nicht zu leugnen ist, wird niemand dies verneinen, und der Diana- oder Artemiskult war somit nicht in Gefahr (V. 35-36). 2. »Diese Menschen« (Gajus und Aristarch) haben sich weder der Schändung des Gotteshauses (Tempelraub) noch der Blasphemie (Verunglimpfen der Göttin) schuldig gemacht. Sie sind unschuldig (V. 37). 3. Demetrius und seine Kollegen sind mit gesetzlichen Rechtsverfahren vertraut. Wenn sie eine private Beschwerde haben, sollten sie ihren Fall zum Gericht des Prokonsuls bringen. Wenn ihr Fall andererseits ernsthafter und öffentlicher Art ist, sollten sie ihn vor »eine rechtmäßig einberufene Versammlung« delegieren – dies ist der korrekte Fachausdruck für die regelmäßigen, dreimonatlich stattfindenden offiziellen Treffen des *dēmos* bzw. des Stadtrats (V. 38-39). Sherwin-White kommentiert dies mit den Worten: Lukas »ist sehr gut über die genaueren Gegebenheiten der städtischen Institutionen im Ephesus des 1. und 2. Jh. n. Chr. informiert«.[65] 4. Die Bürger von Ephesus stehen in der Gefahr, des Aufruhrs angeklagt zu werden. Wenn dies geschehen sollte, könnten sie sich nicht rechtfertigen. Jedes dieser Argumente ist triftig, alle vier zusammen sind durchschlagend. Als der Kanzler der Stadt »die Versammlung gehen« ließ, gingen die Menschen sehr ernüchtert wieder nach Hause.

Die Absicht, die Lukas mit der Wiedergabe dieses Vorfalls verfolgte, war eindeutig eine apologetische oder politische. Er wollte zeigen, dass Rom keine Argumente gegen das Christentum im Allgemeinen oder Paulus im Speziellen hatte. In Korinth hatte sich der Prokonsul Gallio sogar geweigert, sich die Anklage der Juden überhaupt anzuhören. In Ephesus deutete der Kanzler der Stadt an, dass der Widerstand lediglich emotionale Gründe hatte und dass die unschuldigen Christen nichts von einem ordnungsgemäß einberufenen gesetzlichem Prozess zu befürchten hatten. So kamen die Unparteilichkeit von Gallio, die Freundschaft der Asiarchen und die kühle Vernunft des Stadtkanzlers zusammen und gaben dem Evangelium die Freiheit, um auf seinem siegreichen Kurs fortzuschreiten.

14.4 Die Strategie des Paulus für die Evangelisation von Städten

Trotz der offensichtlichen kulturellen Unterschiede zwischen den Städten des 1. Jh.s im Römischen Reich und den großen Ballungszentren der heutigen Zeit gibt es einige Ähnlichkeiten. Wir können von Paulus in Korinth und in Ephesus wichtige Lektionen über den Ort, die Art und Weise und den Zeitpunkt der Evangelisation in einer Stadt lernen.

a. Paulus wählte einen säkularen Ort

Es stimmt, dass Paulus sowohl in Korinth als auch in Ephesus in der jüdischen Synagoge begann. Dies war seine Gewohnheit. Doch als die Juden das Evangelium ablehnten, zog er sich aus der Synagoge zurück und ging stattdessen in ein neutrales Gebäude. In Korinth wählte er ein Privathaus, das Haus von Titius Justus, während er in Ephesus die Schule von Tyrannus mietete. Und so fand der größte Teil seines evangelistischen Dienstes in beiden Städten problemlos in diesen säkularen Situationen statt.

Heutzutage müssen wir immer noch die religiösen Menschen evangelisieren. Das Äquivalent zur Synagoge sind in unserer Kultur die Kirchen. Hier wird die Heilige Schrift vorgelesen, hier wird gebetet, und es versammeln sich die »Gottesfürchtigen«, die Menschen am Rande, die davon angezogen werden, sich jedoch nicht wirklich festgelegt haben. Ihnen muss das Evangelium verkündigt werden. Doch wir sollten unsere Evangelisation nicht auf die religiösen Menschen beschränken und die nichtreligiösen vernachlässigen. Wenn religiöse Menschen in religiösen Gebäuden erreicht werden können, so müssen säkulare Menschen in säkularen Umfeldern angesprochen werden. Der Gebrauch des Hauses von Titius Justus entspricht vielleicht der Evangelisation im privaten Rahmen, und seinem Gebrauch der Schule des Tyrannus der Evangelisation durch Vorträge. Menschen, die niemals ein Kirchengebäude betreten würden, kommen andererseits in ein Privathaus, um einer freien Rede zuzuhören und sich an der zwanglosen Diskussion zu beteiligen. Die örtlichen Universitäten oder Hochschulen oder andere neutrale öffentliche Plätze sind wichtige Orte für apologetische christliche Vorträge und/oder solche, in denen etwas genauer erklärt wird.

b. Paulus stellte das Evangelium mit Verstand vor

Lukas verwendet verschiedene Verben, um das evangelistische Predigen von Paulus zu beschreiben. Doch zwei stechen in diesem Kapitel besonders hervor. Jedes kommt viermal vor, fast in der gleichen Anzahl auf seinen Dienst in Korinth und in Ephesus verteilt. Dies sind die Verben *dialegomai* (»sich unterreden, reden, sprechen, predigen«)[66] und *peithō* (»überzeugen«)[67]. In Korinth »lehrte [er] in der Synagoge an allen Sabbaten und *überzeugte* Juden und Griechen« (Apg 18,4).

Folglich beklagten sich die Juden bei Gallio, dass »dieser Mensch [die Leute] *überredet*« (Apg 18, 13). In Ephesus sprach Paulus drei Monate freimütig in der Synagoge, er »lehrte und *überzeugte* sie von dem Reich Gottes« (Apg 19, 8). Nach seinem Auszug aus der Synagoge »redete [er] täglich in der Schule des Tyrannus« (Apg 19, 9). Sowohl im religiösen Kontext der Synagoge als auch im säkularen der Schule, verband Paulus Argumente und Überzeugungsgabe. Als Ergebnis dessen konnte sich Demetrius beklagen, dass »dieser Paulus viel Volk ... überredet« (Apg 19, 26). Martin Hengel vermutet zu Recht, dass die Briefe des Paulus (besonders der Römerbrief und Teile des 1. und 2. Korintherbriefes) knappe Zusammenfassungen von Lehrvorträgen enthalten, gewissermaßen eine äußerst komprimierte Zusammenfassung von dem, was Paulus zwei bis drei Jahre lang in der »Schule des Tyrannus in Ephesus öffentlich gelehrt hat«.[68]

Diese Wortwahl macht deutlich, dass Paulus das Evangelium ernsthaft, gut durchdacht und überzeugend darstellte. Weil er glaubte, dass das Evangelium wahr ist, fürchtete er sich nicht davor, den Verstand seiner Zuhörer in Anspruch zu nehmen. Er verkündigte seine Botschaft nicht einfach auf eine »Vogel-friss-oder-stirb«-Weise. Stattdessen gebrauchte er Argumente, um seine Aussagen zu unterstützen und zu veranschaulichen. Er versuchte, zu überzeugen, um zur Bekehrung zu führen. Und tatsächlich ließen sich manche, wie Lukas deutlich macht, überzeugen. Lukas gibt zudem zu verstehen, dass dies auch die Vorgehensweise des Paulus in Korinth war. Dort verzichtete er zwar auf die Weisheit der Welt, nicht aber auf die Weisheit Gottes, er verzichtete zwar auf die Rhetorik der Griechen, nicht aber auf den Gebrauch von Argumenten.[69] Natürlich sind Argumente auch kein Ersatz für das Wirken des Heiligen Geistes. Doch das Vertrauen auf den Heiligen Geist ist auch kein Ersatz für Argumente. Wir dürfen diese niemals als Alternativen gegeneinander ausspielen. Nein, der Heilige Geist ist der Geist der Wahrheit und er bringt Menschen nicht trotz verschiedener Beweise zum

Glauben an Jesus, sondern wegen dieser Beweise, wenn er ihren Verstand öffnet, um ihnen Beachtung zu schenken.

c. Paulus blieb für längere Zeit

Lukas informiert uns mit Sorgfalt über einige Einzelheiten. In Korinth begann Paulus damit, dass er an jedem Sabbat in der Synagoge predigte, vermutlich für einige Wochen oder Monate. Danach zog er in das Haus von Titius Justus und »blieb … dort ein Jahr und sechs Monate und lehrte unter ihnen das Wort Gottes« (Apg 18,11). Als Nächstes »blieb [Paulus] noch eine Zeit lang« in Korinth (Apg 18,18), sodass er sich wahrscheinlich insgesamt für ungefähr zwei Jahre in der Stadt aufhielt. In Ephesus begann er mit drei Monaten in der Synagoge und sprach danach für zwei Jahre in der Schule des Tyrannus (Apg 19,8.10). Weil er »noch eine Weile in der Provinz Asien« blieb (Apg 19,22), ist es verständlich, dass er später auf seinen Dienst in Ephesus verwies, der »drei Jahre« angedauert hatte (Apg 20,31). Somit verbrachte er insgesamt zwei Jahre in Korinth und drei Jahre in Ephesus, und in beiden Fällen lehrte er umfassend und sorgfältig.

Dass er die Schule des Tyrannus gebrauchte, war besonders bemerkenswert. Der Text besagt, dass er zwei Jahre lang täglich dort sprach, und der Kodex Beza (D) fügt hinzu, dass er es »von der fünften bis zur zehnten Stunde tat« (Apg 19,9), d.h. von 11 Uhr morgens bis 4 Uhr nachmittags. Bruce Metzger meint, dass dieser Zusatz »eine zutreffende Detailinformation darstellen könnte, die in einer mündlichen Tradition erhalten geblieben ist, bevor sie in den Text bestimmter Handschriften eingefügt wurde«.[70] Nach Ramsay »endete das öffentliche Leben in den ionischen Städten normalerweise um die fünfte Stunde«,[71] d.h. um 11 Uhr vormittags, nachdem es mit dem Sonnenaufgang begann und sich in der Kühle des frühen Morgens fortsetzte. Doch um 11 Uhr vormittags hörte man auf zu arbeiten, nicht wegen des »11-Uhr-Frühstücks«, sondern wegen einer ausgedehnten Ruhepause! Nach den Aussagen von Lake und Cadbury »schliefen um 1 Uhr mittags wahrscheinlich mehr Menschen als um 1 Uhr nachts«.[72] Doch Paulus schlief tagsüber nicht. Bis um 11 Uhr vormittags wird er an seinen Zelten gearbeitet haben und Tyrannus wird in dieser Zeit seinen Unterricht gehalten haben. Doch um 11 Uhr wird Tyrannus sich schlafen gelegt haben, sodass »der Schulraum frei war«.[73] Paulus wird dann seine Leder- mit Lesearbeiten getauscht, fünf Stunden gelehrt und um vier Uhr dann aufgehört haben, als die Arbeit in der Stadt wieder aufgenommen wurde. Vorausgesetzt der Apostel nahm sich einen Tag der Woche zur Ruhe und zum Gottesdienst, sodass er an sechs Tagen der Woche täglich fünf Stunden gelehrt hat, ergibt das am Ende 3.120 Stunden Unterweisung im Evangelium! Es überrascht nicht, dass Lukas mit den Worten fortsetzt: »Und das geschah zwei Jahre lang, sodass alle, die in der Provinz Asien wohnten, das Wort des Herrn hörten, Juden und Griechen« (Apg 19,10). Denn alle Straßen von Asien kamen in Ephesus zusammen, und alle Bewohner von Asien besuchten von Zeit zu Zeit Ephesus, um dort einzukaufen oder etwas zu verkaufen, einen Verwandten zu besuchen, die öffentlichen Bäder zu nutzen, die Spiele im Stadion oder ein Drama im Theater anzusehen oder die Göttin Diana anzubeten. Und während sie in Ephesus waren, hörten sie von diesem christlichen Lehrer namens Paulus, der jeden Tag um die Mittagszeit fünf Stunden lang redete und Fragen beantwortete. Offensichtlich kamen viele vorbei, hörten zu und bekehrten sich. Dann kehrten sie als wiedergeborene Christen in ihre Städte und Dörfer zurück. So muss sich das Evangelium bis zum Lykustal und in dessen wichtigsten Städten Kolossä, Laodizea und Hierapolis ausgebreitet haben, die Epaphras zuvor besucht hatte, nicht aber Paulus.[74] Vielleicht wird es so auch in die übrigen fünf Städte der sieben Gemeinden in Offenbarung 2 und 3 gekommen sein, nämlich Smyrna, Pergamon, Thyatira, Sardis und Philadelphia. Dies ist eine gute Strategie für die großen Universitäts- und Hauptstädte unserer Welt.

Wenn das Evangelium vernünftig, systematisch und sorgfältig in den Stadtzentren entfaltet wird, werden Besucher es hören, es annehmen und es auch mit in ihre Heimatorte nehmen.

Wenn wir manche gegenwärtige Evangelisation mit der des Paulus vergleichen, wird sogleich die Seichtheit der heutigen Formen offenbar. Unsere Evangelisation neigt dazu, zu kirchlich zu sein (Menschen werden in die Kirche eingeladen), während Paulus das Evangelium auch in die säkulare Welt hinaustrug. Sie ist zu emotional (sie ruft ohne eine angemessene Verständnisgrundlage zur Entscheidung auf), während Paulus lehrte, argumentierte, und zu überzeugen versuchte. Und sie ist zu oberflächlich (man hat nur kurze Begegnungen und erwartet schnelle Ergebnisse), während Paulus fünf Jahre lang in Korinth und Ephesus war, treu den Samen des Evangeliums aussäte und zur rechten Zeit dann auch die Ernte einsammelte.

15. Mehr über Ephesus (Apg 20,1-21,17)

Lukas berichtet nun darüber, wie Paulus Ephesus verlässt (Apg 20, 1), nachdem er hier den größten Teil der drei Jahre auf seiner dritten Missionsreise verbracht hatte. Danach reiste er von Ort zu Ort, bis er schließlich Jerusalem erreichte (Apg 21, 17). Gewiss, Lukas hat uns in das Geheimnis eingeweiht, dass Paulus sich nach seinem Besuch in Jerusalem nach Rom aufmachen wollte (Apg 19,21). Dennoch war zu diesem Zeitpunkt Jerusalem noch sein großes Ziel.

Mit Sicherheit ist es schwer, der Schlussfolgerung zu widerstehen, dass Lukas eine Parallele zwischen Jesu Reise nach Jerusalem, die in seinem ersten Band hervorsticht, und der Reise des Paulus, die er in seinem zweiten Band beschreibt, ziehen will. Natürlich ist die Ähnlichkeit nur recht oberflächlich, und die Mission Jesu war einmalig. Doch die Übereinstimmungen zwischen diesen beiden Reisen scheinen zu groß zu sein, als dass es sich um einen bloßen Zufall handeln würde.

1) Wie Jesus reiste auch Paulus mit einer Gruppe von Jüngern nach Jerusalem (Apg 20, 4ff.).[1] 2) Wie Jesus wurde er von feindlichen Juden angegriffen, die einen Anschlag auf sein Leben planten (Apg 20, 3.19).[2] 3) Wie Jesus machte er bzw. erhielt er drei aufeinander folgende Vorhersagen über seine »Passion« bzw. sein Leiden (Apg 20, 22-23; 21, 4.11),[3] was die Überlieferung an die Heiden mit einschloss (Apg 21, 11).[4] 4) Wie Jesus erklärte er, dass er bereit dazu sei, sein Leben niederzulegen (Apg 20, 24; 21, 13).[5] 5) Wie Jesus war er dazu bestimmt, seinen Dienst zu Ende zu führen und nicht davon abzuweichen (Apg 20, 24; 21, 13).[6] 6) Wie Jesus sagte er, dass er sich dem Willen Gottes überlasse (Apg 21, 14).[7] Auch wenn manche dieser Einzelheiten nicht zu sehr betont werden sollten, so möchte Lukas sicherlich doch, dass seine Leser Paulus als den Nachfolger in den Fußstapfen seines Meisters ansehen, als er »sein Angesicht [wandte], stracks nach Jerusalem zu wandern«.[8]

Als nun das Getümmel aufgehört hatte und die öffentliche Ordnung in der Stadt Ephesus wiederhergestellt worden war, *rief Paulus die Jünger zu sich* – vielleicht versteckte er sich immer noch? – *und tröstete sie* und *nahm Abschied.* Meiner Meinung nach war diese Ermutigung der Ermahnung ähnlich, die er später den Pastoren in Milet geben würde (Apg 20, 17ff.). Er wird sie dazu aufgerufen haben, Christus trotz anhaltender Verfolgung treu zu bleiben und »der Berufung würdig« zu leben, »mit der ihr« als Gottes neues und heiliges Volk »berufen worden seid«.[9] Dann *brach* er *auf, um nach Mazedonien zu reisen,* um Timotheus und Erastus einzuholen, die er vorausgeschickt hatte (Apg 19, 22). Egal ob er auf dem See- oder auf dem Landweg gereist ist – er zog Richtung Norden, und sein erster längerer Aufenthalt wird wahrscheinlich in Troas gewesen sein. Hier, so hatte er es erwartet, würde er »das Evangelium Christi« predigen, und in der Tat war ihm »eine Tür aufgetan … in dem Herrn«.[10] Leider konnte er diese Möglichkeit nicht länger nutzen, weil er erwartet hatte, Titus in Troas vorzufinden, den er kurz vorher nach Korinth geschickt hatte, um dort einige Dinge zu regeln. Doch Titus war nicht hier, um ihn zu treffen, und so »fuhr [er] nach Mazedonien«, anstatt weiter in Troas zu evangelisieren, weil er »keine Ruhe in [s]einem Geist hatte«.[11] Später, wahrscheinlich in Philippi, fand das lang ersehnte Wiedersehen mit Titus statt und seine Angst wurde in Freude verwandelt.[12] Die guten Nachrichten, die Titus mit anderen Informationen mitbrachte, bewegten Paulus, einen Brief zu schreiben, den wir seinen zweiten Brief an die Korinther nennen (dies war aber eigentlich bereits schon sein vierter).

15.1 Paulus in Nord- und Südgriechenland (Apg 20, 2 - 6)

Paulus reiste nun durch *diese Gegenden* (V. 2a). Wahrscheinlich verbrachte er einige Monate bei erneuten Besuchen der mazedonischen Gemeinden, die er auf seiner zweiten Missionsreise gegründet hatte, nämlich Philippi, Thessalonich und

Beröa. Lukas beschreibt seinen Dienst mit folgenden Worten: er ermahnte *die Gemeinden mit vielen Worten.* Das Verb »ermahnen« wird durch das Nomen *paraklēsis* ausgedrückt (das Nomen, das mit dem Verb *parakaleō* in Vers 1 verwandt ist), und seine Bedeutung reicht von »Aufforderung« und »dringende Bitte« über »Ermahnung« und »Ermutigung« bis hin zu »Wohltat« und »Trost«. Dies ist ein entscheidender Dienst in der Festigung christlicher Jünger. Nichts stärkt das Volk Gottes so sehr wie das Wort Gottes. Wahrscheinlich reiste Paulus auch in dieser Zeit noch weiter in Richtung Westen auf der *Via Egnatia*, als er es bisher getan hatte, sodass er sogar Illyrien an der Adriaküste im Norden von Mazedonien erreichte.[13]

Nach diesen mazedonischen Reisen *kam er nach Griechenland* (V. 2b), wobei *Hellas* der volkstümliche Name für Achaja war. Hier – mit größter Sicherheit in Korinth – *blieb* er *drei Monate* (V. 3a). Seit seinem ersten Besuch, den Lukas beschrieben hatte, hatte sich einiges in seinem Verhältnis zu der korinthischen Gemeinde ereignet. Er hatte ihnen vier Briefe geschrieben und ihnen sogar einen Zwischenbesuch abgestattet (den sogenannten »Tränenbesuch« von 2. Kor 2, 1, den Lukas nicht erwähnt). So wird er vieles mit den Gemeindeleitern zu besprechen gehabt haben, und zwar in den Bereichen Lehre und Ethik. Wir wissen auch, dass er die Vorbereitungen für den korinthischen Teil der Sammlung für die judäischen Gemeinden zum Ende brachte.[14] Während dieses Besuches in Korinth schrieb Paulus zudem sein wichtigstes Manifest des christlichen Glaubens und Lebens, seinen Brief an die Römer. In Römer 15 erklärt er, dass er nun »von Jerusalem aus ringsumher bis nach Illyrien das Evangelium von Christus voll ausgerichtet« habe und dass demzufolge »keine Aufgabe mehr in diesen Ländern« für ihn vorhanden sei. Deshalb hoffte er, bald Rom zu besuchen und weiter nach Spanien zu reisen.[15]

Paulus wird wahrscheinlich drei Monate im Winter in Korinth verbracht haben, während er auf das Frühlingswetter wartete, das wieder die Schifffahrt ermöglichen würde. Er wollte direkt *zu Schiff nach Syrien fahren*, wie er es nach seinem ersten Besuch getan hatte (Apg 18,18). Als er gerade an Bord gehen wollte, hörte er jedoch, dass *ihm ... die Juden nachstellten*. Ramsay stellt sich die Situation folgendermaßen vor: »Paulus musste die Absicht gehabt haben, ein Schiff von Pilgern zu nehmen, das achaische und asiatische Juden zum Passafest brachte ... Doch mit einer Schiffsladung fremder Juden an Bord, hätten diese es sehr leicht gehabt, Paulus zu ermorden«[16] und seinen Leichnam über Bord zu werfen. So änderte Paulus seine Reisepläne im letzten Moment und er *beschloss ..., durch Mazedonien zurückzukehren* (V. 3). Der Kodex Beza (D) fügt hinzu, dass der Heilige Geist ihm dies aufgetragen hatte. Doch auch wenn es seine eigene Entscheidung war, so stehen doch der Heilige Geist und Paulus dabei miteinander im Einklang.

Zu diesem Zeitpunkt unterbricht Lukas seine Erzählung, um uns darüber zu informieren, wer die Reisegenossen von Paulus waren. Es ist bemerkenswert, dass Paulus fast nie allein reiste und dass er dann, wenn er alleine reiste, sein Verlangen nach einem Reisegenossen zum Ausdruck brachte, z. B. in Athen[17] und bei seiner letzten Gefangenschaft in Rom.[18] Besonders auf seinen Missionsreisen wird deutlich, dass er die Zusammenarbeit mit anderen bevorzugte. Auf seiner ersten wurde er von Barnabas und Johannes Markus begleitet (bis Markus sich absetzte), auf seiner zweiten von Silas und später von Timotheus, dann von Lukas und nun am Ende seiner dritten Missionsreise stellt Lukas dem Leser eine Liste von Freunden vor. *Es zogen aber mit ihm Sopater* [vielleicht ist er dieselbe Person wie *Sosipater*, der in Römer 16,21 als einer seiner »Stammverwandten« bezeichnet wird] *aus Beröa, der Sohn des Pyrrhus, aus Thessalonich aber Aristarch* (Apg 19,29; 27,2) *und Sekundus und Gajus aus Derbe* [wahrscheinlich derselbe Gajus wie in Apg 19,29, wo eine Lesart nur Aristarch als Mazedonier bezeichnet, nicht aber Gajus] *und Timotheus, aus der Provinz Asien aber Tychikus und Trophimus*. Trophimus kam aus Ephesus,[19] vielleicht auch Tychikus.[20] In den meisten Fällen nennt Lukas die Heimat dieser Männer und ihren Namen, damit diese eindeutig identifiziert werden und (wahrscheinlich) auch um anzuzeigen, wie sie die verschiedenen Gebiete repräsentierten, die sich an der Sammlung beteiligten. Somit wurde Mazedonien von Sopater (Beröa), Aristarch und Sekundus (Thessalonich) und vielleicht Lukas selbst (Philippi) repräsentiert, Galatien von Gajus (Derbe) und Timotheus (Lystra) und Asien von Tychikus und Trophimus (Ephesus). Achaja fehlt dabei, könnte jedoch von Paulus selbst vertreten worden sein und/oder von Titus,[21] der nach einer Textverbesserung von Ramsay ein Verwandter von Lukas war.[22] Dies bedeutete, dass das »Gefolge« des Paulus aus mindestens neun Männern bestand.

Lukas erwähnt sie nicht ausdrücklich im Zusammenhang mit der Spende, obwohl er dies im Sinn gehabt haben muss. Wenn wir über die Gefährten von Paulus nachdenken, sollten wir beachten, dass sie ein dreifaches Zeugnis darstellen: 1. Sie bezeugen das Wachstum, die Einheit und sogar (so könnte man sagen) die »Katholizität« der Gemeinde. Christliche Leiter aus dem Inland und der Küstenregion von Kleinasien, von beiden Enden der Ägäis und aus dem nördlichen und südlichen Teil Griechenlands wissen, dass sie zu derselben Gemeinde gehören und folglich an derselben Sache arbeiten. 2. Sie bezeugen die Fruchtbarkeit der Missionsreisen von Paulus, denn Lystra und Derbe waren auf seiner ersten evangelisiert worden, Beröa und Thessalonich auf seiner zweiten und Ephesus auf seiner dritten. Alle neun Männer müssen die Frucht seiner Arbeit gewesen sein. Doch dann wurden sie selbst missionarisch aktiv. 3. Denn sie brachten die Missionsorientiertheit der jungen christlichen Gemeinden zum Ausdruck, die bereits einige ihrer besten Leiter an das größere Werk und Zeugnis der Gemeinde Christi abgegeben hatten.

Liest man zwischen den Zeilen der stark zusammengefassten Erzählung von Lukas, so hat es den Anschein, dass

Paulus und seine Gruppe von Gefährten Korinth gemeinsam verließ und Philippi auch gemeinsam erreichte. Vielleicht kam Lukas erst hier und nicht schon früher zu der Gruppe wieder dazu (denn das vorherige »Wir-Stück« hatte ihn dort gelassen [Apg 16, 12], und das nächste »Wir-Stück« beginnt hier in Apg 20, 5). Hier teilte sich die Gruppe offensichtlich in zwei Teile auf. *Diese* (mindestens sieben oder acht von ihnen) *reisten voraus und warteten auf uns in Troas* (V. 5). *Wir aber* (nur Paulus und Lukas?) *fuhren nach den Tagen der Ungesäuerten Brote mit dem Schiff von Philippi*, d. h. aus seinem Hafen Neapolis (Apg 16, 11) *ab* (V. 6a). Dies ist wahrscheinlich keine rein chronologische Bemerkung. Lukas sagt damit auch nicht ausdrücklich, dass Paulus das Passafest in Philippi statt in Jerusalem feierte, nachdem sein Wunsch vereitelt worden war, dieses Fest in Jerusalem zu begehen. Können wir sicher sein, dass er weiterhin die jüdischen Feste einhielt, auch wenn er aus einem bestimmten Grund zur Zeit von Pfingsten nach Jerusalem kommen wollte (Apg 20, 16)? Ich ziehe die Erklärung von Howard Marshall vor: »Es ist wahrscheinlich, dass er das christliche Passafest, d. h. Ostern mit der Gemeinde von Philippi feierte (1. Kor 5, 7f.)«.[23] Wie es auch gewesen sein mag – er verließ Philippi erst nach diesem Fest *und kam[en] am fünften Tag zu ihnen nach Troas.* Sie mussten starken Gegenwind gehabt haben, denn für ihre Reise in die entgegengesetzte Richtung hatte er nur zwei Tage benötigt (Apg 16, 11). In Troas *blieb[en]* er *sieben Tage* (V. 6).

15.2 Eine Woche in Troas (Apg 20, 7 - 12)

Lukas berichtet nur von einem Vorfall aus dieser Woche in Troas, nämlich über den dramatischen Schlaf, den Fall, den Tod und die Wiederbelebung eines jungen Mannes namens Eutychus. Weil dies in einem Gottesdienst geschah, ist diese Geschichte auch für den Bereich des frühchristlichen Gottesdienstes von besonderem Interesse.

a. Der Tod und die Wiederbelebung von Eutychus

Am ersten Tag der Woche aber, ... [waren] wir versammelt ..., das Brot zu brechen (V. 7a). Als was wir diesen ersten Tag verstehen, hängt davon ab, ob wir meinen, dass Lukas der jüdischen Berechnung des Tages (vom Sonnenuntergang bis zum nächsten Sonnenuntergang) oder der römischen (von Mitternacht bis Mitternacht) folgte. Weil sich die Übersetzer der Guten Nachricht für die erste Möglichkeit entschieden, haben sie die einleitende Zeitangabe mit »in der Nacht zum Sonntag« übersetzt. Und der Kodex Beza (D) in Apostelgeschichte 19,9 »von der fünften bis zur zehnten Stunde« (elf Uhr vormittags bis vier Uhr nachmittags) folgt mit Sicherheit auch einer jüdischen Berechnung, nach der der Tag um 6 Uhr morgens beginnt. Doch Lukas gebraucht hier mit Sicherheit die römische Art der Zeitrechnung, weil der Tagesanbruch, der in Vers 11 erwähnt wird, bereits der »nächste[n] Tag« nach Vers 7 ist. F.F. Bruce hat sicherlich Recht, wenn er sagt, dass der Verweis von Lukas auf den »ersten Tag der Woche«, d.h. auf den Sonntag, »unser erster unzweideutiger Hinweis dafür ist, dass sich die Christen an diesem Tag miteinander zum Gottesdienst versammelten«.[24] Der Zweck ihres Treffens lag darin, »das Brot zu brechen«, welches Lukas als das Abendmahl versteht, das im Zusammenhang eines gemeinsamen Mahls wie im Obergemach in Jerusalem eingenommen wurde.[25] Zudem *predigte ihnen Paulus, und da er am nächsten Tag weiterreisen wollte, zog er die Rede hin bis Mitternacht* (V. 7b).

Lukas war selbst dabei (»als wir versammelt waren«, V. 7 und »wo wir versammelt waren«, V. 8), sodass er über einige Einzelheiten berichten konnte, die er als Augenzeuge gesehen hatte, und die uns helfen, ein besseres Bild von diesem Ereignis zu gewinnen. 1. Es war ein abendlicher Gottesdienst oder ein abendliches Treffen, denn die Rede von Paulus endete um Mitternacht, sodass sie wohl kaum um die Mittagszeit begonnen haben konnte! Nein, sie begann wahrscheinlich ungefähr zur Zeit des Sonnenuntergangs, als sich die Gemeinde zum Gottesdienst nach dem Ende der Arbeit dieses Tages versammelte. 2. Das Treffen wurde in einem Privathaus abgehalten, im *Obergemach* (V. 8), und zwar im dritten Stock (V. 9). 3. *Und es waren viele Lampen in dem Obergemach, wo wir versammelt waren* (V. 8), sodass die Luft bald stickig und ölig wurde, auch für *Eutychus*, der *in einem Fenster* saß (V. 9a, »auf der Fensterbank«, GN, GNB, HFA, Albrecht), das nicht verglast war, sodass er frische Luft bekommen konnte. 4. Obwohl Eutychus in Vers 9 »ein junger Mann« (*neanias*) genannt wird, ist er in Vers 12 nur ein *pais* (»Junge«) im Alter von acht bis 14 Jahren. 5. Lukas möchte nicht, dass wir den jungen Mann dafür verurteilen, dass er während der Predigt des Apostels einschlief. Denn man hat den Eindruck, dass er schon längere Zeit Probleme mit seiner Schläfrigkeit hatte. Beginnen wir damit, dass er *in einen tiefen Schlaf* sank oder, besser gesagt, schläfrig wurde. *Weil Paulus so lange redete*, wurde er *vom Schlaf überwältigt*, und das Unglück geschah. Er *fiel … hinunter vom dritten Stock und wurde tot aufgehoben* (V. 9). Die Übersetzung von Albrecht »hielt man ihn für tot«, die andeutet, dass er möglicherweise nicht wirklich tot war, ist eine mangelhafte Übersetzung. Lukas erklärt, dass er tot war, als Arzt konnte er dies sicherlich bestätigen.

Man kann sich das Durcheinander vorstellen, das anschließend um sich griff, als jeder versuchte, die Treppen herunterzulaufen. *Paulus* beendete seine Predigt und *ging* selbst *hinab*. Dann folgte er sicherlich dem Beispiel von Elia mit dem Sohn der Witwe von Sarepta[26] und dem Vorbild Elisas mit dem Sohn der schunemitischen Frau[27] *und warf sich über ihn, umfing ihn und sprach: Macht kein Getümmel; denn es ist Leben in ihm* (V. 10). Damit sagte er nicht, dass er trotz seines verhängnisvollen Falls immer noch lebte, sondern dass er als Folge der Umarmungen von Paulus wieder lebendig geworden war. *Dann ging er* (Paulus) *hinauf und brach das Brot und aß*, nahm sowohl am Abendmahl als auch am gemeinsamen

Essen teil, das vorher offensichtlich noch nicht serviert worden war. Paulus setzte seine Predigt fort *und redete viel mit ihnen, bis der Tag anbrach; und so zog er hinweg* (V. 11). *Sie* (vermutlich Verwandte und Freunde) *brachten* unterdessen *den jungen Mann lebend herein* (»nach Hause«, Albrecht) *und wurden nicht wenig getröstet* (V. 12).

b. Einige Prinzipien über den christlichen Gottesdienst

Was können wir von diesem Sonntagabendgottesdienst, der vor Jahrhunderten in Troas stattgefunden hatte, über den christlichen Gottesdienst lernen? Wir werden bei der Beantwortung dieser Frage weise und mit der nötigen Zurückhaltung vorgehen müssen, weil der Bericht von Lukas ausschließlich beschreibt und nicht die Absicht hat, etwas vorzuschreiben. Deshalb steht es uns nicht frei, sklavisch vorzugehen und entweder einfach nachzumachen, was sich ereignet hat (z. B. sich in einem Haus genau in der dritten Etage zu versammeln, sich abends zu treffen, Öllampen zur Beleuchtung zu verwenden und einer außergewöhnlich langen Predigt zuzuhören) oder etwas wegzulassen, was nicht erwähnt wird (z. B. Gebete, Psalmen, Hymnen oder Schriftlesungen). Trotzdem scheint es hier Prinzipien für den öffentlichen Gottesdienst zu geben, die von der Lehre der Bibel an anderen Stellen gutgeheißen werden und sich auch auf uns in der heutigen Zeit anwenden lassen:

1. Die Jünger trafen sich am Tag des Herrn zum Abendmahl. Zumindest Vers 7 scheint sich wie die Beschreibung einer normalen, regelmäßig stattfindenden Gewohnheit der Gemeinde in Troas anzuhören. Und der Text macht deutlich, dass das Abendmahl als dankbare Feier des Todes des Erlösers, der nun auferstanden war, schon sehr früh der sonntägliche Hauptgottesdienst in Verbindung mit einem *agapē*, d. h. einem »Liebes- oder Gemeinschaftsmahl«, gefeiert wurde.

2. Zusätzlich zum Abendmahl gab es eine Predigt, und zwar eine sehr lange, denn der erste Teil dauerte von Sonnenuntergang bis Mitternacht (V. 7) und der zweite von Mitternacht bis Sonnenaufgang (V. 11). Wir sollten die Predigt von Paulus nicht als reinen Monolog ansehen, denn Lukas verwendet zweimal das Verb *dialegomai* (»sich unterreden, reden, sprechen, predigen«,[28] V. 7. 9), welches eine Diskussion, vielleicht in der Form von Fragen und Antworten andeutet. Das andere Wort, das er verwendet, ist *homileō* (»reden, sich besprechen, anreden«,[29] V. 11). Es war offensichtlich freier und offener als eine formale Predigt. Doch der Apostel nahm sein Lehren zumindest in aller Verantwortung ernst. So sollten wir es auch tun. »Nichts deutet darauf hin, dass Paulus diesen Vorfall als Kritik an seiner Langatmigkeit ansah.«[30] Und weil wir keine lebenden Apostel haben, die mit Paulus vergleichbar wären und die uns in der heutigen Zeit unterweisen könnten, müssen wir auf die Lehre der Apostel Christi hören, wie sie sich uns im N.T. präsentiert. Von der frühesten Zeit an stellten die örtlichen Gemeinden eigene Sammlungen der Memoiren und Briefe der Apostel zusammen und hörten auf die wiederholte Anweisung der Apostel, diese neben dem Gesetz und den Propheten in den öffentlichen Versammlungen vorzulesen.[31]

3. Das Wort und Sakrament waren in dem Gottesdienst, der in der Gemeinde in Troas gefeiert wurde, miteinander verbunden, und die weltweite Gemeinde folgte diesem Beispiel bis heute. Denn Gott spricht zu seinem Volk durch sein Wort, wenn es gelesen und von der Schrift her ausgelegt und wenn es in den zwei Sakramenten Taufe und Abendmahl dargestellt wird. Vielleicht ist der Ausdruck »Wort und Sakrament« nicht die beste oder genaueste Wortwahl, auch wenn dieser Ausdruck sehr weit verbreitet ist. Denn das Sakrament ist genau genommen auch ein Wort, nach Augustinus ein »sichtbares« Wort. Was die Gemeinde mehr als alles andere erbaut, ist der Dienst des Wortes Gottes, wie es zu uns durch die Heilige Schrift und das Sakrament kommt (dies ist wohl die richtigere

Wortwahl) – hörbar und sichtbar, in der Verkündigung und in der Darstellung.

15.3 Die Reise an der Küste nach Milet (Apg 20,13-16)

Der nächste kurze Abschnitt in der Erzählung des Lukas – dies sind nur vier Verse in der deutschen Bibel – ist ein eher atemloser Bericht über die Reise des Paulus von Troas (wo er zu der örtlichen Gemeinde sprach) nach Milet (wo er zu den Pastoren der Gemeinde von Ephesus redete). Er berichtet uns, dass es Paulus *eilte* (V. 16), und wir bekommen den Eindruck, dass Lukas es auch selbst eilig hatte. Er erwähnt vier Küsten- und Inselhäfen, an denen Paulus und seine Reisegenossen anhielten (Assos, Mitylene, Chios und Samos), nachdem sie Troas verlassen hatten und in Milet ankamen. Das »Wir-Stück«, das in Vers 5 begann, wird weiter fortgesetzt, sodass Lukas an Hand seines eigenen Tagebuchs über die Ereignisse schreibt. Das Schiff fuhr offenbar an jedem Tag und ging jeden Abend vor Anker. Ramsay erklärt dies so: »Der Grund liegt im Wind«. Während des ägäischen Sommers »bläst er normalerweise von den frühesten Morgenstunden an aus nördlicher Richtung«. Dann »erstirbt er am späten Nachmittag«, und »beim Sonnenuntergang herrscht eine Totenstille«.[32]

Nach der Abfahrt aus Troas schreibt Lukas: »*Wir aber zogen voraus zum Schiff und fuhren nach Assos*, einem Hafen am asiatischen Festland, der ungefähr 30 km südlich von Troas liegt, *und wollten dort Paulus zu uns nehmen; denn er hatte es so befohlen, weil er selbst zu Fuß gehen wollte*« (V. 13). Lukas berichtet uns von zwei Einzelheiten, die er jedoch nicht erklärt: 1. Paulus schickt seine Reisegenossen voraus. Hat er seinen Abschied von Troas nach hinten verschoben, um sich zu versichern, dass Eutychus nicht nur am Leben, sondern auch gesund war? Dies ist nur eine Vermutung. 2. Paulus arrangierte für seine Reisegenossen eine Seefahrt nach Assos, er aber wählte den Landweg. Eine Reise an der Küstenstraße entlang wäre schneller als eine Seereise um das Kap gewesen. Aber warum wollte er alleine sein? War dies der eigentliche Beginn seiner langen Reise nach Jerusalem? Wir wissen, dass er fürchtete, von Ungläubigen in Judäa gewaltsam zurückgeholt zu werden, und dass er zudem Sorge hatte, dass seine Spende von den Christen in Jerusalem nicht angenommen werden würde, denn er bat die Christen in Rom darum, mit ihm für diese Dinge zu beten.[33] Vielleicht beschäftigte ihn dies in seinen Gedanken und Gebeten auf seiner einsamen Wanderung von Troas nach Assos. Doch dies ist wiederum nur eine Vermutung.

»*Als er uns nun traf in Assos* – dies war der vorher ausgemachte Treffpunkt – *nahmen wir ihn zu uns und kamen nach Mitylene*« (V. 14), der Hauptstadt der Insel Lesbos an ihrer südöstlichen Küste. »*Und von dort fuhren wir weiter und kamen am nächsten Tag auf die Höhe von Chios*« (V. 15a), d. h., sie gingen in einem Festlandhafen gegenüber der Insel Chios vor Anker. »*Am folgenden Tag gelangten wir nach Samos*«, eine Insel westlich von Ephesus. Und »nachdem wir in Trogyllium geblieben waren« (Schlachter nach dem Kodex Beza [D]), einem Vorgebirge an der Zufahrt zur Bucht), »*kamen wir am nächsten Tag nach Milet*« (V. 15b), den Festlandhafen an der Mündung des Flusses Mäander. *Denn Paulus hatte beschlossen, an Ephesus vorüberzufahren* – und dies hatte er auch getan, um so Milet zu erreichen, denn er wollte *in der Provinz Asien keine Zeit verlieren* – ein kurzer Besuch war seinem Urteil nach nicht möglich – *denn er eilte, am Pfingsttag in Jerusalem zu sein, wenn es ihm möglich wäre* (V. 16).

15.4 Die Rede des Paulus an die Ältesten von Ephesus (Apg 20, 17-38)

Aber von Milet sandte er nach Ephesus und ließ die Ältesten der Gemeinde rufen (V. 17). Ephesus war nur 50 km Luftlinie von Milet entfernt, aber die eher weitläufige Straße war länger. Ein Bote muss ungefähr drei Tage gebraucht haben, um nach Ephesus zu reisen und die Ältesten zurück nach Milet zu bringen. Aber zur gegebenen Zeit *kamen* sie an. (V. 18a).

a. Einige einleitende Dinge

Bevor wir den Text der Rede von Paulus an die Ältesten von Ephesus studieren können, brauchen wir einige einleitende Informationen:

1. Dies ist die einzige Rede in der Apostelgeschichte, die an eine christliche Zuhörerschaft gerichtet ist. All die anderen Reden sind evangelistische Predigten, entweder an Juden (Apg 2, 14ff.; 3, 12ff.; 13, 16ff.) oder an Heiden gerichtet (Apg 10, 34ff.; 14, 14ff.; 17, 22ff.), oder es handelt sich um gesetzliche Verteidigungsreden – entweder vor dem Sanhedrin in den ersten Tagen der Gemeinde (Apg 4, 8ff.; 5, 29ff.; 7, 1ff.) oder die fünf Reden vor den jüdischen und römischen Machthabern, die am Ende des Buches zu finden sind (Apg 22-26).

2. Die Leiter werden »Älteste« (V. 17), »Pastoren« (V. 28a) oder »Aufseher« genannt (V. 28b). Offensichtlich bezeichnen diese die gleichen Leute. »Pastoren« ist der allgemeine Begriff, der ihre Aufgabe beschreibt. Heutzutage gibt es viel Verwirrung über den Charakter und die Absicht des pastoralen Dienstes und viele Anfragen, ob die Geistlichen vor allem Sozialarbeiter, Psychotherapeuten, Erzieher, Dienstleistende oder Verwaltungsbeamte sind. Deshalb ist es heute besonders wichtig, das zutreffende Wort »Pastoren« wiederzubeleben, die die Hirten der Schafe Christi und dazu berufen sind, die Herde zu hüten, zu ernähren und zu beschützen.

Diese pastoralen Verantwortungsbereiche in einer örtlichen Gemeinde scheinen sowohl von den Diakonen (wenn auch eher in einer unterstützenden Funktion)[34] als auch von denen, die entweder *presbyteroi* (Älteste), einem Wort, das aus der jüdischen Synagoge entlehnt worden ist, oder *episkopoi* (Aufseher), einem Begriff, der aus dem griechischen Hintergrund stammt, ausgeübt worden zu sein. Auf diese wird oft – und zu Recht – als »Presbyter-Bischöfe« verwiesen, um anzudeuten, dass sich in der apostolischen Zeit diese zwei Bezeichnungen auf dasselbe Amt bezogen. Damals gab es nur »[Presbyter-]Bischöfe[n] und Diakon[e]«.[35] Diejenigen von uns, die episkopal organisierten Kirchen angehören und glauben, dass eine dreifache Unterteilung (Bischöfe, Älteste und Diakone) vertreten und von der Heiligen Schrift her verteidigt werden kann, gründen ihr Argument nicht auf das Wort *episkopoi*, sondern auf Personen wie Timotheus und Titus, denen – auch wenn sie nicht Bischöfe genannt wurden – trotzdem die Aufsicht und die Zuständigkeit über einige Gemeinden anvertraut worden war, wobei sie dazu bevollmächtigt waren, ihre Presbyter-Bischöfe und Diakone selbst zu wählen und zu ordinieren.

3. Die Gemeinde von Ephesus hatte offenbar eine Gruppe von »Presbyter-Bischöfen« (*presbyteroi* in Vers 17 und *episkopoi* in Vers 28 stehen beide im Plural). In einer ähnlichen Weise hatte Paulus, wie wir bereits gesehen hatten, in jeder galatischen Gemeinde »Älteste« eingesetzt (Apg 14,23) und später Titus die Anweisung gegeben, dasselbe in Kreta zu tun.[36] Es gibt weder eine biblische Rechtfertigung für eine »Ein-Mann-Band« (ein einziger Pastor, der alle Instrumente des Orchesters selber spielt) noch für eine hierarchische oder pyramidenhaft angeordnete Leitungsstruktur in der örtlichen Gemeinde (ein einziger Pastor, der auf der Spitze der Pyramide thront). Es ist nicht einmal eindeutig sicher, ob jeder Älteste für eine einzelne Hausgemeinde verantwortlich war. Man sollte sie sich besser als ein Team vorstellen, wobei einige vielleicht Hausgemeinden beaufsichtigten, andere jedoch

spezielle Dienste nach ihren Aufgaben hatten, sodass sich alle die pastorale Sorge für die Herde Christi teilten. Dieses Konzept eines Pastorenteams müssen wir heutzutage für die Gemeinde wieder entdecken.

4. Lukas selbst war bei dieser Rede dabei und hörte sie mit seinen eigenen Ohren (vgl. das »wir« in Apg 21, 1). Vielleicht hat William Neil Recht, wenn er vermutet, dass »Lukas sich während dieser Zeit Notizen gemacht habe«.[37] Die Anrede hört sich mit Sicherheit nach dem wirklichen Paulus an. Manche hat die Beziehung zwischen der Rede und den Briefen des Paulus erstaunt, die in der Wortwahl und dem Inhalt zum Ausdruck kommt. Themen, die in seinen Briefen vorkommen und die er in dieser Rede berührt, sind die Gnade Gottes (V. 24. 32), das Königreich Gottes (V. 25), der Ratschluss (*boulē*) Gottes (V. 27), das erlösende Blut Christi (V. 28), Buße und Glauben (V. 21), die Gemeinde Gottes und ihre Auferbauung (V. 28. 32), die Unvermeidlichkeit von Leiden (V. 23-24), die Gefahr, die von falschen Lehrern ausgeht (V. 29-30), die Notwendigkeit von Wachsamkeit (V. 28. 31), das Laufen eines Wettlaufs (V. 24) und unser künftiges Erbe (V. 32).

b. Die Botschaft der Rede von Paulus

Es kann hilfreich sein, die Rede von Paulus in drei Abschnitte zu unterteilen, die sich auf die Vergangenheit, die Zukunft und die Gegenwart beziehen.

1) Sein Dienst in Ephesus (Apg 20, 18b-21)

(18) ... Ihr wisst, wie ich mich vom ersten Tag an, als ich in die Provinz Asien gekommen bin, die ganze Zeit bei euch verhalten habe, (19) wie ich dem Herrn gedient habe in aller Demut und mit Tränen und unter Anfechtungen, die mir durch die Nachstellungen der Juden widerfahren sind. (20) Ich habe euch nichts

vorenthalten, was nützlich ist, dass ich's euch nicht verkündigt und gelehrt hätte, öffentlich und in den Häusern, (21) und habe Juden und Griechen bezeugt die Umkehr zu Gott und den Glauben an unsern Herrn Jesus.

Ihr wisst, wie ich mich … verhalten habe, sagt er (V. 18b). Ähnlich heißt es: *Ich habe euch nichts vorenthalten* (V. 20). Und später wiederum »ihr wisst selber« (V. 34). Diese wiederholte Betonung dessen, dass sie ihn kennen, erinnert an 1. Thessalonicher 2, wo er schreibt: »Denn ihr wisst selbst, liebe Brüder … (V. 1) … wie ihr wisst … (V. 2) … wie ihr wisst, … (V. 5) … Ihr erinnert euch doch, liebe Brüder, … (V. 9) … ihr und Gott seid Zeugen, … (V. 10) … Denn ihr wisst, …« (V. 11). Eine gemeine Verleumdungskampagne war gegen Paulus in Thessalonich gestartet worden. Weil er in der Nacht aus der Stadt herausgeschmuggelt werden musste und nicht zurückgekehrt war, hatten ihn seine Gegner der Unaufrichtigkeit bezichtigt. Etwas Ähnliches scheint sich in Ephesus während des Jahres, oder seitdem er die Stadt verlassen hatte, ereignet zu haben. So musste er die Aufrichtigkeit seiner Motive verteidigen und er tat dies in Thessalonich wie auch in Ephesus dadurch, dass er sie an seinen Besuch erinnerte. Sie wussten, wie er während der gesamten Zeit – vom Anfang bis zum Ende – gelebt hatte, in der er bei ihnen gewesen war. Er appellierte an ihre Erinnerung, im Besonderen an die Erinnerung an vier Kennzeichen seines Dienstes – an seine Demut (d. h. vielleicht an seine Demütigungen), seine Tränen, seine Prüfungen durch »die Nachstellungen der Juden« (V. 19) und an seinen treuen Dienst in Predigt und Lehre, sowohl öffentlich als auch privat, wobei er sich darauf konzentrierte, dass sowohl Heiden wie auch Juden Buße tun und an den Herrn Jesus glauben sollten.

2) Seine zukünftigen Leiden (Apg 20,22-27)

(22) Und nun siehe, durch den Geist gebunden, fahre ich nach Jerusalem und weiß nicht, was mir dort begegnen wird, (23) nur dass der Heilige Geist in allen Städten mir bezeugt, dass Fesseln und Bedrängnisse auf mich warten. (24) Aber ich achte mein Leben nicht der Rede wert, wenn ich nur meinen Lauf vollende und das Amt ausrichte, das ich von dem Herrn Jesus empfangen habe, zu bezeugen das Evangelium von der Gnade Gottes. (25) Und nun siehe, ich weiß, dass ihr mein Angesicht nicht mehr sehen werdet, ihr alle, zu denen ich hingekommen bin und das Reich gepredigt habe. (26) Darum bezeuge ich euch am heutigen Tage, dass ich rein bin vom Blut aller; (27) denn ich habe nicht unterlassen, euch den ganzen Ratschluss Gottes zu verkündigen.

In diesem Abschnitt ersetzt Lukas das »ihr wisst ... ihr wisst« aus dem vorherigen Abschnitt mit »ich ... weiß ... (V. 22) ... ich weiß ... (V. 25) ... weiß ich ... (V. 29)«. Denn Paulus wendet sich von der Vergangenheit, die sie kannten, zu der Zukunft, über die ihn der Heilige Geist belehrt hatte und die er ihnen nun mitteilte. Der gleiche Heilige Geist, der ihn in jeder Stadt vor Gefängnis und Schwierigkeiten warnte (vielleicht durch Propheten; V. 23), zwingt ihn trotzdem, weiter nach Jerusalem zu reisen (V. 22). Denn sein über allem stehendes Anliegen ist nicht, um jeden Preis zu überleben, sondern eher dass er den »Wettlauf« vollenden und seine ihm von Christus gegebene Aufgabe, die frohe Botschaft der Gnade Gottes zu bezeugen, vollenden möge (V. 24). Und Paulus weiß noch etwas. Sein prophetisches Auge wandert über Jerusalem und seine Leiden hinaus zu den Missionsbesuchen in Rom und Spanien, von denen er immer noch träumte.[38] Aus diesem Grunde muss er gewusst haben, dass keiner von ihnen ihn wieder sehen würde (V. 25). Diese Tatsache gibt dieser Situation einen ergreifenden, endgültigen Beigeschmack. Er verkündet feierlich, dass er – wie der Wächter bei Hesekiel[39] – unschuldig an jedermanns Blut sei (V. 26). Sein Gewissen ist rein. Er war nicht davor zurückgeschreckt, den gesamten Heilsratschluss Gottes zu verkündigen (V. 27). Folglich konnte man ihn nicht dafür verantwortlich machen, dass irgendeiner von denen, die ihn gehört hatten, zu Grunde gehen würde.

3) Seine Ermahnung an die Ältesten (Apg 20,28-35)

Nachdem er auf seinen Dienst in Ephesus zurückgeblickt (von dem sie wussten) und auf seine kommenden Leiden und die Trennung von ihnen vorausgeschaut hatte (von denen er wusste), gibt Paulus ihnen nun eine letzte Anweisung. Die Vergangenheit und die Zukunft werden zusammen ihren gegenwärtigen Dienst prägen. Im Wesentlichen fordert er sie zur Wachsamkeit auf: »habt nun acht ... (V. 28) ... seid wachsam ... (V. 31)«.

(28) So habt nun acht auf euch selbst und auf die ganze Herde, in der euch der Heilige Geist eingesetzt hat zu Bischöfen, zu weiden die Gemeinde Gottes, die er durch sein eigenes Blut erworben hat. (29) Denn das weiß ich, dass nach meinem Abschied reißende Wölfe zu euch kommen, die die Herde nicht verschonen werden. (30) Auch aus eurer Mitte werden Männer aufstehen, die Verkehrtes lehren, um die Jünger an sich zu ziehen. (31) Darum seid wachsam und denkt daran, dass ich drei Jahre lang Tag und Nacht nicht abgelassen habe, einen jeden unter Tränen zu ermahnen. (32) Und nun befehle ich euch Gott und dem Wort seiner Gnade, der da mächtig ist, euch zu erbauen und euch das Erbe zu geben mit allen, die geheiligt sind. (33) Ich habe von niemandem Silber oder Gold oder Kleidung begehrt. (34) Denn ihr wißt selber, dass mir diese Hände zum Unterhalt gedient haben für mich und die, die mit mir gewesen sind. (35) Ich habe euch in allem gezeigt, dass man so arbeiten und sich der Schwachen annehmen muss im Gedenken an das Wort des Herrn Jesus, der selbst gesagt hat: Geben ist seliger als nehmen.

Wir sehen, dass die Pastoren von Ephesus zuerst auf sich selbst Acht haben sollten und erst dann auf die Herde, für die der Heilige Geist sie verantwortlich gemacht hat. Denn sie können nicht in einer angemessenen Weise für andere sorgen, wenn sie die Fürsorge und die Pflege ihrer eigenen Seelen vernachlässigen. Sie sollen Hirten der Gemeinde Gottes sein, wobei *poimainō* allgemein die Bedeutung eine Herde »weiden, hüten«[40] und im Besonderen, »eine Herde zum Weideland zu führen und sie so zu ernähren« hat. Dies ist die erste Pflicht von Hirten. »Sollen sich nicht die Hirten um die Herde kümmern?«[41] Pastoren werden auch sorgfältiger in ihrem Dienst sein, wenn sie sich vergegenwärtigen, dass ihre Herde *die Gemeinde Gottes* ist, *die er durch sein eigenes Blut erworben hat* (V. 28). Die erstaunliche Vorstellung, dass Gott Blut hat und vergießt, scheint manche Autoren – auch wenn Ignatius und Tertullian davon gesprochen haben – dazu bewegt zu haben, an die »Gemeinde des Herrn« zu denken, womit der Herr Jesus Christus dann gemeint wäre. Doch dieser Ausdruck kommt nirgendwo im N.T. vor, während »die Gemeinde Gottes« ein üblicher Ausdruck von Paulus ist. Deshalb sollte man ihn beibehalten. Somit sollte man den Rest dieses Satzes mit »die er durch das Blut seines Eigenen erworben hat« übersetzen (vgl. »durch das Blut seines eigenen Sohnes«, GN, HFA, Rev. Elb., Einh.).[42] Diese Bedeutung von *idios* (»eigener«), so schreibt F. F. Bruce, »wird von den Papyri gut bezeugt, wo es somit als ein Kosewort für enge Beziehungen verwendet wird«.[43]

Die zweite Ursache für die Aufmerksamkeit sind die Wölfe, d. h., die falschen Lehrer, die, wie Paulus weiß, nach seinem Abschied hereinkommen und die Herde Christi verwüsten werden (V. 29). Einige von ihnen werden sogar aus der eigenen Gemeinde kommen. Sie verdrehen die Wahrheit und werden so die Menschen dazu bewegen, sie zu verlassen und stattdessen ihnen zu folgen (V. 30). So müssen die Pastoren von Ephesus auf der Hut sein, wovor Paulus sie bereits ständig gewarnt hatte, als er bei ihnen war (V. 31). Wir müssen nur die beiden Briefe an Timotheus lesen und den Brief an Ephesus in Offenbarung 2,1ff., um zu wissen, dass das, was Paulus vorhergesagt hatte, auch eintraf. Vielleicht wäre es nicht eingetreten, wenn die Pastoren wachsamer gewesen wären.

Nachdem er die Ältesten von Ephesus dazu aufgefordert hat, über die Schafe zu wachen und sich vor den Wölfen zu hüten, fährt der Apostel damit fort, dass er sie Gott und dem Wort seiner Gnade anbefiehlt (V. 32). Plötzlich – so als wollte er seine Aufforderung und seine Ratschläge bekräftigen – erinnert er sie wiederum an das Vorbild, das er für sie gewesen ist. Wie Samuel in seiner Ermahnung zum Abschied[44] erklärt auch Paulus, dass er niemandes Geld oder Kleidung begehrt hatte (V. 33). Stattdessen hat er sich und seine Reisegenossen selbst versorgt. Man kann sich seine Handbewegung vorstellen, wenn er auf »diese Hände« verweist (V. 34). Und durch seine harte handwerkliche Arbeit hat er die Wahrheit eines sonst unbekannten Sprichworts von Jesus veranschaulicht: »Geben ist seliger als nehmen« (V. 35).

c. Der Abschied (Apg 20,36-38)

(36) Und als er das gesagt hatte, kniete er nieder und betete mit ihnen allen. (37) Da begannen alle laut zu weinen und sie fielen Paulus um den Hals und küssten ihn, (38) am allermeisten betrübt über das Wort, das er gesagt hatte, sie würden sein Angesicht nicht mehr sehen. Und sie geleiteten ihn auf das Schiff.

d. Ideale für den pastoralen Dienst

Bei der Metapher des Hirten (Pastoren) ist es bemerkenswert, dass Paulus seinen eigenen Lehrdienst (als ihr »Hirte«) beschreibt, sie vor falschen Lehrern warnt (»Wölfen«) und den Wert ihrer Gemeindeglieder betont (Gottes »Schafe«).

1) Das Vorbild des Apostels (der Hirte)

Mehrere Male erinnert er die Ältesten an sein eigenes Vorbild. Dies war zu einem gewissen Grade vollkommen gewesen, wodurch sein Gewissen rein geblieben war: 1. Er war in seinem Lehren meisterhaft gewesen. Er hatte sie über die Gnade und das Königreich Gottes belehrt (V. 24-25) und darüber, dass Buße und Glauben notwendig sind (V. 21). Er war nicht davor zurückgeschreckt, ihnen zu erklären, was »nützlich« ist (V. 20) und den gesamten Ratschluss Gottes zu lehren (V. 27). 2. Er war in seiner Reichweite vorbildlich. Ihm war so sehr daran gelegen, die gesamte Bevölkerung von Ephesus zu erreichen, so wie es ihm daran lag, den gesamten Ratschluss Gottes zu verkündigen. Er wollte jeden alles lehren! So diente er sowohl Juden als auch Heiden, sowohl Ortsansässigen als auch Besuchern. 3. Er war in seinen Methoden meisterhaft. Er lehrte sowohl öffentlich (in der Synagoge und der Schule des Tyrannus) als auch privat (in den Häusern), und er tat beides Tag und Nacht (V. 20. 31). Er war völlig unermüdlich. Um es mit modernen Worten auszudrücken – Paulus dreifache Meisterleistung war ein einmaliges Beispiel für »intensivste Evangelisation«. Er verkündigte alle Wahrheiten allen möglichen Leuten auf alle möglichen Arten und Weisen. Er lehrte der gesamten Stadt das gesamte Evangelium in seiner gesamten Kraft. Sein Vorbild als Pastor muss ein unerschöpfliches Vorbild für die Pastoren von Ephesus gewesen sein.

2) Das Aufkommen falscher Lehrer (die Wölfe)

Im Nahen Osten der Antike waren Wölfe die Hauptfeinde von Schafen. Bald allein, bald in Rudeln jagend, waren sie eine ständige Bedrohung. Schafe waren gegen sie wehrlos. Die Hirten konnten es sich nicht leisten, in ihrer Wachsamkeit nachzulassen. Auch christliche Pastoren können sich dies nicht erlauben. Jesus selbst warnte vor »falschen Propheten, die in Schafskleidern zu euch kommen, inwendig aber sind sie reißende Wölfe«.[45]

So haben die Hirten der Herde Christi eine doppelte Verpflichtung: die Schafe zu ernähren (durch das Lehren der Wahrheit) und sie vor Wölfen zu beschützen (durch das Warnen vor Irrtum). Wie Paulus es gegenüber Titus ausgedrückt hat, müssen Älteste das klare Wort der Lehre der Apostel festhalten, sodass sie dazu in der Lage sind, »zu ermahnen mit der heilsamen Lehre und zurechtzuweisen, die widersprechen«.[46] Diese Betonung ist heutzutage sehr unpopulär. Uns wird oft gesagt, wir sollten in unserer Lehre positiv sein und niemals negativ. Doch diejenigen, die dies sagen, haben entweder nicht das N. T. gelesen oder sie widersprechen ihm einfach, nachdem sie es gelesen haben. Denn der Herr Jesus und seine Apostel widerlegten selbst Irrlehren und forderten uns dazu auf, dasselbe zu tun. Man fragt sich, ob die Vernachlässigung dieser Verpflichtung eine wichtige Ursache für das moderne theologische Wirrwarr ist. Wenn eine falsche Lehre aufkommt und die christlichen Lehrer untätig dabeisitzen und nichts tun oder davonlaufen und fliehen, haben sie die schreckliche Bezeichnung »Mietlinge« verdient, die sich überhaupt nicht um die Herde Christi kümmern.[47] Dann wird man von Christen, wie vorher schon von Israel, sagen können, dass sie »zerstreut [sind], weil sie keinen Hirten haben, und sind allen wilden Tieren zum Fraß geworden und zerstreut«.[48]

3) Der Wert der Menschen (die Schafe)

Vers 28 drückt implizit die Wahrheit aus, dass letztendlich Gott selbst die pastorale Aufsicht über die Gemeinde übernimmt. Jede der drei Personen der Dreieinigkeit hat einen Anteil an dieser Aufsicht. Beginnen wir damit, dass die Gemeinde »Gottes Gemeinde« ist. Als Nächstes lesen wir, dass er sie »mit seinem eigenen Blut erworben« hat bzw. »mit dem Blut seines Eigenen«; es wird deutlich, dass der Kaufpreis das

Blut Christi war. Und der Heilige Geist bestimmt Aufseher über diese Gemeinde, die Gott gehört und von Christus erkauft worden ist. Somit hat er auch die Aufsicht, und er kann sie nicht an andere übertragen. Diese großartige dreieinige Bekräftigung, dass die pastorale Aufsicht über die Gemeinde Gott (Vater, Sohn und Heiliger Geist) hat, sollte bei Pastoren einen tiefen Eindruck hinterlassen. Es sollte uns demütigen und uns daran erinnern, dass die Gemeinde nicht uns, sondern Gott gehört. Und es sollte uns zur Treue anspornen. Denn Schafe sind keineswegs diese reinen und knuddeligen Geschöpfe, wie wir vielleicht denken. Tatsächlich sind sie schmutzig, unangenehmen Plagen ausgesetzt und müssen regelmäßig in starken Chemikalien gebadet werden, damit sie frei von Läusen, Zecken und Würmern werden. Sie sind darüber hinaus auch dumm, eigensinnig und widerspenstig. Ich zögere dabei, diesen Vergleich zu direkt anzuwenden und das Volk Gottes als schmutzig, voller Läuse oder dumm zu bezeichnen! Aber manche Menschen sind eine große Prüfung für ihre Pastoren (das Gleiche gilt manchmal aber auch umgekehrt). Und ihre Pastoren werden nur dann weiter für sie sorgen, wenn sie sich daran erinnern, wie wertvoll diese aus der Sicht Gottes sind. Sie sind die Herde, von Gott, dem Vater erkauft durch das wertvolle Blut des Sohnes Gottes, und werden von Aufsehern beaufsichtigt, die der Heilige Geist eingesetzt hat. Wenn die drei Personen der Dreieinigkeit so hingegeben für das Wohl der Menschen sorgen, sollten wir es nicht auch tun?

Richard Baxters großartiges Buch *The Reformed Pastor* (»Der reformierte Pastor«) von 1656 ist wirklich eine gute Auslegung zu Apostelgeschichte 20,28. Er schrieb:

> »O, lasst uns nun diese Argumente Christi hören, wann immer wir uns schwach und gleichgültig vorkommen: ›Bin ich nicht für sie gestorben, und willst Du nicht für sie sorgen? Waren sie nicht mein Blut wert, und sind sie nicht Deine Mühe wert? Kam ich nicht vom Himmel zur

Erde, um zu suchen und zu erretten, was verloren ist. Und willst Du nicht zur nächsten Tür oder Straße oder Ortschaft gehen, um sie zu suchen? Wie klein ist Deine Mühe und Herablassung im Vergleich zu meiner? Ich erniedrigte mich selbst, doch es ist Deine Ehre, damit beschäftigt zu sein. Habe ich nicht so viel getan und erlitten um ihres Heils willen? Und wollte ich Dich nicht zu einem meiner Mitarbeiter machen, und willst Du nun das Kleine abweisen, das in Deinen Händen liegt?‹«[49]

15.5 Weiter auf dem Weg nach Jerusalem (Apg 21,1-17)

Der Abschied von den Ältesten von Ephesus war sehr bewegend gewesen, besonders weil sie und Paulus geglaubt hatten, dass sie sich niemals wieder sehen würden. Die Gruppe des Paulus musste sich von ihnen sogar losreißen. Und nun begann die letzte Etappe auf dem Weg nach Jerusalem, für den Lukas offensichtlich wieder sein Tagebuch herangezogen hat. Er erwähnt drei oder vier weitere Stopps (Kos, Rhodos, Patara und vielleicht Myra), worauf drei Landungen folgten (Tyrus, Ptolemaïs und Cäsarea).

a. Von Milet nach Tyrus (Apg 21,1 - 6)

Als wir [Lukas weist wiederum unauffällig auf seine Anwesenheit hin] *uns nun von ihnen losgerissen hatten und abgefahren waren, kamen wir geradewegs nach Kos* (V. 1a), eine kleine Insel genau im Süden von Milet. *Am folgenden Tag nach Rhodos*, eine größere Insel im Südwesten, deren Stadt mit dem gleichen Namen an der nordöstlichen Spitze lag, *und von da nach Patara* (V. 1b), genau im Osten von Rhodos; der Kodex Beza (D) fügt noch hinzu »und Myra«, noch ein wenig östlicher gelegen. Sowohl Patara als auch Myra liegen nahe an dem südlichsten Vorgebirge des kleinasiatischen Festlandes.

Weil »der Hafen von Myra der große Hafen für den direkten Schiffsverkehr über das Mittelmeer an die Küsten von Syrien und Ägypten war«, so schreibt William Ramsay, »kann man ... mit Sicherheit vermuten, dass Myra von dem Schiff des Paulus auch angefahren wurde«.[50] Hier fanden *wir ein Schiff ..., das nach Phönizien* an der palästinischen Küste *fuhr*, sodass sie auf dieses umstiegen. Wir *stiegen ... ein und fuhren ab* (V. 2). Ihre Reise führte sie nun in Richtung Südosten in die Mitte des östlichen Mittelmeergebiets. Die Reise von Myra nach Tyrus war 650 km weit. *Als aber Zypern in Sicht kam, ließen wir es linker Hand liegen und fuhren nach Syrien* (V. 3a).

Wir *kamen in Tyrus an, denn dort sollte das Schiff die Ware ausladen* (V. 3b). Gleichzeitig war ihre Suche nach Christen in der Stadt erfolgreich. *Als wir nun die Jünger fanden, blieben wir sieben Tage dort*, entweder weil das Entladen (und vielleicht auch das erneute Beladen) so lange dauerte oder weil ihr Schiff dort blieb und sie auf ein anderes warteten. In dieser Woche *sagten* die Jünger *Paulus durch den Geist, er solle nicht nach Jerusalem hinaufziehen* (V. 4). *Und es geschah, als wir die Tage zugebracht hatten, da machten wir uns auf und reisten weiter* (V. 5a). Ich werde später auf die sich offensichtlich widersprechenden Zeichen zu sprechen kommen, die vom Heiligen Geist über die Reise von Paulus nach Jerusalem kamen. *Und sie geleiteten uns alle mit Frauen und Kindern bis hinaus vor die Stadt; und wir knieten nieder am Ufer und beteten* (V. 5b). Dies muss wiederum ein sehr bewegender Abschied gewesen sein. *Und als wir voneinander Abschied genommen hatten, stiegen wir ins Schiff, jene aber wandten sich wieder heimwärts* (V. 6).

b. Von Tyrus nach Jerusalem (Apg 21,7-17)

Wir beendeten die Seefahrt und kamen von Tyrus nach Ptolemaïs, das seit dem Mittelalter Akko genannt wird und etwa 40 km südlich von Tyrus liegt. Hier *begrüßten* wir *die Brüder und blieben einen Tag bei ihnen* (V. 7). *Am nächsten Tag zogen wir weiter und kamen nach Cäsarea,* eine eindrucksvolle Stadt, die von Herodes dem Großen erbaut worden war, um als Hafen für Jerusalem zu dienen. Wir *gingen in das Haus des Philippus, des Evangelisten,* [er wird so genannt, um ihn von dem Apostel Philippus zu unterscheiden], *der einer von den Sieben war, und blieben bei ihm* (V. 8). Seither war seine Familie gewachsen: *Der hatte vier Töchter, die waren Jungfrauen und weissagten* (V. 9). Lukas berichtet uns nicht genau, wie lange Paulus und seine Reisegruppe in Cäsarea blieben, doch sie werden viel mit Philippus und seinen Töchtern zu besprechen gehabt haben. Vielleicht berichtete Philippus Lukas nun die Einzelheiten über ihn und Stephanus, die Lukas später in Apostelgeschichte 6 bis 8 einbaute. Während dieses Aufenthalts wurde ihm eine weitere interessante Prophetie gegeben.

Und als wir mehrere Tage dablieben, kam ein Prophet mit Namen Agabus [vermutlich der gleiche, der in Apostelgeschichte 11,27ff. aufgetaucht war] *aus Judäa herab* (V. 10). *Und als er zu uns kam* (V. 11a), ahmte er die Praxis einiger alttestamentlicher Propheten nach, die ihre Aussagen »gespielt« darstellten, wie z. B. Ahija, der Jerobeams Mantel in zwölf Stücke zerriss,[51] Jesaja, der drei Jahre lang nackt und barfuß lief,[52] und Hesekiel, der einen Stadtplan von Jerusalem belagerte.[53] Er nahm *den Gürtel des Paulus und band sich die Füße und Hände* (V. 11). Dies war kein kurzer Ledergürtel: »[S]ich mit einem solchen Hände und Füße zu fesseln, wäre eine Artistenleistung gewesen«.[54] Es muss eher ein langes Kleidungsstück gewesen sein, das wie ein Gürtel gebunden wurde. Dann sagte Agabus: »*Das sagt der Heilige Geist: Den Mann, dem dieser Gürtel gehört, werden die Juden in Jerusalem so binden und überantworten in die Hände der Heiden*« (V. 11). Dies war die zweite Prophetie, die damit unvereinbar scheint, was der Heilige Geist ursprünglich zu Paulus gesagt hatte. Dieses Problem werde ich am Ende dieses Kapitels ansprechen. *Als wir aber das* [die Prophetie von Agabus] *hörten,* so fährt Lukas fort, *baten wir* (er schließt sich im Besonderen ein) *und die aus dem Ort, dass er nicht hinauf nach Jerusalem zöge* (V. 12). Diesmal widerspricht Paulus ausdrücklich ihren Bitten. *Paulus aber antwortete: Was macht ihr, dass ihr weint und brecht mir mein Herz? Denn ich bin bereit, nicht allein mich binden zu lassen, sondern auch zu sterben in Jerusalem für den Namen des Herrn Jesus* (V. 13). Seine Worte stimmen fast mit denen des Petrus überein: »Herr, ich bin bereit, mit dir ins Gefängnis und in den Tod zu gehen«.[55] Der Unterschied lag nur darin, dass Petrus bei diesem Vorfall geschwankt und versagt hatte (obwohl er schließlich für Christus litt und starb), während Paulus seinen Worten treu blieb. *Da er sich aber nicht überreden ließ, schwiegen wir und sprachen* [nicht in schwacher Resignation, sondern als positives Gebet]: *Des Herrn Wille geschehe* (V. 14).

Und nach diesen Tagen machten wir uns fertig, d. h., sie packten ihr Gepäck oder »sattelten die Pferde«,[56] *und zogen hinauf nach Jerusalem* (V. 15). Weil Cäsarea und Jerusalem gut 100 km voneinander entfernt waren, wird die Reise zwei Tage gedauert haben, wie es der Kodex Beza (DVid) sagt, sodass Pferde nötig waren. *Einige Jünger aus Cäsarea ... führten uns zu einem alten Jünger mit Namen Mnason aus Zypern*, d. h. wahrscheinlich zu »einem Gründungsglied der Jerusalemer Gemeinde«,[57] *bei dem wir zu Gast sein sollten* (V. 16). *Als wir nun nach Jerusalem kamen, nahmen uns die Brüder gerne auf* (V. 17).

c. Die Führung durch den Heiligen Geist

Somit kam Paulus schließlich, nach vielen Wochen des Reisens und der Ungewissheit und vielen unheilvollen Warnungen zum Trotz, an seinem Bestimmungsort an. Doch war es richtig gewesen, dass er seine Freunde zurückgewiesen hatte, die ihn beschworen hatten, seine Pläne aufzugeben? Was hat es mit diesen Botschaften des Heiligen Geistes durch die Propheten auf sich? Sollten wir Paulus für seinen Starrsinn tadeln oder ihn wegen seiner unerschütterlichen Entschlossenheit bewundern?

Auf den ersten Blick scheinen die Eingebungen des Heiligen Geistes im Widerspruch zueinander zu stehen. In Milet erzählte Paulus den Ältesten von Ephesus, dass er »durch den Geist gebunden« nach Jerusalem gehe, trotz »Fesseln und Bedrängnisse[n]«, vor denen der Heilige Geist ihn warnte (Apg 20,22-23). Doch in Tyrus forderten (das Imperfekt *elegon* beinhaltet »wieder und wieder«) ihn bestimmte Jünger »durch den Geist« auf, nicht nach Jerusalem zu gehen (Apg 21,4), während Agabus in Cäsarea seine Prophetie mit der Einleitung »das sagt der Heilige Geist« begann (Apg 21,11). Doch Paulus ignorierte beide Botschaften. Während er sich weigerte, sich abbringen zu lassen (Apg 21,14), setzte er seine Reise fort.

Wie können wir dieses Problem aber lösen? Sicherlich nicht dadurch, dass wir schlussfolgern, dass der Heilige Geist sich selbst widersprochen habe und Paulus in Kapitel 20 gesagt hatte, er solle gehen, und seine Anweisung in Kapitel 21 widerrief. Lukas hat eine zu hohe Meinung vom Heiligen Geist, als dass er ihn so darstellen würde, dass er seine Ansicht ändert. Selbst wenn Apostelgeschichte 20,22 eher als Verweis auf einen Zwang seines eigenen Geistes und nicht des Heiligen Geistes verstanden werden sollte, so scheint es dennoch, als handle Paulus in Kapitel 21 gegen den Rat des Heiligen Geistes.

Ich denke, wir sollten damit beginnen, dass wir bekräftigen, dass Lukas es für richtig hielt, dass Paulus nach Jerusalem ging. Vielleicht schreibt er dem Heiligen Geist sowohl die Entscheidung in Apostelgeschichte 19,21 als auch den inneren Zwang in Apostelgeschichte 20,22 zu, denn beide waren *[en] tō pneumati*, »im Geist«. Zudem haben wir bereits die Vermutung geäußert, dass Lukas die Reise von Paulus nach Jerusalem als die Nachfolge eines Jüngers in den Fußstapfen seines Meisters ansieht. Wie sollen wir nun Apostelgeschichte 21,4 und 11 verstehen? Manche haben so argumentiert, dass die Verweise auf den Heiligen Geist hier einfach andeuten, dass die Sprechenden *behaupten*, vom Geist inspiriert zu sein, ohne notwendigerweise auch inspiriert gewesen zu sein. Doch dann würden wir andere Verweise auf den Heiligen Geist in derselben uneindeutigen Weise zu verstehen haben. Die bessere Lösung wäre, eine Unterscheidung zwischen einer Vorhersage und einem Verbot zu machen. Agabus sagte sicherlich nur voraus, dass Paulus gefesselt und den Heiden überliefert werden würde (Apg 21,11). Die folgenden Bitten an Paulus sollten nicht dem Heiligen Geist zugeschrieben werden und können die fehlbare (ja sogar falsche) menschliche Schlussfolgerung aus der Prophetie des Heiligen Geistes gewesen sein. Denn hätte Paulus auf die Bitten seiner Freunde gehört, hätte sich die Prophetie von Agabus nicht erfüllt! Es ist schwieriger, auf diese Weise Apostelgeschichte 21,4 zu verstehen, weil die Aufforderungen selbst als »durch den Geist« bezeichnet werden. Doch vielleicht ist die Aussage von Lukas ein kombinierter Ausdruck dafür, dass die Warnung göttlich war, während die Aufforderung menschlich war. Nach alledem verband das Wort des Geistes an Paulus den inneren Zwang zu gehen mit einer Warnung vor den Folgen (Apg 20,22-23).

So möchte Lukas sicherlich, dass wir Paulus wegen seines Muts und seines Festhaltens bewundern. Wie vor ihm Jesus »wandte er sein Angesicht, stracks nach Jerusalem zu wandern« (Lk 9,51), und die göttlichen Vorhersagen seines Leidens hielten ihn (wiederum wie Jesus) nicht davon ab.

Paulus stärkte auf seiner Reise die Gemeinschaft mit Christen, die er und seine Reisegenossen an jedem Hafen erlebten. In Tyrus fanden sie Jünger und blieben sieben Tage lang bei ihnen (Apg 21,4). In Ptolemaïs begrüßten sie die Schwestern und Brüder und blieben einen Tag lang (Apg 21,7). In Cäsarea wurden sie im Haus von Philippus dem Evangelisten untergebracht und blieben »mehrere Tage« bei ihm (Apg 21,8.10). Die Jünger von Cäsarea begleiteten Paulus und seine Reisegruppe anschließend nach Jerusalem, wo sie bei dem früheren Zyprioten und gläubigen Mnason verweilten (Apg 21,16). Bei ihrer Ankunft in Jerusalem »nahmen« die

Brüder und Schwestern sie »gerne auf« (Apg 21, 17). Es wäre übertrieben dies einen »triumphalen Einzug« von Paulus in Jerusalem zu nennen. Doch dieser herzliche Empfang stärkte ihn schließlich, um ein paar Tage später die Rufe der Menschenmenge »Weg mit ihm!« zu ertragen (Apg 21, 36).

D. Auf dem Weg nach Rom (Apg 21,18-28,31)

16. Die Verhaftung des Paulus und seine Verteidigung (Apg 21,18-23,25)

Bisher hatte Lukas seinen Helden stets in der Offensive beschrieben – unter der Leitung des Heiligen Geistes hatte er die Initiative ergriffen, um den größten Teil von Kleinasien und Griechenland zu evangelisieren. Doch als Paulus nach Jerusalem kam, wurde alles völlig anders: Er wurde angegriffen, verhaftet, gefesselt und vor Gericht gebracht. Er fand sich selbst in der Defensive wieder. Nach der Erzählung seiner drei Missionsreisen beschreibt Lukas drei Gerichtsverhandlungen, die Paulus durchstehen musste. Die erste fand vor einer jüdischen Menschenmenge an der nordwestlichen Ecke des Tempelbezirks statt (Apg 22, 1ff.), die zweite vor dem höchsten jüdischen Gericht in Jerusalem (Apg 23, 1ff.), die dritte und vierte in Cäsarea vor Felix und Festus, die nacheinander die Statthalter von Judäa waren (Apg 24, 1ff.; 25, 1ff.), und die fünfte ebenso in Cäsarea vor König Herodes Agrippa II. (Apg 26, 1ff.).

Diese fünf Gerichtsverhandlungen, die jeweilige Verteidigungsrede von Paulus und die Umstände bei seiner Verhaftung (Apg 21, 18ff.) eingeschlossen, nehmen sechs Kapitel in unserer Bibel oder nahezu 200 Verse ein. Warum hielt Lukas es für nötig, so sehr ins Detail zu gehen? Natürlich war ihm dieses Material gut zugänglich, weil er die ganze Zeit hindurch anwesend war. Er kam mit Paulus in Jerusalem an (Apg

21, 15) und das nächste »Wir-Stück« (Apg 27, 1ff.) macht deutlich, dass er mit Paulus nach Rom segelte. Während der zweijährigen Gefangenschaft von Paulus in Cäsarea (Apg 24, 27) war Lukas ein freier Mann und es wäre nahe liegend zu vermuten, dass er in Palästina blieb, Informationen für sein zweibändiges Werk sammelte und selbst einige der Hauptakteure befragte.

Doch für Lukas gab es einen wichtigeren Grund, aus dem er einen verhältnismäßig vollständigen Bericht über die Gerichtsverhandlungen von Paulus wiedergibt als nur den Umstand, dass ihm Material aus erster Hand zur Verfügung stand. Denn wie wir uns erinnern, war Lukas mehr als ein Historiker, er war auch ein Theologe. Eines der wichtigsten Themen, das er behandelt hatte, betraf die Beziehungen zwischen Juden und Heiden in der messianischen Gemeinde. Er hatte gezeigt, wie Paulus, zum Apostel der Heiden berufen und beauftragt, bis jetzt in drei ernsthaften Situationen in Antiochien in Pisidien, in Korinth und in Ephesus die Synagoge verlassen hatte und so von der Juden- zur Heidenmission übergegangen war (Apg 13, 46; 18, 6; 19, 8-9). Es ist kein Zufall, dass der Bericht von Lukas in Jerusalem beginnt und in Rom endet.

Deshalb schildert Lukas in Apostelgeschichte 21 bis 23, bis wohin wir bisher gekommen waren, die Reaktion zweier Gruppen auf das Evangelium – die Antwort der Juden, die ihm zunehmend feindlich gegenüberstanden, und die Wirkung bei den Römern, die ihm stets freundlich gesinnt waren. Diese zwei Themenbereiche des jüdischen Widerstands und der römischen Justiz sind im Bericht des Lukas miteinander verwoben – mit dem christlichen Apostel, der als Opfer der einen und als Nutznießer der anderen zwischen beiden gefangen ist.

a. Der Widerstand der Juden

Die Gegnerschaft der Juden war von Anfang an erkennbar gewesen. Lukas weist keine Anzeichen des Antisemitismus auf, sondern er hält einfach Tatsachen fest. So dokumentiert er, wie der Sanhedrin zuerst Petrus und Johannes verhaftete, dann alle Apostel und ihnen mit Androhungen verbot, im Namen Jesu zu predigen oder zu verkündigen (Apg 4, 1 - 5, 42), auch wenn Lukas die Aufmerksamkeit ebenfalls auf die Umsicht, Weisheit und Gerechtigkeit des Gamaliel lenkt (Apg 5, 34ff.). Danach folgte das Martyrium von Stephanus (Apg 7, 54ff.), die Verfolgung der Gemeinde in Jerusalem durch die Juden (Apg 8, 1ff.) und die Nachstellungen gegen den ehemaligen Verfolger Saulus von Tarsus (Apg 9, 23ff.), die auch während seiner folgenden Missionsreisen immer wieder ausbrach.[1] Doch was in Jerusalem mit vereinzelten Unruhen begann, wurde nun zum angestrebten Ziel, ihn ein für allemal loszuwerden; zunächst dadurch, dass man versuchte, ihn zu lynchen (Apg 21, 27ff.), worauf die hysterische Forderung nach seinem Tod folgte (Apg 22, 22 - 23), und was mit einer geheimen Verschwörung endete (wobei mehr als 40 Männer den Eid schworen, ihn zu ermorden Apg 23, 12ff.). Die Aussage von Lukas, dass »sogleich ... die Tore zugeschlossen« wurden, nachdem der Pöbel Paulus aus dem Tempel getrieben hatte (Apg 21, 30), war sicherlich mehr als eine bloße Aussage über eine geschichtliche Tatsache. Die zugeschlagenen Tore scheinen die endgültige Verwerfung des Evangeliums durch die Juden zu versinnbildlichen. Die Strategie von Paulus, sich den Heiden zuzuwenden, war bestätigt worden.

Lukas scheint auch eine bewusste Parallele zwischen den Leiden (der Passion) Christi und den Drangsalen seines Apostels Paulus zu ziehen. Im letzten Kapitel haben wir gesehen, wie sehr sich ihre jeweiligen Reisen hinauf nach Jerusalem ähneln. Lukas setzt diesen Vergleich nun fort, auch wenn natürlich die Leiden des Paulus nicht wie die von Christus erlösende Wirkung hatten. Nichtsdestotrotz wurden

1) sowohl Jesus als auch Paulus von ihrem eigenen Volk abgelehnt, ohne Berechtigung verhaftet und inhaftiert, 2) beide wurden zu Unrecht angeklagt und bewusst von falschen Zeugen unaufrichtig dargestellt, 3) beide wurden vor Gericht ins Gesicht geschlagen (Apg 23,2), 4) beide waren die unglücklichen Opfer geheimer jüdischer Verschwörungen (Apg 23,12ff.), 5) beide hörten das schreckliche Schreien einer rasenden Volksmenge, die schrie: »Weg mit ihm!« (Apg 21,36; vgl. 22,22), und 6) beide mussten durch eine Reihe von fünf Prozessen hindurch – Jesus vor Hannas, vor dem Sanhedrin, vor König Herodes Antipas und zweimal vor Pilatus; Paulus vor der Volksmenge, vor dem Sanhedrin, vor König Herodes Agrippa II. und vor den zwei Statthaltern Felix und Festus.

b. Die römische Justiz

Das zweite Thema des Lukas, das mit dem ersten in Verbindung steht, ist die römische Justiz. Er stellt die römischen Machthaber beständig als Freunde und nicht als Feinde des Evangeliums dar. Dies haben wir bereits feststellen können. Nicht nur, dass der erste Heidenchrist ein römischer Hauptmann war, nämlich Kornelius, oder dass der erste Neubekehrte auf den Missionsreisen des Paulus der römische Prokonsul von Zypern war, nämlich Sergius Paulus (Apg 13,12) – wann immer die römischen Machthaber die Gelegenheit dazu hatten, verteidigten sie die christlichen Missionare. Z.B. entschuldigt sich der Magistrat sogar bei Paulus und Silas dafür, dass er sie als römische Bürger hatte schlagen und inhaftieren lassen, er kam höchstpersönlich zum Gefängnis, um sie herauszugeleiten (Apg 16,35ff.). In Korinth weigerte sich Gallio, der Prokonsul von Achaja, sogar, die Anschuldigungen der Juden gegen Paulus anzuhören und wies diese Klage ab (Apg 18,12ff.). In Ephesus erklärte der Kanzler der Stadt die christlichen Leiter für unschuldig, er ermahnte die Menschenmenge wegen der öffentlichen Unruhe und schickte sie nach

Hause (Apg 19,35ff.). Nun, in Jerusalem und Cäsarea, nahm Klaudius Lysias, der Militärtribun, Paulus in seinen Schutz. Er bewahrte ihn zweimal davor, gelyncht zu werden, indem er ihn ins Gefängnis brachte (Apg 21,33ff.; 22,24). Er bewahrte ihn schnell vor einer gewaltsamen Vernehmung durch Folter, als er erkannte, dass er ein römischer Bürger war (Apg 22,25ff.), und er bewahrte ihn vor einem mörderischen Komplott, indem er ihn an die Gerichtsbarkeit des Statthalters in Cäsarea überwies (Apg 23,23ff.).

Dieser Schutz durch die römische Justiz wird in den Prozessen des Paulus noch deutlicher. Obwohl er von den Juden angeklagt worden war, wurde er von den Römern verhört und entlastet. Dies war auch bei Jesus der Fall. Lukas findet hier eine dritte Parallele. Er bemüht sich darum, uns zu zeigen, dass, obwohl die Juden Anklagen gegen Jesus und seinen Apostel vorbrachten, die Römer dennoch keine Schuld an ihnen finden konnten. Bei Jesus berichtet Lukas über eine dreimalige Aussage von Pilatus, dass Jesus seiner Meinung nach unschuldig war. Er sagte zu den Hohenpriestern und zu der Volksmenge: »Ich finde keine Schuld an diesem Menschen«.[2] Zu denselben Menschen sagte Pilatus, nachdem Jesus von Herodes verhört worden war: »... ich habe ihn vor euch verhört und habe an diesem Menschen keine Schuld gefunden, derentwegen ihr ihn anklagt; Herodes auch nicht ...«.[3] Und als die Menge weiterhin schrie »Kreuzige, kreuzige ihn!«, sagte Pilatus zum dritten Mal zu ihnen: »Was hat denn dieser Böses getan? Ich habe nichts an ihm gefunden, was den Tod verdient«.[4]

Die Parallelen zum Fall des Paulus sind beeindruckend. Lukas behauptet nicht, dass die römische Justiz perfekt war (denn er erwähnt, dass Felix dazu bereit war, sich bestechen zu lassen, Apg 24,26), doch erklärt er, dass Paulus das römische Recht nicht verletzt hatte. Er verkündete nicht nur, dass er unschuldig war (»Ich habe mich weder am Gesetz der Juden noch am Tempel noch am Kaiser versündigt«, Apg 25,8), sondern auch dass seine Richter darin mit ihm übereinstimmten: Klaudius Lysias bekräftigte in seinem Brief an Felix, dass

Paulus »keine Anklage gegen sich hatte, auf die Tod oder Gefängnis steht« (Apg 23,29). Der Statthalter Festus erzählte König Agrippa, als die Prozesse vorbei waren, zusammenfassend Folgendes: »Dieser Mensch hat nichts getan, was Tod oder Gefängnis verdient hätte ... Dieser Mensch könnte freigelassen werden, wenn er sich nicht auf den Kaiser berufen hätte« (Apg 26,31-32).

Somit wurde sowohl im Fall Jesu als auch im Fall des Paulus der Angeklagte dreimal vor Gericht für unschuldig erklärt. William Ramsay schreibt darüber in seinem Buch *St. Paul the Traveller and the Roman Citizen* (»Paulus als Reisender und römischer Bürger«, 1895): »Es steht zweifelsfrei fest, dass gemäß unserer Hypothese der Platz, den die Inhaftierung von Paulus und die sich daran anschließenden Verhandlungen einnehmen, diesen Teil – nach der Einschätzung des Autoren – als den wichtigsten Teil des Buches kennzeichnet«.[5] Ramsay fährt in seiner Argumentation damit fort, dass Paulus, als er schließlich vor dem Kaiser stand, freigesprochen wurde, wie es auch die Pastoralbriefe andeuten, und dass sein Prozess mit seiner »rechtlichen Entscheidung des höchsten Gerichtshofes des Römischen Reiches«, »wirklich ein Freibrief für die Religionsfreiheit war und dass darin ihre große Bedeutung liegt«.[6] Er zieht den Schluss, dass Lukas über einen dritten Band nachdachte, der den Prozess in Rom, die Freisprechung, die wieder aufgenommenen Missionstätigkeiten und seine spätere Gefangennahme, Haft und den Tod unter Nero schildert. Denn Ramsay glaubte, dass Lukas während der Herrschaft von Domitian schrieb, »als die Christen als Verbrecher und Banditen angesehen wurden und das bloße Bekenntnis des Namens als Angriff angesehen wurde«. In solch einer Situation war die Apostelgeschichte »eine Verteidigung der Christenheit; sie war ein Appell an die Wahrheit der Geschichte gegen die Unmoral und die verderbliche Politik des herrschenden Kaisers«.[7]

Egal, ob wir alle Einzelheiten, wie Ramsay sie rekonstruiert, akzeptieren (die Datierung der Apostelgeschichte und die Absicht von Lukas, eine Fortsetzung zu schreiben), so müssen wir ihm doch in der Bestimmung der Absicht von Lukas zustimmen. Er hat sich bewusst vorgenommen, die Unschuld von Jesus (in seinem Evangelium) und von Paulus (in der Apostelgeschichte) aus der Sicht des römischen Gesetzes zu schildern und unsere Aufmerksamkeit auf diese Präzedenzfälle zu lenken, die durch den Ausgang ihrer Prozesse die Gesetzeskonformität des christlichen Glaubens bewiesen. Diese Absicht von Lukas hat der Gemeinde zu allen folgenden Zeiten und an allen Orten gezeigt, wie sie sich in der Verfolgung verhalten sollte. Sie muss beweisen können, dass Anschuldigungen von Verbrechen gegen den Staat und gegen die Menschheit (wie sie oft in den ersten Jahrhunderten vorgebracht wurden) keine Basis haben. Sie muss beweisen können, dass sie sich keiner Rechtsverletzungen schuldig gemacht hat, dass ihre Glieder gewissenhafte Staatsbürger sind, d.h., dass sie sich dem Staat unterordnen, soweit es ihnen ihr Gewissen erlaubt. Dann wird die Freiheit, das Evangelium zu bekennen, zu praktizieren und zu propagieren, soweit es an der Gemeinde liegt, gewahrt bleiben. Der einzige Anstoß, den die Christen dann bieten werden, ist der Stolperstein des Kreuzes.

16.1 Paulus trifft Jakobus und nimmt seinen Vorschlag an (Apg 21,18-26)

Wir haben bereits gesehen, dass Paulus und seine Freunde bei ihrer Ankunft in Jerusalem offen und herzlich willkommen geheißen wurden (Apg 21,17). Doch nun berichtet Lukas von der Spannung, die diesen Willkommensgruß begleitete (Apg 21,18ff.). *Am nächsten Tag aber ging Paulus* unverzüglich *mit uns*, die wir ihn seit Korinth begleitet hatten, Lukas eingeschlossen, *zu Jakobus* (V. 18a). Jakobus war immer noch der anerkannte Leiter der Gemeinde von Jerusalem und eigentlich auch der der weltweiten jüdisch-christlichen Gemeinde, besonders seitdem Petrus und Johannes die Stadt verlassen zu haben scheinen. Doch Jakobus empfing Paulus und seine Freunde nicht allein, sondern *es kamen die Ältesten alle dorthin* (V. 18). Weil die jüdischen Christen nun auf viele Tausend angewachsen waren (V. 20), war eine große Anzahl von Ältesten nötig geworden, um sie zu leiten. Paulus *begrüßt[e]* sie (V. 19a).

Bei seiner Schilderung von Paulus und Jakobus, die sich von Angesicht zu Angesicht gegenüberstehen, konfrontiert Lukas seine Leser mit einer dramatischen Situation, die sowohl voller Risiken als auch Möglichkeiten war. Denn Jakobus und Paulus waren die repräsentativen Leiter zweier Christenheiten, der jüdischen und der heidnischen. Dies war natürlich nicht ihr erstes Treffen, es war mindestens schon ihr viertes. Denn Paulus hatte Jakobus vor Jahren während seines ersten Besuchs in Jerusalem aufgesucht,[8] und dann wieder 14 Jahre danach.[9] Beide waren auf dem Jerusalemer Konzil herausragende Persönlichkeiten gewesen (Apg 15,12ff.). Doch in den folgenden Jahren waren die Bewegungen, die sie anführten, unter Gottes guter Hand in bemerkenswertem Ausmaß gewachsen. Als sie sich nun wieder begrüßten, war jeder von ihnen von beispielhaften Früchten ihrer jeweiligen Missionsarbeit umgeben, Paulus von seinen Reisegenossen aus den heidnischen Gemeinden und Jakobus von den Ältesten der Jerusalemer Gemeinde. Ohne Zweifel haben einige behauptet, dass die Lehrpositionen von Jakobus und Paulus nicht miteinander vereinbar waren, wie sie es bereits vorher auf dem Jerusalemer Konzil getan hatten (Apg 15,1-2); sie behaupteten nämlich, dass Paulus die Errettung aus Gnade und Jakobus die Errettung durch Werke lehre. Dadurch ist auch die Unsicherheit bei Luther aufgekommen, was ihn dazu führte, den Brief von Jakobus als »stroherne Epistel« zu bezeichnen. Er wollte ihn nicht aus dem Kanon ausschließen, doch er hatte das Gefühl, dass er es nicht zu den »wichtigsten« Büchern zählen konnte, die unzweideutig die Rechtfertigung allein durch den Glauben lehren. Als sich Paulus und Jakobus nun in Jerusalem gegenüberstanden, hätte dies eine schmerzvolle Konfrontation werden können.

Doch beide Apostel hatten eine versöhnliche Haltung. Betrachten wir zuerst Jakobus. Als er *erzählte ... eins nach dem andern, was Gott unter den Heiden durch seinen Dienst getan hatte* (V. 19, d. h. nicht das, was *Paulus* durch die Hilfe Gottes getan hatte), *hörten* Jakobus und seine Ältesten dies nicht nur aufmerksam an, sondern sie *lobten ... Gott* (V. 20a). Kein Wort der Missbilligung war zu hören. Wie bei der Bekehrung von Kornelius (Apg 11, 18), bei der Evangelisation der Griechen in Antiochia (Apg 11, 22-23) und nach der ersten Missionsreise (Apg 14, 27; 15, 12) war der Erweis der Gnade Gottes gegenüber den Heiden nicht wegzudiskutieren, die einzige richtige Reaktion war, Gott anzubeten. Das freudige Lob von Jakobus und den Ältesten geschah nicht widerwillig, sondern war spontan und echt.

Doch auch Paulus bemühte sich darum, sich gegenüber der jüdischen Gemeinde versöhnlich zu verhalten und zeigte dies auf zweierlei Art und Weise: Die erste, die Lukas aus bestimmten Gründen erst später in Apostelgeschichte 24, 17 erwähnt, war die, dass er der jüdischen Gemeinde die Spenden übergab, die die heidnischen Gemeinden aus dem Westen gegeben hatten. Mir erscheint es wahrscheinlich, dass Paulus dies zu Beginn seines Besuchs bei Jakobus tat. Vielleicht erklärt es zum Teil den herzlichen Empfang in Vers 17. Mit Sicherheit war die Gabensammlung für Paulus sehr wichtig. Er war nicht nur mehrere Jahre mit ihr beschäftigt gewesen, sondern hatte deswegen auch seinen geplanten Besuch in Rom und Spanien nach hinten verschoben, um die Gabe zuerst persönlich in Jerusalem abzugeben (Apg 19, 21).[10] Die Spende war an sich wichtig und ein Ausdruck der christlichen Verantwortung für die Armen.[11] »Denn Geldgier ist eine Wurzel alles Übels«,[12] doch der Einsatz von Geld kann auch ein greifbares Zeichen der Liebe sein. Die Hauptbedeutung der Spende lag jedoch in dem, was sie versinnbildlichte. Es veranschaulichte die Solidarität der heidnischen Christen mit ihren jüdischen Brüdern und Schwestern im Leib Christi. Deshalb waren Repräsentanten der heidnischen Gemeinden den ganzen Weg von Korinth mitgereist, um bei der Übergabe ihrer Gaben dabeizusein, sie waren auch jetzt bei Paulus. Zudem war die Spende eine demütige Anerkennung der gegenseitigen Schuldigkeit. Sicherlich haben die heidnischen Gemeinden »willig« gegeben, aus Liebe, doch sie sind auch (wie Paulus schreibt) »ihre Schuldner. Denn wenn die Heiden an ihren geistlichen Gütern Anteil bekommen haben, ist es recht und billig, dass sie ihnen auch mit leiblichen Gütern Dienst erweisen«.[13] Sicherlich lag Paulus wegen dieser symbolischen Art der Spende so viel daran. Er war darum bemüht, dass seine Beweggründe nicht missverstanden würden, vielleicht als unwillkommene Vaterlandsliebe oder als Versuch, sich die Gunst erkaufen zu wollen. Auch sollte die Annahme der Spende nicht als eine Art Kapitulation der jüdischen Christen vor der proheidnischen Haltung von Paulus missdeutet werden. Deshalb forderte er die römischen Christen dazu auf, mit ihm dafür zu beten, dass sein »Dienst, den ich für Jerusalem tue, den Heiligen willkommen sei«.[14] Er wollte ihre Gemeinschaft in Christus durch die Überreichung der Gabe ausdrücken. Würden die jüdischen Christen dies erwidern, indem sie es annahmen?

Doch Lukas konzentriert sich hier auf das zweite Beispiel für den versöhnlichen Geist von Paulus, nämlich wie positiv er auf den Vorschlag, den Jakobus ihm unterbreitete, antwortete. Dieser rührte daher, dass es sowohl jüdische Christen (V. 20) als auch heidnische Christen gab (V. 25). Die Frage war die, wie ihnen geholfen werden konnte, dass sie in gutem Einvernehmen zusammenlebten, insbesondere hinsichtlich der jüdisch-christlichen Bedenken bezüglich des Haltens des Gesetzes. Jakobus und die Ältesten *sprachen zu ihm: Bruder* (ein ergreifendes, weil bewusst selbstloses Anerkennen ihrer Einheit in Gottes Familie), *du siehst, wieviel tausend Juden gläubig geworden sind, und alle sind Eiferer für das Gesetz* (d. h. sie hielten streng daran fest, vgl. HFA, GN, GNB) (V. 20). *Ihnen ist aber* (in der Tat fälschlicherweise) *berichtet worden über dich, dass du alle Juden, die unter den Heiden wohnen, den Abfall von Mose lehrst und sagst, sie sollen ihre Kinder nicht beschneiden und auch nicht nach den Ordnungen leben* (V. 21). Was war genau das Anliegen von Jakobus? 1. Es ging ihm nicht um den Heilsweg (Jakobus und Paulus stimmten darin überein, dass das Heil allein durch Christus, nicht durch das Gesetz kommt), sondern über den Weg der Jüngerschaft. 2. Es ging ihm nicht um das, was Paulus die heidnischen Neubekehrten lehrte (er lehrte sie, dass die Beschneidung nicht nötig war,[15] und Jakobus und das Jerusalemer Konzil hatten dasselbe gesagt), sondern um das, was er die »Juden, die unter den Heiden wohnen«, lehrte (V. 21). 3. Es ging nicht um das Moralgesetz (Paulus und Jakobus stimmten darin überein, dass das Volk Gottes ein heiliges Leben nach Gottes Geboten leben musste),[16] sondern um jüdische Gewohnheiten. Mit einem Satz: Sollten sich die jüdischen Christen weiter an die kulturellen jüdischen Praktiken halten? Es ging das Gerücht um, dass Paulus ihnen dies nicht empfahl.

»*Was nun?*«, fragte Jakobus Paulus. *Auf jeden Fall werden sie*, und zwar die für das Gesetz eifernden jüdischen Christen, *hören, dass du gekommen bist* (V. 22). *So tu nun das, was wir dir sagen. Wir haben vier Männer, die haben ein Gelübde auf sich* genommen (V. 23); die *nimm zu dir und lass dich reinigen mit ihnen und trage die Kosten für sie, dass sie ihr Haupt scheren können; so werden alle erkennen, dass es nicht so ist, wie man ihnen über dich berichtet hat, sondern dass du selber auch nach dem Gesetz lebst und es hältst* (V. 24) oder ein praktizierender Jude bist. Der Hinweis auf die vier jüdischen Christen, die sich ihr Haupt scheren lassen wollten, deutet an, dass sie ein Nasiräergelübde auf sich genommen hatten.[17] Jakobus machte in Bezug auf diese Männer einen zweifachen Vorschlag: 1. Paulus sollte sich mit ihnen reinigen lassen. Die Kommentatoren sind sich nicht einig darüber, was Jakobus genau damit meinte. Vielleicht wollte er, dass Paulus sich diesen vier entweder am Ende ihres dreißigtägigen Zeitraums des Gelübdes anschloss oder in einem speziellen Ritual, das nötig war, weil sie sich in demselben Zeitraum befleckt hatten. Oder es könnte heißen, dass Paulus sich selbst einer siebentägigen Reinigungszeremonie unterziehen sollte, weil die Juden meinten, dass er während seiner langen Abwesenheit aus Jerusalem levitisch unrein geworden sei.[18] 2. Jakobus schlug vor, dass Paulus ihre Auslagen bezahlen sollte, die sehr hoch gewesen sein könnten.

Nachdem er auf die Bedenken der jüdischen Christen hingewiesen hat (V. 20-24), wendet Jakobus sich der entsprechenden Verantwortung der heidnischen Christen zu: »*Wegen der gläubig gewordenen Heiden*«, so sagte er – diese Kontroverse war vor einigen Jahren auf dem Konzil von Jerusalem behandelt worden, wie Paulus sehr wohl wusste –, *»aber haben wir beschlossen und geschrieben, dass sie sich hüten sollen vor dem Götzenopfer, vor Blut, vor Ersticktem und vor Unzucht«* (V. 25; vgl. Apg 15,20.29) – vier kulturelle Praktiken, wie ich es in Kapitel 11 dargelegt habe.

Paulus stimmt dem Vorschlag von Jakobus zu und kam ihm so bald wie möglich nach. *Da nahm Paulus die Männer zu sich und reinigte sich am nächsten Tag mit ihnen und ging in den Tempel und zeigte an, dass die Tage der Reinigung beendet sein sollten, sobald für jeden von ihnen das Opfer dargebracht wäre* (V. 26).

Wir können Gott nur für die geistliche Freiheit danken, die sowohl von Jakobus als auch von Paulus an den Tag gelegt wird. Sie stimmten bereits hinsichtlich der Lehre (dass das Heil durch Gnade in Jesus Christus durch Glauben kommt) und der Ethik (dass Christen dem Moralgesetz gehorchen müssen) überein. Die offene Frage zwischen ihnen betraf die Kultur, die Zeremonien und die Tradition. Sie einigten sich nicht auf eine Kompromisslösung, bei der nicht ein moralisches oder ein Lehrprinzip geopfert wurde, sondern auf ein Zugeständnis im Bereich der Praxis. Wir haben bereits bemerkt, dass Paulus einen versöhnlichen Geist hatte, als er die Jerusalemer Beschlüsse annahm und Timotheus beschnitt. In demselben toleranten Geist war er nun bereit, sich einigen Reinigungsritualen zu unterziehen, um die Juden in ihren Bedenken zu beruhigen. Jakobus scheint zu weit gegangen zu sein, wenn er erwartete, dass Paulus in allen Aspekten und zu jeder Zeit »selber auch nach dem Gesetz« leben sollte, (V. 24), wenn es das war, was er erwartete. Doch Paulus war sicherlich dazu bereit, dies bei speziellen Gelegenheiten zu tun, z. B. um der Evangelisation willen[19] oder – wie hier – um der jüdisch-heidnischen Solidarität willen. Seiner eigenen Überzeugung nach gehörten die jüdischen kulturellen Praktiken zu den »nebensächlichen Themen«, von denen er befreit worden war, die er jedoch den Umständen entsprechend selbst praktizieren konnte oder auch nicht. F. F. Bruce hat dies treffend ausgedrückt: »Ein wirklich freier Geist wie der des Paulus ist nicht an seine eigene Freiheit gebunden«.[20] Jakobus erwies sich jedoch als ähnlich freundlich und großzügig in seiner Haltung, indem er Gott sowohl für die Mission unter den Heiden lobte als auch die Spende der heidnischen Gemeinden annahm. Dies war nicht ein *quid pro quo*, eine Art Gegenleistung, eine Art Handel, wie einige Kommentatoren es dargestellt haben (»Wir identifizieren uns mit dir, indem wir die Spende der Heiden annehmen, wenn du dich mit uns identifizierst, indem du die jüdischen Vorschriften akzeptierst.«). Dies war eher feinfühlige, gegenseitige christliche Nachsicht. Dieses sich legende Vorurteil und die fanatische Gewalt der ungläubigen Juden, die Lukas als Nächstes beschreibt, stehen sich dagegen als schrecklicher Kontrast gegenüber.

16.2 Paulus wird angegriffen und verhaftet (Apg 21,27-36)

a. Paulus wird von den Juden angegriffen (Apg 21,27-32)

(27) Als aber die sieben Tage zu Ende gingen, sahen ihn die Juden aus der Provinz Asien im Tempel und erregten das ganze Volk, legten die Hände an ihn (28) und schrien: Ihr Männer von Israel, helft! Dies ist der Mensch, der alle Menschen an allen Enden lehrt

gegen unser Volk, gegen das Gesetz und gegen diese Stätte; dazu hat er auch Griechen in den Tempel geführt und diese heilige Stätte entweiht. (29) Denn sie hatten Trophimus, den Epheser, mit ihm in der Stadt gesehen; den, meinten sie, hätte Paulus in den Tempel geführt. (30) Und die ganze Stadt wurde erregt, und es entstand ein Auflauf des Volkes. Sie ergriffen aber Paulus und zogen ihn zum Tempel hinaus. Und sogleich wurden die Tore zugeschlossen. (31) Als sie ihn aber töten wollten, kam die Nachricht hinauf vor den Oberst der Abteilung, dass ganz Jerusalem in Aufruhr sei. (32) Der nahm sogleich Soldaten und Hauptleute und lief hinunter zu ihnen. Als sie aber den Oberst und die Soldaten sahen, hörten sie auf, Paulus zu schlagen.

Paulus war in Verbindung mit der siebentägigen Reinigungszeremonie an deren Ende im Tempel. Er wurde von einigen Juden aus der Provinz Asien, die vielleicht direkt aus Ephesus selbst kamen, erkannt. Sie scheinen auch den Epheser Trophimus erkannt zu haben (V. 29). Sie brachten die Menge, die Gottesdienst feierte, durch zwei Anschuldigungen in wilde Aufregung. Die erste Anschuldigung war ein Missverständnis, denn sie stellten Paulus als jemanden dar, der überall und jeden »gegen unser Volk, gegen das Gesetz und gegen diese Stätte« lehrt (V. 28a). Howard Marshall kommentiert dies zu Recht mit den Worten: »Es ist ironisch, dass dies zu einer Zeit eine Anklage gegen Paulus sein konnte, in der er sich selbst der Reinigung unterzog, um den Tempel nicht zu beschmutzen!«.[21] Die Anklage ähnelte der, die gegen Stephanus vorgebracht worden war. Er war von falschen Zeugen angeklagt worden, »gegen diese heilige Stätte und das Gesetz« zu reden (Apg 6,13). Doch die Juden missverstanden sowohl Stephanus als auch Paulus, genauso wie sie schon Jesus falsch verstanden hatten. Jesus hatte von sich selbst als der Vollendung des Tempels, des Volkes und des Gesetzes gesprochen, und Stephanus und Paulus folgten seinem Beispiel. Dies sollte diese jedoch nicht verunglimpfen, sondern ihre wahre Herrlichkeit offenbaren.

Die zweite Anschuldigung, dass Paulus Griechen in den Tempelbezirk gebracht und diesen so verunreinigt habe (V. 28b), war einfach falsch. Dies war keine bewusste Lüge, wie Lukas nachsichtig hinzufügt, sondern eher eine Vermutung ihrerseits (V. 29). Sie hatten Trophimus (der, wie wir wissen, ein Heide war) mit Paulus in der Stadt gesehen und daraus vorschnell den Schluss gezogen, dass Paulus ihn auch in den inneren Vorhof des Tempels gebracht habe, was Heiden untersagt war. Sie durften nur den äußeren Vorhof betreten, den Vorhof für die Heiden. Dahinter war eine »steinerne Mauer« zur Abtrennung, die den Zutritt in den Vorhof von Israel verhindern sollte. Diese Mauer war 1,35 m hoch, »auf der geschrieben stand, dass jedem Fremden der Eintritt bei Todesstrafe verboten sei«. Dies ist die Beschreibung von Josephus, und er fügt hinzu, dass es viele derartige Inschriften gab, die in Griechisch und Latein in gleichem Abstand voneinander geschrieben waren.[22] F. F. Bruce fügt hinzu: »Es sind zwei dieser Notizen [beide auf Griechisch] gefunden worden – eine 1871 und eine 1935 – deren Text folgendermaßen lautet: ›Kein Fremder darf hinter die Hindernisse gehen, die den Tempel umgeben und einschließen. Jeder, der dabei ertappt wird, wird sich selbst die Schuld an seinem folgenden Tod geben müssen‹«![23] Titus, der römische General und spätere Kaiser, erinnerte die Juden daran, dass die Römer es ihnen sogar »gestattet [hatten], diejenigen zu töten, die dennoch [über die Barrikaden] hinüberstiegen, selbst wenn der Betreffende ein Römer wäre«.[24] Paulus hatte sicherlich an diese Hindernisse gedacht, als er von dem »Zaun …, der dazwischen war, nämlich die Feindschaft« zwischen Juden und Heiden schrieb.[25]

Die Kombination dieser beiden Anschuldigungen – die eine war halb wahr, die andere unwahr – genügte, um einen »Auflauf des Volkes« zu verursachen (V. 30), der sich vorwärts bewegte, um Paulus zu ergreifen, ihn aus dem inneren Vorhof zu zerren und zu versuchen, ihn zu töten. Glücklicherweise sahen Soldaten der römischen Garnison, die immer auf der

Ausschau nach öffentlicher Unruhe in Jerusalem waren, was geschah und befreiten ihn im letzten Moment. Ihre Kasernen waren in der Burg Antonia, die Herodes der Große an der nordwestlichen Ecke des Tempelbezirks hatte erbauen lassen. Die Garnison bestand üblicherweise aus 1000 Mann. Den Befehl über sie führte ein *chiliarchos*, was als Militärtribun, Kommandeur der römischen Truppen oder Oberst des Regiments übersetzt werden kann. Wir wissen, dass Klaudius Lysias es zu dieser Zeit war (Apg 23,26). Als er hörte, dass die Stadt in Aufruhr war, hastete er persönlich mit einigen Offizieren und Männern herunter, und die Aufständischen hörten sofort auf, Paulus weiter zu schlagen.

b. Paulus wird von den Römern verhaftet (Apg 21,33-36)

(33) Als nun der Oberst herangekommen war, nahm er ihn fest und ließ ihn fesseln mit zwei Ketten und fragte, wer er wäre und was er getan hätte. (34) Einer aber rief dies, der andre das im Volk. Da er aber nichts Gewisses erfahren konnte wegen des Getümmels, ließ er ihn in die Burg führen. (35) Und als er an die Stufen kam, mussten ihn die Soldaten tragen wegen des Ungestüms des Volkes; (36) denn die Menge folgte und schrie: Weg mit ihm!

Es ist bemerkenswert, dass dasselbe Verb *epilambanomai* sowohl für die Volksmenge gebraucht wird, die Paulus »ergriff« (V. 30), als auch für den Oberst, der ihn »festnahm« (V. 33), obwohl sie einander völlig entgegengesetzte Motive hatten. Dies ist ein aussagekräftiges Beispiel für das Ziel des Lukas, den jüdischen Widerstand der römischen Justiz gegenüberzustellen. Als der Oberst wegen des Tumults nicht herausfinden konnte, wer der Gefangene war und was er getan hatte, nahm er ihn (infolge der Gewalttätigkeit der Volksmenge) und brachte ihn in die Kaserne. Unterdessen schrie die Volksmenge »Weg mit ihm« (V. 36), genauso wie ungefähr 30 Jahre zuvor eine andere Volksmenge über einen anderen Gefangenen geschrien hatte.[26]

16.3 Paulus verteidigt sich selbst vor der Volksmenge (Apg 21,37-22,22)

(37) Als nun Paulus in die Burg geführt werden sollte, fragte er den Oberst: Darf ich mit dir reden? Er aber sprach: Kannst du Griechisch? (38) Bist du nicht der Ägypter, der vor diesen Tagen einen Aufruhr gemacht und viertausend von den Aufrührern in die Wüste hinausgeführt hat? (39) Paulus aber sprach: Ich bin ein jüdischer Mann aus Tarsus in Zilizien, Bürger einer namhaften Stadt. Ich bitte dich, erlaube mir, zu dem Volk zu reden.

(40) Als er es ihm aber erlaubte, trat Paulus auf die Stufen und winkte dem Volk mit der Hand. Da entstand eine große Stille, und er redete zu ihnen auf hebräisch und sprach: (22,1) Ihr Männer, liebe Brüder und Väter, hört mir zu, wenn ich mich jetzt vor euch verantworte. (2) Als sie aber hörten, dass er auf hebräisch zu ihnen redete, wurden sie noch stiller.

Und er sprach: (3) Ich bin ein jüdischer Mann, geboren in Tarsus in Zilizien, aufgewachsen aber in dieser Stadt und mit aller Sorgfalt unterwiesen im väterlichen Gesetz zu Füßen Gamaliels, und war ein Eiferer für Gott, wie ihr es heute alle seid. (4) Ich habe die neue Lehre verfolgt bis auf den Tod; ich band Männer und Frauen und warf sie ins Gefängnis, (5) wie mir auch der Hohepriester und alle Ältesten bezeugen. Von ihnen empfing ich auch Briefe an die Brüder und reiste nach Damaskus, um auch die, die dort waren, gefesselt nach Jerusalem zu führen, damit sie bestraft würden.

(6) Es geschah aber, als ich dorthin zog und in die Nähe von Damaskus kam, da umleuchtete mich plötzlich um die Mittagszeit ein großes Licht vom Himmel. (7) Und ich fiel zu Boden und hörte eine Stimme, die sprach zu mir: Saul, Saul, was verfolgst du mich? (8) Ich antwortete aber: Herr, wer bist du? Und er sprach zu mir: Ich bin Jesus von Nazareth, den du verfolgst. (9) Die aber mit mir waren, sahen zwar das Licht, aber die Stimme dessen, der mit mir redete, hörten sie nicht. (10) Ich fragte aber: Herr, was soll ich tun? Und der Herr sprach zu mir: Steh auf und geh nach

Damaskus. Dort wird man dir alles sagen, was dir zu tun aufgetragen ist. (11) Als ich aber, geblendet von der Klarheit dieses Lichtes, nicht sehen konnte, wurde ich an der Hand geleitet von denen, die bei mir waren, und kam nach Damaskus.

(12) Da war aber ein gottesfürchtiger Mann, der sich an das Gesetz hielt, mit Namen Hananias, der einen guten Ruf bei allen Juden hatte, die dort wohnten. (13) Der kam zu mir, trat vor mich hin und sprach zu mir: Saul, lieber Bruder, sei sehend. Und zur selben Stunde konnte ich ihn sehen. (14) Er aber sprach: Der Gott unserer Väter hat dich erwählt, dass du seinen Willen erkennen sollst und den Gerechten sehen und die Stimme aus seinem Munde hören; (15) denn du wirst für ihn vor allen Menschen Zeuge sein von dem, was du gesehen und gehört hast. (16) Und nun, was zögerst du? Steh auf und rufe seinen Namen an und lass dich taufen und deine Sünden abwaschen.

(17) Es geschah aber, als ich wieder nach Jerusalem kam und im Tempel betete, dass ich in Verzückung geriet (18) und ihn sah. Da sprach er zu mir: Eile und mach dich schnell auf aus Jerusalem; denn dein Zeugnis von mir werden sie nicht annehmen. (19) Und ich sprach: Herr, sie wissen doch, dass ich die, die an dich glaubten, gefangennahm und in den Synagogen geißeln ließ. (20) Und als das Blut des Stephanus, deines Zeugen, vergossen wurde, stand ich auch dabei und hatte Gefallen daran und bewachte denen die Kleider, die ihn töteten. (21) Und er sprach zu mir: Geh hin; denn ich will dich in die Ferne zu den Heiden senden. (22) Sie hörten ihm aber zu bis zu diesem Wort; dann erhoben sie ihre Stimme und riefen: Hinweg mit diesem von der Erde! Denn er darf nicht mehr leben.

Klaudius Lysias, ein aufrichtiger und offener römischer Soldat, braucht den Vergleich mit der voreingenommenen Volksmenge nicht zu scheuen. Diese hatte, ohne sich nur die Mühe zu machen, dies zu überprüfen, vermutet, dass Paulus Trophimus in den inneren Vorhof des Tempels gebracht habe. Klaudius Lysias hatte gemutmaßt, dass Paulus ein ägyptischer »Terrorist« war, doch er änderte sofort seine Meinung, als er die Fakten kennen lernte. Der Revolutionär, auf den Lysias sich hier bezieht, wird von Josephus als »ein Mensch ..., der sich für einen Propheten ausgab und das gemeine Volk verleiten wollte« beschrieben, der ungefähr drei Jahre vorher 30.000 Gefolgsleute gesammelt hatte (Josephus neigte zur Übertreibung!), diese zum Ölberg geführt und ihnen versprochen hatte, dass sie, wenn die Mauern von Jerusalem auf sein Geheiß hin fallen würden, in die Stadt einbrechen und die Römer überwältigen könnten. Doch der Statthalter Felix und seine Truppen griffen ein, und die *sikarioi* (»Banditen«, d. h. fanatische nationalistische Attentäter) wurden getötet, gefangen genommen oder auseinander getrieben.[27] Der Ägypter verschwand jedoch und der Oberst vermutete zuerst, dass er nun wieder aufgetaucht war. Doch Paulus klärte ihn über seine Identität auf. Er sprach voller Stolz über sein Bürgerrecht in Tarsus, die »die erste Stadt von Zilizien war, nicht nur hinsichtlich des materiellen Wohlstands, sondern auch in intellektueller Hinsicht, da sie als eine der großen Universitätsstädte des Römischen Reiches« galt.[28] Dann bat er um die Erlaubnis, die Volksmenge anzusprechen, was ihm auch eingeräumt wurde.

Bei seiner freimütigen Rede oder Verteidigungsrede (*apologia*, Apg 22, 1) von den Steinstufen, die vom Tempel zur Burg Antonia führten, vor der feindlich gesinnten Menge, sprach er sehr einfühlsam und der Situation angemessen. Sein Einfühlungsvermögen ist an seiner höflichen Anrede der Zuhörerschaft mit *liebe Brüder und Väter* und in der Wahl der aramäischen Sprache erkennbar, die an sich genügte, die Menge zu beruhigen. Doch entsprach das, was er sagte, der Situation? Dies ist natürlich das zweite Mal, dass Lukas seinen Lesern über die Bekehrung von Paulus berichtet. Zuvor hatte er darüber mit seinen eigenen Worten etwas mitgeteilt, doch diesmal (und das dritte Mal vor König Agrippa) tut er dies mit den Worten von Paulus selbst. Der Aufriss ist in jedem Fall derselbe, doch die spezielle Betonung jedes Zeugnisses passt sehr gut zur Situation. Gegenüber der Volksmenge in

Jerusalem, die sich ärgerlich darüber beschwerte, dass er überall und jeden gegen das Volk, das Gesetz und den Tempel lehrte (Apg 21,28), betont Paulus seine eigene Treue zu seinen jüdischen Ursprüngen und seinem jüdischen Glauben.

1. Er spricht von seiner jüdischen Abstammung, Erziehung und Unterweisung *im väterlichen Gesetz* unter Gamaliel (vgl. Apg 5,34), dem bedeutendsten Lehrer der damaligen Zeit und dem Leiter der Schule des Hillel, dessen Schüler er gewesen war. Die Tatsache, dass er durch und durch Jude war, war nicht zu bestreiten. Er war ein »Hebräer von Hebräern«.[29]

2. Er lenkt die Aufmerksamkeit auf seinen Eifer für Gott, der so groß wie ihrer war, denn er hatte die Nachfolger der neuen Lehre verfolgt, sowohl Frauen als auch Männer, sogar bis ins Gefängnis und in den Tod. Der Sanhedrin konnte dies bezeugen, denn er hatte ihn mit dem Auslieferungsauftrag ausgesandt, den er mit sich nach Damaskus nahm.

3. Paulus berichtet über die Umstände seiner Bekehrung, die völlig auf das Eingreifen Gottes zurückzuführen waren und nicht im Mindesten auf seine eigene Initiative. Ein Licht vom Himmel hatte ihn geblendet, und die Person, die zu ihm sprach, stellte sich selbst als Jesus von Nazareth vor.

4. Paulus verweist auf den Dienst von Hananias, der von ihm bewusst als *gottesfürchtiger Mann, der sich an das Gesetz hielt*, und *einen guten Ruf bei allen Juden hatte, die dort* in Damaskus *wohnten*, beschrieben wird (V. 12). Er erneuerte wieder das Augenlicht von Paulus, und er sagte ihm, dass *der Gott unserer Väter* ihn erwählt hatte, seinen Willen zu erkennen, den Gerechten zu sehen, seine Stimme zu hören (V. 14) und sein Zeuge zu sein. Hananias taufte ihn auch.

5. Paulus kommt zu seiner Erscheinung, die in genau dem Tempel stattfand, den er ihrer Meinung nach später verunreinigt haben sollte. In diesem Tempel befahl ihm der Herr, trotz seines Widerstands und seiner Einwände sofort Jerusalem zu verlassen. »*Eile*«, hatte der Herr gesagt, »*ich will dich in die Ferne zu den Heiden senden.*« (V. 18. 21). D. h., *exapostelō se*, was ungefähr bedeutet »Ich will dich zu einem Apostel

machen«, nämlich zum Apostel für die Heiden (V. 21; Apg 26, 17).[30]

In diesem Moment wurde Paulus von der Menschenmenge unterbrochen, die einstimmig und lauthals seinen Tod forderten (V. 22). Es ist wichtig zu verstehen, weshalb sie dies taten. In ihren Augen war das Proselytentum (Heiden zu Juden zu machen) in Ordnung, doch Evangelisation (Heiden zu Christen zu machen, ohne sie zuerst zu Juden zu machen) war ihnen ein Gräuel. Es kam dem gleich, zu sagen, dass Juden und Heiden das Gleiche waren, weil sie beide durch Christus zu Gott kommen mussten und dies auf die gleiche Art und Weise.

Im Rückblick auf die Verteidigungsrede von Paulus können wir vielleicht sagen, dass er zwei wichtige Aussagen machte: Die erste war die, dass er selbst ein treuer Jude war, nicht nur von Geburt an und durch die Erziehung, sondern auch jetzt als Erwachsener noch. Sicherlich, er war jetzt ein Zeuge Gottes, während er vorher ein Verfolger Gottes gewesen war. Doch der Gott seiner Väter war immer noch sein Gott. Er hatte sich nicht vom Glauben seiner Vorfahren losgesagt und war noch weniger davon abgefallen. Er stand in direkter Folge dieses Glaubens. Jesus von Nazareth war »der Gerechte«, in dem sich die Prophezeiungen erfüllt hatten. Und die zweite Aussage von Paulus war die, dass die Aspekte seines Glaubens, die sich geändert hatten, insbesondere in seiner Anerkennung Jesu und in seiner Heidenmission, nicht seine eigenen exzentrischen Ideen waren. Sie waren ihm direkt vom Himmel her offenbart worden – die eine in Damaskus und die andere in Jerusalem. Und nur solch ein Eingreifen vom Himmel her hatte ihn so gänzlich verändern können.

16.4 Paulus wird vom römischen Gesetz geschützt (Apg 22,23-29)

Noch zweimal in diesem kurzen Abschnitt kommen das römische Gesetz und die römische Justiz Paulus zu Hilfe. Zuerst bewahrt Klaudius Lysias ihn ein weiteres Mal vor einem Lynchmord, und danach, nachdem er sein römisches Bürgerrecht entdeckt hatte, vor der Prügelstrafe.

(23) Als sie aber schrien und ihre Kleider abwarfen und Staub in die Luft wirbelten, (24) befahl der Oberst, ihn in die Burg zu führen, und sagte, dass man ihn geißeln und verhören sollte, um zu erfahren, aus welchem Grund sie so gegen ihn schrien. (25) Als man ihn aber zum Geißeln festband, sprach Paulus zu dem Hauptmann, der dabeistand: Ist es erlaubt bei euch, einen Menschen, der römischer Bürger ist, ohne Urteil zu geißeln? (26) Als das der Hauptmann hörte, ging er zu dem Oberst und berichtete ihm und sprach: Was willst du tun? Dieser Mensch ist römischer Bürger. (27) Da kam der Oberst zu ihm und fragte ihn: Sage mir, bist du römischer Bürger? Er aber sprach: Ja. (28) Da sagte der Oberst: Ich habe dies Bürgerrecht für viel Geld erworben. Paulus aber sprach: Ich aber bin schon als römischer Bürger geboren. (29) Da ließen sogleich von ihm ab, die ihn verhören sollten. Und der Oberst fürchtete sich, als er vernahm, dass es ein römischer Bürger war, den er hatte festbinden lassen.

a. Die Rettung vor dem Lynchmord (Apg 22,23-24)

Die Menschenmenge gab sich nicht mit ihrem Rufen und Schreien zufrieden (V. 22). Die Leute begannen, ihre Kleider abzuwerfen und Staub in die Luft zu wirbeln (V. 23). H. J. Cadbury hat vorgeschlagen, dass diese Gesten weniger Aufregung, Ärger und Feindseligkeit, sondern eher Schrecken als Reaktion auf Gotteslästerung ausdrückten.[31] Wie es auch gewesen sein mag, der Oberst kam jeglichem Versuch der

Menschenmenge zuvor, an Paulus Hand anzulegen, indem er (zum zweiten Male) den Befehl gab, dass er in die Kasernen gebracht werden sollte. Dann »befahl [er] ihn auszupeitschen und zu verhören« (V. 24, HFA). Diese schreckliche Anordnung war die übliche Art, aus Gefangenen Informationen herauszubekommen. »Die Geißel [lat. *flagellum*] war ein gefürchtetes Foltermittel, das aus Lederriemen bestand, die mit schroffen Metall- oder Knochenstücken beschwert und an einem dicken hölzernen Griff angebracht waren. Wenn ein Mensch nicht gar unter der Geißel starb [was häufig geschah], war er mit Sicherheit bis zum Lebensende verkrüppelt«.[32]

b. Die Bewahrung vor der Prügelstrafe (Apg 22,25-29)

Paulus stand kurz vor der Geißelung, als er sein römisches Bürgerrecht preisgab. In einer ähnlichen Weise hatte er in Philippi erst dann offenbart, dass er ein römischer Bürger war, nachdem er geschlagen, inhaftiert und in den Block gelegt worden war (Apg 16,37). Er scheint aus gewissen Gründen keinen Nutzen aus seinem Bürgerrecht ziehen zu wollen, außer in einigen schrecklichen Extremsituationen. Sherwin-White sagt, dass »die genaue rechtliche Situation der römischen Bürger in der Rechtsprechung in den Provinzen zu dieser Zeit nicht gut dokumentiert worden ist«.[33] Es ist auch nicht genau klar, welches die Vorrechte römischer Bürger waren, auch wenn man darin übereinstimmt, dass sie von der Prügelstrafe ausgenommen waren, d.h. von Folterungen ohne Gerichtsverhandlungen. Das Bürgerrecht galt für die, die es dem Recht nach waren (solche, die eine hohe Stellung oder ein hohes Amt hatten) oder für die, die es als Belohnung erhalten hatten (solche, die dem Reich gut gedient hatten). Es wurde vom Vater auf den Sohn übertragen (dies war bei Paulus der Fall). Es konnte auch erworben werden, nicht durch eine Gebühr, sondern durch eine Geldzahlung an einige bestechliche Beamte »in der Reichsverwaltung oder in der Verwaltung der Provinzen«,[34] wie es bei Klaudius Lysias der Fall gewesen war. Derartige Korruption war während der Herrschaft des Kaisers Klaudius weit verbreitet, was erklären könnte, warum der Oberst zu Ehren des Kaisers den Namen (*nomen*) Klaudius zu seinem Familienname (*cognomen*) Lysias hinzugefügt hatte.

Auch wenn der Oberst sich *fürchtete …, als er vernahm, dass es ein römischer Bürger war, den er hatte festbinden lassen* (V. 29), scheint er ihn dennoch nicht aus den Ketten befreit zu haben. Zumindest war er am folgenden Tag und auch hinterher immer noch in Ketten.[35] Wie lässt sich dies erklären? »Vielleicht muss man zwei Arten von Fesseln unterscheiden: die schweren, die bereits eine Strafe darstellten – diese wären dann Paulus abgenommen worden, und die leichteren, die zur Bewachung der Gefangenen notwendig waren«.[36]

16.5 Paulus steht vor dem Sanhedrin (Apg 22,30-23,11)

(30) Am nächsten Tag wollte er genau erkunden, warum Paulus von den Juden verklagt wurde. Er ließ ihn von den Ketten lösen und befahl den Hohenpriestern und dem ganzen Hohen Rat zusammenzukommen, und führte Paulus hinab und stellte ihn vor sie. (23, 1) Paulus aber sah den Hohen Rat an und sprach: Ihr Männer, liebe Brüder, ich habe mein Leben mit gutem Gewissen vor Gott geführt, bis auf diesen Tag. (2) Der Hohepriester Hananias aber befahl denen, die um ihn standen, ihn auf den Mund zu schlagen. (3) Da sprach Paulus zu ihm: Gott wird dich schlagen, du getünchte Wand! Sitzt du da und richtest mich nach dem Gesetz und lässt mich schlagen gegen das Gesetz? (4) Aber die dabeistanden, sprachen: Schmähst du den Hohenpriester Gottes? (5) Und Paulus sprach: Liebe Brüder, ich wusste es nicht, dass er der Hohepriester ist. Denn es steht geschrieben: »Dem Obersten deines Volkes sollst du nicht fluchen.« (6) Als aber Paulus erkannte, dass ein Teil Sadduzäer war und der andere Teil Pharisäer, rief er im Rat: Ihr Männer, liebe Brüder, ich bin ein Pharisäer und ein Sohn von Pharisäern. Ich werde angeklagt um der

Hoffnung und um der Auferstehung der Toten willen. (7) Als er aber das sagte, entstand Zwietracht zwischen Pharisäern und Sadduzäern, und die Versammlung spaltete sich. (8) Denn die Sadduzäer sagen, es gebe keine Auferstehung noch Engel und Geister; die Pharisäer aber lehren beides. (9) Es entstand aber ein großes Geschrei; und einige Schriftgelehrte von der Partei der Pharisäer standen auf, stritten und sprachen: Wir finden nichts Böses an diesem Menschen; vielleicht hat ein Geist oder ein Engel mit ihm geredet. (10) Als aber die Zwietracht groß wurde, befürchtete der Oberst, sie könnten Paulus zerreißen, und ließ Soldaten hinabgehen und Paulus ihnen entreißen und in die Burg führen. (11) In der folgenden Nacht aber stand der Herr bei ihm und sprach: Sei getrost! denn wie du für mich in Jerusalem Zeuge warst, so musst du auch in Rom Zeuge sein.

Der Oberst wollte *genau erkunden, warum Paulus von den Juden verklagt wurde* (Apg 22,30). Er hatte versucht, die Menschenmenge zu fragen, hatte jedoch unterschiedliche Antworten von ihr erhalten (Apg 21,33-34). Er wollte gerade die Foltermethoden anwenden, doch das römische Bürgerrecht des Paulus verhinderte dieses Vorgehen (Apg 22,24ff.). So entschied er sich für eine dritte Methode – den Prozess vor dem Sanhedrin (Apg 22,30). Der Hohepriester Hananias hatte eine durch und durch korrupte Art an sich. Er wurde von Josephus folgendermaßen beschrieben: »Er verstand es nämlich sehr gut, Geldgeschäfte zu machen«, er wagte es sogar, mit Gewalt »den Priestern gehörigen Zehnten zu rauben«.[37]

Auch wenn Lukas nur kurz über die Gerichtsverhandlung berichtet, so birgt dieser Bericht doch mindestens drei eher verwirrende Probleme in sich, die ersten zwei betreffen Paulus und Hananias und das dritte Paulus, die Pharisäer und die Sadduzäer.

a. Paulus und der Hohepriester Hananias (Apg 23,1 - 5)

1. Warum wurde der Hohepriester so sehr durch die einleitende Bemerkung von Paulus in Rage versetzt, dass er befahl, ihm auf den Mund zu schlagen? Es kann nur schwerlich wegen der festgelegten Ordnung sein, dass Paulus gesprochen hatte, bevor er hatte sprechen dürfen. Es scheint auch nicht wahrscheinlich, dass sein Verstand oder seine Erfahrung angegriffen wurden, insofern jeder, der behauptete, beständig ein Leben im guten Gewissen vor Gott geführt habe (aus seiner Sicht) ein offenkundiger Lügner war. Es ist auch nicht vorstellbar, dass der Hohepriester durch ein Plädoyer auf »nicht schuldig« so sehr aufgebracht wurde. Die wahrscheinlichste Erklärung ist, dass Hananias die Worte von Paulus so verstand, dass er behauptete, dass er, obwohl er jetzt ein Christ war, immer noch ein Jude war, der Gott mit einem guten Gewissen sein ganzes Leben lang gedient habe (vor und seit seiner Bekehrung), selbst *bis auf diesen Tag* (V. 1). Dies behauptet Paulus sicherlich in 2. Timotheus 1,3. Für Hananias schien dies der Gipfel der Arroganz, ja sogar der Gotteslästerung zu sein.

2. Warum antwortete Paulus so scharf? Hieronymus scheint der erste Kommentator gewesen zu sein, der auf den Gegensatz zwischen Jesus und Paulus vor ihren Richtern hingewiesen hat. Jesus antwortete viel gelassener, als er ins Gesicht geschlagen wurde.[38] Zudem hatte Paulus erst kürzlich von sich und seinen Reisegenossen geschrieben: »Man schmäht uns, so segnen wir; man verfolgt uns, so dulden wir's«.[39] Es kann sein, dass er seine Geduld verloren hatte, denn er verteidigte sich mehr oder weniger, was andeutet, dass er anders geantwortet hätte, wenn er gewusst hätte, dass er mit dem Hohepriester spricht. Wie konnte es sein, dass er den Hohepriester nicht erkannte? Es wurden viele Lösungsvorschläge gemacht. Nach Haenchen ist die Aussage von Paulus »so unglaubhaft, dass sie die Theologen zu verzweifelten Anstrengungen veranlasst hat«.[40] Manche meinen, dass

dies ein nicht förmliches Treffen des Sanhedrin war und dass Hananias folglich weder die Robe angelegt hatte noch den Vorsitz führte, sodass er nicht zu erkennen war. Andere vermuten, dass Paulus in diesem Stimmengewirr nicht in der Lage war, zu erkennen, wer angeordnet hatte, dass er geschlagen wurde. Eine dritte Auslegung ist die, dass Paulus sarkastisch redete, so als ob er sagen wollte: Ich habe nicht gemerkt, dass ein Mann wie du, der Hohepriester sein könnte.[41] Doch für mich liegt die wahrscheinlichste Erklärung im schlechten Sehvermögen, das Paulus bekannterweise hatte.[42] In diesem Fall war die Aussage »du getünchte Wand« weniger ein Verweis auf Heuchelei,[43] sondern eher eine plumpe Anspielung auf eine weiß gekleidete Figur auf dem Hof, die Paulus nur verschwommen erkennen konnte.

b. Paulus, die Pharisäer und die Sadduzäer (Apg 23,6 - 10)

Wir werden mit verschiedenen Fragen konfrontiert, wenn wir diesen Teil der Erzählung lesen. War es richtig, dass Paulus die Pharisäer und die Sadduzäer bewusst gegeneinander ausspielte? Und war es richtig, dass er sich selbst einen Pharisäer nannte? Man muss Paulus sicherlich keine schlechten Motive oder eine Falschaussage unterstellen. Er war aufrichtig an der Lehre interessiert, und er glaubte – wie wir es auch tun sollten –, dass die Auferstehung für die Christenheit grundlegend ist.[44] Die Haltung der Sadduzäer, die sich gegen jegliches Übernatürliche wandte, war mit dem Evangelium nicht vereinbar. Jesus selbst sagte, dass der Grund dafür, dass sie Unrecht hatten, darin lag, dass sie weder das Wort Gottes noch die Macht Gottes kannten.[45] Paulus war jedoch ein Pharisäer, nicht nur hinsichtlich seiner Herkunft und Erziehung (V. 6), sondern auch in dem Sinne, dass er mit den Pharisäern die große Wahrheit und Hoffnung auf die Auferstehung teilte, wegen derer er angeklagt wurde.

Nach dem folgenden Aufruhr standen die Pharisäer für Paulus auf und erklärten, dass sie nichts Falsches an ihm finden konnten. Dies scheint weitere Streitereien ausgelöst zu haben, die so gewaltsam wurden, dass der Oberst ihn das dritte Mal retten musste und ihn in den sicheren Schutz der Burg Antonia brachte.

c. Paulus und der Herr Jesus (Apg 23, 11)

Nach der Konfrontation zwischen Paulus und Hananias und dem hitzigen Streit zwischen den Pharisäern und den Sadduzäern ist es eine Wohltat, zu lesen, dass der Herr Jesus in der folgenden Nacht kam und nahe bei Paulus stand und zu ihm sprach. Die Gewalt der letzten zwei Tage und im Besonderen die Feindseligkeit der Juden müssen ihn hinsichtlich der Zukunft fragend gemacht haben. Es schien nur wenig Aussicht auf ein lebendiges Verlassen von Jerusalem zu geben, damit er alleine nach Rom weiterreisen könnte. In diesem Augenblick der Entmutigung tröstete Jesus ihn mit dem freimütigen Versprechen, dass er, wie er ihn in Jerusalem bezeugt hatte, ihn auch in Rom bezeugen würde. Der ruhige Mut, den diese Zusage Paulus in den drei weiteren Gerichtsverhandlungen, seiner zweijährigen Gefangenschaft und auf seiner gefährlichen Schiffsreise nach Rom gegeben haben muss, ist nur schwerlich zu überschätzen.

16.6 Paulus wird vor einer jüdischen Verschwörung gerettet (Apg 23, 12-35)

(12) Als es aber Tag wurde, rotteten sich einige Juden zusammen und verschworen sich, weder zu essen noch zu trinken, bis sie Paulus getötet hätten. (13) Es waren aber mehr als vierzig, die diese Verschwörung machten. (14) Die gingen zu den Hohenpriestern und Ältesten und sprachen: Wir haben uns durch einen

Eid gebunden, nichts zu essen, bis wir Paulus getötet haben. (15) So wirkt nun ihr mit dem Hohen Rat bei dem Oberst darauf hin, dass er ihn zu euch herunterführen lässt, als wolltet ihr ihn genauer verhören; wir aber sind bereit, ihn zu töten, ehe er vor euch kommt.

(16) Als aber der Sohn der Schwester des Paulus von dem Anschlag hörte, ging er und kam in die Burg und berichtete es Paulus. (17) Paulus aber rief einen von den Hauptleuten zu sich und sprach: Führe diesen jungen Mann zu dem Oberst, denn er hat ihm etwas zu sagen. (18) Der nahm ihn und führte ihn zum Oberst und sprach: Der Gefangene Paulus hat mich zu sich rufen lassen und mich gebeten, diesen jungen Mann zu dir zu führen, der dir etwas zu sagen hat. (19) Da nahm ihn der Oberst bei der Hand und führte ihn beiseite und fragte ihn: Was ist's, das du mir zu sagen hast? (20) Er aber sprach: Die Juden sind übereingekommen, dich zu bitten, dass du Paulus morgen vor den Hohen Rat hinunterbringen lässt, so als wollten sie ihn genauer verhören. (21) Du aber traue ihnen nicht; denn mehr als vierzig Männer von ihnen lauern ihm auf; die haben sich verschworen, weder zu essen noch zu trinken, bis sie ihn getötet hätten; und jetzt sind sie bereit und warten auf deine Zusage. (22) Da ließ der Oberst den jungen Mann gehen und gebot ihm, niemandem zu sagen, dass er ihm das eröffnet hätte. (23) Und der Oberst rief zwei Hauptleute zu sich und sprach: Rüstet zweihundert Soldaten, dass sie nach Cäsarea ziehen, und siebzig Reiter und zweihundert Schützen für die dritte Stunde der Nacht; (24) und haltet Tiere bereit, Paulus draufzusetzen und wohlverwahrt zu bringen zum Statthalter Felix.

(25) Und er schrieb einen Brief, der lautete:

(26) Klaudius Lysias dem edlen Statthalter Felix: Gruß zuvor!

(27) Diesen Mann hatten die Juden ergriffen und wollten ihn töten. Da kam ich mit Soldaten dazu und entriss ihnen den und erfuhr, dass er ein römischer Bürger ist. (28) Da ich aber erkunden wollte, weshalb sie ihn anklagten, führte ich

> *ihn hinunter vor ihren Hohen Rat. (29) Da fand ich, dass er beschuldigt wird wegen Fragen ihres Gesetzes, aber keine Anklage gegen sich hatte, auf die Tod oder Gefängnis steht. (30) Und als vor mich kam, dass ein Anschlag gegen den Mann geplant sei, sandte ich ihn sogleich zu dir und wies auch die Kläger an, vor dir zu sagen, was sie gegen ihn hätten.*

(31) Die Soldaten nahmen Paulus, wie ihnen befohlen war, und führten ihn in der Nacht nach Antipatris. (32) Am nächsten Tag aber ließen sie die Reiter mit ihm ziehen und kehrten wieder in die Burg zurück. (33) Als aber jene nach Cäsarea kamen, übergaben sie den Brief dem Statthalter und führten ihm auch Paulus vor. (34) Als der Statthalter den Brief gelesen hatte, fragte er, aus welchem Land er sei. Und als er erfuhr, dass er aus Zilizien sei, sprach er: (35) Ich will dich verhören, wenn deine Ankläger auch da sind. Und er ließ ihn in Gewahrsam halten im Palast des Herodes.

a. Die Verschwörung wird geplant (Apg 23,12-22)

Die asiatischen Juden waren daran gehindert worden, Paulus zu ermorden, und der Sanhedrin war nicht in der Lage dazu gewesen, ihm irgendein Vergehen nachzuweisen. So heckte nun eine Gruppe von mehr als 40 Männern eine Verschwörung aus, mit dem Ziel, ihn zu ermorden, und sie verpflichteten sich mit einem Eid, nichts zu essen und zu trinken, bis sie ihr Ziel erreicht hätten. Sie brachten die Hohenpriester dazu, vor dem Sanhedrin den Antrag zu stellen, mit ihnen zusammenzuarbeiten. Sie hatten den Plan, dass Paulus durch enge Straßen zurück zum Gefängnis gebracht werden sollte, wo er einfach abgefangen und getötet werden konnte. Es hat den Anschein, dass jedermann in diese Verschwörung verstrickt war und dass Paulus sich in äußerster Gefahr befand.

Doch selbst die genauesten und schlauesten menschlichen Pläne können nicht zustande kommen, wenn Gott sich ihnen widersetzt. Keine Waffe, die gegen ihn gerichtet ist, wird den Sieg erringen können.[46] In dieser Situation war das vorsehende Eingreifen Gottes mit dem Neffen des Paulus verbunden. Es quält einen, diese Verweise auf die Schwester von Paulus und ihren Sohn zu lesen und keine weiteren Informationen über sie zu haben. Waren sie Christen? Hatten sie irgendwelche Beziehungen zu den jüdischen Führern, die den Neffen von Paulus von dieser Verschwörung erfahren ließ, ohne den Verdacht anderer auf sich zu ziehen? Und wie konnte er so leicht in die Kaserne kommen, besonders weil er (wie es Vers 19 vermuten lässt) erst ein Jugendlicher war? Lukas stellt unsere Neugier in keinem dieser Punkte zufrieden. Wir wissen nur, dass die Neuigkeit über diese Verschwörung über den Neffen zu Paulus kam, von ihm zu einem Hauptmann und von dem zu dem Oberst, der dann aus dem Munde des Jugendlichen mehr erfuhr. Ohne Zweifel deshalb, weil er sich an das römische Bürgerrecht von Paulus erinnerte, traf der Oberst die Entscheidung, schnell und entschlossen zu handeln.

b. Die Verschwörung wird vereitelt (Apg 23,23 - 35)

Die Abordnung von *zweihundert Soldaten, … siebzig Reiter[n] und zweihundert Schützen* hört sich sicherlich wie eine übertriebene Maßnahme an, ist dies doch ungefähr eine halbe Garnison. Waren wirklich 400 Soldaten und 70 Pferde für die Sicherheit eines einzelnen Gefangenen notwendig? Dies ließ bei Wissenschaftlern die Frage aufkommen, ob »Schützen« die richtige Übersetzung für *dexiolaboi* ist, das ansonsten an keiner anderen Stelle in der biblischen oder zeitgenössischen griechischen Literatur vorkommt. Kirsopp und Lake haben vermutet, dass es »geführte Pferde« bedeutet, was sowohl Ersatzpferde für die lange Reise durch die Nacht von nahezu 65 km als auch Packtiere mit eingeschlossen haben würde.[47] Einige modernere Kommentatoren haben sich dieser Meinung angeschlossen.

Ihr Bestimmungsort war Cäsarea, die Hauptstadt der Provinz Judäa, in der Felix seine Residenz hatte. Felix herrschte als Statthalter von Judäa für sieben oder acht Jahre von 52 n. Chr. an. Er verdankte seine Ernennung seinem Bruder Pallas, der zuerst am Hof des Kaisers Klaudius und später am Hof von Nero beliebt war. Felix war in der Bezwingung jüdischer Aufstände ausgesprochen skrupellos. Obwohl er ein Freigelassener war, scheint er niemals aus einer sklavischen Mentalität herausgewachsen zu sein, sodass Tacitus ihn mit folgenden Worten beschrieb: »Antonius Felix, der, eine rechte Sklavenseele, die königlichen Machtbefugnisse mit aller Grausamkeit und Willkür ausübte«.[48]

Normalerweise fragt sich jeder, wie Lukas an den offiziellen Brief des Oberst an den Statthalter gelangen konnte, sodass er seinen Text veröffentlichen konnte. Es ist gut möglich, dass dieser im Gerichtshof vorgelesen wurde oder dass Felix den Inhalt des Briefes bei einer der Gelegenheiten an Paulus weitergab, in denen er ihn privat befragte (Apg 23,34; 24,24). Andererseits sagt Lukas, dass Klaudius Lysias an Felix *einen Brief* schrieb, *der lautete* (V. 25) oder folgenden Inhalts, sodass er nicht behauptet, mehr als die Kernpunkte des Inhalts zu nennen. Wie es auch gewesen sein mag – wenn wir den Brief lesen, können wir uns ein Lächeln nicht verkneifen. Der Oberst beschreibt äußerst genau, wie er Paulus rettete, ihm als römischem Bürger eine besondere Behandlung zukommen ließ, ihn vor den Sanhedrin brachte, wie er erkannte, dass die Anschuldigungen gegen ihn nur religiöser und nicht bürgerlicher oder krimineller Natur waren (nach dem Westlichen Text von Vers 29 über »Mose und einen gewissen Jesus«), wie er die Verschwörung zunichte machte, ihn zum Statthalter schickte und seinen Anklägern gebot, zu kommen und ihren Fall vor Gericht darzulegen. Gleichzeitig manipulierte Lysias in einer gewissen Weise die Tatsachen, um sich selbst im besseren Licht darzustellen, wobei er seine Entdeckung, dass Paulus ein römischer Bürger war, vor seiner Rettung und nicht erst danach platzierte und es unter dem diskreten Deckmantel des Schweigens beließ, dass er schwerwiegend gegen das Gesetz verstoßen hatte, als er ihn als römischen Bürger hatte fesseln und auf die Folterung hatte vorbereiten lassen. Neun der Hauptverben in seinem Brief stehen in der ersten Person Singular. Der Brief war für Paulus sehr positiv, jedoch entschieden zu selbstbezogen.

Nachdem er den Brief wiedergegeben hat, beschreibt Lukas den militärischen Transport von Paulus von Jerusalem, über Antipatris, wo die Truppen über Nacht anhielten, nach Cäsarea, wo der Gefangene mit dem Brief an Felix schließlich übergeben wurde. Der Statthalter las den Brief, erkundigte sich nach der Provinz des Paulus, um sicherzugehen, dass er aus dem Bereich seiner Rechtsprechung kam. Er entschied, den Fall selbst anzuhören, wenn die Ankläger des Paulus ankamen, und ordnete an, dass er unterdessen weiter in einem ziemlich prächtigen Palast bewacht werden sollte, den Herodes der Große für sich selbst hatte bauen lassen und der nun das *praetorium* war, die offizielle Residenz des Statthalters. Lukas erläutert nicht näher, was *in Gewahrsam halten* bedeutet haben mag, aber wir können sicher sein, dass Paulus als römischer Bürger und ohne Anklagen wegen eines Verbrechens gegen ihn nicht schlecht behandelt wurde.

Das große Können von Lukas als Historiker und Theologe, einmal ganz abgesehen von der Inspiration des Heiligen Geistes, wird in diesen Kapiteln sehr deutlich. Die Zukunft des Evangeliums stand auf dem Spiel, als sich mächtige Kräfte dafür und dagegen aufbauten. Einerseits waren die jüdischen Verfolger voreingenommen und gewalttätig. Andererseits waren die Römer offen und bemühten sich, die Maßstäbe des Rechts, der Gerechtigkeit und der Ordnung zu wahren, auf die ihre obersten Führer verständlicherweise stolz waren. Viermal bewahrten sie Paulus vor dem Lynch- oder Meuchelmord,[49] nahmen ihn in Gewahrsam, bis die Anschuldigungen gegen ihn geklärt waren und, wenn sie zwingend waren, brachten sie ihn vor Gericht. Daraufhin wurde Paulus nach dem Bericht von Lukas, wie wir gesehen haben, entweder freigelassen oder er wird für unschuldig erklärt.

Zwischen diesen zwei Mächten, den religiösen und den staatlichen, den feindlich und den freundlich gesinnten, Jerusalem und Rom, sieht Paulus sich gefangen, unbewaffnet und völlig verletzbar. Man kann nur seinen Mut bewundern, besonders als er – ohne jegliche Macht neben dem Wort und dem Geist Gottes – auf den Stufen der Burg Antonia stand und einer wütenden Menschenmenge gegenüberstand, die ihn gerade erst ernsthaft verletzt hatte. Lukas scheint ihn uns als Vorbild an christlichem Heldenmut zu präsentieren, sodass, wie Chrysostomus es am Ende seiner 55 und letzten Homilie ausdrückt, wir »Paulus nacheifern und diese edle, diese unnachgiebige Seele nachahmen« mögen.[50] Die Quelle seines Muts war sein ruhiges Vertrauen in die Wahrheit. Er war sich sehr wohl dessen bewusst, dass die Römer ihn keines Vergehens anklagen konnten. Er war davon überzeugt, dass die Juden ihn auch wegen keiner Übertretung bezichtigen konnten, weil sein Glaube der Glaube seiner Väter war und das Evangelium die Erfüllung des Gesetzes. Und über allem wusste er, dass sein Herr und Erlöser Jesus Christus mit ihm war und sein Versprechen halten würde, dass er ihn eines Tages und auf irgendeine Art und Weise in Rom bezeugen würde.

17. Paulus vor Gericht (Apg 24,1-26,32)

Jerusalem und Rom waren die Zentren zweier ausgesprochen starker Machtblöcke. Der Glaube von Jerusalem ging über zwei Jahrtausende bis auf Abraham zurück. Die Herrschaft von Rom erstreckte sich über ungefähr 8 Millionen Quadratkilometer rund um das Mittelmeer. Die Stärke von Jerusalem lag in seiner Geschichte und Tradition, die Stärke von Rom in seiner Eroberung und seiner Organisation. Die kombinierte Macht von Jerusalem und Rom war überwältigend. Wenn ein einsamer Andersdenkender wie Paulus sich gegen diese stellen wollte, war das Ergebnis unvermeidlich. Seine Überlebenschancen glichen denen eines Schmetterlings gegenüber einer Dampfwalze. Er würde zerquetscht werden, völlig ausgetilgt von der Erdoberfläche.

Doch eine solche Vorstellung wäre, das können wir mit vollstem Vertrauen bekräftigen, niemals auch nur als Möglichkeit in die Gedankenwelt von Paulus gekommen. Denn er sah seine Situation aus einer völlig anderen Perspektive. Er war kein Verräter der Gemeinde oder des Staates, sodass er nicht mit ihnen in Schwierigkeiten kommen würde, auch wenn seine Ankläger versuchten, dies so darzustellen. Die Feinde Jesu waren nach derselben Masche vorgegangen. In ihrem eigenen Gerichtshof hatten sie ihn angeklagt, dass er damit drohe, den Tempel zu zerstören, und dass er Gott lästern würde,[1] während sie ihn vor Pilatus als der Volksverhetzung schuldig darstellten – er würde das Volk abtrünnig machen, sich gegen die Steuern für den Kaiser wenden und sich selbst als König bezeichnen.[2] Nun beschuldigten die Feinde von Paulus ihn mit ähnlichen Vorwürfen, nämlich dass er das »Gesetz der Juden«, den »Tempel« und den »Kaiser« angreifen würde (Apg 25,7-8).

Doch Paulus war in diesen Bereichen so unschuldig, wie Jesus es gewesen war. Er hatte keinen Streit über den gottgegebenen Status von Rom oder Jerusalem geführt. Im Gegenteil – wie er an die römischen Christen schrieb, erkannte er die staatliche Macht als von Gott gegeben an[3] und ebenso, dass das Vorrecht, das Israel hatte, auch von Gott her kam.[4] Das Evangelium untergrub nicht das Gesetz, weder das jüdische noch das römische, sondern »richtete es auf«.[5] Sicherlich konnten die römischen Machthaber ihre von Gott gegebene Autorität missbrauchen und die Juden können ihr Gesetz als Mittel zum Heil missverstehen. In solchen Situationen würde Paulus sie angreifen. Doch dies war jetzt nicht der Fall. Paulus behauptete vor Gericht, dass das Evangelium im Prinzip die Herrschaft des Kaisers unterstützte (Apg 25, 8 - 12) und dass es die Hoffnung von Israel erfüllte (Apg 26, 6ff.). Vor den Richtern verteidigte er sich so, dass er sich selbst als einen loyalen Bürger Roms und als einen treuen Sohn Israels darstellte.

Die zweifache Zurückweisung der Anklage des Verrats und das zweifache Bestehen auf Loyalität ist der rote Faden, der sich durch diese Kapitel zieht. Bis jetzt hatte er sich vor einer jüdischen Menschenmenge verteidigt (Apg 21, 40ff.) und vor dem Sanhedrin (Apg 23, 1ff.). Nun wird er sich vor den Statthaltern Felix (Apg 24, 1ff.) und Festus (Apg 25, 1ff.) sowie vor König Agrippa II. (Apg 25, 23ff.) verantworten müssen. In jeder dieser fünf Gerichtsverhandlungen, in denen er nun aus politischen (Volksverhetzung) und aus religiösen (Frevel) Gründen angeklagt wurde, war die richterliche Zuhörerschaft zum Teil römisch und zum Teil jüdisch. Als Paulus zu der jüdischen Menschenmenge und zu dem jüdischen Rat sprach, war somit Klaudius Lysias, der römische Volkstribun anwesend, während, als Paulus vor Felix und Festus, den Repräsentanten Roms, stand, die Juden als Kläger auftraten. In der fünften Gerichtsverhandlung, die das große Finale darstellte, verband König Agrippa II. beide Autoritäten in sich, denn er war von Rom ernannt worden, war jedoch auch in jüdischen Angelegenheiten eine anerkannte Autorität.

17.1 Paulus vor Felix (Apg 24,1-27)

Am Ende des vorherigen Kapitels sandte Felix, nachdem er den Brief von Klaudius Lysias gelesen hatte, nach Jerusalem nach den Anklägern des Paulus und hielt ihn unterdessen in Cäsarea in Gewahrsam. *Nach fünf Tagen*, vermutlich nach der Ankunft von Paulus, folgte *der Hohepriester Hananias* der Aufforderung des Statthalters und *kam … mit einigen Ältesten und dem Anwalt Tertullus herab*. Sobald der Gerichtshof zusammengekommen war, *erschienen* sie *vor dem Statthalter gegen Paulus* (V. 1). Uns wird nicht berichtet, ob sie ihre Anklagen in mündlicher oder schriftlicher Form vorbrachten, doch nachdem der Statthalter sie erhalten hatte, wurde Paulus *herbeigerufen*, und *Tertullus* fing *an, ihn anzuklagen* (V. 2a) bzw. er eröffnete die Verhandlung.

a. Die Anklage durch Tertullus (Apg 24,2b-9)

Als geübter und erfahrener beruflicher Anwalt begann Tertullus mit einer so genannten *captatio benevolentiae*, d.h., er bemühte sich darum, das Wohlwollen des Richters für sich zu gewinnen. Üblicherweise war es bis zur Heuchelei hin schmeichelhaft und schloss oft ein Versprechen ein, sich kurz zu fassen, doch in dieser Situation erniedrigte er sich bis zu einer »fast widerlichen Einschmeichelei«.[6] Denn Tertullus bedankte sich ausdrücklich für den »Frieden«, den Felix gesichert hatte, und die wohlwollenden Reformen, die er eingeleitet, während er in Wirklichkeit einige Aufstände mit solch einer grausamen Brutalität niedergeschlagen hatte, dass er die Abscheu und nicht den Dank des jüdischen Volkes verdient hätte. Dies sind die Worte von Tertullus: »*Dass wir in großem Frieden leben unter dir und dass diesem Volk viele Wohltaten widerfahren sind durch deine Fürsorge, edelster Felix, das erkennen wir allezeit und überall mit aller Dankbarkeit an.*

Damit ich dich aber nicht zu lange aufhalte, bitte ich dich, du wollest uns kurz anhören in deiner Güte.« (V. 2b-4).

Tertullus fährt damit fort, dass er drei Anschuldigungen gegen Paulus vorbringt:

1. *Wir haben erkannt, dass dieser Mann schädlich ist und dass er Aufruhr erregt unter allen Juden auf dem ganzen Erdkreis* (V. 5a). Dies war eine schwerwiegende Anklage, da sie politische Nebentöne beinhaltete. Zu der damaligen Zeit gab es viele jüdische Aufrührer, die vortäuschten, der Messias zu sein, und genau den »Frieden« bedrohten, den Tertullus Felix zugeschrieben hatte.

2. Tertullus fährt damit fort, dass Paulus *ein Anführer der Sekte der Nazarener ist* (V. 5b). Das Wort *hairesis* hat die Bedeutung »Schule, Partei«[7] und wurde sowohl für die Sadduzäer (Apg 5,17) als auch für die Pharisäer (Apg 15,5; 26,5) als Traditionsrichtungen innerhalb des Judentums verwendet. In diesem Sinne wird es hier für die Christen gebraucht. Es hatte noch nicht die negative Bedeutung »Häresie«, auch wenn die Verwendung in diesem Kapitel (V. 5. 14) und sein erneutes Vorkommen in Apostelgeschichte 28,22 zur Übersetzung »häretische Sekte« führte.

3. Die dritte Anklage gegen Paulus war die, dass er *auch versucht* habe, *den Tempel zu entweihen* (V. 6); dies ist ein Hinweis auf die Vermutung, dass er den Epheser Trophimus in den verbotenen Bereich des Tempels gebracht habe (Apg 21,29). Dies war eine teilweise schädliche und gefährliche Anschuldigung, weil die Römer den Juden große Befugnisse in Bezug auf Angriffe gegen ihren Tempel zugestanden hatten. *Ihn haben wir ergriffen*, sagt Tertullus in einer unwahren Beschönigung für den Versuch der Juden, ihn zu lynchen (Apg 21,30-31). Die Lesart des Westlichen Textes fügt die Verse 6b-8a hinzu, die die Übersetzung von Luther kleingedruckt wiedergibt und die revidierte Elberfelder Bibel als Anmerkung nennt: »und wollten ihn richten nach unserm Gesetz. Aber der Oberst Lysias kam dazu und riss ihn mit großer Gewalt aus unsern Händen und wies seine Anklage an

dich« (Luther '84). Durch diese Hinzufügung werden die Tatsachen verdreht: die Gewalt wird Lysias anstelle der jüdischen Volksmenge zugeschrieben, so wie die ordnungsgemäße Verhaftung der Menschenmenge anstatt Lysias beigemessen wird.

Tertullus beschließt seine Anklage mit einem direkten Appell an Felix: *Wenn du ihn verhörst, kannst du selbst das alles von ihm erkunden, dessentwegen wir ihn verklagen* (V. 8b). Als er geendet hatte, bekräftigten auch *die Juden ... das und sagten, es verhielte sich so* (V. 9).

b. Die Verteidigung von Paulus (Apg 24, 10 - 21)

Als ihm der Statthalter winkte zu reden, setzte Paulus zu seiner Verteidigung an. Er begann auch mit einer *captatio benevolentiae*, auch wenn diese in bemerkenswerter Weise bescheidener und angemessener war, als die von Tertullus vorgetragene: »*Weil ich weiß, dass du in diesem Volk nun viele Jahre Richter bist, will ich meine Sache unerschrocken verteidigen*« (V. 10). Danach fährt er damit fort, die Behauptungen der Anklage nacheinander zurückzuweisen.

1. Er war ausdrücklich kein Unruhestifter: *Du kannst feststellen, dass es nicht mehr als zwölf Tage sind, seit ich nach Jerusalem hinaufzog, um anzubeten* (V. 11). *Und sie haben mich weder im Tempel noch in den Synagogen noch in der Stadt dabei gefunden, wie ich mit jemandem gestritten oder einen Aufruhr im Volk gemacht hätte* (V. 12). *Sie können dir auch nicht beweisen, wessen sie mich jetzt verklagen* (V. 13). Mit anderen Worten: In den wenigen Tagen, die ihm zur Verfügung standen, hatte er keine Zeit gehabt, einen Aufruhr anzufachen. Er hatte auch gar nicht die Absicht, dieses zu tun, weil er als Pilger nach Jerusalem gekommen war, um dort anzubeten, nicht als ein Aufrührer, um einen Aufstand in die Wege zu leiten. Und seine Ankläger konnten ihm nicht nachweisen, dass er im Tempel, in der Synagoge oder der Stadt Unruhe gestiftet oder sich auch nur in ein Streitgespräch eingelassen hätte.

2. Paulus äußerte sich selbst zu der Anschuldigung, dass er »ein Anführer der Sekte der Nazarener« sei. Dies bringt ihn dazu, dies einerseits zu bekräftigen, andererseits abzustreiten. Obwohl er in der Tat »dem Weg« folgte, so war dies doch keine »Sekte«, wie sie sie bezeichneten, denn er betete den Gott ihrer Väter an und glaubte an die Lehren der Heiligen Schrift:

(14) Das bekenne ich dir aber, dass ich nach dem Weg, den sie eine Sekte nennen, dem Gott meiner Väter so diene, dass ich allem glaube, was geschrieben steht im Gesetz und in den Propheten. (15) Ich habe die Hoffnung zu Gott, die auch sie selbst haben, nämlich dass es eine Auferstehung der Gerechten wie der Ungerechten geben wird. (16) Darin übe ich mich, allezeit ein unverletztes Gewissen zu haben vor Gott und den Menschen.

Dies war das öffentliche Glaubensbekenntnis (*homologō*, »ich bekenne«, V. 14) von Paulus. Es bestand aus vier Aussagen: *Das bekenne ich dir aber, dass ich* 1) *nach dem Weg, den sie eine Sekte nennen, dem Gott meiner Väter so diene*; 2) *dass ich allem glaube, was geschrieben steht im Gesetz und in den Propheten.* 3) *Ich habe die Hoffnung zu Gott, die auch sie selbst haben, nämlich dass es eine Auferstehung der Gerechten wie der Ungerechten geben wird.* 4) *Darin übe ich mich, allezeit ein unverletztes Gewissen zu haben vor Gott und den Menschen.* Paulus hatte jedoch nicht nur die Absicht, eine persönliche Erklärung abzugeben, sondern zu betonen, dass er dies mit dem ganzen Volk Gottes teile. Er betete denselben Gott an (den »Gott meiner Väter«), er glaubte an dieselben Wahrheiten (an das Gesetz und die Propheten), er teilte dieselbe Hoffnung (die Auferstehung der Gerechten und der Gottlosen) und hatte dasselbe Bestreben (ein gutes Gewissen zu bewahren). Er glaubte deshalb nichts Neues, sondern war dem Glauben der Vorväter treu. Er war auch kein Sektierer oder häretischer Abweichler, denn er war Teil der Hauptströmung des Judentums. Seine Anbetung, sein Glaube, seine Hoffnung und sein Ziel unterschieden sich nicht von den ihrigen. »Der Weg« stand direkt mit dem A.T. in Verbindung, denn die Schriften des A.T.s bezeugten Jesus Christus als den einen, in dem sich die Verheißungen Gottes erfüllt hatten.

Die dritte Anklage gegen Paulus war die, dass er den Tempel entweiht haben solle (V. 7). Dies verneint der Apostel energisch:

(17) Nach mehreren Jahren aber bin ich gekommen, um Almosen für mein Volk zu überbringen und zu opfern. (18) Als ich mich im Tempel reinigte, ohne Auflauf und Getümmel, fanden mich dabei (19) einige Juden aus der Provinz Asien. Die sollten jetzt hier sein vor dir und mich verklagen, wenn sie etwas gegen mich hätten. (20) Oder lass diese hier selbst sagen, was für ein Unrecht sie gefunden haben, als ich vor dem Hohen Rat stand; (21) es sei denn dies eine Wort, das ich rief, als ich unter ihnen stand: Um der Auferstehung der Toten willen werde ich von euch heute angeklagt.

Die Absicht von Paulus beim Besuch Jerusalems war weit davon entfernt gewesen, den Tempel zu entweihen. Er hatte eine fromme Absicht gehabt (»um Almosen für mein Volk zu überbringen und zu opfern«, V. 17). Und er war, als er sich im Tempel aufhielt, in einer zeremoniellen Reinheit vorgefunden worden (V. 18). Dort war keine Menschenmenge und kein Aufruhr. Es waren aber bestimmte asiatische Juden gewesen, die ihn gestört und einen Aufruhr ausgelöst hatten – auch wenn Paulus seinen Satz nicht beendet –, als er gerade die Liebe zu seinem Volk und seinen Respekt vor ihren Gesetzen zum Ausdruck brachte. Waren diese Männer nicht im Gericht, um ihre Anschuldigungen vorzubringen? (V. 19). Ihre Abwesenheit war eine schwerwiegende Verletzung des römischen Rechtes, das »sehr strikt gegen Ankläger, die ihre Anschuldigungen aufgaben, vorging«.[8] Weil diese asiatischen Juden nicht als Zeugen anwesend waren, sollten diejenigen, die dort waren, sagen, welchen Vergehens der Sanhedrin ihn überführt hatte (V. 20). Es war nämlich so, dass die Pharisäer ihn jeglichen

Verbrechens für unschuldig erklärt hatten (Apg 23, 9). Nur die Sadduzäer hielten ihn für schuldig, und dies nur wegen seiner theologischen Überzeugung über die Auferstehung von den Toten (V. 21).

c. Die Vertagung durch Felix (Apg 24, 22 - 27)

Felix aber zog die Sache hin, denn er wusste recht gut um diese Lehre (vielleicht durch seine jüdische Frau Drusilla; V. 22a). Felix befand sich selbst in einer Zwickmühle. Er konnte Paulus nicht für schuldig erklären, weil der Oberst Lysias keine Schuld an ihm hatte finden können (Apg 23, 29), ebenso nicht die Partei der Pharisäer im Sanhedrin (Apg 23, 9). Auch Tertullus hatte seine Anschuldigungen nicht beweisen können. Andererseits wollte Felix Paulus nicht freilassen, einerseits weil er auf eine Bestechung hoffte (V. 26), andererseits weil er sich bei den Juden lieb Kind machen wollte (V. 27). Die einzige andere Möglichkeit war, dass er seinen Urteilsspruch mit dem Vorwand, dass er den Rat des Obersten benötige, auf später verschob: *Wenn der Oberst Lysias herabkommt, so will ich eure Sache entscheiden* (V. 22b). Unterdessen *befahl* er *aber dem Hauptmann, Paulus gefangen zu halten, doch in leichtem Gewahrsam, und niemandem von den Seinen zu wehren, ihm zu dienen* (V. 23). Bei den Römern gab es verschiedene Grade der Inhaftierung. Weil Paulus ein römischer Bürger war, der wegen keines Vergehens für schuldig hatte erklärt werden können, erteilte Felix die Anordnung, dass er in *custodia libera* gehalten werden sollte, bei der seine Freunde freien Zugang zu ihm hatten, auch wenn er niemals unbewacht war (allein räumliche Aufenthaltsbeschränkung). Wir können vermuten, dass Lukas und Philippus mit seinen vier Töchtern, die in Cäsarea wohnten, ihn besuchten (Apg 21, 8 - 9), zusammen mit anderen, die Glieder der örtlichen Gemeinde waren.

Es gab zwei Jahre lang keine weitere öffentliche Anhörung (V. 27). Doch in diesem Zeitraum stellte Felix eine Art eigener persönlicher Nachforschungen an. Der Westliche Text schreibt die Initiative seiner Frau Drusilla zu, »die darum bat, Paulus zu sehen und das Wort zu hören«. »Weil er ihr diesen Wunsch erfüllen wollte«, ließ Felix Paulus rufen.[9] Drusilla war die jüngste Tochter von Herodes Agrippa I., dessen Widerstand und Tod Lukas früher beschrieben hatte (Apg 12, 1 - 23). Deshalb war sie die Schwester von König Agrippa II. und von Berenike, die Lukas in den nächsten Kapiteln einführen wird (Apg 25, 13.23; 26, 30). Sie war für ihre hinreißende, jugendliche Schönheit bekannt, auf Grund derer Felix sie unter Zuhilfenahme eines zypriotischen Zauberers von ihrem rechtmäßigen Ehemann getrennt und sie somit für sich gewonnen hatte. Sie war eigentlich seine dritte Frau. Die lockere Moral von Felix und Drusilla hilft uns vielleicht zu verstehen, warum er gerade über solche Themen mit Paulus sprach.

(24) Nach einigen Tagen aber kam Felix mit seiner Frau Drusilla, die eine Jüdin war, und ließ Paulus kommen und hörte ihn über den Glauben an Christus Jesus. (25) Als aber Paulus von Gerechtigkeit und Enthaltsamkeit und von dem zukünftigen Gericht redete, erschrak Felix und antwortete: Für diesmal geh! Zu gelegener Zeit will ich dich wieder rufen lassen. (26) Er hoffte aber nebenbei, dass ihm von Paulus Geld gegeben werde; darum ließ er ihn auch oft kommen und besprach sich mit ihm. (27) Als aber zwei Jahre um waren, kam Porzius Festus als Nachfolger des Felix. Felix aber wollte den Juden eine Gunst erweisen und ließ Paulus gefangen zurück.

Paulus konzentriert sich im Allgemeinen auf *den Glauben an Christus Jesus* (V. 24). Weil Drusilla eine Jüdin war, muss er die Tatsachen über das Leben, den Tod und die Auferstehung Jesu wiederholt und seine üblichen Argumente dafür entfaltet haben, dass dieser Jesus von Nazareth »der Christus« der Schriften des A.T.s ist. Er wird Jesus nicht nur als eine historische Figur und die Erfüllung der Prophetie dargestellt haben, sondern auch als Erlöser und Herrn, auf den sowohl Felix als auch Drusilla vertrauen sollten. Doch Paulus stellte die frohe Botschaft niemals im luftleeren Raum dar, sondern immer im Zusammenhang, im persönlichen Kontext seiner Zuhörer. So fährt er damit fort, über *Gerechtigkeit und Enthaltsamkeit und von dem zukünftigen Gericht* zu reden (V. 25). Die meisten Kommentatoren beziehen »Gerechtigkeit« auf die allgemein bekannte Brutalität und die Unterdrückung, derer Felix sich schuldig gemacht hatte; »Enthaltsamkeit« wird auf die ungezügelte Lust bezogen, die ihn zu Drusilla hingezogen und ihn mit ihr vereinigt hatte, während das »zukünftige Gericht« die unvermeidliche Strafe für ihre Ungerechtigkeit und Unmoral war. Dies kann richtig sein, doch mir erscheint es ebenso möglich, dass die *dikaiosynē* (»Gerechtigkeit«), von der Paulus hier spricht, genau die »Gerechtigkeit von Gott« oder das rechtfertigende Handeln Gottes ist, wie er sie in seinem Brief an die Römer ausführt. In diesem Fall waren die drei Themen der Unterhaltung die, die manchmal die »Drei Stufen des Heils« genannt werden, nämlich wie man gerechtfertigt bzw. von Gott für gerecht erklärt wird, wie man die Versuchung überwindet und Selbstbeherrschung erlangt und wie man dem schrecklichen letzten Gericht Gottes entflieht. Es überrascht nicht, dass *Felix* nach der Darlegung und der energischen Bekräftigung dieser ernsthaften Themen *erschrak* und erklärte, er hätte für den Moment genug gehört (V. 25).

Doch in den folgenden Monaten *ließ* Felix (jetzt jedoch ohne Drusilla, wie es den Anschein hat) *ihn auch oft kommen und besprach sich mit ihm* (V. 26). Lukas sagt ausdrücklich, dass er auf ein Bestechungsgeld hoffte – dies war so weit verbreitet, wie es illegal war. Ramsay schließt von den hohen Ausgaben, die Paulus für die Reinigungsriten aufgebracht haben muss (Apg 21,23), von dem lange andauernden Prozess, der Berufung auf den Kaiser und seiner Mietwohnung in Rom (Apg 28,30) ebenso wie von der Hoffnung des Statthalters auf eine Bestechung, dass der Apostel kürzlich einigen Familienbesitz geerbt haben muss.[10] Auf alle Fälle war die Habsucht des Gouverneurs – für die er auch bekannt war –

geweckt. Es wäre jedoch zynisch zu vermuten, dass der einzige Beweggrund des Felix die »Erpressung« von Paulus war. Ich denke, dass er wusste, dass Paulus etwas viel Kostbareres als Geld besaß, etwas, das man mit Geld nicht kaufen konnte. Wenn sein Gewissen durch die Lehren des Paulus angerührt worden war, muss er nach Vergebung und Frieden gesucht haben. Mit Sicherheit hatte für Paulus die Befreiung von Felix von seinen Sünden eine höhere Bedeutung als seine eigene Befreiung aus dem Gefängnis. Doch leider gibt es keinen Hinweis darauf, dass Felix vor Christus kapitulierte und er errettet wurde. Ganz im Gegenteil – als Porzius Festus Nachfolger als Statthalter wurde, *ließ* Felix *Paulus* immer noch *gefangen zurück* (V. 27) – selbst nach zwei Jahren, welches »die Maximaldauer einer Untersuchungshaft war«[11] –, um die Gunst der Juden für sich zu gewinnen, was bedeutet, dass er »nicht nur Geld, sondern auch Ehre begehrte«.[12]

17.2 Paulus vor Festus (Apg 25, 1 - 22)

Nach Josephus war Felix zurück nach Rom berufen worden, um seine grausame Unterdrückung eines Streits zwischen Juden und Syrern über ihre jeweiligen Rechte in Cäsarea zu erklären, und er wäre schwerwiegend bestraft worden, wenn nicht sein Bruder Pallas an Nero appelliert hätte.[13] Es ist nicht viel über Porzius Festus bekannt, der Felix ersetzte, denn er starb nur zwei Jahre später in seinem Amt. Doch er scheint gerechter und gemäßigter gewesen zu sein als sein Vorgänger und auch als seine Nachfolger.

Der neue Statthalter verlor keine Zeit damit, sich mit den jüdischen Angelegenheiten vertraut zu machen, die Anklage gegen Paulus eingeschlossen. Festus wird von Lukas als »rascher und energischer Arbeiter« dargestellt.[14] Lukas fasst sein Engagement in diesem Fall folgendermaßen zusammen: (a) Er lehnt die Bitte der jüdischen Führer ab, dass es gestattet werden sollte, dass Paulus in Jerusalem vor Gericht gestellt wird; (b) er hört die Verteidigungsrede von Paulus und die Berufung auf den Kaiser an, und (c) er fragt König Agrippa II. um Rat, was er als Nächstes tun solle.

a. Festus lehnt die Bitte der jüdischen Führer ab (Apg 25, 1 - 5)

(1) Als nun Festus ins Land gekommen war, zog er nach drei Tagen von Cäsarea hinauf nach Jerusalem. (2) Da erschienen die Hohenpriester und die Angesehensten der Juden vor ihm gegen Paulus und drangen in ihn (3) und baten ihn um die Gunst, dass er Paulus nach Jerusalem kommen ließe; denn sie wollten ihm einen Hinterhalt legen, um ihn unterwegs umzubringen. (4) Da antwortete Festus, Paulus werde weiter in Gewahrsam gehalten in Cäsarea; er selber aber werde in Kürze wieder dahin ziehen. (5) Die nun unter euch ermächtigt sind, sprach er, die lasst mit hinabziehen und den Mann verklagen, wenn etwas Unrechtes an ihm ist.

Auch wenn Festus eine versöhnlichere Art als Felix hatte, blieb er doch bei seinem ersten Besuch in Jerusalem standhaft. Trotz der dringenden Bitten der jüdischen Führer, dass Paulus nach Jerusalem überführt werden sollte, um dort vor Gericht gebracht zu werden, weigert Festus sich. Hatte er den Verdacht geschöpft, dass sie tiefere Beweggründe hatten, ja dass sie sogar, wie Lukas offenbart, einen Hinterhalt vorbereiteten, um ihn zu töten (V. 3)? Wir wissen es nicht. Es wird jedoch deutlich, dass Festus entschlossen war, Gerechtigkeit walten zu lassen. Das römische Verfahren beinhaltete drei Stufen: 1. Anklagen mussten formuliert und vom Kläger vorgebracht werden. 2. Es folgte »ein angemessener förmlicher Akt der Anklage«. 3. Der Fall wurde von dem »Inhaber des *imperiums* persönlich« angehört, in diesem Fall von dem Statthalter.[15] Auf diese Art und Weise sollten sich der Angeklagte und der Ankläger gegenüberstehen (V. 15-16).

b. Festus hört die Verteidigungsrede von Paulus und seine Berufung auf den Kaiser (Apg 25, 6 - 12)

(6) Nachdem aber Festus bei ihnen nicht mehr als acht oder zehn Tage gewesen war, zog er hinab nach Cäsarea. Und am nächsten Tag setzte er sich auf den Richterstuhl und ließ Paulus holen. (7) Als der aber vor ihn kam, umringten ihn die Juden, die von Jerusalem herabgekommen waren, und brachten viele und schwere Klagen gegen ihn vor, die sie aber nicht beweisen konnten. (8) Paulus aber verteidigte sich: Ich habe mich weder am Gesetz der Juden noch am Tempel noch am Kaiser versündigt. (9) Festus aber wollte den Juden eine Gunst erweisen und antwortete Paulus und sprach: Willst du hinauf nach Jerusalem und dich dort in dieser Sache von mir richten lassen? (10) Paulus aber sprach: Ich stehe vor des Kaisers Gericht; da muss ich gerichtet werden. Den Juden habe ich kein Unrecht getan, wie auch du sehr wohl weißt. (11) Habe ich aber Unrecht getan und todeswürdig gehandelt, so weigere ich mich nicht zu sterben; ist aber nichts an dem, dessentwegen sie mich verklagen, so darf mich ihnen niemand preisgeben. Ich berufe mich auf den Kaiser! (12) Da besprach sich Festus mit seinen Ratgebern und antwortete: Auf den Kaiser hast du dich berufen, zum Kaiser sollst du ziehen.

Lukas nennt nicht die speziellen schwerwiegenden Anschuldigungen (V. 7), aber die Verteidigungsrede von Paulus deutet an, dass er angeklagt worden war, sich dreier Vergehen schuldig gemacht zu haben, nämlich Vergehen gegen das jüdische Gesetz, gegen den Tempel und gegen den Kaiser (V. 8). Wiederum waren religiöse und politische Anklagen miteinander vermischt worden, doch in dieser Situation wird zum ersten Mal der Kaiser erwähnt. Paulus wird vorgeworfen, Unruhen verursacht zu haben, die von ihrem Ursprung her religiös, von ihrer Art her jedoch zivil gewesen sein sollen. Deshalb war der Repräsentant des Kaisers dazu verpflichtet, diese zu berücksichtigen. Die Juden wussten, dass die römischen Statthalter »nicht über rein religiöse Anklagen entscheiden wollten, und deshalb versuchten sie, der religiösen Anklage einen politischen Wert beizumessen«.[16] Und der Aufschub des Verfahrens war auf die Tatsache zurückzuführen, dass »die Anklage politischer Art war ..., auch wenn die Argumente theologischer Natur waren«.[17]

Die Erwähnung des Kaisers entschied also über den weiteren Verlauf des Prozesses von Paulus vor Festus. Aus einem Grund, der nicht ersichtlich ist, außer dass er den Juden einen Gefallen tun wollte, ermöglichte Festus es Paulus, vor ihm in Jerusalem vor Gericht zu stehen (V. 9). Es lag in seinen Befugnissen, dieses Angebot zu machen. »Nichts hinderte ihn daran, den Sanhedrin oder Mitglieder des Sanhedrins als seinen eigenen *concilium* zu gebrauchen. Dies war die Befürchtung von Paulus.«[18] Paulus erkannte deutlich, dass er nur von Seiten der Römer nicht aber von Seiten der Juden auf Gerechtigkeit und einen Freispruch hoffen konnte. Er hatte kein Verbrechen gegen die Juden begangen, dies wusste Festus sehr wohl. Wenn er sich eines Kapitalverbrechens schuldig gemacht hätte, so war er bereit dazu, die Todesstrafe zu ertragen. Doch wenn die jüdischen Anschuldigungen falsch waren, so hatte niemand – nicht einmal der Statthalter – das Recht, ihn an sie auszuliefern. So blieb ihm nur eine Möglichkeit: *Ich berufe mich auf den Kaiser!* (V. 11). Festus scheint auf diese Entwicklung überhaupt nicht vorbereitet gewesen zu sein. Was würde er nun tun? Er konnte Paulus weder schuldig sprechen und verurteilen, weil er fürchtete, gegen das römische Recht zu verstoßen, noch konnte er ihn freilassen, weil er Angst hatte, die Juden zu vergraulen. Nachdem er sich nun mit seinem *concilium*, seinen rechtlichen Beratern, unterredet hatte, sah er, dass er keine andere Möglichkeit hatte, außer dem Gefangenen zu gestatten, den Prozess fortzusetzen. »*Auf den Kaiser hast du dich berufen, zum Kaiser sollst du ziehen*« (V. 12).

Dies war nicht wie zu späteren Zeiten eine *appellatio*, eine Berufung auf ein höheres Gericht nach einem Urteil, das ein niedrigeres Gericht gesprochen hatte, sondern eher das antike Recht eines römischen Bürgers auf die *provocatio*, das ihn »vor einer vorschnellen Bestrafung, Exekution oder Folterung ohne Prozess, vor privater oder öffentlicher Haft oder vor einem laufenden Prozess durch Magistrate außerhalb von Italien schützte«.[19]

In seinem Prozess vor Felix hatte Paulus die Übereinstimmung des »Weges« mit dem Judentum betont, in seinem Prozess vor Festus betonte er seine Loyalität dem Kaiser gegenüber. In diesem Kapitel wird achtmal der Kaiser erwähnt, fünfmal als *Kaisar*, zweimal als *Sebastos* (V. 21. 25), die griechische Entsprechung zu Augustus, und einmal als *ho Kyrios* (V. 26), »der Herr«. Paulus wusste, dass er kein Verbrechen gegen den Kaiser begangen hatte (V. 8) und dass er in dem Gerichtshof des Kaisers stand (V. 10). So war es nur logisch, dass er sein Bürgerrecht in Anspruch nahm, sich auch auf den Kaiser zu berufen (V. 11. 12. 21).

c. Festus fragt Agrippa um Rat (Apg 25, 13 - 22)

(13) Nach einigen Tagen kamen König Agrippa und Berenike nach Cäsarea, Festus zu begrüßen. (14) Und als sie mehrere Tage dort waren, legte Festus dem König die Sache des Paulus vor und sprach: Da ist ein Mann von Felix als Gefangener zurückgelassen worden; (15) um dessentwillen erschienen die Hohenpriester und Ältesten der Juden vor mir, als ich in Jerusalem war, und baten, ich solle ihn richten lassen. (16) Denen antwortete ich: Es ist der Römer Art nicht, einen Angeklagten preiszugeben, bevor er seinen Klägern gegenüberstand und Gelegenheit hatte, sich gegen die Anklage zu verteidigen. (17) Als sie aber hier zusammenkamen, duldete ich keinen Aufschub, sondern hielt am nächsten Tag Gericht und ließ den Mann vorführen. (18) Als seine Ankläger auftraten, brachten sie keine Anklage vor wegen Vergehen, wie ich sie erwartet hatte. (19) Sie hatten aber Streit mit ihm über einige Fragen ihres Glaubens und über einen verstorbenen Jesus, von dem Paulus behauptete, er lebe. (20) Da ich aber

von diesem Streit nichts verstand, fragte ich, ob er nach Jerusalem reisen und sich dort deswegen richten lassen wolle. (21) Als aber Paulus sich auf sein Recht berief, bis zur Entscheidung des Kaisers in Gewahrsam zu bleiben, ließ ich ihn gefangen halten, bis ich ihn zum Kaiser senden könnte. (22) Agrippa sprach zu Festus: Ich möchte den Menschen auch gerne hören. Er aber sprach: Morgen sollst du ihn hören.

Herodes Agrippa II. war der Sohn von Herodes Agrippa I. aus Apostelgeschichte 12 und der Urenkel von Herodes dem Großen. Berenike war seine Schwester und es grassierten Gerüchte, dass ihre Beziehung inzestuös war. Weil er erst 17 Jahre alt gewesen war, als sein Vater starb, hielt man ihn für zu jung, das Königreich von Judäa zu übernehmen, das deshalb wieder von einem Statthalter regiert werden sollte. Stattdessen wurde ihm ein kleines und unbedeutenderes Königreich im Norden übergeben, das im jetzigen Gebiet des Libanon liegt und später an das Gebiet von Galiläa annektiert wurde. Trotzdem hatte er Einfluss auf das Judentum, weil Kaiser Klaudius ihm sowohl die Sorge für den Tempel als auch die Bestimmung des Hohenpriesters übertragen hatte.[20] Er und Berenike kamen nach Cäsarea, um dem neuen Statthalter ihre Aufwartung zu machen. Während dieses Aufenthaltes brachte Festus den Fall von Paulus auf, den er von Felix übernommen hatte. Er sagte dem König, welche drei Dinge er bereits unternommen hatte:

1. Auf seinem Besuch in Jerusalem hatte er gehört, wie die jüdischen Führer Paulus angeklagt und seine Verurteilung gefordert hatten, doch er hatte darauf bestanden, dass es dem Angeklagten nach der römischen Gewohnheit gestattet sein musste, seinen Anklägern gegenüberzutreten und sich gegen sie zu verteidigen.

2. Als die jüdischen Führer nach Cäsarea kamen, hatte Festus sofort das Gericht zusammenkommen lassen, nur um zu entdecken, dass Paulus nicht wegen Vergehen gegen den Staat angeklagt wurde, sondern wegen religiöser Fragen und

wegen der Behauptung, dass »ein verstorbener Jesus ... lebe« (V. 17-19).

3. Weil Festus in religiösen Fragen wie diesen den sicheren Grund unter den Füßen verlor, fragte er Paulus, ob er in Jerusalem vor Gericht stehen wollte, doch stattdessen hatte er sich auf den Kaiser berufen, und er hatte ihm diese Berufung auch bewilligt (V. 20-21).

Durch die Zusammenfassung dieses Falls neugierig gemacht, sagte Agrippa, dass er gerne selbst Paulus hören wolle, und Festus stimmte diesem zu (V. 22). Paulus hatte seine Neugier erregt, genau so wie Jesus die Neugier seines Großonkels Herodes Antipas schon geweckt hatte.[21]

17.3 Paulus vor Agrippa (Apg 25, 23-26, 32)

Der Prozess des Paulus vor Agrippa ist derjenige in der Apostelgeschichte, der von den fünf beschriebenen am längsten und weitesten ausgeführt wird. Lukas stellt das Szenario in anschaulichen Einzelheiten dar, und die Verteidigungsrede von Paulus ist in ihrer Struktur und Sprache geschliffener als bei den Übrigen. Man fragt sich, ob Lukas vielleicht in der Besucherhalle anwesend war. Ansonsten muss Paulus (oder jemand anderes) sie ihm hinterher als Ganzes nacherzählt haben oder Lukas hatte vielleicht Zugang zu den offiziellen Dokumenten dieses Falles bekommen.

Und am nächsten Tag kamen Agrippa und Berenike mit großem Gepränge (V. 23a). »Sie werden ihre purpurnen Königsroben und das goldene Diadem sowie die Krone auf ihrer Stirn getragen haben. Festus trug die scharlachrote Robe, die ein Statthalter bei staatlichen Gelegenheiten anhatte, um so der Situation seine Ehre zu erweisen.«[22] Als sie in diesem pompösen Aufzug *in den Palast* gingen, folgten ihnen die *Hauptleute[n]*, die Militärtribune, die »Mitglieder des Kommandostabs des Statthalters« waren,[23] *und vornehmsten Männer[n] der Stadt.* Als sie ihre Plätze eingenommen hatten, *als*

Festus es befahl, wurde Paulus gebracht (V. 23b). Nach der Überlieferung war er nur ein kleiner Mann und wenig anziehend in seiner Erscheinung, »mit kahlem Kopf und krummen Beinen, in edler Haltung mit zusammengewachsenen Augenbrauen und ein klein wenig hervortretender Nase«, jedoch »voller Freundlichkeit«.[24] Er trug weder eine Krone noch eine Robe, sondern nur Fesseln und vielleicht ein einfaches Gefangenengewand, und beherrschte dennoch mit seiner ruhigen, christusähnlichen Würde und seinem Vertrauen den Gerichtshof.

a. Festus stellt den Fall vor (Apg 25,24-27)

(24) Und Festus sprach: König Agrippa und all ihr Männer, die ihr mit uns hier seid, da seht ihr den, um dessentwillen die ganze Menge der Juden in Jerusalem und auch hier in mich drang und schrie, er dürfe nicht länger leben. (25) Als ich aber erkannte, dass er nichts getan hatte, das des Todes würdig war, und er auch selber sich auf den Kaiser berief, beschloss ich, ihn dorthin zu senden. (26) Etwas Sicheres über ihn aber habe ich nicht, das ich meinem Herrn schreiben könnte. Darum habe ich ihn vor euch bringen lassen, vor allem aber vor dich, König Agrippa, damit ich nach geschehenem Verhör etwas hätte, was ich schreiben könnte. (27) Denn es erscheint mir unsinnig, einen Gefangenen zu schicken und keine Beschuldigung gegen ihn anzugeben.

Der Bericht des Festus über die Situation war eine Mischung aus Wahrheit und Lüge. Es stimmte, dass die jüdische Gemeinschaft zweimal den Tod des Paulus gefordert hatte und dass Festus keine Schuld hinsichtlich eines Kapitalverbrechens an ihm hatte finden können (V. 24-25). Doch es war falsch, dass er nichts »Sicheres über ihn habe …, das ich meinem Herrn schreiben könnte« (V. 26), und dass er »keine Beschuldigung gegen ihn« angeben könne (V. 27). Denn die jüdischen Anklagen waren genau und präzise. Es fehlte Festus nicht an Anschuldigungen, sondern an Beweisen, um diese zu erhärten. Weil er diese nicht hatte, hätte er den Mut haben sollen, Paulus für unschuldig zu erklären und ihn freizulassen.

b. Paulus verteidigt sich (Apg 26,1 - 23)

(1) Agrippa aber sprach zu Paulus: Es ist dir erlaubt, für dich selbst zu reden. Da streckte Paulus die Hand aus und verantwortete sich: (2) Es ist mir sehr lieb, König Agrippa, dass ich mich heute vor dir verantworten soll wegen all der Dinge, deren ich von den Juden beschuldigt werde, (3) vor allem weil du alle Ordnungen und Streitfragen der Juden kennst. Darum bitte ich dich, mich geduldig anzuhören.

Es war ein dramatischer Augenblick, als der heilige und demütige Apostel Jesu Christi vor diesem Repräsentanten der weltlichen, ehrgeizigen, moralisch verdorbenen Familie des Herodes stand, die sich Generation nach Generation gegen die Wahrheit und die Gerechtigkeit gestellt hatte. »Ihr Begründer Herodes der Große«, so schreibt R.B. Rackham, »hatte versucht, Jesus als Kind zu vernichten. Sein Sohn Antipas, der Tetrarch von Galiläa, enthauptete Johannes den Täufer und erhielt von dem Herrn Jesus den Titel ›Fuchs‹. Sein Enkelsohn Agrippa I. ermordete Jakobus, den Sohn des Zebedäus mit dem Schwert. Nun sehen wir, wie Paulus vor Agrippas Sohn gebracht wird.«[25] Rackham bezeichnete auch als Erster im Jahre 1901 die Verteidigungsrede von Paulus vor Agrippa seine *apologia pro vita sua* (Verteidigung seines Lebens).[26] Doch Paulus war nicht im Mindesten eingeschüchtert. Denn sein Verweis auf Agrippas Vertrautheit mit den »Ordnungen und Streitfragen der Juden« war richtig (V. 3) und sicherlich stimmt die Lesart des Westlichen Textes, auch wenn sie nicht Teil des Originaltextes von Lukas ist, wenn dort steht, dass Paulus »voller Vertrauen und vom Heiligen Geist ermutigt« war (V. 1).[27]

Paulus erzählt seine Lebensgeschichte und lenkt die Aufmerksamkeit auf ihre drei großen Abschnitte. Er stellt sich selbst 1) als strengen Pharisäer dar, 2) als fanatischen Verfolger und 3) als den berufenen Apostel:

1. Der Apostel beschreibt seine *Erziehung als Pharisäer* (4-8):

(4) Mein Leben von Jugend auf, wie ich es von Anfang an unter meinem Volk und in Jerusalem zugebracht habe, ist allen Juden bekannt, (5) die mich von früher kennen, wenn sie es bezeugen wollten. Denn nach der allerstrengsten Richtung unsres Glaubens habe ich gelebt als Pharisäer. (6) Und nun stehe ich hier und werde angeklagt wegen der Hoffnung auf die Verheißung, die unsern Vätern von Gott gegeben ist. (7) Auf ihre Erfüllung hoffen die zwölf Stämme unsres Volkes, wenn sie Gott bei Tag und Nacht beharrlich dienen. Wegen dieser Hoffnung werde ich, o König, von den Juden beschuldigt. (8) Warum wird das bei euch für unglaublich gehalten, dass Gott Tote auferweckt?

Saulus muss eine bekannte Figur in Jerusalem gewesen sein, als er als junger Mann zu den Füßen des Rabbi Gamaliel saß (Apg 22, 3). Er wird sich wahrscheinlich wegen seiner Gelehrtheit, seiner Gerechtigkeit und seines religiösen Eifers einen Ruf gemacht haben. Viele palästinische noch lebende Juden wussten, wie er als Kind, zuerst in Tarsus, dann in Jerusalem gelebt hatte. Mehr noch als das – sie hatten ihn selbst gekannt und konnten von ihrer eigenen Erfahrung her bezeugen, dass er zu der strengsten Gruppe im Judentum, zu der der Pharisäer gehörte (V. 4-5). Deshalb war es mit Sicherheit nicht normal, dass er nun wegen seiner Hoffnung auf Gottes Verheißung an die Väter, die er und sie teilten, vor Gericht stand, nämlich dass Gott seinen Messias senden würde (im A.T. vorhergesagt und vorgeschattet), damit er sein Volk befreien und erlösen würde. Die 12 Stämme warteten immer noch gespannt auf die Erfüllung dieser Verheißung. Doch er glaubte, dass sie sich bereits in Jesus erfüllt hatte, dessen Auferstehung der

Beweis seiner Messianität war und auch die Vergewisserung unserer Auferstehung ist. Warum sollte irgendjemand meinen, dass eine Auferstehung unmöglich war? Die Pharisäer glaubten daran. Und nun hatte Gott sie sichtbar gezeigt, indem er Jesus von den Toten auferweckt hatte.

2. Paulus beschreibt *seine fanatische Verfolgung Christi* (9-11):

(9) Zwar meinte auch ich selbst, ich müsste viel gegen den Namen Jesu von Nazareth tun. (10) Das habe ich in Jerusalem auch getan; dort brachte ich viele Heilige ins Gefängnis, wozu ich Vollmacht von den Hohenpriestern empfangen hatte. Und wenn sie getötet werden sollten, gab ich meine Stimme dazu. (11) Und in allen Synagogen zwang ich sie oft durch Strafen zur Lästerung und ich wütete maßlos gegen sie, verfolgte sie auch bis in die fremden Städte.

Der Pharisäer Paulus war davon überzeugt, dass es seine ernsthafte Pflicht war, den Namen und die hochstaplerischen Behauptungen Jesu von Nazareth zu bekämpfen. Zudem handelte er auch seiner Überzeugung entsprechend. Er begann mit seinem Verfolgungsprogramm in Jerusalem. Bewaffnet mit der Autorität der Hohenpriester, verhaftete er nicht nur viele Jünger Jesu, sondern gab auch seine Stimme dazu, wenn sie zum Tode verurteilt wurden. Er durchsuchte die Synagogen nach den Christen, um diese zu bestrafen. »Die Synagogenstrafe der Geißelung wird gemeint sein.«[28] Mit Gewalt versuchte er, sie zur Gotteslästerung zu bewegen (der Satz deutet an, dass er auf keinen Fall immer Erfolg hatte). Und in seiner Besessenheit verfolgte er sie sogar »bis in die fremden Städte«.

3. Paulus beschreibt *seine Bekehrung und seine Beauftragung als Apostel* (12-18):

(12) Als ich nun nach Damaskus reiste mit Vollmacht und im Auftrag der Hohenpriester, (13) sah ich mitten am Tage, o König, auf dem Weg ein Licht vom Himmel, heller als der Glanz der

Sonne, das mich und die mit mir reisten umleuchtete. (14) Als wir aber alle zu Boden stürzten, hörte ich eine Stimme zu mir reden, die sprach auf Hebräisch: Saul, Saul, was verfolgst du mich? Es wird dir schwer sein, wider den Stachel zu löcken. (15) Ich aber sprach: Herr, wer bist du? Der Herr sprach: Ich bin Jesus, den du verfolgst; (16) steh nun auf und stell dich auf deine Füße. Denn dazu bin ich dir erschienen, um dich zu erwählen zum Diener und zum Zeugen für das, was du von mir gesehen hast und was ich dir noch zeigen will. (17) Und ich will dich erretten von deinem Volk und von den Heiden, zu denen ich dich sende, (18) um ihnen die Augen aufzutun, dass sie sich bekehren von der Finsternis zum Licht und von der Gewalt des Satans zu Gott. So werden sie Vergebung der Sünden empfangen und das Erbteil samt denen, die geheiligt sind durch den Glauben an mich.

Damaskus war eine der »fremden Städte«, in die Paulus, mit einem hohenpriesterlichen Auslieferungsbefehl ausgerüstet, reiste. Doch bevor er seinen Bestimmungsort erreicht hatte, griff Gott ein. Ein Licht vom Himmel, heller als die Sonne in der Mittagszeit, umstrahlte ihn und seine Reisegefährten. Zusammen fielen sie zu Boden. Dann fragte eine Stimme Paulus auf Aramäisch, warum er sie verfolge, und – wobei sie einen bekannten Spruch zitierte – sie erklärte es für schmerzvoll für ihn, »wider den Stachel zu löcken«. Longenecker zitiert aus den Werken von Euripides, Aischylos, Pindar und Terentius, wo dieser Spruch als eine Metapher für nutzlosen »Widerstand gegen die Gottheit« erscheint.[29]

Auf die anonyme Frage der Stimme »Was verfolgst du mich?« antwortete Paulus mit einer Gegenfrage: »Herr, wer bist du?« Obwohl sein Zusatz »Herr« nicht unbedingt mehr als »Herr Sowieso« zu bedeuten hat, so lässt die Tatsache, dass Paulus die Antwort von Jesus mit den Worten »[d]er Herr aber sprach« einleitet, sodass *kyrie* und *kyrios* nebeneinander im Text von Lukas stehen, vermuten, dass es hier mehr zu bedeuten hatte. Als die himmlische Stimme erklärte »Ich bin Jesus, den du verfolgst«, müssen Paulus sofort mindestens zwei

Wahrheiten ins Bewusstsein gekommen sein: Als Erstes, dass der gekreuzigte Jesus lebendig und somit von Gott gerechtfertigt worden war, und als Zweites, dass der Jesus, der sich so eng mit den Seinen identifizierte, dass man, wenn man sie verfolgte, gleichzeitig ihn verfolgte, sie ausdrücklich als sein eigenes Volk ansah.

Paulus betonte bei seinem Bericht vor Agrippa über das, was sich auf der Straße nach Damaskus ereignet hatte, jedoch nicht seine Bekehrung, sondern seine Beauftragung, er betonte nicht, dass er ein Jünger Jesu geworden, sondern zum Apostel eingesetzt war. Somit war Jesus erstes Befehlswort an ihn der Satz: *»Steh nun auf und stell dich auf deine Füße«* (V. 16). Dies kann nicht bedeuten, dass es falsch gewesen war, dass er auf den Erdboden gefallen war, denn mit diesem Niederfallen wurde er gedemütigt, und er erniedrigte sich auch selbst. Es gibt auch keinen Hinweis darauf, dass er nun niedergeschmettert am Boden kroch, wie es für einen Menschen und einen Christen nicht angebracht ist. Nein, der Befehl aufzustehen war eine notwendige Vorbereitung, die Weisung zu erfüllen, und Christus ging seiner Beauftragung voran. Dies erinnert an den Propheten Hesekiel. Als er »die Herrlichkeit des Herrn« sah, »fiel ich auf mein Angesicht«.[30] Doch Gott sagte sogleich zu ihm: »Du Menschenkind, tritt auf deine Füße, ... ich sende dich zu den Israeliten, ... du sollst ihnen meine Worte sagen ...«.[31] Die Beauftragung von Saulus als Apostel Christi sollte sich bewusst so darstellen, dass sie der Berufung von Jesaja, Hesekiel, Jeremia und anderen zum Propheten Gottes ähnelte. In beiden Fällen wurde die Sprache des »Sendens« benutzt. So wie Gott seine Propheten »aussandte«, sein Wort seinem Volk zu verkündigen, so »sandte« Christus seine Apostel dazu aus, in seinem Namen zu predigen und zu lehren, eingeschlossen Paulus, der nun dazu »ausgesandt« wurde, der Apostel für die Heiden zu sein (V. 17).[32]

Christus beauftragte Saulus mit drei Verben, die alle in der ersten Person Singular der direkten Rede stehen, auch wenn sie jeweils in der Vergangenheit, der Zukunft und der

Gegenwart verwandt werden: »ich bin dir erschienen«, »ich will dich erretten«, und »ich sende dich zu den Heiden«. 1. *Denn dazu bin ich dir erschienen, um dich zu erwählen zum Diener und zum Zeugen* (V. 16a). Der allgemeine Auftrag, ein »Diener« zu sein, wird in der speziellen Aufgabe, ein »Zeuge« zu sein, noch enger gefasst. Lukas hat bereits die Vorstellung des Dienens und Zeugeseins in Bezug auf die ursprünglichen apostolischen Augenzeugen miteinander in Verbindung gebracht und dasselbe Wort für »Diener« (*hypēretēs*) verwendet.[33] Sowohl im Dienst des Paulus als auch in ihrem Dienst liegt die Betonung darauf, ein Augenzeuge zu sein, denn er sollte einerseits bezeugen, was er von Jesus gesehen hatte, und andererseits, was Jesus ihm später zeigen würde (V. 16b).

2. *Und ich will dich erretten von deinem Volk und von den Heiden* (V. 17). Eine ähnliche Rettungsverheißung wurde Jeremia gegeben.[34] Dies bedeutet nicht, dass er nicht leiden müsse. Ganz im Gegenteil – es gehörte zu der Berufung von Propheten und Aposteln, dass sie Leiden zu ertragen hatten (vgl. Apg 9, 16). Es sollte aussagen, dass ihr Zeugnis nicht verstummen würde, bis ihr von Gott bestimmtes Werk getan war.

3. … *zu denen ich dich sende* (*egō apostellō se*) (V. 17). Das betonte *egō* (»ich«), das persönliche *se* (»dich«) und das Verb *apostellō* (»senden«) könnte man fast (wie in Apg 22, 21) mit den Worten übersetzen »Ich mache dich zum Apostel«. Denn dies war der Auftrag von Paulus – er sollte ein Apostel sein, im Besonderen der Apostel für die Heiden, was sich mit der Beauftragung der 12 Jünger vergleichen lässt, die von dem auferstandenen Herrn am ersten Ostertag mit seinen Worten »so sende ich euch« erneuert wurde.[35] Und wohin wurde Paulus gesandt? Dazu, *ihnen die Augen aufzutun* (V. 18a). Denn die ungläubige Welt war blind für die Wahrheit Gottes in Jesus Christus.[36] Doch dieses Öffnen der Augen war nicht nur eine intellektuelle Erleuchtung, sondern eine Bekehrung: *dass sie sich bekehren von der Finsternis zum Licht und von der Gewalt Satans zu Gott* (V. 18b). Denn eine Bekehrung schließt einen radikalen Wechsel der Bindungen und somit auch der Lebens-

bedingungen mit ein. Sie ist sowohl eine Befreiung von der Finsternis der satanischen Herrschaft als auch eine Befreiung in die Atmosphäre des wunderbaren Lichtes und der wunderbaren Kraft Gottes hinein.[37] Mit anderen Worten – es heißt, in das Königreich Gottes einzutreten. Zudem bestehen die Segnungen des Königreiches in der *Vergebung der Sünden* und dem *Erbteil samt denen, die geheiligt sind durch den Glauben* an Christus (V. 18c). Die Verheißung der Vergebung war von Anfang an Teil des apostolischen Evangeliums[38] wie auch die Zugehörigkeit zum messianischen Volk (Apg 2, 40 - 41.47). Denn das neue Leben in Christus und die neue Gemeinde Christi gehören immer zusammen. Bei der Beauftragung von Paulus durch Christus fiel besonders auf, dass den Heiden zugesagt wurde, dass sie in gleicher und völliger Weise mit den Juden die Vorrechte derer teilen würden, die durch den Glauben an Christus geheiligt waren, d. h. die Vorrechte des heiligen Volkes Gottes.

Der Befehl lautete also »ich sende dich«. Und der Gegenstand des Auftrags an Paulus war der, dass er blinde Augen öffnen und Leute von der Finsternis zum Licht und von Satan zu Gott führen sollte. Natürlich hatte er nicht selbst die Autorität oder die Macht dazu, Augen zu öffnen oder Leute zu bekehren. Diese Dinge konnten nur von Christus durch sein Wort und seinen Geist bewirkt werden. Zudem war die grundlegende Ausrüstung für seine Mission, dass Christus ihm erschienen war, sodass er nun ein Augenzeuge sein konnte, und er die dafür notwendige Verheißung erhalten hatte, dass Christus ihn vor den Feinden des Evangeliums erretten würde, bis sein Lebenslauf beendet und sein Dienst erfüllt war.

Paulus wendet sich nun von der Beauftragung Christi hin zu seiner eigenen Reaktion darauf. Bei dieser Beschreibung ersetzt er die Nacherzählung dadurch, dass er Agrippa direkt anspricht:

(19) Daher, König Agrippa, war ich der himmlischen Erscheinung nicht ungehorsam, (20)sondern verkündigte zuerst denen

in Damaskus und in Jerusalem und im ganzen jüdischen Land und dann auch den Heiden, sie sollten Buße tun und sich zu Gott bekehren und rechtschaffene Werke der Buße tun. (21) Deswegen haben mich die Juden im Tempel ergriffen und versucht, mich zu töten. (22) Aber Gottes Hilfe habe ich erfahren bis zum heutigen Tag und stehe nun hier und bin sein Zeuge bei Groß und Klein und sage nichts, als was die Propheten und Mose vorausgesagt haben: (23) dass Christus müsse leiden und als erster auferstehen von den Toten und verkündigen das Licht seinem Volk und den Heiden.

Paulus beginnt seine Aussage mit zwei negativen Sätzen: *Daher ... war ich der himmlischen Erscheinung nicht ungehorsam.* Wie hätte er auch nicht gehorchen können? Die Erscheinung kam offensichtlich vom Himmel her, und sie war überwältigend. Sein fanatischer Widerstand war in einem Moment überwunden, und seine geheimen Zweifel hatten sich zerstreut. Christus war ihm erschienen und hatte ihm einen Auftrag gegeben. Sein Gehorsam entsprach genau der Aufforderung, die er erhalten hatte. Zuerst verkündigte er die frohe Botschaft in Damaskus, als Nächstes in Jerusalem und Judäa, schließlich auch den Heiden, und er forderte sie auf, *sie sollten Buße tun und sich zu Gott bekehren und rechtschaffene Werke der Buße tun* (V. 20). Das Wort »bekehren« in Vers 20 entspricht wie in Vers 18 dem griechischen Wort *epistrephō*, auch wenn es in Vers 18 transitiv verwendet wird, weil dort Paulus dazu bestimmt wird, Leute zu »bekehren«, während es hier in Vers 20 intransitiv verwendet wird, weil die Menschen dazu aufgerufen werden, sich als Reaktion auf die Predigt von Paulus zu »bekehren«. Diese Ausdrücke widersprechen einander nicht. Sie erklären sich gegenseitig. Wir bemerken also, dass Paulus von Anfang an klar war, dass das Heil, auch wenn es durch den Glauben kommt (V. 18), sich durch gute Werke erweisen muss.

Die Verkündigung von Paulus und die Verheißungen an die Heiden (V. 17. 20–21), die andeuteten, dass sie direkt neues Leben empfangen und an der neuen Gemeinschaft teilhaben konnten, ohne zuerst Juden werden zu müssen, hatten den Widerstand der Juden geweckt. Sie hatten ihn sogar in den Vorhöfen des Tempels ergriffen und versucht, ihn zu töten (V. 21). Doch er wurde nach dem Versprechen Christi aus ihrer Hand befreit (V. 17) und Gott hatte ihm weiterhin jeden Tag mit seiner Hilfe beigestanden. So *stehe* ich *nun hier* (V. 22), so ruft er (wie Martin Luther es Jahrhunderte später vor dem Reichstag von Worms sagte), bezeugte Christus (wie Jesus es ihm geboten hatte) *bei Groß und Klein*, bei denen, die nach 1. Korinther 1, 26ff. nichts sind und auch den Würdenträgern im Gerichtshof, wobei er *nichts* anderes sagte *als* das, *was die Propheten und Mose vorausgesagt haben* (V. 22b). Diese erneute Behauptung, dass Paulus nicht ein Erfinder war, sondern ein treuer Ausleger der Heiligen Schriften, findet seine Parallelen in Luther und anderen Reformatoren des 16. Jh.s! Sie waren von der Römisch-Katholischen Kirche beschuldigt worden, Neuheiten zu lehren. Doch sie stritten dies ab. Luther schrieb über Paulus: »Er hat aber nicht ein von ihm selbst erdachtes Evangelium gepredigt, sondern dasjenige, welches Gott von Anbeginn durch seine Propheten in der heiligen Schrift verheißen hatte«.[39] Oder wie Lancelot Andrewes ein Jahrhundert später sagen würde: »Wir sind Reformatoren und nicht Erfinder«.[40]

Und was sollte nach den Worten von Mose und den Propheten geschehen? Sie sagten drei Ereignisse voraus: 1. *dass Christus müsse leiden*; 2. dass er *als Erster auferstehen* würde *von den Toten* und 3. dass er als solcher *das Licht seinem Volk und den Heiden* verkündigen würde (V. 23).[41] Noch einfacher gesagt: Jesus Christus war Jesajas »leidender Gottesknecht«, der für unsere Sünden leiden und sterben,[42] der auferweckt und erhöht werden[43] und ein Licht für die Heiden werden würde.[44] Ferner konzentriert sich das Evangelium auf das Sühnopfer Christi, seine Auferstehung und Verkündigung (durch seine Zeugen), und sieht die Auferstehung als unerlässlich an. Paulus verweist immer wieder in seinen Gerichtsverhandlungen auf sie, nicht um die Pharisäer und die Sadduzäer zu einem Streitgespräch zu reizen noch um zu zeigen, dass er der jüdischen Tradition treu geblieben war, sondern weil die Auferstehung Jesu der Beginn und der Beweis der neuen Schöpfung war und somit das Herz des Evangeliums.

c. Die Richter reagieren auf den Gefangenen (Apg 26,24-32)

Anstatt das Ende der Gerichtsverhandlung als ordentlich darzustellen, berichtet Lukas über eine sehr ungewöhnliche Auseinandersetzung zwischen dem Richterstuhl und der Anklagebank. Die große Dramatik lässt sich am besten erfassen, wenn sie als Dialog dargestellt wird:

Festus zu Paulus (der, *als er aber dies zu seiner Verteidigung sagte, mit lauter Stimme* Paulus unterbrach und sprach): »*Paulus, du bist von Sinnen! Das große Wissen macht dich wahnsinnig*« (V. 24).

Paulus zu Festus (mit großer Ruhe und Würde antwortend): »*Edler Festus, ich bin nicht von Sinnen, sondern ich rede wahre und vernünftige Worte* (V. 25). *Der König, zu dem ich frei und offen rede, versteht sich auf diese Dinge. Denn ich bin gewiss, dass ihm nichts davon verborgen ist; denn dies ist nicht im Winkel geschehen*« (V. 26).

Paulus zu Agrippa (freimütig sich an den König wendend, zu dem er gerade gegenüber Festus in der dritten Person gesprochen hatte): »*Glaubst du, König Agrippa, den Propheten? Ich weiß, dass du glaubst*« (V. 27).

> Der Gerichtshof hält die Luft an. Hat es sich jemals vorher ein Gefangener angemaßt, seine Königliche Herrschaft mit solch einer Frechheit anzusprechen? Agrippa verliert die Fassung. Zu peinlich berührt, Paulus eine klare Antwort auf seine direkte Frage zu geben, und zu

stolz, um ihm zu gestatten, das Gesprächsthema zu bestimmen, ergreift er ausweichend die Initiative mit einer zweideutigen Gegenfrage.

Agrippa zu Paulus: »*Es fehlt nicht viel, so wirst du mich noch überreden und einen Christen aus mir machen*« (V. 28).

Der Gerichtshof hält wieder die Luft an. Dies war eine clevere und schlagfertige Antwort, durch die der König wieder die Initiative ergriff. Ein Murmeln lief durch die Zuhörerschaft, während die Menschen diskutierten, was der König genau gemeint hatte. Seine Antwort wurde »auf verschiedene Weisen als oberflächlicher Spott, als bitterer Sarkasmus, als ernste Ironie, als Zornausbruch oder als Ausdruck ernsthafter Überzeugung dargestellt«.[45] Wie würde Paulus reagieren?

Paulus zu Agrippa (ohne Zweifel, wie er die Worte des Königs interpretieren würde, und fest entschlossen, sie für das Evangelium zu nutzen): »*Ich wünschte vor Gott, dass über kurz oder lang nicht allein du, sondern alle, die mich heute hören, das würden, was ich bin, ausgenommen diese Fesseln*« (V. 29).

Mit diesen Worten erhob Paulus seine Hände und klapperte mit den Ketten, die ihn fesselten. Er war ehrlich, er war der Gefangene Paulus. Er glaubte wirklich, was er sagte. Er wollte, dass jeder – der König eingeschlossen – wie er Christ werden würde, dass jedoch niemand dadurch ein Gefangener werden sollte. Man kann nicht anders, als seine Rechtschaffenheit zu bewundern. Seine Aussage hatte auch etwas Endgültiges, denn seine Richter hatten nichts Weiteres zu sagen. *Da stand der König auf und der Statthalter und Berenike und die bei ihnen saßen* (V. 30). *Und als sie sich* aus dem Gerichtshof *zurückzogen, redeten sie miteinander und sprachen*:

Die Richter untereinander (nicht wissend, was zu tun sei): »*Dieser Mensch hat nichts getan, was Tod oder Gefängnis verdient hätte*« (V. 31).

Darin stimmten sie alle überein. Der Gefangene mag ein Verrückter gewesen sein, aber er war mit Sicherheit kein Verbrecher. Ihr persönliches Urteil »nicht schuldig« war einstimmig. Dann hatte Agrippa das letzte Wort, obwohl seine Worte das Dilemma des Statthalters nur noch vergrößerten.

Agrippa zu Festus: »*Dieser Mensch könnte freigelassen werden, wenn er sich nicht auf den Kaiser berufen hätte*« (V. 32).

Agrippa hatte theoretisch betrachtet Recht. Doch Paulus jetzt freizusprechen, würde bedeuten, seinen Appell auf den Kaiser zu umgehen und so den Zuständigkeitsbereich des Kaisers zu verletzen. Kein Richter aus der Provinz würde wagen, dies zu tun.[46]

Sie gehen ab.

17.4 Schlussfolgerung

Im Rückblick auf diese drei Kapitel (Apg 24-26) und die drei festgehaltenen Gerichtsverhandlungen, hat es den Anschein, als wenn Lukas die Absicht hat, Paulus auf zweierlei Weisen in Erscheinung treten zu lassen – zuerst negativ als sich verteidigend, dann zweitens positiv als Zeugen.

a. Paulus in der Verteidigung

Hinter den drei Gerichtsverhandlungen steht, wie wir bereits bemerkt hatten, die zweifache Behauptung der Juden, dass Paulus einerseits gegen Mose und andererseits gegen den

Kaiser gesprochen und gehandelt habe. Doch Paulus verneint energisch diese beiden Anschuldigungen (Apg 25,8).

Vor Felix weist Paulus die Anschuldigung der Sektiererei zurück und betont die Übereinstimmung seines Evangeliums mit den alttestamentlichen Schriften. Er diente mit einem reinen Gewissen dem Gott ihrer Väter.[47] Er glaubte an alles, was im Gesetz und den Propheten geschrieben stand, und lehrte nicht mehr als das, was sie gelehrt hatten.[48] Er hielt an der festen Hoffnung der Erfüllung der Verheißungen Gottes über den Messias fest.[49] Nicht mit dem Begriff Abtrünnigkeit, sondern mit dem der Übereinstimmung lässt sich seine Haltung zu Mose und den Propheten zusammenfassen.

Paulus wies vor Festus den Vorwurf der Volksaufwiegelung zurück. Er war für keinen Bruch des Friedens oder der öffentlichen Ordnung verantwortlich gewesen. Er war sich so sicher, dass er nichts gegen den Kaiser getan hatte, dass er es für notwendig hielt, sich auf den Kaiser zu berufen, um sich selbst für unschuldig zu erklären (Apg 25,8.11). Nicht mit dem Begriff Anarchie, sondern mit dem der Loyalität lässt sich seine Haltung gegenüber dem Kaiser am besten umschreiben.

Vor Agrippa wurden keine neuen Anschuldigungen vorgebracht. Paulus scheint eher auf die unausgesprochene Frage zu antworten, warum die Juden so sehr darum bemüht waren, ihn loszuwerden (Apg 25,24; 26,21). Dies hatte mit seinem Dienst an den Heiden zu tun, denen er sich aus dem Gehorsam gegenüber der Erscheinung und Stimme Jesu unweigerlich verpflichtet hatte.

Die drei Verteidigungsreden des Paulus waren von Erfolg gekennzeichnet. Weder Felix noch Festus oder Agrippa befanden ihn für schuldig. Stattdessen deutete jeder an, dass er hinsichtlich der Anklage gegen ihn unschuldig war.[50] Doch Paulus gab sich nicht damit zufrieden. Er ging noch weiter. Im Gerichtshof erklärte er sich für loyal in dreierlei Hinsicht – gegenüber Mose und den Propheten, gegenüber dem Kaiser und vor allem gegenüber Jesus Christus, der ihm auf der

Straße nach Damaskus begegnet war. Er war ein treuer Jude, ein treuer Römer und ein treuer Christ.

b. Paulus als Zeuge

Lukas verfolgte mit der Beschreibung der drei Gerichtsszenen nicht nur eine apologetische, sondern auch eine evangelistische Absicht. Er wollte, dass seine Leser sich daran erinnerten, dass Paulus dazu beauftragt worden war, Diener und Zeuge Jesu Christi zu sein (Apg 26,16). Während dieser zweijährigen Gefangenschaft, die sein missionarisches Handeln unterbrochen hatten, muss er sehr frustriert gewesen sein. Doch wenn sich ihm Gelegenheiten boten, Zeuge Jesu zu sein, nutzte er diese mit Vertrauen und Mut. Die wichtigsten Beispiele dazu liefert Lukas uns mit dem persönlichen Gespräch mit Felix und der öffentlichen Konfrontation mit Agrippa. In beiden Fällen hatte Paulus keine Furcht.

Felix ist als »einer der schlimmsten römischen Beamten beschrieben worden«.[51] Es wurde bereits erwähnt, wie brutal, gierig und habsüchtig er war. Er scheint keine moralischen Skrupel gehabt zu haben. Doch Paulus fürchtete sich nicht vor ihm. Weil er mit ihm über Gerechtigkeit, Selbstbeherrschung und das zukünftige Gericht sprach, lässt sich durchaus vermuten, dass er den Statthalter wegen seiner Sünden zurechtwies, so wie Johannes der Täufer Herodes Antipas zurechtgewiesen hatte,[52] und dass er ihn dazu aufforderte, Buße zu tun und an Jesus zu glauben.

Paulus ließ sich in der Gerichtsverhandlung vor Agrippa nicht von der pompösen Show und Machtdemonstration, die diese Situation bestimmte, oder von der Versammlung bedeutender Persönlichkeiten im Gerichtshof beeindrucken. »Seht, was für eine Zuhörerschaft sich für Paulus versammelt hat!«, rief Chrysostomus aus.[53] Doch Paulus versuchte erst gar nicht, sich bei den Machthabern einzuschmeicheln. Er wollte das Heil des Königs, nicht seine Gunst. So hörte er nicht mit dem

Bericht über seine eigene Bekehrung auf, ihm lag es ebenso an der Bekehrung von Agrippa. Deshalb lässt Lukas Paulus dreimal die Bestandteile des Evangeliums wiederholen, während der König ihm zuhörte: 1. Er fasst Christi Auftrag an ihn, Leute in sein Licht, in seine Macht, seine Vergebung und seine neue Gemeinde zu bringen, zusammen (V. 18). 2. Er beschreibt, wie er der himmlischen Erscheinung gehorcht, indem er predigt, dass die Menschen Buße tun, sich zu Gott wenden und gute Werke tun sollen (V. 20). 3. Er schildert ausführlich seine weitergehende Mission »bis zum heutigen Tag« (V. 22), die bezeugen sollte, dass, wie die Heilige Schrift vorhergesagt hatte, Christus starb, auferstand und den Anbruch eines neuen Zeitalters verkündigte (V. 23). So wiederholte Paulus das Evangelium vor Gericht, ja, er predigte es sogar dem Gericht. Festus mochte ihn verrückt nennen, wie manche auch Jesus genannt hatten,[54] doch Paulus wusste, dass er »wahre und vernünftige Worte« sprach (V. 25). Und als Paulus schließlich den König selbst ansprach, war er sich sicher, dass er nicht nur an die Propheten glaubte (V. 27), sondern auch ausreichend mit den Informationen über Jesus vertraut war (V. 26), um von seiner Wahrheit überzeugt zu werden.

Danken wir Gott für den Mut von Paulus! Könige und Königinnen, Statthalter und Generäle schüchterten ihn nicht ein. Jesus hatte seine Jünger davor gewarnt, dass sie um seines Namens willen »vor Könige und Statthalter« geführt werden würden, und hatte verheißen, dass er ihnen bei solchen Gelegenheiten »Mund und Weisheit« geben würde.[55] Jesus hatte Hananias auch gesagt, (der diese Information vermutlich weitergegeben hatte), dass Paulus sein »auserwähltes Werkzeug« war, und seinen Namen »vor Heiden und vor Könige und vor das Volk Israel« tragen würde (Apg 9, 15). Diese Vorhersagen waren wahr geworden, und Paulus hatte dabei nicht versagt.

17.5 Eine Bemerkung über die drei Bekehrungsberichte des Paulus

Es überrascht, dass Lukas in dem verhältnismäßig kleinen Umfang des Berichtes der Apostelgeschichte drei Berichte über die Bekehrung des Paulus eingeschlossen hat – zuerst als Teil seiner sich entfaltenden Erzählung (Apg 9,1-19), als Zweites in den Worten an eine jüdische Menschenmenge in Jerusalem (Apg 22,5-16) und als Drittes wiederum in den Worten von Paulus vor Agrippa (Apg 26,12-18). »Solche Wiederholungen«, so schreibt Haenchen, »wendet Lukas nur an, wenn er etwas für außerordentlich wichtig hält und dem Leser unvergesslich einprägen will. Das ist hier der Fall.«[56] Wenn sich die Wiederholung jedoch durch die Bedeutung des Themas verstehen lässt, wie sollen wir uns dann die Unterschiede zwischen den drei Berichten erklären?

Sie deuten mit Sicherheit an, dass Lukas sich nicht sklavisch an den Wortlaut hielt. Er hielt es nicht für nötig, dafür zu sorgen, dass jeder Bericht eine völlig wortgetreue Wiedergabe des anderen war. Ganz im Gegenteil – weil zu jedem Zeitpunkt, an dem die Geschichte erzählt wird, die Zuhörerschaft und deshalb auch die Absicht des Erzählens unterschiedlich sind, spiegelt sich dies in der detaillierten Darstellung wider. Zu untersuchen, wie ein einzelner Autor (Lukas) die gleiche Geschichte unterschiedlich erzählt, wird uns helfen, zu verstehen, wie die drei synoptischen Evangelisten (Matthäus, Markus und Lukas) ihre drei Berichte auch unterschiedlich wiedergeben. Auf diese Art und Weise wirft die Praxis von Lukas ein Licht auf die »Redaktionskritik«, d. h., wie die Arbeit eines Redaktors (Herausgebers) von seiner theologischen Absicht des Schreibens bestimmt sein kann.

Das Gerüst des Berichtes über die Bekehrung von Paulus ist in allen drei Berichten das Gleiche: Alle drei erzählen uns, 1. dass Saulus eine Kampagne grausamer Verfolgung der Nachfolger Jesu eingeleitet und dass ein Hohepriester dies genehmigt hatte, 2. dass ein helles Licht auf der Straße von

Jerusalem nach Damaskus ihn umstrahlte und dass er zu Boden fiel, 3. dass die Stimme des auferstandenen Jesus sich an ihn mit der Frage richtete »Saul, Saul, was verfolgst du mich?«, dass Saulus dann fragte »Herr, wer bist du?« und dass Jesus antwortete »Ich bin Jesus, den du verfolgst«, und 4. dass Saulus befohlen wurde aufzustehen und er daraufhin einen weiteren Auftrag erhielt, der andeutete, dass er erwählt und dazu bestimmt worden war, Jesu Zeuge für die Heiden zu sein.

Doch einige Teile der Geschichte unterscheiden sich vielfältig, jeder Bericht fügt Einzelheiten hinzu, die in einem anderen Bericht fehlen. Ich verweise auf die drei Berichte in der aufeinander folgenden Reihenfolge A (Apg 9, 1 - 19), B (Apg 22, 5 - 16) und C (Apg 26, 12 - 18). A und B sagen über den Ort der Bekehrung »die Nähe von Damaskus«, C nur »auf dem Weg«. Über die Zeit sagen B und C »mitten am Tage«, während A keine Zeitangabe enthält. Alle drei sagen über das Licht, dass es »vom Himmel« kam, nur C beschreibt es als »heller als der Glanz der Sonne«. Über die Stimme sagt C nur, dass sie Hebräisch sprach, und es wird der Spruch über das Löcken wider den Stachel hinzugefügt. Nur B berichtet über die zweite Frage von Saulus »Herr, was soll ich tun?«. A und B sagen, dass er erblindete, doch nur A berichtet, wie er geheilt wurde, während C weder die Erblindung noch die Heilung erwähnt. A und B verweisen auf die Taufe von Saulus, C jedoch nicht.

Diese Unterschiede sind alle relativ unbedeutend. Die verschiedenen Einzelheiten ergänzen sich und widersprechen einander nicht. Doch zwei andere werden von manchen Kommentatoren als wirkliche Unterschiede angesehen: Der erste betrifft die Erfahrung der Reisegenossen von Saulus. A sagt, dass sie sprachlos dastanden, C hingegen, dass sie zu Boden fielen. B sagt, dass sie das Licht sahen, A hingegen, dass sie nichts sahen. A sagt, dass sie die Stimme hörten, B hingegen, dass sie die Stimme desjenigen, der zu Paulus sprach, nicht hörten (oder nicht verstanden). Doch es ist nicht schwer, diese auftretenden Unterschiede miteinander zu harmonisieren. Vermutlich fielen die Männer zuerst mit Saulus zu Boden und standen dann wieder mit ihm auf. Sie sahen das Licht der Erscheinung, aber nicht die Person Jesu, (wie Paulus ihn sah), und sie hörten ein Geräusch einer Stimme, ohne jedoch Worte ausmachen zu können.[57] Oder, wie Chrysostomus vor langer Zeit vorschlug: »Sie ... hörten die Stimme von Paulus, aber sahen niemanden, dem er antwortete«.[58]

Der zweite vermeintliche Unterschied bezieht sich auf die Beauftragung von Saulus und die Rolle, die Hananias dabei einnahm: Nur A erzählt die gesamte Geschichte von Hananias, wie er eine Erscheinung Jesu hatte, wie ihm aufgetragen wurde, zu Saulus zu gehen, wie er Widerspruch vorbrachte und ihm erneut versichert wurde, dass Saulus ein auserwähltes Werkzeug dazu war, Christi Namen vor Heiden wie auch Juden zu tragen und für denselben Namen zu leiden, wie Hananias zu der Geraden Straße ging, Saulus die Hände auflegte und ihn in der Gemeinde willkommen hieß. B lässt die gesamte Unterhaltung zwischen Jesus und Hananias aus und sagt nur, dass Hananias zu Saulus kam, sein Augenlicht wieder erneuerte und ihm Christi Auftrag weitergab, ein Zeuge Jesu für alle Menschen zu sein. Andererseits verweist C überhaupt nicht auf Hananias und vermittelt hingegen den Eindruck, dass Christus Saulus auf der Straße beauftragte, bevor er Damaskus betrat, während die Anforderungen der Beauftragung viel vollständiger sind und nicht nur die Worte von Hananias einzuschließen zu scheinen, sondern auch, was Jesus später im Tempel zu Paulus sagte, als er in eine Art Trance fiel (Apg 22, 17ff.). Lukas (oder Paulus selbst) fasst offensichtlich zusammen, was Jesus auf der Straße, was er zu und durch Hananias und später in Jerusalem sagte. Wenn er – wie klar zu sein scheint – die Absicht hatte, verschiedene Teile der Beauftragung durch Christus zusammenzubringen und nicht genau zu unterscheiden, wo oder wann jeder Teil des Auftrags erteilt wurde, müssen wir ihm diese Freiheit zugestehen und ihn deswegen nicht der Ungenauigkeit beschuldigen.

Schließlich ist es verständlich, dass Lukas in seiner eigenen Erzählung genau über die Rolle von Hananias berichtet, und dass Paulus, der sich an feindliche Juden auf den Stufen der Festung Antonia wandte, betonen sollte, dass Hananias »ein gottesfürchtiger Mann, der sich an das Gesetz hielt, ... der einen guten Ruf bei allen Juden hatte, die dort wohnten« (Apg 22, 12) war. Vor Agrippa und Festus lässt Paulus jedoch Hananias völlig aus seinem Bericht heraus. Einerseits würde Hananias ihnen nicht bekannt gewesen sein, andererseits wollte Paulus die Unmittelbarkeit seiner Begegnung mit Christus betonen. Christus hatte ihn selbst persönlich und direkt beauftragt und er war seiner himmlischen Erscheinung nicht ungehorsam gewesen.

18. Endlich in Rom! (Apg 27,1-28,31)

Rom, die größte und großartigste aller Städte der Antike, war wie ein Magnet für sein Volk. Denn Rom war die Hauptstadt und das Symbol des Römischen Reiches, dessen Gründung als die »größte jemals erreichte politische Errungenschaft« bezeichnet wurde.[1] Rom stand als Herrin über der gesamten bekannten Welt. Es behandelte die von ihm eroberten Vasallen und ihre Religionen mit vergleichsweise menschlicher Toleranz, und es gelang ihr irgendwie, Römer, Griechen, Juden und Nichtgriechen in ihr soziales Leben zu integrieren. Es beschützte die griechische Kultur und Sprache. Es schärfte den Respekt vor der Herrschaft des Gesetzes ein, es erlangte einen Ruf wegen seiner effizienten Verwaltung und Kommunikation über das Postwesen. Es vereinfachte durch sein ehrgeiziges Straßen- und Hafensystem das Reisen, das durch seine Legionen und seine Kriegsmarine bewacht wurden. So wurde der Nutzen des lange anhaltenden *Pax Romana* bewahrt. Es war kein Wunder, dass die Menschen von nah und fern kamen, um die große Stadt zu sehen, aus der diese Segnungen stammten! Die Gebäude Roms waren berühmt – die drei Arenen und ihre wagemutigen Wagenrennen, die Paläste des Kaisers, die Gräber der illustren Toten, die Tempel (besonders das Pantheon, das von Augustus errichtet wurde), die Basiliken, Theater, Bäder und Aquädukte und besonders das geschäftige Forum, das Zentrum des kommerziellen, sozialen, politischen und religiösen Lebens der Stadt.

So sehnte Paulus sich danach, Rom zu besuchen. Sicherlich – Seneca hatte Rom als »den Pfuhl der Sünden« und Juvenal es als »schmutzige Kloake« bezeichnet,[2] und Paulus hatte selbst zu Beginn seines Briefes an die Römer diese moralische Dekadenz beschrieben,[3] doch deshalb brauchte es das Evangelium umso nötiger. Sicherlich stellte Johannes in der Offenbarung Rom als ein verfolgendes Monster und als »die Mutter der Hurerei und aller Gräuel auf Erden« dar,[4] doch er schrieb dies mindestens 20 Jahre später zur Regierungszeit von Domitian. Zu der Zeit des Besuches von Paulus hatte Nero seine hässliche Grausamkeit noch nicht entfaltet. Es ist wiederum wahr, dass Paulus »ein Hebräer der Hebräer« war, der von Tarsus nach Jerusalem ging, um dort zu studieren, doch nachdem er das römische Bürgerrecht von seinem Vater geerbt hatte, muss er seit seiner Kindheit davon geträumt haben, diese Stadt selbst zu besuchen.

Wir wissen nicht, wie oder wie früh das Evangelium Rom erreicht hatte und wann dort eine Gemeinde gegründet worden war. Lukas hat uns davon erzählt, dass die Volksmenge in Jerusalem an Pfingsten einige »Einwanderer aus Rom« enthielt (Apg 2, 10). Vielleicht bekehrten sich damals einige von ihnen und brachten das Evangelium mit nach Hause zurück. Wie es auch gewesen sein mag – ungefähr 25 Jahre später konnte Paulus an die Gemeinde von Rom sein großes Manifest des Evangeliums schreiben, und als er sich schließlich der Stadt näherte, kamen einige Gemeindeglieder vor die Stadt, um ihn zu treffen (Apg 28, 15). Wenn Rom nur sorgfältig evangelisiert werden könnte, muss er oft bei sich gedacht haben, und wenn seine Gemeinde vergrößert, gefestigt und durch eine missionarische Ausrichtung angespornt werden könnte – was für ein sich ausbreitendes Zentrum für das Evangelium könnte Rom werden! »Für einen Römer war die Stadt Rom das Zentrum der Welt; vom goldenen Meilenstein im Forum in Rom führten alle Straßen in alle Richtungen zu allen Teilen des Römischen Reiches.«[5]

Paulus drückt somit im Brief an die Römer sein Verlangen danach aus, die Stadt und seine Gemeinde zu besuchen. Zu Beginn des Briefes sagt er ihnen, dass er bete, dass sich jetzt endlich für ihn die Möglichkeit eröffnen würde, sie zu besuchen,[6] denn er sehnte sich danach, damit er sie stärken könne und er und sie gegenseitig ermutigt werden könnten.[7] Er hatte es tatsächlich mehrere Male geplant, sie zu besuchen, um unter ihnen eine Ernte einzubringen, war jedoch bisher immer daran gehindert worden.[8] So war er erpicht darauf, ihnen in Rom das Evangelium zu verkündigen.[9] Zum Ende seines Briefes kommt er auf dasselbe Thema erneut zu sprechen. Sein Ziel war es, das Evangelium dort zu verkündigen, wo man Christus nicht kannte, um nicht auf das Fundament eines anderen aufzubauen. Deshalb war er daran gehindert worden, zu ihnen zu kommen.[10] Doch jetzt, wo Griechenland evangelisiert worden war, gab es für ihn in diesem Gebiet keinen Raum mehr. Und weil er sich jahrelang danach gesehnt hatte, sie von Angesicht zu Angesicht zu sehen, hoffte und plante er, sie auf seinem Weg nach Spanien zu besuchen.[11] Zuerst musste er aber nach Jerusalem gehen, um die Spende abzugeben, die er organisiert hatte. Doch wenn er diese Aufgabe erfüllt hatte, dann war er zuversichtlich, dass er mit dem vollen Segen Christi zu ihnen kommen würde.[12] So forderte er sie dazu auf, an seinem Leiden teilzuhaben, indem sie für ihn beteten, dass sein Dienst am Volk Gottes in Jerusalem angenommen werden würde und dass er hinterher durch den Willen Gottes mit Freuden bei ihnen ankommen würde.[13] Paulus schrieb an die Römer in einer sehr persönlichen Art und Weise: »Ich bete ... ich sehne mich danach ... ich eifere danach ... ich plane ... ich hoffe ... ich ermahne euch ...« Und in all diesem blieb er sich selbst treu. Sein Hoffen, Sehnen und Eifern wurde zu einem Plan und dann zu einem Gebet, an dem sie auf seine Bitten hin teilhaben sollten. Der Gedanke an diesen Besuch bedeutete ihm so viel, dass er dies Lukas und seinen anderen Freunden mitgeteilt haben muss. Rom bestimmte von nun an seinen Horizont.

Lukas scheint tatsächlich sein Material im Evangelium und der Apostelgeschichte bewusst so angeordnet zu haben, um das hervorzuheben, was Floyd V. Filson das »Reisemotiv« genannt hat. Zwei Fünftel seines Evangeliums beschreiben Jesu Reise von Galiläa nach Jerusalem,[14] und das letzte Drittel der Apostelgeschichte beschreibt die Reise von Paulus von Jerusalem nach Rom (Apg 19,21-28,31). Auf diese Weise deutet Lukas an, dass Jerusalem und sein Tempel für die Gemeinde entbehrlich sind. »Es würde die grundlegende geographische Sichtweise von Lukas aufgreifen, wenn man das Evangelium von Lukas ›Von Galiläa nach Jerusalem‹ und die Apostelgeschichte ›Von Jerusalem nach Rom‹ nennen würde«, denn Jerusalem war das Ziel des Dienstes Jesu, während Rom das Ziel von Paulus war.[15] Auch wenn sich die Reisen von Jesus und Paulus voneinander in ihrer letztendlichen Richtung und ihrem Bestimmungsort unterschieden, so ähneln sie einander doch in ihrem Aufbau, denn beide schließen eine resolute Entschlossenheit, eine Gefangenschaft, eine Reihe von Gerichtsverhandlungen in jüdischen und römischen Gerichten und sogar Tod und Auferstehung ein. Denn Paulus Abstieg in die Dunkelheit und die Gefahr des Sturmes war eine Art Grab, während seine Befreiung aus diesem Schiffbruch und seine spätere Reise nach Rom im Frühling eine Art Auferstehung waren. Die »größte Rechtfertigung des Paulus« durch Lukas war die, dass er ihn als »so sehr dem Leben des Herrn entsprechend« darstellte, »dass sogar ihre Leiden und Befreiung zueinander parallel sind«.[16]

18.1 Von Cäsarea nach Kreta (Apg 27, 1 - 12)

Viele Leser von Apostelgeschichte 27 haben sich zu der Präzision, Genauigkeit und Lebendigkeit der Erzählung geäußert. Die Erklärung dafür liegt sicherlich nicht darin, dass Lukas Anleihen bei einer Beschreibung der Seereise und des Schiffbruchs eines anderen aus erster Hand gemacht hat – dies haben einige liberale Theologen vermutet – sondern eher darin, dass er selbst bei der Reise von Paulus von Jerusalem nach Rom dabei war, wie es das vierte und letzte »Wir-Stück« andeutet, das von Apostelgeschichte 27, 1 bis 28, 16 geht, und dass er ein Tagebuch über die Schiffsreise führte, aus dem er später schöpfte. »In der gesamten klassischen Literatur«, so schreibt Thomas Walker, »gibt es keinen solch ausführlichen Bericht über die Funktion eines antiken Schiffs.«[17]

James Smith aus Jordanhill in Renfrewshire in Schottland hat am meisten dazu beigetragen, die Genauigkeit von Lukas in Apostelgeschichte 27 zu rechtfertigen. Sein Buch *The Voyage and Shipwreck of St. Paul* (»Die Schiffsreise und der Schiffbruch von Paulus«) wurde 1848 veröffentlicht.[18] Er war Soldat von Beruf, ein begeisterter Segler mit dreißigjähriger Erfahrung, ein ausgezeichneter Amateurgeologe und Geograf und ein Mitglied der Royal Society. Er war erfolgreich und lebte in Gibraltar, Lissabon und Malta und verbrachte den Winter 1844/45 auf Malta, während er sich mit der Seereise von Paulus beschäftigte. Er wurde von weiten Kreisen gelesen, er machte sich mit den Wetterbedingungen des Mittelmeers bekannt und befasste sich mit der Navigation und Seefahrt der Antike und Moderne. Sein allgemeiner Schluss war der, dass Apostelgeschichte 27 das Werk eines Augenzeugen war, der eine Landratte und kein professioneller Seemann ist: »Kein Seemann würde in einem Stil geschrieben haben, der dem eines Seemannes so unähnlich ist; kein Mann, der kein Seemann war, könnte einen Bericht über eine Seereise geschrieben haben, der in allen Teilen so übereinstimmend war, wenn er es nicht selbst gesehen hätte«.[19]

(1) Als es aber beschlossen war, dass wir nach Italien fahren sollten, übergaben sie Paulus und einige andre Gefangene einem Hauptmann mit Namen Julius von einer kaiserlichen Abteilung.

Es wird angenommen – auch wenn es nicht ausdrücklich gesagt wird – dass sie von Cäsarea aus absegelten, weil Paulus dort zwei Jahre lang gefangen gehalten worden war und vor Felix, Festus und Agrippa vor Gericht gestanden hatte. Wer waren die *andre[n] Gefangene[n]*, die auch mit an Bord waren? Ramsay vermutet, dass sie »aller Wahrscheinlichkeit nach zum Tode verurteilt worden waren und den ständigen Bedarf Roms an menschlichen Opfern aus den Provinzen stillten, die das Volk durch ihren Tod in der Arena amüsieren sollten«.[20]

Es schien kein Schiff zur Verfügung gestanden zu haben, das die Gefangenen hätte direkt nach Italien bringen können. Folglich fand die Reise von Cäsarea nach Malta in zwei Abschnitten und auf zwei Schiffen statt, die vermutlich aus Adramyttion (V. 2) und Alexandria (V. 6) kamen.

a. Ein Schiff aus Adramyttion (Apg 27,2 - 5)

(2) Wir bestiegen aber ein Schiff aus Adramyttion, das die Küstenstädte der Provinz Asien anlaufen sollte, und fuhren ab; mit uns war auch Aristarch, ein Mazedonier aus Thessalonich. (3) Und am nächsten Tag kamen wir in Sidon an; und Julius verhielt sich freundlich gegen Paulus und erlaubte ihm, zu seinen Freunden zu gehen und sich pflegen zu lassen. (4) Und von da stießen wir ab und fuhren im Schutz von Zypern hin, weil uns die Winde entgegen waren, (5) und fuhren über das Meer längs der Küste von Zilizien und Pamphylien und kamen nach Myra in Lyzien.

Adramyttion lag an der Nordostküste der Ägäis, nicht weit von Troas. Dieses Schiff wird ein Küstenschiff gewesen sein, das auf seinem Rückweg zum Heimathafen war. Doch wie hatten Lukas und Aristarch (sie waren mit Paulus nach Jerusalem gereist, Apg 20,4) die Genehmigung erhalten, Paulus zu begleiten? Ramsay macht den plausiblen Vorschlag, dass »sie als seine Sklaven mitgereist sein müssen«.[21] Dies mag in den Augen des Hauptmannes die Wichtigkeit von Paulus noch vergrößert haben und kann teilweise den Respekt erklären, mit dem er behandelt wurde. Andererseits verweist Paulus später auf Aristarch mit den Worten »mein Mitgefangener«.[22]

Der zuerst genannte Hafen ist Sidon. Dies wird ein Handelsstopp für das Schiff gewesen sein, doch für Paulus eine wertvolle Möglichkeit, ein paar Stunden lang mit christlichen Freunden Gemeinschaft zu haben (V. 3). Weil die vorherrschenden Winde aus Westen gekommen sein müssen,[23] besagen die Worte »wir fuhren im Schutz von Zypern«, dass sie nördlich an Zypern vorbeisegelten (V. 4). Dies erklärt auch, wie sie über die offene See segelten und weg von der Küste von Zilizien (wo seine Heimatstadt Tarsus lag) und Pamphylien (wo sie auf ihrer ersten Missionsreise gelandet waren) und in Myra ankamen (V. 5), wo sie dann das Schiff wechselten. Nach dem Westlichen Text hatte die Reise bis hierher 14 Tage lang gedauert.

b. Ein Schiff aus Alexandria (Apg 27, 6 - 12)

(6) Und dort fand der Hauptmann ein Schiff aus Alexandria, das nach Italien ging, und ließ uns darauf übersteigen. (7) Wir kamen aber viele Tage nur langsam vorwärts und gelangten mit Mühe bis auf die Höhe von Knidos, denn der Wind hinderte uns; und wir fuhren im Schutz von Kreta hin, bis auf die Höhe von Salmone, (8) und gelangten kaum daran vorbei und kamen an einen Ort, der »Guthafen« heißt; nahe dabei lag die Stadt Lasäa. (9) Da nun viel Zeit vergangen war und die Schifffahrt bereits gefährlich wurde, weil auch die Fastenzeit schon vorüber war, ermahnte sie Paulus (10) und sprach zu ihnen: Liebe Männer, ich sehe, dass diese Fahrt nur mit Leid und großem Schaden vor sich gehen wird, nicht allein für die Ladung und das Schiff, sondern auch für unser Leben. (11) Aber der Hauptmann glaubte dem Steuermann und dem Schiffsherrn mehr als dem, was Paulus sagte. (12) Und da der Hafen zum Überwintern ungeeignet war, bestanden die meisten von ihnen auf dem Plan, von dort weiterzufahren und zu versuchen, ob sie zum Überwintern bis nach Phönix kommen könnten, einem Hafen auf Kreta, der gegen Südwest und Nordwest offen ist.

Nun fand der Hauptmann Julius – der in der Entfaltung der Erzählung von Lukas unsere Bewunderung für seine Freundlichkeit und seinen Menschenverstand gewinnt – was er schon früher gesucht hatte, nämlich ein Schiff, das nach Italien segelte. Es transportierte Getreide (siehe Vers 38) und kam aus Alexandria, da Ägypten die Kornkammer Roms war. Sie segelten zwischen dem Festland und der Insel Rhodos, jedoch nur sehr langsam, weil sie Gegenwind hatten, und kamen in Knidos an, das an der südwestlichen Spitze von Kleinasien lag. Doch anstatt westlich über das weniger tiefe Ende der Ägäis weiterzusegeln, zwang der Wind sie, fast genau nach Süden Richtung Kreta zu segeln. Der Wind aus Nordwesten ist tatsächlich »genau der Wind, der in diesem Meer zum Ende des Sommers erwartet wurde«.[24] Sie umrundeten das Kap Salmone und hielten sich dicht an die Südküste von Kreta, bis sie Guthafen erreichten. Jedem war klar, dass sie ihre Reise nach Italien nicht zu Ende führen konnten. Sie mussten irgendwo überwintern. Die einzige Frage war, ob sie dies in Guthafen tun oder einen besseren Hafen weiter westlich suchen sollten. Die widerwärtigen Wetterbedingungen hatten eine ernsthafte Verzögerung verursacht. Der Versöhnungstag war bereits vergangen, der nach Ramsay auf den 5. Oktober des Jahres 59 n. Chr. fiel.[25] Somit hatten sie die fürs Segeln gefährliche Jahreszeit erreicht, welche Anfang November begann. Paulus, der eine Menge Erfahrung mit dem Mittelmeer hatte, warnte sie davor, weiter zu segeln, weil dies den Verlust der Ladung, des Schiffes und des Lebens mit sich bringen würde (V. 10). Doch der Kapitän und der Besitzer des Schiffes dachten anders, und der Hauptmann stimmte ihnen zu (V. 11), weil Guthafen kein ausreichend geschützter Hafen zum Überwintern war. So entscheiden sie sich, weitere 65 km nach Phönix zu reisen. Es gibt jedoch Uneinigkeit darüber, ob dies Lutro (welches nach Osten hin offen ist) oder Phineka (welches nach Westen gerichtet) ist. Die einfachste Übersetzung des Endes von Vers 12 ist »gegen Südwest und Nordwest offen«, was Phineka begünstigen würde, auch wenn Smith sich für Lutro aussprach, indem er übersetzte »in derselben Richtung wie« die Winde aus Südwest und Nordwest, das heißt Osten.[26]

18.2 Sturm auf der offenen See (Apg 27,13-20)

(13) Als aber der Südwind wehte, meinten sie, ihr Vorhaben ausführen zu können, lichteten die Anker und fuhren nahe an Kreta entlang. (14) Nicht lange danach aber brach von der Insel her ein Sturmwind los, den man Nordost nennt. (15) Und da das Schiff ergriffen wurde und nicht mehr gegen den Wind gerichtet werden konnte, gaben wir auf und ließen uns treiben. (16) Wir fuhren aber vorbei an einer Insel, die Kauda heißt, da konnten wir mit Mühe das Beiboot in unsre Gewalt bekommen. (17) Sie zogen es herauf und umspannten zum Schutz das Schiff mit Seilen. Da sie aber fürchteten, in die Syrte zu geraten, ließen sie den Treibanker herunter und trieben so dahin. (18) Und da wir großes Ungewitter erlitten, warfen sie am nächsten Tag Ladung ins Meer. (19) Und am dritten Tag warfen sie mit eigenen Händen das Schiffsgerät hinaus. (20) Da aber viele Tage weder Sonne noch Sterne schienen und ein gewaltiges Ungewitter uns bedrängte, war all unsre Hoffnung auf Rettung dahin.

Die sanfte Brise aus Süden, die sich erhob, täuschte sie so, dass sie dachten, dass sie weitere 65 km vorankommen könnten (V. 13). Doch *ein Sturmwind* (*typhōnikos*), der »Nordost« genannt wurde (wörtlich »*Eurakylon*, eine Wortzusammenstellung aus *Euros*, Ostwind, und dem lateinischen *Aquilo*, Nordwind«),[27] fegte von den Bergen Kretas herunter (V. 14) und zwang das Schiff, sich von ihm treiben zu lassen (V. 15).[28]

Das Schiff war bereits in großer Gefahr, denn wenn es einmal aus dem Schutz von Kreta geraten war, gab es keine weiteren Häfen, nur noch die offene See. Es ist faszinierend zu lesen, welche fünf Vorsichtsmaßnahmen die Schiffsmannschaft nun unternahm, um verzweifelt zu versuchen, ihr Schiff noch zu retten: Zuerst konnten sie gerade noch ihr Rettungsboot an sich ziehen, als sie kurz erforschten, was die kleine Felseninsel Kauda (oder Klauda) ihnen zu bieten hatte (V. 16). Lukas schreibt, dass »wir« es – wenn auch unter größten Schwierigkeiten, so fügt er hinzu – taten, weil er selbst mit

Hand anlegte – »wahrscheinlich erinnerte er sich an Blasen an den Händen!«[29] Als Zweites »umspannten sie das Schiff mit Seilen«, entweder indem sie Seile unter den Rumpf herunterließen, die die Planken zusammenhalten sollten, oder indem sie Heck und Bug auf Deck zusammenbanden, um so zu verhindern, dass der Rumpf des Schiffs zerbrach (V. 17a).[30] Drittens ließen sie entweder das Hauptsegel (Schlachter, Menge) oder den Treibanker (Luther '84, GNB, HFN, Einh.) herunter, die bremsen sollten, als sie weitertrieben, weil sie die Sandbank der Syrte fürchteten, die, auch wenn sie viele Kilometer südlich der lybischen Küste lag, von allen Mittelmeermatrosen gemieden wurde (V. 17b). Als der Sturm am folgenden Tag ohne Unterlass tobte, warfen sie viertens einen Teil der Ladung über Bord (V. 18). Am dritten Tag des Unwetters warfen sie so viele Teile des Schiffsgerätes oder der Ausrüstung hinaus, wie sie entbehren konnten (V. 19). Nach vielen Tagen dieses wütenden Sturmes (11 weitere, um genau zu sein) ohne Sonne und Sterne, die sie hätten leiten können, und natürlich zu der damaligen Zeit ohne Kompass oder Sextant, scheint die Besatzung des Schiffes dann schließlich endgültig alle Hoffnung auf Rettung aufgegeben zu haben. Doch in dieser verzweifelten Lage trat Paulus mit einem Wort der Ermutigung hervor.

18.3 Das dreimalige Eingreifen des Paulus (Apg 27,21-38)

Lukas hat Paulus in der Apostelgeschichte bisher als den Apostel für die Heiden, den Pioniermissionar auf seinen Missionsreisen, den Gefangenen und den sich Verteidigenden beschrieben. Nun stellt er ihn jedoch in einem anderen Licht dar. Er ist nicht mehr der verehrte Apostel, sondern ein normaler Mann unter Männern, ein einsamer Christ (abgesehen von Lukas selbst und Aristarch) unter nahezu 300 Nichtchristen, die entweder Soldaten, Gefangene oder vielleicht Kaufleute waren oder zur Schiffsbesatzung gehörten. Doch die von Gott dem Paulus gegebene Begabung der Führerschaft, kommt auch hier klar zum Vorschein. »Es ist fast sicher«, so schreibt William Barclay, »dass Paulus der erfahrenste Reisende an Bord dieses Schiffes war.«[31] Sogar Haenchen, der die Beschreibung von Paulus durch Lukas spöttisch als »starken, unerschütterlichen und von Triumph zu Triumph schreitenden Liebling Gottes« abtut,[32] gibt zu, dass es Lukas nicht gelingt, unsere Aufmerksamkeit im richtigen Umfang auf die Erfahrung von Paulus als bejahrten Seefahrer zu lenken. Er erfasst die 11 Seereisen des Apostels auf dem Mittelmeer, *bevor* er nach Rom segelte, und errechnet – auch wenn er es uns überlässt, die Summe zusammenzurechnen – dass Paulus mindestens 5.500 km auf dem Meer gereist ist. Doch es war mehr als reiche Erfahrung, die Paulus an Bord des Schiffes als Führer hervortreten ließ, es war sein christlicher Glaube und Charakter.

Paulus hatte bereits einmal gesprochen, als er seine Ansicht darüber geäußert hatte, wo das Schiff überwintern sollte, doch man setzte sich über seine Warnung hinweg (V. 9-12). Nun berichtet Lukas über sein dreimaliges Eingreifen, wobei er bei jedem Mal der Schiffsbesatzung einen klaren Befehl erteilt.

a. Die Aufforderung, den Mut zu behalten (Apg 27,21-26)

(21) Und als man lange nichts gegessen hatte, trat Paulus mitten unter sie und sprach: Liebe Männer, man hätte auf mich hören sollen und nicht von Kreta aufbrechen, dann wäre uns Leid und Schaden erspart geblieben. (22) Doch nun ermahne ich euch: seid unverzagt; denn keiner von euch wird umkommen, nur das Schiff. (23) Denn diese Nacht trat zu mir der Engel des Gottes, dem ich gehöre und dem ich diene, (24) und sprach: Fürchte dich nicht, Paulus, du musst vor den Kaiser gestellt werden; und siehe, Gott hat dir geschenkt alle, die mit dir fahren. (25) Darum, liebe Männer, seid unverzagt; denn ich glaube Gott, es wird so geschehen, wie mir gesagt ist. (26) Wir werden aber auf eine Insel auflaufen.

Ich meine nicht, dass wir die Aussage von Paulus »man hätte auf mich hören sollen« als eine billige Art und Weise ansehen sollten, mit der er ihnen einen Punkt abrang (V. 21). Nach all den Ereignissen war seine Meinung, die der Minderheit entsprach, die richtige gewesen. Vielleicht würden sie in der Zukunft mehr auf seine Äußerungen achten. Auf alle Fälle hatte er in dem, was er zu sagen hatte, eine feste Überzeugung. Zweimal fordert er sie dazu auf, ihren Mut zu behalten (V. 22. 25). Warum? Weil, so sagte er, nur das Schiff, aber keiner von ihnen zu Grunde gehen würde (V. 22). Weshalb war er sich so sicher? Weil in der vergangenen Nacht ein Engel des Gottes, zu dem er gehörte und dem er diente, an seiner Seite gestanden hatte (V. 23), ihm gesagt hatte, er solle sich nicht fürchten, und ihm versprochen hatte, dass er ganz bestimmt vor dem Kaiser vor Gericht stehen würde, und er hatte hinzugefügt, dass Gott ihm (vielleicht als Antwort auf sein Gebet) das Leben all seiner Mitreisenden geben würde (V. 24). Diese Verheißungen Gottes waren die Grundlage für die Aufforderung des Paulus an alle, ihren Mut zu behalten. Denn er glaubte an Gott, an sein Wesen und seinen Bund, und er war davon überzeugt, dass er seine Verheißungen halten würde (V. 25), selbst dann, wenn das Schiff auf irgendeiner Insel auf Grund gelaufen war (V. 26).

b. Die Aufforderung zusammenzubleiben (Apg 27,27 - 32)

(27) Als aber die vierzehnte Nacht kam, seit wir in der Adria trieben, wähnten die Schiffsleute um Mitternacht, sie kämen an ein Land. (28) Und sie warfen das Senkblei aus und fanden es zwanzig Faden tief; und ein wenig weiter loteten sie abermals und fanden es fünfzehn Faden tief. (29) Da fürchteten sie, wir würden auf Klippen geraten, und warfen hinten vom Schiff vier Anker aus und wünschten, dass es Tag würde. (30) Als aber die Schiffsleute vom Schiff zu fliehen suchten und das Beiboot ins Meer herabließen und vorgaben, sie wollten auch vorne die Anker herunter-

lassen, (31) sprach Paulus zu dem Hauptmann und zu den Soldaten: Wenn diese nicht auf dem Schiff bleiben, könnt ihr nicht gerettet werden. (32) Da hieben die Soldaten die Taue ab und ließen das Beiboot ins Meer fallen.

Seitdem das Schiff von der Küste Kretas abgetrieben worden war und hilflos in der Adria (ein Wort, das nach dem volkstümlichen Sprachgebrauch in der Antike den gesamten Zentralbereich des östlichen Mittelmeeres bezeichnete) trieb, waren nun 14 Tage vergangen. Doch in der vierzehnten Nacht ahnten die Matrosen, dass sie sich dem Land näherten (V. 27), wahrscheinlich weil sie das Brechen der Wellen an der Küste hörten. Von der Richtung und der Geschwindigkeit des herumtreibenden Schiffes ausgehend – demzufolge ein sehr ungenaues Vorgehen – schließt Smith, dass »ein Schiff, dass spät am Abend von Klauda aus starten würde, um Mitternacht des vierzehnten Tages weniger als fünf km vom Eingang des *St. Paul's Bay* (»St. Paulus Bucht«) von Malta entfernt sein würde«.[33] So warfen die Matrosen das Senkblei aus und fanden es zuerst 20 Faden (36 m) und danach 15 Faden (27 m) tief (V. 28). Weil sie Felsen oder ein Riff fürchteten, ließen sie an der Heckseite vier Anker zu Wasser, um sicherzugehen, dass sie stehen bleiben würden, und sie beteten darum, dass die Morgendämmerung heraufziehen würde (V. 29). Nun, so berichtet Lukas uns, wollten die Matrosen versuchen zu fliehen. Sie gaben vor, mehr Anker auswerfen zu wollen, diesmal vom Bug aus, und sie ließen ein Beiboot zu Wasser (V. 30). Doch Paulus wusste irgendwie, was vor sich ging, »entweder durch einen natürlichen Scharfsinn, durch seemännische Erfahrung oder durch eine spezielle Offenbarung«,[34] und er sagte zu Julius und seinen Leuten: »*Wenn diese nicht auf dem Schiff bleiben, könnt ihr nicht gerettet werden*« (V. 31). Gottes Verheißung, ihm das Leben der gesamten Schiffsbesatzung zu geben, setzte klar voraus, dass sie zusammenblieben. So hieben die Soldaten die Seile des Beibootes ab und ließen es abtreiben (V. 32).

c. Die Aufforderung, Essen zu sich zu nehmen (Apg 27, 33 - 38)

(33) Und als es anfing hell zu werden, ermahnte Paulus sie alle, Nahrung zu sich zu nehmen, und sprach: Es ist heute der vierzehnte Tag, dass ihr wartet und ohne Nahrung geblieben seid und nichts zu euch genommen habt. (34) Darum ermahne ich euch, etwas zu essen; denn das dient zu eurer Rettung; es wird keinem von euch ein Haar vom Haupt fallen. (35) Und als er das gesagt hatte, nahm er Brot, dankte Gott vor ihnen allen und brach's und fing an zu essen. (36) Da wurden sie alle guten Mutes und nahmen auch Nahrung zu sich. (37) Wir waren aber alle zusammen im Schiff zweihundertsechsundsiebzig. (38) Und nachdem sie satt geworden waren, erleichterten sie das Schiff und warfen das Getreide in das Meer.

Es brach gerade die Morgendämmerung an, als Paulus das dritte Mal eingriff und jeden dazu aufforderte zu essen, weil sie dies seit 14 Tagen nicht getan hatten, entweder weil sie warteten (V. 33), sie seekrank waren, die Essenszuteilungen sanktioniert worden waren oder weil das Kochen in dem Sturm nicht möglich gewesen war. Doch nun drängte er sie dazu, zu essen, damit sie überlebten, denn, so fügte er hinzu – anscheinend in einer Anspielung auf die Lehre Jesu[35] – keiner von ihnen würde ein einziges Haar verlieren (V. 34). Dann machte er sich selbst zum Vorbild, dankte öffentlich für die Nahrung und begann zu essen. Wegen der Reihenfolge – er nahm das Brot, dankte, brach und aß es, haben manche dies als ein Abendmahl geschildert. Doch weder die Situation noch die Versammlung ungläubiger Soldaten, Matrosen und Gefangener waren dafür angemessen. Es war mit Sicherheit ein normales Essen, auch wenn das Essen durch Danksagung geheiligt war.[36] Als Ergebnis dessen wurde der Rest der Schiffsmannschaft ermutigt (dies ist dasselbe griechische Wort wie in den Versen 22 und 25) und folgte seinem Beispiel (V. 36). Zu diesem Zeitpunkt erwähnt Lukas die Anzahl der Menschen an Bord: 276 (V. 37). Waren sie vielleicht wegen der

Aufteilung des Essens gezählt worden? Nachdem sie so viel gegessen hatten, wie sie wollten, wurde der Rest der Weizenladung ins Meer geworfen (V. 38).

In dieser Situation zeigen sich Charakterzüge von Paulus, die ihn uns als vielseitig begabten Christen lieb machen, der Geistlichkeit mit gesundem Menschenverstand und Glauben mit Werken verband. Er glaubte, dass Gott seine Verheißungen halten würde, und hatte den Mut, das Tischgebet in der Gegenwart einer Menge von verbissenen Heiden zu sprechen. Doch sein Vertrauen und seine Frömmigkeit ließen ihn dennoch erkennen, dass das Schiff mit dem Einsetzen des Winters nichts riskieren sollte oder dass man den Matrosen nicht gestatten konnte zu entkommen oder dass die hungrige Besatzung und die hungrigen Passagiere etwas essen mussten, um zu überleben, oder (später) dass er Holz sammeln musste, um das Feuer am Strand am Brennen zu erhalten. Was für ein Mann war Paulus! Er war ein Mann Gottes und ein Mann der Tat, ein Mann des Heiligen Geistes und des gesunden Menschenverstandes.

18.4 Schiffbruch auf Malta (Apg 27,39-28,10)

a. Die Flucht vor dem Meer (Apg 27,39-44)

(39) Als es aber Tag wurde, kannten sie das Land nicht; eine Bucht aber wurden sie gewahr, die hatte ein flaches Ufer. Dahin wollten sie das Schiff treiben lassen, wenn es möglich wäre. (40) Und sie hieben die Anker ab und ließen sie im Meer, banden die Steuerruder los und richteten das Segel nach dem Wind und hielten auf das Ufer zu. (41) Und als sie auf eine Sandbank gerieten, ließen sie das Schiff auflaufen, und das Vorderschiff bohrte sich ein und saß fest, aber das Hinterschiff zerbrach unter der Gewalt der Wellen. (42) Die Soldaten aber hatten vor, die Gefangenen zu töten, damit niemand fortschwimmen und entfliehen könne. (43) Aber der Hauptmann wollte Paulus am Leben erhalten und

wehrte ihrem Vorhaben und ließ die, die schwimmen konnten, als erste ins Meer springen und sich ans Land retten, (44) die andern aber einige auf Brettern, einige auf dem, was noch vom Schiff da war. Und so geschah es, dass sie alle gerettet ans Land kamen.

Selbst als es bereits hell war, konnte die Besatzung die Insel nicht erkennen, doch fanden sie später heraus, dass es Malta war (Apg 28, 1). James Smith war davon überzeugt, dass der Schiffbruch an dem Ort stattfand, wo er üblicherweise lokalisiert wird, nämlich im *St. Paul's Bay* (»Sankt Paulus Bucht«), an der nordöstlichen Küste der Insel. Mit Sicherheit bewegte Smith die Anordnung der Klippen (V. 29), die er als den niedrigen felsigen *Point of Qawra (Koura)* (»Punkt von Qawra«) identifizierte, die Bucht mit flachem Ufer (V. 39) und die Sandbank (V. 41), wörtlich »einen Ort von zwei Meeren«, der, wie er glaubte, die kleine von Schlick bedeckte Bucht zwischen der Insel Salmonetta (St. Paul's Island) und dem Festland, dazu zu sagen, dass »diese Merkmale immer noch die Küste perfekt kennzeichnen«.[37] Sicherlich haben die Buchten, Strände, Sandbänke und auch die Felsen während der folgenden 19 Jahrhunderte ihre Umrisse verändert, dennoch scheint es keinen Grund zu geben, es in Frage zu stellen, diese als solche wieder erkennen zu können.

Die Matrosen »hieben die Anker ab ..., banden die Steuerruder los«, die in antiken Schiffen als Ruder verwendet wurden, sie »richteten das Segel nach dem Wind und hielten auf das Ufer zu« (V. 40). Doch das Schiff stieß auf Sand oder Schlick, der wahrscheinlich untergeschwemmt worden war. Während der Bug nicht mehr zu bewegen war, zerbrachen die Wellen das Hinterschiff in Stücke (V. 41). Als die Soldaten ohne Befehl von oben die Gefangenen töten wollten (V. 42) – denn sie wussten, dass sie nach dem römischen Gesetz selbst dafür haftbar gemacht werden würden, dieselbe Strafe wie die Gefangenen zu erleiden, wenn irgendeiner entfloh –, gebot der Hauptmann ihnen Einhalt. Er befahl dann, dass zuerst die Schwimmer über Bord springen sollten (V. 43), während der

Rest Planken oder Wrackteile benutzen sollte, um ans Ufer zu gelangen. *Und so geschah es*, wie der Übersetzer J. B. Philipps schrieb, um die Erfüllung der Verheißung Gottes auszudrücken, *dass sie alle gerettet ans Land kamen.*

b. Das Lagerfeuer am Strand (Apg 28, 1 - 6)

(1) Und als wir gerettet waren, erfuhren wir, dass die Insel Malta hieß. (2) Die Leute aber erwiesen uns nicht geringe Freundlichkeit, zündeten ein Feuer an und nahmen uns alle auf wegen des Regens, der über uns gekommen war, und wegen der Kälte. (3) Als nun Paulus einen Haufen Reisig zusammenraffte und aufs Feuer legte, fuhr wegen der Hitze eine Schlange heraus und biss sich an seiner Hand fest. (4) Als aber die Leute das Tier an seiner Hand hängen sahen, sprachen sie untereinander: Dieser Mensch muss ein Mörder sein, den die Göttin der Rache nicht leben lässt, obgleich er dem Meer entkommen ist. (5) Er aber schlenkerte das Tier ins Feuer, und es widerfuhr ihm nichts Übles. (6) Sie aber warteten, dass er anschwellen oder plötzlich tot umfallen würde. Als sie nun lange gewartet hatten und sahen, dass ihm nichts Schlimmes widerfuhr, änderten sie ihre Meinung und sprachen: Er ist ein Gott.

Das Wort, das bei Luther in den Versen 2 und 4 mit »Leute« übersetzt wird, ist *barbaroi*, jedoch ist es falsch, es mit »Barbaren« zu übersetzen (Meister, Schlachter, Anm. bei Albrecht). Die Griechen verwendeten dieses Wort für alle Ausländer, die (statt Griechisch) ihre eigene Sprache gebrauchten (vgl. Menge, Rev. Elb., Einh.). Die *nicht geringe Freundlichkeit*, die sie den schiffbrüchigen Seereisenden erwiesen, indem sie ein Lagerfeuer in der frühmorgendlichen Kälte und dem Regen aufbauten (V. 2), deutet an, dass sie das genaue Gegenteil von primitiven und wilden Eingeborenen waren. Paulus trägt seinen Teil dazu bei, indem er *einen Haufen Reisig zusammenraffte*, aus dem eine Schlange glitt, die durch die

Hitze vertrieben wurde. Lukas sagt nicht ausdrücklich, dass Paulus gebissen wurde, auch wenn seine Aussage, dass die Schlange *sich an seiner Hand festbiss* (V. 3) und *an seiner Hand* hing (V. 4), dieses vielleicht andeuten soll. Jedenfalls waren sich die Inselbewohner sicher, dass er gebissen worden war. Deshalb kamen sie zu dem Schluss, dass er ein Mörder sei, dem, nachdem er vor dem Ertrinken gerettet worden war, nun nachgegangen wurde und der von der Gottheit *Dike*, der Personifizierung der Gerechtigkeit und Rache, vergiftet werden sollte. Doch als sie Paulus zuschauten, warf dieser die Schlange in das Feuer, und er schwoll weder an noch fiel er tot zu Boden. Lukas amüsiert sich offensichtlich darüber, dass sie sofort ihre Überzeugung änderten und ihn dann Gott nannten. So schnell änderte die Menschenmenge ihre Meinung, dass Paulus in Lystra zuerst angebetet wurde, danach jedoch gesteinigt (Apg 14, 11 - 19), während er auf Malta zuerst ein Mörder und danach Gott genannt wird. Doch die Wahrheit lag in keinem dieser beiden Extreme. Statt dass er ertrank oder von *Dike* vergiftet wurde, war Paulus durch Jesus von diesen beiden Schicksalen bewahrt worden.[38]

c. Die Heilungen auf der Insel (Apg 28, 7 - 10)

(7) In dieser Gegend hatte der angesehenste Mann der Insel, mit Namen Publius, Landgüter; der nahm uns auf und beherbergte uns drei Tage lang freundlich. (8) Es geschah aber, dass der Vater des Publius am Fieber und an der Ruhr darnieder lag. Zu dem ging Paulus hinein und betete und legte die Hände auf ihn und machte ihn gesund. (9) Als das geschehen war, kamen auch die andern Kranken der Insel herbei und ließen sich gesund machen. (10) Und sie erwiesen uns große Ehre; und als wir abfuhren, gaben sie uns mit, was wir nötig hatten.

Das Land am Strand gehörte einem Mann namens Publius, den Lukas den *angesehenste[n] Mann der Insel* nennt, der der »Vornehmste der Insel« war (Schlachter), vielleicht der

»obersten Regierungsbeamte der Insel« (HFN). Er öffnete sein Haus für »uns«, so sagt Lukas, vermutlich für eine ausgewählte Gruppe der schiffbrüchigen Männer, und nicht für alle 276, und er erwies sich drei Tage lang als freigebig in seiner Gastfreundschaft (V. 7). Während ihres Aufenthaltes in diesem Haus bekamen sie zu wissen, dass der Vater von Publius auch dort war und krank zu Bett lag. Lukas beschreibt seine Beschwerden als »Fieber und ... Ruhr«, die Longenecker zurückhaltend als »Maltafieber« diagnostiziert, welches, wie er hinzufügt, »lange Zeit in Malta, Gibraltar und an anderen Mittelmeerorten üblich war«. Das Bakterium, das dieses Fieber verursacht, ist offensichtlich 1887 identifiziert und auf die Milch der maltesischen Ziegen zurückgeführt worden. Obwohl ein Impfstoff entwickelt worden ist, dauert das Fieber durchschnittlich vier Monate und hält manchmal sogar zwei oder drei Jahre an.[39] Doch nicht bei dem Vater von Publius. Denn Paulus heilte ihn sofort, indem er betete und ihm die Hände auflegte (V. 8). Als sich diese Nachricht über die gesamte Insel verbreitet hatte, *kamen auch die andern Kranken der Insel herbei und ließen sich gesund machen* (V. 9). Auch wenn Lukas hier ein anderes Verb verwendet (*therapeuō*), das für medizinische Behandlungen gebräuchlich war und das er selbst für seine Arbeit als Arzt verwendet haben wird, gibt es in diesem Text keine Hinweise darauf, dass wir denken sollten, dass die Heilung des Vaters von Publius ein Wunder und die anderen Heilungen medizinischer Natur waren. Übernatürliche Heilungen waren Teil des Dienstes der Apostel,[40] und die Dankbarkeit der »Insulaner« drückte sich in Geschenken und Nahrungsmitteln aus (V. 10).

18.5 Die Ankunft in Rom (Apg 28,11-16)

(11) Nach drei Monaten aber fuhren wir ab mit einem Schiff aus Alexandria, das bei der Insel überwintert hatte und das Zeichen der Zwillinge führte. (12) Und als wir nach Syrakus kamen, blie-

ben wir drei Tage da. (13) Von da fuhren wir die Küste entlang und kamen nach Rhegion; und da am nächsten Tag der Südwind sich erhob, kamen wir in zwei Tagen nach Puteoli. (14) Dort fanden wir Brüder und wurden von ihnen gebeten, sieben Tage da zu bleiben. Und so kamen wir nach Rom. (15) Dort hatten die Brüder von uns gehört und kamen uns entgegen bis Forum Appii und Tres-Tabernae. Als Paulus sie sah, dankte er Gott und gewann Zuversicht. (16) Als wir nun nach Rom hineinkamen, wurde dem Paulus erlaubt, für sich allein zu wohnen mit dem Soldaten, der ihn bewachte.

Die schiffbrüchigen Männer verbrachten die drei Wintermonate auf der Insel, vielleicht von Mitte November bis Mitte Februar. Dann würde die Schifffahrt wieder beginnen und sie konnten ihr drittes Schiff anheuern, ein weiteres Schiff aus Alexandria (vgl. Apg 27,6), das selbst in einem der sicheren Häfen von Malta überwintert hatte. Seine geschnitzte und bemalte Galionsfigur stellte die *Dioskuren* dar, d. h., die »Zwillinge«, (die »Zwillingsbrüder Kastor und Pollux« Anm. Rev. Elb.), die nach der griechischen Mythologie die Söhne von Zeus (Jupiter) waren und die als Götter der Seefahrt und als die Schutzheiligen der Seefahrer galten.

Lukas verwendet wieder einmal sein Reisetagebuch und skizziert den übrigen Teil der Reise nach Rom über Meer und Land in vier Abschnitten:

1. Sie segelten von Malta in nordwestlicher Richtung nach Syrakus, der Hauptstadt von Sizilien, wo sie drei Tage blieben (V. 12).

2. Sie segelten weiter Richtung Norden und legten in Rhegion, am »Zeh« von Italien, an (V. 13). Die Wendung »im Bogen segelnd« (Menge, vgl. Rev. Elb.) oder »fuhren wir rund um die Küste« (Albrecht) bedeutet wahrscheinlich, dass die Winde so bliesen, dass ein Zickzackkurs oder ein Aufkreuzen notwendig war.

3. Am nächsten Tag segelten sie mit einem Südwind im Rücken und machten solch ausgezeichnete Fortschritte, dass

sie am folgenden Tag nach ungefähr 320 km Puteoli am Golf von Neapel erreichten (V. 13). Hier blieben sie eine Woche lang bei einigen christlichen Brüdern und Schwestern, vermutlich während Julius letzte Anweisungen für seine Gefangenen abwartete.

Die vierte Etappe der Reise ging über Land und nicht mehr zur See. Nach nur ein paar Kilometern werden sie die berühmte *Via Appia* erreicht haben, die direkt in nördlicher Richtung nach Rom führte und die Richard Longenecker »die älteste, geradeste und am perfektesten gebaute der römischen Straßen« genannt hat.[41] Die Christen in Rom hatten von ihrer Ankunft gehört und eine Delegation hatte sich aufgemacht, um Paulus und seine Begleiter zu treffen. Einige von ihnen reisten die 50 km bis zu *Tres-Tabernae* (»Drei Tavernen«), während andere 15 km weiter bis zu dem Marktflecken reisten, der *Forum Appii* genannt wurde. Da es sich um römische Ortsnamen handelt, gibt die Luther '84-Übersetzung diese Orte richtigerweise mit *Tres-Tabernae* und *Forum Appii* wieder. Es muss für Paulus ein sehr bewegendes Erlebnis gewesen sein, den ersten Bewohnern der Stadt seiner Träume persönlich zu begegnen, an die er seine große theologische und ethische Abhandlung geschrieben hatte. Es überrascht nicht, dass er bei ihrem Anblick Gott *dankte … und Zuversicht* gewann (V. 15b). Dann begleiteten sie ihn zurück an der *Via Appia* entlang, auf der sie gekommen waren. Bei seiner Ankunft, so berichtet Lukas, wurde Paulus *custodia militaris*, militärischer Schutz, bewilligt, der es ihm ermöglichte, in seiner eigenen Mietwohnung zu leben, während er unter der Aufsicht eines römischen Soldaten war, an den er am rechten Handgelenk mit einer Handschelle gefesselt blieb (V. 16). Der Westliche Text fügt zuvor jedoch ein, dass »der Hauptmann die Gefangenen an den *Stratopedarchen* übergab«,[42] was Bauer-Aland mit »Lagerkommandant« übersetzt.[43] Es wurde viel darüber diskutiert, was für eine Funktion dieser innehatte. Normalerweise denkt man, dass der *stratopedarchos* der Präfekt (Kommandant) der Wache des Prätoriums (*praefectus praetorii*), der kaiserlichen Garde, war, der sich für die Gefangenen aus der Provinz verantwortlich zeigte. Damals war dies Afranius Burrus. Doch nach Sherwin-White »ist ... die wahrscheinlichste Identifizierung die ..., dass der Offizier *princeps castrorum,* Hauptverwalter des *officium* der Kaisergarde war«, denn »dieser Beamte ist höchstwahrscheinlich die Person, die über die Gefangenen zu verfügen hatte, die auf ihren Prozess in Rom warteten«.[44]

18.6 Das Evangelium für Juden und Heiden (Apg 28, 17 - 31)

a. Paulus richtet sich an die Juden (Apg 28, 17 - 23)

(17) Es geschah aber nach drei Tagen, dass Paulus die Angesehensten der Juden bei sich zusammenrief. Als sie zusammengekommen waren, sprach er zu ihnen: Ihr Männer, liebe Brüder, ich habe nichts getan gegen unser Volk und die Ordnungen der Väter und bin doch als Gefangener aus Jerusalem überantwortet in die Hände der Römer. (18) Diese wollten mich losgeben, nachdem sie mich verhört hatten, weil nichts gegen mich vorlag, das den Tod verdient hätte. (19) Da aber die Juden widersprachen, war ich genötigt, mich auf den Kaiser zu berufen, nicht als hätte ich mein Volk wegen etwas zu verklagen. (20) Aus diesem Grund habe ich darum gebeten, dass ich euch sehen und zu euch sprechen könnte; denn um der Hoffnung Israels willen trage ich diese Ketten. (21) Sie aber sprachen zu ihm: Wir haben deinetwegen weder Briefe aus Judäa empfangen noch ist ein Bruder gekommen, der über dich etwas Schlechtes berichtet oder gesagt hätte. (22) Doch wollen wir von dir hören, was du denkst; denn von dieser Sekte ist uns bekannt, dass ihr an allen Enden widersprochen wird. (23) Und als sie ihm einen Tag bestimmt hatten, kamen viele zu ihm in die Herberge. Da erklärte und bezeugte er ihnen das Reich Gottes und predigte ihnen von Jesus aus dem Gesetz des Mose und aus den Propheten vom frühen Morgen bis zum Abend.

Seinem Prinzip entsprechend, dass das Evangelium eine Kraft Gottes zum Heil für »die Juden zuerst und ebenso die Griechen« ist,[45] sprach Paulus sogar in der Hauptstadt der Heiden zuerst zu den Juden. Drei Tage nach seiner Ankunft – er ließ sich nicht mehr Zeit, um sich von seiner anstrengenden Reise zu erholen – forderte er die jüdischen Führer dazu auf, sich mit ihm zu treffen. Er betonte drei Dinge: 1. Er selbst hatte nichts gegen das jüdische Volk (er nennt es »unser Volk«, V. 17) oder gegen ihre angestammten Traditionen (»das Possessivpronomen unser« bezieht sich auch auf die »Ordnungen der Väter«). 2. Nachdem er verhaftet, den Römern übergeben (V. 17) und von ihnen untersucht worden war, hatten diese ihn freilassen wollen, weil sie nichts an ihm finden konnten, was den Tod verdient hätte (V. 18). 3. Weil sich die Juden gegen diese Freilassung gestellt hatten, hatte er sich gezwungen gesehen, sich auf den Kaiser zu berufen, obwohl er nichts gegen sein Volk hatte (V. 19). Somit hatte Paulus nichts gegen die Juden getan, die Römer hatten nichts gegen ihn, und er hatte nichts (d. h. keine Anschuldigungen) gegen die Juden vorzubringen. Um diese Dinge zu klären, hatte er sie sehen wollen. Er war in jeder Hinsicht ein treuer Jude. Wegen der Hoffnung Israels, die messianische Erwartung, die sich in Jesus erfüllt hatte, war er demnach ein Gefangener (V. 20).

Die jüdischen Führer erklärten in ihrer Antwort, dass sie überraschenderweise keine offiziellen Briefe über ihn aus Judäa erreicht hätten und dass kein Jude, der sie besucht hatte, irgendetwas Schlechtes über ihn gesagt habe (V. 21). Sie wollten jedoch mehr über seine Ansichten wissen, weil sie wussten, dass man überall der »Sekte« der Nazarener (Apg 24,5) widersprach (V. 22).

An einem festgesetzten Tag versammelten sich die Juden in noch größerer Zahl in der Mietwohnung des Paulus. Paulus konzentrierte sich aber den ganzen Tag lang, von morgens bis abends, auf zwei Dinge: 1. Er entfaltete die Art und das Kommen des Reiches Gottes, indem er es erklärte und bezeugte – vielleicht stellte er es dem Königreich des römischen Kaisers gegenüber? 2. Er versuchte, sie anhand der alttestamentlichen Schriften von Jesus zu überzeugen (V. 23). Dies soll wahrscheinlich wie bei früheren Gelegenheiten, als er zu jüdischen Leuten gesprochen hatte, heißen, dass Paulus nachwies, dass es notwendig ist, den historischen Jesus als den biblischen Christus zu identifizieren.

b. Paulus wendet sich zu den Heiden (Apg 28,24 - 28)

(24) Die einen stimmten dem zu, was er sagte, die andern aber glaubten nicht. (25) Sie waren aber untereinander uneins und gingen weg, als Paulus dies eine Wort gesagt hatte: Mit Recht hat der Heilige Geist durch den Propheten Jesaja zu euren Vätern gesprochen: (26) »Geh hin zu diesem Volk und sprich: Mit den Ohren werdet ihr's hören und nicht verstehen; und mit den Augen werdet ihr's sehen und nicht erkennen. (27) Denn das Herz dieses Volkes ist verstockt, und ihre Ohren hören schwer, und ihre Augen sind geschlossen, damit sie nicht etwa mit den Augen sehen und mit den Ohren hören und mit dem Herzen verstehen und sich bekehren, und ich ihnen helfe.« (28) So sei es euch kundgetan, dass den Heiden dies Heil Gottes gesandt ist; und sie werden es hören.

Die überzeugende Auslegung von Paulus, die einen Tag lang andauerte, teilte die Zuhörerschaft in zwei Gruppen, so wie es bereits viele Male zuvor geschehen war. Einige ließen sich durch seine Argumente überzeugen, andere blieben skeptisch oder – weil eine bewusste Reaktion angedeutet wird – *glaubten nicht* (V. 24). Mit anderen Worten: Sie waren untereinander zutiefst gespalten und begannen, nach Hause zu gehen – aber erst nachdem Paulus alles zusammengefasst hatte, wobei niemand die Ernsthaftigkeit und Endgültigkeit missverstehen konnte. Freimütig wandte er Verse auf sie an, die der Heilige Geist zu ihren Vorvätern zur Zeit Jesajas gesprochen[46] und die schon Jesus im Hinblick auf seine ungläubigen Zeitgenossen zitiert hatte,[47] so wie Johannes es bereits getan hatte.[48] Dieses Zitat macht einen Unterschied zwischen Hören und Verstehen, zwischen Sehen und Erkennen (V. 26) und fährt damit fort, dass das Nichtverstehen der Menschen auf ihre bewusst verhärteten Herzen, ihre tauben Ohren und ihre geschlossenen Augen zurückgeführt wird, denn andernfalls würden sie sehen, hören, verstehen, umkehren und gerettet werden (V. 27). J.A. Alexander schrieb: »Bei diesem furchtbaren Vorgang werden drei voneinander unterscheidbare Handlungen direkt oder indirekt beschrieben: das geistliche Amt des Propheten, das richterliche Amt Gottes und das selbstmörderische Handeln der Menschen selbst«. Mit anderen Worten: Wenn wir uns fragen, warum Menschen nicht verstehen und zu Gott umkehren, könnte ihr Unglaube einmal der Verkündigung des Evangelisten zugeschrieben werden, einmal dem Gericht Gottes und ein anderes Mal der Hartnäckigkeit der Menschen – in der Heiligen Schrift geschieht dies auch genau so. Alexander fährt damit fort, dass er hervorhebt, dass bei den Versen aus Jesaja der erste der hervorstechendste ist, in Johannes 12,40 der zweite und in Matthäus und Markus wie hier in der Apostelgeschichte der dritte Aspekt.[49] Auch wenn für uns diese Sichtweisen schwer miteinander vereinbar sind – denn es ist schwer, dieselbe Situation gleichzeitig drei Handelnden zuzuschreiben – so sind doch alle drei wahr und müssen mit der gleichen Hartnäckigkeit festgehalten werden.

Weil die Juden bewusst das Evangelium ablehnen, möchte Paulus, dass sie wissen, dass Gottes Heil auch zu den Heiden gesandt worden ist und dass sie mit offenen Ohren hören werden, während die Juden ihre Ohren geschlossen haben. Bereits dreimal zuvor hatte der störrische Widerstand der Juden Paulus dazu gebracht, sich den Heiden zuzuwenden – in Antiochia in Pisidien (Apg 13,46), in Korinth (Apg 18,6) und in Ephesus (Apg 19,8-9). Dies tut er nun ein viertes Mal in der Hauptstadt der Heiden und in einer noch entschlosseneren Art und Weise (V. 28). Vers 29 gehört zum Westlichen Text und sagt, dass »... die Juden weg[gingen] und ... heftig untereinander« stritten.[50]

c. Paulus lädt alle ein, ihn zu besuchen (Apg 28,30 - 31)

(30) Paulus aber blieb zwei volle Jahre in seiner eigenen Wohnung und nahm alle auf, die zu ihm kamen, (31) predigte das Reich Gottes und lehrte von dem Herrn Jesus Christus mit allem Freimut ungehindert.

In diesen zwei letzten Versen der Apostelgeschichte werden weder Juden noch Heiden erwähnt, wie es in den vorherigen Abschnitten der Fall gewesen war. Die einleuchtendste Erklärung dafür ist, dass »alle«, die kamen, um Paulus zu sehen, sowohl Heiden als auch Juden eingeschlossen waren. Die scharfen Verse aus Jesaja 6 besagen weder, dass sich keine Juden bekehren würden noch dass die Juden, die zum Glauben kommen, nicht angenommen werden würden. Trotzdem betont Lukas die Heiden, die zu Paulus kamen, die Zeichen und Vorläufer für die große und hungrige heidnische Welt draußen waren. Paulus hatte vorhergesagt: »*Sie werden es hören*« (V. 28). Und sie hörten tatsächlich zu. Sie kamen zu ihm und hörten ihm über volle zwei Jahre zu, solange er in Rom in seiner eigenen Mietwohnung oder »auf eigene Kosten« (NEB, vgl. Albrecht) war. Wahrscheinlich nahm er wieder das »Zeltmachen« auf, um seinen Lebensunterhalt zu bestreiten. Doch wenn Besucher vorbeikamen und ihn sehen wollten, legte er sein Handwerkszeug beiseite und evangelisierte. Und worüber redete er zu ihnen? Er sprach wieder über »das Reich Gottes« und »von dem Herrn Jesus Christus« (wie in Vers 23), besonders davon, wie diese zwei zusammenhingen. Er »predigte« das Erste und »lehrte« das Zweite, so sagt Lukas es. Dies scheint zu bedeuten, dass er die frohe Botschaft verkündigte, dass Gottes gnädige Herrschaft durch Christus in die menschliche Geschichte hereinbrach, und dass Paulus dies mit den Tatsachen über Jesu Leben verband, die er ebenso lehrte – seine Geburt und sein Leben, seine Taten und Worte, sein Tod und seine Auferstehung, seine Erhöhung und seine Gabe des Heiligen Geistes. Durch diese heilsgeschichtlichen Ereignisse war das Königreich Gottes angebrochen. Doch die Unterscheidung zwischen »Verkündigen« und »Lehren« ist wahrscheinlich zu sehr betont worden, da alle Verkündigung von Paulus lehrhafte Inhalte hatte, während all sein Lehren auch einen evangelistischen Zweck verfolgte.

Die letzten Worte des Buches sind der adverbiale Ausdruck *meta paṡes parrēsias*, »mit allem Freimut« und das Adverb *akolutōs* »ungehindert«. *Parrēsia* ist ein charakteristisches Wort in der Apostelgeschichte gewesen, seitdem die zwölf Apostel freimütig handelten und um mehr Freimut beteten (Apg 4, 13.31). Und Paulus hatte die Epheser gebeten, dafür zu beten, dass sein Dienst die gleichen Kennzeichen aufweisen würde.[51] *Parrēsia* beschreibt aufrichtige (die Wahrheit nicht zurückhaltende), klare (ohne zweideutige Ausdrücke) und zuversichtliche (ohne Angst vor den Konsequenzen) Rede. »Ungehindert« bedeutet, dass es, auch wenn er immer noch militärisch überwacht wurde, von Seiten der Machthaber kein Redeverbot gegen Paulus gab. Obwohl er an seinen Händen gebunden war, so war sein Mund dennoch für Jesus Christus offen. Obwohl er gefesselt war, so war es das Wort Gottes doch nicht.[52] Zusammengenommen beschreiben die zwei adverbialen Bestimmungen die Freiheit, die das Evangelium genoss, das weder innerlich noch äußerlich gehindert wurde. Folglich können wir sicher sein, dass sich viele bekehrten, eingeschlossen des entlaufenen Sklaven Onesimus.[53]

18.7 Schlussfolgerung: Die Vorsehung Gottes

Viele Leser der Apostelgeschichte, die keine Probleme mit Kapitel 28 haben (die Ankunft des Paulus und sein Dienst in Rom), haben aber große Schwierigkeiten mit Kapitel 27 (die Seereise, der Sturm und der Schiffbruch). Warum hat Lukas so viel wertvollen Raum für diese anschauliche, jedoch offensichtlich weniger erbauliche Geschichte verwendet? Sicherlich wird sein Ruf als genauer Geschichtsschreiber dadurch verbessert, und seine Beschreibung von Paulus in einer Krisensituation ist durchaus hilfreich, doch die Länge der Erzählung scheint trotzdem nicht im richtigen Verhältnis mit ihrer Bedeutung zu stehen.

Dieses Gefühl hat viele, die sich mit der Bibel beschäftigen, dazu veranlasst, in der Geschichte nach einer tieferen, geistlichen Bedeutung zu suchen. Ein solcher war auch August van Ryn, der zwar 1890 in den Niederlanden geboren, jedoch ein amerikanischer Prediger und Lehrer wurde. In seinem Buch *Acts of the Apostles: The Unfinished Work of Christ*[54] (»Die Apostelgeschichte: Das unvollendete Werk Christi«) entwickelt er eine sorgfältig durchdachte Allegorie. Das Schiff ist die sichtbare Gemeinde, dessen Geschichte eine Reise von »ihrer ursprünglichen Vollkommenheit« in Jerusalem an Pfingsten durch »viel Gegenwind und heftige Stürme hindurch« (Verfolgung und falsche Lehre) zu »ihrem moralischen und geistlichen Schiffbruch in Rom«, d. h. zur Römisch-Katholischen Kirche, symbolisiert. Die Menschen an Bord stellen eine bunt gemischte Menge dar. Manche ähneln dem Hauptmann, der dem Kapitän und Eigentümer des Schiffes (den Kirchenleitern) »mehr als den Dingen glaubte, die Paulus sagte«, während andere selbst mitten in Finsternis, Sturm und Angst auf die Lehre des Paulus hören und gerettet werden. Diese werfen auch den Weizen ins Meer, werfen ihr Brot in das Wasser, d. h., sie verbreiten den Samen des Evangeliums. Die Besatzung mühte sich dabei ab, das Schiff mit Seilen zu umspannen (wohlmeinende Leute, die versuchen, die

Gemeinde durch Einigungsprogramme zusammenzuhalten). Doch sie können nicht verhindern, dass es in tausend Stücke zerbricht. Van Ryn gibt zu, dass diese Allegorie weit hergeholt ist, doch er fügt hinzu: »Ich persönlich mag diese Weithergeholtheit.« Ich hoffe jedoch, dass meine Leser sie nicht mögen. Haltlose Allegorien bringen die Heilige Schrift eher in Verruf und verursachen Verwirrung und fördern nicht den Durchblick.

Welche Hauptlektion sollen wir aber dann aus Apostelgeschichte 27 und 28 lernen? Es geht um die Vorsehung Gottes, der »alles wirkt nach dem Ratschluss seines Willens«,[55] der erklärt: »Keine Weisheit, kein Verstand, kein Rat besteht vor dem Herrn«,[56] und sogar »denen, die Gott lieben, alle Dinge zum Besten dienen« lässt, selbst die bösen.[57] Dieses vorsehende Handeln Gottes ist in diesen zwei Kapiteln in zweierlei Hinsicht erkennbar: zum einen darin, dass er Paulus nach Rom, zu seinem ersehnten Ziel bringt, zum anderen, dass er ihn als Gefangenen dorthin bringt, in einem nicht erwünschten Zustand. Dies war eine nicht zu erwartende Kombination von Umständen. Was stand aber dahinter?

Lukas möchte erstens, dass wir mit ihm über die sichere Führung von Paulus nach Rom staunen. Es war weniger so gewesen, dass Paulus gesagt hatte: »Ich muss Rom besuchen« (Apg 19,21), sondern eher so, dass Jesus zu ihm gesagt hatte: »Du musst auch in Rom Zeuge sein« (Apg 23,11). Doch ein Ereignis nach dem anderen schien dazu bestimmt zu sein, dies unmöglich zu machen. Paulus hatte seine Absicht zum Ausdruck gebracht, direkt von Jerusalem nach Rom zu gehen.[58] Doch stattdessen war er in Jerusalem inhaftiert und endlosen Prozessen unterworfen worden. Auch in Cäsarea war er inhaftiert gewesen, von den Juden war ihm ein Meuchelmord angedroht worden, und dann war er fast im Mittelmeer ertrunken, beinahe von Soldaten getötet und von einer Schlange vergiftet worden! Jedes Ereignis schien dazu bestimmt zu sein, ihn davon abzuhalten, seinen von Gott vorgesehenen und verheißenen Bestimmungsort zu erreichen.

Weil Lukas sich auf den Sturm konzentriert, müssen wir uns in Erinnerung rufen, dass das Meer, das an das urzeitliche Chaos erinnert, ein übliches alttestamentliches Symbol für böse Mächte im Kampf gegen Gott war. Es waren weniger Mächte der Natur (Wasser, Wind und Schlange) oder die Machenschaften von Menschen (Anklagen, Verschwörungen und Androhungen), die sich gegen Paulus stellten, sondern dämonische Mächte, die durch diese wirkten. Die Heilige Schrift ist voller Beispiele dafür, wie der Teufel versucht, Gottes erlösende Absichten durch seine Menschen und seinen Christus zu vereiteln: Er versuchte, durch den Pharao das Baby Mose zu ertränken, er probierte, durch Haman die Juden zu vernichten, er beabsichtigte, durch Herodes den Großen das Baby Jesus in Jerusalem zu töten, und er strengte sich an, durch den Sanhedrin das Zeugnis der Apostel zu unterdrücken und die Gemeinde bei ihrer Geburt zu ersticken. Und nun versuchte er, durch den Sturm auf dem Meer Paulus davon abzuhalten, sein Evangelium zur Welthauptstadt zu bringen.

Doch Gott vereitelte seine Absicht. Lukas steigert die Spannung dieser Geschichte dadurch, dass er uns sein Geheimnis verrät, nämlich dass Jesus Paulus vorher verheißen hatte, dass er Rom erreichen würde (Apg 23, 11). So wissen wir von Anfang an, dass er dorthin kommen würde. Doch beim weiteren Verlauf der Erzählung und beim immer heftiger werdenden Sturm, bis jegliche Hoffnung verloren ist, fragen wir uns, wie er jemals gerettet werden soll. Wird er es schaffen? Ja, er wird es schaffen! Er schafft es! Denn er wird durch die Allmacht Gottes gerettet, was Lukas durch seinen wiederholten Gebrauch von »Heils-Wörtern« deutlich macht.[59]

So erreicht Paulus durch die Vorsehung Gottes sicher und gesund Rom. Doch er kommt als Gefangener an! Die Verheißung Jesu Christi, dass er Zeuge in Rom sein würde, hatte diese Information nicht mit eingeschlossen. Wie war dies mit der Vorsehung Gottes vereinbar? Mir erscheint es legitim, das Argument anzuführen, dass der Apostel, der als Zeuge nach

Rom gebracht wurde, durch seine zweijährige Gefangenschaft in der Stadt sein Zeugnis ausweiten, bereichern und beglaubigen konnte:

1. Sein Zeugnis weitete sich nicht nur durch den ständigen Zustrom von Leuten, die ihn besuchten, aus, sondern besonders weil er Christus in der Gegenwart des Kaisers bezeugte. Dies ist natürlich bezweifelt worden. Obwohl, wie Sherwin-White schreibt, »zur Zeit des Nero die Kaiser selbst die Fälle anhörten, die unter ihre *cognitio* [Zuständigkeit] fielen«, vermied Nero es jedoch in seinen frühen Jahren »persönlich Recht zu sprechen und nahm einen Fall nur aus speziellen Gründen an«. Stattdessen delegierte er normalerweise die Prozesse von großer Bedeutung, auch wenn »die Urteile im Nachhinein von ihm bestätigt wurden«.[60] War der Fall von Paulus also eine der Ausnahmen? Ich denke, wir sollten die Meinung vertreten, dass dies so war. Lassen wir die Möglichkeit außer Acht, dass die Befreiung des Paulus »aus dem Rachen des Löwen« ein Verweis auf die Befreiung durch Nero war,[61] so ist das ausschlaggebende Argument, dass Jesus Paulus auf dem Schiff verheißt: *»Du musst vor den Kaiser gestellt werden«* (Apg 27,24). Wenn die erste Verheißung an Paulus (dass er Rom erreichen würde) erfüllt war, ist es dann wahrscheinlich, dass Lukas seine zweite Verheißung (dass er vor dem Kaiser stehen würde) mit einschließt, solange er nicht wusste, dass sie sich auch erfüllen würde? Ich denke nicht. In diesem Fall ist es uns gestattet, uns vorzustellen, dass der Gefangene, der vor Felix, Festus und Agrippa stand, auch vor Nero gestanden hat und dass er vor dem berühmtesten Gerichtshof der Welt treu Christus verkündete. Ja, Nero persönlich, dieses künstlerische, aber blutrünstige Genie, hörte das Evangelium aus dem Munde des Apostels für die Heiden. Dies wäre nicht möglich gewesen, wenn er nicht ein Gefangener unter Anklage gewesen wäre.

2. Das Zeugnis des Paulus wurde durch diese zwei Jahre bereichert. Es ist für uns schwer vorstellbar, wie solch ein geborener Aktivist wie Paulus nahezu fünf Jahre der Un-

tätigkeit (zwei im Gefängnis von Cäsarea, zwei unter Hausarrest in Rom und die ungefähr sechs Monate andauernde Schiffsreise von Cäsarea nach Rom) überhaupt aushalten konnte. Waren dies vergeudete Jahre? Fletschte er die Zähne und scharrte er mit dem Huf wie ein rastloses und rebellisches Pferd? Nein, seine Briefe aus dem Gefängnis versprühen eine Atmosphäre der Freude, des Friedens, der Geduld und der Zufriedenheit, weil er an die Souveränität Gottes glaubte. Doch darüber hinaus sehnte er sich danach, aus dem Gefängnis herauszukommen und der Gemeinde zu dienen, hat er doch als Ergebnis seines zwei Jahre andauernden teilweisen Freiheitsentzuges in Rom seine vier Briefe aus dem Gefängnis als noch reicheres geistliches Vermächtnis hinterlassen. Wahrscheinlich hat Paulus dies weder gewusst noch verstanden. Aber wir wissen und verstehen dies.

Natürlich hat Paulus nicht alle seine Briefe aus dem Gefängnis geschrieben. Er schrieb in der Hitze der theologischen Diskussion auf seinem Weg hinauf nach Jerusalem zum Konzil an die Galater; er schrieb beide Briefe an die Thessalonicher ein paar Wochen nach seiner Mission in ihrer Stadt und er schrieb mitten aus einem schonungslos arbeitsreichen Dienst an die Korinther und Römer. Somit hielt er es nicht für nötig, eine Zeit im Gefängnis zu verbringen, um seine Briefpost zu erledigen! Nichtsdestotrotz betone ich, dass es in der Vorsehung Gottes etwas Außergewöhnliches und Besonderes mit diesen Briefen aus dem Gefängnis auf sich hat. Er hatte nicht nur mehr Zeit zum Nachdenken oder Beten. Die Beschaffenheit dieser Briefe ist dank der Erfahrungen im Gefängnis auch anders. Er hatte Prozesse und den möglichen Tod vor Augen, aber er wusste, dass er bereits mit Christus auferstanden war. Er erwartete die Gunst des Kaisers, doch er wusste, dass die höchste Autorität, vor der er sich beugte, nicht der Kaiser, sondern der Herr Jesus Christus war.

Somit – denn der Heilige Geist gebrauchte seine Gefangenschaft, um seine Wahrheit zu verdeutlichen und zu bekräftigen – stellen die drei wichtigsten Briefe aus dem Gefängnis (der Brief an die Epheser, an die Philipper und an die Kolosser) kraftvoller als irgendwo anders die höchste, souveräne, unbestrittene und konkurrenzlose Herrschaft Jesu Christi dar. Die Person und das Werk Christi bekommt weltweite Ausmaße, denn Gott schuf alle Dinge durch Christus und hat alle Dinge durch Christus versöhnt. Die Fülle der Gottheit, die in Christus wohnte, wirkte auch durch ihn. Christus ist derjenige, der das gesamte Schöpfungs- und Erlösungswerk Gottes ausführt. Zudem hat Gott Jesus, nachdem dieser sich selbst am Kreuz demütigte, hoch erhöht. Dies sagen alle drei Briefe aus dem Gefängnis. Gott hat ihm den Namen oder den Rang gegeben, der über allen anderen ist.[62] Alle Dinge hat er unter seine Füße getan.[63] Es ist der Wille Gottes, dass er in allem der Erste sei.[64] Wurden ihm nicht durch diese Gefangenschaft die Augen geöffnet, damit er den Sieg Christi und die Fülle des Lebens, Kraft und Freiheit erkennen sollte, die denjenigen gegeben werden, die zu Christus gehören? Die Perspektive von Paulus wurde in Ordnung gebracht, sein Horizont erweitert, sein Blick geschärft und sein Zeugnis durch die Erfahrungen des Gefängnisses bereichert.

3. Sein Dienst wurde durch sein Leiden beglaubigt. Nichts erweist mehr, wie ernst es uns mit unseren Überzeugungen ist, als unsere Bereitschaft, für sie zu leiden. Somit musste Paulus leiden, und man musste sehen, dass er für das Evangelium, das er verkündigte, litt. Nicht nur der Knecht in Jesaja, der den Völkern das Licht bringt, muss leiden, nicht nur hier sind die Berufung zum Dienst und die Berufung zum Leiden miteinander verflochten, nicht nur hier sind der Zeuge und der Märtyrer ein und dieselbe Person (*martys*), und nicht nur hier ist der Same, der sich vervielfacht, derjenige, der stirbt.[65] Auch Paulus musste für »sein« Evangelium[66] und für das »Geheimnis«, das ihm offenbarte, dass Juden und Heiden in gleicher Weise Glieder des Leibes Christi sind, leiden. Deshalb konnte er von den »Bedrängnissen, die ich für euch erleide«, schreiben,[67] und deshalb konnte er sich selbst als Gefangenen Christi »für euch Heiden« bezeichnen.[68] Die Ver-

haftung, die Inhaftierung und die Prozesse von Paulus ließen sich allesamt auf sein kompromissloses Eintreten um der Heiden willen zurückführen. Wegen seines Zeugnisses gegenüber den Heiden erhoben sich die Juden in solch einer Wut gegen ihn. Paulus bezahlte einen hohen Preis für seine Treue gegenüber der Freiheit und der Universalität des Evangeliums. Doch seine Aufforderungen an die Gemeinde, ein Leben zu führen, wie es dem Evangelium entsprach, waren umso authentischer, als er selbst um des Evangeliums willen ein Gefangener war.[69] Er war bereit, dafür zu sterben, sie sollten es in ihrem Leben ebenso sein.

Wurde Paulus nach den »zwei vollen« Jahren freigelassen, die Lukas erwähnt (V. 30)? Offensichtlich erwartete er dies.[70] Und die Pastoralbriefe liefern Beweise dafür, dass er freigelassen worden ist, denn er nimmt für ungefähr zwei weitere Jahre erneut seine Reisen auf, bevor er wieder verhaftet, wieder vor Gericht gestellt, verurteilt und im Jahre 64 n. Chr. wahrscheinlich hingerichtet worden ist. Dann konnte er schreiben, dass er den guten Kampf gekämpft, den Wettlauf vollendet und den Glauben bewahrt hatte.[71] Nun musste die nächste Generation in seine Fußstapfen treten und sein Werk fortsetzen. Genauso wie das Evangelium von Lukas mit dem Ausblick auf die Mission zu den Völkern endet,[72] so schließt die Apostelgeschichte mit dem Ausblick auf die Mission, die sich von Rom aus in die ganze Welt ausbreitet. Die Beschreibung der Verkündigung von Paulus »mit allem Freimut« und »ungehindert«, durch Lukas stellt eine Art offene Tür dar, durch die wir in unserer heutigen Zeit hindurchgehen müssen. Die »Taten der Apostel«[73] sind schon lange Vergangenheit. Doch die »Taten der Nachfolger Jesu« werden sich bis zum Ende der Welt fortsetzen, und ihre Worte sollen sich bis zu den Enden der Erde ausbreiten.

ANMERKUNGEN

Vorwort des Autors

[1] Calvin, *Die Apostelgeschichte*, S. 5.
[2] Martyn Lloyd-Jones, *The Christian Warfare* (Banner of Truth, 1976), S. 274.
[3] Ramsay, *St. Paul the Traveller and the Roman Citizen*, S. viii.
[4] Vgl. Eph 2,20.
[5] Vgl. Stott, *Ich glaube an den Heiligen Geist: Geistestaufe – Geistesgaben – Geistesfrüchte* (Neukirchen-Vluyn: Schriftenmissionsverlag, 1986), S. 6-8. Roger Stronstad schreibt in *The Charismatic Theology of St. Luke* (Hendrickson, 1984) über die, die unerwiesenermaßen »eine unbiblische Zweiteilung zwischen den so genannten beschreibenden und den lehrhaften Abschnitten der Heiligen Schrift« vertreten (S. 6), zu denen er anscheinend auch mich zählt. Aber ich plädiere auf »nicht schuldig«! Ich bestreite nicht, dass geschichtliche Erzählungen einen didaktischen Zweck verfolgen, denn auf jeden Fall war Lukas beides – ein Historiker und ein Theologe. Eher möchte ich bekräftigen, dass der didaktische Zweck einer Erzählung nicht immer gleich in der Erzählung selbst ersichtlich ist und deshalb oft andere Schriftstellen zur Auslegung von Erzähltexten zu Hilfe genommen werden müssen.
[6] Vgl. 2. Tim 3,16 (Rev. Elb.).
[7] Vgl. Röm 15,4; 1. Kor 10,11.
[8] In Ausnahmefällen wird auch auf andere deutsche Bibelübersetzungen verwiesen.

Chronologische Übersicht

[1] Entnommen aus Colin Hemer, *The Book of Acts in the Setting of Hellenistic History*, S. 159-175; 251-270, Abdruck mit freundlicher Genehmigung des Verlags.

Einleitung

[1] Cadbury, *The Making of Luke-Acts*, S. 8-11. Im angelsächsischen Sprachraum hat sich dafür die Bezeichnung *Luke-Acts* eingebürgert, wohingegen man in Deutschland gewöhnlich vom *Lukanischen Doppel* spricht.
[2] Baur, *Paulus, der Apostel Jesu Christi*, S. 120.
[3] Harnack, *Lukas der Arzt*, S. 104, vgl. 125.
[4] Harnack, S. 96-97. Die englische Ausgabe von *Lukas der Arzt* (»Luke the Physician«), die John Stott zitiert, drückt dies negativer als das deutsche Original aus: Luke »affords gross instances of carelessness, and often of complete confusion in the narrative«.

[5] Foakes-Jackson und Lake (Hg.), *The Beginnings of Christianity*, Band 2, S. 491-492.
[6] Vgl. die Anmerkung in Rev. Elb. und BA, Sp. 1347.
[7] Vgl. Kol 4,14.
[8] Hobart, *The Medical Language of St Luke*, S. xxix.
[9] Hobart, S. xxxvi.
[10] Z.B. in: Harnack, *Lukas der Arzt*. Siehe sein Ergebnis auf S. 137 (vgl. 122-137).
[11] Barclay, *The Acts of the Apostles*, S. 12.
[12] Barclay, S. 12; z.B. Lk 4,35; 9,39; 18,25.
[13] Barclay, S. 12; z.B. Apg 3,7; 8,7; 9,33; 13,11; 14,8; und 28,8-9.
[14] Harnack, *Die Apostelgeschichte*, Kapitel 2, besonders S. 69-80. Er zieht daraus den Schluss: »Die geographischen und ethnographischen Mitteilungen und Notizen in dem Buch beweisen die Umsicht, Sorgfalt, Konstanz und Zuverlässigkeit des Schriftstellers« (S. 97). Zu der genaueren Kenntnis der Gegend und ihrer Plätze, Menschen und Lebensverhältnisse, die sich auf die Reisen des Paulus beziehen (Apg 13-28), siehe Hemer, *The Book of Acts in the Setting of Hellenistic History*, S. 108-158.
[15] Zitiert nach C.C. Torrey (Harvard Universität), der in seinem Buch *The Composition and Date of Acts* (»Die Komposition und Datierung der Apostelgeschichte« [1916]) die interessante Theorie aufstellte (auch wenn diese Theorie nicht überzeugen kann), dass »die frühesten Dokumente über diese jüdisch-christliche Gemeinschaft in Aramäisch, der Volkssprache, geschrieben worden seien« und dass Lukas auch »speziell nach semitischen Dokumenten als den ursprünglichen und authentischen Quellen« gesucht habe, »um sie ins Griechische zu übersetzen« (S. 5).
[16] Ramsay, *St. Paul the Traveller and the Roman Citizen*, S. 7. 8.
[17] Ramsay, S. 4.
[18] Sherwin-White, *Roman Society and Roman Law in the New Testament*, S. 186.
[19] Sherwin-White, S. 120-121.
[20] Sherwin-White, S. 189. Siehe auch die Fülle an Informationen in: Hemer, *The Book of Acts in the Setting of Hellenistic History*, Kapitel 5: »Evidence from Historical Details in Acts« (»Belege für die historischen Details in der Apostelgeschichte«), (S. 159-220).
[21] BA, Sp. 728.
[22] BA, Sp. 911f.
[23] Streeter, *The Four Gospels: A Study of Origins* (Macmillan, 1924), S. 534-539.
[24] Lk 23,4.14.22.
[25] Zitiert in: *Religion in Communist Lands*, Januar/Februar 1973 (Keston College).
[26] Siehe den Artikel von A. J. Mattill mit dem Titel »The Purpose of Acts: Schneckenburger reconsidered« in: Gasque und Martin (Hg.), *Apostolic History and the Gospel*, S. 108-122.

[27] Mattill, »The Purpose of Acts«, S. 110.
[28] Mattill, S. 111.
[29] Man spricht hier später auch von »Tendenzkritik«.
[30] F. C. Baur, zitiert in: Gasque, *A History of the Criticism of the Acts of the Apostles*, S. 30-31.
[31] Gal 2,11.
[32] Conzelmann, *Die Mitte der Zeit* (1954).
[33] Marshall, *Luke*, S. 18-19.
[34] Marshall, S. 85.
[35] Marshall, S. 93.
[36] Green, *The Meaning of Salvation*, S. 125-131.
[37] Lk 2,29-32.
[38] Luther '84 übersetzt hier mit »deinen Heiland, den ...«. Die wörtliche Wiedergabe von *to soterion sou* ist jedoch »dein Heil« (vgl. Rev. Elb.).
[39] Vgl. Kol 4,10ff. Hinsichtlich der Betonung der weltweiten Ausbreitung der Gemeinde bei Lukas siehe besonders: Dupont, *The Salvation of the Gentiles*.
[40] Matthäus und Markus verwenden für den See Genezareth immer *thalassa*, »Meer«, während Lukas von *limne*, »See«, spricht. Die deutschen Bibelübersetzungen machen hier gewöhnlich keine Unterscheidung.
[41] Lk 24,19.
[42] Lk 24,51.
[43] Apg 1,9.
[44] Vgl. hierzu den auch im Deutschen gebräuchlichen lateinischen Fachbegriff *acta apostolorum* »Taten der Apostel«.
[45] Schneemelcher, *Neutestamentliche Apokryphen in deutscher Übersetzung*, Band 2, S. 80-81 (vgl. S. 71-367).
[46] Bengel, *Gnomon*, Band 1, S. 592.
[47] Pierson, *The Acts of the Holy Spirit*, S. 18.
[48] Pierson, S. 141-142.
[49] Mt 28,20.
[50] Vgl. Lk 6,13; ebenso Joh 6,70.
[51] Mk 3,14; Joh 15,27; vgl. Apg 22,14-15.
[52] Lk 1,2.
[53] BA, Sp. 1611.
[54] Vgl. Lk 24,41-43 und Joh 21,10ff.
[55] 1. Kor 9,1; 15,8ff.
[56] 1. Kor 15,7.
[57] Vgl. Lk 4,18.
[58] Die Apostelgeschichte war der frühen Christenheit in zwei griechischen Fassungen bekannt, dem »Alexandrinischen Text«, insbesondere in den großen Handschriften (Kodizes) des 4. und 5. Jh.s (Sinaiticus, Vaticanus und Alexandrinus), und dem »Westlichen Text«, insbesondere im Kodex Beza aus dem 5. oder 6. Jh., der sich jedoch mindestens bis in das 2. Jh. zurückverfolgen lässt (dieser wird in der Universitätsbibliothek von Cambridge aufbewahrt). Der »Westliche Text« unterscheidet sich vom »Alexan-

drinischen Text« durch seinen größeren Umfang (er enthält ungefähr 1.500 Wörter mehr), der Stil ist geglättet und der Inhalt abwechslungsreicher. Einige Wissenschaftler denken, dass Lukas selbst die Apostelgeschichte in zwei Ausgaben veröffentlichte, zuerst einen groben Entwurf, den er später kürzte, oder zuerst einen kürzeren Entwurf, den er später ergänzte. Andere meinen, dass Lukas nur *ein* Original anfertigte, das ein späterer Schreiber bewusst änderte (entweder erweiterte oder kürzte). »Aller Wahrscheinlichkeit nach«, so schreibt C. K. Barrett, »tragen beide zu unserem Wissen über den [ursprünglichen] Text von Lukas bei« (*Luke the Historian in Recent Study*, S. 8). Über die weitere Diskussion siehe Metzger, *A Textual Commentary on the Greek New Testament*, S. 259-272; Haenchen, *Die Apostelgeschichte*, S. 47-53, und Hemer, *The Book of Acts in the Setting of Hellenistic History*, S. 193-201.

59 Apg 1,2 hieße dann vollständig: *Bis zu dem Tag, an dem er aufgenommen wurde, nachdem er den Aposteln, die er erwählt hatte und denen er befohlen hatte, das Evangelium zu predigen, durch den Heiligen Geist Weisung gegeben hatte.*

60 Lk 24,47.

61 Joh 14,26.

62 Joh 16,12ff.

63 Lk 24,49.

1. Kapitel

1 Lk 3,21-22; 4,14.18.

2 Lk 24,49.

3 Longenecker, *The Acts of the Apostles*, S. 253ff.

4 Jes 32,15ff.; 35,6ff.; 43,19ff.; 44,3; Hes 11,19; 36,26-27; 37,11ff.; 39,29; Joel 3,1-2.

5 Calvin, *Die Apostelgeschichte*, S. 14.

6 In der Auslegung dieser Verse folge ich dem, was man zu Recht als »reformierte« Sichtweise bezeichnet, d. h., dass die neutestamentlichen Autoren die alttestamentlichen Verheißungen über den Samen Abrahams, das verheißene Land und das Reich Gottes in Christus erfüllt sehen. Auch wenn Paulus eine weit verbreitete Umkehr von Juden zu Christus vor dem Ende der Welt vorhersagt (Röm 11,25ff.), verbindet er dies nicht mit dem verheißenen Land. Tatsächlich enthält das N.T. keine eindeutige Verheißung über eine jüdische Rückkehr in ihr Land. Mir ist völlig klar, dass die »dispensationalistische« Sicht an dieser Stelle ganz anders aussieht. Sie besagt, dass die alttestamentlichen Verheißungen über die jüdische Inbesitznahme des Landes sich wörtlich erfüllen werden (genauer gesagt, sie sind bereits erfüllt) und dass dies im N.T. durch Mk 13,28 (das Treiben des Feigenbaumes, der für Israel steht) und Lk 21,24 (die Zertretung Jerusalems durch die Heiden, »bis die Zeiten der Heiden erfüllt sind«, was letztlich darauf hinausläuft, dass Jerusalem nach dieser Periode wie-

der aufgebaut werden wird) angedeutet wird. Nach dispensationalistischer Sicht fragten die Apostel zurecht nach der Aufrichtung des Reiches für Israel, weil es irgendwann für sie völlig wieder aufgerichtet wird (wahrscheinlich während einer wörtlich verstandenen tausendjährigen Herrschaft Christi auf der Erde). In diesem Fall wies Jesus sie nicht zurecht, weil sie ein nationales Königreich erwarteten, sondern nur weil sie »Tag und Stunde« wissen wollten, vielleicht auch wegen ihres fehlenden Anliegens für die Weltmission.

7 Lk 23,51; vgl. 2,25.38.

8 Lk 24,21.

9 Charles Williams, *He came down from Heaven* (Eerdmans, 1984 [1938]), S. 82.

10 Jes 2,3 und Mi 4,2.

11 Jes 2,2-3.

12 Johannes Blauw, *The Missionary Nature of the Church* (Eerdmans, 1974 [1962]), bes. S. 34, 54, 66, 83-84.

13 Offb 7,9.

14 Lk 19,11.

15 Rackham, *The Acts of the Apostles*, S. 7. Vgl. auch Conzelmann, *Die Mitte der Zeit.*

16 Mk 13,32.

17 5. Mose 29,28.

18 Mt 28,20.

19 Leslie Newbigin, *The Household of God* (SCM, 1953), S. 25.

20 Mt 24,14; vgl. Mk 13,10.

21 Lk 24,50ff.; Apg 1,9ff.

22 Haenchen, *Die Apostelgeschichte*, S. 113.

23 Lk 24,50ff.

24 Vgl. die Anmerkung in Rev. Elb. und BA, Sp. 1124.

25 Lk 24,50.

26 Conzelmann, *Die Mitte der Zeit*, S. 86.

27 Haenchen, *Die Apostelgeschichte*, S. 118 Anm. 2.

28 Vgl. Menge, Einh., Schlachter, JB, ZB.

29 Chrysostom, *Homily II*, S. 14 (aus d. Engl.). Die Homilien des Chrysostomus zur Apostelgeschichte liegen nach unserem Wissen nur in Auszügen in einer deutschen Übersetzung von 1749/50 vor: *Des heiligen Kirchenlehrers Johannes Chrysostomus Erzbischofs und Patriarchen zu Constantinopel Predigten und kleine Schriften*, Hg. M. Johann Andreas Cramer (Leipzig: Johann Gottfried Dyck, 1750). Die Homilien zur Apostelgeschichte befinden sich in Band 5 (1749; S. 299-436) und Band 6 (1750; S. 1-158; 735-752). Es wurde deshalb auf die englischsprachige Ausgabe zurückgegriffen.

30 Harnack, *Die Apostelgeschichte*, S. 109.

31 Neil, *The Acts of the Apostles*, S. 66.

32 Joh 20,17.

33 1. Petr 3,21-22.

[34] Z.B. 1. Kor 15,1-28; Eph 1,18-23; Phil 2,9-11; 3,10.20; Kol 3,1; vgl. 1. Tim 3,16.
[35] Z.B. Hebr 1,3; 4,14ff.; 8,1; 9,11ff.; 13,20.
[36] Haenchen, *Die Apostelgeschichte*, S. 118. Ein Beispiel für eine übertriebene Darstellung ist das Ende der *Epistula Apostolorum* 51. (62.) (»Brief an die Apostel«). Der Text wird ungefähr auf 160 n.Chr. datiert: »Und wie er sprach, trat Donner und Blitz und Erdbeben ein, und die Himmel spalteten sich, und eine lichte Wolke kam und nahm ihn fort« (Schneemelcher, *Neutestamentliche Apokryphen in deutscher Übersetzung*, Band 1, S. 233).
[37] Im Griechischen *bleponton auton*, »während sie ihn sahen«.
[38] Lk 1,26ff.; 2,9-10.13-15.
[39] Lk 22,43.
[40] Lk 24,4ff.23.
[41] Lk 21,27.
[42] Lk 9,34.
[43] Offb 1,7.
[44] Lk 9,26; vgl. 1. Thess 4,14ff.; 2. Thess 1,7.
[45] Lk 17,23-24.
[46] Lk 24,53.
[47] Lk 22,12.
[48] Calvin, *Die Apostelgeschichte*, S. 22.
[49] Marshall, *The Acts of the Apostles*, S. 64.
[50] 1. Kor 15,6.
[51] Lk 6,14-16.
[52] Lk 6,14-15.
[53] Lk 8,2-3.
[54] Lk 24,10.22.
[55] Vgl. Mt 28,8ff.
[56] Vgl. Mk 3,21.31-34; Joh 7,5.
[57] 1. Kor 15,7.
[58] BA, Sp. 1148.
[59] BA, Sp. 1432f.
[60] Z.B. Röm 12,12; Kol 4,2.
[61] Calvin, *Die Apostelgeschichte*, S. 24.
[62] Mt 27,3-8.
[63] Hanson, *The Acts*, S. 60.
[64] Mt 27,5.
[65] BA, Sp. 1404.
[66] BA, Sp. 1404. Stott hält auch diesen Deutungsversuch für denkbar, da er sich auf die englische Ausgabe von Walter Bauer (*A Greek-English Lexicon of the New Testament*) bezieht, wo es heißt: »which is linguistically possible« (»was sprachlich möglich ist«) (S. 701). Jedoch heißt es in der 5. Auflage von Walter Bauer (*Griechisch deutsches Wörterbuch*), die der englischen Ausgabe zu Grunde liegt: »lässt sich sprachl[ich] nicht ausreichend sichern« (Sp. 1390). Das oben angeführte Zitat stammt aus der 6. Auflage dieses Wörterbuch (BA).

[67] Edersheim, *The Life and Times of Jesus the Messiah*, Band 2, S. 575.
[68] Mt 27,6.
[69] Alexander, *A Commentary on the Acts of the Apostles*, Band 1, S. 28.
[70] Lk 24,25-27.32.45-49.
[71] Joh 15,25.
[72] Joh 2,17.
[73] Röm 11,9-10; 15,3.
[74] Longenecker, *The Acts on the Apostles*, S. 264.
[75] Lk 22,28-30.
[76] 1. Kor 9,1; 15,8-9.
[77] Morgan, *The Acts of the Apostles*, S. 19-20.
[78] Lk 6,12-13; Apg 1,2.
[79] Apg 15,8; vgl. 1. Sam 16,7; Offb 2,23.
[80] Z. B. 3. Mose 16,8; 4. Mose 26,55f.; Spr 16,33; Lk 1,9.
[81] Chrysostomus erklärte den Gebrauch von Losen damit, dass »der Heilige Geist noch nicht gesandt worden war« (Chrysostom, *Homily III*, S. 19 [aus d. Engl.]).

2. Kapitel

[1] Das Versäumnis, zwischen diesen vier Bedeutungen des Pfingstereignisses zu unterscheiden, liegt vermutlich in der andauernden Spannung zwischen »charismatischen« und »nichtcharismatischen« Christen. Roger Stronstad liegt z. B. richtig, wenn er den Aspekt der »Berufung« durch die Gabe des Heiligen Geistes betont, nämlich dass er Menschen für ihren Dienst »salbt« und »ausrüstet«. Dies wurde besonders bei den Aposteln deutlich. Er scheint mir jedoch in seinem Urteil zu weit zu gehen, wenn er behauptet, dass nach der Theologie des Lukas der Heilige Geist weder zur Errettung noch zur Heiligung gegeben wurde, sondern ausschließlich für den Dienst (Stronstad, *The Charismatic Theology of St Luke*, S. 1, 12, 83).
[2] 5. Mose 16,16.
[3] 2. Mose 23,16,
[4] Das deutsche Wort »Pfingsten« stammt etymologisch ebenso von dem griechischen Wort *pentēkostos* ab wie der englische Begriff »Pentecost«, an dem die Herkunft noch deutlicher erkennbar ist.
[5] 2. Mose 34,22; 3. Mose 23,15ff.; 4. Mose 28,26.
[6] Chrysostom, *Hom. IV*, S. 25 (aus d. Engl.).
[7] Hes 36,27.
[8] Jer 31,33.
[9] Vgl. Hebr 12,18-19.
[10] D.h. jegliche Art von Sprachen.
[11] Lk 3,16.
[12] Lk 24,49; Apg 1,8.

13 Jesaja 6,6-7.

14 Wegen der etwas merkwürdigen Reihenfolge, in der Lukas die Nationen aufzählt, haben manche Wissenschaftler vorgeschlagen, dass er vielleicht nach einer altertümlichen »astrologischen Geografie« wie der des Paulus von Alexandrien aus dem 4. Jh. vorging, der die Nationen nach den 12 Tierkreiszeichen auflistete. Siehe die sachliche Beurteilung dieser Vermutung durch Bruce Metzgers Aufsatz in: Gasque und Martin, *Apostolic History and the Gospel*, S. 123-133.

15 Vgl. Joh 1,46; 7,52.

16 Longenecker, *Acts*, S. 272. Siehe auch die Verweise auf den eigentümlich galiläischen Akzent in Mt 26,73 und Lk 22,59.

17 BA, Sp. 323.

18 Haenchen, *Die Apostelgeschichte*, S. 141.

19 Gal 5,23 GN; vgl. BA, Sp. 436.

20 Z. B.: »Manche Anwesende dachten, sie würden Worte des Lobes Gottes in anderen Sprachen hören« (Dunn, *Jesus and the Spirit*, S. 151f.).

21 Neil, *The Acts of the Apostles*, S. 71.

22 Barclay, *The Acts of the Apostles*, S. 31.

23 1. Kor 14,2; vgl. die Verse 14-17.28.

24 Die »Assemblies of God« ist die größte, 1914 in Hot Springs (Arkansas) von Weißen gegründete, amerikanische Pfingstkirche. In Deutschland nannten sich die Vertreter dieser Denomination zunächst (seit 1928) »Freie Christengemeinden«. Nach dem Zweiten Weltkrieg schloss man sich mit anderen Pfingstgemeinden zur »Arbeitsgemeinschaft der Christengemeinden Deutschlands« zusammen, die seit 1982 »Bund Freikirchlicher Pfingstgemeinden« heißt.

25 Horton, *The Book of Acts*, S. 33 Anm. 11.

26 Es gibt weiter eine Diskussion darüber, ob die heutigen Erfahrungen von *glōssolalia* auch das Sprechen in verständlichen Sprachen beinhaltet. Derartige Behauptungen werden z.B. von Morton T. Kelsey in seinem Buch *Speaking with Tongues* (1964; Epworth, 1965) und von John L. Sherrill in seinem Buch *They Speak with Other Tongues* (1964; Hodder, 1965) vorgebracht. Andererseits sind zwei faire, objektive, sozio-linguistische Untersuchungen zu dem Schluss gekommen, dass es keine wissenschaftlich bestätigten Berichte über *glōssolalia* als eine vorher nicht erlernte Fremdsprache gibt. Diese Untersuchungen sind: William J. Samarin, *Tongues of Men and Angels* (MacMillan, 1972) und John P. Kildahl, *The Psychology of Speaking in Tongues* (Hodder & Stoughton und Harper & Row, 1972).

27 Stephen C. Neill, *Call to Mission* (Fortress, 1970), S. 12.

28 Offb 7,9; 1. Mose 11,1-9.

29 Cadbury, *The Making of Luke-Acts*, S. 184.

30 Thukydides, *Geschichte des Peloponnesischen Krieges*, Übers. Georg Peter Landmann 2. Aufl. (Zürich, Stuttgart: Artemis-Verlag, 1976), I,22.

31 Foakes-Jackson und Lake (Hg.), *The Beginnings of Christianity*, Band 5, S. 405.

[32] Foakes-Jackson und Lake, Band 2, S. 13.

[33] Foakes-Jackson und Lake, Bd. 5, S. 406.

[34] Bruce, »The Speeches in Acts – Thirty Years After«, *Reconciliation and Hope*, S. 54.

[35] Thukydides, *Geschichte des Peloponnesischen Krieges*, I,22.

[36] Gomme, *A Historical Commentary on Thucydides*, Band 1, S. 157. Siehe auch das dritte Kapitel in Colin Hemer, *The Book of Acts in the Setting of Hellenistic History* über die »Historiographie in der Antike« (S. 415-427). Conrad Gempf betont in seiner Zusammenfassung in Hemers Buch, dass »die antiken Historiker im Gegensatz zu modernen Auffassungen über dieses Thema sehr genaue und kritische Methoden und Prinzipien angewandt haben« (S. 411).

[37] Gasque, *Apostolic History and the Gospel*, S. 226-228. Vgl. auch Gasque, »The Book of Acts and History«, *Unity and Diversity in New Testament Theology*, S. 58-63; Longenecker, *The Acts of the Apostles*, S. 212-214 und 229-231; Gomme, »The Speeches in Thucydides«, *Essays in Greek History and Literature* (Oxford, 1937), S. 166; Gomme, *A Historical Commentary on Thucydides*, Band 1, S. 140-141; 157. Colin Hemer verweist auf Polybius' »vernichtende Enthüllung« der Verfehlungen des Historikers Timaeus mit den Worten: »Timaeus *erfindet tatsächlich Reden*«. Hemer schließt daraus: »Polybius ist ungehalten und empört über solch ein unentschuldbares Vorgehen« (S. 75).

[38] Foakes-Jackson und Lake (Hg.), *The Beginnings of Christianity*, Band 5, S. 416.

[39] Ridderbos, *The Speeches of Peter in the Acts of the Apostles*, S. 10 (aus d. Engl.).

[40] Bruce, *The Speeches in the Acts of the Apostles*, S. 27.

[41] Joel 3,5.

[42] R. N. Longenecker zeigt, dass die Pescher-Auslegung für Jesu eigene Lehrtätigkeit charakteristisch ist. »Das Erfüllungsmotiv des ›Das ist, was …‹, das für die Pescher-Exegese charakteristisch ist, kommt wiederholt in den Worten Jesu vor.« (Longenecker, *Biblical Exegesis in the Apostolic Period*, S. 70). Außerdem haben die Apostel diese Methode von ihm übernommen, sobald sie vom Heiligen Geist geleitet wurden. Folglich »ist die Pescher-Auslegung äußerst charakteristisch für ihren Umgang mit der Schrift [A.T.]« (ders., S. 98). Vgl. auch ders., S. 38-45; 70-75 und 129-132.

[43] Zitiert in: Lenski, *The Interpretation of the Acts of the Apostles*, S. 74 (aus d. Engl.). Lenski schreibt nicht, aus welcher Schrift Luthers er zitiert.

[44] Jer 31,34: »sie sollen mich alle erkennen«; 1. Thess 4,9: »ihr selbst seid von Gott gelehrt«; 1. Joh 2,27: »wie euch seine Salbung alles lehrt«.

[45] Zitiert in: Lenski, *The Interpretation of the Acts of the Apostles*, S. 75 (aus d. Engl.).

[46] Calvin, *Die Apostelgeschichte*, S. 38.

[47] Lk 23,44-45.

[48] Lk 21,11.

[49] Z.B. Jes 13,9ff.; 34,1ff.; Hes 32,7ff.; Amos 8,9; Mt 24,29; Lk 21,25-26; Offb 6,12ff.
[50] Vgl. 2. Sam 7,16; Ps 89,3ff.; 132,11-12.
[51] Z.B. Lk 4,21; Joh 5,39-40; Lk 24,27.44ff.
[52] Z.B. Ps 2,8; 16,10; 110,1.
[53] Dupont, *The Salvation of the Gentiles*, S. 120 (aus d. Engl.).
[54] Dupont, S. 109 und 103-128, 136, 154-157 (aus d. Engl.). Vgl. auch Longeneckers Ausführungen in *The Acts of the Apostles*, S. 279-280; und in *Biblical Exegesis in the Apostolic Period*, besonders S. 85-103 und 205-209.
[55] Mk 12,35-37; Lk 20,41-44.
[56] 1. Kor 15,25; Hebr 1,13.
[57] Alexander, *A Commentary on the Acts of the Apostles*, Band 1, S. 85.
[58] Wie in Jes 49,1.12; 57,19; vgl. Eph 2,13.17.
[59] C.H. Dodd, *The Apostolic Preaching and its Development* (Hodder & Stoughton, 1936).
[60] C. H. Dodd, S. 38-45.
[61] Vgl. Gal 3,13.
[62] Vgl. 2. Kor 12,12; Hebr 2,1-4.
[63] 1. Joh 1,3.
[64] 2. Kor 13,13.
[65] 2. Kor 8,4; 9,13.
[66] Johann Maier, *Die Qumran-Essener: Die Texte vom Toten Meer*, Band 1, S. 16.
[67] Johann Maier, S. 17.
[68] Johann Maier, S. 183.
[69] Vermes, *The Dead Sea Scrolls in English*, S. 30.
[70] Der Führer der hutterischen Brüder in Mähren war ab 1533 der Hutmacher Jakob Hutter aus Tirol. Auf den Bruderhöfen in Mähren wurde der Glaube mit Gütergemeinschaft und mystisch-spiritualistischen Ansichten gelebt. Ab 1535 wurden die hutterischen Brüder stark verfolgt und Jakob Hutter 1536 in Innsbruck verbrannt. Von 1554-1592 wurden sie zwar geduldet, doch 1622 wurden die hutterischen Brüder in Mähren durch die katholische Gegenreformation restlos zerschlagen. Es existieren heute noch Überreste dieser Glaubensrichtung in den USA und Kanada und seit 1986 auch wieder in Deutschland.
[71] Menno Simons (1496-1561) leitete als ehemaliger katholischer Priester die Glaubensrichtung der Mennoniten, die aber nicht von ihm selbst gegründet worden waren. Er wirkte vor allem in Friesland und Norddeutschland.
[72] Siehe: Donald F. Durnbaugh [Hg.], *Every Need Supplied: Mutual Aid and Christian Community in the Free Churches 1525 - 1675* (Philadelphia: Temple University Press, 1974)
[73] 5. Mose 26,12.
[74] 1. Joh 3,17.
[75] Chrysostom, *Hom. VII*, S. 47 (aus d. Engl.).
[76] Gal 5,22.

[77] Harry Boer, *Pentecost and Missions* (Lutterworth, 1961).
[78] Harry Boer, S. 161-162.
[79] Das griechische Imperfekt hat *durativen Aspekt*, drückt also eine andauernde Handlung aus.

3. Kapitel

[1] Apg 2,7.12; 3,10.
[2] Dan 9,20-21; Apg 10,2.22.
[3] Josephus, *Der Jüdische Krieg*, V,201 (V, 5,3.)
[4] Walker, *The Acts of the Apostles*, S. 67.
[5] Lk 8,54.
[6] Jes 35,6.
[7] Joh 10,23.
[8] Vgl. Lk 22,54-62.
[9] Alexander, *A Commentary on the Acts of the Apostles*, Band 1, S. 109.
[10] Vgl. Apg 3,26; 4,27.30.
[11] Z.B. 4. Mose 15,27ff.; vgl. Lk 23,34; 1. Kor 2,8; 1. Tim 1,13.
[12] Offb 7,17; 21,4.
[13] Offb 3,5.
[14] Barclay, *The Acts of the Apostles*, S. 47.
[15] Jes 43,25.
[16] Mt 19,28.
[17] Röm 8,19ff.
[18] 2. Petr 3,13; Offb 21,5.
[19] 5. Mose 18,15ff.; vgl. Lk 9,35. 2.
[20] Z.B. 2. Sam 7,12ff.
[21] 1. Mose 12,3; 22,18; 26,4.
[22] »Die Juden zuerst«, z.B. Röm 1,16; 2,9-10; 3,1-2.
[23] Neil, *The Acts of the Apostles*, S. 88.
[24] Vgl. Lk 3,2.
[25] Vgl. Joh 18,12ff.
[26] Lk 20,1-2.
[27] Lk 21,12ff.
[28] Lk 20,17.
[29] Joh 7,15.
[30] Haenchen, *Die Apostelgeschichte*, S. 177.
[31] Lk 9,54.
[32] Alexander, *A Commentary on the Acts of the Apostles*, Band 1, S. 172.
[33] Chrysostom, *Hom. XI*, S. 73 (aus d. Engl.).
[34] Morgan, *The Acts of the Apostles*, S. 91.
[35] John Wimber, auf den ich mich im Rest dieses Kapitels beziehe, hat Recht, wenn er uns in seinen Büchern *Vollmächtige Evangelisation* Hochheim: Projektion J, 1987[2], Kapitel 5: »Zeichen und Wunder und Weltanschauung«) und *Heilung in der Kraft des Geistes* Hochheim: Projektion J, 1987,

S. 24 und 25) vor »de[m] starke[n] Einfluss der säkularisierten westlichen Weltanschauung« warnt, damit wir nicht »im Spinnennetz des westlichen Säkularismus gefangen sind«.

36 John Wimber (1934-1997) gründete 1979 die Vineyard-Bewegung, der mehr als 250 Gemeinden (hauptsächlich in den USA) angehören.
37 Wimber, *Vollmächtige Evangelisation*, S. 116.
38 Wimber, S. 115-116.
39 Wimber, S. 115. Die Tabelle befindet sich auf S. 179.
40 Z.B. 1. Kor 2,1-5; 1. Thess 1,5.
41 Wimber, *Vollmächtige Evangelisation*, S. 116.
42 2. Kor 12,12.

4. Kapitel

1 Calvin, *Apostelgeschichte*, S. 94.
2 Josephus, *Jüdische Altertümer* XV, 10, 4.
3 Z.B. Lk 4,18; 6,20; 7,22.
4 Bengel, *Gnomon*, Band 1, S. 619.
5 Bruce, *Commentary on the Book of Acts*, S. 110.
6 BA, Sp. 1100.
7 Jos 7,1.
8 Tit 2,10.
9 W. L. Knox, auf Englisch zitiert in: Haenchen, *Die Apostelgeschichte*, S. 194.
10 Z.B. Lk 6,42; 12,1.56; 13,15.
11 Vgl. *ekklēsia* in Apg 7,38 und in LXX, z.B. Jos 8,35.
12 1. Joh 1,7.
13 1. Kor 11,22.29.
14 Z.B. 1. Kor 5,5; 1. Tim 1,20.
15 Mt 18,15ff.
16 Longenecker, *The Acts of the Apostles*, S. 316.
17 Neil, *The Acts of the Apostles*, S. 95.
18 Haenchen, *Die Apostelgeschichte*, S. 200.
19 BA, Sp. 605.
20 Lk 1,35; 9,34.
21 Neil, *The Acts of the Apostles*, S. 96, 97.
22 Mt 27,25.
23 Z.B. Röm 13,1ff.; Tit 3,1; 1. Petr 2,13ff.
24 Vgl. Joh 15,26.
25 Josephus, *Jüdische Altertümer* XX, 5, 1.
26 Josephus, *Jüdischer Krieg* II, 118 (II, 8, 1); vgl. *Jüdische Altertümer* XVIII, 1, 1.
27 Knowling, *The Acts of the Apostles*, S. 158.
28 Neil, *The Acts of the Apostles*, S. 99.
29 Josephus, *Jüdische Altertümer* XVII, 10, 4; vgl. *Jüdischer Krieg* II, 55 (II, 4, 1).
30 Alexander, *A Commentary on the Acts of the Apostles, Band 1, S. 239.*
31 Mt 5,10-12; Lk 6,22-23.

[32] Tertullian, »*Apologeticum*«, *Tertullians apologetische, dogmatische und montanistische Schriften*, Hg. Gerhard Esser, Übers. K. A. Heinrich Kellner (Kempten, München: Verlag der Jos. Kösel Buchhandlung, 1915), Kapitel 50.
[33] BA, Sp. 328.
[34] Z.B. 2. Mose 16,7; 4. Mose 14,27; 1. Kor 10,10.
[35] Z.B. Phil 2,14; 1. Petr 4,9.
[36] 2. Mose 22,22ff.; 5. Mose 10,18.
[37] Vgl. 1. Tim 5,3-16.
[38] 2. Kor 11,22; Phil 3,5.
[39] Longenecker, *The Acts of the Apostles*, S. 332. Longenecker diskutiert die verschiedenen Meinungen zu diesem Thema eingehend auf S. 326-329.
[40] Z.B. Gal 3,28; Eph 2,14ff.; Kol 3,11.
[41] Vgl. Röm 16,1; Phil 1,1; 1. Tim 3,8.12; 4,6.
[42] Lenski, *The Interpretation of the Acts of the Apostles*, S. 246.
[43] Mk 10,45.
[44] Vgl. Apg 2,47; 4,4; 5,14; 6,1.
[45] Eph 6,11.
[46] Vgl. Apg 3,6.16; 4,7.10.12.18.

5. Kapitel

[1] Morgan, *The Acts of the Apostles*, S. 142-143.
[2] Lk 21,15; vgl. 12,12.
[3] Mk 14,58; vgl. 15,29; Mt 26,61.
[4] Joh 2,20.
[5] Joh 2,21.
[6] Mt 12,6.
[7] Mt 5,17.
[8] 2. Mose 34,29ff.
[9] Das Vorwort, aus dem im Folgenden zitiert wird, ist in der deutschen Ausgabe (George Bernard Shaw, *Androklus und der Löwe: Ein Märchenspiel in drei Akten*. Übers. Siegfried Trebitsch, Berlin: S. Fischer, 1913) nicht enthalten.
[10] Vorwort zu: George Bernard Shaw, *Androcles and the Lion* (1912; Constable 1916), S. lxxxv.
[11] Dibelius, *Aufsätze zur Apostelgeschichte*, S. 143; vgl. S. 145.
[12] Neil, *The Acts of the Apostles*, S. 107.
[13] 5. Mose 12,5.21; 26,2; 2. Kön 21,7; 2. Chr 33,7; Esra 6,12.
[14] Ps 27,4; vgl. Ps 15; 42-43; 84; 122; 134; 147; 150.
[15] Jer 7,4.
[16] 1. Mose 11,28.
[17] Jos 24,2.
[18] 1. Mose 15,7; Jos 24,3; Neh 9,7.
[19] Vgl. 1. Mose 15,13; 2. Mose 12,40-41.

[20] 1. Mose 26,1ff.
[21] 1. Mose 46,1ff.; vgl. 28,10ff.
[22] 1. Mose 23.
[23] 1. Mose 33,18-20.
[24] 1. Mose 47,29-30; 49,29-33; 50,12-14.
[25] 1. Mose 50,26; Jos 24,32.
[26] Siehe 1. Mose 12,1-3; 15,18-21.
[27] Vgl. die Übertragung in der HFA: »In dieser Zeit wurde Mose geboren, mit dem Gott etwas Besonderes vorhatte.«
[28] 5. Mose 18,15.
[29] Chrysostom, *Hom. XVI und XVII, S. 103* (aus d. Engl.).
[30] 1. Kön 8,27; vgl. 2.Chr 6,18.
[31] 2. Sam 7,6; vgl. 1.Chr 17,5.
[32] Z.B. 2. Mose 32,9; 33,3.5; 34,9; 5. Mose 9,6.13; 10,16; 31,27; 2. Chr 30,8; Jer 17,23.
[33] Z.B. 3. Mose 26,41; 5. Mose 10,16; 30,6; Jer 6,10; 9,25; Hes 44,7.
[34] Vgl. Lk 6,23; 11,49ff.; 13,34.
[35] Calvin, *Die Apostelgeschichte*, S. 155.
[36] Ps 110,1; vgl. Lk 22,69; Apg 2,34-35.
[37] Dan 7,13-14.
[38] Bruce, *Commentary on the Book of Acts*, S. 168.
[39] Joh 18,31.
[40] 5. Mose 17,7.
[41] Lk 23,46.
[42] Lk 23,34.
[43] Bengel, *Gnomon*, Band 1, S. 638.
[44] Bruce, *Commentary on the Book of Acts*, S. 172.

6. Kapitel

[1] Hengel, *Zur urchristlichen Geschichtsschreibung*, S. 70.
[2] BA, Sp. 877.
[3] BA, Sp. 642f.
[4] Barclay, *The Acts of the Apostles*, S. 78.
[5] Neil, *The Acts of the Apostles*, S. 119; *diaspeirō* ist das Wort, das in den Versen 1 und 4 mit »zerstreuen« übersetzt wird.
[6] Green, *Evangelism in the Early Church*, S. 180; vgl. 208.
[7] Bengel, *Gnomon*, Band 1, S. 638.
[8] Joh 4,9.
[9] Z.B. Lk 9,52-56; 10,30-37; 17,11-19; vgl. Joh 4. Jesu Verbot, in irgendeiner samaritanischen Stadt zu evangelisieren (Mt 10,5), war auf die Dauer seines öffentlichen Dienstes beschränkt, jetzt war es aufgehoben worden.
[10] Vgl. Joh 4,25.
[11] Haenchen, *Die Apostelgeschichte*, S. 253.

[12] Justin der Märtyrer, *Die beiden Apologien Justins des Märtyrers*, Hg. O. Bardenhewer, Th. Schermann, K. Weyman, Übers. Gerhard Rauschen (Kempten, München: Verlag der Jos. Kösel Buchhandlung, 1913), I, 26; vgl. I, 56.

[13] Irenäus, *Des heiligen Irenäus fünf Bücher gegen die Häresien*, Hg. O. Bardenhewer, Th. Schermann, K. Weyman, Übers. E. Klebba (Kempten, München: Verlag der Jos. Kösel Buchhandlung, 1912), I, 23, 1-5. Eine genaue Zusammenfassung der späteren Traditionen und Legenden über den Zauberer Simon findet sich bei: R. P. Casey, *The Beginnings of Christianity*, Band 5, S. 151-163.

[14] Calvin, *Die Apostelgeschichte*, S. 170.

[15] Alexander, *A Commentary on the Acts of the Apostles*, Band 1, S. 329.

[16] Vgl. Jak 2,19.

[17] Lk 9,51-56.

[18] Marshall, *The Acts of the Apostles*, S. 157.

[19] Bruce, *Commentary on the Book of Acts*, S. 183.

[20] Siehe Metzger, *A Textual Commentary on the Greek New Testament*, S. 358-359.

[21] *Initiation* ist die durch bestimmte Bräuche geregelte Aufnahme eines Neulings in eine Gemeinschaft.

[22] Als »confirmation« werden im Englischen sowohl die Konfirmation als auch die Firmung bezeichnet. Eine begriffliche Trennung zwischen beiden, wie sie im Deutschen vorgenommen wird (Firmung = katholisch; Konfirmation = protestantisch), gibt es im Englischen also nicht. Da die anglikanische Kirche katholische und protestantische Elemente miteinander verbindet, kann somit aus anglikanischer Sicht sowohl von »Firmung« als auch von »Konfirmation« gesprochen werden.

[23] Cyprian, *Des heiligen Kirchenvaters Caecilius Cyprianus Briefe*, Hg. O. Bardenhewer, K. Weyman u. J. Zellinger, Übers. Julius Baer (München: Kösel & Pustet, 1928), 73,9.

[24] George D. Smith, *The Teaching of the Catholic Church*, 2. Auflage (Burns & Oates, 1952), S. 816.

[25] Ludwig Ott, *Grundriß der katholischen Dogmatik*, 8., verbesserte Auflage (Freiburg, Basel, Wien: Herder, 1970), S. 434.

[26] Rackham, *The Acts of the Apostles*, S. 117.

[27] Myer Pearlman, *Knowing the Doctrines of the Bible*, revidierte Ausgabe (Springfield, Missouri: Gospel Publishing, 1981), S. 313.

[28] Morgan, *The Acts of the Apostles*, S. 157.

[29] Dunn, *Baptism and the Holy Spirit*, S. 63-68.

[30] Calvin, *Die Apostelgeschichte*, S. 172. Ähnlich schrieb B. B. Warfield, dass das, was die Samaritaner durch den Dienst von Petrus und Johannes empfingen, »die außerordentlichen Gaben des Heiligen Geistes« waren (B. B: Warfield, *Miracles Yesterday and Today* [1918; Eerdmans, 1965], S. 22).

[31] Röm 8,9; vgl. Röm 8,14-16; 1. Kor 6,19; Gal 3,2.14; 4,6.

[32] Alexander, *A Commentary on the Acts of the Apostles*, Band 1, S. 332.

[33] Dunn, *Baptism in the Holy Spirit*, S. 58.

[34] Dunn, S. 59.

[35] Calvin, *Die Apostelgeschichte*, S. 165.
[36] Calvin, *The Acts of the Apostles*, Band 1, S. 235 (aus d. Engl.). Diese Passage fehlt in der deutschen Ausgabe (S. 171). Calvins Apostelgeschichtskommentare erschienen ursprünglich auf Latein und Französisch, wobei Calvin die Kommentare selbst überarbeitete und erweiterte. Während der englischen Ausgabe mehrere lateinische und französische Editionen zu Grunde liegen (Calvin, *The Acts of the Apostles*, Band 1, S. v-vi), wurde bei der deutschen Ausgabe anscheinend nur die lateinische Edition von Tholuck (1833) verwendet.
[37] Geoffrey W. H. Lampe, *The Seal of the Spirit*, 2. Auflage (SPCK, 1967), S. 70.
[38] Geoffrey W. H. Lampe, S. 69-70.
[39] J. I. Packer, *Auf den Spuren des Heiligen Geistes: Im Spannungsfeld zwischen Orthodoxie und Charismatik* (Basel: Brunnen, 1989), S. 212.
[40] Green, *I Believe in the Holy Spirit*, S. 168.
[41] Calvin, *Die Apostelgeschichte*, S. 179.
[42] Calvin, *The Acts of the Apostles*, Band 1, S. 247 (aus. d. Engl.). Diese Passage fehlt in der deutschen Ausgabe (S. 179).
[43] Marshall, *The Acts of the Apostles*, S. 161.
[44] Jes 53, 7-8.
[45] Z.B. Mk 10,45; 14,24ff.; Lk 22,37.
[46] Chrysostom, *Hom. XIX*, S. 126 (aus d. Engl.).
[47] Alexander, *A Commentary on the Acts of the Apostles*, Band 1, S. 350.
[48] Siehe Hanson, *The Acts*, S. 107. 111.
[49] Metzger, *A Textual Commentary on the Greek New Testament*, S. 360-361.
[50] Horton, *The Book of Acts*, S. 112.
[51] Bengel, *Gnomon*, Band 1, S. 643.
[52] BA, Sp. 218.
[53] 1. Thess 4,17.
[54] Morgan, *The Acts of the Apostles*, S. 171.
[55] Irenäus, *Des heiligen Irenäus fünf Bücher gegen die Häresien*, Hg. O. Bardenhewer, Th. Schermann, K. Weyman, Übers. E. Klebba (Kempten, München: Verlag der Jos. Kösel Buchhandlung, 1912), III, 12, 8.

7. Kapitel

[1] Röm 11,13.
[2] Das *Book of Common Prayer* ist die gültige Gottesdienstordnung der Kirche von England. Es erschien erstmals 1549 und wurde im Wesentlichen von Thomas Cranmer entworfen.
[3] Vgl. Apg 9,15; 22,14-15; 26,17-18.20; Röm 1,1.5.13; 11,13; 15,15-18; Gal 1,15-16; 2,2.7-8; Eph 3,1-8; Kol 1,24-29. Zur Analogie zwischen der Bekehrung des Saulus und der Berufung der alttestamentlichen Propheten siehe Johannes Munck, *Paulus und die Heilsgeschichte* (Kopenhagen: Universitetsforlaget i Aarhus Ejnar Munksgard, 1954), S. 15-25. Krister Stendahl geht wohl zu weit, wenn er richtigerweise die Berufung des

Saulus betont, aber verneint, dass diese Berufung auch seine Bekehrung war; Krister Stendahl, *Paul among Jews and Gentiles* (Fortress, 1976; SCM, 1977), S. 7-23.

[4] 1. Tim 1,16.

[5] William Sargant, *Battle for the Mind* (Heinemann, 1957, durchgesehene Ausgabe durch Pan Books, 1959).

[6] Sargant, *Battle for the Mind*, S. 20.

[7] Sargant, S. 106.

[8] Sargant, S. 106.

[9] Siehe D. M. Lloyd-Jones, *Conversions, Psychological and Spiritual* (IVP, 1960); Gaius Davies, »Dr William Sargant's Writings on Conversion«, *In the Service of Medicine*, Jg. 22, Nr. 84 (CMF, Januar 1976); Malcolm A. Jeeves, *Psychology and Christianity: The view both ways* (IVP, 1976), bes. S. 133-139.

[10] Veröffentlicht in Edinburgh, revidierte Auflage, 1769.

[11] Lyttelton, *Observations on the Conversion and Apostleship of Saint Paul*, S. 3.

[12] Lyttelton, S. 9-10.

[13] Calvin, *Die Apostelgeschichte*, S. 186.

[14] Bruce, *Commentary on the Book of Acts*, S. 175, Anm. 8. Er verweist auf *The Beginnings of Christianity*, Band 4, S. 88. An dieser Stelle sagen die Autoren Lake und Cadbury, dass es »besonders für das Zerfetzen durch wilde Tiere, z. B. Löwen« verwendet wird.

[15] Williams, *A Commentary on the Acts of the Apostles*, S. 124-125.

[16] Alexander, *A Commentary on the Acts of the Apostles*, Band 1, S. 335.

[17] Calvin, *Die Apostelgeschichte*, S. 186, vgl. S. 189.

[18] Walker, *The Acts of the Apostles*, S. 207.

[19] Apg 9,17.27; vgl. Apg 22,14-15; 26,16; 1. Kor 9,1; 15,8.

[20] Gal 1,15-16.

[21] Phil 3,12.

[22] 1. Mose 1,3.

[23] 2. Kor 4,6. und 3.

[24] 1. Tim 1,14.

[25] C. S. Lewis, *Überrascht von Freude*, 2. Taschenbuch-Lizenzausgabe (Gießen: Brunnen, 1994 [1992]), S. 255-285.

[26] Coggan, *Paul*, S. 33-34.

[27] Rackham, *The Acts of the Apostles*, S. 88.

[28] C. G. Jung, *Contributions to Analytical Psychology* (Routledge & Kegan Paul, 1928), S. 257 (aus d. Engl.). Das Originalzitat ließ sich leider nicht ermitteln: C. G. Jung, *Zwei Schriften über analytische Psychologie* (Freiburg: Walter-Verlag, 1971).

[29] Phil 3,6.

[30] Röm 7,7ff.

[31] C. S. Lewis, *Überrascht von Freude*, S. 269.

[32] Lk 18,10.12.

[33] Röm 8,16.

[34] Lenski, *The Interpretation of the Acts of the Apostles*, S. 360.

[35] Röm 8, 15.
[36] Barclay, *The Acts of the Apostles*, S. 87.
[37] Z. B. Eph 3, 3; Röm 16, 25; Gal 1, 11 - 12.
[38] Gal 1, 17.
[39] Gal 1, 18.
[40] Z. B. Joh 15, 26 - 27.
[41] Vgl. 2. Kor 11, 32 - 33.
[42] Dietrich Bonhoeffer, *Nachfolge: Mit einem Nachwort von Eberhard Bethge.* 17. Auflage (München: Kaiser, 198817 [1937]), S. 66.
[43] Calvin, *Die Apostelgeschichte*, S. 499.
[44] Z. B. 2. Kor 3, 18.

8. Kapitel

[1] Gal 2, 1ff.
[2] Stott spielt hier bewusst auf den im Englischen gebräuchlichen Titel für die Apostelgeschichte (*Acts of the Apostles* [»Taten der Apostel«]) an.
[3] 2. Kor 12, 12.
[4] 1. Kön 17, 17 - 24; 2. Kön 4, 32 - 37.
[5] Mk 2, 11.
[6] Mk 5, 41: »Mädchen, ich sage dir, steh auf!«.
[7] Calvin, *The Acts of the Apostles*, Band 1, S. 277 (aus d. Engl.). Diese Passage fehlt in der deutschen Ausgabe (S. 202) (Anm. d. Übers.).
[8] Calvin, *Die Apostelgeschichte*, S. 202.
[9] Knowling, *The Acts of the Apostles*, S. 249. Siehe 4. Mose 19, 11 - 13; Hermann L. Strack u. Paul Billerbeck, *Kommentar zum Neuen Testament aus Talmud und Midrasch*, Band 2 (1924), S. 695, und Edersheim, *Jewish Social Life*, S. 158.
[10] Mt 16, 19.
[11] Siehe dazu den Aufsatz von Conrad Gempf über »The God-fearers« (»Die Gottesfürchtigen«) im 2. Anhang in Hemer, *The Book of Acts in the Setting of Hellenistic History*, S. 444 - 447.
[12] 1. Mose 12, 1 - 4.
[13] Ps 2, 7 - 8; 22, 27 - 28; Jes 2, 1ff.; 42, 6; 49, 6; Joel 3, 1ff.
[14] Edersheim, *Jewish Social Life*, S. 25 - 29.
[15] Jona 1, 3.
[16] Vgl. BA, Sp. 1126.
[17] Mt 16, 22; Joh 13, 8.
[18] Siehe BA, »*diakrinō*«, Sp. 370f. [2.b].
[19] Siehe BA, »*diakrinō*«, Sp. 370 [1.b].
[20] Alexander, *A Commentary on the Acts of the Apostles*, Band 1, S. 398.
[21] Haenchen, *Die Apostelgeschichte*, S. 295.
[22] Vgl. Apg 14, 11ff.; Offb 19, 10; 22, 8 - 9.
[23] Alexander, *A Commentary on the Acts of the Apostles*, S. 189.

[24] Bruce, *Commentary on the Book of the Acts*, S. 222.
[25] BA, Sp. 1443.
[26] Z.B. 3. Mose 19,15.
[27] 2. Chr 19,7.
[28] Bengel, *Gnomon*, Band 1, S. 654.
[29] Lenski, *The Interpretation of the Acts of the Apostles*, S. 419.
[30] Haenchen, *Die Apostelgeschichte*, S. 296.
[31] Lk 4,18.
[32] Lenski, *The Interpretation of the Acts of the Apostles*, S. 422.
[33] Stanton, *Jesus of Nazareth in New Testament Preaching*, S. 13. Gegen Bultmann und andere, die darauf bestehen, dass die erste Gemeinde nur an dem auferstandenen Herrn und nicht an dem historischen Jesus interessiert war, führt Stanton an, was er die »altmodische« Ansicht nennt, dass »die erste Gemeinde an der Vergangenheit Jesu interessiert war« (S. 186), dass sein Leben und Wesen Teil ihrer ersten evangelistischen Verkündigung war (S. 30) und dass »der Glaube der Gemeinde an die Auferstehung dies nicht verfinstert hat« (S. 191).
[34] 5. Mose 21,22-23; vgl. Gal 3,10-13; 1. Petr 2,24.
[35] Vgl. Lk 24,30.41ff.; Joh 21,13; Apg 1,4.
[36] Haenchen, *Die Apostelgeschichte*, S. 298.
[37] Alexander, *A Commentary on the Acts of the Apostles*, Band 1, S. 417.
[38] Chrysostom, *Hom. XXIV*, S. 155.
[39] Chrysostom, S. 157.
[40] Chrysostom, S. 158.
[41] Metzger, S. 382-384.
[42] Neil, *The Acts of the Apostles*, S. 141-142.
[43] Mk 7,19.
[44] Rackham, *The Acts of the Apostles*, S. 153.
[45] Barclay, *The Acts of the Apostles*, S. 104.
[46] Haenchen, *Die Apostelgeschichte*, S. 307.
[47] Haenchen, S. 308.
[48] Vgl. BA, Sp. 936f.
[49] Bruce, *Commentary on the Book of Acts*, S. 230.
[50] Bruce, S. 236.
[51] Gal 2,11ff.
[52] Jak 2,1ff.
[53] *Towards a Theology for Inter-Faith Dialogue*, 2. Auflage (Anglican Consultive Council, 1986[2] [1984]), S. 24-25.
[54] BA, Sp. 1063.
[55] 3. Mose 2,2.9.16.
[56] Manche weisen auf die Stellen Jes 56,6ff. und Mal 1,10-11 hin, die aussagen würden, dass Gott die Opfer von Heiden annehmen würde. Doch in dem ersten Text sind die »Fremden« diejenigen, die sich selbst an Jahwe gebunden haben, seinen Namen lieben und sich treu an seinen Bund halten, während in dem zweiten Text Jahwe die Opfer Israels verwirft und stattdessen die Opfer der Nationen annimmt, unter denen sein Name »herrlich« ist.

[57] BA, Sp. 348.
[58] Alexander, *A Commentary on the Acts of the Apostles*, S. 409.
[59] Calvin, *The Acts of the Apostles*, Band 1, S. 288 (aus d. Engl.). Diese Passage fehlt in der deutschen Ausgabe (S. 209).
[60] Röm 1,16.

9. Kapitel

[1] Röm 1,16; 2,9-10; vgl. 3,29; 9,24; 10,12; 1. Kor 1,24; 12,13; Kol 3,11.
[2] Bruce, *Commentary on the Book of Acts*, S. 238.
[3] Metzger, *A Textual Commentary on the Greek New Testament*, S. 386.
[4] Metzger, S. 388.
[5] Longenecker, *The Acts of the Apostles*, S. 400-401.
[6] Metzger, S. 388-389.
[7] Josephus, *Der Jüdische Krieg* III, 29 (III, 2, 4).
[8] Barclay, *The Acts of the Apostles*, S. 107.
[9] BA, Sp. 1439f.
[10] Siehe J. H. Bavinck, *An Introduction to the Science of Missions* (1954; Presbyterian and Reformed Publishing Co., 1960), S. xvii.
[11] Gal 1,21ff.
[12] 2. Kor 11,23ff.
[13] Phil 3,8.
[14] BA, Sp. 1137f., »*oikoumene*«.
[15] Bruce, *The Acts of the Apostles*, S. 239; *Commentary on the Book of Acts*, S. 243.
[16] Josephus, *Jüdische Altertümer* XX, 2, 5; vgl. XX, 5, 2 und III, 15, 3.
[17] Vgl. 2. Kor 8,3.
[18] Karl Marx, »Kritik des Gothaer Programms«, *Karl Marx und Friedrich Engels*, Hg. Institut für Marxismus-Leninismus beim ZK der SED, Band 19 (Ost-Berlin: Dietz Verlag, 1962), S. 21.
[19] 2. Kor 8-9.
[20] Röm 15,27.
[21] Lk 23,7ff.; Apg 4,27.
[22] Mk 10,38-39.
[23] Offb 1,9.
[24] BA, Sp. 495.
[25] Lk 22,44.
[26] Vgl. Phil 1,19; Phlm 22.
[27] Joh 21,18-19.
[28] Chrysostom, *Hom. XXVI*, S. 172 (aus d. Engl.).
[29] Vgl. BA, Sp. 12-14.
[30] Neil, *The Acts of the Apostles*, S. 149.
[31] Hanson, *The Acts*, S. 133-134.
[32] Kol 4,10.
[33] Mk 14,15.

[34] Vgl. Mt 18,10.
[35] Bruce, *The Acts of the Apostles*, S. 247.
[36] Gal 2,11.
[37] Josephus, *Jüdische Altertümer* XIX, 8, 2.
[38] 2. Makk 9,5ff.
[39] A. Rendle Short, *The Bible and Modern Medicine* (Paternoster, 1964), S. 66-68.

10. Kapitel

[1] Siehe Metzger, *A Textual Commentary on the Greek New Testament*, S. 398-400.
[2] Lk 23,26.
[3] Mk 15,21 und vielleicht Röm 16,13.
[4] BA; Sp. 1582.
[5] 1. Mose 12,1.
[6] Gal 1,1.
[7] BA, Sp. 193.
[8] Z.B. Apg 3,13; 5,40; 16,35-36.
[9] BA, Sp. 193. Z.B. Apg 15,30.33; 19,40.
[10] Ramsay, *St. Paul the Traveller and the Roman Citizen*, S. 73.
[11] Jes 5,20.
[12] *The Beginnings of Christianity*, Band 4, S. 147.
[13] Longenecker, *The Acts of the Apostles*, S. 420.
[14] Bruce, *Commentary on the Book of the Acts*, S. 266.
[15] 2. Tim 4,11; vgl. Kol 4,10.
[16] 2. Kor 11,26.
[17] Gal 4,13.
[18] Gal 4,14.
[19] Gal 4,15.
[20] 2. Kor 12,7.
[21] Ramsay, *St. Paul the Traveller and the Roman Citizen*, S. 92-97; vgl. *The Church in the Roman Empire before AD 170*, S. 62-64.
[22] Ramsay, *The Church in the Roman Empire before AD 170*, S. 25.
[23] 5. Mose 6,4ff.
[24] Siehe Metzger, *A Textual Commentary on the Greek New Testament*, S. 405-406.
[25] Vgl. Lk 1,32.69; 2,4; Röm 1,3; 2. Tim 2,8.
[26] 2. Sam 7,13-14.
[27] Vgl. Gal 3,10-13.
[28] Keck und Martyn [Hg.], *Studies in Luke-Acts*, S. 26.
[29] Luther, »Vorrede auf der Apostel Geschichte«, 1534, *Dr. Martin Luthers Sämtliche Schriften*, Joh. Georg Walch [Hg.], Band 14 (St. Louis: Concordia Publishing House, 1880-1910; Groß-Oesingen: Verlag der Luth. Buchh. Harms, 1987), Sp. 92, siehe auch: WA, *Die Deutsche Bibel*, Band 6, S. 415.

[30] Röm 1,16; 2,9-10.
[31] Z.B. Apg 14,1 (»wieder«); 16,13; 17,2 (»wie nun Paulus gewohnt war«); 17,10.17; 18,4.19; 19,8; 28,17.23.
[32] Lk 2,32.
[33] BA, Sp. 1607.
[34] BA, Sp. 1607.
[35] Bruce, *Commentary on the Book of the Acts*, S. 283; vgl. *The Acts of the Apostles*, S. 275.
[36] Siehe Lk 10,20; Phil 4,3; Offb 13,8; 20,12-13; 21,27.
[37] 2. Tim 3,11-12.
[38] Lk 9,5; 10,11.
[39] Gal 5,22.
[40] Vgl. BA, Sp. 164-165.
[41] Bengel, *Gnomon*, Band 1, S. 676.
[42] Calvin, *Acts*, Band 2, S. 3 (aus d. Engl.). Diese Passage fehlt in der deutschen Ausgabe (S. 288).
[43] Calvin, *Die Apostelgeschichte*, S. 288-289.
[44] 1. Kor 9,1; 15,7-9.
[45] 2. Kor 8,23 (Meister, Schlachter, JB).
[46] Phil 2,25.
[47] Ramsay, *The Cities of St Paul*, S. 408.
[48] Bruce, *The Acts of the Apostles*, S. 281; ders., *Commentary on the Book of the Acts*, S. 291-292, und Longenecker, *The Acts of the Apostles*, S. 435, nennen diesbezüglich weitere Einzelheiten und Verweise.
[49] Vgl. Mk 14,63.
[50] Es stimmt, dass in der Erzählung sowohl Paulus als auch Barnabas »unter das Volk [sprangen] und schrien« (V. 14). So könnte Lukas die Predigt beiden zuschreiben. Mit Sicherheit verkündeten sie beide das Evangelium (V. 1. 3. 7. 21. 24. 27). Andererseits verfolgt Lukas in diesen Kapiteln die Absicht, den Dienst des Paulus zu verdeutlichen. In Lystra schildert er ausdrücklich Paulus als denjenigen, der spricht (V. 9a), heilt (V. 9b-11a) und gesteinigt wird (V. 19).
[51] Apg 13,5.7.44.46.48-49.
[52] Apg 13,32; 14,7.15.21.
[53] 2. Kor 11,25.
[54] 2. Kor 4,9.
[55] Gal 6,17.
[56] Gehört und zitiert von W.E. Sangster, *The Craft of the Sermon* (Epworth, 1954), S. 214.
[57] Lk 19,37-40; 23,23.
[58] Z.B. Apg 9,31; 15,32.41; 18,23.
[59] 2. Tim 3,11-12.
[60] Alexander, *A Commentary on the Acts of the Apostles*, S. 68.
[61] Roland Allen, *Missionary Methods: St Paul's or Ours?*, 6. Auflage (Eerdmans, 1962 [1912]), S. 83. 87. 3.
[62] Vgl. Kol 4,16; 1. Thess 5,27.

[63] 1. Tim 3 und Tit 1.
[64] Tit 1,9; 1. Tim 3,2.
[65] Roland Allen, *Missionary Methods*, S. 90.
[66] Allen, S. 99-107.
[67] Allen, S. 91.
[68] Allen, S. 149.
[69] Allen, S. 148.
[70] Allen, S. 141-142.
[71] Lesslie Newbigin, *The Finality of Christ* (SCM, 1969), S. 107.
[72] Max Warren [Hg.], *To Apply the Gospel: Selections from the Writings of Henry Venn* (Eerdmans, 1971), S. 28.
[73] Joachim Jeremias, *Jesu Verheißung für die Völker* (Stuttgart: Kohlhammer, 1956), S. 9.
[74] Jeremias, S. 16.
[75] Jeremias, S. 14.

11. Kapitel

[1] Haenchen, *Die Apostelgeschichte*, S. 402.
[2] Eph 3,2-6; vgl. Kol 1,26-27; Röm 16,25-27.
[3] Gal 1,7; vgl. 5,10 (Menge).
[4] Siehe Colin Hemer, *The Book of Acts in the Setting of Hellenistic History*, Kapitel 7 »Galatien und die Galater« (S. 277-307). Seine Ansicht »beinhaltet eine Synthese von drei Elementen: (1) Südgalatien als Bestimmungsort des Briefes; (2) eine frühe Datierung des Briefes vor dem Jerusalemer Konzil; (3) eine klare Identifizierung der Besuche in Jerusalem: Apostelgeschichte 9 stimmt mit Galater 1 überein und Apostelgeschichte 11 mit Galater 2, Apostelgeschichte 15 findet erst nach dem Brief statt« (S. 278).
[5] Gal 2,16.
[6] Mk 6,3; Apg 1,14; 1. Kor 15,7.
[7] Jak 3,17.
[8] Gal 1,19.
[9] Gal 2,9; vgl. Apg 21,18.
[10] Die Schwierigkeit bei dem Zitat des Jakobus aus dem Buch Amos liegt darin, dass der zitierte Text fast wörtlich mit dem der LXX übereinstimmt, während sich im Masoretischen (hebräischen) Text die erste Verheißung auf ein wiederhergestelltes Israel und die zweite auf Israels Besitz von Edom und allen Völkern bezieht. Mit Sicherheit wäre auch der Masoretische Text ein passendes Zitat für Jakobus gewesen, wobei Edom dann ein Beispiel für die Nationen wäre, die »besetzt« oder vom wahren Israel einverleibt werden würden. Doch welchen Text hat Jakobus nun verwendet? Kritiker argumentieren so, dass er als der Leiter der hebräischen Gemeinde niemals die griechische Fassung benutzt hätte. Dies könnte stimmen. Andererseits wird er »wie alle Galiläer zweisprachig gewesen

sein« (Neil, *The Acts of the Apostles*, S. 173). Das Konzil wird wahrscheinlich auf Griechisch abgehalten worden sein. Wenn er jedoch Aramäisch gesprochen hat, wird er wahrscheinlich einen anderen hebräischen Text als den Masoretischen Text zitiert haben, der vermutlich wiederum der Übersetzung der LXX zu Grunde lag und fast mit ihrem Wortlaut übereinstimmte und darüber hinaus auch in der Gemeinde von Qumran bekannt gewesen ist.

11 *The Beginnings of Christianity*, Band 4, S. 177.
12 Vgl. BA, Sp. 42f.
13 BA, Sp. 1389.
14 Bruce, *Commentary on the Book of the Acts*, S. 315. Er führt 1. Kor 5, 1 als ein Beispiel für eine Stelle an, an der *porneia* die Bedeutung »Inzest« hat.
15 Apg 15, 40, 2. Kor 1, 19, 1. Thess 1, 1; 2. Thess 1, 1.
16 1. Petr 5, 12.
17 Rackham, *The Acts of the Apostles*, S. 255.
18 BA, Sp. 1606.
19 Gal 1, 21.23.
20 Calvin, *Die Apostelgeschichte*, S. 330.
21 Bengel, *Gnomon*, Band 1, S. 685.
22 2. Tim 1, 5; vgl. 2. Tim 3, 15.
23 1. Kor 4, 17.
24 Z.B. Gal 1, 6-9; 3, 1-5; 5, 2-6.
25 1. Tim 4, 14; 2. Tim 1, 6.
26 BA, Sp. 1530f.
27 Gal 2, 14.
28 Z.B. Gal 1, 6-9; 3, 1-5; 5, 2-6.
29 Baur, *Paulus*, Band 1, S. 14. Siehe (im Gegensatz dazu) W. W. Gasque, »The Book of Acts and History«, *Unity and Diversity in New Testament Theology*, S. 64-70.
30 Z.B. Röm 14 und 1. Kor 8.
31 1. Kor 9, 19-20.
32 Martin Luther, *Luthers große Auslegung der Epistel an die Galater und die übrigen exegetischen Schriften*, 1531, *Dr. Martin Luthers Sämtliche Schriften*, Joh. Georg Walch [Hg.], Band 9 (St. Louis: Concordia Publishing House, 1880-1910; Groß-Oesingen: Verlag der Luth. Buchh. Harms, 1987), Sp. 139-140, siehe auch: WA, Band 40.1, S. 182.
33 John H. Pratt [Hg.], *The Thought of the Evangelical Leaders: Notes of the Discussions of the Eclectic Society, London, during the years 1798 - 1814* (1856; Banner of Truth Trust, Reprint 1978), S. 151.

12. Kapitel

[1] Morgan, *The Acts of the Apostles*, S. 287.
[2] Mt 25,36.43.
[3] Jak 1,27.
[4] Ramsay, *St. Paul the Traveller and the Roman Citizen*, S. 194. 196. Vgl. *The Church in the Roman Empire before AD 170*, S. 93.
[5] 1. Petr 1,1.
[6] *Ramsay, St. Paul the Traveller and the Roman Citizen*, S. 195. 197.
[7] Siehe dazu den Artikel von Paul Bowers über Apg 16,8 mit dem Titel »Paul's Route through Mysia«, *The Journal of Theological Studies*, 30 (1979), S. 507-511.
[8] Barclay, *The Acts of the Apostles*, S. 141f.
[9] Ramsay, *St. Paul the Traveller and the Roman Citizen*, S. 204.
[10] Pierson, *The Acts of the Holy Spirit*, S. 120-122.
[11] BA, Sp. 1552.
[12] Ramsay, *St. Paul the Traveller and the Roman Citizen*, S. 205.
[13] Vgl. Apg 10,33; 16,33; 18,8; 1. Kor 1,16.
[14] Z.B. 1. Tim 3,4-5.12; 5,4.
[15] Phil 4,2.
[16] Phil 4,3.
[17] Lk 4,33-34.41; 8,27-28.
[18] Bruce, *Commentary on the Book of the Acts*, S. 335.
[19] Sherwin-White, *Roman Society and Roman Law in the New Testament*, S. 79.
[20] Longenecker, *The Acts of the Apostles*, S. 463.
[21] 2. Kor 11,23.25.
[22] Haenchen, *Die Apostelgeschichte*, S. 440.
[23] Chrysostom, *Hom.*, Band XXXVI, S. 225 (aus d. Engl.).
[24] Sherwin-White, *Roman Society and Roman Law in the New Testament*, S. 71.
[25] A. N. Triton, *Whose World?* (IVP, 1970), S. 48.
[26] Gal 3,28.
[27] Lk 24,45.
[28] Phil 1,27; 2,2.
[29] 1. Thess 2,2.
[30] Calvin, *Die Apostelgeschichte*, S. 354.
[31] 1. Thess 1,9-10.
[32] Z.B. Lk 9,22.
[33] Lk 24,25-27.
[34] Lk 24,44-46.
[35] Vgl. 1. Kor 15,3-4.
[36] BA, Sp. 1258f.
[37] Bruce, *Commentary on the Book of the Acts*, S. 343.
[38] 1. Thess 1,5.
[39] Ramsay, *St. Paul the Traveller and the Roman Citizen*, S. 227.

[40] Kol 4,10.
[41] Longenecker, *The Acts of the Apostles*, S. 469.
[42] Ramsay, *St. Paul the Traveller and the Roman Citizen*, S. 229.
[43] Lk 23,2.
[44] Z.B. Joh 19,12; 1. Petr 2,13.17.
[45] Sherwin-White, *Roman Society and Roman Law in the New Testament*, S. 95.
[46] 1. Thess 2,18.
[47] Ramsay, *St. Paul the Traveller and the Roman Citizen*, S. 231.
[48] Lk 23,14-15.
[49] Bengel, *Gnomon*, Band 1, S. 692.

13. Kapitel

[1] Haenchen, *Die Apostelgeschichte*, S. 454.
[2] Zitiert von Conybeare und Howson, *The Life and Epistles of St. Paul*, S. 275.
[3] R.E. Wycherley, zitiert bei: Marshall, *The Acts of the Apostles*, S. 283.
[4] Zitiert bei Alexander, *A Commentary on the Acts of the Apostles*, Band 2, S. 145.
[5] Conybeare u. Howson, *The Life and Epistles of St. Paul*, S. 280.
[6] Blaiklok, *The Acts of the Apostles*, S. 137.
[7] Anfallartiges Auftreten einer Krankheitserscheinung.
[8] BA, Sp. 1271.
[9] Jes 65,2-3; vgl. 5. Mose 9,7.18.22; Ps 106,28-29; Hos 8,5.
[10] 2. Mose 34,14.
[11] Jes 42,8.
[12] 1. Kön 19,10.
[13] 2. Kor 11,2ff.
[14] Constance E. Padwick, *Henry Martin: Confessor of the Faith* (IVF, 1953), S. 146.
[15] Ramsay, *St. Paul the Traveller and the Roman Citizen*, S. 242.
[16] BA, Sp. 1522.
[17] Foakes-Jackson u. Lake [Hg.], *The Beginnings of Christianity*, Band 4, S. 211.
[18] Foakes-Jackson u. Lake, S. 211.
[19] Ramsay, *St. Paul the Traveller and the Roman Citizen*, S. 241.
[20] Hanson, *The Acts*, S. 176.
[21] Chrysostom, *Hom.*, Band XXXVIII, S. 233 (aus d. Engl.).
[22] Bruce, *Commentary on the Book of the Acts*, S. 351; *The Acts of the Apostles*, S. 333.
[23] Vgl. BA, Sp. 211.
[24] Alexander, *A Commentary on the Acts of the Apostles*, Band 2, S. 149.
[25] Gärtner, *The Areopagus Speech and Natural Revelation*, S. 65.
[26] Longenecker, *The Acts of the Apostles*, S. 474.
[27] Pausanias, *Reisen in Griechenland*, Felix Eckstein [Hg.], Übers. v. Ernst

Meyer, 3. Auflage (Darmstadt: Wissenschaftliche Buchgesellschaft, 1986^3 [1954]), S. 64.

28 Raymond Panikkar, *The Unknown Christ of Hinduism* (Darton: Longman & Todd, 1964), S. 137.

29 Panikkar, S. 54.

30 Stonehouse, *Paul before the Areopagus*, S. 19.

31 Williams, *A Commentary on the Acts of the Apostles*, S. 204.

32 Paulus zitierte auch Menander (1. Kor 15,33) und ein weiteres Mal Epimenides (Tit 1,12).

33 Röm 1,18.

34 Vgl. Röm 3,25.

35 Vgl. Joh 5,27.

36 1. Thess 1,9.

37 Dibelius, *Aufsätze zur Apostelgeschichte*, S. 64-66.

38 Aus dem Artikel von Hans Conzelmann in Keck-Martyn, *Studies in Luke-Acts*, S. 218.

39 Z.B. Röm 1,18ff.

40 Ramsay, *St. Paul the Traveller and the Roman Citizen*, S. 252.

41 Stonehouse, *Paul before the Areopagus*, S. 33.

42 Stonehouse, S. 34.

43 BA, Sp. 731.

44 Eph 5,5.

45 Siehe beispielsweise: Bob Goudzwaard, *Idols of our Time* (IVP, 1984 [1981]).

14. Kapitel

1 Harvey Cox, *The Secular City* (Macmillan, 1965), S. 1.

2 Siehe: *World Population Trends and Policies: 1987 Monitoring Report* (United Nations Publication, 1988).

3 Alexander, *A Commentary on the Acts of the Apostles*, Band 2, S. xiii.

4 Ramsay in *A Dictionary of the Bible.*

5 Farrar, *The Life and Work of St. Paul*, S. 315.

6 Barclay, *The Acts of the Apostles*, S. 161.

7 1. Kor 2,2-3.

8 1. Kor 1,26ff.

9 Farrar, *The Life and Work of St. Paul*, S. 315.

10 1. Kor 6,9ff.

11 1. Kor 2,2-3.

12 Röm 16,3-4.

13 Sueton, »Kaiserbiographien über berühmte Männer«, *Werke in einem Band*, Werner Krenkel [Hg.],Übers. v. Adolf Stahr u. Werner Krenkel, 2. Auflage (Berlin, Weimar: Aufbau, 1985^2), S. 248.

14 1. Kor 16,19. Andere Verweise auf Aquila und Priszilla finden sich in Röm 16,3 und 2. Tim 4,19.

[15] Wilhelm Michaelis, »*skenopoios*«, *Theologisches Wörterbuch zum Neuen Testament*, Hg. Gerhard Kittel u. Gerhard Friedrich, Band VII (Stuttgart: Kohlhammer, 1990), 396.
[16] Z.B. Gal 6,6; 1. Kor 9,4ff.
[17] 1. Thess 2,9; 2. Thess 3,8; 2. Kor 12,13.
[18] 1. Kor 9,15ff.; 2. Kor 11,7ff.
[19] J. Christy Wilson, *Today's Tentmakers* (Tyndale, 1979).
[20] 1. Thess 3,2.
[21] 1. Thess 3,6.
[22] Vgl. Phil 4,14ff.; 2. Kor 11,8-9.
[23] Bruce, *Commentary on the Book of the Acts*, S. 371.
[24] Siehe Hes 33,1ff.
[25] Marshall, *The Acts of the Apostles*, S. 296.
[26] Joh 10,16.
[27] Longenecker, *The Acts of the Apostles*, S. 486.
[28] Neil, *The Acts of the Apostles*, S. 197.
[29] Bruce, *Commentary on the Book of the Acts*, S. 374.
[30] Longenecker, *The Acts of the Apostles*, S. 486.
[31] Siehe auch 1. Kor 1,1.
[32] 4. Mose 6,1ff.
[33] Marshall, *The Acts of the Apostles*, S. 300.
[34] Ramsay, *St. Paul the Traveller and the Roman Citizen*, S. 263.
[35] Ramsay, S. 264.
[36] Siehe auch BA, *logios*, Sp. 967.
[37] Lk 3,1ff.
[38] Lk 16,16.
[39] Bruce, *Commentary on the Book of the Acts*, S. 382.
[40] 1. Kor 3,6.
[41] Green, *I believe in the Holy Spirit*, S. 135.
[42] Vgl. Gal 3,2.
[43] Vgl. Apg 9,2; 19, 23; 22,4; 24,14.22.
[44] Williams, *A Commentary on the Acts of the Apostles*, S. 122. Es ist interessant, dass Hinduismus, Buddhismus, Taoismus, das Judentum und der Islam auch zu einem bestimmtem Grade die Vorstellung von einem »Weg« oder »Pfad« haben. Auch in der Bibel werden wir mit zwei Wegen konfrontiert, zwischen denen man wählen muss, normalerweise zwischen Leben und Tod (z.B. 5. Mose 30,19ff.; Ps 1; Spr 2; Mt 7,13-14). Auch die Gemeinde von Qumran war mit diesen beiden Alternativen vertraut. Doch die sechs Vorkommen des »Weges« in der Apostelgeschichte sind allesamt nicht näher bestimmt. Der Ursprung der absoluten Verwendung dieses Begriffes ist nicht bekannt. Es könnte auf Jesu Anspruch zurückgehen, dass er der einzige Weg zum Vater ist (Joh 14,6; vgl. Apg 4,12; 16,17), oder es wird dadurch ausgedrückt, dass die Nachfolge Christi eine einmalig gewagte Reise ist.
[45] BA, Sp. 372
[46] Bruce, *Commentary on the Book of the Acts*, S. 388 Anm. 18.

[47] Bruce, S. 389.
[48] Z. B. 2. Kor 12,12; Röm 15,19.
[49] Lk 8,43-44.
[50] Alexander, *A Commentary on the Acts of the Apostles*, Band 2, S. 200.
[51] Siehe Apg 24,17; Röm 15,25ff.; 1. Kor 16,1-8; 2. Kor 8-9.
[52] Röm 15,24.28.
[53] Bruce, *Commentary on the Book of the Acts*, S. 394.
[54] Bengel, *Gnomon*, Band 1, S. 706.
[55] 1. Kor 16,8-9.
[56] Haenchen, *Die Apostelgeschichte*, S. 511.
[57] Marshall, *The Acts of the Apostles*, S. 315-317.
[58] In: *A Dictionary of the Bible*, S. 723.
[59] Neil, *The Acts of the Apostles*, S. 207.
[60] Morton, *In the Steps of St. Paul*, S. 327.
[61] Sherwin-White, *Roman Society and Roman Law in the New Testament*, S. 90.
[62] Haenchen, *Die Apostelgeschichte*, S. 578.
[63] Sherwin-White, S. 83.
[64] Sherwin-White, S. 86.
[65] Sherwin-White, S. 87.
[66] BA, Sp. 371.
[67] BA, Sp. 1288-1290.
[68] Hengel, *Zur urchristlichen Geschichtsschreibung*, S. 17.
[69] Siehe 1. Kor 1 und 2.
[70] Metzger, *A Textual Commentary on the Greek New Testament*, S. 470.
[71] Ramsay, *St. Paul the Traveller and the Roman Citizen*, S. 271.
[72] Lake u. Cadbury [Hg.], *The Beginnings of Christianity*, Band 4, S. 239.
[73] Lake u. Cadbury, S. 239.
[74] Kol 1,7; 2,1; 4,12-13.

15. Kapitel

[1] Vgl. Lk 10,38.
[2] Vgl. Lk 6,7.11; 11,53-54; 22,1-2.
[3] Vgl. Lk 9,22.44; 18,31-32.
[4] Vgl. Lk 18,32.
[5] Vgl. Lk 12,50; 22,19; 23,46.
[6] Vgl. Lk 9,51.
[7] Vgl. Lk 22,42.
[8] Lk 9,51.
[9] Eph 4,1.
[10] 2. Kor 2,12.
[11] 2. Kor 2,13.
[12] 2. Kor 7,5-16.
[13] Röm 15,19.

[14] 1. Kor 16,1-4; vgl. Apg 24,17.
[15] Röm 15,17-33; besonders die Verse 19. 23. 24 und 28.
[16] Ramsay, *St. Paul the Traveller and the Roman Citizen*, S. 287.
[17] Apg 17,15-16; vgl. 1. Thess 3,1.5.
[18] 2. Tim 4,9.21.
[19] Apg 21,29; vgl. 2. Tim 4,20.
[20] Siehe Eph 6,21-22; Kol 4,7-8; 2. Tim 4,12; Tit 3,12.
[21] 2. Kor 8,16-24.
[22] Ramsay, S. 390.
[23] Marshall, *The Acts of the Apostles*, S. 325.
[24] Bruce, *Commentary on the Book of the Acts*, S. 407-408; siehe auch Mk 16,2; Joh 20,19.26; 1. Kor 16,2; Offb 1,10.
[25] Lk 22,20; 24,30-35; Apg 2,42.
[26] 1. Kön 17,19ff.
[27] 2. Kön 4,32-33.
[28] BA, Sp. 371.
[29] BA, Sp. 1146.
[30] Longenecker, *The Acts of the Apostles*, S. 509.
[31] Z.B. Kol 4,16; 1. Thess 5,27; Offb 1,3; 22,18-19.
[32] Ramsay, *St. Paul the Traveller and the Roman Citizen*, S. 293.
[33] Röm 15,30ff.
[34] 1. Tim 3,8ff.
[35] Phil 1,1.
[36] Tit 1,5.
[37] Neil, *The Acts of the Apostles*, S. 213.
[38] Apg 19,21; Röm 15,23-29.
[39] Hes 33,1ff.
[40] BA, Sp. 1371.
[41] Hes 34,2.
[42] Vgl. Röm 8,32.
[43] Bruce, *Commentary on the Book of the Acts*, S. 416 Anm. 59. Bruce zitiert: J. H. Moulton, *Grammar of New Testament Greek* (Edinburgh, 1906), S. 90.
[44] 1. Sam 12,1ff.
[45] Mt 7,15.
[46] Tit 1,9.
[47] Joh 10,12ff.
[48] Hes 34,5.
[49] Richard Baxter, *The Reformed Pastor* (Edinburgh: Banner of Truth, 1997 [Reprint]), S. 131-132.
[50] Ramsay, *St. Paul the Traveller and the Roman Citizen*, S. 298-299.
[51] 1. Kön 11,29ff.
[52] Jes 20,3ff.
[53] Hes 4,1ff.
[54] Haenchen, *Die Apostelgeschichte*, S. 533 Anm. 1.
[55] Lk 22,33.

[56] Ramsay, *St. Paul the Traveller and the Roman Citizen*, S. 301-302.
[57] Bruce, *Commentary on the Book of the Acts*, S. 426.

16. Kapitel

[1] Z.B. Apg 13,50; 14,2.19; 17,4ff.13; 18,6ff.12ff.; 19,8-9; 20,3.19.
[2] Lk 23,4.
[3] Lk 23,14-15.
[4] Lk 23,22.
[5] Ramsay, *St. Paul the Traveller and the Roman Citizen*, S. 303.
[6] Ramsay, S. 308.
[7] Ramsay, S. 309.
[8] Gal 1,18-19.
[9] Gal 2,1.9.
[10] Vgl. Röm 15,23ff.
[11] Z.B. Apg 11,27-30; 20,35; Gal 2,10; 2. Kor 8,9ff.
[12] 1. Tim 6,10.
[13] Röm 15,27.
[14] Röm 15,31.
[15] Z.B. 1. Kor 7,19; Gal 6,15.
[16] Z.B. Röm 7,12; 8,4; Jak 1,25; 2,8.
[17] 4. Mose 6,1ff.; vgl. Apg 18,18ff.
[18] Siehe die vollständige Diskussion in Bruce, *Commentary on the Book of the Acts*, S. 430-432; Haenchen, *Die Apostelgeschichte*, S. 541-543; Marshall, *The Acts of the Apostles*, S. 345 und Longenecker, *The Acts of the Apostles*, S. 520.
[19] 1. Kor 9,20.
[20] Bruce, *Commentary on the Book of the Acts*, S. 432 Anm. 39.
[21] Marshall, *The Acts of the Apostles*, S. 347.
[22] Josephus, *Jüdische Altertümer* XV, 11,5; *Jüdischer Krieg* V, 190-200 [V, 5, 2].
[23] Bruce, *Commentary on the Book of the Acts*, S. 434.
[24] Josephus, *Jüdischer Krieg* VI, 126 [VI, 2, 4].
[25] Eph 2,14.
[26] Lk 23,18; vgl. Apg 22,22.
[27] Josephus, *Jüdische Altertümer* XX, 8, 6; *Jüdischer Krieg* II, 254-261 (II, 13, 5).
[28] Sherwin-White, *Roman Society and Roman Law in the New Testament*, S. 180.
[29] Phil 3,5.
[30] Vgl. Gal 1,16; 2,7-8.
[31] Cadbury, »Dust and Garments«, *The Beginnings of Christianity*, Band 5, S. 269-277.
[32] Bruce, *Commentary on the Book of the Acts*, S. 445.
[33] Sherwin-White, *Roman Society and Roman Law in the New Testament*, S. 57.

[34] Sherwin-White, S. 155.
[35] Apg 22,30; 23,18; 24,27; 26,29.
[36] Fußnote in der JB zu Apg 22,29.
[37] Josephus, *Jüdische Altertümer* XX, 9, 2.
[38] Joh 18,22-23; vgl. 1. Petr 2,23.
[39] 1. Kor 4,12.
[40] Haenchen, *Die Apostelgeschichte*, S. 568.
[41] Calvin folgt Augustinus, wenn er meint, dass die Erklärung von Paulus »ironisch« war. Er meinte: »Brüder, an diesem Mann vermag ich nichts Priesterliches zu erkennen«. Er leugnete das Recht des Hananias, als ein Priester Gottes angesehen zu werden. (Calvin, *Die Apostelgeschichte*, S. 465).
[42] Z.B. Gal 4,13-16; 6,11.
[43] Hes 13,8ff.; Mt 23,27.
[44] Z.B. Apg 4,2; 17,18.31; 24,21; 26,6ff.; 28,20.
[45] Lk 20,27ff.
[46] Jes 54,17.
[47] Kirsopp u. Lake [Hg.], *The Beginnings of Christianity*, Band 4, S. 293.
[48] Tacitus, *Historien*, Hg. Joseph Borst, Helmut Hross und Helmut Borst, 5. Auflage (München: Heimeran, 1959 [1984^5]), V.9.
[49] Apg 21,32-33; 22,23-24; 23,10; 23,23ff.
[50] Chrysostom, *Hom. LV*, S. 328 (aus d. Engl.).

17. Kapitel

[1] Mk 14,55-64; Lk 22,66-71.
[2] Lk 23,1-3.
[3] Röm 13,1ff.
[4] Röm 9,4-5.
[5] Röm 3,31.
[6] Barclay, *The Acts of the Apostles*, S. 193.
[7] BA, Sp. 44.
[8] Sherwin-White, *Roman Society and Roman Law in the New Testament*, S. 52.
[9] Metzger, *A Textual Commentary on the Greek New Testament*, S. 491.
[10] Ramsay, *St. Paul the Traveller and the Roman Citizen*, S. 310-313.
[11] Fußnote in der JB zu Apg 24,27.
[12] Chrysostom, *Hom. LI*, S. 304 [aus d. Engl.].
[13] Josephus, *Jüdische Altertümer* XX, 8, 7. 9; *Jüdischer Krieg* II, 266-270 [II, 13, 7].
[14] Haenchen, *Die Apostelgeschichte*, S. 595.
[15] Sherwin-White, *Roman Society and Roman Law in the New Testament*, S. 17. 48.
[16] Sherwin-White, S. 50.
[17] Sherwin-White, S. 51.

[18] Sherwin-White, S. 67.
[19] Sherwin-White, S. 58. Siehe die vollständige Erörterung dieses Themas in dem Kapitel »The Citizenship of Paul« (»Das römische Bürgerrecht von Paulus«), S. 57-70.
[20] Siehe Josephus, *Jüdische Altertümer* XX, 9, 4. 7.
[21] Lk 9,9; 23,8.
[22] Barclay, *The Acts of the Apostles*, S. 199f.
[23] Bruce, *Commentary on the Book of the Acts*, S. 484.
[24] Siehe die »Taten des Paulus und der Thekla« in: Schneemelcher, *Neutestamentliche Apokryphen*, Band 2, S. 216.
[25] Rackham, *The Acts of the Apostles*, S. 457.
[26] Rackham, S. 458, 462.
[27] Metzger, *A Textual Commentary on the Greek New Testament*, S. 494.
[28] Haenchen, *Die Apostelgeschichte*, S. 610.
[29] Longenecker, *The Acts of the Apostles*, S. 552.
[30] Hes 1,28b.
[31] Hes 2,1.3.7.
[32] Zur Sendung der alttestamentlichen Propheten: Jes 6,8-9; Jer 1,4.7; 7,25; 14,14ff.; 29,9.19; Hes 2,3; 3,4ff.; Amos 7,14-15. Zur Sendung der neutestamentlichen Propheten: Mt 10,1-5; Mk 3,14; 6,7; Lk 6,12-13; 9,1-2.
[33] Lk 1,2.
[34] Jer 1,8.
[35] Joh 20,21.
[36] Vgl. 2. Kor 4,4.
[37] Vgl. Kol 1,12-13; 1. Petr 2,9.
[38] Lk 24,47; Apg 2,38; 3,19; 13,39.
[39] Martin Luther, *Luthers große Auslegung der Epistel an die Galater und die übrigen exegetischen Schriften*, 1531, *Dr. Martin Luthers Sämtliche Schriften*, Joh. Georg Walch [Hg.], Band 9 (St. Louis: Concordia Publishing House, 1880-1910; Groß-Oesingen: Verlag der Luth. Buchh. Harms, 1987), Sp. 84, siehe auch: WA, Band 40.1, S. 117.
[40] Lancelot Andrewes, *Works*, Band 3, (Oxford, 1843), S. 26.
[41] Vgl. Lk 24,45-47.
[42] Jes 53,4.
[43] Jes 52,13; 53,12.
[44] Jes 42,6; 49,6; vgl. 60,3.
[45] Alexander, *A Commentary on the Acts of the Apostles*, Band 2, S. 428.
[46] Sherwin-White, *Roman Society and Roman Law in the New Testament*, S. 65; vgl. Hemer, *The Book of Acts in the Setting of Hellenistic History*, S. 132.
[47] Apg 24,14.16; vgl. 22,14; 23,1; vgl. 2. Tim 1,3.
[48] Apg 24,14; vgl. 26,22-23.27; 28,23; auch 1. Kor 15,3-4.
[49] Apg 24,15; vgl. 23,6; 26,6-7; 28,20.
[50] Z. B. Apg 24,22ff.; 25,25; 26,31-32.
[51] Rackham, *The Acts of the Apostles*, S. 306.

[52] Mk 6,17ff.; Lk 3,19-20.
[53] Chrysostom, *Hom. LII*, S. 308 (aus d. Engl.).
[54] Mk 3,21; Joh 10,20.
[55] Lk 21,12ff.
[56] Haenchen, *Die Apostelgeschichte*, S. 276.
[57] Vgl. 5. Mose 4,12; Joh 12,28-30.
[58] Chrysostom, *Hom. XIX*, S. 124 (aus d. Engl.).

18. Kapitel

[1] S. Angus, »Roman Empire«, *The International Standard Bible Encyclopedia*, Hg., James Orr, 1915.
[2] Zitiert bei Farrar, *The Life and Work of St. Paul*, S. 187.
[3] Röm 1,21ff.
[4] Offb 17,5; vgl. Offb 13,1ff. 17,1ff.
[5] Floyd V. Filson, »The Journey Motif in Luke-Acts«, *Apostolic History and the Gospel*, Hg. Gasque u. Martin, S. 76.
[6] Röm 1,10.
[7] Röm 1,11-12.
[8] Röm 1,13.
[9] Röm 1,15.
[10] Röm 15,20-22.
[11] Röm 15,23-24.
[12] Röm 15,25-29.
[13] Röm 15,30-32.
[14] Lk 9,51-19,44.
[15] Floyd V. Filson in Gasque u. Martin [Hg.], *Apostolic History and the Gospel*, S. 75.
[16] Rackham, *The Acts of the Apostles*, S. 477-478.
[17] Walker, *The Acts of the Apostles*, S. 543.
[18] Ich zitiere aus der 4. Auflage von 1880, die von Walter E. Smith und von Longmans veröffentlicht und korrigiert wurde.
[19] James Smith, *The Voyage and Shipwreck of St. Paul*, S. xlvi.
[20] Ramsay, *St. Paul the Traveller and the Roman Citizen*, S. 314.
[21] Ramsay, S. 316.
[22] Kol 4,10.
[23] Smith, *The Voyage and Shipwreck of St. Paul*, S. 68.
[24] Smith, S. 76.
[25] Ramsay, *St. Paul the Traveller and the Roman Citizen*, S. 322.
[26] Smith, *The Voyage and Shipwreck of St. Paul*, S. 88. Siehe auch Hemer, *The Book of Acts in the Setting of Hellenistic History*, S. 139.
[27] Metzger, *A Textual Commentary on the Greek New Testament*, S. 497.
[28] Smith, *The Voyage and the Shipwreck of St. Paul*, S. 98.
[29] Bruce, *Commentary on the Book of the Acts*, S. 509.

[30] Siehe die Anmerkung xxviii bei Cadbury, *The Beginnings of Christianity*, Band 5, S. 345-354.
[31] Barclay, *The Acts of the Apostles*, S. 208.
[32] Haenchen, *Die Apostelgeschichte*, S. 636.
[33] Smith, *The Voyage and Shipwreck of St Paul*, S. 128.
[34] Alexander, *A Commentary on the Acts of the Apostles*, Band 2, S. 460.
[35] Lk 21,18; vgl. Mt 10,30.
[36] 1. Tim 4,3-5.
[37] Smith, *The Voyage and Shipwreck of St. Paul*, S. 141.
[38] Lk 10,19; vgl. Mk 16,18.
[39] Longenecker, *The Acts of the Apostles*, S. 565.
[40] Vgl. 2. Kor 12,12.
[41] Longenecker, *The Acts of the Apostles*, S. 568.
[42] Metzger, *A Textual Commentary on the Greek New Testament*, S. 501.
[43] BA, Sp. 1538.
[44] Sherwin-White, *Roman Society and Roman Law in the New Testament*, S. 110.
[45] Röm 1,16.
[46] Jes 6,9-10.
[47] Mt 13,14-15; Mk 4,11-12.
[48] Joh 12,37ff.
[49] Alexander, *A Commentary on the Acts of the Apostles*, Band 2, S. 493.
[50] Kleingedruckt eingefügt in Luther '84-Übersetzung.
[51] Eph 6,19-20.
[52] Vgl. 2. Tim 2,9.
[53] Phlm 10.
[54] August van Ryn, *Acts of the Apostles: The Unfinished Work of Christ* (New York: Loixeaux Brothers, 1961).
[55] Eph 1,11.
[56] Spr 21,30; vgl. Jes 8,10; 54,17.
[57] Röm 8,28; vgl. 1. Mose 50,20.
[58] Röm 15,25-29.
[59] Apg 27,20.31.34.43.44; 28,1.4.
[60] Sherwin-White, *Roman Society and Roman Law in the New Testament*, S. 110-111.
[61] 2. Tim 4,17.
[62] Phil 2,9.
[63] Eph 1,22.
[64] Kol 1,18.
[65] Joh 12,24.
[66] 2. Tim 2,8-9.
[67] Eph 3,13; vgl. Kol 1,24.
[68] Eph 3,1; vgl. Kol 4,3.
[69] Z.B. Eph 4,1; 6,19-20.
[70] Phil 1,19-26; Phlm 22.
[71] 2. Tim 4,7.

[72] Lk 24,47; vgl. Apg 1,8.
[73] Eine Anspielung auf die im angelsächsischen Sprachraum übliche Bezeichnung für die *Apostelgeschichte* als *Acts of the Apostles*.

BIBLIOGRAFIE

(in Auswahl)

Alexander, J. A. *A Commentary on the Acts of the Apostles.* Band 1 und 2. (1857). Edinburgh: Banner of Truth, 1963.

Barclay, William. *Apostelgeschichte.* Auslegung des Neuen Testaments. 2. Aufl. Wuppertal, Aussaat Verlag, 1974.

Barrett, C. K. *Luke the Historian in Recent Study.* Epworth, 1961.

Bauer, Walter. *Griechisch-deutsches Wörterbuch zu den Schriften des Neuen Testaments und der frühchristlichen Literatur.* Hg. Kurt u. Barbara Aland. 6. völlig neu bearb. Aufl. Berlin: Walter de Gruyter, 1988.

Baur, Ferdinand Christian. *Paulus, Der Apostel Jesu Christi: Sein Leben und Wirken, seine Briefe und seine Lehre: Ein Beitrag zu einer kritischen Geschichte des Urchristentums.* 1. Teil. Band 1. Leipzig: Fues's Verlag, 1866[2]. (Neuauflage Darmstadt: Wissenschaftliche Buchgesellschaft, 1973).

Bengel, Johann Albrecht. *Gnomon: Auslegung des Neuen Testamentes in fortlaufenden Anmerkungen.* Übers. C. F. Werner. Band 1. Berlin: Evangelische Verlagsanstalt, 1959[7].

Blaiklock, E. M. *Cities of the New Testament.* London: Pickering & Inglis, 1965.

Blaiklock, E. M. *The Acts of the Apostles: An Historical Commentary.* London: Tyndale Press, 1959.

Bruce, F. F. *The Acts of the Apostles: The Greek Text with Introduction and Commentary.* Grand Rapids: Eerdmans 1951.

Bruce, F. F. *Commentary on the Book of the Acts: The English Text with Introduction, Exposition and Notes.* The New London Commentary on the New Testament. London: Marshall, Morgan und Scott/Eerdmans, 1954.

Bruce, F. F. *The Speeches in the Acts of the Apostles.* London: Tyndale Press, 1943.

Bruce, F. F. »The Speeches in Acts – Thirty Years After.« *Reconciliation and Hope: New Testament Essays on Atonement and Eschatology.* Festschrift für L. L. Morris. Hg. Robert Banks. Grand Rapids: Eerdmans, 1974: 53-68.

Cadbury, Henry J. *The Making of Luke-Acts* (1927). London: SPCK, 1958.

Calvin, Johannes. *Die Apostelgeschichte.* Neukirchen-Vluyn: Verlag der Buchhandlung des Erziehungsvereins Neukirchen, ohne Jahresangabe.

Chrysostom, John. *The Homilies on the Acts of the Apostles.* A Select Library of the Nicene and Post-Nicene Fathers. Hg. Philip Schaff. Band 11. (1851). Grand Rapids: Eerdmans, 1989.

Coggan, Donald. *Paul: Portrait of a Revolutionary.* London: Hodder & Stoughton, 1984.

Conybeare, W. J. und J. S. Howson. *The Life and Epistles of St. Paul.* Hartford: Scranton, 1899.

Conzelmann, Hans. *Die Mitte der Zeit: Studien zur Theologie des Lukas.* BHTh 17. Tübingen: Mohr-Siebeck, 1977[6].

Dibelius, Martin. *Aufsätze zur Apostelgeschichte.* Hg. Heinrich Greeven. FRLANT 60. Göttingen: Vandenhoeck & Ruprecht, 1968[5].

Dunn, James D. G. *Baptism in the Holy Spirit.* London: SCM Press, 1970.

Dunn, James D. G. *Jesus and the Spirit: A Study of the Religious and Charismatic Experience of Jesus and the First Christians as Reflected in the New Testament.* London: SCM Press, 1975.

Dupont, Dom Jacques. *The Salvation of the Gentiles: Essays on the Acts of the Apostles.* (1967). New York: Paulist Press, 1979.

Edersheim, Alfred. *The Life and Times of Jesus the Messiah.* 2 Bände. (1883). Grand Rapids: Eerdmans, 1974.

Edersheim, Alfred. *Sketches of Jewish Social Life in the Days of Christ.* Religious Tract Society, ohne Jahresangabe.

Farrar, F. W. *The Life and Work of St. Paul.* 2 Bde. London: Cassell, 1891.

Foakes-Jackson T. J. und Kirsopp Lake. *The Beginnings of Christianity.* Part I-V. London: Macmillan, 1920 - 1933.

Gärtner, Bertil E. *The Areopagus Speech and Natural Revelation.* ASNU 21. Lund: Gleerup, 1955.

Gasque, W. Ward. »The Book of Acts and History.« *Unity and Diversity in New Testament Theology.* Festschrift für G. E. Ladd. Hg. Robert A. Guelich. Grand Rapids: Eerdmans, 1978: 54 - 72.

Gasque, W. Ward. *A History of the Criticism of the Acts of the Apostles.* BGBE 17. Tübingen: Mohr-Siebeck, 1989[2].

Gasque, W. Ward und Ralph P. Martin (Hg.). *Apostolic History and the Gospel: Biblical and Historical Essays.* Exeter: Paternoster, 1970.

Gomme, A. W. und A. Andrews und K. J. Dovey. (Hg.). *A Historical Commentary on Thucydides.* 5 Bände. Oxford: Clarendon Press, 1945 - 1981.

Green, Michael. *Evangelisation zur Zeit der ersten Christen.* Neuhausen-Stuttgart: Hänssler, 1970.

Green, Michael. *I Believe in the Holy Spirit.* London: Hodder & Stoughton, 1985.

Green, Michael. *The Meaning of Salvation.* London: Hodder & Stoughton, 1965.

Haenchen, Ernst. *Die Apostelgeschichte.* KEK. Göttingen: Vandenhoeck & Ruprecht, 1977[16].

Hanson, R. P. C. *The Acts in the Revised Standard Version.* (1967). Oxford: Clarendon Press, 1982.

Harnack, Adolf. *Die Apostelgeschichte.* Beiträge zur Einleitung in das Neue Testament 3. Leipzig: Hinrichs'sche Buchhandlung, 1908.

Harnack, Adolf. *Lukas der Arzt: Der Verfasser des dritten Evangeliums und der Apostelgeschichte.* Beiträge zur Einleitung in das Neue Testament 1. Leipzig: Hinrichs'sche Buchhandlung, 1906.

Hastings, James. *A Dictionary of the Bible.* 5 Bände. New York: Scribner 1904 - 1905.

Hemer, Colin. J. *The Book of Acts in the Setting of Hellenistic History.* WUNT 49. Hg. Conrad H. Gempf. Tübingen: Mohr-Siebeck, 1989.

Hengel, Martin. *Zur urchristlichen Geschichtsschreibung.* Stuttgart: Calwer Verlag, 1984[2].

Hobart, W. K. *The Medical Language of St. Luke.* (1882). Grand Rapids: Baker Book House, 1954.

Horton, Stanley M. *The Book of Acts: A Commentary.* Springfield, Missouri: Gospel Publishing House, 1981.

Irenäus von Lyon. *Adversus Haereses. Gegen die Häresien I-III. Darlegung der apostolischen Verkündigung. Griechisch/Lateinisch/Deutsch.* Freiburg: Herder, 1993-1997.

Josephus Flavius. *De Bello Judaico / Der jüdische Krieg: Griechisch und Deutsch.* 3 Bände. Hg. u. Übers. Otto Michel u. Otto Bauernfeind. München: Kösel, 1959, 1963, 1969.

Keck, Leander E. und J. Louis Martyn (Hg.). *Studies in Luke-Acts.* Essays Presented in Honor of Paul Schubert. Nashville: Abingdon, 1966.

Knowling, R. J. *The Acts of the Apostles.* The Expositor's Greek Testament. (1900). London: Hodder & Stoughton, 1901[2].

Lenski, R. C. H. *The Interpretation of the Acts of the Apostles.* (1934). Minneapolis: Augsburg, 1961.

Longenecker, Richard N. *The Acts of the Apostles: Introduction, Text and Exposition.* The Expositor's Bible Commentary. Band 9. Hg. Frank Gaebelein. Regency Reference Library. Grand Rapids: Zondervan, 1981.

Longenecker, Richard N. *Biblical Exegesis in the Apostolic Period.* Grand Rapids: Eerdmans, 1975.

Luther, Martin. *»Vorrede auf der Apostel Geschichte«* (1534). *Dr. Martin Luthers Sämtliche Schriften.* In 23 Bänden. Joh. Georg Walch (Hg.). St. Louis: Concordia Publishing House, 1880-1910. Groß-Oesingen: Verlag der Luth. Buchh. Harms, 1987.

Maier, Johann. *Die Qumran-Essener: Die Texte vom Toten Meer.* 3 Bände. UTB/ München, Basel: Reinhardt, 1995/96.

Marshall, I. Howard. *The Acts of the Apostles: An Introduction and Commentary.* Tyndale New Testament Commentaries. Leicester: IVP, 1980.

Marshall, I. Howard. *Luke: Historian and Theologian.* Exeter: Paternoster, 1970.

Metzger, Bruce M. *A Textual Commentary on the Greek New Testament.* Stuttgart, New York: Deutsche Bibelgesellschaft, United Bible Societies, 1994[2].

Morgan, G. Campell. *The Acts of the Apostles.* (1924). London: Pickering & Inglis, 1946.

Morton, H. V. *In the Steps of St. Paul.* Richard Cowan, 1936.

Neil, William. *The Acts of the Apostles.* New Century Bible. London: Oliphants, 1973.

Pierson, A. T. *The Acts of the Holy Spirit.* London: Marshall, Morgan & Scott, 1895.

Rackham, R. B. *The Acts of the Apostles: An Exposition.* The Westminster Commentary Series. (1901). London: Methuen, 1910[5].

Ramsay, William M. *The Church in the Roman Empire before AD 170.* London: Hodder & Stoughton, 1893.

Ramsay, William M. *The Cities of St. Paul: Their Influence on his Life and Thought.* London: Hodder & Stoughton, 1907.

Ramsay, William M. *St. Paul the Traveller and the Roman Citizen.* London: Hodder & Stoughton, 1895. (Nachdruck 1962)

Ridderbos, H. N. *The Speeches of Peter in the Acts of the Apostles.* London: Tyndale Press, 1962.

Schneemelcher, Wilhelm. *Neutestamentliche Apokryphen in deutscher Übersetzung.* 2 Bände. Tübingen: Mohr-Siebeck, 1990/97[6].

Sherwin-White, A. N. *Roman Society and Roman Law in the New Testament.* Oxford: University Press, 1963. (Nachdruck 1992)

Smith, James. *The Voyage and Shipwreck of St. Paul.* 1880[4]. Hg. Walter E. Smith. Minnenpolis: James Family o.J.

Stanton, Graham S. *Jesus of Nazareth in New Testament Preaching.* SNTS MS 27. Cambridge: University Press, 1974.

Stonehouse, N. B. *Paul before the Areopagus and other New Testament Studies.* Grand Rapids: Eerdmans, 1957.

Stronstad, Roger. *The Charismatic Theology of St. Luke.* Peabody MA.: Hendrickson, 1984.

Torrey, Ch. C. *The Composition and Date of Acts.* HThSt 1. (1916). New York: Kraus, 1969.

Vermes, Geza. *The Dead Sea Scrolls in English.* (1962). London: Penguin, 1990[3].

Walker, Thomas. *The Acts of the Apostles.* (1910). Chicago: Moody Press, 1965.

Williams, C. S. C. *A Commentary on the Acts of the Apostles.* Black's New Testament Commentaries. (1957). London: A. & C. Black, 1964[2].

hänssler

Jakob van Bruggen

Wie lesen wir die Bibel?

Eine Einführung in die Schriftauslegung

Pb., 220 S., Nr. 392.955, ISBN 3-7751-2955-3

Im Laufe der letzten 2000 Jahre wurde die Bibel zum meistgelesenen Buch der Welt. Doch nicht jeder liest die Bibel auf dieselbe Weise. So kam es zu einer Vielfalt von Auslegungen. Auf eine Besinnung über Art und Weise des Bibellesens kann darum nicht verzichtet werden.
Was für ein Buch ist die Bibel?
Was ist im Umgang mit prophetischen Teilen und bei der Auslegung zu beachten?
Dieses Buch bietet für jeden, der sich mit der Bibel beschäftigt, eine allgemeinverständliche Einführung ins Thema.

Bitte fragen Sie in Ihrer Buchhandlung nach diesem Buch!
Oder schreiben Sie an den Hänssler Verlag,
D-71087 Holzgerlingen.

hänssler

Erich Mauerhofer

Einleitung in die Schriften des Neuen Testaments, Band 1

Pb., 310 S., Nr. 392.218, ISBN 3-7751-2218-4
Matthäus – Apostelgeschichte

Seit Jahrzehnten fehlte eine deutschsprachige Einleitung ins Neue Testament, die ausführlich den bibeltreuen Standpunkt darstellt. Diese Lücke wird mit diesem Werk ausgefüllt.
Sie finden eine Fülle von Material und übersichtliche Darstellungen verschiedener Positionen. Mit ausführlichen Quellenhinweisen und sachlich nachvollziehbaren Argumentationen werden Fragen um die Entstehung des Neuen Testaments entschlüsselt.

Bitte fragen Sie in Ihrer Buchhandlung nach diesem Buch!
Oder schreiben Sie an den Hänssler Verlag,
D-71087 Holzgerlingen.